Etudes
d'ecclésiologie médiévale

r.p. Yves Congar O.P.

Yves Congar

Etudes
d'ecclésiologie médiévale

VARIORUM REPRINTS

London 1983

British Library CIP data   Congar, Yves
                                   Etudes d'ecclésiologie médiévale. – (Collected
studies series; CS168)
1. Church history – Middle Ages, 600-1500
I. Congar, Yves
270   BR252

ISBN 0-86078-116-X

Copyright © 1983 by   Variorum Reprints

Published in Great Britain by   Variorum Reprints
20 Pembridge Mews London W11 3EQ

Printed in Great Britain by   Galliard (Printers) Ltd
Great Yarmouth Norfolk

VARIORUM REPRINT CS168

TABLE DES MATIÈRES

Ce volume est composé de 344 pages

INTRODUCTION

Depuis plusieurs années nous désirions reproduire quelques-unes des études d'histoire médiévale publiées à différentes occasions sur des thèmes ecclésiologiques. Nous sommes vivement reconnaissant à "Variorum" de nous avoir offert l'occasion de le faire et d'accueillir le recueil que nous présentons aujourd'hui. Conformément à l'usage de "Variorum" les textes sont reproduits tels qu'ils ont été publiés. Aussi avons-nous renoncé à une illusion que nous gardions jusqu'à présent, celle de compléter ces études en mettant en oeuvre les notes prises depuis leur publication. Car nous ne cessons d'en prendre, au point, parfois, de doubler la masse des textes et des références. C'était le cas, en particulier, pour les études numérotées ici I, II et X. Pour d'autres, il s'agit seulement de meilleures précisions sur quelques points particuliers: par exemple, pour l'étude n° VII, sur l'influence d'Origène à Citeaux.

Dans un cas au moins nos propres lectures et des travaux publiés depuis auraient appelé une nouvelle élaboration. Il s'agit de la dernière étude portant sur la manière dont Grecs et Latins se sont appréciés mutuellement (XII). On s'en rendra compte rien que par l'énumération des études suivantes: P. L'Huillier, La nature des relations ecclésiastiques gréco-latines après la prise de Constantinople par les croisés, in *Akten des XI. Intern. Byzantin. Kongress.* München, 1960, p. 314-329; A. Leidl, *Das Verständnis der Einheit der Kirchen auf den spätmittelalterlichen Konzilien (von Konstanz bis Florenz).* Paderborn, 1966; R. Foreville, Le problème de l'union des Eglises dans la perspective des conciles du Latran, in *L'Année canonique* 12 (1968) 11-29 (reprint in *Gouvernement et vie de l'Eglise au Moyen-Age*, Londres, 1979); G. Denzler, Das Morgenländische Kirchenschisma im Verständnis von Päpsten und Oekumenischen Konzilien des Mittelalters, in *Münchener Theologische Zeitschrift* 20 (1969) 104-147; S. Mösl,

Das theologische Problem des 17. Oekumenischen Konzils von Ferrara-Florenz-Rom (1438-1445), Innsbruck, 1974; V. Peri, Chiesa d'Occidente e Chiesa d'Oriente. Considerazioni storiche sul una nomenclatura tradizionale, in *Oriente Cristiano* 20 (1980) 50-61. Ce ne sont là que quelques titres. Il faudrait y ajouter nombre d'études sur le concile de Florence et d'articles sur des personnages ou des épisodes particuliers.[1] Nous avons une conscience d'autant plus poignante de l'insuffisance de notre étude que le problème théologique et oecuménique en cause nous tient profondément à coeur.

Le moyen âge dont s'occupent les présentes études va de l'âge patristique au début du XIVe siècle. Il y manque donc deux siècles complets, ceux du nominalisme, du conciliarisme. Même pour la période retenue, il y manque de très importants chapitres. Trois surtout:

1°. Touchant la réforme du XIe siècle, dite grégorienne. En elle-même et par ses conséquences, elle nous apparaît comme le tournant le plus décisif dans la vision de l'Eglise en Occident. En sortant de l'indivision ou du mélange de société séculière et d'Eglise que comportait l'*ecclesia* carolingienne, elle a conduit à mieux définir l'Eglise comme une société autonome, un pouvoir à côté (et au-dessus!) du pouvoir temporel. Elle a suscité un nouveau développement du droit ecclésiastique et a entraîné la juridisation de bien des valeurs spirituelles. On trouvera quelques évocations de cela dans les études III, VI et VII. Peut-être aurions-nous dû reproduire un article souvent cité, mais il n'existe qu'en allemand: Der Platz des Papstums in der Kirchenfrömmigkeit der Reformer des 11. Jahrhunderts, in *Sentire Ecclesiam* . . . Herder, 1961, p. 196-217.

2°. Les concepts qui ont dominé la vie de l'Eglise catholique jusque Vatican II et l'après-concile, surtout en théologie sacramentaire, ont été formés par la Scolastique, théologie résultant de l'activité des écoles et universités, dans la seconde moitié du XIIe siècle et les deux premiers tiers du XIIIe. Ce fait nous a amené à donner un assez large développment à cette période dans notre *Eglise de S. Augustin à l'époque moderne* (Histoire des dogmes

---

[1] On voudra bien corriger, dans cette étude, Jean de Montenigro, en Jean de Montenero.

III/3) parue à Paris, Cerf, 1970, et dans la *Dogmengeschichte* de Herder. Rien n'en paraît, pratiquement, dans notre présent recueil.

3°. Nous n'y avons repris aucune des études historiques consacrées à Thomas d'Aquin, y compris à ses conceptions ecclésiologiques. Nous en avons cependant publié plusieurs. Sans doute les reprendrons-nous dans un recueil consacré uniquement à Thomas.

En relisant les textes et en préparant les Tables, nous avons été frappé par l'abondance des indications portant sur le vocabulaire et les formules. L'attention portée au vocabulaire est une condition fondamentale pour rejoindre l'originalité des positions tenues. De même la connaissance de l'usage fait par tel auteur de l'Ecriture, et celle de ses citations privilégiées. Cela est plus particulièrement vrai pour une époque où la Bible était une référence culturelle et une norme théologique décisives.

Il nous reste à remercier les éditeurs et les revues qui nous ont aimablement autorisé à reproduire les textes qu'ils avaient accueillis. Nous remercierons surtout la direction de "Variorum" qui nous a permis de réaliser un projet qui, sans son incitation, serait sans doute demeuré à l'état de rêve.

Fr. YVES CONGAR

Paris,
24 juin 1982

I

CEPHAS - CÉPHALÈ - CAPUT

L ES théologiens latins ont parfois mis un rapport entre ces trois mots. Nous recueillerons ici les témoignages les plus significatifs. Sans doute, philologiquement parlant, *caput* est de même souche que κεφαλή (1), mais il est clair que ni l'un ni l'autre mot n'a de lien avec le mot araméen Kepha, transcrit dans le Nouveau Testament avec une terminaison grecque sous la forme de Cephas.

Le rapprochement a été suggéré pour la première fois par Optat de Milève (v. 370), dans les termes suivants :

> Negare non potes scire te in urbe Roma Petro primo cathedram episcopalem esse conlatam, in qua sederit omnium apostolorum caput Petrus, unde et Cephas appellatus est, in qua una cathedra unitas ab omnibus servaretur (2).

Optat dit, non pas que la traduction de *Cephas* soit *caput,* mais simplement que Pierre a été appelé Céphas parce qu'il était, ou devait être, la tête de tous les apôtres. Il s'agit moins d'un commentaire exégétique que d'un rapprochement d'idées (3). Pourtant, l'indication est nette : c'est parce qu'il

---

(1) Cf. FORCELLINI, *Totius latinitatis lexicon,* t. II, Prato 1861, s. v. *capio* et *caput* (nouv. éd., t. I, Padoue 1940) ; ERNOUT ET MEILLET, *Dict. étym. de la langue latine,* 3º éd., Paris 1951, t. I, p. 175.

(2) *Contra Parmenianum,* II, 2 (alias *De schismate Donati*) ; *P.L.,* XI, 947, *C.S.E.L.,* éd. ZIWSA, t. XXVI, p. 36.

(3) Comp. J. LUDWIG, *Die Primatworte Mt 16, 18-19 in der altchristlichen Exegese,* Munster 1952, p. 61.

devait être la tête, *caput*, de l'Eglise, que Pierre a été appelé Céphas.

C'est cette indication qu'a recueillie saint Isidore de Séville († 636) : « Cephas dictus eo quod in capite sit constitutus apostolorum, κεφαλή enim graece caput dicitur et ipsum nomen in Petro syrum est » (4). Pas plus qu'Optat, Isidore n'affirme que le mot κεφαλή soit l'équivalent sémantique du mot Cephas, mot « syrien » qui correspond à Petrus, tandis que κεφαλή se traduit en latin par *caput*. Entre l'expression grecque et l'expression syrienne, il affirme bien un lien. Ce lien n'est pas nécessairement un lien sémantique et philologique ; il est constitué par la personne de Pierre, par la réalité de sa fonction de tête. Il faut avouer cependant que le fait même que ces considérations étaient proposées dans un recueil d'étymologies voué à la fortune que l'on sait (5) devait fatalement créer la tentation de lire la remarque d'Isidore comme une indication philologique ou étymologique.

Peu avant le milieu du ixᵉ siècle, cette remarque d'Isidore, qui était le grand maître des étymologies, jouissait d'une évidente faveur. Raban Maur la reprend, et son texte nous permet de supposer qu'on s'intéressait alors beaucoup à la signification des noms de Céphas, Simon et Barjona (6). Quelques

---

(4) *Etym.*, VII, ix, 3; *P.L.*, LXXXII, 287; éd. LINDSAY, Oxford 1911, sans pagination, t. I.

(5) Cf. P. SÉJOURNÉ, *Le dernier Père de l'Eglise, saint Isidore de Séville, son rôle dans l'histoire du droit canonique*, Paris 1929 (voir les remarques de G. Le Bras dans *Rev. des sciences relig.*, X, 1930, p. 218-237) ; FOURNIER ET LE BRAS, *Hist. des coll. canon. en Occident depuis les Fausses Décrétales jusqu'au Décret de Gratien*. Sur l'influence des Fausses Décr., t. I (1931), p. 201 et suiv. A. E. ANSPACH, *Das Fortleben Isidors im VII. bis IX. Jahrhundert*, dans *Miscellanea Isidoriana. Homenaje a S. Isidoro...* Rome 1936, p. 323-356.

(6) « Cephas dicitur eo quod in capite sit constitutus apostolorum. Cephali graece caput dicitur, et ipsum nomen in Petro situm est (...) Alii ... volunt ... et Petrum fuisse trinomium, Petrus, Cephas et Simon Barjona ». *De universo*, IV, 1 (*P.L.*, CXI, 85 et 86). Il est curieux que Raban parle d'*alii*, alors qu'Isidore lui-même, qu'il copie

années plus tard, Chrétien de Stavelot reproduit le texte d'Isidore (7). C'est de la même époque (847-853) que datent les fausses décrétales mises sous le patronage prestigieux du canoniste et du grammairien de Séville (8). Elles attribuent au pape Anaclet (fin du Ier siècle) une *Ad omnes episcopos epistola III* qui, dans son chapitre 3, reprend, en l'arrangeant, le texte d'Isidore. Par elles, ce prétendu texte d'Anaclet est passé dans les grandes collections canoniques médiévales (voir l'apparat de Friedberg sur D. XXII, c. 2). Le compilateur de ces faux tenait à son idée. Il a interpolé en ce sens encore la lettre du pape Vigile à Profuturus de Braga, du 29 juin 538, où nous lisons, après son intervention : « Licet omnium apostolorum par esset electio, tanto tamen Petro concessum est ut coeteris praeemineret : unde et Cephas vocatur, quia caput est et principium omnium apostolorum ; et quod in capite praecessit, in membris sequi necesse

---

manifestement, disait « fuisse constat Petrum trinomium... » (*Etym.*, VII, IX, 6; *P. L.*, LXXXII, 287). Sans doute faudrait-il ranger parmi ces *alii* l'auteur du *De ortu et obitu Patrum* faussement attribué à saint Isidore, lequel est l'auteur d'un autre *De ortu* que nous rencontrerons plus loin (n. 34) : cf. le n° 39 (*P. L.*, LXXXIII, 1286) : « Simon Petrus tribus nominibus appellatur. Primo a parentibus Cephas, deinde Simon, tertio Petrus ». Ainsi nous aurions une indication sur la date approximative, sinon sur l'auteur de ce traité, que Dom Morin a montré être un pseudépigraphe isidorien, *Rev. bénédictine*, XXII, 1905, p. 509-510 (*Textes inédits relatifs au symbole et à la vie chrétienne*).

(7) « Petrus graece et latine, Cephas syriace, graece etiam Cephas caput dicitur, eo quod caput Ecclesiae sit constitutus ». *Expos. in Mat.*, c. 26 (*P. L.*, CVI, 1344). L'expression « sit constitutus » montre que ce texte, tout comme celui de Raban, a été copié chez saint Isidore.

(8) *P. L.*, CXXX, 78; *Decretales Pseudo-Isidorianae et Capitula Angilramni*, ed. HINSCHIUS, Leipzig 1863, p. 83 et suiv. Et cf. FRIEDBERG, t. I, p. XXV. Sur la composition des fausses décrétales, cf. FOURNIER ET LE BRAS, *Hist. des coll. canon...*, t. I, p. 127 et suiv. Sur leur idéologie proromaine et leur influence, W. SOMMER, *Inhalt, Tendenz und kirchenrechtlicher Erfolg der pseudoisidorischen Dekretalensammlung*, Jena 1904; G. HARTMANN, *Der Primat des römischen Bischofs bei Pseudo-Isidor*, Stuttgart 1930 (le point que nous traitons ici n'y est pas mentionné).

est » (9). Mais ce passage n'a pas été repris dans les collections et nous ne l'avons pas rencontré chez les auteurs ultérieurs. Par contre, le texte du Pseudo-Anaclet qui commence par les mots *Sacrosancta Romana* se retrouve dans presque toutes les grandes collections (10). Gratien l'a recueilli tout entier; voici le passage qui nous intéresse, auquel on se référera si souvent par la suite :

Inter beatos apostolos quaedam fuit discretio, et post licet omnes essent apostoli, Petro tamen a Domino concessum est (et ipsi inter se voluerunt id ipsum), ut reliquis omnibus praeesset apostolis, et Cephas, id est caput et principium teneret apostolatus; qui et eandem formam suis successoribus et reliquis episcopis tenendam tradiderunt (11).

Le Décret, on le sait, est de 1140. Vers le milieu du xiie siècle, le rapprochement entre *Cephas* et *caput* est donc lancé dans le commerce des idées. Hugues de Fouilloy note la chose en théologien et en spirituel qu'il est, en l'attribuant à des « quidam » d'une façon où il n'est pas défendu de trouver le signe d'un certain éloignement envers les canonistes :

Simon, non tantum Petrus, sed etiam Cephas appellatur. Cephas, ut quidam volunt, caput interpretatur. Unde acephali sine capite solent appellari (12).

Ce texte est intéressant. Il confirme et précise les sugges-

---

(9) *P. L.*, CXXX, 1078; HINSCHIUS, *op. cit.*, p. 710 et p. cv. De l'épître de Vigile à Profuturus (qu'on a d'abord publiée comme étant adressée à Eleuthère), on ne trouve, dans le décret de Gratien, que le c. 4 relatif à la consécration des églises : D. I, c. 24, de consecr. (FRIEDBERG, I, 1300) et le passage du c. 6 qui suit celui que nous venons de citer et qui provient, lui aussi, du Ps.-Isidore, mais qui réglemente seulement la discipline des appels : C. II, qu. 6, c. 12 (FRIEDBERG, I, 469-470, et cf. col. XXVIII).

(10) Burchard, I, 178; Anselme de Lucques, I, 67; Yves de Chartres, *Decr.*, V, 294; Deusdedit, I, 50; *Polycarpus*, I, 1, 1.

(11) D. XXII, c. 2, § 5 (FRIEDBERG, I, 74).

(12) *De claustro animae*, IV, 6 (*P. L.*, CLXXVI, 1141), faussement attribué à Hugues de Saint-Victor, cf. H. PELTIER, *Hugues de Fouilloy, chanoine régulier, prieur de Saint-Laurent-au-Bois*, dans *R.M.A.L.*, II, 1946, p. 25-44; voir p. 41.

tions de nos précédents témoins : Simon est appelé, dans l'Ecriture, de deux manières, Pierre et Céphas. Le dernier nom a cet intérêt particulier qu'il peut être mis en rapport d'« interprétation » — nous verrons plus loin ce qu'il faut entendre par là — avec le mot *caput*. Hugues ajoute un confirmatur : on parle des acéphales pour désigner ceux qui demeurent sans chef ou tête.

On avait appelé d'abord acéphales ces monophysites rigides, adversaires des Trois Chapitres et de Chalcédoine, qui, en 482, s'étaient séparés du patriarche d'Alexandrie Pierre Monge, dont ils estimaient l'attitude ambiguë, et qui avaient préféré demeurer sans tête plutôt que d'avoir communion avec un homme accommodant. Saint Isidore avait passablement parlé des acéphales (13). Le mot était courant dans le vocabulaire théologique et polémique du moyen âge, avec des applications diverses (14). Rien d'étonnant qu'il ait été associé

---

(13) SÉJOURNÉ, *op. cit.*, p. 96 et suiv.

(14) Voici les principales : 1) Pour qualifier les clercs non affectés à un service relevant de l'évêque et qui, ainsi, échappaient à la régulation de l'organisme ecclésiastique. Voir de nombreuses références à cet emploi dans V. FUCHS, *Der Ordinationstitel von seiner Entstehung bis auf Innozenz III...*, Bonn 1930, p. 124 (Isidore et autres) ; p. 183, n. 18 (concile de Paris de 850) ; p. 247, n. 24 (synode de Melphi de 1089) ; p. 253, n. 45 et p. 254, n. 47 (Gerhoh de Reichersberg) ; p. 270, n. 4 (Sicard de Crémone). Gerhoh de Reichersberg fait de façon assez curieuse le rapprochement entre les *acephali* et Céphas : « Inter has XII portas (les apôtres) principalis Cephas dicitur, per quam nullus acephalorum ingreditur, quoniam a Cepha non potest recipi acephalus, utpote rebus illi et nomine contrarius. Cephas quippe renuntiavit omnibus; hoc non facit acephalus... » *Opusc. de Edificio Dei*, n. 50 (M.G.H., *Libelli de lite*, III, p. 165).
2) Très proche de ce sens, application aux moines et clercs *vagi*, affranchis de supérieurs et de règles : ISIDORE, *De eccl. off.*, II, III; GERHOH DE REICHERSBERG, *De aedificio Dei*, c. 30 (*P. L.*, CXCIV, 1272 et suiv.), et cf. DU CANGE, s. v.
3) Pour désigner l'état de l'Eglise avant la venue du Christ, ou privée de sa présence, entre le Vendredi-Saint et Pâques : par ex. dans divers textes du XIIe s. cités par A. LANDGRAF, *Die Lehre vom Geheimnisvollen Leib Christi in den frühen Paulinenkommentaren und in der Frühscholastik*, dans *Divus Thomas* (Fribourg), 1946, p. 401; 1948, p. 162, n. 1, p. 163, n. 4, p. 165-166.
4) Pour parler d'un corps schismatique : par exemple les Grecs

à la triple idée de Cephas-céphalè-caput et qu'il soit venu renforcer la conjonction de ces trois mots.

Innocent III, le fait est bien connu et il est, au surplus, de grande conséquence, était de formation juridique; il avait étudié à Bologne et avait eu pour maître le fameux Huguccio. Sans doute est-ce dans les collections canoniques qu'il a trouvé le rapprochement *Cephas-caput*. En tout cas, celui-ci prend, chez lui, un relief considérable. Voici les principaux textes, dans leur ordre chronologique :

Licet enim Cephas secundum unam linguam interpretetur Petrus, secundum alteram tamen exponitur caput. Nam sicut caput habet plenitudinem sensuum, caetera vero membra partem recipiunt plenitudinis, ita caeteri sacerdotes vocati sunt in partem sollicitudinis...(15)

Secundum tamen et secundarium Ecclesiae fundamentum existit beatissimus apostolus Petrus, ad quem Veritas ait *Tu es Petrus, et super hanc petram aedificabo Ecclesiam meam* (Mt. 16, 18) : qui sicut a Christo petra dictus est Petrus, ita etiam a Christo capite vocatus est caput, ipso sibi dicente : *Tu vocaberis Cephas* (Jo. 1, 42) ut per hoc universi fideles agnoscerent quod ad ipsum, tanquam ad fundamentum et caput, majores debeant Ecclesiarum causae referri, quatenus quod ab ipso tanquam a capite principali fuerit auctoritate statutum, in ipso tanquam in fundamento stabili firmitate consistat (16).

(lettre de Grégoire IX à Germain, patriarche des Grecs, dans MANSI, XXIII, 67 E) ; ou bien, sous la plume des docteurs de l'Université de Toulouse fidèles à Benoît XIII (Pierre de Lune), les théologiens de Paris qui ont retiré leur obédience à ce pape avignonnais (dans DU BOULAY, *Hist. Univ. Paris.*, V, 18; cité par J. HALLER, *Papsttum und Kirchenreform*, Berlin 1903, p. 251, n. 2).
5) A partir du XIV° s., on a parlé parfois de l'Eglise « acéphale », « amoto vel mortuo papa ». Voir encore Luther à la Dispute de Leipzig de 1519, dans *Luthers Werke*, éd. de Weimar, II, p. 268. Par la suite, les polémistes protestants.
6) Autres emplois mineurs, et emplois dans le droit profane : cf. DU CANGE, s. v.

(15) *De sacro altaris mysterio*, I, 8 (*P. L.*, CCXVII, 778) : entre 1188 et 1198.

(16) Lettre du 15 mai 1198 à Barthélemy, archevêque de Tours (*P. L.*, CCXIV, 625; POTTHAST, 176).

Nam licet primum et praecipuum Ecclesiae fundamentum sit Unigenitus Dei Filius Jesus Christus, juxta quod Apostolus... (I Cor., 3, 11); secundum tamen et secundarium Ecclesiae fundamentum est Petrus, etsi non tempore primus, auctoritate tamen praecipuus inter coeteros (...) Hujus tamen primatum Veritas per se ipsam expressit cum inquit ad eum : *Tu vocaberis Cephas* (Jo. 1, 42) : quod etsi Petrus interpretetur, *caput* tamen exponitur; et sicut caput inter coetera membra corporis, velut in ipso viget plenitudo sensuum, obtinet principatum, sic et Petrus inter apostolos, et successores ipsius inter universos Ecclesiarum praelatos praerogativa praecellerent dignitatis... (17).

Vos ejus pertinaciter magisterio subduxistis, quem Salvator noster universalis Ecclesiae caput constituit magistrum, inquiens ad eumdem : *Tu vocaberis Cephas* (Jo. 1, 42). Et : *Tu es Petrus*... (18).

Ces textes appellent quatre remarques :

1° *Caput* y est évidemment rattaché à *Cephas* par l'intermédiaire, implicite et supposé, de κεφαλή.

2° On ne nous dit pas que *caput* soit la traduction de *Cephas*; on se réfère bien plutôt à deux énoncés parallèles, l'un, le « Tu es Petrus » de *Mat.*, XVI, qui donne à Simon une certaine communication de la qualité de Pierre ou fondement, qui appartient principalement au Christ; l'autre, qui se réfère toujours au texte de *Jean*, I, 42, « Tu vocaberis Cephas », par lequel se trouve suggérée, et même annoncée, la qualité de tête, *caput*, qui devait revenir à Pierre.

3° De toute évidence, l'intérêt ne porte pas sur la réalité

---

(17) Lettre du 12 nov. 1199 au patriarche de Constantinople (*P. L.*, CCXIV, 759; POTTHAST, 862). Grégoire IX écrivant à son tour au patriarche de Constantinople Germain, le 26 juil. 1232, résume simplement ce texte d'Innocent III : « Inter quos primus et praecipuus beatissimus Petrus, non sine causa, sed ex praerogativa speciali, a Domino audire meruit : *Tu vocaberis Cephas, quod interpretatur Petrus*, ut sicut in capite plenitudo sensuum consistit a quo ad singula membra occultis meatibus pars aliqua tanquam a fonte rivulus derivatur... » (MANSI, XXIII, 56; POTTHAST, 8981).

(18) Lettre aux archevêques, évêques, et à tous les fidèles, clercs ou laïcs, de Ruthénie, du 7 oct. 1207 (*P. L.*, CCXV, 1233; POTTHAST, 3196).

philologique, mais sur le contenu de réalité spirituelle, dont les mots ne sont que les révélateurs.

4° On est si peu dupe d'une erreur philologique qu'on distingue expressément deux choses : s'il s'agit de donner une traduction, *interpretari*, alors *Cephas* se traduit *Petrus*, ainsi que le dit *Jean*, I, 42 ; mais s'il s'agit d'expliquer, *exponere*, on peut dire que, sous « Cephas », il y avait, dans la pensée du Seigneur et dans la réalité, κεφαλή, donc *caput*.

Les grands théologiens scolastiques semblent avoir été peu intéressés par ces rapprochements, dont la source était plutôt le droit canonique. Rien en ce sens chez saint Bonaventure, car le commentaire sur saint Jean imprimé sous son nom dans d'anciennes éditions n'est pas de lui (19). Une brève mention chez saint Thomas dans son commentaire sur saint Jean (20), mais qu'on ne retrouve pas ailleurs, en particulier dans le *Contra errores Graecorum* où notre auteur utilise cependant le *Thesaurus* de Buonaccorsi dans lequel, comme nous le verrons plus loin (n. 27), le rapprochement *Cephas-caput* se trouvait expressément. Quant à saint Albert le Grand, il propose, selon les endroits et parfois à l'intérieur du même ouvrage, ou une pure explication philologiquement

---

(19) Mais du maître franciscain Jean de Galles : cf. P. GLORIEUX, *Répertoire des maîtres en théologie de Paris au XIIIe siècle,* Paris 1931, t. II, p. 117; Fr. STEGMÜLLER, *Repertorium biblicum Medii Aevi,* t. II, Commentaria, Madrid 1940, nᵒˢ 1798 et 1799, qui renvoie à Johannes Guallensis. — On lit, dans cette *Expositio in Joannem,* c. I (*Opera Bonaventurae,* éd. Vivès, XI, 279) : « Tu vocaberis Cephas, quod idem est quod caput ». Par contre, le commentaire authentique de Bonaventure (éd. QUARACCHI, VI, 263) se contente de citer Bède, *In Marc.,* III, 16 : « sciendum quod syriaca lingua Cephas, graeca et latina Petrus, et in utraque a petra derivatum est ».

(20) *In Evang. Joannis expositio,* c. I, lect. 15, n. 8 : « Tu vocaberis Cephas, quod interpretatur Petrus, et in graeco caput : et congruit mysterio, ut ille qui debet esse aliorum caput et Christi vicarius, firmitati inhaereret : Mat., 16, 18 : *Tu es Petrus, et super hanc petram aedificabo Ecclesiam meam* ». Dans le titre d'un traité, « expositio » désigne un texte parlé, mais revu par l'auteur lui-même.

exacte du mot Céphas (21), ou une interprétation dans le sens de *Cephas-caput* :

Petrus Cephas, quod caput sonat, qui ad universitatem potestatis vocatur, unde quod Petrus dicitur, promissio est nominis (22).

Tu vocaberis Cephas, quod interpretatur Petrus (Jo. I, 42). Cephas enim interpretatur *caput* : et hoc non est Petrus nisi per similitudinem actus, sive effectus et operis. Quia sicut caput regit et influit sensum et motum aliis membris, ita petra continet et firmat aedificium. Unde quod est caput in animalibus caput habentibus, hoc est petra in aedificiis (23).

Qui (Petrus) fundamentum est Ecclesiae et vertex, et Cephas, hoc est *caput* interpretatur (24).

Nous espérons montrer un jour, dans un cadre beaucoup plus large, comment les points de vue des canonistes, et en particulier leurs idées sur le pouvoir papal, ont pénétré en théologie et y ont, dans une bonne mesure, conditionné et alimenté le développement de la doctrine dans un sens curialiste. Ce n'était pourtant pas un canoniste, mais bien un élève direct de saint Thomas, dont il avait peut-être entendu les leçons sur saint Jean, ce Remigio de Girolami qui, dans son enseignement florentin, que Dante recueillit parfois, reprenait le texte d'Isidore et disait : Dieu a établi le Christ comme tête de l'Eglise, qui est son corps. Mais cette tête est séparée du corps depuis que, par l'ascension, le Seigneur est absent corporellement du monde. C'est pourquoi Dieu a donné à l'Eglise une tête terrestre, qui est le pape. Le Seigneur a

---

(21) Ainsi *Comm. in Job*, XVIII, 1, éd. WEISS, Fribourg en Br., 1904, p. 221 : « Petrus Syra lingua rupes interpretatur et propter soliditatem confessae veritatis Petri nomen accepit ». — *In Ev. Matt.*, XVI, 19 (BORGNET, XX, 641) : « Attende, quem nos latine et graece Petrum vocamus, hunc Hebraei et Syri Cepham vocant, sicut dixit Hieronymus super Gal., 2, sub eodem sensu ». — *De sacrif. missae*, III, 8 (BORGNET, XXXVIII, 113) : « ... et ideo Petrus a petra vocatus, quia Syra lingua petros *rupes* interpretatur ».

(22) *In Ev. Matt.*, IV, 18 (BORGNET, XX, 136).

(23) *Id. op.*, XVI, 16 (p. 636).

(24) *In Ev. Lucae*, XII, 42 (BORGNET, XXIII, 263).

dit, en effet, à saint Pierre : Tu es Simon, le fils de Jonas, tu t'appelleras Cephas, c'est-à-dire *caput* (25).

Jacques de Viterbe est bien connu parmi les défenseurs du pouvoir pontifical dans les toutes premières années du xiv⁰ siècle; il est l'auteur du « plus ancien traité de l'Eglise», son *De regimine christiano* (1301-1302), édité sous ce titre par Mgr Arquillière. Dans un endroit de la 2⁰ partie, chap. 9, le savant éditeur avoue n'avoir pu identifier le texte d'un « sanctus quidam Cirillus, in libro Thesaurorum », texte qui, précisément, intéresse notre sujet :

Sic et Petro et ejus diadochis, hoc est successoribus, non minus sed plenissime commisit et coram apostolis et evangelistis loco sui, ipse caput Ecclesiae in medio eorum statuit, quatenus ipsi in evangeliis et epistolis, mundo huic praedicando, Ecclesias et praelatos ordinando, scriberent quae a Domino audierunt et receperunt affirmantes in omni doctrina Petrum loco Domini et ejus Ecclesiam, ei dantes locum in omni capitulo et synagoga, in omni electione et affirmatione, et quicquid solvendum et statuendum ipsius auctoritati approbaretur, ipsum vocantes Cepham, hoc est caput, secundum quod et divus ille veracissimus scribit, texendo, in evangelio et actibus, Lucas sanctus qui facta maiorum et sociorum narravit atque indubitanter esse tradidit (26).

La source à laquelle se réfère le théologien augustin n'est autre que le *Thesaurus veritatis fidei* de fr. Buonaccorsi, compilation de textes souvent erronés dans laquelle Reusch a montré naguère que saint Thomas avait, en toute bonne foi, puisé plusieurs des textes inauthentiques de son *Contra errores Graecorum*, et dont le même savant allemand a édité

---

(25) Cf. M. GRABMANN, *Studien über den Einfluss der aristotelischen Philosophie auf die mittelalterlichen Theorien über das Verhältnis von Kirche und Staat (Sitzungsber. der Bayer. Akad. der Wiss.,* Phil.-hist. Abt., 1934, fasc. 2), Munich 1934, p. 24.

(26) *Le plus ancien traité de l'Eglise. Jacques de Viterbe, De regimine christiano. Etude des sources et éd. critique,* par H.-X. ARQUILLIÈRE, Paris 1926, p. 275. Voir aussi J. MADOZ, *Una nueva redaccion de los textos seudo-patristicos sobre el Primado en Jacobo de Viterbo ?,* dans *Gregorianum,* XVII, 1936, p. 562-583 : cf. p. 581.

la 6ᵉ section, celle qui concerne la primauté romaine et où se trouve notre texte (27).

Nous sommes entrés dans le monde des défenseurs du pouvoir pontifical et des canonistes. Un *Apparatus ad Sextum* du début du xivᵉ siècle, que nous fait connaître Fr. Gillmann, nous offre une explication qui mérite d'être citée :

> Petrus a petra, id est Christo, nomen accepit, super quem, sc. Christum, fundata est Ecclesia... Petrus interpretatur vocatus vel agnoscens, hebraice cepha, id est agnoscens vel vocatus, ut XXIX. di. c. ii, et ipse cephas dictus est, quod in capite sit constitutus apostolorum. Cephali enim grece, latine dicitur caput... (28).

Une fois de plus, on ne nous dit pas que *caput* ou κεφαλή soient la traduction de *Cephas,* mais bien que Pierre a été appelé Céphas par le Seigneur parce qu'il devait être le chef des apôtres; or le grec *cephali* se traduit en latin *caput.* Bref, il y a affirmation d'une correspondance phonétique providentielle, non d'une dérivation étymologique dont on ne semble pas avoir idée. Plus ambigu est ce texte d'un défenseur anonyme de Jean XXII contre Louis de Bavière :

> Christus Dominus beato Petro singulariter et soli modo predicto dixisse reperitur : tu vocaberis Cephas, quod et grece interpretatur caput, latine caput (29).

----

(27) F. H. REUSCH, *Die Fälschungen in dem Tractat des Thomas von Aquin gegen die Griechen (Opusc. contra errores Graecorum ad Urbanum IV.)*, dans *Abhandlungen der K. Bay. Akad. der Wiss.*, Hist. Classe, XVIII, Munich 1889, p. 673-742. Voici le texte latin, auquel fait face un texte grec : « Ipsa etiam ecclesia graecorum cantat... In quo ipsa graecorum ecclesia se conformat Domino dicenti in evangelio : Tu vocaberis Cefas, id est caput, ut etiam ex ipsa impositione nominis caput ecclesiae eundem demonstraret...» (n. 24, p. 702). Sur les origines, les manuscrits et l'utilisation de ce traité, on consultera R. LŒNERTZ, *Autour du traité de fr. Barthélémy de Constantinople contre les Grecs*, dans *Archivum Fratrum Praedicatorum*, VI, 1936, p. 361-371; A. DONDAINE, « *Contra Graecos* ». *Premiers écrits polémiques des Dominicains d'Orient*, *ibid.*, XXI, 1951, p. 320-446, surtout p. 375, 406 et suiv.

(28) *Apparat. ad Sextum,* c. 17, I. 6 ad v. *Petro* (éd. Lyon 1547, f. 29, c. 3), cité par Fr. GILLMANN, *Zur scholastischen Auslegung von Mt 16, 18*, dans *Archiv für katholisches Kirchenrecht...*, CIV, 1925, p. 41-53; p. 44, n. 4.

(29) Const. *Licet juxta doctrinam,* du 23 oct. 1327, dans DU PLESSIS D'ARGENTRÉ, *Collectio judiciorum*, I, 306 a.

16

Ce texte très bref semble affirmer que *caput* soit vraiment
la traduction de *Cephas,* chose d'autant plus étrange que
l'évangile de saint Jean ajoute expressément : « quod interpretatur Petrus ». On ne fait pas, ici, la distinction entre
une simple correspondance phonétique traduisant un contenu
objectif de réalité, et une pseudo-traduction que contredirait
d'ailleurs le texte évangélique. Par contre, avec la condamnation de Marsile de Padoue et Jean de Jandun par
Jean XXII, nous revenons à la simple affirmation d'une correspondance verbale d'une langue à l'autre, traduisant la réalité objective de la fonction pétrinienne :

> Sic igitur ex praedictis patet, quod Petrus secundum praedictum
> modum caput est Ecclesiae, et vocatur. Et hoc videtur Christus in
> impositione nominis designasse, dixit enim sibi, sicut legitur in
> Joanne, *Tu vocaberis Cephas;* Cephas autem graece, interpretatur
> latine caput (30).

Nous terminerons notre enquête chez les théologiens du
moyen âge par quelques textes du cardinal Jean de Turrecremata qui fut, dans la première moitié du xv⁰ siècle, l'un des
plus éminents théologiens de l'Eglise, l'un des plus convain-
cus défenseurs et théoriciens du pouvoir pontifical, mais aussi, ne l'oublions pas, un canoniste éminent. Voici ce que nous
lisons dans sa fameuse *Summa de Ecclesia* (1448-1449) :

> Dictum est Petro a Christo : Tu vocaberis Cephas (Jo. I, 42);
> sed Cephas dicitur caput secundum unam interpretationem. Unde
> Cephas enim graece idem est quod caput latine. Ergo Petrus fuit
> caput Ecclesiae (31).

> Cum fundamentum in spiritualibus non sit in imo ut in corporali
> aedificio, sed in summo existet : ostenso quod beatus Petrus Eccle-
> siae Dei fundamentum fuerit, clarissime arguitur quod etiam caput
> fuerit Ecclesiae. Unde beatus Hieronymus in lib. de obitu sive ortu
> sanctorum novi testamenti, sic ait : Petrus in Christo Ecclesiae
> firmamentum, cephas corporis Christi princeps et caput est. Prae-
> terea quod beatus Petrus caput Ecclesiae a Christo institutus fuerit

---

(30) ANONYME, *Compendium majus octo processuum papalium,*
dans R. SCHOLZ, *Unbekannte kirchenpolitische Streitschriften aus
der Zeit Ludwigs des Bayern,* t. II, Rome 1914, p. 173.

(31) *Summa de Ecclesia,* lib. I, c. 52, obj. 6 (éd. Venise 1561,
fol. 64v).

ex illo in primis apertissime colligitur Salvatoris verbo quo inquit : Tu vocaberis Cephas (Jo. I, 42). Cephas enim licet secundum unam linguam interpretetur Petrus, nihilominus secundum aliam, ut sanctus Anacletus in c. In novo dist. 21. et beatus Isidorus Etym. 7, c. 4, volunt, caput sonat. Cephalym enim graece, caput latine dicitur...(32).

Quinto contra hunc errorem est verbum manifeste Christi dicentis Petre, tu vocaberis Cephas. Cephas enim, ut parum ante dictum est, graece caput sonat (33).

Pour Turrecremata, *caput* est *une* traduction de *Cephas* : à savoir la traduction du mot quand on le considère selon le grec. Le même mot, quand il est lu dans l'autre langue — Turrecremata ne dit pas laquelle : c'est évidemment le « syrien » dont parle Isidore —, signifie Pierre, comme saint Jean le dit, I, 42. Turrecremata nous indique ses sources. Ce sont, outre le texte classique d'Isidore, *Etym.*, VII, 9 (le texte de Turrecremata porte : 4), saint Jérôme, *De ortu sive obitu SS. N. T.* Il s'agit là d'un des nombreux pseudépigraphes hiéronymiens. Le traité est en réalité du même saint Isidore, dont l'autorité se trouve ainsi invoquée deux fois (34). La troisième autorité invoquée est celle du pseudo-Anaclet, pour lequel Turrecremata donne comme référence, non l'*ep. III* citée dans le Décret, D. XXII, c. 2 (*Sacrosancta*), mais la dist. XXI, can. *In novo* (Friedberg, I, 69-70).

Une erreur de référence analogue se remarque, à plusieurs reprises, dans un traité *De Graecis errantibus* composé à la veille du concile de Florence par le Bénédictin André de Escobar, évêque de Mégare, et publié récemment par le P. E. Candal : l'auteur cite, sous la référence Dist. XXI, le texte de la Dist. XXII qui parle de Céphas ; par contre, il renvoie (p. 45), sous une référence à la Dist. XXII, à un texte qui parle en faveur de l'égalité entre les autres apôtres et saint

---

(32) *ibid.*, lib. II, c. 20 (fol. 134r).

(33) *ibid.*, lib. II, c. 25, quinto (fol. 138v).

(34) *De ortu et obitu Patrum*, c. 68 (*P. L.*, LXXXIII, 149). Il faut distinguer ce traité d'un autre *De ortu et obitu Patrum*, faussement attribué à saint Isidore (voir *supra*, n. 6).

18

Pierre, texte qui relève réellement de la Dist. XXI (35). L'éditeur moderne du traité s'étonne à bon droit de cette sorte d'interversion. Sans doute ne faut-il cependant pas urger et penser, par exemple, que l'évêque de Mégare et le cardinal Turrecremata se seraient servi d'un texte du Décret où l'ordre et le contenu des distinctions XXI et XXII ne répondraient pas à ceux de nos éditions. La *Summa* de Turrecremata est de 1448-1449. Or, dans la Défense de la Bulle d'Union de Florence, qu'il composa au lendemain du concile, contre les attardés du concile de Bâle qui critiquaient l'œuvre de Florence, Turrecremata cite les canons *In novo* et *Sacrosancta* dans leur ordre normal, celui de nos éditions (36). Dans le Commentaire sur le Décret de Gratien qu'il publia en 1457 et où, d'ailleurs, il ne parle pas du rapprochement *Cephas-caput*, Turrecremata suit également le même ordre (éd. Lyon 1504).

A Florence même, pour le dire en passant, la question de la primauté romaine fut à peine abordée. On avait discuté longuement sur l'addition du *Filioque* au Symbole, sur les azymes, plus brièvement sur le Purgatoire. L'empereur avait hâte d'en finir. Pourtant, le 20 juin 1439, Jean de Montenigro, provincial de la province dominicaine de Lombardie,

---

(35) ANDREAS DE ESCOBAR, *Tractatus polemico-theologicus de Graecis errantibus*, ed. Em. CANDAL, S. J. (*Concilium Florentinum. Doc. et Script.*, Ser. B), Madrid et Rome 1952, p. 41 : « Et idem Anacletus Graecus dicit dist. XXI : *Inter beatos* ... ». Cf. aussi p. 43 et p. 44.

(36) IOANNES DE TURRECREMATA, *Apparatus super Decretum Florentinum Unionis Graecorum*, ed. Em. CANDAL (*Concilium Florentinum. Doc. et Script.*, Ser. B, II/1), Rome 1942, p. 20, 98, 102, 103, 107. La remarquable édition de ce traité par le P. Candal permet de trouver facilement toutes les références à ces citations. Nous reproduisons ici le texte du § 121, p. 101-102 : « Amplius, quod Romanus Pontifex totius Ecclesiae caput sit, ut quarta pars articuli diffinitionis dicit, clarissimum redditur, tum ex jam dictis, tum ex illo Johannis I, quod Christus ait Petro : ,Tu vocaberis Cephas'. Cephas enim etsi secundum unam linguam Petrus interpretetur, secundum Grecam tamen videtur interpretari caput. «Cephali» enim grece, dicitur caput latine, ut dicit beatus Ysidorus. Et hos modo exponunt doctores Greci. Unde beatus Anacletus, natione Grecus, ut in c. *sacrosancta* dist. XXII dicit ... ».

celui que les Actes appellent « Provincialis », fit un discours pour justifier la primauté romaine. Il ne manque pas d'apporter le témoignage d'Anaclet, ordonné par saint Pierre lui-même, grec de naissance et successeur de Clément : « Licet omnes essent apostoli, Petro tamen fuit a Domino concessum, ut omnibus praeesset apostolis, et Cephas, id est caput et principium teneret apostolatus » (37).

Nicolas de Cues, contemporain de Turrecremata, mentionne aussi la signification de *caput* pour le mot *Cephas* (38) ; les contradicteurs de Luther que nous allons rencontrer bientôt, Jean Eck et Jean Fabri, invoquent son autorité, qui était grande en Allemagne (cf. leurs textes cités infra, n. 45 et 46 ; n. 49).

* * *

L'autorité d'Anaclet, et le lien qu'elle mettait entre *Cephas* et *caput*, devaient être, en effet, niés avec vigueur et acharnement par Luther qui, lui aussi, connaissait, bien que son érudition fût en ceci acquise de fraîche date, les textes du droit canonique. Engagé à entrer dans la discussion entreprise par Jean Eck contre Carlostadt, obligé de répondre aux critiques dirigées par Eck contre lui-même, Luther fut amené à publier sa *Resolutio super propositione XIIIᵉ de potestate Papae,* qui parut à la veille de la Dispute de Leipzig, vers la mi-juin 1519. Luther, dont le sens historique est loin d'être négligeable, estime incroyable que le canon *Sacrosancta* soit réellement d'Anaclet (39). Il en vient au passage « Et Cephas, id est caput et principium » ; il y voit un faux fabriqué pour

---

(37) MANSI, 31, B, 1681 E. C'est par erreur que A. VOGT, dans la notice *Florence* (*Concile de*) du *Dict. de théol. cath.*, parle de Jean de Raguse; il s'agit de Jean de Montenigro. En 1439, Jean de Raguse n'était pas provincial de Lombardie, mais évêque d'Argos; son activité conciliaire n'a pas eu pour théâtre Florence, mais Bâle.

(38) Par exemple dans ses sermons publiés sous le titre de *Excitationum libri decem.*

(39) *Resolutio Lutheriana super propositione XIII. de potestate papae,* dans *Luthers Werke,* éd. Weimar, II, p. 209 [15-16].

appuyer la soif de domination de la papauté depuis le xie s., et dont le droit canon a été l'instrument :

Vel hic locus ostendit magis affectu potestatis quam veritatis studio hunc primatum quæsitum. Quomodo enim tot falsis argumentis uterentur, si semel et solidam haberent causam ? multis autem eget mendacium, ut verum appareat. Itaque tam inscius est iste Scenicus et poeticus Anacletus, ut Cepham ‚caput‘ interpretetur contra evidentissimum et apostolicum testimonium Johannis apostoli, qui dicit Johan. i. Intuitus eum Jesus dixit : Tu es Simon, filius Iohanna, Tu vocaberis Cephas, quod interpretatur Petrus. Pudet me, quod super hoc errore crassissimo tantum negotium struitur, in quo simul indiligentes se fuisse evangelii lectores : ideo non mirum, quod et falsos intellectores se ostendunt. Melius Leo supra, petram ‚soliditatem‘ intelligens, vocabulum Cephe bene novit. At hic nec evangelium nec canones recte intelligit. Est autem Cephe, teste Hieronymo, syrum vocabulum significans soliditatem, quam Grecus petrum vel petram, id est saxum vel rupem firmam, transtulit. At noster nugator cephalem graece pro cepha syriace accepit et tamen inter sacros canones vel primus habetur. Nam in decretalibus, quas Gregorius ix. et Bonifacius viii. congesserunt, huic canoni suisque similibus auctoritas tanta tribuitur, ut vix una sit quae non totum hunc spiret (40).

La célèbre Dispute de Leipzig suivit de près la publication de cet écrit : 27 juin 1519. Luther n'entra en lice, sur la question de la primauté, que le 4 juillet. Il renouvela son attaque contre le texte d'Anaclet, « un de ces décrets tout de glace que je combats et dont personne ne me persuadera qu'il émane de ce saint pontife et martyr » (41). Sur les décrets (invoqués par Eck), ajoute-t-il, je ne dis rien : je les ai appelés de glace, en particulier celui de cet Anaclet, dont on parle tant présentement et dont aucun bon chrétien ne pensera qu'il est d'Anaclet le martyr, puisqu'il traduit *Cephas* par *caput* et qu'il appelle l'Eglise romaine le Gond (*cardinem*) » (42).

Eck n'accepta pas ce rejet du canon d'Anaclet ; il le qualifie de « subterfuge » : car, disait-il, on pourrait tout aussi

---

(40) *ibid.*, p. 210^{31}-211^{10}.

(41) *Disputatio I. Eccii et M. Lutheri Lipsiae habita, 1519*, dans *Luthers Werke*, éd. Weimar, II, p. 276 23-25.

(42) *ibid.*, p. 278 24-27 : séance du matin, 5 juillet.

bien récuser de même les décrets de tous les conciles et des papes. Tant que Luther n'aura pas montré que ce texte d'Anaclet ne se trouve pas dans les *originalia*, Eck refusera son affirmation (43). Que le passage fût dans les textes, Luther ne pouvait guère le nier ; il estimait, par contre, que Eck n'avait pas répondu sur le point du lien mis entre *caput* et *Cephas*, lien dont Luther faisait une traduction. Le réformateur y revient le lendemain :

> Quod vero non accipit negatum a me decretum Anacleti, et quo de sigillatis decretis ibi ludit, transeo : nondum enim confutavit, quod idem decretum Cepham interpretatur caput, que inscicia tanto pontifici non est tribuenda, presertim eo tempore, ubi floruerunt lingue et Iudeorum habebatur copia. Sed hoc constat, librum decretorum nondum esse approbatum (44).

Eck lui répond immédiatement : les *originalia* attribuent le décret au saint pape et martyr Anaclet ; Nicolas de Cues, qui a travaillé sur ces *originalia*, le cite. Mais il n'y a pas, dit Eck, à refuser l'authenticité du canon sous le prétexte qu'on ferait injure à la sainteté d'un si grand martyr en attribuant à celui-ci l'ignorance consistant à traduire *Cephas* par *caput* ; car la science est autre chose que la sainteté de la vie. Ainsi Eck semble-t-il près de renoncer à affirmer la parenté sémantique des deux mots. Il ne le fait pas cependant, et il ajoute aussitôt :

> Dicamus tamen unum, quia Cephe aut Cephas debet esse Syriacum et Hebreis quoque familiare, valens tantum sicut Petrus vel solidum, ut Erasmus post Hieronymus refert : addamus hoc et singulare, quod Cusanus, chaldaice et hebraice doctus, in libris Excitationum testatur, ,Petrus‘ etiam valere tantum sicut ,caput domus‘. Quare non tanta inscicia laboravit Anacletus, si Cepham pro capite interpretatur (45).

(43) *ibid.*, p. 283 3-13 : séance de l'après-midi. — Sur le sens de « originalia », cf. J. DE GHELLINCK, « *Originale* » et « *Originalia* », dans *Archiv. latinitatis Medii Aevi,* XIV, 1939, p. 95-105. — Albert Pighi et S. Jean Fisher ont argué de même, à partir des manuscrits anciens conservés dans les bibliothèques, en faveur de l'authenticité du texte d'Anaclet : cf. P. POLMAN, *L'élément historique dans la Controverse religieuse du XVIe siècle*, Gembloux 1932, p. 476-477.

(44) *ibid.*, p. 287 17-21 : séance du 6 juil., matin.

(45) *ibid.*, p. 294 20-26.

Il ne restait plus à Luther qu'à ironiser sur ces explications, en renvoyant son adversaire, et Nicolas de Cues lui-même, au 1ᵉʳ chapitre de saint Jean, où il est écrit « Tu vocaberis Cephas, quod interpretatur Petrus » (46).

Eck avait à faire front à l'attaque de Luther et il ne pouvait guère lui faire de concessions dans une dispute publique ; il est possible qu'il ait tout de même été impressionné par l'argumentation de son contradicteur. De fait, dans son *De primatu Petri,* qu'il rédigea peu après, il cite bien le canon *Sacrosancta* du Pseudo-Anaclet, mais il omet le passage « Cephas, id est caput et principium ». De plus, il a dû chercher à s'assurer d'un texte aussi sûr que possible, car il note qu'Yves de Chartres, dans sa *Panormia,* interrompt le texte d'Anaclet plus tôt que ne le fait Gratien (47).

Cela n'a pas empêché le champion de la cause catholique à la Dispute de Berne de 1528, Alexis Grat, de répéter encore : « Cephas ist Griechisch und bedut ein Haupt » (48). Les docteurs catholiques savaient bien, cependant, que *caput* n'est pas une traduction de *Cephas.* Mais ils défendaient Anaclet ou, tout au moins, l'excusaient et déniaient à Luther le droit de se prévaloir d'un « lapsus » pour nier la doctrine la plus certaine, la mieux reconnue par les Pères, qui est contenue dans le texte de Matthieu, XVI. C'est ainsi que Jean Fabri, à longueur de pages remplies d'une érudition un peu tumultueuse, montre, par de multiples considérations et en invoquant l'exemple de saint Jérôme, alors si prisé dans le camp

---

(46) *ibid.,* p. 302 ³⁶ - 303 ⁹ : séance du 7 juil., matin.

(47) J. Eck, *De primatu Petri adversus Ludderum,* Ingolstadt 1520 ; Paris 1521 : lib. 1, c. 6 (dans Roccaberti, *Biblioth. maxima . . .,* XIV, 47 ⁹). — De fait, Yves de Chartres, dans sa *Panormia,* arrête le texte avant : *P. L.,* CLXI, 1182. A noter que Cajetan, qui a publié, lui aussi, en 1521, un *De divina institutione Pontificatus Romani Pontificis* (éd. Lauchert, 1925, dans *Corpus catholicorum,* X), cite le canon *Sacrosancta* (p. 92-93), mais ne parle pas de *Cephas-caput,* bien qu'à plusieurs reprises il appelle Pierre « caput Ecclesiae ».

(48) Cité par K. Guggisberg, *Matthäus 16, 18 und 19 in der Kirchengeschichte,* dans *Zeitsch. f. Kirchengesch.,* LIV, 1935, p. 276-300 : p. 297, n. 49.

humaniste, qu'il y aurait mauvaise grâce à urger sur le lapsus
d'Anaclet (49). Le non moins tumultueux Catharin attaqua,
lui aussi, la *Resolutio Lutheriana* de 1519, dans une *Apologia
pro veritate catholicae et apostolicae fidei ac doctrinae adversus impia ac valde pestifera Martini Lutheri dogmata* imprimée dans les derniers jours de 1520. Il y défendait Anaclet
d'une façon extrêmement intéressante. Il y a, dit-il, deux façons d'interpréter une expression, surtout dans les Ecritures:
l'une s'attache au mot lui-même, l'autre à la chose qu'il
désigne. Selon la première façon d'interpréter, Céphas signifie Pierre, mais ce n'est pas à cela qu'Anaclet s'est arrêté,
le supposant déjà connu ; il a dégagé le sens de la réalité
elle-même, qui est « caput et principium ». Qu'il ne fût pas
dupe de l'apparence phonétique du mot grec κεφαλή, on le
voit par le fait qu'il ne parle pas seulement de « caput »,
mais aussi de « principium », mot qui, de toute évidence, n'a
aucun rapport phonétique avec κεφαλή. Tant il est vrai

---

(49) Dans son *Adversus nova quaedam dogmata M. Lutheri,*
Rome 1522 : c. 63 (reproduit dans ROCCABERTI, *Biblioth. maxima,*
XIV, 364ᵃ-367ᵃ). Jean Fabri a lui-même repris cet ouvrage dans
son *Malleus,* publié à Cologne en 1524 et récemment réédité avec
un luxe d'érudition extraordinaire par le regretté A. Nægele: DR. JO-
HANN FABRI *Malleus in haeresim lutheranam* (1524), hrsg. von A.
NÆGELE. 2. Hbd. (*Corpus Catholicorum,* 25/26), Munster, Aschen-
dorff, 1952. Dans le *Malleus,* notre passage est au tract. V, text. 27,
éd. citée, p. 150-164. Fabri cite d'abord le passage de la *Resolutio*
que nous avons reproduit *supra* (n. 40). Il avoue, au fond, qu'Anaclet
a fait une erreur de philologie, mais il en cite bien d'autres, impu-
tables à saint Jérôme, aux meilleurs humanistes, aux textes sacrés
eux-mêmes, et il termine en disant que, puisque Pierre est réellement
caput, comme Luther lui-même le reconnaît, il n'y a pas lieu de
tant se scandaliser. — Jean Fabri, né en 1478, mort évêque de
Vienne en 1541, n'a pas l'honneur d'une notice dans le *Dict. de
théol. cathol.* Même la notice de HURTER, *Nomenclator lit.,* 2ᵉ et
3ᵉ éd., t. II, col. 1402 s., n'est pas d'une extrême précision sur les
éditions des ouvrages de cet auteur. Par contre, voir la notice de
E. TOMEK dans le *Lexikon f. Theol. u. Kirche,* t. III, col. 931-935
(1937) et surtout A. NÆGELE, *Der Konstanzer Generalvikar Johann
Fabri von Leutkirch und seine Berichte über Abessinier in Rom
1521/22,* dans *Theol. Quartalschr.,* CXX, 1939, p. 71-95; L. HELB-
LING, *Dr. Johann Fabri, Generalvikar von Konstanz u. Bischof v.
Wien, 1478-1541,* Munster 1941.

qu'Anaclet n'a pas considéré *le mot,* mais *la réalité* (50). Ainsi le fougueux théologien italien rejette la concession du « lapsus » et, par une sorte d'instinct qu'il tient de sa formation, se situe, non sur le terrain humaniste de l'histoire et de la philologie, mais sur le terrain médiéval d'une philosophie objective des signes intellectuels.

Luther répond à Catharin, dans l'une de ses œuvres où la verve polémique la plus aiguë ne nuit pas à la lucidité des ripostes. Dans le cas, il se contente d'ironiser sur la subtilité d'un Italien doublé d'un thomiste ! Il rirait si la chose n'était pas si tragique et s'il ne se jouait là une grave question de méthode théologique : pour ces thomistes, dit

---

(50) Nous reproduisons ici le texte de Catharin, fort difficile à trouver : « Discunt hodie plerique scioli varias linguas, quo abundantius maledicant : non quo melius intelligant. Syrum inquis vocabulum Cephas est; quid tum ? Petra interpretatur. Esto. Erravit ergo (inquis) Anacletus, qui est interpretatus Caput. O vere levissimum caput. Sed audi, si potes. Duplex est interpretatio praesertim in Scripturis frequens. Alia vocis, alia rei iam notae per vocem. Verbi gratia, in proposito Cephas Petram significat : haec interpretatio vocis, ad quam veluti notam non respexit hic Anacletus. Sed quia hoc ipso noto facile dubitare aliquis posset quidnam importaret haec Petra. Et cur isto nomine Petrus a Domino dictus esset. Ad hoc recte et evangelice Anacletus respondens (id quod ab ipso Magistro accepit) Cephas, in caput et principium exposuit. Dixerat enim Magister de se lapide et Petra : Lapidem quam reprobaverunt aedificantes hic factus est in caput anguli. Ecce quod se lapidem caput factum appellat. Non igitur Graecae vocis figura deceptus Anacletus, Cephas caput dixit : quod vel ex eo plus quam manifeste apparet quod non solum dixit caput, sed etiam principium, et manifestum est graecam vocem κεφαλήν non principium significare, sed tantum caput : unde clarius luce constat, rem ipsam potius exponere voluisse, quam syram vocem latinae voci reddere. Verum quid si tibi hoc darem, Martine, quod Anacletus figuram vocis inspiciens ad graecam allusisset interpretationem rei maxime convenientem, cum Hiero(nymus) dicat in libr. de Obitu Sanctorum Petrus in Christo Ecclesiae fundamentum Cephas corporis Christi Princeps et caput est. » *Ad Carolum Imperatorem et Hispaniarum regem Fratris Ambrosii Cath. Ord. Praed. Apologia pro veritate Catholicae et apostolicae fidei ac Doctrinae. Adversus Impia ac valde pestifera Martini Lutheri Dogmata.* Florentiae, apud haer. Ph. Iuntae, MDXX, Vigesimo Mensis Decembris : lib. tertius, fol. 70v. Pour la citation de saint Jérôme, cf. *supra,* n. 34.

Luther, il ne s'agit pas d'être attentif à la signification des mots, mais aux « qualités » de la chose signifiée... (51).

De fait, Luther touche là un point véritablement profond et de grande conséquence. Nous nous en rendrons bientôt compte en tâchant de tirer quelques conclusions de toute cette histoire. Avant de le faire, notons ici l'épilogue de l'histoire elle-même. Les autres grands Réformateurs, Mélanchton et Calvin, relèvent, après Luther, l'erreur du rapprochement *Cephas-caput* (52). Après eux, Flacius Illyricus, qui passe au crible d'une critique à la fois intéressée et singulièrement éveillée tout ce qu'il peut trouver de faux ou de douteux dans les positions catholiques et qui, en particulier, a donné la première étude critique des faux pseudo-isidoriens, fait son profit du lapsus d'Anaclet. Il est regrettable que le jésuite espagnol François de Torrès (Turrianus) ait cru devoir le contredire sur ce point, s'exposant ainsi à être réfuté à son tour par le calviniste David Blondel (53). Mais, dès ce mo-

---

(51) *Ad libri eximii Magistri nostri Magistri Ambrosii Catharini, defensoris Silvestri Prieratis acerrimi, responsio* (1521), dans *Luthers Werke*, éd. de Weimar, t. VII, p. 718. — Luther avait reçu l'ouvrage de Catharin par l'intermédiaire de Linck.

(52) MELANCHTON, *Enarratio in Evang. Ioannis*, c. 1 (*Corpus Ref.* XV, col. 53) : « Nunc ad textum redeo, in quo et hoc monendus est lector, quod insulsissime quidam interpretati sunt vocabulum ηχφᾶς pro κεφαλῇ, id est, capite, cum prorsus alia vox sit κηφᾶ, aliena a Graeca lingua, rupem significans ». Ce commentaire a été rédigé en 1536 par Gaspar Crucigère, avec les papiers de Mélanchton, et publié en 1546, après la mort de Luther qu'on craignait qu'il ne mécontât. — CALVIN (*Comm. ... sur le N. T.*, t. II, p. 29, Paris 1854 : sur saint Jean, c. 1, de l'année 1553) : « Les Papistes se monstrent bien ridicules, qui mettent Pierre au lieu de Christ, à ce qu'il soit le fondement de l'Eglise (...). Mais ils se monstrent doublement ridicules, quand d'une pierre ils en font une teste. Car on trouve ès bobulaires et rapetasseries de Gratian, un sot Canon qui est attribué à Anaclétus, lequel faisant eschange du mot Hébrieu avec le Grec, et ne distinguant point entre le mot Grec Céphalé, et l'Hébrieu Céphas, pense que Pierre par ceste imposition de nom ait esté constitué et ordonné chef de l'Eglise... ».

(53) Nous n'avons pas trouvé l'endroit exact des « Centuries » (*Ecclesiastica historia, integram ecclesiae Christi ideam secundum*

ment, avec un saint Robert Bellarmin, la controverse catholique atteint un niveau vraiment scientifique ; ce qu'on trouve sur *Cephas-Petrus* est dès lors parfaitement au point, souvent même appuyé par une érudition de qualité. Chez les grands controversistes catholiques, il n'est plus question de *Cephas-caput* (54).

* * *

En conclusion de cette étude historique d'un thème par lui-même assez mince, nous voudrions d'abord résumer les principaux moments de cette histoire, ensuite et surtout, en dégager un enseignement concernant les attitudes profondes d'esprit que nous y trouvons engagées.

Cette histoire présente trois moments principaux: a) Celui des grammairiens et des étymologistes, déterminé par Isidore, et notable surtout dans la première moitié du IXe siècle, en dépendance, évidemment, de la renaissance des lettres

---

singulas centurias perspicuo ordine complectens . . ., Bâle 1559, 8 vol. in fol.) où Flacius Illyricus traite de notre question. Il a publié un grand nombre d'écrits partiaux contre la primauté romaine et la papauté : cf. P. POLMAN, *L'élément historique dans la Controverse religieuse du XVIe siècle*, Gembloux 1932, p. 152 et suiv., p. 213 et suiv. (sur la critique des Décrétales par les Réformateurs, p. 166 et suiv.).

Francisci Turriani Adversus Magdeburgenses Centuriatores pro canonibus apostolorum et epistolis decretalibus Pontificum apostolicorum, Florence 1572, lib. II, c. 3 (cf. *P. L.*, LXXXII, 287, n. a.).

David BLONDEL, *Pseudo-Isidorus et Turrianus vapulantes*, Genève 1628.

(54) Ainsi, pour citer un peu au hasard et sans avoir fait de recherche systématique : BELLARMIN, *De Romano Pontif.*, lib. I, c. 10; EMMANUEL DE SCHELSTRATE, *De auctoritate apostol.*, c. 6, a. 1, n. 5 (dans ROCCABERTI, *Bibl. maxima*, XI, 262 b); SUAREZ, Disp. X, sect. 1, assert. 2 ᵃ; DELPHINUS, *De proportione papae ad concilium*, expos. XI (ROCCABERTI, VII, 19); ANTOINE PEREZ, *Pentateuchum fidei*, Madrid 1620, lib. II, dub. 2, c. 2, n. 20 (ROCCABERTI, IV, 745). Pourtant un DIDACE DE CEA, *Archielog. principum Apost. Petri et Pauli*, lib. III, c. 10, n. 1, Rome 1639 (ROCCABERTI, VIII, 141 b) écrit encore « Cephas syriace petram significat, ut tenet D. Hieronymus in c. 2 ad Gal. Graece autem, teste Optato lib. 2 contra Parmen., caput denotat ».

promue par Charlemagne et Alcuin sur la base de la grammaire. — b) Celui des canonistes, acquis avec les grandes collections du xiie siècle, sur la base, dans notre cas, des Décrétales pseudo-isidoriennes. Cet apport des collections canoniques a été utilisé par les théoriciens de la puissance pontificale, qui sont principalement des canonistes : Innocent III, Grégoire IX, les théologiens curialistes du début du xive siècle, Jean XXII, les théoriciens de la monarchie pontificale contre le courant conciliaire au xve siècle (Turrecremata). — c) La révolution protestante, c'est-à-dire essentiellement Luther, qui s'élève contre les canonistes et les curialistes (moment b) et, en même temps, contre la mystique des étymologies (moment a). Ce souci de connaissance exacte des textes et du sens des mots est, on le sait, le côté par où la Réforme a, dans ses débuts, fait route et cause communes avec l'humanisme. De fait, sous le détail anecdotique assez menu des discussions entre Eck ou Catharin et Luther, ce sont deux mondes intellectuels qui s'affrontent. Essayons de les caractériser.

Il y a le monde ancien, médiéval. S'il faut désigner les maîtres humains auxquels il doit sa structure d'esprit, on devra évidemment citer, pour ce qui est des idées, saint Augustin, saint Jérôme, saint Grégoire, Aristote, mais avec eux, et peut-être avant eux, pour ce qui est de l'ordre élémentaire grâce auquel un esprit s'organise, saint Isidore. M. Gilson célébrait naguère le bienfait qu'est, pour l'esprit français, d'avoir été formé à la discipline de l'analyse logique et du parler formel, et il faisait remonter au moyen âge scolastique le mérite de ce bienfait (55). Mais ce moyen âge lui même a eu un maître en discours logique et en définitions, un premier instituteur qui lui a enseigné l'usage raisonné de sa langue. On peut se moquer de l'espèce d'encyclopédie et de certaines « étymologies » d'Isidore : nous verrons bientôt qu'on le peut surtout si l'on en méconnaît le

---

(55) E. GILSON, Discours de réception à l'Académie française, 29 mai 1947, dans *Documentation cath.*, XLIV, 1947, col. 857-869.

28

sens. Il n'en est pas moins évident que l'évêque de Séville a transmis au moyen âge un instrument d'ordre et, avec ses limites, de précision dans la pensée. Comment se présente donc, chez Isidore et pour le moyen âge, le mystère des mots ?

Le nom d'une chose fait connaître la chose elle-même, en sorte qu'en comprenant la signification du mot, on entre dans la connaissance de la chose ou même de l'individu appelé de tel ou tel nom déterminé (56). Il est clair que cette idée a ses racines dans la pensée antique, celle d'un Platon par exemple, selon lequel les noms sont donnés κατὰ φύσιν (57), et plus encore dans l'Ecriture, pour laquelle le nom est la personne et la nature même de ce qu'il désigne (58). Aussi l'Ecriture est-elle remplie d'indications de

---

(56) « Nomen dictum quasi notamen, quod nobis vocabulo suo res notas efficiat. Nisi enim nomen scieris, cognitio rerum perit ». ISIDORE, *Etym.*, I, c. 7, n. 1 (*P. L.*, LXXXII, 82). « Nomina debent proprietatibus rerum respondere (...) Nomina autem singularium hominum semper imponuntur ab aliqua proprietate eius cui nomen imponitur ». Saint THOMAS, *Sum. theol.*, III ᵃ, q. 37, a. 2. — Quant à une mise en valeur de cette idée, il suffit de parcourir n'importe quelle page d'Isidore pour en trouver des exemples. Un seul, entre des centaines : « *Heva* interpretatur *vita*, sive *calamitas*, sive *vae* : *Vita*, quia origo fuit nascendi ; *calamitas* et *vae*, quia per prevaricationem causa exstitit moriendi. A *cadendo* enim nomen sumpsit calamitas ». *Etym.*, VII, c. 6, n. 5 (col. 275).

(57) Cf. en particulier le *Cratyle*, où Socrate soutient, contre Hermogène et sa théorie d'une convention artificielle, que les mots sont établis par le législateur d'après la nature même des choses. Voir, pour un contexte plus large, *The Oxford classical dictionary*, s. v. *Etymology* (référ.) et J. VENDRYÈS, *Le langage, Introd. linguistique à l'histoire*, Paris 1921, p. 216 et suiv.

(58) Sur le nom dans l'Ecriture, voir l'art. *Nom* dans *Dict. de la Bible*, IV, 2, col. 1669 et suiv. (H. LESÊTRE) ; art. *Names* dans l'*Encycl.* de Hastings ; art. ὄνομα des dictionnaires de Cremer, de W. Bauer, de Kittel ; W. HEITMÜLLER, *Im Namen Jesu*, Göttingue 1903. — Pour le milieu assyro-babylonien, voir E. DHORME, *Relig. assyro-babyl.*, p. 150-157 ; B. GEMSER, *De Beteekenis der persoonsnamen voor onze kennis van het leven en denken der oude Babyloniërs en Assyriërs*, Wageningen 1924 ; W. SCHULZ, *Der Namenglaube bei den Babyloniern*, dans *Anthropos*, XXVI, 1931, p. 895-928 ; etc...

noms et d'explications des particularités de tel ou tel par la signification du nom qu'il porte.

Ainsi pouvons-nous comprendre ce qu'est l'étymologie pour Isidore et pour le moyen âge. « Elle est la genèse des mots ; on recueille la force du mot ou du nom en l'interprétant » (59). L'étymologie dévoile donc le pourquoi profond des noms et, par là même, quelque caractère essentiel des choses ou des personnes que ces noms désignent. Pourtant, les Anciens n'ont pas toujours dénommé les choses d'après leur nature ; il leur est arrivé, comme à nous-mêmes, d'attribuer à quelque objet ou à quelque personne une étiquette arbitraire. C'est pourquoi on ne peut pas trouver l'étymologie à tout coup (60). Toutefois, lorsqu'il s'agit des patriarches de l'humanité et des ancêtres du peuple de Dieu, dont nous parle la Bible, le nom qui leur a été donné provient généralement de quelque qualité propre à leur personnage (61).

Le travail de recherche de la signification des noms est

---

(59) « Etymologia est origo vocabulorum, cum vis verbi vel nominis per interpretationem colligitur ». ISIDORE, *Etym.*, I, c. 29, n. 1 (*P. L.*, LXXXII, 105). Nous verrons plus loin que *interpretatio* n'est pas toujours ni exactement « traduction ».

(60) « Cujus cognitio saepe usum necessarium habet in interpretatione sua. Nam cum videris unde ortum est nomen, citius vim ejus intelligis. Omnis enim rei inspectio, etymologia cognita, planior est. Non autem omnia nomina a veteribus secundum naturam imposita sunt, sed quaedam, et secundum placitum, sicut et nos servis et possessionibus interdum secundum quod placet nostrae voluntati nomina damus. Hinc est quod omnium nominum etymologiae non reperiuntur, quia quaedam non secundum qualitatem qua genita sunt, sed iuxta arbitrium humanae voluntatis vocabula acceperunt». *Etym.*, I, c. 29, n. 2 et 3 (*P. L.*, LXXXII, 105).

(61) « Plerique primorum hominum ex propriis causis originem nominum habent. Quibus ita prophetice indita sunt vocabula, ut aut futuris, aut praecedentibus eorum causis conveniant » ID., *ibid.*, VII, c. 6, n. 1 (col. 274-275). Isidore applique expressément ces considérations aux apôtres : « Habent autem plerique ex iis (= leur mission) causas suorum vocabulorum » (VII, 9; col. 287). — « Nomina autem quae imponuntur aliquibus divinitus semper significant aliquod gratuitum donum eis divinitus datum. Sicut dictum est Abrahae... Et dictum est Petro : *Tu es Petrus...* ». S. THOMAS, *Sum. theol.*, III ª, q. 37, a. 2.

comme à deux degrés. Il y a, dit Isidore, la pure étymologie, et il y a l'interprétation de l'étymologie. On ne tient que la pure étymologie lorsqu'on traduit simplement (en latin) le sens global du mot. Par exemple, dans la liste des ancêtres de l'humanité que nous donne la Genèse, on peut dire simplement qu'*Arfaxat* signifie *sanans depopulationem* (62), mais on ne peut, par l'analyse, retrouver dans le mot les éléments verbaux simples qui, en le composant, *expliquent*, et la genèse du mot, et la nature de ce que ce mot désigne (63). Le plus souvent, Isidore cherche (et trouve!) l' « étymologiae interpretationem ». C'est cela que recouvrent les formules de ce genre, si fréquentes chez lui : « oratio, quasi oris ratio », « oraison se dit (ou bien : est mis) pour parole des lèvres ». C'est à ce type que se rattachent tant d'étymologies, dont nous sommes portés à sourire, mais dont M. Gilson dit excellemment : « Dans son Introduction, il (M. Nève) relève toute une série de «jeux de mots » (...) : *mutuum dicitur quasi de meo tuum ; civitas dicitur quasi civium unitas ; mulier dicitur quasi mollis aer*; etc. Il s'agit au contraire ici du plus sérieux des procédés de développement, dont Isidore de Séville fait généralement les frais, et qui se fonde sur cette conviction, que l'analyse de la structure des mots révèle, par les parties composantes du mot, les parties composantes de l'idée qu'il signifie. Retrouver les racines simples dont un mot est composé, c'est retrouver les idées simples dont est composée l'idée que ce mot désigne » (64). On pourra

---

(62) *Etym.*, VII, c. 6, n. 20 (*P. L.*, LXXXII, col. 276).

(63) Nous croyons, d'après l'exercice même que fait Isidore de sa théorie et de sa méthode, pouvoir entendre ainsi ce passage : « In quibus tamen manente spirituali sacramento, nunc tantum ad litteram intellectum historiae persequemur. Ubi autem etymologiae interpretationem non attigimus, solam ipsam etymologiam in latinum posuimus. » *Etym.*, VII, c. 6, n. 2 (col. 275).

(64) E. GILSON, *Michel Menot et la technique du sermon médiéval*, dans *Rev. d'hist. franciscaine*, 1925 ; reproduit dans *Les idées et les lettres*, Paris 1932, p. 129, n. 1. M. Gilson cite ensuite ce texte très intéressant d'un manuel de prédication publié par A. DE POORTER (*Rev. néoscol. de Philos.*, 1923 : cf. p. 205) et que M. Gilson restitue

même parfois pousser cette analyse du mot au delà des syllabes, jusqu'aux lettres, car celles-ci, quelques-unes d'entre elles au moins, signifient les grandes choses de la vie naturelle et surnaturelle (65).

Toutes ces considérations prennent une force particulière et apportent une lumière plus vive quand on a affaire à des noms donnés par Dieu lui-même, et relatifs à l'économie du salut, comme on en rencontre tant dans la Bible et dans le Nouveau Testament. Céphas-Pierre en est un exemple majeur (comp. saint Thomas, cité supra, n. 61). Dans aucun des textes que nous avons cités au cours de la présente étude, nous n'avons rencontré expressément l'idée des trois langues sacrées, l'hébreu, le grec et le latin, les trois langues de l'inscription de la croix. Cette idée était assez répandue dans le moyen âge latin (66). Elle se trouve explicitement chez saint Isidore (67). On rencontre aussi chez lui l'idée que l'hébreu est la langue primitive, d'où les autres viennent : ainsi, dit-

---

à Guillaume d'Auvergne : « Hoc genus loquendi (scil. derivatio et compositio) vocant grammatici etymologiam, quando scilicet alicuius vocabuli virtus et ratio per suam compositionem declaratur, ut magnanimus, magnum habens animum; et justus, juri stans ... » etc.

(65) Cf. Etym., I, c. 3, n. 7-9 (P. L., LXXXII, 76).

(66) Voir J. SCHWERING, Die Idee der drei heiligen Sprachen im Mittelalter, dans Festschr. Aug Sauer, Stuttgart 1925, p. 3-11. On trouve cette idée chez saint Augustin (In Ev. Joann., tr. 117 : P. L., XXXV, 1946), chez le Ps. - BÈDE, Collectanea (P. L., XCIV, 547 D), fin XIIᵉ - début XIIIᵉ s., chez l'auteur anonyme, mais parisien, d'un De philosophia et partibus eius (Paris, Bibl. nat., ms. Lat. 6570; cité dans M. GRABMANN, Gesch. der scholast. Methode, Fribourg 1911, t. II, p. 48). L'idée a souvent servi à faire pièce aux tentatives de traductions de la liturgie en langue vulgaire (voir H.A.P. SCHMIDT, S. J., Liturgie et langue vulgaire. Le problème de la langue liturgique chez les premiers Réformateurs et au concile de Trente, Rome 1950, voir Tables; cf. aussi Maison-Dieu, n° 25, 1951, 1, p. 70-71). Par contre, l'idée a été niée ou critiquée par ceux qui étaient favorables à l'emploi de la langue vulgaire, ainsi par Jean VIII, en faveur de l'effort de saint Méthode : P. L., CXXVI, 906, cité dans SCHMIDT, p. 116, n. 38.

(67) Etym., IX, c. 1, n. 3 (P. L., LXXXII, 326).

il, l'alpha grec vient de l'aleph hébraïque (68). Il est clair
que, si la Sagesse et la providence de Dieu se manifestent
dans l'attribution des noms, cela doit se vérifier surtout dans
l'expression de sa pensée et de son vouloir en ces trois
langues sacrées. C'est pourquoi, lorsqu'une obscurité particulière recouvre le mystère mis par la Sagesse divine en tel ou
tel nom, il est légitime de demander à une autre de ces trois
langues le secret que l'une d'entre elles ne nous livrerait
pas (69). Ne serait-ce pas cette vue d'Isidore, assurément plus
« sapientielle » que « scientifique », qui se trouverait au fond
des idées exprimées par plusieurs des textes d'Innocent III,
d'Albert le Grand, et surtout de Turrecremata, que nous
avons rencontrés ? Nous pensons en particulier à ceux qui
répondent aux notes 15, 17, 23, 31, 32, 33 et 36. Ces auteurs
savent que la traduction de *Cephas* est *Petrus,* c'est-à-dire
« roc » ; mais ils n'hésitent pas à prendre le mot *Cephas* tel
qu'il sonne selon la langue grecque et à en donner une autre
traduction, selon le grec, celle de *caput.* Ils estiment, en
somme, qu'on peut passer d'une langue à l'autre, parce qu'il
y a une homogénéité foncière de sens dans les transpositions
qu'on peut faire, d'une langue à l'autre, des noms providentiellement donnés à tel ou tel personnage. On trouverait
d'autres exemples du procédé, et non pas seulement chez
Isidore ou les Latins (70), mais chez des Pères grecs eux-

---

(68) Cf. *Etym.*, I, c. 3, n. 4 et 5 (col. 75) et IX, c. 1, n. 1 (col. 325).
C'est ce qui fera dire à l'auteur du *De Philosophia* cité n. 66, que,
si on laissait un enfant s'exprimer spontanément, il parlerait
hébreu...

(69) « Unde et propter obscuritatem sanctarum Scripturarum ha-
rum trium linguarum cognitio necessaria est, ut ad alteram recur-
ramus, si quam dubitationem nominis vel interpretationis sermo
unius linguae attulerit ». *Etym.*, IX, c. 1, n. 3 (col. 326).

(70) Par exemple : « Reges autem ob hanc causam apud Graecos
βασιλεῖς vocantur, quod tanquam *bases* populum sustinent; unde et
bases coronas habent ». *Etym.*, IX, 3, n. 18 (col. 344). Idée reprise,
par exemple, dans la *quaestio* anonyme *De potestate Papae,* contre
Boniface VIII (cité par V. MARTIN, *Origines du gallicanisme,* Paris
1939, t. I, p. 217).

mêmes, beaucoup plus au fait, cependant, du sens et de l'origine des mots grecs (71).

Un pareil procédé suppose qu'on cherche, dans un mot, non tant ce que nous appellerions aujourd'hui son étymologie, que l'expression d'une essence. Dans le cas, c'est parce qu'on connaît la réalité de la fonction de Pierre et sa qualité de

---

(71) Ainsi saint Cyrille de Jérusalem, ou l'auteur des Catéchèses, dit que Jésus a été appelé ainsi d'une façon qui convenait à son office de sauveur, d'un nom venant de ἴασις, guérison : *Catéch.* X, n. 4 (*P. G.*, XXXIII, 665). Mais le *locus classicus* d'un cas analogue à celui que nous étudions est *pascha* rapproché de πασχειν : cf. Chr. MOHRMANN, *Pascha, passio, transitus*, dans *Ephem. liturg.*, LXVI, 1952, p. 37-52. On trouvera là les principaux témoignages, Méliton, Lactance, le Ps.-Chrysostome, le Ps.-Origène. Ajouter saint Grégoire de Nazianze, qui explique la mutation du mot hébreu *Phase* dans le grec *Pascha*, et rapporte que certains rapprochaient Pascha de πάσχειν : *Orat. XLV*, 10 (*P. G.*, XXXVI, 636 C). Les textes de S. AUGUSTIN que cite Mlle Mohrmann sont particulièrement intéressants pour notre sujet, parce qu'ils étaient certainement familiers au monde médiéval. Augustin tient fermement pour *Pascha = transitus*; il dit que certains en font à tort un mot grec, alors que c'est un mot hébreu, mais il ajoute: « Opportunissime tamen occurrit in hoc nomine quedam congruentia utrarumque linguarum », *In Ev. Joann.* tr. 55, 1 (*P. L.*, XXV, 1784), comp. *Enarr. in Ps. CXX*, 6 (XXXVII, 1609). Ailleurs, *In Ps. CXL*, 25 (col. 1832), Augustin semble tenté par une exploitation de cette « congruentia », qui le rapprocherait de ce que nous trouvons pour *Cephas-caput* : « Audite etiam mysterium verbi ejus. Secundum graecam locutionem pascha videtur passionem significare, πάσχειν enim pati dicitur; secundum hebraeam autem linguam, sicut interpretati sunt qui noverunt, pascha transitus interpretatur...» Comp. *Enarr. in Ps. LXVIII*, serm. 1, n. 2 (XXXVI, 842) : « Pascha ipsum latine transitus interpretatur. Non est enim pascha graecum nomen, sed hebraeum. Resonat quidem in graeca lingua passionem, quia πάσχειν pati dicitur; sed consultum hebraeum eloquium, aliud indicat...» — Dans un sermon édité par Dom Morin et attribué par lui à saint Augustin, on lit : « Pascha hebraeus sermo est, quod interpretatur transitus : graece autem paschin pati, latine pascha pascere, ut dici solet pascam amicos...» (*Serm. Den.* 7, 1: *Miscell. Agostin.*, t. I, p. 32). Nous aurions ici un écho et une application de l'idée des trois langues sacrées. Mais l'interprétation *pascha-pascere* ne se trouve nulle part chez saint Augustin, dit Mlle Mohrmann, qui, à cause de cela et d'autres traits suspects, récuse l'attribution de ce sermon à saint Augustin (p. 44, n. 17). Tous ces textes sont intéressants comme parallèles à ceux que nous étudions, mais nulle part nous n'avons vu qu'on se réfère à eux pour justifier le rapprochement analogue *Cephas-caput*.

chef, qu'on retrouve, dans le nom que lui a donné le Seigneur, Céphas, l'expression de ce qu'il devait être, la tête de l'Eglise. Ceci nous semble très net dans le texte d'Optat, principe de tous les autres, ainsi que chez l'auteur de l'*Apparatus ad Sextum* (n. 28) et dans la bulle de Jean XXII (n. 30). Il y a une réalité, un mystère objectif de Pierre, qui comporte la qualité d'être chef. En vertu de la valeur significative des noms et de l'homogénéité, donc du caractère interchangeable des langages providentiellement modelés par Dieu pour exprimer son dessein de grâce, on peut, tout en sachant que la traduction de *Cephas* est *Petrus* (roc), lire *Cephas* selon le grec et trouver *Cephalè*, c'est-à-dire *caput*. C'est pourquoi Innocent III dit de ce mot « etsi Petrus interpretetur, caput tamen exponitur » (cf. textes des n. 15 et 17). Pierre est la traduction, mais « tête » est le sens visé, parce que « tête » est la caractéristique de la réalité qu'exprime, ou plutôt révèle, le nom de Céphas. Au fond, *Petrus* et *Cephas* révèlent chacun un aspect du mystère de Pierre : *Petrus*, celui selon lequel il a reçu du Christ, première et véritable *petra*, d'être le fondement secondaire et visible de l'Eglise ; *Cephas*, celui selon lequel il a reçu du Seigneur, véritable et premier Chef du corps, d'être le chef secondaire et visible de l'Eglise (cf. Innocent III, textes des n. 16 et 17).

Dans cette perspective, on pourra même, négligeant le rattachement verbal de *caput* à *Cephas* lu selon le grec, ne s'attacher qu'au contenu et à la définition de *caput* : c'est ce que fait, par exemple, Grégoire IX (cf. n. 17). Catharin, excité par Luther, avait bien vu le fond des choses quand il expliquait le texte du Pseudo-Anaclet en disant « non vocabulum, sed rem aspexisse ».

Nous sommes ici au cœur d'un monde spirituel et intellectuel qui nous est devenu, dans une assez large mesure, étranger, mais qui a été celui du moyen âge latin, et qu'il faut bien comprendre. Ce monde s'intéressait à l'essence des choses, et il en cherchait le dévoilement ou la révélation, non tant par l'observation des faits empiriques et historiques, à partir du bas, qu'à partir d'en haut, par la communication d'une sagesse, de la sagesse même qui avait disposé et les choses et les signes qui nous les révèlent. Il y a de l'excès, mais aussi une grande part de vérité, dans cette remarque de Ch. Thurot rapportée par le P. Chenu : « En expliquant leur texte, les glossateurs (de Priscien et autres) ne cherchent pas à entendre la pensée de leur auteur, mais à enseigner la science elle-même que l'on supposait y être contenue. Un auteur *authentique*, comme on disait alors, ne peut ni se tromper, ni se contredire, ni suivre un plan défectueux, ni être en désaccord avec un autre auteur authentique. On avait recours aux artifices de l'exégèse la plus forcée pour accommoder la lettre du texte à ce que l'on considérait comme la vérité » (72). De fait, c'est dans cette perspective qu'il faut comprendre ce que représentait, intellectuellement et spirituellement, une « autorité » : l' « autorité » n'étant pas la qualité propre à un auteur, mais *le texte lui-même de cet auteur*, on dirait presque le texte dans sa matérialité, ainsi que l'a bien montré le P. Geenen (73). De là aussi le goût et l'habitude de chercher, dans les différentes autorités, non tant l'originalité personnelle de chaque écrivain, que l'accord des différents énoncés selon une vérité en soi, en utilisant pour cela toute une technique, assez simple d'ailleurs, d'*expositio* et de concordance, que les études médiévales des trente dernières années ont reconstituée avec précision, sans assez marquer, cependant, l'idée foncière qui l'inspirait et la justifiait (74).

En traduisant la définition isidorienne de l'étymologie, « origo vocabulorum » (cf. n. 59), nous avons parlé de « genèse ». Mais il ne faut pas s'y tromper. Il ne s'agit pas

---

(72) C. THUROT, *Extraits de divers manuscrits latins pour servir à l'hist. des doctr. grammaticales au moyen âge,* Paris 1869, p. 103-104; cité par M.-D. CHENU, *Introd. à l'étude de saint Thomas*, Paris, 1950, p. 123, n. 2.

(73) G. GEENEN, *The place of Tradition in the theology of St. Thomas,* dans *The Thomist*, XV, 1952, p. 110-135, où l'auteur précise ses études antérieures.

(74) Voir M.-D. CHENU, *op. cit.* (cf. Tables), et notre art. *Théologie,* dans le *Dict. de théol. cath.,* t. XV, col. 356 et suiv.

proprement de la genèse historique d'un mot, ce que nous appellerions aujourd'hui une étymologie établie selon les lois de la philologie et de la sémantique. Il peut évidemment s'agir de cela, et il ne faudrait pas croire que le moyen âge latin n'ait rien su de la véritable philologie. Mais il peut s'agir d'autre chose, et l'étymologie isidorienne recouvre, avec la connaissance éventuelle de la vraie dérivation philologique, la recherche d'une genèse du mot par ses composantes essentielles : genèse, non proprement historique, mais essentielle et objective.

C'est pourquoi, connaissant le sens exact du mot Cephas — comment l'eût-on ignoré, alors qu'on lisait saint Jean I, 42 et saint Jérôme ? (75) —, plusieurs des auteurs que nous avons cités ne s'y arrêtent pas, attirés qu'ils semblent bien être par la connaissance, non de l'étymologie historique, l'étymologie au sens moderne du mot, mais par celle de l'étymologie essentielle, permettant une sorte de révélation de l'essence des choses à partir de la structure des mots. C'est pourquoi, sachant parfaitement que κεφαλή n'est pas la *traduction* du « Cephas » syrien ou hébreu, nos auteurs considèrent *Cephas* comme un mot grec ayant une valeur propre comme tel, sans référence sémantique avec le *Cephas* syrien, et signifiant *caput*. Pour un peu, ils substitueraient au texte de saint Jean, « tu vocaberis Cephas, quod interpretatur Petrus » le texte : « tu es Petrus, quod interpretatur Cephas, id est caput ». Il n'est que de relire les passages de saint Albert cités aux notes 23 et 24, et ceux de Turrecremata (n. 33 et 36), qui interrompt instinctivement la citation de Jean, I, 42, après le mot *Cephas*... On comprend un peu l'agacement de Luther, qui renvoie Eck, Nicolas de Cues et Anaclet lui-même, au texte parfaitement clair et suffisant de Jean !

---

(75) Voir JÉROME, *In Galat.*, II, (*P. L.*, XXVI, 541) ; BÈDE, *Com. in Marc.*, III, 16 (*P. L.*, XCII, 160), que cite saint Thomas dans sa *Catena aurea*, et *Homil. 23 in Natali S. Andreae* (*P. L.*, XCIV, 259), que cite saint Thomas dans la *Catena, in Jo*, I, 42. Voir encore ANSELME DE LAON, l'un des initiateurs de la « scolastique » : *Enarr. in Mat.*, c. 10 (*P. L.*, CLXII, 1339) ; etc.

Comme nous l'avons déjà indiqué, l'opposition de Luther
et de Jean Eck est, sur ce point, celle de deux mondes. A
bien des égards, le monde moderne, qui est d'ailleurs bien complexe, commence avant la Réforme, les Grandes découvertes
et la Renaissance : dès le XIIᵉ siècle, qui est, on le reconnaît
de plus en plus. LE grand tournant historique de l'Occident.
Si le monde moderne devait se définir ici par le souci et le
savoir philologiques, il devrait aussi être daté, non du début
du XVIᵉ siècle, mais de l'époque patristique, avec saint
Jérôme, et du moyen âge lui-même, avec un Bède, un André
de St-Victor, l'auteur anonyme de l'*Isagoge ad Theologiam*
édité par Mgr Landgraf, voire un Hugues de St-Cher, un
Grossetête, un Roger Bacon et même un Thomas d'Aquin (76).
Par contre, si le monde médiéval se caractérise par le fait
que, sans ignorer la philologie historique, il s'intéressait surtout à une philologie essentielle, au sens que nous avons
précisé, alors on peut dire que la Dispute de Leipzig représente un épisode significatif de deux mondes, et qu'elle
marque la fin du monde formé à l'école d'Isidore.

Un homme au moins, devant qui Luther avait été cité en
1518, a eu conscience du problème, le cardinal Cajétan. Il
fut, entre 1524, temps de sa légation en Hongrie, et sa mort
en 1534, un des théologiens scolastiques qui eurent le souci
de s'ouvrir aux nouvelles requêtes de l'humanisme, et d'y
répondre de façon valable. On sait comment il se tourna alors
délibérément vers l'*hebraica veritas* et les *fontes,* pour reprendre les expressions qu'il emploie lui-même, et comment
il rédigea un commentaire littéral de presque toute la sainte
Ecriture (77). Or, ce grand théologien qui, nous l'avons vu

---

(76) Cf. C. SPICQ, *Esquisse d'une histoire de l'exégèse latine au
moyen âge* (Bibl. thomiste, XXVI), Paris 1944, cf. Tables.

(77) Sur Cajétan exégète, peu de chose en dehors de quelques
articles fragmentaires. Cf. R. C. JENKINS, *Pre-Tridentine Doctrine.
A Review of the Commentary on the Scriptures of Thomas de Vio,
commonly called Cajetan,* Londres 1891 (un peu tendancieux) ; A.
ALLGEIER, *Les Commentaires de Cajétan sur les Psaumes; contribution à l'histoire de l'exégèse avant le concile de Trente,* dans *Rev.*

38

(n. 47), avait évité le rapprochement *Cephas-caput* dans son traité sur la primauté du pape (il y préconisait nettement une interprétation « historique » des textes pétriniens : voir c. 3, éd. citée, p. 19-20), ajoute à son commentaire de Jean, I, 42, littéral et exact comme il se doit, la remarque suivante :

> Ex industria autem videtur evangelista interpretationem nominis apposuisse apud Graecos, ut occurreret errori in quem etiam post evangelistae interpretationem, impactum est : scilicet quod Cephas caput significaret, quia Cephale apud Graecos significat caput. Ad hunc errorem excludendum ait quod interpretatur Petrus, non caput (78).

La condamnation du rapprochement *Cephas-caput* est parfaitement claire, mais elle reste discrète, elle évite de critiquer la tradition isidorienne. Que telle soit bien l'intention de Cajétan, nous en avons une preuve dans un passage de son commentaire sur la *Somme théologique*, rédigé en 1516, deux ans avant la rencontre de Luther. Il s'agit de la sollicitude, partie de la vertu de prudence, et de l'étymologie du mot *sollicitus* (79). Isidore, que suit S. Thomas, écrit, selon la technique de l'«interpretatio etymologiae»: «sollicitus dicitur quasi solers citus ». Cajétan n'est pas d'accord, et il apporte

---

thomiste, n. s., XVII, 1934, p. 410-443; J. VOSTÉ, *Cardinalis Cajetanus Sacrae Scripturae interpres,* dans *Angelicum,* XI, 1934, p. 445-513. Nous manquons d'une étude adéquate de l'œuvre exégétique de Cajétan, des réactions qu'elle a suscitées et de l'influence qu'elle a eue. Cajétan a lui-même, bien souvent, exprimé ses principes exégétiques : cf. en particulier sa Déd'cace des Quatre Evangiles à Clément VII, sa déclaration en tête des commentaires de saint Matthieu et des psaumes, la fin du commentaire de l'Ecclésiaste et d'Esther, le début du commentaire sur Job, la *Praefatio in quinque Mosaicos libros.* — Luther disait de Cajétan exégète « Cajetanus postremo factus est Lutheranus » (*Tagebuch* de CORDATUS, éd. par WRAMPELMEYER, n. 842, cité par P. KALKOFF, *Zeitschr. f. Kirchengesch.,* XXV, 1904, p. 543).

(78) *Rmi. D. D. Thomae de Vio, Caietani... in quatuor Evangelia ad Graecorum codicum veritatem castigata, ad sensum quem vocant literalem Commentarii,* Paris 1540, fol. 341 v.

(79) *Comment. in II* ᵃᵐ *- II* ᵃᵉ, q. 47, a. 9, n. 1.

l'étymologie scientifique, celle-là même que reconnaissent les philologues modernes : *sollicitus, sollicito* viennent de la racine *cieo* par l'intermédiaire de *cito, citus* (80). Mais notre théologien ajoute :

Non id dicimus ut Isidorum reprehendamus : quoniam ille, non derivationem, sed etymologiam vocabuli dixit juxta rei significatae vel litterarum similitudinem. Quem in pluribus locis affert Auctor, utens etiam his minimis locis sanctorum Patrum ad clarificandam rem his specialiter quos sacrorum Doctorum lectio exercet.

On ne pouvait mieux définir, trois ans avant la Dispute de Leipzig, quatre ans avant la riposte de Catharin, la différence de deux méthodes et de deux mondes intellectuels. L'étymologie isidorienne, suivie encore par saint Thomas, s'attache au rapport des réalités et à la similitude extérieure des mots; on désire maintenant connaître la *derivatio*, qui est ce que nous appelons aujourd'hui l'étymologie. Mais il est bon de s'adapter aux esprits formés par le commerce des Pères, et c'est ce que fait saint Thomas. Du reste, ajoute la suite du texte, au point de vue réel, la voie de l'étymologie isidorienne amène à des résultats analogues à ceux que donne la voie de la *derivatio*.

Cajétan était un homme des deux mondes, du médiéval ou scolastique, et du moderne ou humaniste. Luther, lui, s'il est médiéval à bien des égards, ne l'est pas au point de vue de la pensée théologique où il a eu pour maîtres Occam et Biel, médiévaux par l'époque, non par l'esprit. Luther n'a pas eu, non plus, cette attitude respectueuse et patiente que Cajétan a louée magnifiquement en son maître saint Thomas et que, non pas en tout, mais là où elle était en situation, il a lui-même pratiquée. Luther n'a pas vu, au fond, qu'entre Eck citant Anaclet, et lui-même, il y avait la *différence* de deux points de vue; ou plutôt, il n'a reconnu aucune profondeur, aucune légitimité, au point de vue ancien des étymologies. Il le juge, non d'après ce qu'il a été ou voulu être, mais d'après ses propres préoccupations à lui, Luther (toujours

---

(80) Cf. FORCELLINI, *op. cit.*, t. V, 554, éd. 1940, IV, 410, ERNOUT ET MEILLET, *op. cit.*, t. II, p. 1118.

chez Luther, cette subjectivité, cette sorte d'impuissance à comprendre autre chose que soi, dont parle J. Lortz...).

Or ce point de vue ancien heurte les idées de Luther sur deux points essentiels, qui commandent toute sa conception de la théologie : 1° quant à la méthode de celle-ci, Luther est un partisan résolu d'une théologie à base de connaissance des langues et de lecture des textes (81). Il est non moins résolument hostile, pour des raisons doctrinales, à l'introduction de la philosophie, singulièrement de celle d'Aristote, dans la théologie. 2° Quant à l'objet de la théologie, Luther combat la scolastique, qui s'intéresse aux essences et aux qualités des choses, bref à une ontologie (ontique) à laquelle, pense Luther, la Révélation ne s'intéresse pas. Celle-ci, en effet, n'est pas une sorte de métaphysique supérieure nous enseignant *ce que* sont les choses, pas même *ce qu'*est Dieu ou *ce qu'*est le Christ; ce serait là, pour Luther, une « theologia gloriae », alors que Dieu ne nous apporte qu'une « theologia crucis », un évangile du salut, axé sur la dialectique péché-pardon : théologie essentiellement tragique, qui ne s'occupe pas de *ce que sont* les choses, mais de ce à quoi elles aspirent et vers quoi elle vont, de leur rédemption et de leur mouvement vers le salut (82).

Au fond, l'opposition entre Eck ou Catharin d'un côté, Luther de l'autre, engage une opposition entre une conception sapientielle et une conception historique ou prophétique de la Révélation, et donc de la théologie (83). La nouvelle con-

_____

(81) Voir la lettre de Luther aux Conseillers de toutes les villes allemandes pour qu'ils établissent et entretiennent des écoles chrétiennes, 1524 (*Luthers Werke*, éd. de Weimar, t. XV, p. 27-53); lettre à Spalatin, 9 déc. 1518 (*Briefwechsel*, éd. de Weimar, t. I, p. 262); à Trutfetter, 9 mai 1518 (p. 170); à Staupitz, 1ᵉʳ sept. 1518 (p. 194); etc.

(82) Cf. notre art. *Théologie*, dans *Dict. de théol. cath.*, t. XV, col. 414-415, dont Mgr Amann a malheureusement supprimé quelques-unes des citations et des références les plus caractéristiques.

(83) Nulle part sans doute cette opposition n'a été plus marquée, parfois de façon impressionnante malgré quelques simplifications et

ception du monde se détourne des essences et de l'attention donnée à une sagesse supérieure se révélant, jusque par les mots, dans un univers sensible quasi sacramentel, pour se tourner vers le concret historique. Les textes, le sens et le contenu des textes, qui en avait été plus avide que le moyen âge ? Mais, dans un texte, le moyen âge cherchait le dévoilement d'une vérité en soi, toujours transcendante par rapport aux divers instruments historiques de sa révélation. « Peu importe par qui une chose a été dite et comment on est venu à la concevoir ainsi ; le seul point important est qu'elle soit vraie », dit saint Thomas, et l'on trouverait des déclarations semblables chez d'autres grands médiévaux (84). Non, encore une fois, que les médiévaux ignorassent les textes, l'histoire ou le sens des mots. Mais la connaissance de tout cela n'était pas, pour eux, un objet en soi. La connaissance des singuliers contingents n'est pas de la perfection de l'intelligence, avait dit Aristote.

Parlant du naturalisme et du goût de l'Antiquité qu'on trouve respectivement chez saint Thomas ou les théologiens médiévaux et chez Erasme ou les humanistes, M. Gilson a bien montré (85) que ce qui intéresse les premiers, ce n'est pas un Platon ou un Aristote *historiques,* situés dans un moment passé daté et qu'on reconstituerait de loin, en historien ; c'est la vérité qu'on trouve chez Platon et chez Aristote, qui n'a pas de date et vit toujours dans les esprits. Le xvıᵉ s. recherche une vérité historique : non tant *la* vérité en Platon et en Aristote, grâce à Platon et Aristote, que le vrai Platon et le vrai Aristote en tant que personnages de l'histoire. On

---

certaines méconnaissances, que dans le livre de J. HESSEN, *Platonismus und Prophetismus. Die antike und biblische Geisteswelt in strukturvergleichender Betrachtung,* Munich 1939.

(84) Saint THOMAS, *Comm. in De coelo et mundo,* lib. I, lect. 22, n. 8 (éd. Léonine, p. 91). Comp. ALBERT LE GRAND, *De animalibus,* éd. STADLER, p. 281 : « Nobis de dicto potius quam de dicente est quaestio ».

(85) E. GILSON, *Le moyen âge et le naturalisme antique,* dans *Archives d'hist. doctr. et litt. du moyen âge,* VII, 1932, p. 5-38 : cf. surtout p. 32 et suiv.

commence à aimer connaître par qui une chose a été dite et comment on est venu à la concevoir ainsi. Bref, presque exactement l'inverse de l'attitude par laquelle Catharin justifiait, contre Luther, Anaclet, qu'il disait avoir considéré, non le mot pour lui-même, mais la chose qu'il signifiait, « non vocabulum, sed rem aspexisse »...

Les sciences religieuses devront se fixer dès lors comme idéal d'unir — est-ce donc impossible, est-ce même si difficile ? — la contemplation sapientielle et la connaissance proprement historique : comme les travaux au niveau des fondements et la construction proprement dite concourent à former un seul édifice.

Le Saulchoir.

II

Ecclesia ab Abel

En hommage au Maître à qui nous devons tant de bonnes études d'ecclésiologie historique et une si utile apologie du catholicisme en sa réalité
à la fois institutionnelle ou visible et mystique ou intérieure, on voudrait
ici proposer un bref historique et quelques réflexions sur les implications
théologiques d'un thème bien connu: celui du commencement de l'Eglise
à Abel. Ce thème particulier nous fournira l'occasion de survoler plusieurs
siècles d'histoire, tant de la méthode théologique que de l'ecclésiologie.

Cette histoire a une préhistoire. Avant qu'on ne parlât du commencement
de l'Eglise à Abel, voire, d'une façon plus générale, de son antériorité par
rapport au Christ, on avait posé la question de sa préexistence et même
de son existence éternelle. Les textes sont connus; nous n'en recommence-
rons pas l'étude.[1] Les historiens friands de rapprochements à saveur syn-
crétiste ont d'ailleurs méconnu le vrai sens de plusieurs de ces textes, en
les attirant à un contexte gnostique qui n'est pas nécessairement le leur.
Il est beaucoup plus intéressant de chercher à retrouver la perspective
propre des textes et de ceux qui les ont écrits.

En réalité il était impossible que la pensée chrétienne ne se posât pas
la question d'une préexistence de l'Eglise avant le Christ, ou celle de son
existence depuis le commencement du monde, voire de son existence
éternelle. Non seulement il fallait répondre à l'objection sans cesse répétée
par les païens: si le Christ est le salut, pourquoi est-il venu si tard?[2]; il
fallait donner un sens à de nombreux textes du Nouveau Testament. Sans
parler des textes sapientiaux, auxquels on ne semble pas se référer, bien
des passages parlaient d'une réalité céleste de l'Eglise: Gal. IV, 26; Heb.
XII, 22. D'autres exigeaient qu'on envisageât une certaine réalité éternelle,
soit de l'ensemble des élus, soit du Christ, même considéré sous son aspect
d'Agneau immolé: Eph. I, 4 (et toute la péricope 3–11); 2 Tim. I, 9; Heb.
XII, 23; 1 Pi. I, 18–20; Apoc. XIII, 8 (et cf. XVII, 8). Nous n'avons pas

plus à faire ici l'exégèse de ces textes qu'à étudier ceux des Pères ou des écrivains anciens. Il ne serait pas difficile de montrer que ces textes visent la réalité éternelle de la prédestination,[3] ou encore la qualité divine, donc céleste, de l'Eglise, ou enfin la réalité eschatologique du salut. Mais sans doute serait-il bon de faire appel ici à la distinction faite par M. J. Guitton entre l'«esprit» et la «mentalité», distinction que l'auteur applique lui-même heureusement aux textes du Nouveau Testament concernant la consommation eschatologique.[4] Les convictions ou affirmations qui constituent la part vivante et originale d'une pensée (esprit) se réfractent et se formulent en certaines catégories, images, manières de voir ou de s'exprimer qui relèvent, elles, d'un milieu historique et sociologique donné (mentalité). Dans notre cas, il faut certainement évoquer un milieu de pensée où la solidité et la perfection d'une réalité étaient vues comme relevant (non, comme chez les juifs, de la volonté de Dieu, mais) d'un ordre d'essences éternel et céleste. C'est pourquoi plusieurs textes anciens traduisent par le mot «céleste», soit la qualité divine de l'Eglise,[5] soit la réalité eschatologique du christianisme,[6] sans qu'il y ait lieu d'imaginer pour autant quelque préexistence de type gnostique (mais cela nous aide à comprendre la séduction qu'a pu exercer sur certains la construction gnostique). Il est bien certain, d'autre part, que la source de l'Incarnation et de l'Eglise ne sont pas dans l'histoire; ces réalités spirituelles et parfaites entrent et se manifestent dans l'histoire, elles ne viennent pas de celle-ci.[7] Toute la suite du présent article montrera que la pensée chrétienne a toujours reconnu que l'Eglise, bien qu'elle s'affirme dans le temps, n'est pas une réalité du temps. Avouons qu'il n'était pas nécessaire que le milieu fût très saturé d'inspiration platonicienne ou «essentialiste» pour que ces idées s'y formulassent dans des termes de réalité céleste ou même de préexistence éternelle. L'important pour notre sujet est que, sous une catégorie ou sous une autre,[8] l'Eglise ancienne s'est comprise elle-même comme une réalité supra-temporelle et dont les origines, antérieures au fait historique de l'Incarnation, coïncidaient avec celles du monde ou tout au moins de l'humanité.

L'idée que l'Eglise – et donc le Christ – avait compté des membres avant la venue historique du Christ fut sans doute gênée d'abord, dans son développement, par la polémique antijuive: tel texte de Justin l'eût sans doute exprimée s'il n'avait pas été, précisément, une argumentation antijuive (cf. par ex. Dial. c. Tryph. 63, 5). D'autre part, l'affirmation d'une continuité d'Israël avec les chrétiens devait être favorisée par la triple réaction antimarcionite, antimontaniste puis antimanichéenne.

La pensée des Pères anciens pourrait, croyons-nous, s'exprimer dans ces termes conformes aux catégories pauliniennes:[9] entre les fidèles ou saints qui ont vécu avant le Christ, et nous-mêmes, il y a une même grâce – entendons: un même et unique propos de grâce, un même et unique processus de salut gratuitement accordé; mais il y a différence dans les dons spirituels faits conformément à cette grâce. Ainsi les Pères ou écrivains anciens, un Irénée, un Tertullien, et déjà implicitement Hermas,[10] pouvaient, tout à la fois, affirmer que les patriarches ou les justes de l'Ancien Testament avaient connu le Christ, cru en lui, appartenu à son peuple, et que cependant, ils n'avaient pas reçu, comme nous, la plénitude des dons spirituels: la pleine délivrance du péché, le don de la filiation. Chez les Pères anciens, le sentiment de la nouveauté absolue de l'Evangile est très fort; ils affirment vigoureusement contre tout marcionisme, que les justes de l'Ancien Testament relevaient du même principe de vie spirituelle et de salut que nous, mais ils soulignaient en même temps le caractère de préparation de tout ce qui précède le Christ comme une avant-garde son chef.

Très tôt, pourtant, certains auteurs ont souligné surtout la continuité du dessein de Dieu et l'appartenance des anciens justes à la même Eglise que nous: ainsi Origène, en liaison avec l'idée d'une préexistence de l'Eglise.[11] Puis après lui, S. Athanase,[12] Eusèbe,[13] S. Grégoire de Nazianze,[13 bis] S. Jean Chrysostome (pourtant si ferme sur la différence entre les dons spirituels faits sous l'A.T. et les nôtres),[14] l'Ambrosiaster,[15] S. Jérôme,[16] Nicetas de Remesiana.[17] On pourrait encore ajouter le témoignage des différentes liturgies, où les justes de l'Ancien Testament sont fêtés ou au moins mentionnés comme des saints,[17 bis] mais on ne cherche pas ici à dresser un inventaire complet; il suffit de constater, à l'âge classique des Pères, les éléments d'une sorte de tradition aux termes de laquelle les justes de l'Ancien Testament sont dits appartenir au Christ et à l'Eglise. Cette tradition, d'ailleurs, ne précise pas davantage; en particulier, elle ne parle pas d'Abel (elle serait plutôt intéressée par Adam que par Abel). Elle réserve d'ailleurs l'affirmation d'une profonde différence, dans le régime des dons de grâce, entre les justes d'avant le Christ, et les chrétiens. Cette tradition est demeurée, dans les termes mêmes, celle de l'Orient chrétien qui n'a pas été influencé, comme l'Occident, par S. Augustin.[18] Avec celui-ci notre thème va recevoir un développement, et aussi des précisions, qu'il nous faut maintenant expliquer et apprécier.

Il n'est pas impossible que la critique du manichéisme, la lutte antidonatiste puis, à partir de 412, la querelle pélagienne, dans lesquelles Augustin fut successivement engagé, l'aient porté à développer la considération d'une coextension de l'Eglise à la totalité du temps des hommes et d'une opération de la grâce du Christ même avant l'Incarnation. D'une part, en effet, le dualisme manichéen se traduisait volontiers en dénégation de toute bonté à l'Ancien Testament: à telle enseigne que Moneta de Crémone pensera devoir traiter la question à l'usage du néomanichéisme cathare du XIIIe siècle.[19] On sait d'autre part quel usage Augustin a fait de l'argument de catholicité, contre les donatistes. Or l'universalité de l'Eglise dans le temps était souvent, chez les Pères, un des éléments décisifs de sa catholicité et, chez Augustin lui-même, les deux aspects apparaissent liés.[20] Il semble incontestable, enfin, que le thème de la continuité d'un régime de la grâce du Christ contredisait de front certaines thèses pélagiennes et donnait à la position défendue par S. Augustin une cohésion de monolithe.[21] Il n'est donc pas impossible que les préoccupations d'Augustin l'aient porté à développer volontiers notre thème: peut-être même la précision concernant Abel est-elle intervenue au moment de la querelle pélagienne, comme nous le verrons plus loin.

L'opportunité a pu déterminer l'une ou l'autre circonstance du thème; elle n'apparaît pourtant pas décisive quant à sa véritable substance spirituelle: la donnée traditionnelle qui s'imposait à lui rencontrait en effet dans l'esprit d'Augustin les principes les plus profonds de sa synthèse doctrinale. Il lui suffisait de suivre ces principes. Deux grandes données commandent ici les démarches d'Augustin: un sens très vif de l'unicité et l'universalité de la médiation du Christ, un sentiment non moins vif du caractère spirituel et personnel du salut.

A la base de ce qu'on peut appeler la synthèse ecclésiologique de S. Augustin – qui est surtout une théologie du salut et de son économie –, il y a la grande idée des deux Adam: le premier, de qui nous vient une nature de péché, le second en qui seul peut se trouver le salut, mais en qui, également, se trouve la possibilité d'un salut universel. Les textes abondent et l'on a pu rattacher à l'idée de l'*Unus Mediator* tout le rôle sacerdotal de l'Eglise.[22] Evoquons seulement quelques-uns des passages où l'unicité absolue du Médiateur et la valeur absolument universelle de sa médiation trouvent une application directe dans l'affirmation que les justes de l'Ancien Testament étaient membres du Christ, donc aussi de l'Eglise. Outre le texte du *De peccato originali* cité plus haut (n. 21), qu'on lise cet autre, du même traité:

> In causa duorum hominum, quorum per unum venumdati sumus sub peccato, per alterum redimimur a peccatis; per unum praecipitati sumus in mortem, per alterum liberamur ad vitam ...: in horum ergo duorum hominum causa proprie fides christiana consistit. Unus est enim Deus, et unus mediator Dei et hominum homo Christus Jesus. Quoniam non est aliud nomen sub coelo datum hominibus in quo oporteat nos salvos fieri et in eo definivit Deus fidem omnibus, suscitans illum a mortuis. Itaque sine ista fide, hoc est, sine fide unius mediatoris Dei et hominum hominis Christi Jesu: sine fide ... incarnationis et mortis et resurrectionis Christi, nec antiquos justos, ut justi essent, a peccatis potuisse mundari, et Dei gratia justificari, veritas christiana non dubitat ...[23]

Inutile de multiplier les citations: les textes se répèteraient.[24] La conséquence est que nul n'a jamais été sauvé sinon par le Christ,[25] que celui-ci a été, est et sera le chef de tous les justes (les textes, selon les cas, expriment cette idée, soit en termes de salut, de justice et d'Esprit donnés, soit en termes de prédestination); enfin, que tous les justes, même ceux de l'Ancien Testament, même ceux du paganisme,[26] appartiennent à un seul peuple, à une même cité, à un même corps: l'Eglise. A Dieu ne plaise que n'appartiennent pas à la cité de Dieu ceux dont le Christ est le chef![27]

Cette position soulevait évidemment une question, et c'est ici qu'apparaît dans tout son relief le sentiment aigu qu'eut Augustin du caractère spirituel et personnel du salut: sentiment qui inspirera encore S. Thomas d'Aquin quand il traitera de l'appartenance au Corps du Christ (Sum., 3a pars, q. 8, a. 3).

Dans sa réponse fameuse aux questions d'un païen, adressée au prêtre Deogratias, Augustin écrit:

Ab exordio generis humani, quicumque in eum crediderunt eumque utcumque intellexerunt, et secundum ejus praecepta pie et juste vixerunt, quando libet et ubilibet fuerint, per eum procul dubio salvi facti sunt. Sicut enim nos in eum credimus et apud Patrem manentem, et qui in carne jam venerit, sic credebant in eum antiqui, et apud Patrem manentem, et in carne venturum. Nec quia pro temporum varietate nunc factum annuntiatur, quod tunc futurum praenuntiabatur, ideo fides ipsa variata, vel salus ipsa diversa est. Nec quia una eademque res, aliis atque aliis sacris et sacramentis vel praedicatur aut prophetatur, ideo alias atque alias res, vel alias atque alias salutes oportet intelligi.[28]

Au fond nous nous trouvons en présence de la même grande loi que précédemment, mais vue, cette fois, du côté de l'homme. Il s'agit toujours de notre dépendance à l'égard de l'un et l'autre principe, de l'un et l'autre Adam: nous recevons (la vie) et nous sommes du premier par la génération charnelle; nous recevons (une vie nouvelle) et nous sommes du second par la foi. «Una propitiatio pro delictis hominum est, credere in Christum: nec omnino quisquam mundari potest, sive ab originali peccato, quod ex Adam traxit ... nisi per fidem coadunentur et compaginentur corpori ejus qui ... In eum quippe credentes, filii Dei fiunt; quia ex Deo nascuntur per adoptionis gratiam quae est in fide Jesu Christi Domini nostri.»[29] La foi est vraiment la substance du salut, en ce sens que par elle nous appréhendons et faisons nôtre la vie réconciliée et filiale qui est en Jésus-Christ, unique et universel médiateur d'union à Dieu. Aussi S. Augustin ne cesse-t-il de répéter que les Anciens justes, ceux qui ont vécu avant l'Incarnation du Christ, ont été justifiés et sauvés par la même foi que nous,[30] qu'ils appartiennent comme nous au Corps du Christ,[31] car, d'eux à nous, les *sacramenta* ont bien pu changer, la foi est la même, la réalité salutaire qu'elle appréhende est la même.[32] Simplement, les Anciens croyaient au Christ comme devant venir, alors que nous croyons en lui comme étant venu: «Ita a sanctis Patribus dispensatio susceptae carnis futura credebatur sicut a nobis facta creditur. Tempora variata sunt, non fides.»[33]

On dira plus loin la fortune de ce thème théologique, formulé par Augustin en des termes inoubliables. On verra aussi de quelles images nouvelles il s'illustrait. Chez Augustin lui-même, l'image la plus ordinaire est celle de Jacob à sa naissance présentant la main avant le chef: ainsi, dans le corps du Christ, d'autres membres que la tête ont pu précéder celle-ci.[34]

Nous n'avons pas fait état jusqu'ici de la précision qui figure pourtant dans le titre même de cet article: *Ecclesia a justo Abel*. C'est que le thème essentiel d'une préexistence de l'Eglise à l'Incarnation, était acquis non seulement dans la tradition théologique, mais dans la pensée même d'Augustin, avant que celui-ci ne parlât d'Abel: car il semble bien avoir été le premier à le faire, et même ne l'avoir fait que dans les vingt dernières années de sa vie.

Pour la tradition commune, la chose paraît assez claire. L'Orient, nous l'avons vu, s'est contenté d'affirmer l'appartenance au Christ, à son salut, à son Eglise, des justes de l'Ancien Testament; de plus, il a, dans l'ensemble, gardé un sentiment très vif de la différence dans le régime et la qualité des dons spirituels entre ces justes et les saints chrétiens: n'est-il pas significatif que les liturgies orientales n'évoquent pas les sacrifices de l'Ancien Testament dans leur anaphore?[35] En occident même, jusqu'au moment où nous sommes, pas d'affirmation d'un commencement de l'Eglise avec Abel; même S. Ambroise, dont nous verrons le rôle, n'en parle pas.

Par contre, les énoncés sont relativement nombreux chez S. Augustin:

Membra Christi et corpus sumus omnes simul; non qui hoc loco tantum sumus, sed et per universam terram; nec qui tantum hoc tempore, sed quid dicam? Ex Abel justo usque in finem saeculi quamdiu generant et generantur homines, quisquis justorum per hanc vitam transitum facit ... totum hoc unum corpus Christi ... adjungitur ista Ecclesia quae nunc peregrina est illi coelesti Ecclesiae, ubi Angelos cives habemus ... Et fit una Ecclesia, civitas Regis magni.[36]

Corpus hujus capitis [quae jam in coelis est] Ecclesia est, non quae hoc loco est, sed quae hoc loco et per totum orbem terrarum: nec illa quae hoc tempore, sed ab ipso Abel usque ad eos qui nascituri sunt usque in finem et credituri in Christum, totus populus sanctorum ad unam civitatem pertinentium; quae civitas corpus est Christi, cujus caput est Christus.[37]

Ecclesia quae terris non defuit ab initio generis humani, cujus primitiae Abel sanctus est, immolatus et ipse in testimonium futuri sanguinis Mediatoris ab impio fratre fundendi.[38]

Abel initium fuit civitatis Dei.[39]

Sic in hoc saeculo, in his diebus malis, non solum a tempore corporalis praesentiae Christi et Apostolorum ejus, sed ab ipso Abel, quem primum justum impius frater occidit, et deinceps usque in hujus saeculi finem, inter persecutiones mundi et consolationes Dei peregrinando procurrit Ecclesia.[40]

Il est très difficile de dire qu'on a rassemblé tous les textes si l'on n'a pas dépouillé attentivement tous les écrits d'un auteur, sans en omettre une ligne. Il est probable, cependant, que nous avons cité ou citerons plus loin les principaux textes qui parlent d'Abel comme commencement de l'Eglise. Une chose est assez frappante: pour autant que ces textes sont datés, ils appartiennent aux années 412 et suivantes. La date est suggestive: c'est celle du début de la querelle pélagienne, et pourtant, rien ne laisse ici soupçonner une influence venue de là. Mais c'est aussi et d'abord la date à laquelle S. Augustin s'apprêtait à rédiger la Cité de Dieu, ce grand ouvrage dont on sait que, projeté à la suite de la prise de Rome par les Barbares (410), il fut composé entre 413 et 426. Trouverons-nous quelques indices positifs d'un lien entre les deux choses, le thème nouveau d'Abel et celui des deux cités ?

Oui, certainement. Et d'abord, dans les textes mêmes que nous avons transcrits. Quatre sur cinq contiennent une allusion au thème de la cité de Dieu, trois expriment une référence à la cité du ciel; deux contiennent une allusion à l'opposition que rencontre la cité des justes. Certes, il est probable qu'Augustin n'ignorait pas le thème des deux cités avant qu'il ne conçût son ouvrage: plus d'un texte certainement antérieur nous donne un avant-goût du thème,[41] lequel, après tout, avait déjà été esquissé par Tychonius commentant Apoc. III, 12 et XXI, 2.[42] C'est pourtant vers les années 410–412 que l'esprit d'Augustin apparaît comme vraiment possédé par l'idée des deux cités: celle des hommes qui vivent selon Dieu, c'est à dire encore selon l'esprit, et celle des hommes qui vivent selon la perversité du monde ou de la chair.[43] Il était normal qu'il fût dès lors porté à en chercher une sorte de figuration ou de typification. Si depuis toujours les deux cités avaient à la fois coexisté et lutté, il fallait les retrouver dès les origines de l'humanité. Or, des «duo genera (hominum), unum eorum qui secundum hominem, alterum eorum qui secundum Deum vivunt»,[44] Adam est également le père, «utriusque generis pater»; il était, quant à lui, à la fois le père de la lignée selon Dieu et de la lignée selon la terre, de cette dualité qui, après le meurtre d'Abel, devait se réaliser dans la postérité de Caïn et dans celle que Dieu donnerait à Seth en place d'Abel.[45] Adam, d'ailleurs, quant à lui, a été sauvé:[46] après avoir, par son péché, introduit dans le monde le germe de la cité du mal, il appartient donc personnellement à la cité et au corps du Christ. C'est pour ces raisons semble-t-il, encore qu'il ne le dise pas expressément, qu'Augustin, voulant désigner deux hommes qui fussent, dès le commencement, le type et le principe des deux cités adverses, Babylone et Jérusalem, s'est arrêté à Caïn et Abel:

Omnes qui terrena sapiunt, omnes qui felicitatem terrenam Deo praeferunt, omnes qui sua quaerunt, non quae Jesu Christi, ad unam illam civitatem pertinent, quae dicitur Babylonia mystice, et habet regem diabolum. Omnes autem qui ea quae sursum sunt sapiunt, qui coelestia meditantur, qui cum sollicitudine in saeculo vivunt ne Deum offendant, qui cavent peccare ..., omnes ad unam civitatem pertinent quae regem habet Christum. Illa enim in terra quasi major est tempore, non sublimitate, non honore. Civitas illa prior nata; civitas ista posterior nata. Illa enim incoepit a Cain, haec ab Abel. Haec duo corpora sub duobus regibus agentia, ad singulas civitates pertinentia, adversantur sibi usque in finem saeculi, donec fiat ex commixtione separatio ...[47]

La typification est ici tout à fait claire, le rattachement de la mention d'Abel au thème des deux cités, tout à fait net. On trouve aussi ces précisions supplémentaires, que d'autres textes reprennent et développent,[48] que la cité charnelle est antérieure à l'autre (Caïn était né le premier) et que le goût de l'édification terrestre, la civilisation de cités tournées vers le temporel, est l'oeuvre des Caïnites (Caïn aedificavit civitatem: Gen. IV, 17),[49] tandis qu'Abel, pasteur de troupeaux sans attache à une cité terrestre, apparaît comme le type de la cité spirituelle, qui pérégrine vers le ciel.

Ce point de vue d'une typification par Abel et Caïn de deux cités spirituelles opposées, donnait à la synthèse d'Augustin une grande unité et une grande force. Il comportait pourtant une faiblesse dont il importe de nous rendre compte. C'est ici qu'Augustin a pu recevoir une inspiration de S. Ambroise et, par lui, du genre d'exégèse allégorique et spiritualisante de l'école d'Alexandrie, elle-même inspirée par Philon. Dans son *De Caïn et Abel* (375), Ambroise n'a pas la formule «Ecclesia ab Abel», mais il voit en Caïn et en Abel respectivement la figure des Juifs et des chrétiens, de la Synagogue et de l'Eglise.[50] Au point de vue de l'attitude allégorisante de l'esprit et de la technique d'interprétation, il s'inspirait directement du *De sacrificiis Abelis et Caïni* de Philon, dont il recopiait d'ailleurs des passages entiers.

Le danger était d'être amené ainsi à substituer à un sentiment, à une compréhension véritablement *historiques* des étapes de l'Economie des dons de Dieu, une considération tout intemporelle de types spirituels. Tel est, on le sait, à la fois la valeur grandiose et la grave limite de la conception augustinienne de l'histoire: elle risque de moins voir en cette dernière un développement proprement historique que la destinée de deux cités coexistantes, non seulement dans le temps, mais à l'intérieur de chaque individu.[51] Ce caractère spirituel non historique est si marqué qu'on peut substituer à Caïn et Abel, Babylone et Jérusalem, Esaü et Jacob ... Les Grecs, nous l'avons déjà indiqué, ceux bien sûr, de l'école d'Antioche, mais même (et surtout) un S. Cyrille d'Alexandrie, demeurent plus historiques dans leur sens des choses, plus exégètes dans leur méthode; ils marquent mieux la différence des régimes qui se sont historiquement succédé.

Augustin, lui, arrive à cette conclusion que nous verrons les scolastiques reprendre très fermement: les justes de l'Ancien Testament étaient des chrétiens. C'est en toute vérité qu'ils appartenaient à l'Eglise.[52] Entre celle-ci et l'ordre ancien auquel l'Evangile a mis fin, la coupure n'est pas proprement historique, mais spirituelle: les fidèles qui vivent charnellement dans l'Eglise appartiennent au vieux testament, et les justes qui, sous le régime de la Loi, ont vécu spirituellement, appartiennent au nouveau testament.[53] De l'un à l'autre testament, le progrès est spirituel; il peut s'accomplir ou, au contraire, ne pas s'accomplir dans chaque âme, à quelque temps de l'Economie qu'elle appartienne.

Nous limitant désormais au monde latin, il nous faut esquisser brièvement la fortune des thèmes si brillamment formulés par S. Augustin. Nous constatons d'abord que, dans la période où se continue la pensée patristique, on trouve l'essentiel des affirmations désormais traditionnelles, celle qui porte sur la continuité de l'Eglise avant et après l'Incarnation, en dépendance du Christ; déjà l'explication de ce fait par l'unité de foi entre les Anciens et nous, semble plus limitée à des auteurs qui sont sous une influence caractérisée de S. Augustin; enfin, la mention particulière d'Abel comme *initium Ecclesiae* est relativement rare et nettement en dépendance littéraire de S. Augustin. Nous ne tentons évidemment pas une enquête exhaustive et marquons seulement quelques jalons.

S. Léon est aussi rempli que S. Augustin par le sentiment de l'unité de Médiateur; il a une très belle théologie du sacerdoce éternel et souverain du Christ[54] (une idée qui semble avoir été particulièrement familière au Ve siècle): pour lui, il n'y a de salut que par le mystère du Christ, mais ce salut n'a jamais manqué, même avant le Christ, en Israël d'abord et, semble-t-il, également hors d'Israël.[55] Le thème de l'unité de corps par l'unité de la foi est ici indiqué, mais non développé; il l'est encore plus discrètement chez le contemporain de Léon, le très augustinien Prosper d'Aquitaine qui, pas plus que S. Léon, ne parle spécialement d'Abel.[56] Par contre, mais toujours sans mention d'Abel, il est bien développé, d'une façon très augustinienne, chez S. Fulgence de Ruspe, avec ces deux traits particuliers: d'une part, la foi dont il s'agit est la foi à la Trinité, d'autre part, au moins dans la réponse *ad Monimum* (déterminée, comme toute réponse, par la question), Fulgence revendique l'unité, non tant en disant qu'Abraham appartient à notre Eglise, qu'en affirmant: nous sommes de la religion et des promesses d'Abraham, ce qui, en un sens, est bien paulinien. Il y a comme un double et complémentaire mouvement de participation des deux Testaments aux promesses l'un de l'autre.[57] L'une et l'autre Eglise, dit Cassiodore, sont une unique épouse du Christ.[58] Par contre, S. Isidore, dans ses Etymologies, sans doute parce qu'il s'y attache à bien définir les mots, distingue nettement la Synagogue de l'Eglise et fait commencer celle-ci à la Pentecôte.[59] Peu de théologiens, par contre, ont été aussi loin qu'Agobard de Lyon dans l'affirmation de la continuité des justes de l'Ancien Testament aux chrétiens:[60] il est vrai qu'Agobard s'oppose ici à un adversaire et qu'il était en ce cas plutôt emporté, ainsi qu'on le voit encore dans sa critique d'Amalaire. Il se réfère expressément à S. Augustin.

Ainsi les deux idées foncières d'unité du corps du Christ (unité du Médiateur) et d'identité de la foi sont-elles demeurées vivantes à la fin de la période patristique. C'est alors que, pour exprimer cette unité, on ajoute à l'ancienne figure augustinienne de la naissance de Jacob, une nouvelle

image: celle de la grappe rapportée de Chanaan par les deux émissaires
(Num. XIII, 22–25). On se représentait ceux-ci marchant l'un derrière
l'autre, portant sur une perche la grappe sans pareille. Le sens primitif du
symbole, qui se retrouvera jusqu'en plein XVIe siècle et auquel se tient
encore, à l'époque carolingienne, la *Clavis* du pseudo-Méliton, était celui du
Christ crucifié, pendu au bois.[61] Mais déjà le prêtre Evagre, vers 430,[62]
puis S. Maxime de Turin, au milieu du Ve siècle,[63] proposaient de voir dans
les deux porteurs le peuple juif et celui des chrétiens, unis par le mystère
du Christ, mais de telle façon que le juif avait le Sauveur derrière soi tandis
que le chrétien l'avait devant soi et le regardait. Cette exégèse symbolique
a été souvent reprise dans la suite, surtout aux XIe et XIIe siècles.[64] On
lui a parfois ajouté[65] un détail qui fournira également une image indépendante: celui qui marchait devant et celui qui marchait derrière criaient
également *Hosanna*!: allusion à Marc, XI, 9: *Qui praeibant et qui seque-
bantur clamabant dicentes Hosanna.* Cette jolie image se retrouvera jusque
tard dans le moyen âge.[66]

Mais à l'époque où nous en sommes, c'est à dire avant la littérature
d'école, la mention du thème augustinien d'*Abel, initium Ecclesiae*, est rare.
En dehors du *De mirabilibus S. Scripturae* plus tardif,[67] il n'y a guère que
S. Grégoire, parmi les Pères, à reprendre ou, plus simplement, à évoquer
le thème d'Abel.[68] Témoignage important, d'ailleurs, puisque Grégoire
sera, avec Augustin, le grand instructeur du moyen âge latin.

Nous voici arrivés à celui-ci. Laissant de côté le haut moyen-âge, dont
nous avons d'ailleurs déjà cité quelques textes et où l'on pourrait faire
d'autres glanes,[69] nous nous arrêterons un instant aux XIe et surtout
XIIe siècles, période qu'on peut appeler de préscolastique et de première
scolastique (Frühscholastik), puis au XIIIe siècle, âge d'or d'une scolastique maîtresse de tous ses moyens. Le traitement de notre thème, pour
particulier que soit celui-ci, nous apparaîtra comme illustrant de façon
saisissante l'évolution de la méthode théologique entre le XIe et le XIIIe
siècle. La connaissance la plus élémentaire des textes révèle en effet la succession de ces trois étapes: 1°, une transmission des thèmes dans des exposés ou des commentaires non encore pénétrés de dialectique; 2°, une
poussée de *quaestiones*, tendant à s'ordonner de façon organique; 3°, les
grandes synthèses des Sentences et de la Somme.

I – Les exposés ou commentaires non encore pénétrés, ou discrètement
pénétrés, de dialectique reprennent notre thème avec ses trois éléments
principaux, les deux premiers essentiels, le troisième plus accessoire:

a) *Una ecclesia.* Indépendamment de toute précision concernant Abel,
l'idée de l'Eglise remontant aux origines de l'humanité et englobant les
justes d'avant l'Incarnation, reste très présente. Citons seulement Rupert

de Deutz († 1135),[70] Godefroid, Abbé d'Admont († 1165),[71] Hugues de
Saint-Victor († 1141):[72] les textes de ce dernier sont remarquables et pré-
sentent un effort heureux pour accorder l'idée d'Eglise existant *ab initio
mundi* avec le fait d'une incarnation et d'une mort survenues en un moment
à la fois tardif et précis de l'histoire.[73] Dans ces différents textes, il n'est
pas question d'Abel: on nous parle bien plutôt expressément d'Adam (cf.
notes 71 et 73) ... Un peu plus tard, quand l'esprit se sera aiguisé dans
l'amour et la pratique des catégories précises, on spécifiera, conformément
à la position augustinienne, que les justes de l'Ancien Testament, parce
qu'ils se soumettaient à la loi volontairement et par amour, appartenaient
à la nouvelle alliance, celle de l'Evangile.[74]

b) *Una fides.* La grande affirmation augustinienne est devenue un principe
commun de la théologie latine. Avant qu'on ne pose à son sujet, dans les
écoles, des questions plus techniques dont l'histoire a été remarquablement
démêlée jusqu'au S.Thomas de la *Somme*,[75] recueillons à titre d'exemples
deux affirmations encore simples de la Glose[75 bis] ou des milieux monastiques, chez Odilon de Cluny († 1048)[76] et Anselme de Havelberg.[77]

c) Le même Anselme de Havelberg énonce aussi comme allant de soi que
«hoc corpus Ecclesiae ... a primo Abel justo incoepit, et in novissimo electo con-
summabitur, semper unum una fide».[78] A la fin du XIe et au XIIe siècles,
des énoncés semblables sont fréquents. Il semble que leur multiplication,
leur caractère de notion acquise, soient liés aux usages scolaires et donc
représentent un trait de scolastique; et ceci à deux titres. D'un côté en
raison des «questions» qui commencent à se poser dans le commentaire du
texte sacré;[79] d'un autre côté en raison des «gloses» qui, dès lors, fixent les
interprétations dans des formules classiques, adaptées à l'enseignement.[80]

A la même époque, Abel est assez communément présenté comme juste
ou innocent, martyr et vierge[81]; ainsi trouvait-on en lui le type des catégories mêmes selon lesquelles la liturgie distribue les saints.

II – On sait comment les Sentences et les Sommes sont nées des «quaestiones» soulevées dans le commentaire des Saintes Ecritures et qui, se multi-
pliant avec une application plus systématique de la nouvelle dialectique,
tendaient à se grouper et à s'ordonner de façon organique. Le thème que nous
avons suivi jusqu'ici a donné lieu, lui aussi, à «quaestiones», surtout vers
le milieu et en cette seconde moitié du XIIe siècle où se noue vraiment le
destin de la nouvelle théologie. Prenant comme une donnée reçue dans
l'enseignement des écoles et comme une «auctoritas» l'énoncé «Ecclesia ab
Abel», les maîtres de ces deux ou trois générations vont se poser entre autres
ces deux questions – ou plutôt ces deux séries de questions, car, quand le
mouvement dialectique est commencé, il se nourrit de lui-même et ne
s'arrête plus, comme on le voit, par exemple, dans le chapitre que Pierre
de Poitiers consacre, vers 1172, à notre thème et où, sans cesse, les questions

font naître les questions (: si on tient telle solution, alors il suit telle conséquence, ce qui pose telle nouvelle question ...).

a) *Ecclesia ab Abel?* Pourquoi pas *ab Adam?* La réponse est encore peu
développée chez Robert de Melun qui semble être un des premiers à la
soulever; avant lui ou au même moment, certains parlaient d'Adam et non
d'Abel (cf. supra, notes 71 et 73). D'Adam, répond Robert, l'Eglise a reçu
la tache du péché originel; elle n'a pas reçu une telle souillure d'Abel.[83]
La réponse est plus développée, plus déliée, chez Pierre de Poitiers, une
trentaine d'années plus tard. On n'attribue, dit-il,[84] à Adam ni d'être
«caput Ecclesiae malorum», ni d'être «caput Ecclesiae bonorum» parce qu'il
n'a été ni entièrement et définitivement bon, ni entièrement et définitivement mauvais; Abel, au contraire, n'a été que bon, «tantum bonus fuit»
et de plus il a été comme une figure du Christ immolé et il a été vierge.[83]
Si certains auteurs ne se décident pas et mettent le commencement de
l'Eglise tant en Adam qu'en Abel «sub diversis aspectibus»,[85] beaucoup se
rallient à la raison qu'avait donnée Pierre de Poitiers.[86] Maître Martin
(† vers 1200) se tient à la dernière considération: Abel a été vierge.[87] De
fait, comme nous l'avons déjà vu antérieurement (cf. notes 67 et 81, comp.
n. 104), on aime retrouver en Abel le premier type des trois états privi-
légiés qui sont aussi les catégories de l'anthropologie sacrée (liturgie):
«Abel pastor fuit, virgo et martir, que tria, scilicet prelatio, virginitas,
martirium precipue in ecclesia sunt privilegiata, que ideo recte ab Abel
incepit.»[88] Enfin, une considération qu'on trouve chez Etienne Langton
et chez d'autres déjà avant lui, devait prendre, indépendamment de la
question d'Abel, une grande importance en face de certaines hérésies ou
sectes: Albigeois ou Vaudois, plus tard protestantisme. Si on avait fait
commencer l'Eglise avec Adam, étant donné que celui-ci a péché et a perdu
la justice, l'Eglise eût été interrompue, ce qui contredit l'Ecriture.[89]

Ainsi, par le biais d'une «question» sur un point, malgré tout, assez accessoire, c'était la question de l'indéfectibilité de l'Eglise qui se posait, une
question qui était appelée à un certain développement – non exempt de
tâtonnements, d'ailleurs – dans l'apologétique catholique des XVIe et
XVIIe siècles.[90] Est-ce en raison de l'idée traditionnelle d'un commencement de l'Eglise avant même l'Incarnation? Toujours est-il que les apologistes catholiques soutiendront alors également la thèse de l'infaillibilité
de la Synagogue.[91] Mais le thème du commencement de l'Eglise en Abel
posait encore une autre question, celle de la possibilité d'une réalisation
de l'Eglise en une seule personne. Cette question était posée au XIIe
siècle à propos d'Abel.[92] Nous avons montré ailleurs[93] qu'elle sera soulevée
également plus tard par le thème de dévotion mariale d'une subsistance
de la foi, et donc de l'Eglise, en la seule Vierge Marie entre la mort du
Christ et sa résurrection.

b) *Quomodo Christus fuerit caput?* Comment le Christ a-t-il pu avoir des membres, et donc être tête, avant qu'il ne fût incarné? Et d'abord, on se demandait si Abel ne devrait pas être appelé tête de l'Eglise? Gilbert de la Porrée répondait l'un des premiers, sinon le premier, par une théologie du rôle «capital» du Christ: seul le Christ mérite le nom de tête parce qu'il a, comme tête, tous les sens, toutes les facultés spirituelles, concentrés en lui.[94] Dès lors on faisait la distinction (pourtant encore mal faite chez Pierre de Poitiers: cf. texte cité supra note 84) entre le simple *principium* et *caput*.[95] Dès lors s'élabore une théologie du Christ comme *caput*, qui se fixera assez vite dans des catégories précises et à laquelle le *de gratia capitis* des grandes scolastiques du XIIIe siècle n'aura pas grand chose à ajouter. Avant le texte, en somme, définitif, de Guillaume d'Auxerre, les *Sententiae Divinitatis* et même le pseudo-Bruno présentaient, sur ce point, une théologie déjà sérieusement évoluée.[96]

Pour le sujet précis dont nous parlons ici, la question qui se posait surtout était celle de savoir comment le Christ pouvait avoir des membres dont il fût la tête, alors que, avant l'incarnation, «nil erat Christus». Il était la tête des justes de l'Ancien Testament au titre de sa divinité, disaient certains qui pensaient résoudre ainsi à bon compte cette question de préexistence; mais l'ensemble des théologiens, soutenus par l'autorité des gloses, l'affirmaient au titre de l'humanité. Pierre Lombard, lui, tâchait d'accorder les deux.[97] Nous ne pouvons ici retracer en détail l'histoire de ce débat: cela demanderait un article entier et cela a déjà été esquissé par Mgr Landgraf.[98] La solution de la difficulté se faisait, techniquement, d'un côté par la théologie *de Christo capite*, d'un autre côté par le principe d'une jonction au Christ par la foi, d'une présence et d'une action du Christ, par dessus l'espace et le temps, dans la foi de tous les justes. On voudrait ici citer quelques uns au moins des principaux textes, qui représentent aussi les meilleurs témoignages de l'ecclésiologie de cette époque. Tous ou presque tous parlent de l'*Ecclesia ab Abel*. Mais ils sont trop nombreux: renvoyons, une fois de plus, aux beaux articles de Mgr Landgraf.

III — Les grands scolastiques ont reçu, sur toutes les questions précédemment évoquées, le bénéfice d'élaborations déjà très sérieuses qu'ils s'appliquent à intégrer dans des synthèses amples et raisonnées. Ce qui les intéresse, ce sont les problèmes et les principes. Sans préjudice d'autres auteurs, nous citerons ici principalement S. Thomas d'Aquin.

Dans un vocabulaire bien défini, ce sont toujours les grandes vues de S. Augustin qui animent cette théologie: celle du Christ comme unique Médiateur[99] et surtout comme tête de tous les hommes justifiés, même ceux de l'Ancien Testament;[100] celle de l'unité de l'Eglise entre ceux-ci et nous, par l'unité de foi, avec l'explication, désormais techniquement au point, de cette unité;[101] celle, enfin, de l'appartenance des justes qui ont précédé l'Incarnation au régime de la nouvelle alliance et de la grâce chrétienne, à tel point, dira S.Thomas, que la Synagogue était déjà l'épouse du Christ.[102]

Dans ces différents textes qui sont au coeur de l'ecclésiologie des grands scolastiques, la mention d'Abel intervient; on la trouve probablement chez tous les auteurs comme une chose allant de soi, mais, en somme, sauf dans la *Summa fratris Alexandri*[103] et chez un Benoit d'Alignan[104] qui relèveraient plutôt, en ceci, de la période précédente, assez rarement et de façon plutôt occasionnelle, en passant: ainsi Guillaume d'Auvergne,[105] Moneta de Crémone,[106] S. Bonaventure,[107] S. Albert le Grand (qui hésite entre Abel et Adam),[108] au moins une fois S. Thomas d'Aquin,[109] Matthieu d'Aquasparta,[110] Barthélemy de Bologne,[111] etc.

Quand on considère l'évolution d'ensemble des idées ecclésiologiques, qui se reflète dans les éléments engagés par notre thème, on est frappé par le caractère spirituel-personnel de la notion d'Eglise qui, d'Augustin aux grands scolastiques, domine tout le moyen-âge. L'Eglise est principalement la communauté de ceux qui, par la foi ont le Christ pour tête et sont ses membres. Elle est le collège ou le corps des fidèles:[112] en ceux-ci, par l'engagement et les actes personnels de ceux-ci, le Christ s'adjoint des membres et complémente son corps. S. Thomas a, s'il est possible, accentué encore et, semble-t-il, de plus en plus, cet aspect spirituel et personnel d'une notion d'Eglise qui, pour le fond, était commune à tout le moyen-âge occidental formé à l'école de l'Ecriture et de S.Augustin.[113] Dans cette notion, la considération de l'institution visible avait sa place, avec ses sacrements, sa hiérarchie, sa prédication de la foi, ses lois et son gouvernement spirituel. Tout cela était considéré comme un service, un *ministerium*, de la communion spirituelle et intérieure en quoi consistait le principal. Il nous semble qu'à cet égard encore une profonde unité de vues règne entre, par exemple, S.Augustin, Hugues de St-Victor, S. Bonaventure et S.Thomas d'Aquin.[114] Les éléments de l'institution ecclésiale sont considérés comme un ministère du salut, mais ils ne sont pas considérés indépendamment de la réalité spirituelle, intérieurement appropriée, du salut, comme s'ils avaient une sorte de consistance. L'usage qu'on fait du mot *Ecclesia* comme désignant, sans distinction, la réalité visible avec ses ministères et l'ensemble des membres unis au Christ comme à leur tête par la foi, illustre bien notre remarque. Etre sauvé, être du Christ, être de l'Eglise: ces trois termes ne constituent qu'une unique affirmation.

Le moment s'annonce cependant, même chez les théologiens que nous avons cités, où une considération de l'Eglise comme institution ou ensemble des moyens objectifs de grâce, va se développer de façon propre et indépendante; alors, d'un stade où l'ecclésiologie était enveloppée dans la christologie et la théologie du salut, on passera à un stade où se constitueront des traités séparés de l'Eglise, une ecclésiologie proprement dite. Cela commence dès le milieu du XIIIe siècle, sous la double pression de l'élaboration théologique, d'une part, de la nécessité de faire face aux erreurs, d'autre part. Pour l'élaboration théologique, qu'on pense à la théologie de l'excommunication, par exemple, à celle des caractères sacramentels, à celle des pouvoirs pontificaux et singulièrement de l'infaillibilité; pour la nécessité de faire face aux erreurs, qu'on pense aux traités d'un Jacques de Viterbe, d'un Jean de Paris, d'autres encore, que va bientôt susciter le conflit de Philippe le Bel et de Boniface VIII, ou même, en plein XIIIe siècle, à la réfutation des Vaudois, Albigeois, Pauvres de Lyon, etc., qui mettaient en question toute l'institution ecclésiale. Ce n'est pas un hasard si, dans la question où il se demande «quando inceperit Ecclesia in hoc mundo?» Moneta de Crémone (loc. cit. n. 106) distingue deux sens ou plutôt deux compréhensions du mot *Ecclesia:* „Congregatio fidelium" au sens d'une foi non (historiquement et ecclésiastiquement) conditionnée, *fides simpliciter;* „Congregatio fidelium" au sens d'une foi historiquement et ecclésiastiquement conditionnée: „haec est Ecclesia quae modo Romana dicitur" (éd. citée, p. 409). Ce second aspect de l'Eglise, dans la ligne duquel on obtiendra une ecclésiologie propre et autonome de l'institution hiérarchique visible, est celui qui va dès lors se développer et dominer.[115]

Ce n'est pas que l'idée de *Ecclesia ab Abel* ait disparu de la théologie après les grands scolastiques; encore moins, indépendamment du thème accessoire d'Abel, celle d'une préexistence de l'Eglise à l'Incarnation, d'une «Eglise avant l'Eglise», comme a dit le P. Sertillanges.[116] Ce ne sont pas seulement les auteurs, élevés malgré tout dans les idées de la scolastique, des premiers traités séparés de l'Eglise, un Jacques de Viterbe,[117] un Jean de Turrecremata,[118] qui continuent à parler du commencement de l'Eglise en Abel, ce sont des papes,[119] ce sont surtout les apologistes ou théologiens de la Contre-Réforme. Ce dernier point étonnera peut-être, d'autant que les réformateurs protestants et différents philosophes qui étaient en même temps des chefs de secte religieuse abusaient d'une typification de style augustinien et de l'opposition entre une Eglise de Caïn et une Eglise d'Abel,[120] ou encore risquaient de tirer le thème de l'Eglise avant l'Eglise dans le sens d'une Eglise invisible. Or un grand nombre des apologistes catholiques évoquent notre thème. Soit que, tout simplement, ils reprennent les énoncés augustiniens sur le commencement de l'Eglise aux origines de l'humanité et sur les deux cités;[121] soit qu'ils tirent argument de l'antiquité de l'Eglise en faveur de l'antériorité de celle-ci sur l'Ecriture;[122] soit qu'ils rencontrent et combattent l'objection protestante d'une Eglise qui a cessé d'exister pendant un temps (en Adam) ou a subsisté en un seul (en Abel par exemple).[123] ... En poursuivant l'enquête on pourrait ajouter, à coup sûr, bien des références et des considérations.[124] Après les controversistes du XVIe siècle, on consulterait les théologiens des XVIIe et XVIIIe siècles et l'on trouverait encore chez eux le thème d'Adam ou d'Abel, bref celui de l'Eglise existant déjà avant l'Incarnation.[125] ...

Nous arrêterons pourtant la recherche. De nouvelles références n'ajouteraient que matériellement à une documentation qui, telle quelle, suffit à nous mettre en présence d'une sorte de tradition théologique très consistante.

Pourtant, le développement de l'ecclésiologie depuis le XIIIe siècle et surtout depuis la controverse antiprotestante devait faire planer un malaise sur la notion très spirituelle et très personnelle d'Eglise qui s'était exprimée jusque là et de laquelle relevait une *inceptio in Abel* (ou *in Adam*). Déjà nous avons vu Moneta de Crémone esquisser une distinction. Contre les protestants, les théologiens catholiques devaient développer surtout une ecclésiologie de l'appareil ou des pouvoirs hiérarchiques et des moyens de grâce, c'est à dire des éléments niés ou méconnus par la Réforme. Cela devait se traduire, au plan de la définition même de l'Eglise, par un effort de précision et même par une modification des formules jusqu'alors employées. L'histoire de cette étape nouvelle de l'ecclésiologie n'a jamais été écrite de manière tant soit peu détaillée. Nous ne pouvons évidemment l'esquisser au terme de notre recherche. Il est pourtant indispensable, pour donner à celle-ci une conclusion, d'apporter quelques brèves indications.

Beaucoup d'auteurs, à l'époque du concile de Trente et à celle qui l'a immédiatement suivi, s'attachent à préciser, selon la compréhension, en quels sens divers on peut prendre le mot Eglise. Thomas Stapleton précisait que dans sa définition de l'Eglise (plus descriptive que logique), il considérait celle-ci «secundum statum novi Testamenti»;[126] Bañez distinguait deux sens du mot Eglise: «uno modo, ut sit congregatio eorum qui fidem in Deum profitentur, et sic eadem est Ecclesia ab initio mundi usque in finem»: c'est en ce sens, ajoutait-il, que S. Thomas en parle dans la IIIa pars, q. 8, a. 3; «altero modo dicitur Ecclesia fidelium viatorum collectio, quam congregat non solum fides sed etiam baptismus, qui dicitur fidei sacramentum»; en ce second sens même l'Eglise peut être prise *universaliter* et elle englobe même les hérétiques, ou *specialiter:* «et sic Ecclesia est congregatio fidelium baptizatorum visibilis sub uno capite Christo in coelis et vicario ejus in terris.»[127] Prenons tout de suite une formule plus développée des mêmes distinctions: par exemple celle du P. Pierre Labat (1659):

Ecclesiam tripliciter accipi posse. 1. pro tota collectione creaturarum unum Deum et Trinum profitentium et colentium, quo sensu comprehendit Ecclesiam triumphantem beatorum, purgantem animarum Purgatorii, et militantem fidelium in hac vita mortali existentium. 2. pro sola Ecclesia militante, quae est congregatio hominum unius Dei cultum et fidem profitentium. Et sic ab exordio mundi fuit una et eadem Ecclesia ... Atque adeo Ecclesia sic accepta complectitur legem veterem, seu Synagogam, et legem novam, quam fundavit Christus. Unde 3., sumitur Ecclesia quatenus a synagoga secernitur, ut et constat solis hominibus fidelibus baptizatis, et dicitur multitudo hominum fidelium baptizatorum, Spiritus Sancti vocatione congregatorum sub uno capite Christo in coelis, et Vicario ejus in terris. [128]

Comme les controversistes portent leur effort sur les seuls points attaqués, on ne peut leur demander de s'intéresser aux autres aspects, plus iréniques et souvent plus larges, du sujet dont ils parlent. C'est pourquoi, négligeant de parler de l'Eglise au sens plus large où elle englobe tous les justes ou au moins ceux de l'Ancien Testament, les grands controversistes du XVIe siècle ont introduit dans la définition pure et simple de l'Eglise les précisions prises de son mode terrestre et même des caractères particuliers de l'institution proprement apostolique fondée par Jésus-Christ. On saisit ce changement au moment même où il se fait lorsque, à la suite de Jean de Launoy et surtout des éditeurs modernes des Catéchismes de S. Pierre Canisius, on compare la rédaction anté-tridentine (1555–1565) et la rédaction post-tridentine (1566 s.) de l'explication du Symbole, art. 9.

Viennae Austriae, 1555	Coloniae, 1566
Ostendit ecclesiam, id est cunctorum Christifidelium congregationem, pro qua Christus in carne cuncta et fecit et pertulit eamque primo «unam esse in fide» fideique doctrina et administratione sacramentorum.[129]	Ostendit ecclesiam, id est cunctorum Christi fidelium visibilem congregationem, pro qua Dei Filius hominis natura suscepta cuncta et fecit et pertulit. Eamque docet primum «unam esse et consentientem in fide» fideique doctrina et administratione sacramentorum, quaeque «sub uno capite suo Christo» unoque vices eius in terris gerente pontifice maximo regitur ac in unitate conservatur.[129]

Quelques années plus tard, S. Robert Bellarmin donnera la définition qui, avec de légères variantes, deviendra quasi universellement celle des *De Ecclesia* modernes:

Ecclesia est coetus hominum viatorum ejusdem fidei christianae professionis et eorumdem sacramentorum participatione adunatus sub regimine legitimorum pastorum ac praecipue Romani Pontificis.[130]

Bellarmin connaissait les limites de sa définition, et il est le premier à les marquer: elle n'envisage l'appartenance à l'Eglise et la réalité de celle-ci que selon le minimum requis pour l'existence, par l'aspect extérieur ou, comme dit notre auteur, le corps. Les réalités spirituelles intérieures telles que la foi ou la charité se trouvent aussi dans l'Eglise, mais ce n'est pas par elles qu'on doit définir l'appartenance à l'Eglise et la réalité de celle-ci en tant que visible (aussi visible et palpable, dit Bellarmin, que le Royaume de France ou la République de Venise).[131] On perçoit bien ici le passage d'une ecclésiologie spirituelle, où l'institution salutaire était simplement

jointe à la réalité du salut, le *sacramentum* à la *res*, à une ecclésiologie principalement juridique, simple théologie des pouvoirs hiérarchiques et des
moyens externes de salut. Parlant de ce qu'on trouve partout au XIIIe
siécle, Mgr Landgraf écrit: «Es wird nun ursprünglich ... kein Unter-
schied zwischen Kirche und mystischem Leib Christi gemacht, was die
Zugehörigkeitsbedingungen angeht."[132] L'ecclésiologie moderne peut reprendre, et reprend effectivement cette formule – *Corpus Christi quod est
Ecclesia*: c'est le titre même du remarquable ouvrage du P. S. Tromp –,
mais elle l'entend de préférence dans le sens: appartenance à l'Eglise (visible) ⇀ appartenance au corps du Christ, tandis que l'ancienne ecclésiologie l'entendait dans le sens: appartenance au (corps du) Christ ⇀ appartenance à l'Eglise (visible).

Le passage d'une ecclésiologie à l'autre a été dénoncé, au XVIIe siècle,
soit, en référence à la question des pouvoirs des évêques et de ceux du pape,
par l'étrange Marc Antoine de Dominis, soit, d'un point de vue qui nous
intéresse davantage, par Jean de Launoy.[133] Pendant quinze siècles, disait
celui-ci, on a unanimement défini l'Eglise «coetus fidelium». Canisius et
Bellarmin ont introduit dans cette définition un élément nouveau n'intéressant l'Eglise qu'en son statut présent, à savoir le pape (auquel Bellarmin
joint les évêques). Cela est admissible comme une définition de l'Eglise en
son état présent, mais qui n'en exprime pas la pure essence.

La réaction nous paraît un peu platonique, car enfin nous ne cherchons
à définir, dans nos traités, que l'Eglise concrètement existante sur terre.
Du moins cette réaction peut-elle nous servir à percevoir les mérites et les
limites de l'ecclésiologie ancienne, toute contenue dans le cadre de la
christologie et de la théologie du salut, et ceux de l'ecclésiologie développée
en un traité séparé comme une théologie de la médiation hiérarchique du
salut. Dans la perspective moderne, la considération ancienne apparaît
comme excessivement large, voire n'allant pas «absque periculo doctrinae».
Le P. Tromp, de qui est cette formule,[134] s'est appliqué à marquer la place
du point de vue ancien dont la formule *Ab Abel justo* ne représente qu'un
aspect épisodique et, somme toute, fort accessoire; il recourt pour cela au
terme, emprunté à S. Grégoire, d'«Ecclesia universalis» qui s'oppose à
«Ecclesia praesens»; il y voit une notion large du corps mystique entendu
comme l'ensemble de tous les saints, notion qui ne traduit pas exactement
celle de S. Paul, dans laquelle est compris l'organisme hiérarchique et
juridique de l'Eglise visible.[135]

Nous ne voulons à aucun degré critiquer une interprétation qui a reçu
la consécration solennelle de deux encycliques – nous la croyons vraie et
nécessaire –, mais seulement présenter, pour conclure, quelques remarques
concernant la notion augustinienne et médiévale rapidement évoquée dans
les pages précédentes.

1⁰ Le P. Tromp pense que cette notion envisage l'«Ecclesia universalis» et fait abstraction de l'organisation juridique sans laquelle on ne peut donner une définition exacte de l'Eglise présente; il ramène même à ce sens le fameux art. 3 de la Somme, IIIa pars, q. 8 (cf. p. 127). Pourtant, dans cet article, ad 3, S. Thomas écrit: «patres antiqui pertinebant ad idem corpus Ecclesiae ad quod nos pertinemus», ce qui doit se traduire: les Anciens justes appartenaient à ce même corps auquel nous appartenons et qui est l'Eglise. Derrière quoi il y a toute la notion ancienne de *corpus* ou *collegium* entendus comme un ordre spirituel dont on est quand on se réfère au prinicpe de cet ordre (cf. l'étude citée n. 112). Ce texte n'est pas isolé chez S. Thomas, qui écrit encore: «ad unitatem in qua Deo servimus pertinebant.»[136] Mais il suffit de relire ceux des auteurs que nous avons cités au cours de cet article: pour eux l'Eglise qui a commencé avec Abel (ou Adam), est l'Eglise visible à laquelle nous appartenons, à laquelle le Christ et les apôtres ont révélé l'Evangile, qui célèbre les sacrements du salut et est organisée hiérarchiquement. Qu'on relise, par exemple, parmi tant d'autres, les énoncés de la Glose (n. 80), d'Anselme de Havelberg (n. 78), de Godefroid d'Admont (n. 71), de Jacques de Viterbe,[137] de Jean Antoine Delfino («ecclesia militans»: Garani, *op. cit.*, p. 49): il n'y a aucun doute qu'il s'agisse de notre Eglise catholique, du corps ecclésial visible institué ou fondé par le Christ.

Mais ce corps est conçu, dans son essence, comme spirituel, et cette fondation ou institution par le Christ est comprise elle-même principalement selon un point de vue d'influence spirituelle, de relation à un Principe, beaucoup plus que selon un point de vue proprement historique et comme un événement de l'espace et du temps. «Cum Ecclesia ab Abel cepit, quomodo caput eorum ? Bene, quia est principium Ecclesiae, id est fundator», dit la Glose *Pro Altercatione* ou, équivalemment, Pierre Lombard, la Glose ordinaire[128]; «principium ecclesiae, id est fundator, id est institutor»;[128] «principium, id est origo et causa fidei et justitiae illorum».[140] Nous nous en tiendrons ici à ces quelques témoignages pris dans les textes mêmes que nous avons cités précédemment. Une étude de la façon dont le moyen-âge concevait l'«institution» des sacrements par le Christ, l'étude du sens du mot *auctor* (principalement chez S. Thomas et dans son traité des sacrements), bien d'autres constatations encore confirmeraient ce qui est ici simplement suggéré. Etre du corps du Christ, être de ce corps qu'est l'Eglise *(corpus Ecclesiae)*, c'était, pour les anciens, être, par la foi, en rapport de vitalisation et de salut avec le Christ, unique, souverain et universel médiateur, dont la vertu transcendait toute détermination temporelle ou spatiale.

2⁰ La perception très vive qu'avaient les anciens de ce dernier point est une valeur d'un prix immense et qu'il ne faudrait pas facilement laisser oblitérer par la lumière plus claire d'une ecclésiologie de la médiation proprement ecclésiastique et hiérarchique de vérité et de grâce. Cette vue augustinienne – mais, peut-on dire, patristique et traditionnelle – d'une Eglise qui s'étend jusqu'aux dernières limites où des hommes adhèrent, par la foi *(quoquo modo)*, à Celui par qui et pour qui toutes choses vivent, est une vue qu'il faut absolument intégrer à une ecclésiologie, même soucieuse, comme il le faut, d'être à la fois une théologie des moyens de salut *et* une théologie du salut, de l'institution de grâce *et* de la communion de grâce.

Il y va de l'aspect christologique de l'Eglise; il y va aussi de son aspect eschatologique et de l'unité, vraiment essentielle, entre l'Eglise de la terre et l'Eglise du ciel.

3⁰ Redisons-le: la constitution d'une ecclésiologie proprement dite, bref d'un traité séparé de l'Eglise, le développement de cette ecclésiologie du côté d'une théologie de l'institution, des moyens de grâce, des pouvoirs et de la médiation hiérarchiques, étaient une nécessité et représentent un progrès. Il ne faut pas perdre de vue, cependant, que précisions et développement n'ont été acquis en ce sens qu'au prix d'une certaine disjonction, que les Pères et le haut moyen-âge n'avaient pas connue, entre la réalité spirituelle ou intérieure de l'Eglise, et le domaine ou les activités de l'institution visible. Au moment même où commence vraiment le développement qu'on a dit, c'est à dire vers les années 1220–1250, achève de se préciser la distinction entre le for interne et le for externe, entre l'excommunication au for de la grâce ou de Dieu et l'excommunication au for de l'Eglise visible.[141] La théologie du temps des Pères et du haut moyen-âge passait, nous l'avons vu, de la justice intérieure à l'Eglise visible; mais aussi bien, selon elle, être séparé de l'Eglise par l'excommunication, c'était être séparé du corps du Christ, et donc du Christ lui-même.[142] Mais dès là qu'on distinguait un for de l'Eglise *et* un for de Dieu, les deux choses pouvaient être dissociées. Et si l'on appelle corps mystique l'Eglise visible en tant que mystère surnaturel et communion dans la grâce du Christ, ce qui est aujourd'hui une manière de parler commune, comment ne pas admettre, dès lors, une certaine disjonction, non pas dans la réalité objective de l'Eglise elle-même, mais dans les membres de celle-ci, entre le corps mystique et l'Eglise visible? Ceci n'affleure-t-il pas dans le vocabulaire d'un S. Albert le Grand, qui écrit, parlant d'un fidèle qui ne communierait pas selon les canons: «Dicitur Jo. VI, 57, *qui manducat meam carnem . . .* Ergo, a contrario sensu, qui non manducat, etc., non manet in Christo: in Christo autem manere est in corpore mystico manere: cum ergo ille talis a corpore mystico se abjiciat, etiam ab Ecclesia abjiciendum esse videtur.»[143] L'Eglise est ici l'organisme hiérarchique exerçant le ministère des moyens externes de grâce; le corps mystique est l'organisme de sainteté, la *res* dont l'Eglise est comme le *sacramentum*. Mais déjà S. Augustin admettait que, en tel ou tel cas, l'un peut exister sans l'autre. Il ne serait pas difficile de montrer que ces considérations s'accordent avec l'enseignement de l'encyclique *Mystici corporis*.[144] Au surplus serait-ce faire injure à cet enseignement que de penser qu'il puisse être étranger ou encore moins contraire, là même où il en précise le nécessaire complément et les conditions de validité, à la tradition augustino-thomiste dont il invoque si souvent le témoignage, et, avec elle, à l'ample tradition théologique dont on a très sommairement retracé ici l'histoire.

NOTES

[1] Cf. J. Beumer S. J., Die altchristliche Idee einer präexistierenden Kirche und ihre theologische Anwendung, dans Wissenschaft und Weisheit, 9 (1942), p. 13–22. (En raison des lacunes occasionnées par la guerre dans les collections, je n'ai pu avoir connaissance du texte de cet article que tardivement, grâce á l'obligeance du R. P. Willibrod Hillmann, O.F.M.)

[2] Voir H. de Lubac, Catholicisme ... (Unam Sanctam, 3), Paris, 1938; trad. all., Der Katholizismus als Gemeinschaft. Einsiedeln-Köln, ch. VIII et textes.

[3] Comp. cette oraison du Léonien (P. L. 55, 111): «Quae Ecclesia ante mundi principium in tua semper est praesentia praeparata.»

[4] J. Guitton, Difficultés de croire. Paris, 1948, p. 76 s.; La pensée moderne et le catholicisme. IX. Le développement des idées dans l'A.T. Aix-en-Prov., 1947, p. 33 s., 85 s.

[5] Tel est le sens de οὐρανίου dans Origène, Peri archon IV, 9 (P. G. 11, 360): cf. P. Batiffol, Eglise naissante, p. 374, n. 4.

[6] Ainsi Clément interprète-t-il Col., III, 11 en référence à «l'Eglise céleste», avec une très belle évocation de la troisième demande du Pater: Strom. IV, c. 8, § 65.

[7] Ce sens des choses est très marqué dans 2 Clément, XIV, 2.

[8] Pour Irénée, Hippolyte et Tertullien, l'Eglise se trouvait dans le Paradis: donc en Adam et Eve avant la chute.

[9] Pour saint Paul, il y a la grâce, χάρις, et les dons spirituels qui viennent du Saint-Esprit et sont accordés κατὰ τὴν χάριν: Rom. XII, 6; 1 Cor., XII. Je crois que c'est dans cette perspective qu'il faut se mettre pour comprendre les textes anciens.

[10] Pour Irénée et Tertullien, voir les textes dans G. Philips, La grâce des justes de l'Ancien Testament (Bibl. Ephemer. Theol. Lovan., 4). Bruges-Louvain, 1948, p. 18 s. – Pour Hermas, je pense à cet endroit où il représente les apôtres prêchant, après leur mort, aux prophètes et leur donnant le sceau du Christ pour les incorporer à l'Eglise: Pasteur, simil. IX, XVI, 5 s.

[11] «Non enim tu mihi ex adventu Salvatoris in carne sponsam dici aut Ecclesiam putes, sed ab initio humani generis et ab ipsa constitutione mundi, imo, ut Paulo duce altius mysterii hujus originem repetam, ante etiam constitutionem mundi (cit. Eph. I, 4; Ps. 74, 2). Prima etenim fundamenta congregationis Ecclesiae statim ab initio sunt posita, unde et Apostolus dicit aedificari Ecclesiam non solum super apostolorum fundamentum, sed etiam prophetarum. Inter prophetas autem numeratur et Adam, quia magnum mysterium prophetavit in Christo et in Ecclesia, dicens (cit. Gen. II, 24, puis Eph. V, 32, 25, 26) ... quomodo dilexisset eam quae non erat? sed eam sine dubio dilexit quae erat. Erat autem in omnibus sanctis qui ab initio saeculi fuerunt facti ... Ipsi enim erant Ecclesia quam dilexit ...» In Cant., lib. 2 (P. G. 13, 134; éd. Baehrens, t. VIII, p. 157–158). Voir aussi H. de Lubac, Histoire et Esprit. L'intelligence de l'Ecriture d'après Origène. Paris, 1950, p. 260 s., 340.

[12] «Il y avait des fils même dans l'Ancien Testament; cette dignité, ils ne l'ont pas obtenue par un autre que par le Fils.» Contra Arianos IV, 29 (P. G. 26, 513).

[13] H. E., lib. I, c. 4 tout entier.

[13bis] Orat. XV, n. 1 (P. G. 35, 312–313).

14 «Un seul corps. Qu'est-ce que c'est, un seul corps? Les fidèles qui sont partout sur la terre, et qui ont été, et qui seront. Et aussi ceux qui, avant l'avénement de Jésus-Christ, ont plu à Dieu, sont un seul corps. Comment? Parce qu'ils ont, eux aussi, connu le Christ. Et comment le savons-nous? Il dit: Abraham ... (cit. Jean, VIII, 56), et encore (cit. Jean, V, 46), et les prophètes ...» In Eph., hom. 10 (P. G. 62, 75).

15 Quaest. ex Vet. Test., 3 (P. L. 35, 2219).

16 In Galat., lib. II, c. 4, 1–2 (P. L. 26, 396); in Job, c. 42 (26, 846–847).

17 «Ab exordio saeculi sive patriarchae, Abraham et Isaac et Jacob, sive prophetae, sive apostoli, sive matyres, sive coeteri justi, qui fuerunt, qui sunt, qui erunt, una ecclesia sunt, quia una fide et conversatione sanctificati uno spiritu signati, unum corpus effecti sunt; cujus corporis caput Christus esse perhibetur, ut scriptum est.» Explan. Symboli, 10 (P. L. 52, 871).

17bis Cf. J. Demarie, Notes sur la dévotion liturgique aux saints de l'A.T. (Bull. cath. de la Question d'Israël, 7 [mai 1929] p. 1–11); H. I. Marrou, Les saints de l'A.T. au martyrologe romain, dans Mémorial Chaine. Lyon, 1950, p. 280–290; B. Botte, Le culte des saints de l'A.T. dans l'Eglise chrétienne (Cahiers sioniens, mars 1950, p. 38–47).

Il suffit de lire la Peregrinatio Etheriae pour voir comment, au début du Vᵉ s., on parlait de S. Abraham, S. Moïse, etc...., Une fête du prophète Elie en Gaule au VIe siècle (ibid., sept. 1950, p. 170-177), Abraham dans la liturgie (ibid., juin 1951, p. 88-95).

18 Voir S. Jean Damascène, Advers. Iconocl., 11–12 (P. G. 96, 1357). – Comme témoignage de la théologie orthodoxe, citons la classique Théologie dogmatique orthodoxe de Macaire, trad. fr. Paris, 1860, t. II, 29 s., 219 s. (où Augustin est d'ailleurs cité avec d'autres Pères).

19 Summa contra Catharos et Valdenses, lib. 2, c. 8 et 9 (éd. Ricchini, 1743, p. 209 s.); lib. 5, c. 2 (p. 408). Pour Augustin lui-même, voir le Contra advers. Legis et Prophetarum, en 420 (P. L. 42, 603–666).

20 Cf. par ex. Enar. in Ps. 90, sermo 2, n. 1 (P. L. 37, 1159); Civ. Dei, XVIII, 47 (41, 609–610).

21 On le present quand on lit, par exemple, dans le De peccato orig., c. 26, n. 30 et 31 (44, 400), en 418: «Non igitur, sicut Pelagius et ejus discipuli, tempora dividamus, dicentes: Primum vixisse justos homines ex natura, deinde sub lege, tertio sub gratia.
Haec disputantes, a gratia Mediatoris justos excludere conantur antiquos, tanquam Dei et illorum hominum non fuerit mediator homo Christus Jesus.»

22 Cf. D. Zähringer, Das kirchliche Priestertum nach dem hl. Augustinus. Eine dogmengeschichtl. Studie. Paderborn, 1931: Fr. Hofmann, Der Kirchenbegriff des hl. Augustinus, München 1933, p. 138 s.
– Pour le thème des deux Adam, voir E. Mersch, Le Corps mystique du Christ. Etudes de théol. histor., 2e éd., t. II, p. 63 s.

23 De pecc. or., c. 24, n. 24 (P. L. 44, 398): en 418.

24 Voir tout particulièrement De pecc. meritis et remiss., lib. 2, c. 29, n. 47 (P. L. 44, 179): 412; Epist. 102, n. 12 (33, 574); Epist. 179, n. 6 (33, 776); Epist. 187, c. 11, n. 34 (33, 845).

25 Augustin met évidemment en oeuvre les textes pauliniens: Eundem cibum spiritualem manducaverunt ... ; Petra autem erat Christus. Sermo 251, n. 3 (39, 1551–1553); in Joan. tract. 26, n. 12 (35, 1612) etc.

26 Cas de Job: Civ. Dei, XVIII, 47 (41, 609–610); Adnot. in Job (34, 886); De pecc. meritis et remiss., lib. 2, c. 11, n. 16 (44, 161); De perf. just. hom., c. 19, n. 42 (44, 315). – Cf. aussi le cas de Melchisédech: Epist. 177, n. 12 (33, 769).

27 En. in Ps. 61, n. 4 (36, 731): 415; De baptismo lib. 1, c. 16, n. 25 (43, 123): v. 400.

28 Epist. 102, n. 12 (P. L. 33, 574).

29 Sermo 143, n. 1 (P. L. 38, 784–785).

30 De peccato orig., c. 25 (44, 399). De pecc. meritis et remiss., lib. 2, c. 29, n. 47 (44, 179): «Una ergo fides est quae omnes salvos facit qui ex carnali generatione spiritualiter renascuntur, terminata in eo qui venit pro nobis judicari et mori, judex vivorum et mortuorum. Sed hujus unius fidei pro significationis opportunitate per varia tempora sacramenta variata sunt.»

31 De peccato orig., c. 26 (44, 401); Enar. in Ps. 36, sermo 3, n. 4 (36, 385); in Ps. 62, n. 2 (36, 749).

32 «Mutatis sacramentis, non mutato Mediatoris auxilio.» De peccato orig., c. 32 (44, 403); «Idem populus. Sacramenta sunt mutata, non fides. Signa mutata sunt quibus aliquid significabatur, non res quae significabatur ...» Sermo 19, n. 3 (38, 133 s.); comp. Tract. adv. Jud., n. 4 (42, 53); Epist. 138, n. 2–9 (33, 526–529) et le Contra Faustum.

33 Enar. in Ps. 50, n. 17 (36, 596); In Joan. tract. 26, n. 12 (35, 1612), tract. 45, n. 9 (35, 1722:

un des textes les plus développés); De nuptiis et conc., lib. 2, c. 11 (44, 450); Contra Faustum lib. 19, c. 14 (42, 356) et c. 16 (356–357); Epist. 102, n. 12 (33, 574); Epist. 187, n. 34 (33, 845); De patientia, c. 21, n. 18 (40, 621): «Antiqui justi ante incarnationem Verbi in hac fide Christi et in hac vera justitia quod est nobis Christus justificati sunt, hoc credentes futurum quod nos credimus factum, et ipsi gratia salvi facti sunt.» Déjà dans le De catechiz. rudibus, n. 6 et n. 28 (40, 313 et 332).

³⁴ De catechiz. rudibus, n. 6 et n. 33 (40, 314 et 335); Enar. in Ps. 61, n. 4 (36, 731). Image reprise plus tard, par exemple par le Pseudo-Eucher, In Genes. lib. 2, c. 25, 24 (P. L. 50, 981); au XIIe siècle par les Glossulae glossularum, qui rapportent le fait à Phares (cf. A. Landgraf, dans Divus Thomas (Frib.), 1948, p. 161, n. 2) ou par les Quaestiones du ms. Douai, cod. lat. 434 (Landgraf, p. 175, n. 1); au XIIIe siècle par la Summa fratris Alexandri (éd. Quaracchi, t. IV, p. 153), qui rapporte le fait à Zara . . .

³⁵ Cf. F. Cabrol, art. Abel, dans Dict. Archéol. chrét. et Lit. t. I, col. 85. Je ne connais que le titre de J. Hennig, Abel's place in the Liturgy, dans Theological Studies, 1945, p. 126–141.

³⁶ Sermo 341, c. 9, n. 11 (39, 1499–1500).

³⁷ Enar. in Ps. 90, sermo 2, n. 1 (37, 1159): en 412 d'après Zarb. La suite dit que les Anges nous attendent au ciel, d'où nous sont venues des lettres, les saintes Ecritures.

³⁸ Enar. in Ps. 118, sermo 29, n. 9 (37, 1589): 418 d'après Zarb.

³⁹ Enar. in Ps. 142, n. 3 (37, 1846).

⁴⁰ Civ. Dei, lib. XVIII, c. 51 (41, 614): vers 420.

⁴¹ Si l'opposition entre Jérusalem et Babylone, qu'on rencontre Enar. in Ps. 61, 6–8 (36, 733–736), Ps. 64, 2–4 (36, 772–776), Ps. 96, 1 (37, 1761–1762) nous reporte d'après Zarb à 412, donc exactement à notre date, on peut se reporter à De vera relig., 50 (34, 144), vers 390; De catechiz. rudibus, c. 19, n. 31: «Duae civitates una iniquorum, altera sanctorum, ab initio generis humani usque in finem saeculi perducuntur, nunc permixtae corporibus, sed voluntatibus separatae, in die vero judicii etiam corpore separandae.» (40, 333); c. 20, n. 36 (40, 336–337), vers 400. D'autres textes nous ramènent à 410 ou 412: ainsi Sermo 105, 9 (38, 622), prononcé sous la menace de la prise de Rome, et qui parle de la civitas quae nos carnaliter genuit, civitas quae nos spiritualiter genuit; Epist. 138, n. 17 (33, 533), en 412, qui compare aux vertus qui ont fait l'imperium romanum celles qui nous constituent citoyens d'une cité céleste et divine, «cives alterius civitatis cujus rex veritas, cujus lex caritas, cujus modus aeternitas».

⁴² Civitas Dei et civitas diaboli. Cf. aussi le thème du corpus Domini et celui du corpus diaboli, auxquels répondent respectivement les règles 1–2 et 7 du même Tychonius.

⁴³ Cf. Civ. Dei, lib. XIV, c. 1 (41, 403); c. 2, n. 2 (405); c. 4, n. 2 (407); lib. 15, c. 1, n. 1 (437)·

⁴⁴ Loc. ult. cit.

⁴⁵ Civ. Dei, lib. XV, c. 17 (41, 460): «Cum ergo esset Adam utriusque generis pater, id est, et cujus series ad terrenam, et cujus series ad coelestem pertinet civitatem; occiso Abel . . . facti sunt duo patres singulorum generum, Cain et Seth: in quorum filiis . . . duarum istarum civitatum in genere mortalium evidentius indicia clarere coeperunt.» Pour l'évocation de Gen. IV, 25 (Seth recevant de Dieu semen aliud pro Abel), c. 18, col. 461.

⁴⁶ Cf. De pecc. meritis et remiss., lib. 2, c. 34, n. 55 (44, 185); De natura et gratia, c. 21, n. 23 (44, 257–258); Epist. 164, n. 6 (33, 711): Augustin présente cette croyance comme une doctrine reçue, bien que les saintes Ecritures ne précisent rien. Irénée et Origène parlent déjà dans le même sens. Comp. encore Augustin, Op. imp. c. Julian., lib. 6, c. 12, n. 39 (44, 843).

⁴⁷ Enar. in Ps. 61, n. 6 (36, 733): en 412 d'après Zarb. Comp. Civ. Dei, lib. 15, c. 1, n. 2 (41, 437–438); c. 5 (441), c. 18 (461); Enar. in Ps. 142, n. 3 (37, 1846).

⁴⁸ Cf. les textes cités par Fr. Hofmann, op. cit., p. 284.

⁴⁹ Comp. W. Vischer, Das Christuszeugnis des Alten Testaments, Zollikon-Zurich, t. 1 6e éd. (1942), p. 101–102. – Par le biais de la référence au Christ par la foi (dont témoigne Heb. XI où Abel ouvre la liste des héros de cette foi), le même exégète protestant, p. 89, a retrouvé l'interprétation patristique traditionnelle sur l'unité entre l'A.T. et le N.T., par la foi. Un même sentiment traditionnel de l'unité du salut à travers l'A.T. et le N.T, se trouve dans le rapport de J. Marsh, au nom de la commission biblique dans les travaux préparatoires à Amsterdam, Some considerations on the unity of the Old and New Testament (World Council of Churches, Study Department, 1947; texte ronéotypé).

⁵⁰ De Caïn et Abel, lib. 1, c. 2 (P. L. 14, 318). Comp. De Abraham, lib. 2, n. 72–73 (14, 191). –

II

Pour l'école d'Alexandrie, voir Origène, In Genes. hom. 12, n. 3 (Baehrens, p. 109; P. G. 12, 226 s.).

[51] C'est la conception qui a été transmise au moyen âge latin par Augustin: cf. J. Spörl, Grundformen hochmittelalterlicher Geschichtsanschauung. München, 1935; elle a été reprise récemment par R. Schneider, Was ist Geschichte? Colmar, sans date.

[52] «Ecclesiam accipite non in his solis qui post Domini adventum et nativitatem esse coeperunt sancti, sed omnes quotquot fuerunt sancti ad ipsam Ecclesiam pertinent.» Sermo 4, de Jacob et Esau, n. 11 (38, 39); De catechiz. rudibus, c. 17, n. 27-28 (40, 331-332); c. 19, n. 33 (334-335); Enar. in Ps. 36, sermo 3, n. 4 (36, 385). Le texte le plus fort est sans doute Enar. in Ps. 104, n. 10 (37, 1395): «An ideo Christi (Abraham et les autres justes de l'A.T.) quia, etiamsi latenter, jam tamen christiani?»
Voir aussi Expos. in Galat., n. 43 (35, 2136-2137) et Epist. 140, e. 2, n. 5 (33, 540)

[53] «Ecclesia vero quod est populus Dei etiam in istius vitae peregrinatione antiqua res est, in aliis hominibus habens animalem portionem, in aliis autem spiritualem. Ad animales pertinet vetus testamentum, ad spirituales novum.» De baptismo, lib. 1, c. 15, n. 24 (43, 122): texte de 400; De spiritu et littera, passim et par ex. c. 24, n. 41 (44, 225); c. 27, n. 48 (229-230): texte de 412; Contra duas epist. Pelagian., lib. 3, n. 11 (44, 594-595): texte de 420; Sermo 341, c. 9, n. 11 (39, 1499-1500).

Enfin, sans prétendre apporter tous les textes, le Sermo 4 de Jacob et Esau (38, 33-52) qui oppose les spirituels et les charnels, symbolisés en Jacob et Esaü; on peut appartenir à l'un ou à l'autre (n. 3, col. 34), «Vetus testamentum est promissio figurata; novum testamentum est promissio spiritualiter intellecta» (n. 9, col. 37), «illi qui corporaliter ea [les figures de l'A.T.] tenuerunt ad vetus testamentum pertinuerunt» (n. 10, col. 38), «qui carnaliter vivunt, carnaliter credunt, carnaliter sperant, carnaliter diligunt, adhuc ad vetus testamentum pertinent, nondum ad novum» (n. 12, col. 40), «sunt mali in Ecclesia pertinentes ad Esaü» (n. 31, col. 48).

[54] Cf. D. Mozeris, Doctrina S. Leonis M. de Christo Restitutore et Sacerdote. Mundelein, 1940.

[55] «Omnes sancti qui Salvatoris nostri tempora praecesserunt, per hanc fidem justificati, et per hoc sacramentum Christi sunt corpus effecti ...» Sermo 30, c. 7 (P. L. 54, 234); «Antiquitas colentium Deum verum, omnis numerus apud saecula priora sanctorum, in hac fide vixit et placuit; et neque patriarchis neque prophetis neque cuique omnino sanctorum nisi in redemptione Domini Nostri Jesu Christi salus et justificatio fuit.» Sermo 52, c. 1 (314); «Sacramentum salutis humanae nulla unquam antiquitate cessavit ... Gratia enim Dei, qua semper est universitas justificata sanctorum, aucta est Christo nascente, non coepta.» Sermo 23 (in Nativ. 3), c. 4 (202); comp. Sermo 24 (in Nativ. 4), c. 1 (203) et supra, note 3.

[56] Voir in Ps. 126 (P. L. 51, 372): une unique Jérusalem, une unique Eglise, qui a conçu ses fils «utero fidei».

[57] Ad Monimum, lib. 2, c. 2, n. 3 (P. L. 65, 180); Epist. 14, n. 47 (65, 435): «Promissiones Novi Testamenti indubitanter ostendit in lectione Testamenti Veteris apparere ... quia novus permanet fide similis, quamvis videatur sacramentorum celebratione dissimilis. Quippe una est fides Novi ac Veteris Testamenti. Haec in antiquis Patribus credebat promissa quae in nobis jam credit impleta ...» De fide ad Petrum, n. 4 (65, 673).

[58] In Ps. 8 (P. L. 70, 74).

[59] Etymol., lib. 8, c. 1, n. 4 (Pentecôte); n. 8 et 9 (Eglise distinguée de la Synagogue): P. L. 82, 295.

[60] Liber adv. Fredegisum, n. 16-22 (P. L. 104, 169-174): Israël n'était pas sans Christ au temps de la promesse (n. 18, col. 170); les patriarches et même «multos in gentilitate positos invisibili chrismate unctos: per quam unctionem membra Christi et unum corpus cum omnibus ad aeternam vitam praedestinatis fierent» (n. 20, col. 171); Abraham et les patriarches ont bu du breuvage spirituel qui est le Christ, ils ont été chrétiens (n. 20, col. 172): rien ne les distingue de nous, sinon qu'ils ont tenu les sacrements du salut *futura*, nous *praeterita* (n. 21, col. 173). Ainsi la religion des chrétiens est «ab ipso origine mundi descendens ... Omnes in fide Christi justificati sunt» (n. 22, col. 174). Cf. aussi Adv. Amalarium, n. 15 (104, 348). Tout cela est parfaitement Augustinien.

[61] Déjà S. Hippolyte. Représentations figurées dès le IVe siècle et peut-être même la fin du IIIe: cf. H. Leclercq, dans Dict. Archéol. chrét. et Lit., t. III, col. 169 s., qui cite aussi différents textes. Pour la *Clavis* du ps. Méliton, cf. éd. Pitra, Spicileg. Solesm., t. II, p. 455.
Voir aussi C. Leonardi, Ampelos. Il simbolo della Vite nell' Arte pagana e paleocristiana (Bibl. Ephemer. Liturg., sect. hist., 21). Rome, 1947, p. 149-163.

[62] Aprés avoir vu dans la grappe merveilleuse «figura Christi pendentis in ligno», Evagre ajoute: «Subvectantes phalanguam, duorum populorum figuram ostendebant, unum priorem, scilicet vestrum, terga Christo dantem, alium posteriorem, racemum respicientem, scilicet noster populus intelligitur.» Altercatio inter Theophilum et Simonem (P. L. 20, 1175). On voit que, dans ce texte, le Juif est présenté plutôt comme tournant le dos au Christ que comme en portant le mystère avec le chrétien. Littérature des *Altercationes* ...

[63] Hom. 79 (P. L. 57, 423–424).

[64] Par exemple Aponius, in Cantica Cant. (cité par H. Leclercq, col. 171); le pseudo-Augustin, Sermo 28, inter Op. Aug., P. L. 39, 1800; Agobard, Adv. Fredegisum, c. 21 (P. L. 104, 173); S. Pierre Damien, in libr. Numeri, c. 4 et 5 (P. L. 145, 1036–1037); le pseudo-Hugues, Alleg. in Vetus Test., lib. 3, c. 3 (P. L. 175, 658). Cf. aussi Adam de St-Victor, Oeuvres poétiques, éd. L. Gautier. Paris, 1858, t. I, p. 55, t. II, p. 342 (cité par E. Misset, Essai sur Adam de St-Victor, dans Les Lettres chrétiennes, 2 (1879–1880), p. 111 et 4 (1881–1882), p. 215.

[65] Ainsi Pierre de Mora (Capuanus; † 1242); cité par Pitra, Spic. Sol., t. II, p. 456; Adam de St.-Victor, Gautier, I, 55 et Misset, p. 215.

[66] Par exemple les Quaestiones (XIIe s.) du British Mus. Harley lat. 3855 (cité par A. Landgraf Divus Thomas (Frib.), 1948, p. 167, n. 1); Jacques de Viterbe, De regimine christiano, éd. Arquilliére, p. 124.

[67] Lib. 1, c. 3 (inter Op. Aug. P. L. 35, 2154; il s'agit d'un écrit anonyme irlandais du 7e siécle): «Abel in justitia hominum primatum tenuit eo quod primus in terra justus fieri coepit ... Tota justitia haec est: virginitas, sacerdotium et martyrium: quae triplex justitia in Abel primo fuit.♦

[68] «Vineam, universalem Ecclesiam, quae ab Abel justo usque ad ultimum electum...»Homil. in Evang., lib. 1, hom 19, n. 1 (P. L. 76, 1154). «Nullus in hanc vitam electorum venit qui non hujus hostis adversa sustinuit. Membra autem nostri corporis exstiterunt etiam qui ab ipso mundi exordio, dum pie vivunt, crudelia passi sunt. An non hujus membrum Abel se esse perhibuit, qui ejus mortem de quo scriptum est *Sicut agnus coram tondente* ... (Is. 53, 7) non solum placens in sacrificio, sed etiam moriens tacendo signavit ? Ab ipso itaque mundi exordio Redemptoris nostri corpus expugnare conatus est. A planta ergo pedis usque ad verticem ... » Moralia, III, n. 32 (P. L. 75, 616). Les textes qui, sans mentionner Abel, parlent de l'*Ecclesia universalis* qui englobe les saints de l'A.T. et même du paganisme, sont très nombreux: cf. S. Tromp, Corpus Christi quod est Ecclesia, I, 2e éd., Rome, 1946, p. 124–125.

[69] Par exemple chez Paschase Radbert, chez qui on retrouve à la fois S. Grégoire et S. Augustin: «Salvator noster ... quasi Dominus ac paterfamilias habet vineam, universam scilicet Ecclesiam, quae ab Abel justo usque ad illum ultimum electum qui in fine mundi venturus est colligitur ... Ac per hoc quicumque ab initio mundi salvati sunt ... omnes una Ecclesia sunt, unaque vinea de vite, quae Christus est, propaginata.» In Mat., lib. 9, c. 20 (P. L. 120, 674–675); comp., sans mention d'Abel, lib. 10, c. 22 (741).

[70] De divinis officiis, lib. 4, c. 2 (P. L. 170, 89).

[71] Homil. 87 (P. L. 174, 1014): «*Adhuc terram non fecerat* ... Possumus per terram non incongrue intelligere Ecclesiam ... Ideo Ecclesiam quia non solum tunc primum coepit Ecclesia quando nascente, moriente, resurgente et ascendente in coelum Domino Jesu Christo multitudo credentium in fide crescebat ... sed coepit etiam in primo homine qui praedestinatus est ad vitam. Nullum enim a constitutione mundi tempus erat in quo aliquem Deus non haberet qui ad Ecclesiam ejus pertineret.»

[72] De arca Noë mystica, c. 3 (P. L. 176, 685): «Si enim arca Ecclesiam significat, restat ut longitudo arcae longitudinem figuret Ecclesiae. Longitudo autem Ecclesiae consideratur in diuturnitate temporum, sicut latitudo in multitudine populorum ... Tempus autem longitudinis ejus est ab initio mundi usque ad finem, quia sancta Ecclesia in fidelibus suis ab initio coepit et usque in finem saeculi durabit. Credimus enim nullum tempus esse a initio mundi usque ad finem saeculi in quo non inveniantur fideles Christi.»

[73] De arca Noë Morali, lib. 1, c. 4 (P. L. 176, 630–631): «... Sancta Ecclesia, quae ab initio mundi coepit, in tempore gratiae per immolationem Agni immaculati redemptionem accepit. Tunc namque fabricata est arca quando de latere Christi in cruce pendentis in sanguine et aqua profluxerunt sacramenta. Quando Agnus immolatus est, tunc est sponsa Agni nata. Quando Adam soporatus est, tunc Eva fabricata est ... (évoque alors Apoc. XIII, 8: Agni qui occisus est ab origine mundi: le Christ n'a pu être immolé ab origine mundi, puisqu'il n'avait pas de corps) ...

Sed fortasse dixeris, occisus est ab initio, id est, iis qui fuerunt ab initio, hoc est ad redemptionem ad salutem, ad reconciliationem eorum qui fuerunt ab initio, ita ut per hoc quod dicitur ab initio determines non tempus occisionis, sed salutis ... Ab initio ergo saeculi occisus est quia ab initio saeculi illi fuerunt pro quibus in fine saeculi occisus est.»

[74] Cf. par exemple: Summa Sententiarum, tract. 4, c. 6 (P. L. 176, 124); Gilbert de la Porrée, Com. in Gal. 5 (cité par A. Landgraf, Zeitsch. f. kath. Theol., 1933, p. 223, n. 54); les Quaestiones de Bamberg Cod. can. 19 (ibid., p. 223); Robert de Melun, Summa (ibid.); Guillaume d'Auxerre, Summa aurea, lib. 4, a. 3, c. 2 (éd. Paris, Pigouchet, 1500, fol. 244).

[75] M.-D. Chenu, Contribution à l'histoire du traité de la foi. Commentaire historique de IIa–IIae, q. 1, a. 2, dans Mélanges thomistes (Bibl. thom. 3). Kain, 1923, p. 123–140.

[75bis] Glossa ordinaria sur Col. 1 (cf. infra, note 80); Glossa Lombardi sur 2 Cor., IV, 13 (P. L. 192, 33). Cf. S. Thomas, Sum. Theol. Ia IIae, q. 107, a. 1, obj. 1.

[76] Sermo 4 (P. L. 142, 1002): il s'autorise «ex dictis majorum, catholicorum doctorum», ce qui est assez caractéristique d'un sentiment assez répandu de n'avoir qu'à répéter et commenter des affirmations reçues.

[77] Le seul titre du 1er livre des Dialogi (écrit composé entre 1136 et 1149) est significatif: De unitate fidei et multiformitate vivendi ab Abel justo usque ad novissimum electum (P. L. 188, 1141 s.).

[78] Op. cit., c. 2, col. 1144.

[79] Exemples: S. Bruno († 1101; A. Landgraf, qui trouve ici l'idée «zum ersten Mal» parmi les commentaires de S. Paul, parle du pseudo-Bruno: Div. Thomas, 1948, 160), in Col. 1 (P. L. 153, 379); Odon d'Ourscamp, Quest., pars 2, q. 77 (dans Pitra, Spicil. Solesm., t. 2, p. 56); la Somme de Munich (CLM 14 508) et les comm. sur S. Paul, in Col., 1, cités par A. Landgraf, Die Lehre vom geheimnisvollen Leib Christi in den frühen Paulinenkommentaren und in der Frühscholastik, dans Divus Thomas (Frib.), 26 (1948), p. 160–180 (respectivement p. 169, n. 1 et p. 172, n. 3); le comm. sur l'épître aux Hébreux (c. 3), provenant de l'école d'Abélard, publié par Mgr Landgraf: Commentarius Cantabrigiensis in Epist. Pauli e Schola Petri Abaelardi in Epist. ad Hebraeos. Notre Dame, 1946, p. 705: «Que quidem ecclesia primum incepit in Abel primo electo, deinde in multis sequacibus eius tam gentibus quam iudeis crevit sicuti Job, Abraham et prophetis ...»
Voici encore plusieurs énoncés de l'idée d'*Ecclesia ab Abel*, recueillis dans le très riche article de Mgr A. Landgraf cité supra; ils sont empruntés à des commentaires bibliques: Comm. sur 1 Cor. 5, 2 de Paris, Arsenal lat. 1116 (école porrétaine), cité p. 163, n. 1; Godefroid de Babion, Enar. in Mat., c. 20 (P. L. 162, 1417), cité ibid.; Comm. sur les psaumes, faussement attribué à Aimon, in Ps. 118 et in Ps. 101 (P. L. 116, 627 et 538), cité ibid.; Pierre Lombard, Comm. in Ps. 71 et in Ps. 118 (P. L. 191, 665 et 1121), cité p. 165, n. 4; Zacharias Chrysopolitanus, In unum ex quatuor, lib. 3, c. 109 (P. L. 186, 345), cité, p. 164, n. 1; etc.

[80] Voir les différentes gloses, dont c'est l'âge d'or, soit sur 2 Cor. IV, 13, pour l'idée d'identité de foi, soit, pour celle de l'unité et de l'antiquité du corps ecclésial, qui remonte à Abel, sur Col., I, 18. Par exemple, les Glossule glossularum citées par A. Landgraf (Div. Th., 1948, p. 161), la Glossa pro Altercatione citée par R. Martin dans son édition des Quaestiones in Epist. Pauli de Robert de Melun, Louvain, 1938, p. 264; enfin et surtout la Glose ordinaire, in Col., 1: «*Caput corporis Ecclesiae*. Quia ita se habet ad Ecclesiam sicut caput ad corpus. Et cum Ecclesia ab Abel coepit, quomodo caput eorum? Bene, quia est principium Ecclesiae, id est fundator. *Qui est principium*, Ecclesiae secundum divinitatem, id est, fundator Ecclesiae, quia omnes justos qui ab Abel usque ad ultimum justum generantur virtute divinitatis et misericordiae suae dono illuminantur. Secundum humanitatem etiam potest dici principium Ecclesiae quia super fidem humanitatis ejus fundata est ...» (P. L. 114, 610 et Biblia sacra cum Glossa ordinaria ... et Postilla Nicolai Lirani. Douai, 1617, t. VI, col. 612).
Voir encore Wolbero, Comment. in Cant. Cant., I, 9 (P. L.195., 1062); Jean Beleth, Rationale, c. 105 (P. L. 202, 110).

[81] Ainsi Pierre le Chantre, Summa Abel; Pierre de Poitiers, Distinctiones Psalterii; Magister Martinus; Etienne Langton, cités par A. Landgraf, art. cité, p. 170, n. 2 et 171, n. 2 (Langton).

[82] «Sed dicit auctoritas quod incepit esse ab Abel»: Quaest. de British Mus. Royal 9 E XII, fol. 3 (cité par A. Landgraf, Div. Th., 1948, p. 171, n. 1).

[83] Quaestiones (theol.) de Epistolis Pauli, éd. R. Martin, Louvain, 1938, p. 264.

[84] Sent. lib. 4, c. 20 (P. L. 211, 1217–1218): «Primus qui peccavit fuit Adam vel Eva, et cuju

peccatum totam humanam naturam corrumpit. Ergo et ipse fuit caput ecclesiae malorum, vel nullus; quod tamen solet attribui Cain. Eadem ratione qui bonum operatus est primus et fidem habuit, fuit Adam. Ergo ipse fuit caput ecclesiae bonorum, vel nullus, et tamen solet attribui Abel. Ad hoc dicendum quod Adam nec tantum fuit malus nec tantum bonus, et ideo non solet attribui ei principium ecclesiae bonorum vel malorum, sed bonorum Abel, quia tantum bonus fuit, et quia figura Christi passus est agnus ab origine mundi, et quia virgo fuit.» Comp. Hugues de St-Victor (?), Quaest. in Epist. Pauli, in Col., q. 7 (P. L. 175, 583).

85 Ainsi les Quaestiones du Cod. British Mus. Royal 9 E XII, fol. 3, citées par A. Landgraf, Div. Thomas, 1948, p. 171, n. 1.

86 Ainsi la Somme du manuscrit de München, CLM 14508 (Landgraf, p. 169, n. 1), les comm· d'Etienne Langton sur saint Paul du ms. de Salzburg, Stiftsbibl. St. Peter, Cod. a X 19 (id., p. 172, n. 3), les Quaestiones du Cod. lat. 434 de Douai (id. p. 175, n. 2), etc. ...

87 Summa: Paris, Nat. lat. 14526, fol. 128 (cité par A. Landgraf, Scholastik, 1930, p. 225).

88 Etienne Langton, Comm. sur saint Paul du ms. de Salzburg p. 161 (cité par A. Landgraf, Div· Thomas, 1948, p. 172, n. 2).

89 Etienne Langton, loc. cit. (cité par A. Landgraf, Scholastik, 1930, p. 225); Godefroid de Poitiers, Somme (Bruges, Cod. lat. 220, fol. 74v; cité par A. Landgraf, Div. Thomas, 1948, p. 171, n. 3; «dicunt sancti doctores quod ideo dicitur incepisse ab Abel, quoniam haberet pro inconvenienti quod ecclesia desineret esse, quod procul dubio oporteret concedere si diceret quod ecclesia incepit ab Adam ...» Comp. infra, n. 104.

90 Cf. G. Thils, Les notes de l'Eglise dans l'apologétique catholique depuis la Réforme. Gembloux, 1937: voir tables.

91 Voir textes et références dans L.-F. Brugère, De Ecclesia Christi, 2e éd., Paris, 1878, p. 353–355.

92 Cf. par exemple Pierre de Poitiers, Sent., lib. 4, c. 20 (P. L. 211, 1215) et dans A. Landgraf, Die Lehre vom geheimnisvollen ..., Div. Thomas, 1948, les textes cités p. 165, n. 5 (Pierre de Poitiers, Com. in Ps. 128: P. L. 191, 1165); p. 168 n. 4 (Pierre de Capoue, ou de Mora, Somme, dans München, CLM 14508, fol. 52v); p. 171, n. 1 (Quaest. de British Mus. Royal 9 E XII,fol. 3).

93 Incidence ecclésiologique d'un thème de dévotion mariale, dans Mélanges de Science relig., 7 (1950), p. 277-292.

94 Com. in Col. 1: ms. Leipzig, Universitätsbibl., Cod. lat. 427, fol. 24 (cité par A. Landgraf, Div. Thomas, 1948, p. 163).

95 Cette distinction sera faite nettement au XIIIe s. par Pierre de Capoue dans sa Somme (CLM 14508, fol. 53; cité par A. Landgraf, Div. Thomas, 1948, p. 169, n. 1).

96 Cf. Guillaume d'Auxerre, Summa aurea, lib. 3, tr. 1, c. 4, q. 3 (Utrum Christus fuit caput Abel), éd. Pigouchet, Paris, 1500, fol. 116; B. Geyer, Die Sententiae Divinitatis, ein Sentenzenbuch der Gilbertschen Schule (Beitr. z. Gesch. d. Philos. d. Mitt., VII 2-3). Münster i. W., 1909, p. 102*; Ps. Bruno, Expos. in Epist. Pauli, in Col. 1 (P. L. 153, 379).

97 Comm. in Col. 1 (P. L. 192, 264).

98 Dans son article Sünde und Trennung von der Kirche in der Frühscholastik, dans Scholastik, 5 (1930), p. 210–247: cf. p. 223 s.

99 Nul n'a jamais été sauvé «absque fide mediatoris»: formule d'un accent bien augustinien chez S. Thomas, IIa IIae, q. 2, a. 7, ad 3.

100 Pour S. Thomas, cf. III Sent., d. 13, q. 2, a. 2, qa 2, ad 4; IV, d. 8, q. 1, a. 3, qa 2, ad 1; de Verit., q. 29, a. 4, ad 9.

101 S. Thomas, III Sent., d. 13, q. 2, a. 2, qa 2, ad 4; IV, d. 2, q. 1, qa 2, ad 2; d. 27, q. 3, a. 1, sol. 3; de Verit., q. 14, a. 12 («alias non esset una Ecclesia»); Sum. theol. IIa IIae, q. 1, a. 2, et cf. M-D. Chenu cité supra, note 75.

102 Les formules de S. Thomas sont particulièrement remarquables chez un homme si soucieux de termes exacts et si étranger aux majorations verbales: «Gratia capitis operata est a constitutione mundi, ex quo homines membra ejus esse coeperunt.» (III Sent.,d. 13, q. 3, a. 2, qa 2, sed c. 2); «Antiqui patres pertinebant ad idem corpus Ecclesiae» (Sum. th. IIIa, q. 8, a. 3, ad 3). Les justes de l'A.T. relevaient de la loi nouvelle: Sum. th. Ia–IIae, q. 106, a. 1, ad 3; q. 107, a. 1, ad 2 et 3 (ce point a été souligné par Cajétan dans son discours au 5e concile de Latran: Mansi, t. 32, col. 724 B). Sur la Synagogue épouse du Christ, cf. IV Sent., d. 27, q. 3, a. 1, sol. 3: ce que n'osait pas dire, sinon par métaphore, Pierre de Poitiers (Sent. lib. 4, c. 20: P. L. 211, 1218), mais ce qu'admettait déjà Cassiodore, In Ps. 8 praef. (P. L., 70, 74). Consulter, sur la pensée

de S. Thomas, A. M. Hoffmann, Die Gnade der Gerechten des Alten Bundes nach Thomas v. Aquin, dans Divus Thomas (Fr.), 29 (1951), p. 167-187.

[103] Soit que, dans la partie qui mérite vraiment ce nom, on trouve simplement, en moins nerveux, ce que donnait Guillaume d'Auxerre (cf. Summa fratris Alexandri, lib. 3, pars 1, tract. 3, q. 1 tit. 2, memb. 2, c. 2, a. 2; éd. Quaracchi, t. IV, p. 152-153), soit que, dans la IVa pars (de sacramentis), rédigée sans doute par Guillaume de Méliton après 1255, on trouve, comme à l'époque de Pierre de Poitiers, des discussions sur Abel-Adam, l'Eglise acéphale, l'indéfectibilité de l'Eglise (Sum. Theol., pars IV, q. 2, memb. 4, a. 1; éd. Venise, 1575, t. IV, p. 18A).

[104] Evêque de Marseille († 1263), De summa Trinitate et fide cathol.: ms. Rome, Bibl. Alex. 141, fol. 238v a (cité par Mückshoff, op. cit. infra, p. 93, n. 17): «Quando incepit Dei ecclesia, responde quod incepit a primo justo, Abel scilicet; unde Mat. XXII, Ut veniat ... Dicitur autem incepisse potius ab Abel quam ab Adam, quia Abel fuit primus justus justitia continuata non interrupta per lapsum peccati, ut ostendatur quod ecclesia Dei continue futura foret et nunquam desitura. Abel dicitur principium ecclesiae triplici de causa: quia virgo, quia justus, quia martyr.»

[105] De fide, c. 3 (éd. Venise, 1591, p. 15b; éd. Orléans-Paris, 1674, t. I, p. 16): «... fidem istam semper comitata sunt et secuta miracula quae ab ipso Abel, filio Adae, continuata sunt usque ad legem per Moysen ...»

[106] Adv. Catharos et Vald., lib. 5, c. 2 (éd. Ricchini, Rome, 1743, p. 403 s.).

[107] Voir Sent. III, d. 13, a. 2, q. 1 c. (Quar., III, 284: simple citation de la Glose in Col., 1); q. 3 c. (III, 289); IV, d. 8, p. 1, a. 2, q. 1, ad 2 (IV, 184: «ideo, quamvis corpus Christi mysticum coeperit ab Abel ...»); d. 26, a. 1, q. 3, ad 3 (IV, 665); In Hexaemeron, col. 15, n. 12 s. (Quar. V, 400).

[108] Q. De unione capitis et corporis, a. 6 (éd. Backes [Florileg. patrist., 40], Bonn, 1935, p. 26): «Ecclesia semper stetit ab Adam, sicut dicit Anselmus, et nunquam fuit acephala.» Dans le Mariale, q. 222, nous lisons «In domo Adae vel domo Abel, a quorum altero Ecclesia incepit» (Borgnet XXXVII, 310).

[109] Le seul texte que je connaisse est celui de l'Expos. in Symbol., a. 9.

[110] Quaestiones de fide et cognitione, tract. de excellentia S. Scripturae, § 1 (éd. Quaracchi, 1903, p. 8), reprend le texte de S. Grégoire, Hom. in Ev., cité supra, n. 68.

[111] «Quae (miracula) inchoaverunt a primo justo Ecclesiae, scilicet Abel ...» Qu. de fide, q. 5 (M. Mückshoff, Die Quaestiones disp. de fide des Bartholomäus von Bologna, OFM (Beitr. z. Gesch. d. Phil. u. d. Theol. d. Mitt., XXIV/4), Münster i. W. 1940, p. 93).

[112] Voir A. Darquennes, La définition de l'Eglise d'après S. Thomas d'Aquin, dans L'organisation corporative du Moyen Age à la fin de l'Ancien Régime. Etudes présentées à la Commission internat. pour l'Histoire des Assemblées d'Etats, t. 7. Louvain, 1943, p. 1-52.

[113] Voir notre étude sur l'idée de l'Eglise chez S. Thomas d'Aquin, dans Esquisses du myst. de l'Eglise (Unam Sanctam, 8). Paris, 1941, p. 59-91. Nous pourrions appuyer aujourd'hui cette interprétation de plusieurs considérations nouvelles.

[114] Un texte comme celui de Sum. th., Ia-IIae, q. 106, a. 1 nous semble indiquer dans quelles lignes et selon quelles catégories S. Thomas aurait conçu un traité de l'institution ecclésiale s'il en avait rédigé un.

[115] Voir le ch. 2 de nos Jalons pour une théologie du laïcat. Paris, 1952.

[116] Le miracle de l'Eglise. L'éternité dans le temps. Paris, 1933 (c'est le titre du ch. 1, paru d'abord en article dans la Rev. prat. d'Apologétique, 13 (1911), p. 405-423). Trad. allemande: Das Wunder der Kirche. Paderborn, 1937.

[117] De regimine christiano, éd. Arquillière. Paris, 1926; pars 1, c. 1 (p. 98) «hoc duplex regnum initiatum est et signatum in Abel et Cayn»; c. 4 (p. 123 s.) «ecclesia dicitur universalis quantum ad tempus, quia cepit ab initio mundi et usque in finem duratura est. Unde dicitur incepisse et ab Abel», etc.

[118] Summa de Ecclesia, lib. 1, c. 8, ad obj. 2; c. 22; c. 25; c. 48.

[119] Innocent VIII, bulle Sacrosanctam Matrem Ecclesiam du 6 janvier 1485 (Bullar. Rom. Pontif., éd. Turin, t. V, p. 299; cité par S. Tromp., op. cit., p. 62).

[120] Pour cette opposition et son usage polémique chez Luther, cf. surtout la Genesisvorlesung: Weimar, 42, 182, 186, 187; 43, 383 s.; comp. Sermon de 1532, W. 44, 23 et Wider Hans Worst, W. 51, 477.
Il est notable que Melanchton ait fait remonter l'Eglise («visibilis Ecclesia ..., non idea pla-

tonica») à Adam et Eve: Disp. de Ecclesia, 1550 (Corp. Ref., XII, 566); Annot. et Conciones in Ev. Mat., c. 16 (XIV, 891).
Pour les philosophes, nous pensons par exemple à Paracelse, Boehme, Weigel, Seb. Frank. Cf. A. Koyré, La philosophie de Jacob Boehme, Paris, 1929, p. 170–171 et p. 171, n. 1.

[121] Par exemple Jean Antoine Delfino, Universum fere Negocium de Ecclesia. Venise, 1553, p. 17 (cf. A. Garani, De Ecclesiae natura et constitutione doctrina Ioannis Antonii Delphini O.F.M. Conv....Padoue, 1943, p. 49–50); B. Driedo, De ecclesiasticis Scripturis et Dogmatibus libri IV. Louvain, 1533; lib. 4, c. 2; A. Pighi, Hierarchiae ecclesiasticae Assertio (1538). Köln, 1544; lib. 1, c. 1, qui parle d'Adam, non d'Abel (cf. L. Pfeifer, Ursprung der katholischen Kirche und Zugehörigkeit zur Kirche nach Albert Pigge. Würzburg, 1938, p. 25–26, qui cite, en note, les textes de Driedo et Pighi sur ce point).

[122] Par exemple St. Hosius, Confessio catholicae fidei christiana ... (1553), c. 15. Ed. Paris, 1560, fol. 29r («Constat autem Adam, Abel, Seth, Enoch et caeteros deinceps Patriarchas et Prophetas, fidem habuisse mediatoris ...»).

[123] Par exemple R. Bellarmin, Controv. de Ecclesia militante, c. 16 (Opera, éd. Naples, t. II, p.101: 1857): il parle d'Adam et non d'Abel.

[124] G. Thils, Les notes de l'Eglise ..., p. 218, n. 2, donne ces références, que je n'ai pu vérifier: J. Hessels, Symboli apostolici Explanatio, Louvain, 1562, fol. 20r; M. Medina, Christiana Paraenesis ... Venise, 1564, fol. 176B–178B; L. Faunt, De Christi in terris Ecclesia ... Posnan, 1584, p. 219; J. B. de Glen, Demonstration de la vraye Eglise (1597) éd. Liége, 1600, p. 100.

[125] Ainsi chez Suarez, De fide, disp. 9, sect. 2, Quando inceperit Ecclesia (Paris, t. XII, 1868, p. 253 s.), défend le commencement de l'Eglise en Adam, n. 3 et 4, mais ajoute des explications sur Abel, n. 7.
Tournely, De Ecclesia, q. 1, a. 3, 2a concl. (Venise, 1731, p. 23) reprend la position classique: l'Eglise a commencé en Abel, les anciens justes appartiennent au N.T.

[126] Principiorum fidei doctrinalium Relectio ..., controv. 1, c. 6 (cité par Launoy, op. cit. infra p. 684). La distinction entre l'essence de l'Eglise et ce qui relève de son état présent est bien faite aussi par A. Duval, Comm. in IIam Partem Summae D. Thomae, 1636, tract. de fide, a. 1 (cité par Launoy, p. 686).

[127] Comm. in IIam–IIae, q. 1, a. 10: éd. Venise, 1602, col. 94.

[128] Theologia scholastica ... disp. 1 de fide, dub. 2, § 4 (t. IV, 2a pars, éd. Toulouse, 1659, p. 56–57).

[129] Cf. Petri Canisii Catechismi latini et germanici. Pars I. Cat. lat., éd. Fr. Streicher (Soc. Jesu sel. Script., 2). Rome et München, 1933, respectivement, p. 8–9 et 88–89. Cf. aussi, pour cette histoire le Prolegomenon III, p. 38* s.

[130] Controv. lib. III. De Ecclesia militante, c. 2 (Op. omn., éd. Naples, 1857, t. II, p. 75).

[131] Ibid.

[132] Sünde und Trennung ..., p. 224.

[133] Dans la monumentale et érudite Epist. XIII à Nicolas Gatin (Opera, t. V/2, p. 665–696).

[134] Corpus Christi quod est Ecclesia, t. I, Rome, 1ère éd., p. 118; 2e éd., 1946, p. 127.

[135] Op. cit. 2e éd., p. 102s., 122s., 127, 167s. («Viatoribus, Corpus Christi mysticum est Ecclesia, Romana»), 170 (sur S. Paul).

[136] IV Sent., d. 27, q. 3, a. 1, sol. 3; Com. in Col., I, lect. 5.

[137] Op. cit., pars 1, c. 2: «... in ecclesiastico regno, quod ab ipso mundi exordio cepit in sanctis angelis et hominibus Deum colentibus» (p. 101–102) et cf. c. 4 (p. 122s.).

[138] Glossa pro Altercatione, in Col. I, 18 (citée par R. Martin, éd. des Quaest. in Epist. Pauli de Robert de Melun, p. 264); Pierre Lombard, in Col., c. 1 (P. L. 192, 264); Glose ordinaire, in Col., I, 18 (P. L. 114, 610).

[139] Glossule glossularum, cité par A. Landgraf, Div. Thomas, 1948, p. 161, n. 2.

[140] Comm. sur S. Paul (Col. I) faussement attribué à Pierre Comestor, cité par A. Landgraf, ibid., n. 3.

[141] Sur ce sujet, outre la remarquable étude de Mgr Landgraf citée note 98, voir les non moins remarquables articles du P. F. R. Russo, Pénitence et excommunication. Etude historique sur les rapports entre la théologie et le droit canon dans le domaine pénitentiel du IXe au XIIIe siècle, dans Rech. Sc. relig., 33 (1946), p. 257–279, 431–461.

[142] Pour les Pères, voir par exemple R. Seeberg, Studien z. Gesch. d. Begriffes der Kirche ...
Erlangen, 1885, p. 34–38 (S. Cyprien); A. Seitz, Die Heilsnotwendigkeit der Kirche nach d.
altkirchl. Literatur bis z. Zeit des hl. Augustinus. Freiburg i. Br., 1903. Pour le haut moyen-
âge, Russo, p. 265 s., 432–434.

[143] IV Sent., d. 13, a. 28, qa 2, obj. 1 (Borgnet, XXIX, 381).

[144] Quelques très brèves indications en ce sens dans R. Tremblay, Corps mystique et Eglise visible,
dans Théologie (Montréal), 1948, cahier IV, p. 35–43. – Se reporter aussi à E. Mersch, Le Corps
mystique du Christ. Et. de théol. histor., 2e éd., t. II, p. 232 s. (Bruxelles–Paris, 1936).
Depuis la rédaction de la présente étude (octobre 1950), nous avons pris connaissance du livre de
A. Mitterer, Geheimnisvoller Leib Christi nach St. Thomas v. Aquin und nach Papst Pius XII.
Wien, 1950. Cet ouvrage pose des questions critiques extrêmement importantes au sujet du
thème thomiste et traditionnel que nous avons traité ici. Il mériterait à son tour toute une
étude critique que nous ferons peut-être ailleurs.

III

Ecce constitui te super gentes et regna (Jér. 1. 10) „in Geschichte und Gegenwart"

On sait comment, par un décret du 9 janvier 1942, la S. Congrégation des Rites a créé un office propre pour les Souverains Pontifes inscrits au catalogue des saints[1]. L'Offertoire de la nouvelle messe est constitué par le texte suivant où s'exprime la vocation confiée par Dieu au prophète Jérémie: *Ecce constitui te super gentes et super regna, ut evellas, et destruas, et aedifices et plantes* (Jér I. 10). L' évocation de ce très beau texte peut n'être pas très parlante pour la masse des fidèles, mais ceux qui sont familiers avec les documents pontificaux du moyen âge se souviennent de l'avoir rencontré plus d'une fois. Jér. I. 10 fait partie d'un groupe relativement restreint de textes bibliques, dont il serait facile de faire l'inventaire, où les Pontifes romains ont, à partir d'un certain moment tout au moins, cherché une expression de leur autorité. On peut penser que ce fait n'a pas été étranger au choix des auteurs de la nouvelle liturgie.

Mais l'usage de notre texte comme expression de la mission et de la puissance pontificales n'apparaît qu'à un certain moment de l'histoire et dans des contextes assez précis. Auparavant, les Pères et les Papes eux-mêmes l'entendaient dans un sens moins particulier. Sans viser à faire un historique complet de son exégèse, nous évoquerons d'abord ces interprétations anciennes, pour en venir ensuite à ce qu'on peut appeler l'usage pontifical de notre verset.

Jér. I. 10 appartient au récit de la vocation du prophète: „Aujourd'hui, dit Yahvé, je t'établis sur les nations et sur les royaumes,

---

[1] *Acta Ap. Sedis*, 34 (1942) p. 105–111. Le très bref commentaire de D. L. B e a u d u i n (*Les directives de l'Eglise*. II. *Le Commun des Souverains Pontifes*, dans *La Maison Dieu*, N° 5, 1946, p. 110–113) ne touche pas au point qui nous intéresse ici.

672

pour arracher et renverser, pour exterminer et démolir, pour bâtir
et pour planter."
Il s'agit d'une mission prophétique. Or celle-ci est caractérisée par
l'universalité. Le fait est remarquable lorsqu'il s'agit d'Elie, le plus
grand des prophètes et à jamais le type de leur vocation[2]. D'une
façon générale, nous l'avons montré ailleurs[3], le rôle des prophètes
est, non tant de prédire l'avenir – ils l'ont fait, mais de façon relativement rare – que d'indiquer le sens du temps et des événements de
l'Histoire du point de vue du Dessein souverain de Dieu, qui est un
Dessein de règne et de salut. A cela s'ajoute le fait, par lui-même
significatif, que, historiquement, les prophètes sont intervenus dans
la vie d'Israël au moment où le peuple de Dieu était mêlé à l'histoire
des grands Empires, tiraillé par leurs ambitions et leurs entreprises,
bref engagé dans ce que les Allemands appellent la „Welt-
geschichte"[4]. C'est en raison de tout cela que Jérémie reçoit une
mission dont le premier trait caractéristique est d'être universelle
et de concerner „les nations et les royaumes"[5]. Universelle ou totale,
cette mission l'est aussi quant à son contenu. Si, comme on l'a bien
montré[6], la façon dont l'hébreu exprime une totalité est d'en désigner
le contenu en termes opposés – par exemple „lier-délier", „ouvrir
et fermer" –, le caractère universel ou total de la mission de Jérémie
ne pouvait être mieux marqué que par les mots: démolir et bâtir,
arracher et planter. Ainsi le ministère prophétique ou apostolique
concerne-t-il l'exécution du Dessein de Dieu sur son peuple et sur
le monde, dans l'Histoire. C'est un Propos souverain, car Yahvé est

---

[2] Elie reçoit mission en dehors du peuple élu pour oindre Hazaël comme roi
d'Aram: 1 Rois XIX. 15. Sur l'aspect à la fois universel et eschatologique de la
vocation d'Elie, voir quelques belles pages du P. H.-M. F é r e t , L'économie
providentielle dans la Tradition biblique (Forma Gregis, 3ᵐᵉ année, Avril-Mai
1951, p. 88 s.).

[3] Vraie et fausse réforme dans l'Eglise (Unam Sanctam, 20. Paris, 1950),
p. 200 s.

[4] Cf par exemple B. D u h m , Israels Propheten. Tübingen, 1916, p. 1–3.

[5] Comp. F. N o t s c h e r , Das Buch Jeremias. Bonn, 1923, p. 29–31 (cité par
M. M a c c a r r o n e , Chiesa e Stato nella dottrina di Papa Innocenzo III.
(Lateranum, N. S., VI. 3/4. Roma, 1940, p. 28).

[6] Cf G. L a m b e r t , Lier-délier, dans Vivre et Penser (= Rev. biblique, 52),
1944, p. 91–103; P. B o c c a c c i o , I termini contrari come espressioni dellà
totalità in ebraico, dans Biblica, 33 (1952), p. 173–190; A. M. H o n e g m a n ,
Merismus in Biblical Hebrew, dans Journal of Biblical Literature, 71 (1952),
p. 11–18.

vraiment roi. C'est un propos de salut: Yahvé veut édifier et planter: comp. Jér. XXIV. 6; XXXI. 28 (les deux expressions sont équivalentes, tout comme détruire et arracher[7]); mais si les nations refusent d'entrer par l'obéissance dans les vues de sa miséricorde, Yahvé peut aussi bien les châtier. La mission prophétique est d'annoncer les Desseins de la souveraine royauté de Dieu sur les nations selon qu'elles se convertissent ou se détournent de lui: Jér. XVIII. 7–10. Dès lors, les prophètes peuvent être appelés à exercer un ministère de vengeance et de destruction: cf. Jér. V. 14[b]; XXIII. 29; XLV. 4; comp. Os. VI. 5; XII. 11; Is. VI. 9–13; Ez. III. 17–20[8]. Le prophète est investi du ministère de l'exécution du Dessein de Dieu et de son gouvernement sur les peuples. La parole prophétique, parce qu'elle est de Dieu, est efficace. Elle engage l'exécution des événements qu'elle annonce, puisque, pour Dieu, dire, c'est faire, et que, en général, le *Dabar* est acte, événement, chose, tout autant que parole[9].

Les Pères ont souvent lu l'Ecriture avec la préoccupation d'en voir l'application dans l'Eglise et dans la vie chrétienne, plutôt que d'en déterminer l'exact sens *historique*. Origène, le fait est bien connu, interprète volontiers l'Ecriture du point de vue de la vie personnelle des fidèles. Dans ses Homélies sur Jérémie, dont la plupart ne nous sont parvenues que dans la traduction de S. Jérôme – tel est le cas pour notre passage –, il applique Jér I. 10 à la destruction du règne des vices. Jésus accomplit désormais en nous tout ce

---

[7] Cf. P. B o n n a r d , *Jésus-Christ édifiant son Eglise. Le concept d'édification dans le N. T.* (*Cahiers théol. de l'Actualité protest.*, 21). Neuchâtel-Paris, 1948, p. 14.

[8] P. B o n n a r d , *op. cit.*, p. 31, note que la „destruction" fait de même partie des possibilités du ministère apostolique; il pense à la faculté d'excommunier et de „livrer à Satan", dont S. Paul fait usage. Mais S. Paul note bien que le pouvoir lui a été donné pour édifier, non pour détruire: 2 Cor., X. 8; XIII. 10.

[9] Cette valeur d'efficacité, ce caractère en quelque sorte sacramentel de la parole prophétique a été bien mise en valeur par Ad. L o d s , *Les prophètes d'Israël et les débuts du Judaïsme* (*L'Evol. de l'Human.*, 28). Paris, 1935; comp. L. D ü r r , *Die Wertung des göttlichen Wortes im A. T. und im Antiken Orient.* Leipizg, 1938; G. F o h r e r , *Die symbolischen Handlungen der Propheten* (*Abhandlg. z. Theol. des A. und N. T.*, 25). Zürich, 1953. Sur *Dabar* = événement autant que parole, cf R. A s t i n g , *Die Verkündigung des Wortes im Urchristentum, dargestellt an den Begriffen „Wort Gottes", „Evangelium" und „Zeugnis".* Stuttgart, 1939, p. 15; J. D. A. M a c n i c o l , *Word and Deed in the N. T.*, dans *The Scottish Journal of Theol.*, 5 (1952), p. 237–248; T. B o m a n , *Das hebräische Denken im Vergleich mit dem Griechischen.* 2. Aufl. Göttingen, 1954, p. 52.

674

qui a été annoncé dans l'Ancien Testament: c'est lui, la Parole substantielle de Dieu, qui détruit et édifie notre âme, où il arrache les épines et les mauvaises herbes, et plante la semence du bien ou de la sainteté[10]. Du plus „exégète" des Pères, S. Jean Chrysostome, nous n'avons, sur notre passage, qu'une glose très brève conservée par des Chaînes[11]. S. Jérôme lui-même ne parle guère de la vocation historique du prophète; il évoque l'oeuvre de Dieu qui n'édifie le bien qu'en arrachant le mal, en détruisant la fausseté et l'erreur; il aime insister sur la destruction de la fausse sagesse et des fausses doctrines, que doit remplacer un enseignement conforme à l'„ecclesiastica veritas"; enfin, peut-être à cause d'Origène, qu'il avait lu et traduit, il se rangerait volontiers du côté de ceux qui appliquent notre texte au Christ, „qui destruxit regna diaboli" et, à leur place, a édifié et planté l'Eglise[12].

S. Augustin, ou bien interprète résolument notre texte dans un sens moral[13], ou bien, et le plus volontiers, y voit énoncée la loi de la conversion, dont il avait une expérience personnelle si profonde: loi

---

[10] *Hom. I in Jerem.*: P. L. 25. 594 s. Comp. *In lib. Iesu Nave hom. XIII.* 3 (éd. B a e h r e n s , *Origenes Werke,* VII/2. Leipzig, 1921, p. 373–74): „Etenim nunc, uniuscuiusque nostrum animam Jesus destruit et *aedificat;* et sicut dicebamus tunc, cum Hieremiam disseremus, quia acceperat *verba in os* suum, quibus *subverteret et aedificaret, everet* et *plantaret,* ita etiam nunc in his quae habemus in manibus, intelligendum puto, non secundum haereticos vel secundum Iudaeos, sed sicut ibi ad Hieremiam dictum est: *Ecce constitui te hodie super gentes et regna, eradicare et subvertere et perdita dare et post haec aedificare et plantare:* ita et de his, quae per Iesum scribuntur gesta credendum est, immo potius de his, quae per nostrum Dominum Iesum etiam nunc geruntur in nobis. Primum namque opus Verbi Dei ist eradicare praecedentia mala, spinas ac tribulos [Gen. III. 18] vitiorum. Dum enim istae radices occupatam detinent terram, non potest semina bona et sancta suscipere."

[11] P. G. 64. 752 AB.

[12] *In Jeremiam,* lib I, c. 1; P. L. 24. 684: „Neque enim aedificari poterant bona, nisi destructa essent mala; nec plantari optima, nisi eradicarentur pessima. Omnis enim plantatio quam non plantavit coelestis Pater eradicabitur, et aedificatio quae super petram non habet fundamentum, sed in arena extructa est, sermone Dei suffoditur atque destruitur. Illam autem quam consumet Jesus spiritu oris sui, et destruet adventu praesentiae suae, omnem sacrilegam perversamque doctrinam, disperdet in perpetuum. Porro ea quae elevantur contra scientiam Dei, et in sua confidunt sapientia, quae apud Deum stultitia est, dissipabit atque deponet: ut aedificentur pro his humilia, et in locum superiorum quae destructa sunt et evulsa, extruantur atque plantentur, quae ecclesiasticae conveniunt veritati ... Multi hunc locum super personam Christi intelligunt ..."

[13] *De doctr. christ.* III. 11. 17: „Non dubium quin figurata locutio tota sit ad eum finem referenda quae diximus [= ad cupiditatis regnum destruendum]."

selon laquelle Dieu détruit pour édifier, et ne peut édifier un homme nouveau que sur les ruines de l'homme ancien[14].

On ne voit pas que S. Léon ait utilisé notre texte; il ne l'a pas fait, en tout cas, pour exprimer la mission ou l'autorité pontificale dont il avait, cependant, une si vive conscience. De même S. Grégoire le Grand, qui recueille et résume bien plutôt les apports de S. Jérôme et de S. Augustin: d'une part, en effet, il insiste sur l'ordre exigeant qu'on détruise avant d'édifier, ordre qui s'applique en particulier dans le cas de ceux qui n'ont même pas comencé à pratiquer le bien; d'autre part, il voit l'oeuvre de destruction et d'édification s'accomplir surtout par la parole et la vérité: „aedificationem sanctae praedicationis" (*Reg. past.*), „ars docentium . . ., recta praedicare, rectae veritatis fundamentum" *(Mor.)*[15].

S. Léon, S. Grégoire le Grand: c'est l'époque où se fixent les textes qui sont à la base de notre liturgie. La liturgie fait usage du texte de la vocation du prophète Jérémie dans l'office de la Nativité de S. Jean Baptiste: toute une série d'antiennes sont empruntées à Jér. I, dont le verset 9 fournit la cinquième antienne de Matines; mais le verset 10 n'est pas utilisé[16]. Il ne l'est pas davantage dans le Graduel de la messe, dont les plus anciens témoins du texte chanté reprennent

---

[14] *Enarr. in Ps. 50. 11; in Ps. 88* serm. 1. 3; *Sermo 312. 3.* Dans le premier et le dernier de ces textes, Augustin cite Deuter. XXXII. 39.

[15] *Regula Pastoralis*, adm. 35 (P. L. 77. 117 = c. 34): „Aliter admonendi sunt qui bona nec inchoant atque aliter qui inchoata minime consummant. Qui enim bona nec inchoant, non sunt eis prius aedificanda quae salubriter diligant, sed destruenda ea in quibus semetipsos nequiter versant . . . Hinc est enim quod Jeremiae misso ad praedicationem dicitur: *Ecce . . .* Quia nisi prius perversa destrueret, aedificare utiliter recta non posset; nisi ab auditorum suorum cordibus spinas vani amoris evelleret, nimirum frustra in eis sanctae praedicationis verba plantaret. Hinc est quod Petrus prius evertit, ut postmodum construat, cum nequaquam Judaeos monebat . . ."

Moral. XVIII, c. 10, n. 17 (P. L. 76. 47): „Ars docentium debet ut in auditorum suorum mentibus prius studeant perversa destruere et postmodum recta praedicare . . . Unde ad Jeremiam dicitur: *Ecce . . . et plantes:* prius itaque jubetur ut destruat, et postmodum aedificet; prius ut evellat, et postmodum plantet, quia nequaquam rectae veritatis fundamentum ponitur nisi prius erroris fabrica destruatur."

[16] C'est ce que nous apprennent, pour *l'Office* de S. Jean-Baptiste, 1°) le plus ancien antiphonaire connu, celui dit de Compiègne (IX° s.): P. L. 78. 706–708; 2°) l'antiphonaire monastique de Hartker de St-Gall (X° s.): J. M. C a r u s (= T o m m a s i), *Responsorialia . . .* Roma, 1686, p. 326; 3°) l'antiphonaire de St-Pierre de Rome: C a r u s, *op. cit.*, p. 144.

676

les versets 5 et 9, qui y figurent encore aujourd'hui[17]. L'épître de la vigile, par contre, est faite, dans la liturgie romaine, de la péricope I. 4–10 depuis le plus ancien témoin que nous ayons, l'épistolier de Würzburg[18]; ailleurs – en Espagne[19], à Milan[20] – on continuait la lecture du texte jusqu'au verset 19. Il est intéressant de noter ici qu'en Gaule, depuis les V°–VI° s. au moins, d'après le Lectionnaire de Wolfenbüttel, on lisait Jér. I. 4–10 + 17–19 comme épître de la messe „in ordinatione episcopi", tandis que Mat. XVI. 13–19 y était chanté comme évangile[21]. Nous aurions ici la première application du texte jérémien faite pour exprimer la mission ou la charge de l'apostolat hiérarchique, en liaison avec la promesse faite à Pierre à Césarée de Philippe, alors communément appliquée au sacerdoce ou à l'épiscopat tout entier. Mais, d'une part, le verset 10 n'y est pas isolé de l'ensemble du texte, l'accent n'est donc pas mis sur l'autorité „super gentes et regna"; d'autre part, l'épiscopat des pays occidentaux avait, à cette épouqe, une orientation marquée vers la prédication et la mission. On demeurait donc dans la ligne apostolique et prophétique des textes.

Ainsi le point de vue des Pères et de la liturgie apparaît-il comme ayant été surtout moral et pastoral. C'est dans cette perspective que le texte de Jérémie était appliqué à la fonction sacerdotale[22] et devait être appliqué à celle du Souverain Pontife, en particulier à la personne de S. Grégoire le Grand qui, tant par son exemple personnel, par son zèle missionnaire, que par sa *Regula Pastoralis* si largement et constamment recopiée et lue, devait apparaître à tout le moyen

---

[17] Cf Dom H e s b e r t , *Antiphonale Missarum sextuplex*. Bruxelles, 1935, n. 119.

[18] Epistolier de Würzburg, n. 128: éd. Dom G. M o r i n , dans *Rev. Bénédict.*, 27 (1910), p. 60. – Parmi les homélies ou sermons suscités par ces textes, citons l'*Homil. de Tempore XX* de R a o u l A r d e n t (P. L. 155. 1376 s.): elle explique I. 10 en détail, en l'appliquant à Jean Baptiste, puis ajoute: „Sic fratres mei, sic debet facere praedicator, qui est quasi spiritualis cultor Ecclesiae. Primo enim debet auferre mala, deinde seminare bona . . ." (col. 1380).

[19] Cf G. G o d u , art. *Epître*, dans *Dict. Arch. chrét. Lit.*, t. V/1 (Paris, 1922), col. 267.

[20] Cf *ibid.*, col. 295.

[21] Cf A. D o l d , *Das älteste Liturgiebuch der lateinischen Kirche. Ein altgallikanisches Lektionar des 5./6. Jahrh. aus dem Wolfenbütteler Palimpsest-Codex Weissenburgensis 76 (Texte u. Arb. hrsg. durch die Erzabtei Beuron. 1. Abt. H. 26–28)*. Beuron, 1936, p. 51.

[22] Par exemple par le concile de Meaux de 845: M a n s i. 14. 813 B.

âge comme le type accompli du pasteur. Sur la fin du VIII° s., Jean Diacre écrivait, dans sa *Vita Gregorii:* „Animadvertens se ideo a Domino super gentes et regna Summum Pontificem constitutum ut juxta illud propheticum vitiorum radices evelleret, destrueret atque disperderet, sicque demum aedificaret, plantaretque virtutes[23]."

La Curie romaine elle-même semble avoir appliqué d'abord notre texte dans un sens voisin de celui de S. Jérôme, à l'élimination des erreurs, des germes de division et des machinations diaboliques aptes à ruiner l'Eglise. On le trouve évoqué en ce sens à plusieurs reprises dans la correspondance des papes relative au patriarche Photius: fait notable, c'est *l'empereur Michel* que Nicolas Ier – peu porté à majorer le rôle des princes, dont la fonction de contrainte matérielle provenait à ses yeux du péché[24] – invite, en 866, à remplir la fonction du prophète Jérémie[25]... Un peu plus tard pourtant, Jean VIII reprenait notre verset en écrivant à l'empereur Basile (16 avril 878), toujours à propos du patriarche Photius; mais cette fois, c'est à sa fonction de Pontife suprême que le pape applique le *Constitui te super gentes,* englobant dans cette application les deux légats, Eugène et Paul, qu'il envoie à Constantinople. Il s'agit d'ailleurs ici d'une fonction de surveillance et de correction plutôt que d'une expression de pouvoir ou d'autorité. Mais sans doute est-ce la première fois que notre verset reçoit cette application précise, que nous allons désormais retrouver si souvent, à la fonction pontificale et à la mission des légats. Aussi convient-il de reproduire ici le texte:

Portamus quippe omnium onera qui gravantur, imo portat haec in nobis amator vester beatus Petrus apostolus, qui nos in omnibus sollicitudinis suae protegit ac tuetur haeredes: sed quia et professionis nostrae officio cum Jeremia nihilominus dicitur: *Ecce constitui te super gentes et super regna, ut evellas et destruas, et disperdas et dissipes et plantes,* etiam Vestra Pietas ab Apostolatu Nostro pro hoc ipso personas postulat. Ecce

---

[23] *Vita S. Gregorii,* lib. II, c. 5 (P. L. 75. 90).

[24] Cf A. G r e i n a c h e r , *Die Anschauungen des Papstes Nikolaus I. über das Verhältnis von Staat und Kirche.* Berlin-Leipzig, 1909, p. 40–41.

[25] Lettre de 866: J a f f é - W a t t e n b a c h , 2813: P. L. 119. 1042 D. Il s'agit de renverser „omnes argumentationes diabolicas et omnia membrorum ejus machinamenta, et praecipue illa quae per Photium orta sunt, male pullulantia germina; aedifices autem et plantes cunctarum virtutum moenia et honestarum odoriflua morum aromata".

strenuos a latere nostro viros dirigimus, qui si qua illic inter haec diligenti studio deprehendant, et his radicibus, secundum Domini mandatum, evulsis, destructis, dispersis et dissipatis, pacem et unitatem et charitatem et congruenter aedificent simul et plantent[26].

Jean VIII a-t-il encore évoqué notre verset dans sa lettre d'août 879 (*Inter claras* = Jaffé-Watt., 3271) aux empereurs et, par eux, au concile de Constantinople? L'allusion ne figure pas dans le texte que les éditions nous donnent de ce passage[27], mais elle se trouve dans celui qu'Yves de Chartres nous a conservé et que voici: „Sicut enim Apostolica Sedes haec semel accipiens claves regni coelorum a primo et magno Pontifice Jesu, per Principem Apostolorum Petrum, dicentem ad eum: *Tibi dabo claves* ... *erit solutum et in coelis:* habet potestatem universaliter ligandi et solvendi, et secundum Jeremiam, evellendi et plantandi[28].“ Est-ce Yves qui, familier avec une application, alors fréquente, du texte de Jérémie à la fonction pontificale, a lui-même ajouté cette allusion, ou celle-ci vient-elle de Jean VIII? La lettre de 879 rendrait la seconde hypothèse vraisemblable, mais l'équivalence entre Jér. I. 10 et le pouvoir énoncé en Mat. XVI. 19 ne nous paraît pas acquise au IXme siècle dans le vocabulaire de la Curie romaine, encore que, nous l'avons vu, le rapprochement des deux textes existe en Gaule depuis longtemps au bénéfice de la fonction épiscopale.

Nicolas Ier et Jean VIII sont les deux papes qui, dans la seconde moitié du IXme siècle, et juste à l'époque des difficultés avec le patriarche Photius, ont donné, de l'autorité du Siège romain, les expressions les plus fortes. C'est sous leur pontificat, dans ce contexte, et de leur fait, que le verset jérémien a commencé, pensons-nous, de devenir à Rome une expression de la fonction et de la mission papales.

Peu après la mort de Jean VIII, le Saint-Siège entre dans un état de faiblesse dont il ne sortira vraiment que vers le milieu du XIme siècle: entre 896 et 1049, quarante-trois papes se succèdent sur le

---

[26] Lettre *Benedictus Deus:* Jaffé-Wattenbach, 3135: M. G. H. Epp. 7, p. 64.

[27] Mansi. 17. 138; P. L. 126. 855 AB; M. G. H. Epp. 7, p. 171.

[28] *Decr.*, prol.: P. L. 161. 57 C. Cf Fr. Dvornik, *The Photian Schism*, p. 182–184, qui traduit le texte d'Yves sans préciser que les derniers mots cités ici se trouvent seulement chez lui.

siège romain, dont aucun n'a posé un de ces actes créateurs ou libérateurs dont l'Eglise avait tant besoin. Leur Bullaire se réduit à peu de chose, et un recueil comme celui de Denzinger ne cite qu'un texte de 993 pour toute la période qui s'étend entre 870 et 1049. Ce n'est pas alors qu'il faut chercher des citations papales de Jér. I. 10. Celles-ci, par contre, se retrouvent vers le milieu du XIme siècle, à Rome, où notre verset semble avoir été dès lors familier à la Curie comme expression de l'autorité pontificale. „Ad hoc in sacerdotali culmine constituti sumus", dit une bulle de Léon IX[29], „ut evellemus, necnon et destruamus, et aedificemus iuxta, ac plantemus in nomine ipsius." Dans une lettre de 1057 à Winimann d' Embrun, le texte jérémien apparaît sous la plume de Victor II comme une expression de la charge pastorale universelle et suprême du pape, qui doit sans cesse corriger ou réformer l'Eglise, dont la condition terrestre comporte une perpétuelle alternance de défauts à arracher et de bien à édifier:

> Sanctae Romanae et Apostolicae Sedis apicem ideo super gentes et super regna in Principe Apostolorum suorum Petro constituit universitatis Dominus, ut evellat, et destruat, et plantet, et aedificet in nomine ipsius. Siquidem donec sancta eius ecclesia in toto terrarum orbe diffusa temporalitatis mutabilitate subiacebit, variis et continuis defectuum et profectuum suorum vicissitudinibus, velut luna suis menstruis, alternabitur, ut sine intermissione deprehendatur in ea, quod industrius hortulanus debeat evellere, vel plantare, et quod sapiens architectus destruere vel aedificare . . .[30]

Il est bon de remarquer comment, depuis Jean VIII, la Curie romaine emploie volontiers notre verset dans un contexte de correction et de réforme, d'abus à arracher ou de désordre à régler, comme le fera plus tard. S. Bernard: même si la formule tend à devenir une expression de l'autorité pontificale. Tel est encore le cas

---

[29] Confirmant les privilèges de l'abbaye de Ste-Sophie, au diocèse de Bénévent, 21 Mai 1052: Jaffé-Wattenbach, 4276: cf *Bullarium Romanum*, éd Torino, t. I, p. 617; Mansi. 19. 687; P. L. 143. 692.

[30] Jaffé-Wattenbach, 4369: *Bull. Rom.* 1, p. 637; Mansi. 19. 858; P. L. 143. 835. – Sur le thème intéressant de *Ecclesia = luna*, voir K. Rahner, „*Mysterium lunae*". *Ein Beitrag zur Kirchentheologie der Väterzeit*, dans *Zeitsch. f. kath. Theol.*, 63 (1939), p. 311–349, 428–442; 64 (1940), p. 61–80, 121–131; i d. *Griechische Mythen in christlicher Deutung*. Zürich, 1945, p. 139, 200 s.

680

de Grégoire VII, dans les trois lettres où il se réfère au texte de Jérémie[31]. Tel est encore, on était en droit de s'y attendre, le cas de S. Bernard, avec, en plus, la note ardente et prophétique qui le caractérise[32]. Tel est enfin le cas de son contemporain, Gerhoh, prévôt de Reichersberg, mais avec une nuance plus juridique peut-être: chez lui, le texte de Jérémie est appliqué à l'office et au pouvoir qu'ont les prêtres de modérer et de juger les moeurs et la foi des princes comme des fidèles[33]; il se présente presque comme

---

[31] Reg. II. 68, à Wezelin, archevêque de Magdeburg, 29 Mars 1075: il devra prêcher la chasteté des clercs „donec Iericho muros, id est defectionis et opera et sordide libidinis pollutione, dissipes et subvertas, sicut ad prophetam:..." (éd. C a s p a r , p. 226). – V. 2 aux Corses, 1ᵉʳ Sept. 1077, en leur envoyant comme légat Landolphe, évêque élu de Pise, en vue de promouvoir la réforme: „Cui et vicem nostram in vobis commisimus, ut ea quae ad ordinem sacrae religionis pertinent, rite exequans, juxta prophetae dictum, evellat et destruat, aedificet et plantet." (C a s p a r , p. 350). – VI. 12, à Landolphe de Pise, 30 Nov. 1078, en lui confiant, à lui et à ses successeurs, la légation de Corse, „ut ... quae ad christianam religionem pertinere videntur, vigilanti studio episcopos clericos populumque eiusdem insulae doceas atque morum honestate confirmas, iuxta propheticum sermonem ut evellas et destrues, edifices et plantes ..." (C a s p a r , p. 415).

[32] Voici les six endroits où Bernard cite Jér. I. 10:

Ep. 189. 5 (P. L. 182. 556), où B. pousse Innocent II à sévir contre Abélard: „Nonne cum esses parvulus in oculis tuis, ipse te constituit super gentes et regna? Ad quid, nisi ut evellas et destruas, et aedifices et plantes?"

Ep. 238. 6 (182. 430), première lettre écrite à Eugène III: B. l'invite à une oeuvre réformatrice et à arracher ce que le Père n'a pas planté.

Ep. 240. 1, au même (182. 432), même sens. Comp. encore *De moribus episc.* VII. 26 (182. 862). *De consider.,* lib. II, c. 6, n. 9 (182. 747), à propos de la considération de *ce qu'est* le pape et *ad quid?:* „Non ad dominandum, opinor. Nam et propheta, cum similiter levaretur, audivit: *ut evellas et destruas, et disperdas et dissipes, et aedifices et plantes.* Quid horum fastum sonat? Rusticani magis sudoris schema quodam labor spiritualis expressus est . . .": Jér. I. 10 annonce un travail de défrichement très dur, à poursuivre tout au long de la vie de l'Eglise.

In Cant. sermo 58. 3 (183. 1057): commentant le *Surge, propera, amica mea,* Bernard y voit l'invitation adressée par l'Epoux à l'Epouse, de quitter son repos et de le suivre par l'action: on est ainsi invité par l'Epoux *ad vineas* (c'est à-dire *ad animas vel Ecclesias),* „ad quid, nisi ut evellat et destruat, et aedificet et plantet?"

[33] *Comm. in Ps. 64,* dédié à Eugène III (comme le *De consider.* de S. Bernard), en 1146: M. G. H. *Libelli de Lite,* t. 3, p. 468. Chez Gerhoh, le texte de Jér. I. 10 s'applique à l'autorité des prêtres relativement à la foi et aux moeurs des fidèles. Chez Pierre Comestor, une vingtaine d'années après peut-être, il est appliqué au „monere de moribus", tandis que Mc. XVI. 15, *Ite docete,* exprime le „docere veritatem de fide et sacramentis": *Sermo synodicus 42* (P. L. 198. 1823). On est alors au moment où s'établit la distinction entre la prédication d'exhortation,

une formule technique exprimant l'institution du pouvoir pontifical[34].

Nous arrivons ainsi à ces quarante dernières années du XIIme siècle, où, servis par une science canonique remarquablement vivante, les catégories et le vocabulaire de la Curie romaine semblent se fixer dans une forme quasi définitive. L'usage du verset de Jérémie y est devenu habituel. Il a trois points d'application, qui ne s'excluent d'ailleurs pas. Il sert à exprimer; tantôt une activité de réforme ou de correction, tantôt la mission des légats pontificaux, dont l'institution se développe précisément à raison des besoins de correction des abus, tantôt enfin le pouvoir pontifical lui-méme. Ainsi en est-il chez Alexandre III, qui cite Jér. I. 10, soit dans un contexte d'action réformatrice[35], soit comme une sorte d'antécédent de Mat. XVI 19: les papes sont, „licet immeriti, constituti super gentes et regna[36]."

Depuis longtemps déjà, mais surtout depuis les grands champions de la „réforme grégorienne" – Humbert de Moyenmoutier, Pierre Damien, Grégoire VII lui-même –, on aimait souligner, à Rome, que

---

de moribus, et l'enseignement de fide et sacramentis: sur quoi, cf Y. C o n g a r , Jalons pour une théologie du Laïcat (Unam Sanctam, 23). Paris, 1953, p. 408, 416 s.
   [34] „... auctoritas, quae Romano Pontifici divinitus collata est juxta illud: Ecce..." Opusc. ad cardinales: Opera inedita, I. Tract. et Libelli, ed. D. ac O. V a n d e n E y n d e et A. R i j m e r s d a e l , O.F.M. (Spicil. P. Ath. Antoniani, 8). Roma, 1955, p. 331. Comparer Pierre le Vénérable, écrivant à Eugène III vers la même époque: „Quamvis Ecclesia non habeat imperatoris gladium, habet tamen super quoslibet minores, sed et super ipsos imperatores, imperium. Unde ei sub figura prophetici nominis dicitur: Constitui te super gentes et regna, ut evellas et destruas, et disperdas et dissipes, et aedifices et plantes. Qua de re, si non potest occidere, potest evellere. Si non potest occidere, potest destruere." (Ep. VI. 28: P. L., 189. 442 B–443 A.)
   [35] Lettre du 24 Juillet 1169 au clergé et au peuple de Bénévent: J a f f é - W a t t. 11635: P. L. 200. 595: „Sicut in vanum agricola de terrae ubertate confidit, cum autem jactum semen spinis et tribulis non expurgat, ita quidem et pastor Ecclesiae insaniter praemium officii pastoralis expectat, si ad resecanda de agro Domini vitiorum plantaria non intendit; cum praeceptum acceperit per Prophetam a Domino, ut evellat et destruat, et disperdat et dissipet, et aedificet et plantet. Et quidem istud universis Ecclesiae praelatis incumbit, a nobis autem et successoribus nostris eo fortius creditur exigendum..."
   [36] Lettres Vice beati Petri de 1171–72 (J a f f é - W a t t. 12113: M a n s i. 21. 937; P. L. 200. 850); Constituti a Domino, de 1171–72 (J a f f é - W. 12117: M a n s i. 21. 931; P. L. 200. 854–55) et à l'archevêque de Cantorbery, 23 Mars 1175 (J a f f é - W. 12448: P. L. 200. 1017). Cité par W. U l l m a n n , The Growth of Papal Government in the Middle Ages. London, 1955, p. 433, n. 3.

l'autorité remise par le Seigneur à l'apôtre Pierre s'étendait à la terre et au ciel tout ensemble[37] et que rien ni personne ne lui échappait ici-bas[38]: „Quem (Petrum) Dominus Jesus Christus, rex gloriae, principem super regna mundi constituit", écrivait Grégoire VII[39]. Ce n'est pas ici le lieu de montrer que de telles formules n'impliquent pas une prétention à une „Weltherrschaft" proprement temporelle: elles expriment essentiellement l'universalité et la plénitude du pouvoir spirituel du pape, successeur („vicaire") de Pierre, sur la terre entière, sur les peuples et sur les rois: déjà Victor II appliquait Jér. I. 10 en ce sens (supra, n. 30). C'est ainsi que le début de notre verset, *Constitui te super gentes et regna,* tendait à devenir une expression du *pouvoir* pontifical, une sorte d'antécédent et d'équivalent de la *Potestas ligandi atque solvendi in coelis et in terris* de Mat. XVI. 19 – tandis que la suite du verset, *ut evellas et destruas...* se prêtait davantage à exprimer, soit la *mission* de surveillance et de correction de la papauté, soit, puisque le pape exerçait souvent cette mission par ses légats, la mission et les pouvoirs des légats pontificaux.

Tels sont encore les usages du texte jérémien qu'on trouve chez Célestin III. Celui-ci, élu pape à près de 90 ans, a été quelque peu relégué dans l'ombre par la personnalité plus accusée de son grand prédécesseur, Alexandre III, et de son successeur immédiat Innocent III; mais on a montré récemment[40] que l'histoire avait été

---

[37] Voir N i c o l a s Ier: J a f f é - W a t t. 2785 et 2796 (P. L. 119. 906 C et 950 A); C l é m e n t II, 24 Sept. 1054 (J a f f é - W. 4149: „Concessum nobis est divinitus... jus illud apostolicum quo et coelis imperatur et terris"); V i c t o r II cité supra, n. 30; P. P i e r r e D a m i e n, *Disceptatio synod.*: M. G. H. *Libelli de Lite,* t. 1, p. 78 („... qui beato vitae aeternae clavigero terreni simul et coelestis imperii jura commisit": passage qui a été repris, mais sous le nom de Nicolas II, par G r a t i e n, *Decr.* D. XXII c. 1: F r i e d b e r g, t. 1, col. 73); H u m b e r t d e M o y e n m o u t i e r. Frag. B *De S. Romana Ecclesia,* publié par S c h r a m m, *Kaiser, Rom und Renovatio*... Leipzig-Berlin, 1929, t. 2, p. 131; P a s c a l II, lettre du 14 Avril 1100 (J a f f é - W a t t. 5831: M a n s i. 19. 1017 ou 1086).

[38] G r é g o i r e VII. Reg. IV. 2: „Nullum excepit, nihil ab ejus potestate subtraxit..." (C a s p a r, p. 295); comp. VIII. 21 (p. 550) et tous les Grégoriens: par ex. B e r n o l d d e C o n s t a n c e, *Libelli de Lite,* t. 1, p. 147, 297).

[39] Reg. I. 63 (éd C a s p a r, p. 92); comp. VII. 6 (p. 465), VIII. 20 (p. 543) et la lettre de 1076 au roi d'Irlande Toirdelbach (dans *Studi Gregoriani,* t. 3, p. 115).

[40] P. Z e r b i, *Papato, Impero e „Respublica christiana" del 1187 al 1198 (Pubbl. dell'Univ. cat. Del S. Cuore.* N. S., 55). Milano, 1955. – Déjà J. H a l l e r, *Heinrich VI. und die römische Kurie,* dans *Mitteilg. d. Österr. Inst. f. Geschichtsfchg.,* 35 (1914), p. 385–454, 545–669.

quelque peu injuste à son égard, qu'il y eut une réelle continuité
d'idées et de politique entre le pape nonagénaire et Lothaire de Segni,
et même que c'est sous le pontificat de Célestin III que l'expression
plenitudo potestatis patronnée par S. Bernard, qui devait obtenir
une telle fortune dans la théologie d'Innocent III, a été adoptée
par la Curie pour caractériser l'autorité papale[41]. Quant au texte
de Jér. I. 10, nous le trouvons sous la plume de Célestin III ou à son
époque, comme expression, soit de l'autorité pontificale – c'est alors
un équivalent de „plenitudo potestatis"[42] –, soit de la mission et
du pouvoir des légats: dans la lettre par laquelle le pape enjoint
aux archevêques, évêques et autres prélats d'Allemagne, de s'unir
aux deux cardinaux qu'il envoie pour les affaires de la Croisade,
les mots tirés de Jérémie apparaissent nettement comme équivalents
de la *plena potestas* remise aux légats, Pierre, du titre de Ste-Cécile,
et Jean, du titre de St-Etienne in Monte Celio[43]. Les légats eux-
mêmes, on le comprend, ne manquent pas de reprendre éventuellement les expressions jérémiennes pour faire connaitre leur mission
et leurs pouvoirs[43a].

On peut dire que, par rapport à ces usages désormais acquis, Innocent III n'a rien innové. Ce sont toujours les mêmes applications,
soit aux légats (textes 1, 2, 5, 6, 10, 13, 14, 15, 17 à 21), soit à l'auto-

---

[41] Z e r b i , *op. cit.*, p. 173.

[42] Lettre d'Eléonore d'Aquitaine (ou d'Angleterre) à Célestin III pour lui
demander d'intervenir afin de faire libérer son fils Richard: „Supplicat vobis
quem constituit Deus super gentes et regna in omni plenitudine potestatis ...
cum sitis vicarius Crucifixi, sucessor Petri, sacerdos Christi, christus Domini,
deus etiam Pharaonis" (P. L. 206. 1263 A): noter l'invasion du vocabulaire bernardien.

[43] „... Nos igitur, quibus est, licet immeritis ac insufficientibus, universalis
Ecclesiae sollicitudo commissa, super terrae illius subvencione dilectos filios
nostros P(etrum) sancte Cecilie, et I(ohannem) titulo sancti Stephani in Celio
monte presbyteros cardinales, viros providos et discretos, quibus tam super facto
Ierosolimitane terre, quam super aliis omnibus legacionis plenam concessimus
potestatem, ut evellant et destruant destruenda et plantent et edificent, que
plantacione noverint esse condigna." J a f f é - W a t t . 17274; texte dans *Registrum oder merkwürdige Urkunden f. die deutsche Gesch.*, ges. u. hrsg. v.
H. S u d e n d o r f , t. 1. Jena, 1849, p. 83.

[43a] Ainsi Bernard, cardinal du titre de St-Pierre aux liens: ïl dit avoir été
envoyé „ut euellenda euellamus, et que plantatione digna fore nouerimus,
plantemus et foveamus": *Mémoires de la Société d'Hist. de la Suisse romande,*
t. 18, p. 381, nr. 28 (cité par I. F r i e d l a e n d e r , *Die päpstlichen Legaten in
Deutschland und Italien am Ende d. XII. Jahrhunderts (1181–1198). (Hist. Studien,* 177). Berlin, 1928, p. 109.

684

rité pontificale (textes 2, 3, 4, 7, 8, 12, 16, 22). Il y a cependant des nuances nouvelles: d'abord, la fréquence des usages de notre verset: nous avons relevé vingt-deux emplois et il est certain qu'un dépouillement systématique complet du Registre d'Innocent III en révélerait bien d'autres[44]. De plus, la citation ou l'allusion devient, dans

---

[44] Voici ces textes, selon l'ordre chronologique:

1) Ep. I. 525 aux légats Jean et Simon, 8 janv. 1199. P o t t h a s t , 566 (P. L. 214. 481: „Vobis legationis officium injungentes: ut quae inveneritis corrigenda corrigatis, destruatis et evellatis superflua et nociva, aedificetis et plantetis utilia et honesta.").

2) Ep. I. 526 à Vulcanus, roi de Dalmatie, pour qu'il reçoive les légats dont il est question dans la lettre précédente, 8 Janv. 1199. P o t t h a s t , 567 (P. L. 214. 481: les Pontifes romains sont „vicarii Jesu Christi, qui in beato Petro apostolorum Principe ab ipso Domino receperunt plenitudinem potestatis et constituti sunt super gentes et regna, ut juxta verbum propheticum evellant et destruant, aedificent et plantent, quia suam non possunt ubique praesentiam exhibere, per varia mundi climata a suo latere aliquos dirigunt et transmittunt, qui fideles in fide consolident, corrigenda corrigant, de agro Domini nociva destruant et utilia plantare procurent").

3) Lettre du 17 Mars 1199 aux gens de Iesi: P o t t h a s t , 628 (214. 541: simple allusion).

4) Ep. II. 294 à tous les princes ecclésiastiques et séculiers d'Allemagne (= Reg. super Neg. Imp., nr. 2.), 3 Mai 1199. P o t t h a s t , 686 (P. L. 216, 998 CD; „Verum quia vos in hac parte negligentes et desides hactenus exstitistis, nos qui, juxta verbum propheticum constituti sumus a Deo super gentes et regna, ut evellamus et destruamus, aedificemus etiam et plantemus, officii nostri debitum exsequi cupientes, universitatem vestram monemus...").

5) Ep. II. 123 à l'archevêque d'Arles, pour qu'il reçoive le légat Rainier, 7 Juillet 1199. P o t t h a s t , 764 (P. L. 214. 677).

6) Ep. II. 202 aux évêques de Castillone, Pérouse, Clusino et Gubbio, pour qu'ils reçoivent le légat Grégoire, cardinal du titre de St-Georges du Vélabre, 15 oct. 1199. P o t t h a s t , 848 (214. 751 A).

7) Lettre Solitae à l'empereur de CP, février 1201. P o t t h a s t , 1278 (P. L. 216. 1184 B; Décrétales de Grégoire IX, lib. I, t. 33 c. 6, F r i e d b e r g , t. 2, col. 197–98).

8) Sermo 2 in anniv. consecr., 22 Février 1200: P. L. 217. 657 C suiv.

9) Réponse, en consistoire, aux envoyés de Philippe de Souabe: Reg. sup. Neg. Imp. nr 18, Mai 1200. P o t t h a s t , 1055 (P. L. 216. 1013 B: le pape veut montrer la supériorité du sacerdoce sur le regnum; celui qui consacre est plus digne que celui qui est consacré; „Dictum est etiam, non a quodlibet, sed a Deo, nec cuilibet, sed prophetae, non utique de semine regio, sed de sacerdotibus qui erant in Anathot: Constitui... Simile dicitur Petro, sed excellentius: Tu es, inquit, Petrus". Plus loin, col. 1013 D, Innocent cite Act. X. 13, „Macta et manduca. Macta vitia et manduca virtutes, macta errorem et manduca fidem; quasi evellas et destruas, aedifices et plantes").

10) Lettre du 1er Mars 1201 aux prélats d'Allemagne pour leur annoncer la légation de Gui de Préneste muni de „plenae legationis officia ut evellat quae evellenda cognoverit et plantet quae ipsius viderit sollicitudo plantanda": Reg. sup. Neg. Imp. nr 46. P o t t h a s t , 1299; P. L. 216. 1048 A.

une certaine mesure, indépendante du contexte de correction et de réforme dans lequel elle s'était d'abord située[45]: le texte prend figure d'une sorte de première institution du pouvoir pontifical,

---

11) Ep. V. 26 à tout le clergé des pays transmarins (= Orient), à propos des légats en Terre sainte, 24 Avril 1202. P o t t h a s t, 1667; P. L. 214. 978 D.

12) Ep. VII. 1 à Calojean, roi de Bulgarie, 24 Févr. 1204. P o t t h a s t, 2135; P. L. 215. 277 C.

13) Ep. VIII. 55 à l'empereur latin de CP, Henri, à propos des légats et dans un contexte de correction des malfaçons, 15 Mai 1205. P o t t h a s t, 24498; P. L. 215. 624 A.

14) Ep. X. 137 au clergé et aux laïcs de Hongrie, à propos de légats, 7 Oct. 1207. P o t t., 31095; P. L. 215. 1232 B.

15) Ep. X. 138, même date et même objet, au clergé et aux laïcs de Ruthénie. P o t t., 31096; P. L. 215. 1234 AB.

16) Ep. *Novit ille* aux archevêques et évêques de France, Avril 1204. P o t t., 2181; P. L. 215. 325: après avoir cité Is. LVIII. 1, Ez. III. 18–20, 1 Thess. V. 14, 2 Tim. IV. 2 pour montrer que „debeamus corripere ac possimus", ajoute: „Quod autem possimus et debeamus etiam coercere, patet ex eo quod inquit dominus ad prophetam, qui fuit de sacerdotibus Anathot: *Ecce* . . ."

17) Au clergé et aux fidèles de Palestine, sur la légation d'Albert, patriarche de Jérusalem, 16 Juin 1205. P o t t., 2542: dans L. D e l i s l e, *Lettres inédites d'Innocent III (Biblioth. de l'Ecole des Chartes,* 34 (1873), p. 412).

18) Ep. XV. 14 à l'archevêque de Lund André, pour le constituer légat en Suède et en Danemark, 4 Avril 1212. P o t t., 4416: P. L. 216. 552 D: „Nos liberam tibi concedimus potestatem, ut, juxta verbum propheticum . . ."

19) Ep. XVI. 31 au clergé de France, pour qu'il reçoive Robert, cardinal du titre de St-Etienne in Monte Celio, „concedentes ei ut evellat . . .", 19 Avril 1213: P. L. 216. 627 B.

20) Ep. XVI. 79 à Jean, roi d'Angleterre, lui envoyant Nicolas de Tusculum comme légat; „cui nos vices nostras commisimus, ut juxta verbum propheticum . . .", 6 Juil. 1213. P o t t., 4776; P. L. 216. 882 B.

21) Ep. XVI. 104 à l'empereur latin de CP, Henri, lui envoyant Pélage d'Albano comme légat, 30 Août 1213. P o t t., 4802; P. L. 216. 902 AB.

22) Bulle adressée „universis Christi fidelibus" condamnant la Magna Carta, 24 Août 1215. P o t t., 4990; texte d'après l'original conservé au British Museum de Londres dans *Selected Letters of Pope Innocent III concerning England (1198–1216)* ed. by C. R. C h e n e y and W. H. S e m p l e, London, 1953, p. 216: „Quia vero nobis a domino dictum est in propheta: *constitui te* . . ."

Dans la brève étude qu'il fait de l'usage de Jér. I. 10 par Innocent III, M. M a c c a r r o n e (*op. cit,* supra, n. 5: p. 28–31) ne cite que deux textes de ce pape et ne les envisage que dans la perspective propre de son livre, soucieux de montrer qu'Innocent n'a pas revendiqué de pouvoir temporel direct. Nous avons emprunté quelques références à cette étude.

[45] Ce contexte est encore net, cependant, dans un bon nombre de textes, surtout lorsqu'il s'agit des légats. Comp. cette lettre de Févr.–Avril 1216 au roi Conachie: „Sacra Sedis Apostolicae instituta, quae non adinventionis humanae

686

concurramment avec Mat. XVI. 19 (textes 7, 8, 9, 12), Act. X. 13 (texte 9), Is. LVI. 6 (texte 22), d'autres encore (texte 7). Innocent III a vraiment intégré le texte de Jér. I. 10 à sa théologie du pouvoir pontifical, et ceci avec une rigueur et une précission qu'il est intéressant de noter. Cette théologie est en effet très fermement arrêtée et charpentée dans l'esprit d'Innocent[46]. Elle est dominée par le schéma suivant: Dans l'A.T., prédominance du sacerdoce; le Christ, lui, est à la fois *rex et sacerdos,* selon le type de Melchisédech; le pape, succeseur de Pierre, est le vicaire du Christ, il possède la „plenitudo potestatis", l'autorité juridique de tout lier ou délier sur la terre en vue du ciel. Or le verset jérémien apparaît lié, chez Innocent III, avec l'idéologie du vicariat du Christ „Rex regum et Dominus dominantium" (texte 12), avec celle de la supériorité du sacerdoce (Innocent aime noter que Jérémie était „de sacerdotibus Anathot": textes 7, 9, 12, 16); enfin il prend, comme expression de l'autorité pontificale, une nuance de sens nettement juridique: c'est ainsi qu'après avoir cité une série de textes visant la mission prophétique d'avertir et de reprendre, Innocent ajoute: „Quod autem possimus et debeamus etiam coercere, patet ex eo quod inquit Dominus ad prophetam, qui fuit de sacerdotibus Anathot: *Ecce constitui . . ."* (texte 16). Le texte de Jérémie sert ici à appuyer le passage de l'exhortation prophétique à l'usage d'un pouvoir juridictionnel de lier et de délier, et même à l'usage d'une pouvoir de coercition. Notons cette nuance évidemment importante, désormais acquise à l'usage romain du texte jérémien.

Elle se retrouve dans le passage suivant de la fameuse bulle ou encyclique *Eger cui lenia* par laquelle Innocent IV répondit, sur la fin de 1245, au mémoire de Frédéric II qu'il avait, le 17 juillet, excommunié et déclaré déchu:

studio, sed divine dispositionis auctoritate ad extirpanda vitia et virtutes plantandas, ad reprimendam calumpniam et erigendam justitiam, pro varietate temporum irreprehensibiliter promulgantur", dans K. H a m p e , *Aus verlorenen Registerbänden der Päpste Innocenz III. u. Innocenz IV.,* dans *Mitteilg. d. Österr. Inst. f. Geschichtsfg.,* 23 (1902), p. 564.

[46] Citons, parmi les études les plus récentes et les plus satisfaisantes, outre M. M a c c a r o n e , cité supra n. 5: H. T i l l m a n n , *Papst Innocenz III. (Bonner Hist. Forschg.,* 3). Bonn, 1953; F. K e m p f , *Papsttum und Kaisertum bei Innocenz III. Die geistigen u. rechtlichen Grundlagen seiner Thronstreitpolitik (Miscell. Hist. Pontif.,* 19). Roma, 1954.

Non minoris quidem, immo longe maioris potestatis esse credendum est eternum Christi pontificium in fundatissima Petri
sede sub gratia ordinatum, quam inveteratum illud, quod figu-
ris legalibus temporaliter serviebat, et tamen dictum est a deo
illius temporis pontificatu fungenti: *Ecce constitui te super
gentes et regna, ut evellas et plantes,* non solum utique super
gentes, sed etiam super regna, ut potestas eiusdem innotesceret
tradita de utrisque. Hac potestate usi leguntur plerique pontifices veteris testamenti, qui a nonnullis regibus, qui se indignos
fecerant principatu, regni solium auctoritate sibi divinitus tradita transtulerunt[47].

L'idée que Jérémie fût ici moins un prophète qu'un représentant
de l'autorité sacerdotale, vient évidemment d'Innocent III. Toute la
théologie innocentienne de la „plenitudo potestatis" est reprise dans
le contexte, où le *Nescitis quoniam angelos judicabimus* de 1 Cor.
VI 3 est, lui aussi, transposé de l'ordre spirituel à l'ordre de l'autorité
juridique du pape, au bénéfice d'une *potestas* „ad temporalia usque
porrecta". Sensiblement à la même époque, d'ailleurs, un théologien
de la valeur de Robert Grossetête faisait, de Jér. I, 10, une expression
de la „plenitudo potestatis" dont il parlait, lui, à vrai dire, dans le
cadre *de l'Eglise* et de sa constitution hiérarchique[48].

Autrement, Innocent IV a cité Jér. I.10 dans le contexte, désormais classique, d'application aux légats[49]. Désormais classique,

---

[47] E. W i n k e l m a n n, *Acta Imperii inedita,* t. 2. Innsbruck, 1885, p. 698.
Et cf. M i r b t, *Quellen z. Gesch. d. Papsttums.* 5Tübingen, 1934, Nr. 358; I. L o
G r a s s o, *Ecclesia et Status. De mutuis officiis et juribus* Roma, 1939, Nr. 402.
[48] *Epist.* 127 au Doyen du chapitre de Lincoln,, 1239: *Epist.,* éd. L u a r d
(Rerum Brit. Medii Aevi Script.). London, .1861, p. 364: „... Propter haec, ad
instar praedictae ordinationis in veteri Testamento factae, dominus Papa, qui
est in omni domo Domini fidelissimus et in omni populo ejus velut Moyses, quem
constituerat Dominus *servum suum in omni domo sua fidelissimum* [Nb. XII. 7]
et principem super omnem populum suum Israeliticum, plenitudinem habet
potestatis *super gentes et super regna; ut evellat et destruat et disperdat et dissipet et aedificet et plantet.* Potestque de sua potestate tam universitatum quam
singulorum, tam majorum quam minorum, majora et minora negotia omnia
dijudicare, corrigenda et reformanda corrigere et reformare ..."
Ce pouvoir de correction existe évidemment chez tous les supérieurs. S.
B o n a v e n t u r e cite Jér. I.10 dans son *Epist.* II, n. 4, „ad omnes Ordinis
Ministros provinciales", pour illustrer leur droit de punir en vue de faire obser-
ver la Règle *(Opera omnia,* éd. Quaracchi, t. 8, 1898, p. 470).
[49] Lettres du 21 Juli. 1248 à Jacques, évêque de Tusculum, légat en Terre
sainte: P o t t., 12984 *(Registre d'Innocent IV,* éd. Elie B e r g e r *(Ecole franç. de*

disons-nous. Nous avons déjà rencontré cet emploi chez Jean VIII, chez Grégoire VII, puis fréquemment à partir de ce pontife, qui a inauguré un usage nouveau et beaucoup plus fréquent des légations. Certes, les lettres pontificales relatives aux légats qui ne citent pas notre texte sont beaucoup plus nombreuses que celles qui le citent. La fréquence des citations est notable cependant, et elle a été relevée par les historiens de l'institution[50]. Signalons-en la présence en particulier chez Clément IV: non seulement parce qu'elle revient assez souvent sous la plume de cet ancien jurisconsulte[51], mais parce que, par lui, elle est entrée dans le *Sexte* de Boniface VIII, au chapitre des Légats:

> Legatis quibus in certis provinciis committitur legationis officium ut ibidem evellant et dissipent, aedificent atque plantent, provinciarum sibi commissarum ad instar proconsulum ceterorumque praesidum, quibus certae sunt decretae provinciae moderandae, ordinarios reputantes, praesenti declaramus edicto, commissum tibi a praedecessore nostro legationis officium nequaquam per ipsius obitum expirasse[52].

Nous venons de prononcer le nom de Boniface VIII. On pouvait attendre de lui qu'il utilisât le texte de Jér. I. 10. De fait, il en a fait l'une de ses autorités de choix, quisqu'il le cite dans des occasions

---

Rome), t. 2, 1887, nr 4662, p. 108); du 7 Avril 1249 aux prélats de la Marche d'Ancône et du Duché de Spolète, sur la légation de Pierre, cardinal du titre de St-Georges au Vélabre: P o t t., 13274 *(Reg.,* éd. citée, nr 4688, p. 115).

[50] G. P h i l i p p s, *Kirchenrecht,* t. 6, p. 685 s. (cite notre texte n° 21 d'Innocent III); K. R u e s s, *Die rechtliche Stellung der päpstlichen Legaten bis Bonifaz VIII.* Paderborn, 1912, p. 67; H. T i l l m a n n, *Die päpstlichen Legaten in England bis zur Beendigung der Legation Gualas (1218).* Bonn, 1926, p. 123 s.; I. F r i e d l a e n d e r, *op. cit.* supra n. 43ª, p. 109–110.

[51] Lettre du 4 Oct. 1265 aux archevêques de Milan et Gênes au sujet de son légat Geoffroy de Beaumont *(Registre de Clément IV (1265–1268),* éd. Ed. J o r - d a n *(Ecole fr. de Rome).* Paris, 1893, nr 160, p. 40); du 15 Mars 1266 á Gui, cardinal du titre de St-Laurent in Lucina, lui donnant la légation de Prague (nr 248, p. 68); du 15 Févr. 1266 à Raoul, évêque d'Albano, légat en Sicile (nr 257, p. 70). Et cf note suivante.

[52] Lettre du 9 Avril 1265 à Simon, cardinal du titre de Ste-Cécile. P o t t - h a s t, 19089 (J o r d a n, op. cit., nr 226, p. 62 n'en donne, ni le texte, ni la référence au Sexte): dans le S e x t e, c. 2 de officio legati: lib. I t. XV (F r i e d - b e r g, t. 2, col. 984). Noter l'assimilation significative des légats aux proconsuls de l'ancienne Rome.

particulièrement importantes. C'est d'abord au cours des tractations relatives à l'élection d'Albert I^{er}comme roi germanique et empereur. Si, au cours de l'audience du 30 avril 1303 où il reconnait Albert comme empereur, Boniface, heureux d'avancer sur l'échiquier le personnage de l'empereur contre celui du roi de France, va jusqu'à appliquer le verset jérémien à l'empereur – mais c'est le pape qui l'a constitué ainsi *super gentes et regna:* donc sur le royaume de France[53]! –, dans sa lettre du 13 mai 1300 aux électeurs impériaux, il s'appliquait à lui-même le texte fameux; il en faisait une véritable formule de la *potestas* papale comme *potestas* suprême siégeant au sommet de la hiérarchie finalement unique voulue par Dieu[54]. Au nom de cette *potestas,* le Siège romain est dit être la source de *l'Imperium*[55].

On comprend que, quand Boniface VIII se mit à citer Jér. I. 10 dans la bulle *Ausculta, fili* du 5 décembre 1301 adressée à Philippe le Bel à l'occasion de l'affaire de Bernard Saisset[56], le roi et ses

---

[53] *Relatio de audientia in curia Romana habita* (30 Avril 1303). Allegacio domini pape Bonifacii pro confirmando rege Romanorum Alberto: M. G. H. *Legum sectio IV. Const. et Acta publ. Imperatorum et Regum,* t. 4/1, ed. Iac. S c h w a l m , Hannover-Leipzig, 1906, Nr. 173, p. 140: „. . . nunc venit et affuit tempus miserendi eius, sicut alibi dicit apostolus: *At ubi venit plenitudo temporis* [Gal. IV. 4] Venit quidem tempus, ut constituamus eum *super gentes et regna, ut evellat et destruat, dissipet et dispergat et edificet et plantet.“*

[54] P o t t h a s t , 24953: M. G. H., *op. cit.,* p. 80: „Apostolica Sedes divinitus constituta super reges et regna ut evellat et dissipet edificet et plantet dominice domus dominium et omnis possessionis eius obtinens principatum, cui omnis anima quasi sublimiori preminentie debet esse subjecta, per quam principes imperant et potentes decernunt iustitiam ac reges regnant et legum conditores iusta decernunt . . .“

[55] „. . . quicquid honoris, preminentie, dignitatis et status imperium seu regnum Romanum habet, ab ipsius sedis gratia, benignitate et concessione manavit . . .“ (p. 80, 1. 33–34); „Et licet ad revocationem huiusmodi faciendam sufficiat auctoritas dicte sedis, a qua quicquid habet imperium, sumpsit exordium . . .“ (p. 81, 1. 24—26). Voir, à la fin de cette étude, le texte où S. S. Pie XII explique ces énoncés.

[56] „Ausculta, fili . . . Sane, fili, cur ista dixerimus imminente necessitate ac urgente conscientia expressius aperimus. Constituit enim nos Deus, licet insufficientibus meritis, super reges et regna, imposito nobis jugo Apostolicae servitutis, ad evellendum, destruendum, disperdendum, dissipandum, aedificandum atque plantandum sub eius nomine et doctrina et ut gregem pascentes dominicum, consolidemus infirma, sanemus aegrota, alligemus fracta et reducamus abiecta, vinumque infundamus et oleum vulneribus sauciatis. Quare, fili carissime, nemo tibi suadeat quod superiorem non habes, et non subsis Summo hierarchae ecclesiasticae hierarchiae . . .“ Dans P. D u p u y , *Histoire*

690

conseillers ou défenseurs se soient sérieusement inquiétés. Philippe le Bel fait brûler la bulle en février 1302 et suscite différentes réponses au Souverain Pontife. Cependant, lors du consistoire de juin-juillet 1302, le cardinal Matthieu d'Aquasparta prenait notre verset comme ‚Motto' de son discours, dont la conclusion était: „Jurisdictio temporalis competit Summo Pontifici, qui est vicarius Christi et Petri, de jure... Sed... quantum ad executionem actus, non competit ei[57]." Puis, le 18 novembre, c'est la fameuse bulle *Unam Sanctam*, maîtresse pièce de la doctrine pontificale. On sait que les théologiens catholiques en considèrent les dernières lignes comme équivalant à une définition solennelle. Mais les divers considérants développés par le pape, et dont les sources ont été décelées avec précision[58], sont plutôt de la théologie et ne s'imposent pas avec la même autorité. L'ensemble de ce document célèbre vise à affirmer la monarchie suprême du pape: ceci, au nom du principe ou de la mystique d'unité dont l'emprise était si forte alors sur les esprits et qui s'exprime, au cours de la bulle, dans les catégories dionysiennes chères aux théocrates d'alors. Au nom de ce principe, Boniface conclut que „uterque (gladius est) in potestate ecclesiae" et que „spiritualis potestas terrenam potestatem instituere habet et judicare si bona non fuerit"; c'est alors qu'il enchaîne: „Sic de ecclesia et ecclesiastica potestate verificatur vaticinium Hieremiae: *Ecce constitui te hodie super gentes et regna,* et coetera quae sequuntur."

Le texte de Jér. I. 10 était une des autorités volontiers invoquées par les théologiens théocratiques du parti de Boniface. Nous la trou-

---

du différend d'entre le pape Boniface VIII et Philippes le Bel roy de France. Paris, 1655, p. 48.

[57] Texte de ce discours dans D u p u y, *op. cit.,* p. 72 s. V. M a r t i n (*Les Origines du Gallicanisme.* Paris, 1939, t. 1, p. 183, parle du „Consistoire de juillet"; mais on s'accorde à dater le discours du cardinal de Porto du 24 Juin 1302.

[58] D e n z i n g e r - B a n n w a r t, nr 469, omet le passage qui nous intéresse ici. Cf M i r b t, *Quellen* nr 372, p. 211. Le meilleur texte, revu sur l'original des Archives du Vatican, est donné par L o G r a s s o, *op. cit.,* nr 431–438.

Les meilleurs commentaires sont ceux de R. S c h o l z, *Die Publizistik zur Zeit Philipps d. Schönen u. Bonifaz VIII.* (*KRtl Abhandlg.,* 6–8). Stuttgart, 1903; J. R i v i è r e, *Le problème de l'Eglise et de l'Etat au temps de Philippe le Bel.* Louvain et Paris, 1926, p. 79–87; V. M a r t i n, op. cit., p. 190 s. Voir également M.-D. C h e n u, *Dogme et théologie dans la bulle Unam Sanctam,* dans Rech. de Science relig., 40 (= Mél. J. Lebreton, 2), 1951–52, p. 307–316.

vons chez Barthélémy de Lucques, vers 1300[59], chez Gilles de Rome, fin 1301[60], chez Henri de Crémone vers la même date[61].

Il était normal que les théologiens du roi de France s'attaquassent à cette autorité L'un des premiers à l'avoir fait semble avoir été Jean Quidort, dont le *De potestate regia et papali* a été rédigé fin 1302 ou début 1303. Jér. I. 10 était la première allégation ou le premier appui de ses adversaires[62]; il en rétablit le sens: soit qu'on l'entende du Christ – nous avons vu que S. Jérôme ne s'y refusait pas; Raban Maur et Rupert de Deutz le suivaient volontiers en ceci[63] –, soit qu'on l'entende de Jérémie lui-même, mais alors dans sa fonction prophétique d'annoncer les vouloirs et les jugements de Dieu, de détruitre le mal et d'édifier l'Eglise, comme l'entendait déjà la Glose interlinéaire[64].

---

[59] Dans sa continuation du *De Regimine principum* de S. Thomas, lib. 3, c. 19. Le texte est entendu tout à fait dans le sens de Boniface VIII: au Vicaire du Christ, qui a la *plenitudo potestatis*, „competit dicta provisio (à l'Empire) ex triplici genere": 1°, divino; 2° ex jure naturali (nécessité d'un caput, d'un „princeps in regno sicut Deus in mundo"); 3° „in duobus casibus ampliatur ejus potestas: (a) ratione delicti, quod eleganter ostendit propheta Hieremias cui in persona vicarii Christi dicitur: *Ecce constitui te super gentes et regna, ut evellas, destruas, disperdes, dissipes* (= diversa genera poenarum quae infligi possunt unicuique fideli, sive subdito *(super gentes)*, sive domino *(super regna)*; (b) ad bonum totius fidei: *et aedifices et plantes*, quod ad providentiam vicarii Christi pertinet pro bono universalis ecclesiae".

[60] *De ecclesiastica potestate*, pars 1, c. 4: éd. R. S c h o l z. Weimar, 1929, p. 12: „Igitur de ecclesia et de potestate ecclesiastica verificatur illud vaticinium Ieremiae: *Ecce*... Illud itaque vaticinium de ipso Ieremia fuit impletum, quando aliqua prophetavit de destructione et aedificatione aliquorum regnorum, propter quod per spiritum prophetiae constitutus fuit super regna, ut ipse aedificaret quantum ad regna de quibus prophetavit aedificationem, et constitutus est super ea, ut ipse destrueret, quantum ad regna de quibus prophetavit destructionem."

[61] *De potestate papae*, dans R. S c h o l z, *Die Publizistik*, p. 462: „... et de sacerdote et de propheta dicit Jerem. I. cap.: *Ecce constitui te super gentes et regna*, et-de maio, et obed. cap. *Solite*. Et ita usque (ad) adventum Christi regnaverunt [vel sacerdotes vel reges per eos instituti]." Scholz, p. 151–58, date cet écrit d'avant 1302.

[62] *De potestate regia et papali*, c. 11: éd. J. L e c l e r c q, *Jean de Paris et l'ecclésiologie du XIII° siècle (L'Eglise et l'Etat au Moyen Age, 5)*. Paris, 1942, p. 202.

[63] R a b a n M a u r, *Expos. super Jeremiam*, lib. 1, c. 1 (P. L. 111. 800–801); R u p e r t d e D e u t z, *De Trinitate et operibus ejus. In Jeremiam*, c. 3 et 4 (P. L. 167. 1365 D et 1368).

[64] J e a n d e P a r i s, *op. cit.*, c. 14, éd. citée, p. 217. Jean cite la Glose interlinéaire, dont le commentaire est le suivant: „... ut evelas *mala* et destruas *regna diaboli*, et disperdas, et dissipes, et aedifices *ecclesiam* et plantes *bona*.": dans l'éd. Anvers, 1634 de Nicolas de Lyre, t. 4, p. 569–70.

692

L'argumentation de Jean Quidort est reprise, peu de temps après, par l'auteur du traité *Rex pacificus,* qui suit visiblement le texte de notre Jacobin, avec, lui aussi, référence à la décrétale *Solitae* d'Innocent III, à la Glose interlinéaire et à S. Bernard, qu'il cite plus abondamment[65]. Ce n'est pas le seul cas – Dom J. Leclercq l'a montré déjà et nous espérons y revenir ailleurs –, où les théologiens du parti de Philippe le Bel ont victorieusement critiqué leurs adversaires en ramenant des textes interprétés selon un symbolisme assez arbitraire, à leur sens exégétique exact. En cela aussi Jean de Paris était un fidèle disciple de S. Thomas, qui avait écrit que „omnes sensus fundantur super unum, scilicet litteralem, ex quo solo potest trahi argumentum[66], et qui, au surplus, avait lui-même, vers 1267, donné, du texte de Jérémie. un commentaire parfaitement et sobrement exégétique[67]. Quant aux Gallicans ultérieurs, ils ont volontiers utilisé, au moins par allusion, lex textes de S. Paul, 2 Cor. X. 8 et XIII. 10, pour limiter, chez le pape, l'exercice d'un pouvoir qui „ne lui a pas été donné pour détruire", donc pour renverser les rois...[68].

Nous pouvons arrêter là cette histoire. Certes, le verset jérémien a été plus d'une fois encore utilisé par les papes. Sans que l'application

---

[65] Le traité est imprimé à la fin de D u p u y, *Hist. du différend,* p. 663–83: Jér. I. 10 est la 6ᵐᵉ raison des adversaires (p. 664–65); l'auteur, qui procède selon la technique de la „quaestio", y repond p. 678–79.

[66] *Sum. theol.,* Iᵃ pars, q. 1, art. 10, ad 1ᵘᵐ.

[67] *In Jeremiam,* c. 1 (éd. de Parme, t. 14, p. 581; éd. Vivès, t. 19, p. 72). Nous suivons la datation de P. M a n d o n n e t (*Chronologie des Ecrits scripturaires de S. Thomas d'Aquin.* Extr. de la *Rev. thomiste,* p. 39); le P. F. P e l s t e r situe ce commentaire plus tôt dans la vie de S. Thomas (*Echtheitsfragen bei den exeget. Schriften des hl. Th. v. Aq.,* dans *Biblica,* 3 (1922), p. 335).

Occasionnellement, S. Bonaventure donne aussi un bon commentaire de Jér. I. 10: *Comm. in Evang. Lucae,* c. 17, n. 60: „Apostolus praelatum et praedicatorem etiam *agricolam* vocat (cit. 2 Tim. II. 6 et 1 Cor. III. 9); propter quod dictum est Jeremiae: *Ecce* ... In hoc agro Ecclesiae crescunt *fructus bonorum operum* ... crescunt etiam flores sanctorum." (*Opera,* éd. Quaracchi, t. 7, 1895, p. 447).

[68] Ainsi B o s s u e t, *Avertissement* rédigé pour la nouvelle édition de *l'Exposition de la doctrine de l'Eglise catholique,* 1679: nouv. éd. par A. V o g t, Paris, 1911, p. 82: „Il ne faut pas s'étonner si l'on a approuvé sans peine l'auteur de *l'Exposition* qui met l'autorité essentielle de ce siège dans les choses dont on est d'accord dans toutes les écoles catholiques. La chaire de S. Pierre n'a pas besoin de disputes: ce que tous les catholiques y reconnaissent sans contestation suffit à maintenir la puissance qui lui est donnée pour édifier, et non pour détruire."

G e r s o n aimait faire allusion à ces textes de S. Paul: par exemple *Opera,* ed. E l l i e s d u P i n, t. 2, col. 92 B, 421 B, 531 A; t. 3, col. 34 C.

aux légats et le contexte réformiste soient absents[69], le texte semble
avoir été plutôt utilisé comme expression de la *potestas* pontificale.
Une fois au moins, et de façon retentissante, il l'a été dans un sens
directement hérité de Boniface VIII, dans la fameuse bulle par
laquelle S. Pie V excommuniait Elisabeth d'Angleterre et ses ad-
hérents, le 25 février 1570:

> *Regnans in excelsis,* cui data est omnis in coelo et terra po-
> testas, unam sanctam, catholicam et apostolicam ecclesiam,
> extra quam nulla est salus, uni soli in terris, videlicet apostolo-
> rum principi Petro, Petrique successori Romano Pontifici, in
> potestatis plenitudine tradidit gubernandam. Hunc unum su-
> per omnes gentes et omnia regna principem constituit, qui
> evellat, destruat, dissipet, disperdat, plantet et aedificet, ut fide-
> lem populum mutuae caritatis nexu constrictum in unitate
> spiritus contineat, salvumque et incolumen suo exhibeat sal-
> vatori[70].

Telle est la tradition pontificale ou romaine qui a sans doute
guidé le choix du verset *Ecce constitui* comme texte de l'Offertoire
du Commun des Souverains Pontifes. Ce verset, en effet, constitue
une magnifique expression de la mission apostolique, tout autant
que de la mission prophétique. Et, comme toute mission comporte
une tâche avec les pouvoirs afférents à cette tâche, il peut se prêter,
avec son *Constitui te super . . .,* à exprimer, en plus de la mission,
l'autorité ou le pouvoir apostolique. Le texte se prêtait remarquablement bien à exprimer l'universalité de la charge pontificale, véritablement coextensive au monde, ayant d'abord exprimé l'universalité de la mission prophétique; de même encore se prêtait-il, toujours en raison des caractères mêmes de la mission prophétique, à

---

[69] Par exemple dans la profession de foi par laquelle P i e II commençait un
projet de réforme: „Pastor aeternus Dominus Noster Jesus Christus, cuius vices
in terra licet indigni gerimus, viam vitae suis ovibus non minus opere quam
sermone monstravit, dicente scriptura quia coepit Jesus facere et docere. Idem
etiam et nos tenere oportet qui super gentes et regna in Apostolicae Sedis speculo
constituti evellere et destruere malos mores, plantare et aedificare bonos debemus, ne dum aliis praedicamus, ipsi reprobi inveniamur." Cf R. H a u b s t,
Die Reform Pius des Zweiten, dans *Römische Quartalsch.,* 49 (1954), p. 188–242:
p 205.
[70] *Bullarium Romanum,* éd. Torino, t. 7, p. 810; M i r b t, *Quellen,* nr 491;
L o G r a s s o, *Eccl. et Status,* nr 481.
Notons ici que Léon X, au concile romain de 1517, avait réédité la bulle *Unam
Sanctam:* M a n s i, 32. 968 E–969 A.

694

exprimer ce qu'on pourrait appeler l'actualité des interventions des Envoyés de Dieu dans l'Histoire.

Est-ce à dire que la nouvelle messe des Souverains Pontifes ait pris notre verset, exactement et à tous égards, dans le sens où l'a employé Boniface VIII, c'est-à-dire comme incluant la *potestas in temporalibus,* l'autorité juridique sur la dignité impériale ou royale? Il existe de bonnes raisons de ne pas le croire. Depuis longtemps, en effet, non seulement d'éminents théologiens, parfois avec l'approbation du Souverain Pontife, mais des Papes eux-mêmes, ont nettement distingué entre la substance de l'autorité pontificale, découlant de l'institution divine et du pouvoir apostolique de Pierre, et les modalités dans lesquelles cette autorité a pu s'exercer au cours de l'histoire, ou même les prérogatives qui ont pu lui être ajoutées, conformément au droit public d'une époque de Chrétienté[71]. Pie XII lui-même, sous l'inspiration de qui le nouveau Commun des Souverains Pontifes a été créé, s'est plus d'une fois exprimé dans le même sens, faisant nettement la distinction entre l'essentiel des positions catholiques et leurs diverses réalisations historiques[72].

---

[71] D o e l l i n g e r ayant, avant et après la définition de l'infaillibilité pontificale, prétendu que celle-ci incluait toute la *potestas* papale telle que le moyen âge en avait connu l'exercice, s'étendant jusqu'au temporel, P i e IX s'expliqua ainsi, devant une députation de l'Accademia di Religione Cattolica, le 20 Juillet 1871: „Tra gli altri errori, più di tutti essere malizioso quello che vorrebbe inchiudervi il diritto di deporre i sovrani e liberare i popoli dall'obbligo di fedeltà. Questo diritto essersi talvolta, in supreme circostanze, esercitato dai Pontefici; ma nulla aver esso che fare coll 'infallibilità pontificia. La di lui fonte però non essere stata la infallibilità, ma sì l'autorità pontificia. Questa, secondo il diritto pubblico allora vigente, e per l'accordo delle nazioni cristiane, che nel Papa riverivano il supremo giudice della cristianità, stendeasi a giudicare anche civilmente dei Principi e dei singoli Stati. Affatto diverse da quelle essere le presenti condizioni; e soltanto la malizia poter confondere cose e tempi così diversi... „*Civiltà Cattolica,* ser. 8, vol. 3 (1871), p. 485; L o G r a s s o, *op cit.,* nr 648. – A vrai dire, la confusion pouvait trouver une occasion dans certains textes ultramontains, par exemple de la *Civiltà* elle-même, N° du 18 Mars 1871, p. 664 (le pape, vicaire du Christ, non seulement Prêtre éternel, mais Roi des rois et Seigneur des seigneurs) ...
Autres explications de même genre: cardinal D e s c h a m p s , *IVme Entretien: Oeuvres,* t. 1, p. 373 s., et surtout Mgr F e s s l e r , *La vraie et la fausse infaillibilité.* Trad. frse. Paris, 1871, p. 149 s., 185–89, 192 s., 198 n. 2 (Bref d'approbation de Pie IX). – A l'époque contemporaine, voir surtout Ch. J o u r n e t , *L'Eglise du Verbe incarné.* I. *La hiérarchie apostolique.* Paris, 1941, voir Tables (idée du pape comme „tuteur de la Chrétienté"); J. L e c l e r , *L'Eglise et la souveraineté de l'Etat.* Paris, 1946, p 85–87.
[72] Discours radiophonique de Noël 1942: „Essa [Chiesa] non intenda di prender partito per l'una o l'altra della forma particolari e concrete con le quali sin-

Nous ne connaissons pas, à vrai dire, de texte portant directement sur le sens de Jér. I. 10 et répudiant expressément le sens dans lequel Boniface VIII ou Pie V ont pu l'invoquer. Il n'est pas dans les habitudes des papes de déjuger leurs prédécesseurs. Mais S. S. Pie XII pouvait-elle mieux, pouvait-elle plus clairement marquer une sorte de distancement par rapport à Boniface VIII, que dans le discours prononcé en français, le 7 septembre 1955, devant les membres du Xme Congrès international des Sciences historiques, réuni à Rome, lorsqu'elle prononçait les paroles suivantes, où nous pouvons trouver la mise au point que nous pouvions désirer, et qui serviront de conclusion à la présente étude?

Quand notre prédécesseur Boniface VIII disait, le 30 avril 1303, aux envoyés du roi germanique Albert de Habsbourg: „... sicut luna nullum lumen habet, nisi quod recipit a sole, sic nec aliqua terrena potestas aliquid habet, nisi quod recipit ab ecclesiastica potestate ... omnes potestates ... sunt a Christo et a nobis tanquam a Vicario Jesu Christi" (M.G.H., LL. sect. IV, t. IV, p. 1, p. 139, 19–32), il s'agit bien là de la formulation peut-être la plus accentuée de l'idée dite médiévale des relations du pouvoir spirituel et du pouvoir temporel; de cette idée, des hommes comme Boniface tirèrent les conséquences logiques. Mais, même pour eux, il ne s'agit ici, normalement, que de la transmission de l'autorité comme telle, non de la désignation de son détenteur, ainsi que Boniface lui-même l'avait déclaré au consistoire du 24 juin 1302 (Cf. C. E. Bulaeus, *Historia Universitatis Parisiensis*, t. IV. Paris, 1688, p. 31–33).

696

Cette conception médiévale était conditionnée par l'époque. Ceux qui connaissent les sources admettront probablement qu'il serait sans doute encore plus étonnant qu'elle ne fût pas apparue.

Ils concéderont peut-être aussi qu'en acceptant des luttes comme celle des Investitures, l'Eglise défendait des idéals hautement spirituels et moraux, et que, depuis les apôtres jusqu'à nos jours, ses efforts pour rester indépendante du pouvoir civil ont toujours visé à sauvegarder la liberté des convictions religieuses. Qu'on n'objecte pas que l'Eglise elle-même méprise les convictions personnelles de ceux qui ne pensent pas comme elle. L'Eglise considérait et considère l'abandon de la vraie foi comme une faute. Lorsqu'à partir de 1200 environ, cette défection entraîna des poursuites pénales de la part du pouvoir tant spirituel que civil, ce fut pour éviter que ne se déchirât l'unité religieuse et ecclésiastique de l'Occident ...[73].

---

[73] *Acta Apost. Sedis,* 47 (1955), p. 678-79

IV

LES LAÏCS ET L'ECCLÉSIOLOGIE DES « ORDINES » CHEZ LES THÉOLOGIENS DES XIe ET XIIe SIÈCLES [1]

Le thème que j'ai à traiter n'est pas une création des XIᵉ et XIIᵉ siècles. On en trouve certains éléments au moins dès le VIIIᵉ, voire dès l'époque patristique et il aura une assez large diffusion jusque dans l'époque moderne [2]. Nous ne dépasserons pas le seuil du XIIIᵉ siècle, mais il est indispensable, pour comprendre les textes des XIᵉ et XIIᵉ s. que nous citerons, de faire d'abord brièvement le bilan de ce que ces siècles ont hérité de ceux qui les ont précédés. Il nous arrivera bien d'évoquer non seulement des aspects, mais des témoignages sociologiques, relevant d'une histoire des classes sociales; cependant notre sujet est formellement théologique, plus précisément ecclésiologique, et la documentation mise en oeuvre est empruntée au monde des théologiens et des hommes d'Eglise, et seulement de façon exceptionnelle à l'ordre économico-social. Nous nous attacherons aux idées plus qu'à leur mise en oeuvre pratique.

[1] Quelques études générales recouvrant ou intéressant notre sujet: P. GUILHERMOZ, *Essai sur l'origine de la noblesse en France*, Paris 1902; CH. M. MC ILWAIN, « Medieval Estates », dans *Cambridge Medieval History*, t. VII, 1932, pp. 664-715; W. SCHWER, *Stand u. Ständeordnung im Weltbild des Mittelalters. Die geistes u. gesellschaftsgeschichtlichen Grundlagen der berufsständigen Idee*, Paderborn 1934 (rééd. par. N. MONZEL, 1952); L. MANZ, *Der Ordogedanke. Ein Beitrag zur Frage des mittelalterlichen Ständegedankens (Beiheft 33 zur Viertelj. f. Sozial u. Wirtschaftsgesch.)*, Stuttgart 1937; E. LOUSSE, *La formation des ordres dans la société médiévale*, dans *L'organisation corporative du Moyen Age à la fin de l'Ancien Régime*. II, Louvain 1937, pp. 61-90; M. BERNARDS, *Speculum virginum. Geistigkeit u. Seelenleben der Frau im Hochmittelalter (Forschg. z. Volkskunde, 36-38)*, Köln-Graz 1955. Nous n'avons malheureusement pas pu prendre connaissance des deux études suivantes: W.A. JÖHE, *Die ständische Ordnung. Geschichte, Idee u. Neuaufbau*. Leipzig-Berlin 1937; A. FRUGONI, *Momenti del problema dell'Ordo laicorum nei sec. X-XII*, in « Nova Historia », 13 (1961), pp. 1-22. Nous avons laissé sans les citer plusieurs études de valeur dont la documentation commence pratiquement au XIIIᵉ siècle.

[2] Pour l'époque postérieure à celle que nous étudions, vois par exemple J. BENEDYTO PÉREZ, *La concepción jerárquica de la sociedad en el pensamiento medieval español*, in « Revista internac de Sociología » 5 (1927), pp. 177-186; R. MOHL, *The three Estates in Medieval and Renaissance Literature*, New York 1961, rééd. 1962.

I - LES « ORDINES » DE L'ANTHROPOLOGIE SPIRITUELLE

L'héritage du premier millénaire

Le latin classique appelait *ordo, ordines,* les corps politiques: *ordo equester, ordo senatorius* ou corps des magistrats, *ordo decurionum,* des municipalités, voire même des catégories constituées de citoyens ou corporations, comme l'*ordo iudicum, ordo scribarum*[3]. Dans sa fameuse lettre à l'empereur Trajan, Pline disait qu'il y avait des chrétiens « omnis ordinis »[4]. Quant à l'Eglise elle-même, elle avait connu, dès le début une distinction, non seulement entre clergé et simples fidèles, mais entre certaines fonctions, ou certains états de vie, ou certains degrés dans l'assimilation à Dieu. Tertullien ne parle pas seulement de l'*ordo sacerdotalis* ou de « differentia inter ordinem et plebem »[5], il applique aussi le mot *ordo* aux catégories de fidèles homologuées dans l'Eglise[6]. S. Hippolyte parle du choeur des apôtres, de celui des martyrs, de la vocation des vierges, du choeur des didascales, de l'ordre des évêques, des prêtres et des diacres[7]. Au IIIᵉ siècle les confesseurs formaient un « ordre » particulier, qui avait sa place dans l'Eglise[8]. Méthode de Philippe parle de l'ordre des vierges *(tagma tôn parthenôn)*[9]. C'est ainsi que le mot *ordo* entra dans la langue ecclésiastique pour désigner, non seulement les clercs ordonnés pour exercer les actes du culte public, chacun selon son « ordre », mais des catégories de chrétiens qualifiés selon une certaine dignité, homologuées comme telles dans l'Eglise. Celle-ci apparaît comme faite d'ordres divers: « Il n'est pas facile, écrit S. Augustin, *dans tous les ordres de l'Eglise,* d'isoler et de bannir la foule des méchants hors de la société des bons »[10]. Ailleurs, S. Augustin parle soit en termes d'*officia,* soit en termes de *gradus,* et il cite, selon une hiérarchie des-

---

[3] Cf. TH. MOMMSEN, *Römisches Staatsrecht,* t. I, Basel 1933, p. 265; t. III, p. 483 (MANZ, *op. cit.,* pp. 2 et 3); P. KÜHLER, art. ORDO, in PAULY-WISSOWA, neubearb. Halfband 35. Stuttgart 1935, coll. 930-934; H. DIRKSEN, *Manuale Latinitatis Fontium Iuris civilis Romanorum,* Berlin 1837, pp. 666-668.

[4] C. KIRCH, *Enchiridion Fontium Hist. eccles. ant.,* n. 30.

[5] *De exhort. castit.,* 7 (en 208-211): P.L. 2, 971; OEHLER, I, 747.

[6] Cf. *De exhort. cast.,* 13 (P.L. 2, 978; OEHLER, 757: « in ecclesiasticis ordinibus », à propos des continents); *De Monog.* 11 (P.L. 2, 994; p. 778: « totum ordinem ecclesiae de monogamis »); « ordo viduarum » (*Ad uxorem,* I, 7: 1, 1398; p. 680), « ordo monogamorum » (*De monogamia,* 12; P.L., 2, 997; OEHLER, p. 781).

[7] *In Danielem* I, 17 (*Sources chrét.,* 14, Paris 1947, p. 105).

[8] Cf. V. FUCHS, *Der Ordinationstitel von seiner Entstehung bis auf Innozenz III,* Bonn 1930, pp. 44 s. A Rome, les confesseurs prenaient rang après les diacres; pour S. Cyprien, ils avaient rang de presbytre mais n'en exerçaient la fonction que s'ils étaient ordonnés.

[9] *Symposium* 7, 3, 157 s.

[10] *Contra epist. Parmeniani,* II, 16 (P. L. 43, 95).

cendante de perfection, les vierges, les veuves et les gens mariés[11]. Mais S. Augustin est surtout celui qui a lancé en Occident l'interprétation, appelée à une si grande fortune, soit des personnages de Noé, Daniel et Job du livre d'Ezéchiel (14, 14), soit des humains que le jugement trouvera dans leur lit, ou travaillant aux champs, ou en train de moudre (Lc. 17, 34-36 joint à Mt. 24, 40-41), interprétés comme représentant respectivement trois genres d'hommes: les contemplatifs, les chefs d'Eglise, ceux qui sont restés occupés aux affaires du monde.

L'interprétation typologique des trois personnages de Noé, Daniel et Job n'est pas une création de S. Augustin: elle avait été préparée par Origène qui, le premier, avait pensé qu'il fallait voir, dans les trois personnages symboliques, la postérité spirituelle de certains types d'hommes[12]; en Occident, on la trouve déjà chez Pacien de Barcelone, par exemple et, indépendamment d'Augustin, au même moment, chez Cyrille d'Alexandrie[13]. Mais c'est S. Augustin qui l'a fixée et systématisée, en la fondant avec celle des catégories d'humains saisis par le Jugement final. Augustin est venu progressivement à cette exégèse qui le satisfait et qu'il perfectionne jusque dans les détails grâce à une interprétation à la fois littéraliste et symbolique[14]. Lui-même emploie toujours l'expression *genera hominum,* mais entre les termes *ordo, gradus, genus, conditio, status,* parfois *professio,* il y a une quasi équivalence: on passe facilement de l'un à l'autre[15]. En tous cas, si Eucher de Lyon, en reprenant le thème de Noé, Daniel et Job, parle de *genera hominum*[16], S. Grégoire le Grand emploie franchement l'expression « tres *ordines* fidelium », concurremment avec celle de « tres distinctiones »[17]. Avec ou sans[18] l'évocation de nos trois per-

---

[11] En termes d'*officia* (*Serm.* 96, 9: *P.L.,* 38, 588); de *gradus* (*Serm.* 192, 2: 38, 1012). Cf. F. Hofmann, *Der Kirchenbegriff des hl. Augustinus,* München 1933, p. 167.

[12] *In Ezech.* hom. 4: éd. Baehrens, *Orig. Werke,* VIII, p. 366. Cf. F. Chatillon, *Tria genera hominum. Noé, Daniel et Job,* in « Rev. du Moyen Age latin », 10 (1954), pp. 169-180.

[13] Pacien, *Epist.* 13, 22 et 24 (*P.L.* 13, 1078); Cyrille d'Alex., *In Ezech.:* P.G. 70, 1457-1459 (cité par Folliet, art. cité *infra* n. 14, p. 86).

[14] Voir J. Folliet, *Les trois catégories de chrétiens à partir de Luc (17, 34-36), Matthieu (24, 40-41) et Ezéchiel (14, 14),* in *Augustinus Magister,* Paris 1954, pp. 631-643; *Les trois catégories de chrétiens. Survie d'un thème augustinien,* in « L'Année téolog. augustin. », 14 (1954), pp. 82-96.

[15] Voir Lousse, *La formation des ordres dans la société médiévale,* p. 65. La synonymie est évidente dans les textes qui parlent du mariage: cf. S. Tromp, *Corpus Christi quod est Ecclesia.* I, 2ème éd., Rome 1964, p. 144. L'équivalence entre *ordo* et *professio* se trouve chez Césaire d'Arles, Hincmar, Gerhoh.

[16] *Instructionum* lib. I, *In Ezech.:* P.L. 50, 785.

[17] Cf. *Moralia* I, 14-20 et XXXII, 20, 35 (*P.L.* 75, 535 et 76, 657); *In Ezech.* hom. lib. II, hom. 4, 5 (76, 976).

[18] Par. ex *In Ezech.* hom. lib. I, 8, 10 et II, hom. 7, 3 (76, 858 et 1014); *Moral.* V. 13,30 (75, 695).

sonnages typiques, c'est, dès l'époque de S. Grégoire, une sorte d'axiome qu'il existe, dans l'Eglise, trois ordres d'humains menant une vie louable: *ordo praedicantium, continentium, bonorum coniugum.*

Aux XIe et XIIe siècles. Trois « ordres », trois genres de vie

Le thème des *tria genera* (ou *tres ordines*) *hominum* a connu une fortune immense. Négligeant les intermédiaires (Isidore, Bède, Alcuin), contentons-nous de références aux auteurs des XIe et XIIe siècles, ou plutôt du XIIe siècle, car le XIe semble ne pas avoir beaucoup cultivé ce symbolisme [19]. L'école de Laon l'a cependant transmis au XIIe siècle[20]. On le trouve dans le *Similitudines* d'Alexandre de Cantorbéry, inspirées de l'enseignement de S. Anselme (vers 1115) [21]; dans un poème édité sous le nom d'Hildebert de Lavardin († 1123) [22]; dans le prologue d'un commentaire anonyme sur le *Cantique*: « Tres ordines sunt in Ecclesia: Noe, Iob, Daniel. Noe doctores, Iob coniugati, Daniel contemplativi » [23]; chez Rupert de Deutz, avec une nuance particulière d'appréciation positive des possibilités chrétiennes de l'état de mariage [24]; chez Pierre Riga [25]; chez Richard de St-Victor († 1173), selon lequel les fidèles appartenant à ces diverses catégories réalisent plus ou moins profondément le mystère de l'Eglise, le degré maximum appartenant aux vierges [26]. Gratien n'offre qu'une allusion à nos trois personnages symboliques, d'après un texte de S. Jérôme [27]. Par contre S. Bernard propose souvent le thème des trois *ordines*. Chose notable

---

[19] Citons ce fragment d'un poème en l'honneur du cardinal Humbert:
      Vera vetusque viros lex libertate potitos
      Sancit tres istos iustos: Noe, Daniel, Iob,
      Mistice signantes, salvandos iure fideles
      Omnes, qui mores horum fuerint imitantes,
      Nisu praecipuo regnum celi capiendo.
Edité par K. FRANCKE, *Zur Characteristik des Cardinals Humbert v. Silva Candida*, in « Neues Archiv », 7 (1882), pp. 613-619 (pp. 618-19): vers 8 et s.
[20] Voir H. WEISWEILER, *Das Schrifttum der Schule Anselms von Laon u. Wilhelms von Champeaux in deutschen Bibliotheken*, Munster 1936, p. 153; *Sententiae Anselmi*, éd. F. BLIEMETZRIEDER, Munster 1919, p. 135.
[21] *Simil.* 46 et 80: *P.L.* 159, 625 et 651.
[22] *P.L.* 171, 1440.
[23] *P.L.* 172, 519 C.
[24] *In Reg.* III, 10 (*P.L.* 167, 1150 D - 1151 C); *In Ezech.* lib. II, c. 23 (167, 1483-84). Cf. M. BERNARDS, *Die Welt der Laien in der kölnischen Theol. des 12. Jahrh. Beobachtg. z. Ekklesiologie Ruperts von Deutz*, in « *Die Kirche...* » (cf. infra n. 169), pp. 391-416 (p. 412).
[25] *Floridus Aspectus: P.L.* 171, 1387.
[26] *Sermones* 2 et 3 inter opera Hug. a S. Vict.: *P.L.* 177, 904, 905-06.
[27] C. 20 C. XIII q. 2 (*P.L.* 187, 947; FRIEDBERG, I, 727).

chez ce moine grand pourvoyeur des monastères, Bernard met en premier lieu, non les contemplatifs, mais les *rectores* [28]; Robert Pulleyn
de même. Il écrit: « Tres Ecclesiae sunt partes, praelati, continentes,
coniugati. Hi sunt Noe, Daniel, Iob, in agro, lecto et molinando » [29].
Ici, il dit *partes,* ailleurs *ordines* [30]. Le degré supérieur est celui des
praelati, qui sont occupés à cultiver les champs, mais on peut trouver
la vie active et la vie contemplative dans chacun des trois ordres [31].
Godefroid d'Admont parle, lui aussi, et dans cet ordre, des *praelati,
continentes vel virgines, coniugati* [32]. Pierre Lombard mentionne, sans
originalité, les « tres ordines fidelium » typifiés en Noé, Daniel et Job [33].
Pierre le Mangeur introduit le même thème dans un autre symbolisme, celui de la table, du siège et de la lampe qu'Elisée trouve chez
la Sunamite [34]. Gerhoh de Reichersberg, disciple de Rupert de
Deutz, met, pour sa part, notre thème en rapport avec les trois salles
à manger que contenait le Temple; selon une tendance fréquente
au XIIᵉ siècle et qui pouvait invoquer le patronage de S. Grégoire, il
appelle les prélats *doctores* [35]. Mais il dit aussi *rectores.* Il ne fait pas
tourner la hiérarchie des trois ordres en hiérarchie de valeur morale:
qui, au surplus, oserait dire que Daniel soit supérieur à Noé, ou
Job à Daniel? [36].
   Le cadre des trois genres de vie ou ordres était souvent présenté
comme celui hors duquel il n'y avait rien d'honnête. Il fallait être ou
continent, ou vierge, ou marié. C'est ce que dit à son tour Hugues
d'Amiens (ou de Rouen), en reprenant les trois types bibliques [37].

   [28] Voir *In Nativ. Dom. sermo* 1, 7 (*P.L.* 183, 118); *De diversis sermo* 9, 3; 35, 1 (col. 566
BC; 634 CD); *In Dom. Palm.* 1, 4 (col. 256 B). Cf. H. Wolter, *Bernhard v. Clairvaux u. die
Laien...,* in « Scholastik », 34 (1959), pp. 161-189 (p. 175).
   [29] *Sent.* VII, 19 (*P.L.* 186, 931 A).
   [30] Cap. 23, col. 936.
   [31] Cap. 22, col. 935.
   [32] *Homil. in Script.,* hom. 12 (*P.L.* 174, 1112-1113).
   [33] *Sermo* 80 attribué à Hildebert de Lavardin; *P.L.* 171, 725.
   [34] *Sermo* 62 attribué à Hildebert: *P.L.* 171, 643.
   [35] *De investigatione Antichristi,* lib. I, 10: *P.L.* 194, 405 A; *Libelli de Lite,* III, 318, 36
s.; reprod. *Syntagma,* c. 5 (*P.L.* 194, 1449 B).
   [36] « Comparemus nunc, si placet, Noe, Daniel et Iob. Et primus quidem est magnus pro
virtute qua rexit arcam, praefigurans eos qui recturi sunt Ecclesiam; secundus magnus est per
vitam caelibem, pro qua dilectus fuit Deo et hominibus; tertius fuit magnus per magnam
patientiam, quae inter prospera et adversa mansit immobilis. Quisnam sanae mentis inter
hos tres magnos et sanctos viros tanto dicat alterum altero sanctiorem quanto videt altiorem?... ».
Gerhoh de R., *Expos. Psalm.:* ps. XXXIII, in *Opera inedita,* édd. D. et O. van den Eynde,
et A. Risnersdaenl, II/1, Romae 1956, p. 202; p. 201, il a dit: « Cum enim sint in Ecclesia
tres ordines... vidl. rectorum, continentium et coniugatorum... ».
   [37] *Contra Haereticos,* III, 6 (*P.L.* 192, 1292-93).

Henri de Marcy (de Clairvaux, d'Albano) qui a, lui aussi, combattu les néomanichéens, reprend notre thème et il le mêle à un autre thème symbolique, celui du blé qui rapporte 30, 60 ou 100 pour un, à l'intérieur d'une typologie compliquée des forts de David [38]. Ce moine qui fait tourner tant d'explications allégoriques en éloge inconditionné de la vie monastique, met cependant les docteurs ou prélats en haut de sa hiérarchie et leur attribue les 100 pour un.

Sur la fin du XII⁰ siècle signalons la mention de notre thème chez Alain de Lille [39] et chez Innocent III, pour lequel « sunt tres ordines fidelium in Ecclesia, Noe, Daniel et Job, id est praelati, continentes et coniugati... quos pascere debet praelatus verbo, exemplo et sacramento » [40].

Le thème symbolique de Noé, Daniel et Job est donc extrêmement fréquent au XIIᵉ siècle; parfois il est lié, comme chez S. Augustin, à l'explication symbolique des trois situations dans lesquelles le Jugement trouvera les humains: au lit, aux champs, à la meule (Lc. 17, 34-36; Mt. 24, 40-41): ainsi chez Henri d'Albano, chez Rupert de Deutz (in Reg. III); parfois le thème est proposé de façon indépendante, comme chez Godefroid de St-Victor [41]. Cette application de la parabole évangélique ne nous paraît pas très fréquente.

On trouve plus souvent une autre application allégorique d'un passage évangélique, celui où il est parlé d'épis qui rapportent 30, 60 ou 100 pour un dans le Royaume de Dieu (Mt. 13, 8; Mc. 4, 8): application faite, à l'époque des persécutions, aux veuves, aux vierges et aux martyrs [42], mais également aux gens mariés, aux veuves et aux vierges [43]. Patronnée par les Pères, cette application se rencontre à travers tout le Moyen âge. M. Bernards cite, pour le XI⁰ et le XII⁰ siècles, Bruno de Wurtzbourg, Pierre Damien, Bernold de St-Blaise, Rupert de Deutz, Hildebert de Lavardin (en réalité: Pierre Lombard), Honorius Augustodunensis, Wolbéron de Cologne, Thomas de Froid-

---

[38] De peregrinante Civitate Dei, tr. VIII et tr. XII: P.L. 204, 315 AB et 342 D.

[39] Sermo 4 (P.L. 210, 209 AB): « conjugatos, continentes, rectores ».

[40] Sermo 21 in festo SS. Petri et Pauli: P.L. 217, 555.

[41] Sermo in generali capitulo, édité d'après Paris B.N. lat. 14515 et 14881 par H. RIEDLINGER, Die Makellosigkeit der Kirche in den lateinischen Hoheliedkommentaren des Mittelalters (Beitr. G. Phil... Teol. Ma. XXXVII, 3), Munster 1958, p. 193.

[42] ORIGÈNE, In lib. Iesu Nave hom. 1, 3 (P.G. 12, 833-34; BAEHRENS, pp. 296-97); S. CYPRIEN, De hab. virg., 21 (HARTEL, p. 202); Epist. LXXVI, 6 et LXXVII, 2 (p. 832, 835). On trouve cet ordre aussi chez ISIDORE, Liber numerorum, 4 (P.L. 83, 181 D-183A). On peut suivre une tradition en ce sens à travers le M.A.: cf. M. BERNARDS, Speculum Virginum. Geistigkeit u. Seelenleben der Frau im Hochmittelalter, Köln - Graz 1955, pp. 41 s.

[43] S. CYPRIEN, De bono patientiae, 20 (HARTEL, p. 412).

mont [44]; on pourrait ajouter Jean de Fécamp (cf. infra, n. 160) et Hugues de Rouen [45].

II - LES « ORDINES » SOCIOLOGIQUES

L'Héritage antique

La distinction en trois *ordines* héritée de l'antiquité patristique, avec ou sans référence aux personnages de Noé, Daniel et Job ou à divers passages de l'Evangile, était d'ordre purement spirituel. Elle relève d'une anthropologie religieuse. Nous devons maintenant discerner un autre apport d'ordre sociologique profane. Il s'avère multiple, tant par sa provenance possible que par les catégories et le vocabulaire des distinctions faites. Nous mentionnerons trois courants qui nous semblent intéresser notre sujet.

1. Il semble incontestable que chez plusieurs peuples indo-européens on trouve une structure sociale fondamentale basée sur la distinction entre trois ordres ou classes: clercs, guerriers, producteurs (élevage et labour). C'est certain pour l'Inde postvédique, et les études de E. Benveniste et de G. Dumézil ont montré que cela se retrouvait au fond des formes religieuses ioniennes, romaines, scandinaves, celtes, etc [46]. On peut estimer certains de leurs rapprochements subtils, discutables (sans qu'on osât les discuter, conscient qu'on est de son incompétence), on ne peut nier l'évidence de l'existence d'une telle structure à la base de ces antiques sociétés. N'y a t-il pas là trois fonctions en quelque sorte naturelles de toute vie humaine, surtout sociale [47]? Influence positive, logique des choses? Il était normal que cette distribution tripartite se retrouvât dans notre Moyen-Age.

---

[44] *Op. cit.,* pp. 42-43 et 52. Il cite aussi d'autres interprétations de la parabole: pp. 43-44.

[45] *Contra Haereticos,* III, 5 (*P.L.* 192 1292 C).

[46] E. BENVENISTE, *Traditions indo-iraniennes sur les classes sociales,* dans « Journal Asiatique », 230 (1938), p. 259-549); ID., *Symbolisme social dans les cultes gréco-italiques,* dans « Rev. Hist. des Relig. », 129 (1945), pp. 5-16; G. DUMÉZIL, *Jupiter, Mars, Quirinus. Essai sur la conception indo-européenne de la société et sur les origines de Rome,* Paris 1941; ID., *Naissance de Rome (Jupiter, Mars, Quirinus.* II), Paris 1944; ID., *Naissance d'archanges (Jupiter, Mars, Quirinus III). Essai sur la formation de la théologie zoroastrienne,* 2ᵉ éd., Paris 1945; ID., « *Tripertita* » *fonctionnels chez divers peuples indo-européens,* in « Rev. Hist. des Relig. », 131 (1946), pp. 53-72; ID., *Jupiter, Mars, Quirinus. Explications de textes (Bibl. Ecole Htes Etudes,* LXII), Paris 1958; ID., *L'idéologie tripartite des Indo-Européens (Latomus,* XXXI), Bruxelles 1958.

[47] On retrouve cette division tripartite dans telle sociologie bédouine contemporaine, celle du roi Abd el Aziz Ebeu Séoud: cf. R. MONTAGNE, *La civilisation du désert,* Paris 1947, p. 177.

2. Platon écrit, dans sa *République*: « Ou bien de même que l'Etat est composé de trois ordres, des mercenaires, des guerriers et des magistrats, y a-t-il aussi dans l'âme une troisième partie qui est la colère » [48] (il y avait déjà la raison et le désir). Il est difficile de dire si ce schéma platonicien a joué un rôle spécifique dans le développement de notre thème. Signalons du moins sa curieuse reprise par Alger de Clairvaux: l'âme, dit-il, est une cité de Dieu. « Et quia nulla est civitas absque populo, disposuit in ea Conditor noster populum triplicis gradus, id est sapientes ad consulendum, milites ad propugnandum, artifices ad ministrandum... » [49]. Il ne semble pas douteux que le moine cistercien a vu une correspondance entre les catégories de Platon et les trois ordres couramment admis de son temps, *oratores, bellatores, laboratores*. En tous cas, sans référence à Platon ni à quiconque, mais simplement à la nature des choses, S. Thomas d'Aquin écrira, un siècle plus tard: « in una civitate sunt diversi ordines secundum diversos actus, nam alius est ordo iudicantium, et alius pugnantium, et alius laborantium in agris » [50].

3. La société germanique connaissait aussi une division tripartite différente, que les écrivains ecclésiastiques formulaient dans les termes latins de *nobiles, ingenuiles, serviles* [51], division que d'autres, s'agissant plus précisément de la Saxe, portaient à quatre membres: *nobiles, liberi, liberti, servi (ministri)* [52]. Nous n'avons pas la compétence nécessaire pour entrer techniquement dans les questions difficiles et complexes qui se posent dans ce domaine de la structure sociale du haut Moyen-Age, soit selon les régions, soit selon les époques, soit du point de vue du vocabulaire. Quelles que les choses aient été dans le détail, il reste que les hommes du haut Moyen-Age vivaient dans une société distribuée et même hiérarchisée en ordres ou classes.

[48] *Rép.* IV, 440ᵉ - 441ᵃ, trad. E. CHAMSEY, coll. Budé, 1949, p. 39. - Comp. *Timée* 24ᵃ.
[49] *De spiritu et anima*, c. 37 (*P.L.* 40, 807). Alger a pu connaître le thème, soit directement, soit par le commentaire de Chalcidius sur le *Timée*, cap. 233: cf. E. VON IVANKA, *Byzantinische Theologumena u. hellenische Philosophumena im Zisterziensisch - bernhardinischen Denken*, in *Bernhard v. Clairvaux...*, Wiesbaden 1953, pp. 168-175 (p. 173). On trouve aussi chez Alain de Lille un parallèle entre les parties de la cité et les parties de l'âme: *Summa de arte praedicatoria*, c. 42 (*P.L.* 210, 188 D).
[50] *Sum. theol.* I, q. 108, a. 2.
[51] NITHARD, *Hist.* IV, 2 (*Scriptores Rerum Germanicarum*, 1, Leipzig 1907, p. 41): cité par MANZ, *op. cit.*, p. 39.
[52] Othon de Freising; Rodolphe de Fulda, cités *ibid.*, pp. 39-40. Serait-il permis d'évoquer même S. THOMAS D'AQUIN: Iᵃ q. 108, a. 2? L'existence de quatre ordres en Saxe s'explique peut-être par les conditions de la conquête, sur lesquelles cf. Ed. O. SCHULZE, *Die Kolonisierung und Germanisierung der Gebiete zwischen Saale und Elbe*, Leipzig 1896.

Il y avait au moins les hommes libres et les serfs. Le jour où la société deviendrait Eglise, celle-ci assumerait ces distinctions sociologiques [53].

Les catégories de la Société sont assumées par l'Eglise

C'est ce qui est arrivé, au moins dans une certaine mesure. A partir de la seconde moitié du VIIIe siècle, *ordo,* dans les textes ecclésiastiques, n'est plus employé seulement pour désigner les catégories *chrétiennes,* soit d'anthropologie spirituelle *(virgines, continentes, coniugati,* ou, à la place de *virgines: praelati, rectores, praedicatores, doctores),* soit de ministères et d'offices à l'intérieur de la cléricature [54]. Le mot va être employé pour désigner des classes sociales.

Voici Jonas d'Orléans. Il parle évidemment d'« uterque ordo, clericalis et laicalis » [55]; il connaît la distribution en ordre laïc, qui vise à servir la justice, ordre monastique, voué à prier, et ordre épiscopal qui exerce la surintendance [56]: pour lui, les évêques sont au-dessus des moines. Mais il écrit aussi: « Bien qu'il existe dans l'Evangile des préceptes spéciaux, convenant seulement à ceux qui méprisent le monde (les moines) et à ceux qui suivent les apôtres (les évêques),

[53] Bibliographie dans H. Planitz - Th. Bulken, *Bibliographie zur deutschen Rechtsgeschichte,* Frankfurt a. M. 1952, nn^{os} 6335 - 6394 et 10909 - 11225; F. Thibault, *La question des Gemeinfreie; La condition des personnes en France du IXe siècle au Mouvement communal,* in « Rev. hist. du Droit », respectivement 1922, pp. 391 s.; 1933, pp. 424-477 et 696-722; W. Schwer, *Stand u. Ständeordnung im Weltbild des Mittelalters...,* Paderborn 1934 (nous citons cette éd.: rééd. par N. Monzel, 1952), pp. 19 s. - Combien la notion de « libre » est polyvalente, on le voit par exemple par Th. Mayer, *Die Entstehung des « modernen » Staates im Mittelalter u. die freien Bauern,* in « Zeitsch. f. Rechtsgesch. », 67, German. Abt. (1937), pp. 210-288.

[54] A plusieurs reprises, Et. Delaruelle a donné les environs de l'an 750 comme le moment où apparaît ce nouvel usage de *ordo;* il a même indiqué le pape Zacharie comme initiateur de ce nouvel usage: *Essai sur la formation de l'idée de croisade,* dans « Bull. Littér. ecclés. » (1944), pp. 24-28; *En relisant le « De Instit. Regia » de Jonas d'Orléans, l'entrée en scène de l'Episcopat carolingien,* dans *Mélanges L. Halphen,* Paris 1951, pp. 187 s.; *Hist. du Catholicisme en France* par A. Latreille, Et. Delaruelle, J.R. Palanque, t. I, Paris 1957, p. 200. Delaruelle n'indique pas de référence. Peut-être vise-t-il la réponse par laquelle le pape Zacharie a reconnu Pépin comme roi: « Zacharius papa mandavit Pippino ut melius esset illum regem vocari qui potestatem habeat quam illum qui sine regali potestate manebat: ut non conturbaretur ordo » (*Annales de Lorsch,* a. DCCXLIX: *P.L.* 104, 374). Ni les *Regesta* de Jaffé ni le *Liber Pontificalis* ne contiennent d'autre indication d'une idée d'*ordo* chez Zacharie. Mais le texte cité semble bien prendre *ordo* au sens général d'état des choses ou de paix publique. On trouve aussi chez Zacharie l'idée que Charlemagne répétera à Léon III; il écrit à Pépin: « ut nobis orantibus et illis bellantibus, Deo praestante, provincia salva persistat » (*Codex Carolinus,* n° 3: *M.G.H., Epp. Karol. Aevi,* I, p. 480).

[55] *De institutione regia,* c. 9: éd. J. Reviron, Paris 1930, p. 159.

[56] *Hist. translationis,* praef.: *P.L.* 106, 389 s.

les autres préceptes doivent être observés par tous les fidèles, et par chacun dans l'ordre où il est consacré à servir Dieu » [57]. Jonas, en différents endroits, mentionne les *duces et comites*, les *proceres*, les *judices ministri*. Une *Admonitio*- type de Missus carolingien s'adresse de même aux « Mulieres et viri, clerici, canonici, monachi, duces, comites et iudices » [58]. Il y a donc des *ordines* dans la société des laïcs... Hincmar, vingt ou vingt-cinq ans plus tard, parle plutôt d'*officia* divers à l'intérieur de chacun des deux ordres, laïc et clérical [59]. Entre les deux, voici, en 841, le *Liber de exordiis*, de Walafrid Strabon [60]. Lui aussi parle d'*officia* à l'intérieur des deux ordres, mais deux choses surtout paraissent notables dans son texte : 1° ces divers *officia* ou fonctions forment une même maison de Dieu ou un unique *Corps de Christ*, entendu dans un sens très organique; 2° Walafrid énonce formellement le principe selon lequel les diverses instances d'autorités existant dans l'ordre temporel ont leur correspondant dans la hiérarchie ecclésiastique : le pape est la réplique de l'empereur romain, les patriarches des patrices, les archevêques des rois, les métropolites des ducs, les évêques des comtes et des préfets, les abbés des tribuns militaires; on descend même jusqu'aux chapelains... Tout cela reste très ecclésiastique, les fonctions qu'on énumère sont prises d'actes spirituels, non de situations sociologiques. Il reste que, dans le climat de *renovatio Imperii* de l'époque carolingienne, on tende à mettre le monde dans l'Eglise. On sait assez qu'on appelle, en effet, alors *ecclesia* la société chrétienne, qu'on a, peu auparavant, appelé Charlemagne « Caput Ecclesiae » [61] et qu'on remplace couramment « Mundus hic regitur », dans la formule gélasienne, par « Ecclesia regitur... » [62]. Ecrivant vers le milieu du IXe siècle, la vie de l'Abbé Wala, oncle de Charlemagne († 836), Paschase Radbert parlait des « quibus ordinibus Christi constat Ecclesia »; « quia procul dubio his duobus

---

[57] *De inst. regia*, c. 11 : éd. citée, p. 165.

[58] *M.G.H., Legum sectio*. II. *Capitularia*, I, p. 240.

[59] *De ordine palatii*, éd. Krause (*Fontes juris Germ. Ant.*, 3), 1894, p. 9 : « In quibus personis (celles dont parle Gélase), sicut ordinum sunt divisa vocabula, ita sunt et divisa in unoquoque ordine ac professione ordinationum officia ».

[60] *Liber de exordiis et incrementis*, c. 32 : éd. A. Knöpfler, Münich 1890, pp. 99 s.; *P.L.* 114, 963 s. (= c. 31).

[61] Charlemagne est « rector Ecclesiae » : *Capitul.* de 769 (*M.G.H., Capit.* I, 44); *Libri carolini*, préf. (*P.L.* 98, 1002 ou *M.G.H., Conc.* 2. Suppl., p. 2 : l'Eglise est confiée à l'empereur « ad regendum »; Alcuin, *Ep.* 136 et 143 (*M.G.H. Epp.* IV, 105, 209, 224). L'évêque Gilmar d'Osnabrück écrit en 891 à l'empereur : « Vos... totius christianitatis caput invocamus » (*M.G.H. Epp.* VII, p. 362).

[62] Références dans notre *Sainte Eglise* (*Unam Sanctam* 41), Paris 1963, p. 396.

totius Ecclesiae status administratur ordinibus » [63]. Il s'agit des clercs (vivant sous une règle), des moines et des laïcs, qui forment un même *populus Dei* [64].

Chez Rathier de Liège, évêque de Vérone († 974), le souci est évident de rejoindre les hommes dans leur situation réelle du point de vue de leurs devoirs chrétiens. C'est qu'ils sont, en effet, qualifiés par cette situation : « Omnes Ecclesiae filii aut de sorte Domini, et appellantur clerici et monachi, aut sunt Ecclesiae famuli, episcopi vero confamuli, aut laboratores servi et liberi, aut milites regni » [65]. On reconnaît les trois ordres classiques, à cela près que le premier est subdivisé en deux. Abbon de Fleury, vers 990, part des trois ordres reconnus dans l'Eglise totale, les ordres classiques de l'anthropologie religieuse, hommes et femmes mariés, veuves ou continents (les clercs!), moines et moniales, mais il ajoute, dans l'ordre masculin des laïcs les uns sont agriculteurs, les autres combattants, puis il revient à l'ordre des clercs. Abbon rejoint donc la trilogie sociale : laboureurs, soldats, clercs, et cela « in sancta et universali Ecclesia » [66].

Avec Abbon de Fleury, nous touchons au rôle de Cluny dans l'assomption des classes de la société, surtout celle des chevaliers, dans la vie de l'Eglise. Ce rôle a été souvent souligné [67]. Il est certain mais il faut bien voir sur quoi il a porté. Cluny n'a pas vraiment créé une « Laienfrömmigkeit », comme certains l'ont dit [68]. En réalité, les critères et les idéaux de Cluny étaient *monastiques,* et des chevaliers sont loués pour autant qu'ils s'y conforment... Le laïc est vu en bas de l'échelle des situations chrétiennes et vu comme tout subordonné au clerc (au moine) qu'il doit défendre et dont il est tout dépendant. De plus, alors que les situations sociales vont évoluer, Cluny se distinguera par le maintien d'une catégorisation rigide [69].

[63] *Vita Walae seu Epitaphium Arsenii,* Lib. II, c. 2: P.L. 120, 1609.

[64] Lib. II, c. 5 (1613 C). Au c. 17, col. 1639 C, « populus Dei », « ecclesia », « respublica » semblent bien désigner la même réalité.

[65] *Praeloquia* III, 22 (P.L. 136, 236 B); comp. IV, 2 (250 A). Voir A. Auer, *Weltoffener Christ. Grundsätzliches u. Geschichtliches zur Laienfrömmigkeit,* 2ᵉ éd., Düsseldorf 1962, pp. 37 s.

[66] *Apologeticus:* P.L. 139, 463-464.

[67] Delaruelle, art. cité, « BLE », p. 25 et l. cit.

[68] C. Erdmann, *Die Entstehung des Kreuzzugsgedankens,* 1935 (reprod. Stuttgart 1955), p. 84; G. Schreiber, *Gemeinschaften des Mittelalters,* Regensberg-Münster 1948, pp. 337, 363 s.

[69] Voir P. Lamma, *Momenti di storiografia cluniacense (Istituto storico italiano per il Medio Evo. Studi storici,* 42-44), Rome 1961.

Les classes sociologiques au XIᵉ siècle

Toutes les époques ont connu la distinction entre l'ordre des clercs et celui des laïcs. On peut s'attendre à ce que celle de la réforme grégorienne, caractérisée par une affirmation de la distinction des deux sociétés contre l'indistinction de l'*ecclesia* carolingienne [70], affectionne les expressions *ordo clericalis, ordo laicalis, uterque ordo*[71]. Les écrivains du XIᵉ siècle connaissent évidemment la distribution de la société en *oratores, bellatores, laborantes*. Elle était connue depuis la fin du IXᵉ siècle, mais c'était une division *sociologique* de la *société*[72]. Les auteurs du XIᵉ siècle nous semblent lui conserver ce caractère sociologique temporel: nous dirions « profane » si ce mot, à cette époque, eût pu avoir un sens. Entre 1010 et 1017, l'évêque de Laon Adalbéron adresse un Carmen au roi Robert; dans la troisième partie de son poème, il propose une vue de l'ordre divin qui doit se réaliser sur terre comme au ciel, et il écrit:

« Res fidei simplex est status, sed in ordine triplex.
Lex humana duas indicit conditiones:
Nobilis et servus simili non lege tenentur.
Nam primi duo sunt: alter regit, imperat alter;
Quorum precepto res publica firma uidetur.

[70] Cf. G.B. LADNER, *The concepts of « Ecclesia » and « Christianitas » and their relation to the idea of Papal « Plenitudo potestatis » from Gregory VII to Boniface VIII*, dans *Sacerdozio e Regno da Gregorio VII a Bonifacio VIII* (*Miscell. Hist. Pont.*, XVIII), Rome 1954, pp. 49-77.

[71] Conciles de Poitiers, 1030, fréquenté par « multitudo diversorum ordinum christianorum » (MANSI XIX, 498); de Barcelone, 1058; « permixtis clericorum et laicorum ordinibus »; de Tiberium, 1051; de Banolas, 1086, « fidelium utriusque sexus, aetatis et ordinis »: cités par L.C. McKINNEY, *The Laity in French Church Councils of the Eleventh Century*, dans « Journal of Religion », 9 (1929), pp. 568-588: p. 571 n. 7 et 578 n. 30. Voir aussi, abondamment, RAOUL GLABER, dans les cinq livres de ses *Histoires* (cf. M. DAVID, art. *Mél. Petot* cité *infra* n. 83), notes 14 et 37. GRÉGOIRE VII, *Reg.* II, 52a, « diversi ordinis clericorum et laicorum copia » (éd. CASPAR, p. 196, 15); concile romain de 1078, n. 6, « clericalis et laicalis ordinis » (p. 370, 17); IX, 29 (p. 612, 26). BONIZON DE SUTRI, *De vita christ.*, VII, 1 et VIII, 1 (éd. PERELS, p. 230, 250: « laicalis ordo »); HONORIUS AUGUSTODUNENSIS, *Summa gloria*, 2 (*Libelli de Lite*, t. III, p. 65, 12).

[72] On le trouve dans un texte joint par le roi Alfred le Grand († 900) à sa traduction de la Consolation de Boèce (BENVENISTE, art. cité *supra* n. 46: R H R, 1945, p. 16, n. 2); dans l'Angleterre d'avant la conquête, dans un texte anglosaxon attribué par TH. WRIGHT à S. Alfric, archevêque de Cantorbéry (995-1005 ou 1006: cf.: *The Political Songs of England*, London 1839, p. 365; H. BÖHMER, *Kirche u. Staat in England u. in der Normandie im XI. u. XII. Jahrb.*, Leipzig 1899, p. 52, n. 2). DAVID, art. *Mél. Petot* cité *infra* (n. 83), n. 7. Wright traduit ainsi ce passage: « Every just throne stands on three props that stands perfectly right. One is Oratores and the other is Laboratores and the third is Bellatores... The laboratores are the workmen who shall labour in order that all the nation shall live thereby ».

Sunt alii quales constringit nulla potestas,
Crimina si fugiunt quae regum sceptra coercent.
Hi bellatores, tutores aecclesiarum;
Defendunt uulgi maiores atque minores
Cunctos, et sese parili more tuentur.
Altera seruorum divisio conditionum... » [73].

L'Eglise apparaît ici comme une unité simple, *res fidei*, mais le *status* est en trois ordres. Quel est ici le sens exact de *status?* La société ou l'ordre du monde [74]? En tout cas, ce n'est pas l'Eglise elle-même. De même la distinction de *servus* et de *nobilis* est attribuée à la *lex humana*, elle n'est pas de droit divin! Parmi les nobles il y a les premiers, l'empereur et le roi, puis les *bellatores*, qui défendent l'Eglise, eux-mêmes, les grands et les petits. Après, il y a une division des conditions serves, qu'on ne nous détaille pas autrement.

Avant le milieu du siècle, exactement pour l'année 1036 (Gérard 1er), les *Gesta* des évêques de Cambrai disent: « Genus humanum ab initio trifariam divisum esse monstravit in oratoribus, agricultoribus, propugnatoribus » [75]. Humbert de Moyenmoutier distingue le *clericalis ordo*, la *laicalis potestas*, qui est comme le bras obéissant et fort, appelé à défendre l'Eglise, et enfin le *vulgus*, soumis aux pouvoirs ecclésiastique et séculier [76]. Le cadre de l'idéologie du Corps mystique, dans lequel viennent ces idées, fait qu'Humbert envisage ces catégories dans leur appartenance ou leur référence à l'Eglise. Formulant un enseignement de S. Anselme, le *Liber de similitudinibus* d'Alexandre de Cantorbéry appartient encore, par l'esprit, sinon par la date, à la fin du XIᵉ siècle et au climat de la réforme grégorienne. Or le texte, qui compare les trois ordres d'*orantes, agricultores* et *defensores* respectivement aux moutons, boeufs et chiens qu'il est convenable d'avoir dans une maison, parle d' « ordines hominum » que Dieu a disposés *en ce monde* [77].

Cette distribution en trois grandes classes est évidemment un cadre à l'intérieur duquel ont leur place de nombreuses subdivisions. Nous avons vu qu'Adalbéron de Laon subdivise les *nobiles* en em-

---

[73] *Carmen ad Rotbertum regem*, P.L. 141, 781 et éd. G.-A. Hückel, *Les poèmes satiriques d'Adalbéron (Bibl. de la Fac. d. Lettres de l'Univ. de Paris*, XIII. *Mél. d'Hist. du M.A.* publ. sous dir. A. Luchaire), Paris 1901, pp. 87-167: pp. 154 s., vers 277 s.
[74] G. A. Bezzola, *Das Ottonische Kaisertum in d. franz. Geschichtsschreibung des 10. u. beg. 11. Jahrh.*, Graz-Köln 1956, p. 169, traduit: « die Ordnung der Welt ».
[75] *Gesta Episcop. Camerac*, III, c. 52: M.G.H., SS., VII, p. 485, 39.
[76] *Adv. Simoniacos*, III, 29 (P.L. 143, 1188-89; *Libelli de Lite*, I, p. 235).
[77] *Cap.* 127 et s.: P.L. 159, 679 et s.

pereur, roi et *bellatores* et annonce, sans la développer, une division des conditions serves. Pour Grégoire VII aussi, la royauté est un *ordo*[78]. Il y a bien des chemins pour aller à Dieu, reconnaissait S. Pierre Damien, divers sont les *ordines* dans la totalité des fidèles...[79]. Mais l'auteur du XI° siècle le plus intéressant à interroger ici est Bonizon de Sutri. Il est, dans le dernier tiers du siècle, celui qui a parlé de la manière la plus positive de la vie chrétienne des laïcs, dans son *De vita christiana* (v. 1090)[80]. Il distingue, dans chacun des deux ordres, le laïc et le clérical, ceux qui commandent et ceux qui obéissent: il y a donc deux sociétés parallèles, constituées chacune selon ses structures propres. Dans l'*ordo clericalis* (Bonizon ne dit pas: dans l'Eglise), il y a, pour commander, les évêques, les prêtres de second rang, les abbés, les prévôts; dans l'*ordo laicalis*, les rois, les juges et autres préposés (liv. VII). Parmi les assujettis de l'*ordo laicalis*, qui forment la *plebs*, Bonizon distinque les *artifices*, les *negotiatores*, les *agricole*[81]. Il ne parle pas de la distinction entre serfs et hommes libres, distinction qui est rarement mentionnée dans les textes ecclésiastiques et n'est guère considérée qu'en raison des canons réglant le droit matrimonial des non-libres, serfs ou coliberts[82]. De fait, dès la seconde moitié du IX° siècle au moins, on trouve des serfs en même temps que des hommes libres dans l'ordre ecclésiastique (parfois du fait des seigneurs désignant un de leurs serfs pour ces fonctions)[83]. Après le concordat de Worms (1122), note Schwer[84], il arrive que des

---

[78] *Reg.* IX, 37 (CASPAR, p. 630, 16).

[79] *Opusc.* XV, 1 (*P.L.* 145, 337 BC). Comp. BRUNO DE SEGNI qui distingue l'« episcoporum chorus », le « chorus sacerdotum et aliorum graduum », celui des « laicorum omnium », et qui conclut: « Omnes Ecclesiae ordines aliquid gratiarum Sancti Spiritus participare demonstrant »: *Expos. in Exod.*, c. 25: *P.L.* 164, 316.

[80] Cf. U. LEWALD, *An der Schwelle der Scholastik. Bonizo von Sutri und das Kirchenrecht seiner Tage*, Weimar 1938.

[81] Lib. VIII, 1: éd. PERELS (*Texte z. Gesch. d. römischen u. kanonischen Rechts in M A*), Berlin 1930, p. 252.

[82] Cf. U. LEWALD, *op. cit.*, p. 15.

[83] A. WERMINGHOFF, *Verfassungsgesch. d. Deutschen Kirche im Mittelalter*, Leipzig-Berlin 1913, pp. 25, 113. F. THIBAULT, *art. cit.*, « R. Hist. Dr. » (1933), pp. 425 s.; K.-H. GANAHL, *Studien. z. Gesch. d. kirchlichen Verfassungsrecht im X. u. XI. Jahrh.*, Innsbruck - Wien - München 1935, pp. 60-61; P. PETOT, *Servage et tonsure cléricale dans la pratique française du M.A.*, in « Rev. Hist. Egl. France » (1954), pp. 193-205; M. DAVID, *Les « laboratores » jusqu'au renouveau économique des XI°-XII° siècles*, in *Etudes d'Hist. du Droit privé offerts à Pierre Petot*, Paris 1959, notes 15, 36 et 38, qui cite le capitulaire de Guy de Spolète, en 891: « Quicumque igitur ex laicali ordine, tam liberi quam servi homines... » (*M.G.H., Legum sectio. Capit. Reg. Franc.*, II, p. 108); il note aussi, ce qui corrobore nos propres remarques, qu'à aucun endroit de ses cinq livres, Raoul Glaber ne fait la distinction entre libres et non libres.

[84] *Op. cit.*, p. 74.

clercs d'origine serve occupent des chaires épiscopales. Werminghoff donne des chiffres précis pour les archevêques et évêques de vingt sièges des provinces ecclésiastiques de Cologne et de Mayence, entre le IXᵉ et le XVᵉ siècle [85], il note qu'à Mayence et à Cologne on rencontre des *ministeriales,* donc des hommes venus de la condition servile, comme évêques à partir du XIᵉ siècle, et même comme archevêques à partir du XIIIᵉ. S'il arrive qu'Honorius Augustodunensis mentionne les serfs, c'est dans une phrase exprimant la totalité à la manière biblique, par énoncé ensemble des contraires: « divites vel pauperes, domini vel servi, viri vel mulieres » [86]. Ce qui se rencontre partout et qui domine, c'est l'affirmation d'unité et de chances spirituelles égales, au sein de conditions diverses [87]. Sans cesse aussi l'on affirme que le mérite et la perfection personnels sont indépendants de la situation sociale ou même ecclésiastique [88]. On ne peut pas dire que Daniel, tout vierge qu'il fût, soit supérieur à Noé et à Job... [89].

Permanence des thèmes d'anthropologie spirituelle

Pourtant, le XIIᵉ siècle continue la tradition de la distinction des trois ordres et de leur hiérarchie: *coniugati, continentes* et, au-des-

---

[85] *Op. cit.,* pp. 116-117. Le fait que les siècles soient mêlés rend cette statistique peu utilisable pour nous. La voici cependant: Sur 1027 archev. et év., 601 sont d'origine noble libre, 116 sont supposés tels, 126 sont *ministeriales,* 5 serfs, 22 d'origine bourgeoise, 5 étrangers, 152 de situation de naissance inconnue. A cette époque, les *ministeriales* devaient se rapprocher de la classe libre.

[86] *Sermo generalis*: P.L. 172, 862 s.

[87] Cf. SCHWER, *op. cit.,* pp. 53 s., surtout les textes de Jonas d'Orléans, de Rathier de Vérone. On pourrait ajouter bien des témoignages. Citons Ste HILDEGARDE, *Epist.* 116 (P.L. 127, 338); HONORIUS, *Summa gloria,* lib. I, c. 126 (172, 585); et voir H. VON VOLTELINI, *Der Gedanke der allgemeinen Freiheit in den deutschen Rechtsbüchern,* dans « Zeitsch. f. Rechtsgesch. », 57, German. Abt. (1937), pp. 182-209, qui part du *Sachsenspiegel,* art. 138: Dieu aime autant les pauvres que les riches; M. BERNARDS, *Speculum virginum,* pp. 146-153 et 212; J. HÖFFNER, *Bauer u. Kirche im deutschen Mittelalter,* Paderborn 1939.

[88] C'est un thème constant du christianisme. Pour l'époque étudiée ici, cf. RABAN MAUR, *In Ezech.* XV (P.L. 110, 918-19); ODON, *Vita Geraldi* II, 8 (133, 675); RUPERT DE DEUTZ, *In Apoc.* 2 (169, 900 D) et cf. BERNARDS, art. cité (n. 24), pp. 411-412; GERHOH DE REICHERSBERG (MEUTHEN, *op. cit.* n. 156, p. 30 et n. suiv.); THOMAS DE FROIDMONT (Ps. Bernard), *De modo bene vivendi,* 22, 64 (184, 1239 D).

[89] GERHOH DE REICHERSBERG, *Expos. Psalm.*: ps. XXXIII; *Opera inedita,* II/1, ed. D. et O. VAN DEN EYNDE, Rome 1956, pp. 201 s.: « Cum enim sint in Ecclesia tres ordines in ascensu et descensu differentes, videlicet rectorum, continentium et coniugatorum, quis dubitet beatum Iob coniugatum multis virginibus praeferendum? » ...Un peu plus loin, p. 203, il est dit qu'un laïc peut être plus saint qu'un moine, « quia nihil sanctitatis confert altus ordo sine alta vita, quae interdum reperitur in conversatione infima ».

sus, tantôt les *virgines* [90], tantôt, et le plus souvent, les *praelati,* et alors, tantôt sous le chef des *praedicatores, doctores* [91], tantôt et plus fréquemment sous le chef des *rectores* [92]. On sent que la *vita apostolica,* qui joint la contemplation et l'action et à laquelle tous reconnaissent une primauté absolue, est passée à l'actif des évêques. Les deux plus grands théologiens et contemplatifs du XII° siècle, Hugues de Saint-Victor et S. Bernard, parlent fréquemment des trois ordres classiques dans l'Eglise : Hugues d'un point de vue eschatologique de disposition à l'égard de la vie éternelle [93]; Bernard voit aussi les trois ordres du point de vue dont chacun traverse la mer du siècle présent et s'oriente vers le port de la vie éternelle [94], mais sa vision est davantage liée à une théologie de l'Eglise en sa condition d'itinérance et de ses ministères [95].

Les classes sociologiques dans la théologie du XII° siècle

Le XII° siècle, qui est le siècle de l'esprit encyclopédique et des classifications, sait qu'à côté de la trilogie proprement ecclésiastique ou d'anthropologie religieuse, il existe une trilogie sociologique, celle des trois fonctions de la société, sages ou hommes de prière, guerriers, agriculteurs. Parfois, on juxtapose les deux classifications [96].

---

[90] Ainsi RUPERT, *De Trin. et oper. eius. In Numer.,* lib. II, c. 21 (*P.L.* 167, 901 D); WOLBERO DE ST. PANTALÉON, *In Cant.,* Ep. dedic. (195, 1006 B); PIERRE DE BLOIS. *Ep.* 234 (207, 536 A).

[91] HONORIUS AUGUSTODUNENSIS, *In Cant.,* 2 (*P.L.* 172, 447 A); HENRI D'ALBAÑO, *De peregr. Civ. Dei,* tr. VIII (204, 315 B).

[92] Voir GODEFROID D'ALMONT, *Homil. in Script.* VII (*P.L.* 174, 1095 AB, sous le symbolisme d'Azael, Jehu et Elisée); ROBERT PULLEYN, *Sent.* VII, 21 (186, 933); HUGUES DE ST-VICTOR, *De arrha animae* (176, 966 A: « rectorum vel virginum »); ELISABETH DE SCHÖNAU, *Vita* 6, 90 (195, 166 C); S. BERNARD, *In nat. Dom.* 1, 7; *In Dom. Palm.* 1, 4; *Sermo de diversis* 9, 3; 35, 1 (183, 118 D, 256 A B, 566 B, 634); GERHOH, *supra,* n. 89, et *In Ps.* 41 (193, 1501 B); *De investigatione Antichristi,* lib. II, 1-30, éd. J. SCHEIDELBERGER, *Opera hactenus inedita,* t. I. Linz 1875, pp. 186-251.

[93] « Tres mansiones tres ordines fidelium qui sunt in sancta Ecclesia, quorum primi utuntur mundo, licite tamen. Secundi fugiunt et obliviscuntur mundum. Tertii iam obliti sunt mundum et ii sunt propinqui Deo »: *De arca Noe morali,* lib. I, c. 4 (*P.L.* 176, 630).

[94] *Sermones de diversis* 35, 1 (*P.L.* 183, 634 C D) et 9, 3 (566 B C).

[95] Cf. H. WOLTER, *art. cité* (n. 28) p. 175. Voici les autres endroits où Bernard parle de ces trois ordres: *In Vigil. Nativ. sermo* 6, 9 (183, 113); *In Nativ. Dom. sermo* 1, 7 (183, 118 s.); *in Dom. Palm.* 1, 4 (256 A C); *In Cant. sermo* 7, 6 (809 C); *Serm. de diversis* 91, 1 (710). Voir aussi A. STEIGER, *Der hl. Bernard v. Cl. Sein Urteil über die Zeitzustände,* Brünn 1908, pp. 50-51.

[96] Ainsi GUILLAUME DE RAMSEY, moine bénédictin du XII° s.; « Diversi sunt ordines in Ecclesia, quasi acies ordinata. Sunt clerici, milites, coloni. Sunt virgines, continentes et coniugati. Sunt activi, sunt contemplativi et praelati » (J. LECLERCQ, *Les Distinctiones super*

Les hommes d'Eglise en restent à la triple partition classique. Nous avons déjà rencontré le texte d'Alger de Clairvaux, inspiré de Platon, avec sa correspondance entre les fonctions dans la cité et les sens ou activités de l'âme: aux *consiliarii* répondent les *intellectuales sensus*, aux *milites* les *rationales sensus*, aux *rustici et artifices* les *animales seu sensuales sensus* [97]. Notons que le troisième ordre tend à se subdiviser en cultivateurs et artisans. Gilbert, évêque de Limerick de 1110 à 1139 environ, nous présente une vision pyramidale de l'Eglise (le mot est expressément employé), qui en est aussi une vision triangulaire. Chaque unité d'Eglise, paroisse, diocèse, archidiocèse, Eglise universelle, est vue comme composée d'*aratores*, hommes et femmes, à l'angle gauche de la base, de *bellatores*, également hommes et femmes, à son angle droit, d'*oratores* au sommet, qui peuvent être mariés [98]. Ce sont donc des fonctions d'Eglise au sens où celle-ci désigne le peuple de Dieu, sans préjudice des degrés de la cléricature qui relèvent de l'Eglise au sens étroit du mot.

On connaît le fameux sermon adressé par S. Bernard, le 10 Janvier 1147, au clergé de Cologne, dont Geoffroy d'Auxerre nous a conservé la teneur. Pour exciter le zèle des clercs colonais, il se place dans le cadre des trois ordres, cadre bien connu et qui lui est familier [99]. Chacun travaille et, lors de la résurrection finale, recevra la récompense de ce qu'il aura accompli « in ordine suo » (référence à *1 Cor.* 15, 22-23). Quand le clergé de Cologne se présentera, l'ordre des soldats le repoussera: vous n'avez pas peiné avec nous! L'ordre des *agricolae* de même; les *negotiatiores* aussi; car il n'aura travaillé

Cantica de Guillaume de Ramsey, in « Sacris erudiri », 10 (1958), pp. 330-352: p. 345); le commentaire anonyme sur le *Cant.* de Paris, B.N. lat. Nouv. acq. 1360, fol. 55ʳ: « Tota pulchra es... in omnibus membris tuis, scilicet in continentibus, viduis et coniugatis, vel in oratoribus vel praelatis et defensoribus et agricolis... »: cité par RIEDLINGER, *op. cit.* (n. 41), p. 123, n. 9.
[97] *De spiritu et anima,* 37 (*P.L.* 40, 807 s.). Cf. art. *Alcher,* in *Dict. de Spiritualité,* t. I, col. 294-95.
[98] *De statu Ecclesiae: P. L.* 159, 997 C s.: « Qui autem sub his gradibus (ceux de la cléricature) intra sinum parochialis ecclesiae continentur, trifarie dividuntur. Ex quibus superiores in pyramide *oratores* intelligе: et quia quidem ex his coniugati sunt, ideo viros et foeminas nominavimus. Sinistrales vero in pyramide *aratores* sunt, tam viri quam foeminae. Dexterales quoque *bellatores* sunt, viri atque foeminae. Nec dico foeminarum esse officium orare, arare aut certe bellare; sed tamen his coniugatae sunt aut subserviunt, qui orant et arant et pugnant (...) Et hos tres legitimos ordines ab initio admittit Ecclesia ut pars in ea (clerus videlicet) orationi vacans, alios ab impetu fallacis inimici defendant; alia, labore desudans, ab aliis victus penuriam repellat; tertia militiae studio dedita, caeteros a corporis nostibus securos reddat ».
[99] GEOFFROY D'AUXERRE, *Declamationes ex S. Bernardi sermonibus,* c. 10 (*P.L.* 184, 444 A); et cf. SCHWER, *op cit.,* pp. 64-65; MANZ, *op. cit.,* pp. 11 et 38.

avec aucun de ces ordres... Ainsi, sous une forme extraordinairement dramatique et oratoire, Bernard ne se contentait pas de parler des ordres (et l'on voit les marchands prendre rang à côté des agriculteurs): il inculquait l'idée qu'il n'y a pas de privilège gratuit et qu'on doit assumer le service et la peine que son ordre comporte. Dans la pensée du Moyen-Age, les *ordines* assuraient un service mutuel au sein du corps social. Vers les dernières années du XIIe siècle, entre 1180 et 1220, un poème français formule une doctrine qui est depuis longtemps commune:

> « Labeur de clerc est de prier,
> Et justice de chevalier.
> Pain leur trouve le laborier.
> Celui-ci nourrit,
> Celui-là prie
> Et cet autre défend.
> Au champ, à la ville, au moustier
> S'entraident de leur métier
> Ces trois par bel ordenement » [100].

On a montré combien la catégorie des *laboratores,* appelée aussi *vulgus* [101] *coloni, agricultores, agricolae,* était imprécise [102]. De moins en moins à mesure que le temps avance, la classification tripartite ne suffit à décrire les structures et les fonctions de la société chrétienne. Cependant, si les chroniques et autres documents proprement historiques apportent quelques indications nous permettant de mieux détailler les catégories sociales, les textes proprement théologiques auxquels nous limitons notre étude, restent ici courts et décevants. Ils continuent une tradition littéraire dont les termes sont déjà débordés par la réalité. Il y a pourtant des mouvements sociaux. Il y a même les mouvements religieux populaires dont l'importance, mieux connue et reconnue aujourd'hui, ne saurait être exagérée. Nos auteurs éprouvent parfois le besoin de préciser quelques sous-espèces dans l'ordre du laïcat laborieux. Bonizon de Sutri, entre 1075 et

---

[100] *Carité,* par LE RENCLUS DE MOLLIEN, éd. crit. par A.G. VAN HAMEL, Paris 1885.
[101] Ainsi dans les Miracles de Saint-Bertin, c. 7 (*M.G.H., SS.,* XV, p. 513: « imbelle vulgus »), dans la vie de Gérard d'Aurillac par ODON DE CLUNY, I, 7 (*P.L.* 133, 647; « inerme vulgus »): cités par DAVID, art. cit. n. suiv.; par HUMBERT, *Adv. Simoniacos,* III, 29 (*P.L.* 143, 1188; *Libelli de Lite,* I, p. 235); PIERRE LE VÉNÉRABLE, *Epist.* VI, 27 (*P.L.* 189, 436 D).
[102] Cf. DAVID, *Les « laboratores » jusqu'au renouveau économique des XIe-XIIe siècles* pp. 107-120; *Les laboratores du renouveau économique du XIIe siècle à la fin du XIVe siècle* dans « Rev. hist. Droit » (1959), pp. 174-194, 295-325.

.090, écrit: «ex plebe alii sunt artifices, alii negotiatores, alii vero agricole» [103], et l'on voit que les deux premières sous-catégories englobent une grande variété de métiers. Honorius adresse son sermon général aux prêtres, aux juges, aux riches, aux pauvres, aux soldats (bras de l'Eglise), aux marchands, aux agriculteurs, aux gens mariés... [104]. Cependant, le théologien qui, au XII° siècle, a été le plus oin dans la distinction d'*ordines* au-delà des trois classiques, est ans doute Jean de Salisbury, mort évêque de Chartres en 1180. Il est vrai que son *Polycraticus* est une oeuvre de philosophie politique autant que de théologie.

Il se réfère à Plutarque pour comparer la république à un corps, dont il détaille ensuite les membres [105]. L'âme de la cité est le sacerdoce, dont on ne parle plus par la suite. Mais l'évêque de Chartres reprend, dans les chapitres et dans le livre suivants, les diverses fonctions qu'il énumère et rapporte aux différents membres: la tête est le prince, le coeur le sénat, les côtés ceux qui doivent assister le prince, les yeux, les oreilles et la langue sont «iudices et praesides provinciarum», les mains, selon qu'elles sont armées ou sans armes, les *milites* et les *officiales*, le ventre et les intestins sont « quaestores et commentarienses» (c'est-à-dire les «comites rerum privatarum»); les pieds, qui adhèrent toujours au sol, sont les « agricolae... qui totius corporis erigunt, sustentant et promovent molem». On peut dire que, sur ce dernier point, il existe l'unanimité entre tous les auteurs: toujours, les cultivateurs sont comparés aux pieds, toujours ils sont dits supporter toute la société et la sustenter [106]. Mais Jean de Salisbury sent bien qu'il ne suffit pas de parler d'*agricolae*: il enchaîne: «à ceux-ci se rattachent de nombreuses espèces d'ouvriers en laine et des arts mécaniques en bois, en fer, en bronze et en différents métaux. Il y a aussi les aides serviles et les multiples formes de trouver son pain, de gagner sa vie ou d'améliorer sa situation...». Par tout cela, la république dépasse les

[103] *Liber de vita christ.*, VIII, 1: éd. E. PERELS, Berlin 1930, p. 252.

[104] *Sermo generalis*: *P.L.* 172, 861-870.

[105] *Polycraticus*, lib. V, c. 2 (*P.L.* 199, 540). La référence est à *Institutio principis. Epist. ad Trajanum*: *Plutarchi Opera*, éd. DÜBNER, Paris 1855, t. V, p. 59 s. (cf. SCHWER, *Stand*, ... p. 80).

[106] *Ibid.* Il y a toute une tradition en ce sens: cf. F. VON BEZOLD, *Die «armen Leute» und die deutsche Literatur des späteren Mittelalters*, in «Histor. Zeitsch», 41 (1879), pp. 1-37 cf. p. 28 s.); Z. ALSZEGHY, *op. cit.* (n. 39), p. 162, n. 38 et 39; SCHWER, *op. cit.* (n. 1), p. 26. Pour notre époque, outre S. Alfric cité *supra* n. 72 voir encore HONORIUS AUGUST., *Sermo generalis* (*P.L.* 172, 866); *Gemma animae*, lib. I (172, 586) et la littérature des Lucidaires.

crabes à huit pieds et même à cent, car, bien que les fonctions soient, par nature, limitées, elles sont si nombreuses qu'aucun écrivain qui s'est attaché à en décrire les devoirs n'a pu les détailler toutes [107].

On sait que dans les catégories nouvelles que S. Bernard (supra, n. 99) et d'autres ajoutaient à la classe des agriculteurs, figurent les *negotiatores* ou parfois *mercatores*. De même chez son contemporain Gerhoh [108], chez Pierre le Vénérable [109]: il y aurait tout un travail à écrire à leur sujet. Une vieille tradition, très tenace, en Orient comme en Occident, en faisait une situation déshonnête, qu'il valait mieux éviter [110]. Le *negotium*, négation de l'*otium*, devait être sévèrement jugé dans une société où les valeurs de contemplation jouissaient d'un prestige et d'une primauté hautement revendiqués. En sous-oeuvre, jouait une certaine méfiance pour des hommes dont l'importance sociale n'était pas liée à la terre, principe de l'ordre social en régime féodal, mais au « capital vagabond »: d'autant que, presque fatalement, dans les transactions commerciales, quelqu'un était lésé [111]. Or il est bien certain que la société était en train de changer. Les XIe et XIIe siècles sont marqués non seulement par une activité populaire, par la naissance d'un nouveau sentiment social, mais par un élargissement des horizons, par une plus intense circulation: on sort de conditions économiques purement locales et agricoles, les échanges s'élargissent et s'intensifient. Le XIIe siècle voit le début de la lettre de change, qui permet des opérations d'achat et de vente à distance [112]. Un grand nombre de « libertés » concédées aux XIe et XIIe siècles concernent la catégorie des *mercatores* et des *negotiatores* [113]. Dans ces conditions, on ne peut garder, envers les marchands, l'attitude de méfiance et de mépris qui a été celle des âges précédents. Eux-mêmes accèdent à l'instruction, sinon à la culture [114].

[107] Lib. VI, c. 20, col. 619 A.

[108] « Nobiles ac servi, mercatores et rustici »: *De aedificio Dei*, c. 43 (*P.L.* 194, 1302).

[109] *Epist.* VI, 27: *P.L.* 189, 436.

[110] Voir TERTULLIEN, *De idol.*, 11; LACTANCE, *Inst.* V, 17; EPIPHANE, *Expos. fid.*, c. 23 (24), *P.G.* 42, 832; GRÉGOIRE DE NAZIANZE, *Epist.* 2; *Opus imperf. in Mat.* 21, 12 et 22, 5; S. AUGUSTIN, *De opere monach.*, 16 (*P.L.* 40, 561); S. GRÉGOIRE, *Hom. 24 in Evang.*, 1 (76, 484). Voir J. LESTOCQUOY, *Inhonesta mercimonia*, dans *Mélanges Louis Halphen*, Paris 1951, pp. 411-416.

[111] BONIZON, *De vita christ.*, VIII, 1: « Et licet negotiatio multum utilis sit mundanis, patres tamen nostri penitentibus, ne ad negotiationem redirent, omnimodis prohibuerunt; non enim potest negotiatio fieri nisi alter eorum fallatur » ... et la suite (éd. PERELS, p. 252).

[112] Cf. A.E. SAYOUS, *L'origine de la lettre de change*, dans « Rev. hist. Droit », (1933), pp. 66-112.

[113] Cf. R. VON KELLER, *Freiheitsgarantien für Person u. Eigentum im Mittelalter...* (*Deutschrechtl. Beitr.*, XIV. 1), Heidelberg 1933. Par exemple « Zollfreiheit », pp. 170 s.

[114] Cf. H. PIRENNE, *L'instruction des marchands au moyen âge*, dans « Annales d'Hist. écon.

Il n'est donc pas étonnant qu'au XIIe siècle une considération beaucoup plus positive des marchands se fasse jour. Tandis que Gratien, transmettant les textes anciens, a encore un canon « Mercator vix aut nunquam potest placere Deo » [115], on voit progressivement s'affirmer l'estime de la condition de marchand comme possible pour les chrétiens: cela s'annonce chez Bonizon, entre 1075 et 1090 (cf. n. 111); S. Bernard compte les marchands parmi les *ordines,* c'est-à-dire les éléments légitimes dans la société chrétienne [116]. Honorius après les avoir exhortés à éviter toute fraude, exalte leur service en des termes lyriques empruntés à S. Paul. Pour lui, dans une société où la valeur de stabilité territoriale fait place à la valeur de mobilité dans un espace élargi, ils sont les serviteurs de toutes les nations et on doit les louer... [117]. Gerhoh de Reichersberg reconnaît, de son côté, que chaque ordre, et il cite expressément les *mercatores,* trouve dans l'Evangile sa règle de sanctification et de salut [118]. C'est dans la classe des marchands enrichis par le commerce de la laine que naîtra, à la fin du XIIe siècle, Paul — plus tard François — Bernardone, dans un pays où la classe des marchands et de bourgeois l'emportait alors sur celle de la noblesse... [119].

Il y avait deux siècles que l'Eglise avait assumé et tenté de sanctifier l'ordre des *milites,* nobles ou soldats de métier. S. Bernard avait relayé pour cela l'effort fructueux de Cluny. L'Eglise entreprenait désormais un effort analogue pour l'ordre des *mercatores* et des *negotiatores,* sans le consacrer de la même manière: après bien des essais, cet effort aura son docteur en S. Antonin de Florence († 1459).

Avant de conclure cette étude, il nous faut encore examiner un autre thème, qui entretient des rapports avec ceux, examinés jusqu'ici,

---

et soc. », 1 (1829), pp. 13-28 (repr.: *Hist. économique de l'Occident médiéval,* Paris 1951, pp. 551-570); H. GRUNDMANN, *Litteratus, illitteratus. Der Wandel einer Bildungsnorm vom Altertum zum Mittelalter,* in « Arch. f. Kulturgesch. », 40 (1958), pp. 1-65 (p. 60); J. W. THOMPSON, *The Literacy of the Laity in the Middle Ages (Univ. of California Publl. in Education, 9),* Berkeley 1939, pp. 9 s.

[115]   C. 11 D. LXXXVIII.

[116]   *Sermo 35 de diversis,* 1 (*P.L.* 183, 634); sermon du 10.1.1147 (*supra* n. 99).

[117]   *Sermo generalis,* Ad mercatores: « Omnium omnino nationum ministri estis dum eis periculis fluminum, periculis latronum, periculis in itinere, periculis in solitudine (2 *Cor.* 11), quaecumque necessaria defertis. Itaque omnes gentes debitores sunt vestro labori orationes reddere » (*P.L.* 172, 865 D). Cf. M.-D. CHENU, *La Théologie au XIIe siècle,* Paris 1957, pp. 240-241.

[118]   *De aedificio Dei,* c. 43 (*P.L.* 199, 1302 C D); CHENU, *loc. cit.*

[119]   Voir L. HARDRICK, *Franziskus, die Wende der mittelalterlichen Frömmigkeit,* dans « Wissenschaft u. Weisheit », 13 (1950), pp. 129-141, qui cite, p. 133, le mot de Piero Bargellini sur le XIIe s., « siècle de la laine ».

des *ordines* anthropologiques et ecclésiaux (*coniuges, continentes, rectores* ou *virgines*) et des *ordines* sociologiques assumés par l'Eglise (*iaborantes, bellatores, oratores*): il s'agit du thème des deux côtés du corps et des différents membres ou organes de ce corps.

III - LE THÈME DES DEUX CÔTÉS DU CORPS
ET CELUI DES MEMBRES OU ORGANES DE CE CORPS

Au XII° siècle, le thème des *ordines,* de quelque manière qu'il soit traité, est abordé dans le cadre d'une idée, préalablement affirmée de façon très forte, de l'unité de cette *Ecclesia universalis* dont on aime parler depuis l'époque carolingienne et qui est le Corps du Christ.

C'est l'idée qui domine la comparaison, très fréquemment employée, des deux ordres, clérical et laïc, avec les deux côtés du corps.

Ce thème semble remonter, tel quel, aux premières années du IX° siècle, quand Wala transposa en ce sens l'idée gélasienne de deux pouvoirs auxquels Dieu a confié le gouvernement du monde, en celle de deux *ordines,* à la tête desquels se trouvaient respectivement le pape et l'empereur, et qui formaient le corps d'une seule et même *Ecclesia* [120]. Cela s'est passé au plaid ou conseil réuni par Louis le Pieux en 828-29 à Aix la Chapelle. Rien n'allait plus. Wala proposa son idée: qu'on distingue bien les *ordines* dont se compose l'Eglise de Christ et que chacun remplisse ses fonctions propres dans *son* ordre [121]. Mais si, quand ils veulent s'opposer aux prétentions des seigneurs laïcs, les hommes d'Eglise accentuent la différence, comme c'est la tendance des Fausses Décrétales du Pseudo-Isidore entre 847 et 852, leur pensée de fond, leur idéal, est l'union des deux ordres dans une unique *Ecclesia*: « Et utriusque ordinis coniunctione et dilectione una domus Dei construitur, unum corpus Christi efficitur », écrit Walafrid Strabon en 841 [121a].

Au XI° siècle, les rouleaux d'Exultet du Fonds Barberini à la Bi-

[120] Cf. L. KNABE, *Die gelasianische Zweigewaltentheorie bis zum Ende des Investiturstreites,* Berlin 1936, pp. 47, 48 et 53.

[121] PASCHASE RADBERT, *Vita Walae seu Epit. Arsenii,* lib. II, c. 2: *P.L.* 120, 1609; *M.G.H., SS.* 2, p. 548. W. ULLMANN (*The Growth of Papal Government in the M.A.,* Londres 1955, p. 143) note que lors de la venue du pape Etienne IV à Reims pour le sacre de Louis le Pieux, les dignitaires ecclésiastiques étaient rangés à droite, les dignitaires laïcs à gauche.

[121a] *De exordiis...,* c. 32: éd. KRAUSE, p. 100; *M.G.H., Capitularia,* t. II, p. 516, *P.L.* 114, 965 (c. 31).

bliothèque Vaticane, ou du British Museum représentent l'Eglise comme peuple de Dieu sous la forme de deux groupes d'hommes: l'un,
derrière le pape, fait d'évêques, de clercs et de moines, l'autre derrière l'empereur, fait de princes, de chevaliers et de paysans, hommes
et femmes [122]. C'est ce que représentent aussi certaines miniatures de
manuscrits du *Décret de Gratien* [123]. Même chez les protagonistes de
la réforme grégorienne et jusque chez Grégoire VII, on rencontre
la comparaison des pouvoirs avec les deux yeux ou les deux mains
du corps [124]. C'est Hugues de Saint-Victor qui a donné la formule
la plus typique de cette idéologie. Il développe d'abord l'idée de
l'Eglise comme Corps du Christ, puis passe à l'idée que ce corps ou
cet édifice a deux côtés: « Universitas autem haec duos ordines complectitur, laicos et clericos, quasi duo latera corporis unius » [125]. Les
laïcs forment le côté gauche, ils sont voués aux *terrena,* les clercs
sont le côté droit, voué à la *spiritualis vita* (col. 417 C). Deux vies,
donc, la *terrena et corporea,* la *coelestis et spiritualis* (417 D); deux
pouvoirs correspondants: « Duo quippe vitae sunt: una terrena, altera coelestis; altera corporea, altera spiritualis. Una qua corpus vivit
ex anima, altera qua anima vivit ex Deo » (c. 4, col. 417-18). C'était
déjà la formule du cardinal Humbert en pleine réforme grégorienne:
« Laici sua tantum, id est saecularia, clerici autem sua tantum, id est
ecclesiastica negotia, disponant et provideant... Sicut clerici saecularia
negotia, sic et laici ecclesiastica praesumere prohibeantur » [126]. On
connaît le canon célèbre attribué par Gratien à S. Jérôme: « Duo
sunt genera christianorum. Est autem genus unum, quod mancipa-
tur divino officio (...) Aliud vero est genus christianorum, ut sunt
laici (...) His concessum est [cela veut dire: il leur est licite ou per-
mis] uxorem ducere, terram colere etc. » [127].
Un catalogue des papes et des empereurs composé vers 1135 et
attribué à Hugues de Saint-Victor comporte deux listes en deux co-

[122] Références et détails dans J.C. PLUMPE, *Mater Ecclesia. An Inquiry into the concept of the Church as Mother in Early Christianity,* Washington 1943, pp. 84-85, n. 11.
[123] Voir par ex. *Studia Gratiana,* t. I, p. 309 (Tavole XLI, XLII).
[124] Deux yeux: GRÉGOIRE VII, *Reg.* I, 19 et VII, 25 (éd. CASPAR, pp. 31 et 505). Deux mains: PIERRE DAMIEN, *Epist.* V. 14 et VIII, 1 (*P.L.* 144, 368 et 463); GRÉGOIRE VII, *Reg.* II, 49 (CASPAR, p. 190).
[125] *De sacramentis,* lib. II, pars 2, c. 2 et s. (*P.L.* 176, 416 et s.) Comp. *Sermo 2 in dedic.* (177, 905) et toute cette série de sermons. On passe facilement de l'idée de deux *latera* du corps à celle de deux *parietes* de l'édifice: comp. HONORIUS AUGUSTOD., *Gemma animae,* lib. I (*P.L.* 172, 586).
[126] *Adv. Simoniacos,* III, 9: *Libelli de Lite,* I, p. 208. Voir aussi HONORIUS AUGUSTOD., *Summa gloria: Libelli,* t. III, pp. 84-85.
[127] C. 7, C. XII q. 1 (FRIEDBERG, 678).

lonnes. Elles sont dominées par cette suscription, où le mot *pontifex* recouvre la colonne des papes, et le mot *rex* celle des empereurs « Iesus Christus, Filius Dei, Pontifex et Rex » [128].

Dans le *Ludus paschalis de adventu et interitu Antichristi* composé en Bavière vers 1160-1162, l'*Ecclesia* apparaît, accompagnée à droite par la Miséricorde, par le pape et le clergé, à gauche par la justice, par l'empereur et les chevaliers [129]. C'est la même idée, en moins poétique et plus juridique, d'une *Ecclesia* faite des deux ordres, que Thomas Becket exposait au roi Henri II en 1166 [130]: aux uns les *negotia ecclesiastica*, aux autres les *negotia saecularia*. Il n'est pas sûr que l'attribution aux clercs et aux laïcs respectivement du côté droit et du domaine de l'esprit, puis du côté gauche et du domaine de la chair, qu'on trouve, après Hugues de Saint-Victor, chez S. Bernard [131], chez Isaac de l'Etoile [132], chez Henri d'Albano [133] — trois cisterciens — ait une portée aussi dépréciative qu'il ne nous paraît aujourd'hui. Répétons-le: l'idée dominante est celle d'*unité* (organique): c'est net chez le Victorin, chez S. Bernard [134], c'est net chez Werner II de Küssenberg, Abbé de Saint-Blaise de 1170 à 1174, qui recueille et exprime la tradition. C'est pourquoi son texte vaut d'être cité: « Ecclesia sancta corpus Christi est, uno Spiritu vivificata et mota fide et sanctificata. [L'Esprit y distribue les dons de grâce, de telle manière que l'oreille entende pour tout le corps, les pieds marchent pour tout le corps]. Quid est ergo Ecclesia, nisi multitudo fidelium, universitas christianorum? Universitas haec duos ordines complectitur, laicos et clericos, quasi duo latera corporis unius. Quasi enim ad sinistram sunt laici qui vitae praesentis necessitati serviunt [il ne s'agit pas de la gauche des maudits de Mt. 25 — il y aura des élus et des maudits tant parmi les clercs que parmi les laïcs — mais de la gauche dont il est écrit

[128] *M.G.H., SS.*, XXIV, 90.
[129] Texte dans *Thesaurus Anecdot. novissimus* de B. Pez, Cologne 1761, t. II, pars 3, col. 188.
[130] Thomas Becket, Lettre à Henri II, 1166: *Ep.* 179: *P.L.* 190, 652: « Ecclesia enim Dei in duobus constat ordinibus, clero et populo. In clero sunt apostoli, apostolici viri, episcopi et caeteri doctores ecclesiae, quibus commissa est cura et regimen ipsius ecclesiae, qui tractare debent negotia ecclesiastica, ut totum redigatur ad salutem animarum... In populo sunt reges, principes, duces, comites et aliae potestates, qui saecularia habent tractare negotia, ut totum perducant ad pacem et unitatem Ecclesiae ». Cf. J.C. Robertson, *Materials for the history of Thomas Becket (Rerum Brit. m. aevi scriptores)* t. V, London 1912, pp. 281-82.
[131] *In Ps.* 90 *sermo* 3, 10 et 11 (*P.L.* 183, 205 D, 206).
[132] *Sermo* 53: *P.L.* 194, 1870.
[133] *De peregrinante Civitate Dei*, tr. II (*P.L.* 204, 263 D); tr. X (326 CD: les laïcs rattachés à Caïn et Esaü).
[134] « In omni loco uno Domino servitur, uni regi militatur, et in foro et in claustro gratia Dei eadem valet » (*Ep.* 490, 2: 182, 698 D - 699 A); Cf. Wolter, *art. cité*, p. 174.

' in sinistra divitiae et gloria ', Prov. 3]. Qui enim ad sinistram in corpore est, de corpore est, et bonum est, quamvis optimum non sit. Laici ergo christiani, quia terrena et terrenae vitae necessaria tractant, pars corporis Christi sinistra sunt: clerici vero, quoniam ea quae ad spiritualem pertinent dispensant, quasi dextra pars sunt corporis Christi. Et constat ex his duobus partibus totum corpus Christi quod est universa Ecclesia » [135].

On pourrait ajouter encore plus d'un autre témoignage du XII° siècle, emprunté en particulier aux canonistes. C'est la Glossa Palatina ou la Glose de Cambridge Caius Collège 676, qui font des laïcs des *terreni*, n'ayant rien à voir avec les choses de l'Eglise: « *terreni imperii*, i. e. laicorum; *coelestis*, i. e. clericorum »... [136]. Il est vrai qu'il s'agit des pouvoirs du Pape et de l'Empereur. C'est le prologue fameux de la *Summa* d'Etienne de Tournai († 1203): « Civitas Ecclesia, civitatis rex Christus; duo populi in Ecclesia, duo ordines, clericorum et laicorum; duo vitae, spiritualis et carnalis... » [137].

Il nous faut apprécier de tels énoncés et nous demander ce qu'ils impliquent touchant, soit la situation des laïcs dans l'Eglise, soit la notion même de l'Eglise. Il semble en effet qu'ils excluent les laïcs du spirituel et les renvoient uniquement au domaine terrestre. Dès lors, ne fait-on pas d'eux, au point de vue du salut, au point de vue proprement chrétien, de purs *objets* de l'action des clercs, sans l'activité propre de *sujets* vivants? Ne fait-on pas, des activités d'Eglise, la chose privilégiée des clercs? Nous sommes au coeur de notre recherche.

La question apparaît d'autant plus urgente, voire dramatique, si nous apportons ici les conclusions d'une étude que nous avons faite d'autre part, portant sur les catégories, originairement bibliques, l'*homo spiritualis, homo carnalis*, et en particulier sur l'interprétation du verset de S. Paul, 1 Cor. 2, 15. « Spiritualis homo iudicat omnia ». C'était, chez les Pères et dans le haut Moyen-Age, et cela est resté dans la littérature monastique du XII° siècle, une catégorie d'anthropologie chrétienne. Dans les querelles entre le Sacerdoce et le pouvoir séculier, c'est devenu une catégorie juridique. Chez Grégoire VII, qui ne cite jamais, cependant, le verset paulinien (mais les Grégoriens le font!), les *homines spirituales* sont les clercs

---

[135]   *Deflorationes SS. Patrum,* lib. II: *P.L.* 157, 1049 C - 1050 A.
[136]   Textes cités par A.M. STICKLER, *Sacerdotium et Regnum nei Decretisti e primi Decretalisti* (*Bibl. del « Salesianum »*, 27), Torino - Roma 1953, pp. 18 et 21.
[137]   *Summa,* Prol.: éd. J.F. v. SCHULTE, *Gesch. d. Quellen u. Literatur d. canon. Rechts,* t. I, Stuttgart 1875, p. 251.

et les moines [138]. « Spiritualis homo iudicat omnia » est transposé du domaine de l'anthropologie spirituelle à celui du droit public de la société chrétienne, où l'homme spirituel, c'est-à-dire le prêtre, mais surtout le pape, peut juger, c'est-à-dire déposer, les rois. L'idée est renforcée par diverses interprétations symboliques, comme celle des rapports entre Jacob et Esaü.

Il ne nous paraît pas contestable que le double danger existât, dans cette perspective, 1° de vouer les laïcs au terrestre, 2° d'en faire de purs objets du ministère des clercs et de réduire l'Eglise à ceux-ci. Les textes illustrant ce double danger abondent. Il convient cependant, sur ces deux points, de rétablir la perspective exacte de ces textes, ce qui nous amènera à conclure de façon plus positive quant à la place des laïcs dans la théorie des *ordines*.

1. Ces considérations interviennent dans le cadre d'une vision *organique* de l'Eglise et de la société. Toujours le *corpus Christi* est présenté comme un corps ayant à la fois une unité de vie et d'âme (le Saint-Esprit) e une pluralité de membres et de fonctions. Une recherche sur la notion de *Corpus Christi* au Moyen-Age confirme cela de façon évidente. Souvent même, reprenant en ceci une veine ouverte par les Pères [139], on détaille les membres, organes ou fonctions du corps d'une façon dont le réalisme est parfois extrême. Au début, ces applications échappent au point de vue sociologique : il s'agit de situations spirituelles, d'actes spirituels, de fonctions dans le Corps mystique, tout juste rapprochées de fonctions ecclésiastiques. Tel est le cas au haut Moyen-Age [140]. Les applications, avec quelques constantes, sont assez diverses : d'autant que, dans le domaine du symbolisme, règne la souplesse, sinon un certain arbitraire : les docteurs par exemple, peuvent être aussi bien bouche, yeux ou dents... [141]. Au XII° siècle même, on reste dans le domaine, soit d'opérations ecclé-

---

[138] Cf. L. Ch. Achelis, *Studien über das « geistliche Amt »*, dans « Theol. Studien u. Kritiken », 62/1 (1889), pp. 7-79.

[139] Une tradition, qu'on trouve chez Raban Maur et chez Hervé de Bourg-Dieu, remonte à Origène, les yeux sont les contemplatifs, les oreilles ceux qui étudient, les mains ceux qui donnent aux autres (*In Rom.* lib. IX, 2: *P.G.* 14, 1211): cf. Z. Alszhegy, *Nova creatura. La nozione della grazia nei Commentari medievali di S. Paolo* (*Anal. Gregor.*, 81), Rome 1956, pp. 161 s. Cf. aussi S. Jérome, *Ep.* 52 (ad Nepotianum), 9: « Alius in Ecclesia oculus est, alius lingua, alius manus, alius pes, auris, venter et coetera... » (*P.L.* 22, 535).

[140] Ainsi chez Walafrid Strabon, *Liber de exordiis*, c. 32: éd. A. Krause, p. 100; *P.L.* 114, 965-66 (c. 31); Raban Maur, *De Universo* I, c. 2 (111, 21-22); Aimon, *Expos. in Ep. 1 ad Cor.* (117, 579); Atton de Verceil (134, 251).

[141] Voir H. de Lubac, *Exégèse médiévale*, II/1 (*Théologie*, 41), Paris 1959, p. 674. Sur le thème littéraire ou le « topos », cf. E. R. Curtius, *Europäische Literatur u. lateinisches Mittelalter*, 1948, pp. 144 s.

siastiques [142], soit même d'opérations de la vie spirituelle [143]. Il en est encore de même chez Honorius Augustodunensis, qui poursuit cette application de façon très détaillée, en termes d'*ordines*. Mais chez lui, les fonctions remplies par ces *ordines* tendent parfois à s'identifier avec les fonctions qu'exercent les diverses classes dans l'Eglise et dans la société [144]. Les *officia* ou les *ordines* sont purement spirituels dans son *Eucharistion* [145], dans son *Liber duodecim quaestionum* [146] ou au début de son commentaire du Cantique [147]. Dans ce dernier texte, le passage de la pure fonction spirituelle à l'*ordo* classiquement homologué est fait comme par mode d'exemple : « aures obedientes *ut* monachi ». Dans la suite du commentaire, Honorius détaille dix *ordines* auxquels correspondent des membres ou des organes du Corps mystique et des attributs symboliques (bien arbitraires et parfois étranges). Il prend soin de noter qu'il s'agit non de l'Eglise militante, mais de l'Eglise « in pace », ce qui ne laisse pas d'être étonnant. Voici un tableau résumant ses cogitations [148].

1ᵘˢ ordo :	praelatorum	caput	aurum
2	subditorum, i. e. obedientium	comae	palma, corvus
3	doctorum	oculi	columba vel rivus
4	religiosi	genae	aromata
5	magistri	labia	lilia vel myrrha
6	milites Ecclesiam armis defendentes	manus	aurum, hyacinthus

[142] Ainsi chez Abélard, *Epitome theol. christ.*, c. 29 (*P.L.* 178, 1741).
[143] Ainsi chez Hugues de St-Victor, *Sermo* 21 de membris humanis (*P.L.* 177, 937).
[144] *Elucidarium*, Lib. I, c. 27: *P.L.* 172, 1128-29: « Ut corpus capiti inhaeret, et ab eo regitur, ita Ecclesia per sacramentum corporis Christi ei coniungitur; imo unum cum eo corpus efficitur: a quo omnes iusti in suo ordine; ut membra a capite gubernantur. Cuius capitis oculi sunt prophetae qui futura praeviderunt, sunt et apostoli, qui alios a via erroris ad lumen iustitiae reduxerunt. Aures sunt obedientes. Nares discreti. Phlegma, quod per nares eiicitur, sunt haeretici, qui iudicia discretorum de capite Christi emunguntur. Os sunt doctores. Dentes sunt sacrae Scripturae expositores. Manus Ecclesiae defensores. Pedes sunt agricolae Ecclesiam pascentes. Porro, qui a ventre foris egeritur sunt immundi et luxuriosi altaris ministri et alii intra Ecclesiam facinorosi... ».
[145] Cap. 1: *P.L.* 172, 1250.
[146] Q. 8: *P.L.* 172, 1182 C: point de vue liturgique.
[147] Tr. I, c. 1: *P.L.* 172, 361: « Tota Ecclesia est quasi unum corpus, cuius caput est Christus (*Ep.* 5, 23), caput autem Christi Deus (*1 Co.* 11, 3); membra autem huius corporis sunt diversi in Ecclesia ordines, utputa oculi sunt doctores ut apostoli, aures obedientes ut monachi, nares discreti ut magistri, os bona loquentes ut presbyteri, manus alios defendentes ut milites, pedes alios pascendo portantes ut rustici, dicente Apostolo... (*Ep.* 4, 12) ».
[148] *In Cant.* tr. II, c. 5 (*P.L.* 172, 444).

7	coniugati		venter	ebor, saphirus
8	agricolae		crura	columnae, mare
9	virgines		species	Libanus, cedri
10	continentes, orantes		guttur	suavitas

Tout cela nous montre que la valeur des *ordines* est essentiellement fonctionnelle. Il ne s'agit pas de classes comme situations dans l'échelle sociale, mais de fonctions ou de services dans un corps organique.

Certes, le sens hiérarchique du Moyen Age s'y exprime, ou ce que Günther Müller appelle le gradualisme [149]. Sans aucun doute, on est convaincu que tout homme doit *toujours* rentrer dans un ordre, être soumis à quelque chose; autrement il serait « acéphale », c'est-à-dire un monstre. Mais plus encore, peut-être, que cette idée de hiérarchie, c'est celle d'organisme qui domine [150]. Nul ne doit vivre pour soi seul: chacun, à la place que Dieu lui a assignée, doit oeuvrer pour tous les autres, comme font les organes d'un corps dans lequel l'oeil est fait pour voir pour tout le corps, le pied pour marcher pour tout le corps.

C'est pourquoi la littérature des *ordines* a donné lieu à un développement considérable d'une morale des professions ou des fonctions sociales. C'est un champ immense: il comporte la littérature des « Miroirs » et aussi celle des *Sermones ad omnes ordines,* dont la série semble avoir été inaugurée par Jonas d'Orléans (*De institutione laicali*), puis surtout par Rathier de Vérone (*Praeloquia*) et illustrée ensuite au XIIᵉ siècle par Honorius (*Speculum Ecclesiae* et *Sermo generalis*: P.L. 172) et par Alain de Lille (P.L. 110), en attendant la grande série qui s'égraine tout au long du XIIIᵉ siècle, âge d'or de ce genre littéraire.

On a pu noter, à l'actif de la vision fonctionnelle des *ordines,* que celle-ci a contribué, notamment au XIᵉ siècle, à favoriser le passage d'une société hiérarchisée selon les « Geburtsstände », selon la naissance, à une société organisée par des « Berufsstände », selon le ser-

---

[149] *Gradualismus. Eine Vorstudie z. altdeutschen Literaturgesch.,* dans « Deutsche Vierteljahrschrift f. Liter. Wissensch.-u. Geistesgesch. », 2 (1924), pp. 681-720 (pp. 694 s.).

[150] Voir O. von Gierke, *Genossenschaftsrecht,* t. III, pp. 546 s.; E. Lewis, *Organic tendencies in Medieval Political Thought,* in « American Political Science Rev. », 32 (1938), pp. 849-876; A.H. Chroust, *The corporate Idea and the Body Politic in the Middle Ages,* in « Rev. of Politics », 9 (1947), pp. 423-452; R. Guelluy, *La place des théologiens dans l'Eglise et la société médiévale,* in *Miscellanea Histor. A. De Meyer,* Louvain 1946, t. I, pp. 371-389.

vice et le métier, ce qui a permis la montée sociale de cette classe industrieuse qu'est la bourgeoisie [151].

L'*ordo* comme tel est si affirmé, le point de vue fonctionnel si développé, que les personnes semblent un peu oubliées; elles sont leur officium, elles sont leur *ordo*. Il semble que, si elles accomplissent les opérations propres à leur classe, cela suffise. Cependant nous verrons bientôt en concluant que le mouvement spirituel et social allait dans le sens de la personnalisation.

2. Le sentiment que l'idéologie des deux côtés du corps réduit les laïcs au rôle d'*objets* d'une « Eglise » constituée par les clercs n'est certainement pas sans fondement: les textes que nous avons cités parlent d'eux mêmes. Aux clercs, disent-ils, les *spiritualia*, aux laïcs les *terrena*.

Il est certain que selon nos idées actuelles, les laïcs apparaîtraient ici comme mis en dehors de l'Eglise proprement dite. De fait, de nombreux textes identifient l'Ecclesia avec les clercs, si ce n'est même avec la hiérarchie, voire avec le Pape et la Curie [152]. Il n'est pas moins clair cependant que l'idéologie des deux côtés du corps s'oppose statutairement à ce qu'on prenne une telle interprétation comme le dernier mot de la question puisqu'elle affirme que l'unique réalité de l'Eglise ou du Corps du Christ comporte les deux côtés. C'est qu'elle comporte alors les *saecularia* ou *terrena* en même temps que les *spiritualia* ou *coelestia*. Dans ces conditions, si les laïcs sont voués à ceux-là, cela signifie, comme le note bien M. Et. Gilson, qu'ils « sont l'Eglise en tant même que laïcs » [153].

Il y a un sens où « Eglise » désigne l'institution portée par les prêtres, personnifiée par eux, et qui est le sujet de certains droits, voire d'une autorité supérieure que les princes doivent respecter.

---

[151] Cf. FR. STEINBACH, *Geburtsstand, Berufsstand u. Leistungsgemeinschaft*, dans « Rheinische Vierteljahrsblätter », 14 (1949), pp. 35-96 (pp. 77 s., 83).

[152] Nous avons cité des exemples dans *Jalons pour une théol. du Laïcat*, Paris 1953, p. 71 n. 40, mais, à vrai dire, relevant surtout du Bas Moyen-Age. Pour l'époque étudiée ici, notons d'abord, au IXᵉ s., ce texte de JEAN VIII: « Ecclesia nihil aliud est nisi populus fidelis, sed praecipue clerus censetur hoc nomine » (*Ep.* 5: *M.G.H., Epp.* VII, 332, 20) Dans la lutte entre le Sacerdoce et l'Empire, les emplois de l'adjectif *ecclesiasticus* (*tici, tica*) tendent à limiter l'*ecclesia* aux clercs: cf. par exemple HUMBERT, *Adv. Simon.*, III, 7 (*Libelli*, I, 225 s.). On arrive au texte bien connu d'OTHON DE FREISING: « Porro ecclesiam ecclesiasticas personas, id est sacerdotes Christi eorumque sectatores, tam ex usu locutionis quam consideratione potioris partis diximus » (*Chronicon*, VII, prol.: éd. HOFMEISTER, p. 310). Même quand il est question de la maternité spirituelle, l'*Hortus deliciarum*, 1175 et suiv., dit: « Persona Ecclesiae significat praelatos » (éd. J. WALTER, Strasbourg 1952, p. 96 n° 88 et p. 97 n° 89).

[153] *La Philosophie au Moyen-Age*, Paris 1944, p. 336.

112

C'est dans ce sens là qu'on identifie *ecclesia* aux *ecclesiastici,* seuls compétents pour traiter les *ecclesiastica negotia.* Il y a un sens où « Eglise » désigne le peuple de Dieu en sa condition existentielle concrète, actuellement terrestre. Alors, elle englobe les laïcs en tant même qu'ils sont voués aux *terrena,* aux *saecularia negotia,* bref elle englobe le monde par le biais où elle englobe les personnes qui accomplissent les oeuvres du monde. On parle alors, à notre époque, de *universa Ecclesia,* l'Eglise totale [154]. C'est elle qui est un corps à deux côtés, une cité faite de deux peuples. Mais on dit aussi *populus fidelium, universitas christianorum* [155]. De sorte qu'il existe deux concepts de l'Eglise: la société particulière, vouée à des activités purement spirituelles et mettant en oeuvre les moyens de salut positivement institués; la société des chrétiens incluant leur vie temporelle. C'est pourquoi, chez le même auteur, on peut trouver des textes qui distinguent ou opposent le domaine temporel et le domaine spirituel, et des textes qui englobent l'un et l'autre dans l'*ecclesia* [156]. On affirme que le Pape n'est pas seulement chef de la première, mais aussi de la seconde. Et même, à mesure que la résistance des princes conteste qu'au-delà de leur personne et de ce qui engage leur salut personnel, le Pape ait pouvoir sur leur autorité temporelle comme telle, les papes protestent et précisent: ils ne sont pas seulement chefs de l'Eglise au sens étroit, ils sont chefs de l'Eglise au sens le plus total et même, au-delà de l'*universitas fidelium,* ils ont reçu le gouvernement du monde. A la fin du XIIᵉ siècle, en 1199, Innocent III proclame: « Petro (Christus) non solum universam Ecclesiam, sed totum reliquit saeculum gubernandum » [157].

Ce qui importe pour notre sujet est que les laïcs sont bien mis dans l'Eglise, et plutôt trop que pas assez: car toute leur activité de fonction à exercer dans la société appartient à cette Eglise en tant qu'elle les englobe.

---

[154] Ecclesiae universalis respublica: WALAFRID STRABON, (*De exordiis,* c. 32); « universalis sancta Dei Ecclesia »: concile de Paris de 829 (*M.G.H., Leges* II/2, p. 29); « tota Ecclesia »: HONORIUS AUGUSTOD., *In Cant.* tr. I, c. 1 (*P.L.* 172, 361). Parfois simplement « Ecclesia, Corpus Christi »: WALA (*supra,* n. 63), HONORIUS AUG., *Elucidar.* I, 27 (172, 1128).

[155] « Ecclesia sancta, id est universitas fidelium, corpus Christi vocatur »: HUGUES DE ST. V., *De sacram.* lib. II pars 2, c. 2 (*P.L.* 176, 416); « multitudo fidelium, universitas christianorum »: WERNER DE ST-BLAISE, *Deflorat.,* II (157, 1049). W. ULLMANN (*The Growth of Papal Government in the Middle Ages,* Londres 1955, p. 438 n. 2) cite ce passage du *Speculum Ecclesiae de* RICHARD WETHERSHET, chancelier de Lincoln, milieu XIIᵉ siècle: « Credo populum christianum esse sanctam Ecclesiam ».

[156] Voir par exemple, pour Gerhoh, E. MEUTHEN, *Kirche u. Heilsgesch. bei Gerhoh v. Reichersberg,* Leyde 1959, pp. 57 et 58.

[157] *Ep.* II, 209: *P.L.* 214, 759 (POTTHAST 862). On trouverait là le thème de la « Weltherrschaft » sur lequel les travaux anciens sont profondément dévalués.

Ainsi, au point de vue d'une théologie du laïcat, l'introduction des *ordines* sociologiques à côté des *ordines* proprement spirituels traduit une nouveauté par rapport à l'Eglise ancienne. Si celle-ci était faite d'*ordines*, c'était d'ordres ayant une valeur purement spirituelle. Les catégories appartenant à ces *ordines* étaient assumées dans l'organisme de l'Eglise au sens le plus strict et le plus positif du mot, à savoir en tant qu'elle se distingue de la société temporelle [157a]. L'Eglise ancienne est toute tendue vers l'eschatologie : elle n'assume pas le programme d'une sanctification du terrestre comme tel. Les laïcs y sont le peuple de Dieu, ils ne sont pas affirmés responsables de tranformer ce monde, qui passe. Quand cette tâche sera reconnue, elle sera d'abord dévolue et presque exclusivement attribuée aux rois, aux recteurs et législateurs de la société. L'introduction des *ordines* sociologiques dans ce qu'on appelle alors *Ecclesia* signifie, par rapport à la situation ancienne, que cette Eglise — sans cesser d'avoir un fort sentiment eschatologique — se considère comme chargée d'assumer et de sanctifier toute le vie terrestre comme telle. Telle est la valeur la plus positive du thème que nous avons étudié.

IV - CONCLUSION

Résumons d'abord synthétiquement le sens général des idées engagées dans les thèmes que nous venons d'étudier.

Tout est dominé par l'idée d'un monde *humain* créé par Dieu dans le cadre de l'univers physique et où, comme dans celui-ci, chaque être a sa place et ses lois. Le moyen-âge a hérité de ses pères spirituels, S. Grégoire et S. Isidore, l'idée qu'il faut toujours être soumis à un ordre [158] et que, dans la grande concaténation des êtres,

---

[157a] On trouvera maints textes illustrant ceci dans l'étude suggestive de Dom EM. LANNE, *Le laïcat dans l'Eglise ancienne*, in « Verbum caro », n° 71-72 (1965; tiré à part en vol.: *Ministères et laïcat*), pp. 105-126.

[158] S. GRÉGOIRE, *Moral. in Iob*, XXI, 5: « Omnes namque homines natura aequales sumus, sed accessit dispensatorio ordine ut quibusdam praelati videamur (...) omnes homines natura aequales genuit, sed variante meritorum ordine, alios aliis dispensatio occulta postponit » (*P.L.* 76, 203), voir M. WALTHER, *Pondus Dispensatio Dispositio. Werthistorische Untersuchungen zur Frömmigkeit Papst Gregors des Grossen*, Inauguraldiss, Kriens 1941. S. ISIDORE, *Sent.* III, 47, 1: « Licet peccatum humanae originis per baptismi gratiam cunctis fidelibus dimissum sit, tamen aequus Deus ideo discrevit hominibus vitam, alios servos constituens, alios dominos, ut licentia male agendi servorum potestate dominantis restringatur. Nam si omnes sine metu fuissent, quis esset qui a malis quempiam prohiberet? » (*P.L.* 83, 717): les puissants, eux, sont soumis étroitement à la règle vertueuse des *Miroirs* qu'on leur prodigue...

d'une part, chacun a ses devoirs et ses droits, d'autre part, chacun est référé aux autres [159]. L'idée que chacun, dans son lieu et son ordre, a sa propre règle de comportement et de vie, se trouve partout [160]. Le drame d'Abélard en ses relations avec Héloïse s'est en grande partie noué autour des obligations inhérentes à son *ordo*, ainsi que M. Et. Gilson l'a lumineusement montré. Les hommes font leur salut, dit l'*Hortus deliciarum*, « per obedientiam in suis ordinibus », en remplissant les obligations de leur état [161]. Ainsi chacun fait ce qu'il fait pour tous. Toute cette idéologie des *ordines* est dominée par la doctrine paulinienne du Corps mystique abordée par son aspect solidariste et moral, passée d'ailleurs à travers le grand enseignement de S. Augustin : nul ne doit vivre pour soi seul [162]. Le mot de John Ruskin illustrerait bien cette anthropologie éthique : Il ne faut pas dire d'un cordonnier qu'il fabrique des chaussures. Il faut dire : il chausse la chrétienté. On a souvent remarqué que le Moyen-Age ne connaît pas la distinction entre le droit public et le droit

---

[159] JEAN DE SALISBURY, *Polycraticus*, I, 3 : « Philosophi gentium, iustitiam quae politica dicitur, praeceptis et moribus informantes, cuius merito respublica hominum subsistit et viget, unumquemque suis rebus et studiis voluerunt esse contentum, urbanis et suburbanis, colonis quoque et rusticis, sua singulis loca et studia praescribentes. Sollicitudo singulorum et omnium utilitati publicae serviebat ». (*P.L.* 199, 390 AB).

[160] Quelques textes : JONAS D'ORLÉANS, *De inst. regia*, c. 10 : « Necesse est ut unusquisque in ordine suo pro viribus studeat (...) Cetera cunctis fidelibus, unicuique scilicet in ordine quo se Deo deservire devovit, indissimulanter observanda censentur » (éd. J. REVIRON, pp. 164 et 165); Concile d'Arras de 1025 (MANSI XIX, 449 B); RATHIER DE VÉRONE, *Praeloq.* lib. I (*P.L.* 136, 147 D); S. PIERRE DAMIEN, *De omnibus ordinibus* (*P.L.* 145, 974 : ainsi « Magister doctus litteris Flagella det discipulis... »); JEAN DE FÉCAMP, lettre *Tuae quidem*, éd. J. LECLERCQ et J. P. BONNES, *Un maître de vie spirituelle au XIᵉ siècle*. Jean de Fécamp, Paris 1946, p. 203; VOLCUIN DE SITTICHENBACH, homélie éditée par J. LECLERCQ, *Studi Medievali*, 3° ser. III/1, (1962), pp. 315-339; S. BERNARD, *Apol.* 3, 5 : « Suis quisque legibus in Ecclesia conversatur » (*P.L.* 182, 901 B) et cf. WOLTER, *art. cité* (n. 28), p. 176; GERHOH DE REICHERSBERG, *De aedificio Dei*, c. 43 : « Habet enim omnis ordo et omnino omnis professio in fide catholica et doctrina apostolica suae qualitatis aptam regulam, sub qua legitime certando poterit pervenire ad coronam » (*P.L.* 194, 1302 D); PHILIPPE DE HARVENGT, *De continentia clericorum*, c. 118 : « Ii qui Christiani nominis largo ambitu includuntur; ... etiam inter se quibusdam proprietatibus distinguuntur, qua distinctione non cuius fidei, sed cuius sint ordinis cognoscuntur. Est enim inter eos ordo alius clericalis, alius monachicus, alius militaris, quorum singuli sic suis proprietatibus titulantur, ut sicut nominibus, sic etiam characteribus distinguantur. Habet quisque et vocabulum suum, quo quasi proprie nominantur, et characterem suum, qui huic vocabulo proprius assignatur, et nec sine tali vocabulo, tali charactere quisquam debeat insigniri, nec sine tali charactere inter eos qui sunt hujus nominis inveniri » (*P.L.* 203, 826).

[161] Ed. J. WALTER, Strasbourg 1952, p. 97, n° 89.

[162] Que chacun, dans le corps, fasse ce qu'il fait pour tous, cela est inscrit dans presque tous les textes que nous avons cités. Voir par exemple HUGUES DE ST-VICTOR, *De sacram.* Lib. II pars 2, c. 2 : *P.L.* 176, 416. Sur l'idée augustinienne que nul ne vit pour soi seul, cf. E. BERNHEIM, *Mittelalterliche Zeitanschauungen in ihrem Einfluss auf Politik u. Geschichtschreibung*, Teil I., Tubingen 1918.

privé. Ce n'est pas tout à fait exact, mais il ignore certainement la coupure que nous mettons aujourd'hui entre la vie personnelle, qui regarderait un chacun, et la fonction sociale. La situation de chaque personne est fonctionnelle. Elle est aussi stable et déterminée. C'est ici que nous rencontrons l'une des grandes insuffisances de l'idéologie des *ordines*; celle-ci risquait l'irréalisme, en conservant, au plan théorique, des cadres débordés et dépassés par la réalité. L'époque sur laquelle porte notre étude est précisément une époque de profondes mutations. Elle connaît un large processus de libération, elle connaît de puissants mouvements religieux populaires, elle connaît une tendance profonde à la personnalisation...

Processus de libération. Avant le mouvement des Communes, qui en sera comme le climax, le XIe siècle voit se multiplier, à un rythme rapide, les franchises. Il est aussi le siècle du puissant mouvement populaire de la Paix de Dieu [163]. Tout un peuple, dans l'Eglise, aspire à organiser sa vie commune. Quant au mouvement des communes, il n'a pas été seulement bourgeois, il a été souvent le fait des serfs, cherchant à se soustraire à l'autorité des seigneurs [164]. Il a toujours été une aspiration de libération personnelle [165]. Il est clair que la catégorisation sociale des *ordines* devait en sortir ébranlée. Le développement ou le renouvellement de l'économie rend de plus en plus inadéquate la bonne vieille subdivision des *agricultores,* même sous la rubrique large de *laboratores* (cf. M. David: supra, n. 83)...

Mouvements religieux populaires qu'on voit commencer avec la Pataria milanaise et que favorise, en un sens, Grégoire VII, lui-même « de plebe ». Mieux ils sont connus, plus nous les étudions pour notre part, plus ils apparaissent importants. Or ils sont, par leur inspiration et leur logique profondes, la négation de l'organisation des *ordines* comme structure arrêtée. Ils tendent à une Eglise de frères, indépendante des structures séculières : ils vont en ce sens, non seulement jusqu'à la critique des cadres de l'ère constantinienne, mais jusqu'au refus du privilège monastique ou clérical en fait de

---

[163] Cf. R. BONNAUD-DELAMARE, *Le fondement des institutions de paix au XIe siècle,* in *Mélanges Louis Halphen,* Paris 1951, pp. 19-26; MC KINNEY, *art. cité, supra,* n. 71; B. TÖPFER. *Volk u. Kirche zur Zeit der beginnenden Gottfriedensbewegung in Frankreich,* Berlin 1957.
[164] Cr. GUIBERT DE NOGENT cité par H. PIRENNE, *Hist. économique de l'Occident médiéval,* Paris 1951, p. 203.
[165] Et. DELARUELLE, *Une révolution lente. L'émancipation du peuple au Moyen-Age,* dans « Economie et Humanisme », 6 (1947), pp. 117-128.

perfection et de *vita apostolica* [166], voire même jusqu'au rejet du sacerdoce hiérarchique. En toute hypothèse ils représentent de multiples enjambements des barrières dressées par les ordines : tant d'hommes et de femmes qui appartiennent au *vulgus*, souvent à la classe des « tisserands », qui sont des *illiterati* et des *idiotae,* se mettent à théologiser, réclament de lire eux-mêmes les Ecritures, discutent avec les prélats qui les interrogent, veulent prêcher, résistent aux hommes d'armes ou prennent eux-mêmes les armes... Mais les moines aussi veulent prêcher, ce qui n'est pas de leur état...

Tendance à la personnalisation. Dans la vie intellectuelle, par le raisonnement et l'analyse, naissance de la Scolastique. Dans la dévotion, dans un sentiment plus vif du développement personnel allant jusqu'à une critique de l'ascèse écrasante [167]. Dans le grand nombre de mouvements critiquant les structures sacramentelles et hiérarchiques au nom de l'intériorité religieuse. Enfin dans la naissance d'un sentiment nouveau de la sociabilité, l'insertion sociale se cherchant, au-delà du conditionnement par la naissance, dans une libre association fraternelle. Bien sûr, tout cela est alors vécu dans le climat d'un idéal organique, antérieur et étranger à l'individualisme moderne.

Pour toutes ces raisons, l'idéologie des *ordines* nous semble, à son moment de plus grande faveur, présenter bien des insuffisances. Que la sève dont elle était porteuse, cependant, fût vivace, qu'elle traduisît des données réelles et ne fût pas une pure construction de l'esprit, on en a la preuve dans sa durée même. Qu'en était-il de sa valeur proprement ecclésiologique?

Même au XIIe siècle, une ecclésiologie des *ordines* laisse une certaine impression d'archaïsme déjà dépassé. Son intérêt est, nous l'avons vu, de traduire l'insertion de la vie laïque comme telle dans l'Eglise. Mais elle ne peut le faire entièrement qu'en identifiant Eglise et société chrétienne, ce qui a été en effet le sens de la théologie carolingienne par laquelle elle s'est introduite. Mais, depuis lors, la ré-

---

[166] Cf. M.-D. CHENU, *Moines, clercs, laïcs au carrefour de la vie évangélique (XIIe siècle),* in « R.H.E. », 49 (1954), pp. 59-89, rep. dans *La Théologie au XIIe siècle,* Paris 1957, pp. 225-251; H. WOLTER, *Aufbruch u. Tragik der apostolischen Laienbewegung im Mittelalter. Die Anfänge der Waldenserbewegung im Urteil der Quellen,* dans « Geist u. Leben », 30 (1957), pp. 357-369. Et, bien sûr, l'admirable et classique H. GRUNDMANN, *Religiöse Bewegungen d. Mittelalters,* Berlin 1935; rééd. Hildesheim 1961.

[167] Cf. B. SCHMEIDLER, *Anti-asketische Aeusserungen aus Deutschland im 11. u. beginnenden 12. Jahrhundert,* dans *Kultur u. Universalgeschichte W. Goetz z. 60 Geb. dargeb.,* Leipzig 1927, pp. 35-52. Il y a évidemment le cas particulier de personnalisation d'Héloïse et Abélard. Voir le livre d'Et. GILSON, Paris 1938 (pp. 157 s.).

forme grégorienne est passée (cf. supra, n. 70). Le programme imprescriptiblement chrétien d'ordonner toute la vie aux fins spirituelles n'est plus poursuivi seulement dans une ligne théocratique, et donc aussi hiérocratique, d'une Société-Eglise, sacralisée dans ses structures sociales elles-mêmes: il est poursuivi par des hommes qui reconnaissent effectivement la dualité des ordres et ce que nous appelons aujourd'hui l'autonomie du temporel dans son domaine [168]. La doctrine des *ordines* pourra demeurer au plan de l'anthropologie religieuse; on ne voit pas quel intérêt elle garderait en son sens sociologique.

D'autant que la ligne de vie de l'ecclésiologie n'est pas dans le sens des compartimentages, elle est dans le sens de l'unité par la Foi, *una fides,* de l'Eglise vue comme « Congregatio fidelium » et d'une théologie du Corps mystique lui-même plus christologique que sociologique. Le XIIᵉ siècle voit la constitution du traité « De Christo Capite »: c'est lui qui dominera, pour longtemps, la théologie du Corps mystique. Dans la mesure où il a existé une ecclésiologie des *ordines,* ce n'est pas elle qui a porté les promesses de l'avenir.

Ce qui ne signifie pas qu'il n'y ait rien à en retenir: ce serait admettre que la condition concrète des hommes puisse ou doive demeurer étrangère à leur *vita in Christo.* De fait, notre époque a retrouvé, mais dans de tout autres conditions, la vérité des *ordines* dans l'Eglise ou d'une Eglise faite d'ordres: soit dans l'Action catholique spécialisée, animée par une certaine « mystique d'incarnation », soit dans différents efforts entrepris pour repenser la réalité des « Stände » dans le *Corpus Christi quod est Ecclesia* [169].

[168] Voir, sur cette ligne de pensée dualiste, M. PACAUT, *Alexandre III. Etude sur la conception du Pouvoir pontifical dans sa pensée et dans son oeuvre,* Paris 1956, par ex. pp. 194 s., 335 s.; R. FOLZ, *La Papauté médiévale,* dans « Rev. historique », 218 (1957), p. 59; LADNER, cité *supra* (n. 70), par ex. pp. 61-62 (Urbain III).

[169] Doctrine esquissée dans l'encyclique *Mystici Corporis* du 29 Juin 1943, voire dans la doctrine de la Constitution *Lumen gentium* (n. 41) sur l'exercice multiforme de la sainteté. Voir de plus N. MONZEL, *Geburtsstände u. Leistungsgemeinschaften in der kathol. Soziallehre des Mittelalters u. der Gegenwart* (Bonner Akad. Reden, 10), Bonn 1953: *Die Kirche und ihre Aemter und Stände. Festgabe Kardinal Frings,* hrsg. v. W. CORSTEN, A. FROTZ, P. LINDEN. Köln 1960. L. BOPP, *Das Witwentum als organische Gliedschaft im Gemeinschaftsleben der alten Kirche,* Mannheim 1950; P. DE LOCHT, *Harmonie des vocations,* Tournai et Paris 1965.

V

CLERCS ET LAÏCS AU POINT DE VUE DE LA CULTURE
AU MOYEN ÂGE: « LAICUS » = SANS LETTRES

Il ne s'agit pas ici de tracer, même partiellement, une histoire de la culture chez les laïcs; pas même de faire l'histoire du binôme *litteratus-illitteratus* ou *doctor(sapiens)-idiota* parfaitement dessinée par H. Grundmann [1]. Forcément, nous toucherons à cette histoire-ci comme à celle-là, mais sous un angle particulier. L'intention de ces pages est d'exposer comment, pendant des siècles, on a lié le vocable *laicus* et les qualificatifs *illitteratus*, *idiota*: ce qui nous amènera à proposer quelques réflexions sur le contexte et les conséquences de cette conjonction, sur l'opposition entre clercs et laïcs, ainsi que sur une certaine dépréciation de la condition de ceux-ci, qui ne pouvait manquer de s'ensuivre. Les études qui ont traité ou touché ces questions ont mis en oeuvre surtout la documentation des chroniques ou des récits historiques; nous invoquerons plutôt des témoignages empruntés à des écrits d'allure plus doctrinale et dont beaucoup n'ont pas été mis en oeuvre dans ces études antérieures. Rappelons d'abord comment s'est posé, *dans ses grandes lignes*, le problème de la culture des laïcs dans la société chrétienne et quel est le sens, ou quels ont été les sens, des expressions *litteratus-illitteratus*, *sapiens(doctor)-idiota*.

I. – SITUATION DES LAÏCS À L'ÉGARD DE LA CULTURE

L'Antiquité connaissait une assez large diffusion de la culture: non seulement de la culture littéraire, mais des sciences. On peut mesurer le recul subi, sur ce point, du fait de l'effondrement de l'Empire romain

---

[1] GRUNDMANN H., *Litteratus-illitteratus. Der Wandel einer Bildungsnorm vom Altertum zum Mittelalter*, dans *Archiv f. Kulturgeschichte* 40 (1958) 1-65.

et de l'installation des Etats issus des invasions barbares, si l'on fait, par exemple, le bilan de ce que saint Isidore de Séville a transmis de la science antique [2]. En Orient, par contre, où l'Empire romain continue dans celui de Byzance sans connaître la rupture des invasions, il a toujours existé un corps de fonctionnaires laïcs cultivés et une sérieuse culture laïque [3]. Nous limiterons notre considération à l'Occident.

On connaît la thèse de Henri Pirenne [4]: d'assez nombreuses écoles ont subsisté dans l'Occident mérovingien: aux VIe et VIIe siècles, il n'existait pas de monopole clérical de l'enseignement et l'on trouvait des hommes instruits parmi les laïcs, marchands aussi bien que nobles. Mais le fait de Mahomet est intervenu, entraînant celui de Charlemagne: dans le monde culturel nouveau, dont les centres se déplacent vers le Nord, l'enseignement est un monopole de l'Eglise et des clercs; les laïcs, devenus ruraux par suite des conséquences économiques des conquêtes islamiques, deviennent aussi illettrés; le personnel administratif se recrute parmi les ecclésiastiques, de laïc qu'il était encore sous les Mérovingiens.

On a contesté la « thèse » de Pirenne pour ce qui est de l'époque mérovingienne. Il est vrai qu'on trouve alors des traces d'un enseignement laïc [5], mais, s'il s'agit d'écoles plus ou moins régulières, les témoignages invoqués concernent des écoles cléricales, monastiques, épiscopales ou presbytérales, qui dispensaient un enseignement de type monastique, à finalité de service religieux et, sauf exception, à des enfants

---

[2] Voir FONTAINE J., *Isidore de Séville et la culture classique dans l'Espagne wisigothique* (*Etudes augustiniennes*), Paris 1959.

[3] Voir FLEURY, *Hist. Ecclésiast.*, IVe Discours (t. XVI, p. x); FUCHS F., *Die höheren Schulen von Konstantinopel im Mittelalter* (*Byzantinisches Archiv*, 8). Leipzig 1926; HUSSBY J. M., *Church and Learning in the Byzantine Empire, 867-1185*, Oxford 1937; BRÉHIER L., *L'enseignement religieux à Byzance*, dans *Rev. d'Hist. Phil. rel.* 21 (1941) 34-69; DIEHL CH., *Les grands problèmes de l'Hist. byzantine*, Paris 1943; MARROU H. I., *Hist. de l'Education dans l'Antiquité*, Paris 1948; 2e éd. 1950, 448s; BRÉHIER L., *Le monde byzantin*, III, *La civilisation byzantine*, Paris 1950, 420s. 456s; GUILLAND R., *La vie scolaire à Byzance*, dans *Bull. Assoc. Guillaume Budé* (mars 1953) 63-83; etc. Significative est l'équivalence entre *Grec* et *Cultivé* : cf. GOLDMANN E., « *Graecus* » = « *Gebildet* », dans *Mélanges Elie Boisacq*, Bruxelles 1937, 399-409.

[4] PIRENNE H., *Mahomet et Charlemagne*, Paris-Bruxelles 1937; *De l'état de l'instruction des laïques à l'époque mérovingienne*, dans *Rev. Bénéd.* 46 (1934) 165-177; *L'instruction des marchands au moyen âge*, dans *Annales d'Hist. écon. et soc.* 1 (1929) 13-28 (reprod. dans *Hist. économique de l'Occident médiéval*, Paris 1951, 551-570).

[5] Voir THOMPSON J. W., *The Literacy of the Laity in the Middle Ages* (*Univ. of California Publ. in Education*, 9), Berkeley 1939, 9s; EWIG E. signale encore un certain enseignement laïc de la grammaire et du droit romain à Clermont (Auvergne) au VIIe s., par des laïcs (Sophistes): *Relazioni del X Congresso intern. di Scienze Storiche*, I, Florence 1955, 556.

destinés ou à la vie monastique ou à la vie cléricale [6]. L'opposition ne saurait donc être maintenue du côté de l'époque mérovingienne. Mais l'assertion de Pirenne garde sa vérité du côté de l'époque carolingienne. C'est un fait, que confirment d'autres historiens [7]: l'instruction, en connaissant alors un renouveau bien nécessaire par l'impulsion du grand empereur, s'est fixée comme chose de clercs. Charlemagne lui-même, qui ne savait pas signer son nom, bien qu'il parlât le latin, le franc et un peu le grec, avait pensé porter sa langue maternelle franque au niveau et à la dignité de langue littéraire qui s'écrivît et s'enseignât selon la technique des Lettres et de la Grammaire alors réservée au latin. Il ne put y réussir. C'est alors que se solidifia une coupure entre la langue écrite, qui était celle de l'Eglise et qui faisait, dans les écoles, l'objet de l'enseignement des *Litterae*, et les langues parlées, celles des laïcs. Cette coupure s'annonçait depuis le IVe siècle; on cesse de parler latin, en Gaule, sur la fin du VIe siècle [8]. On peut relever, à partir de la fin du VIIIe siècle et au cours du IXe, toute une série de signes d'une coupure allant s'élargissant entre prêtres et fidèles jusque dans l'action liturgique, commune, en principe, à toute l'assemblée. A partir de la fin du VIIIe siècle, le Canon est récité tout bas [9]; les fidèles ne comprennent plus guère le latin de la liturgie. C'est au début du IXe siècle qu'au lieu du simple « tibi offerunt » du Memento des Vivants, on dit: « *pro quibus tibi offerimus vel* qui tibi offerunt... » [10]. Au cours du IXe siècle, la messe « Pro seipso sacerdote », avec prières à la première personne du singulier, prend une grande place dans les sacramentaires [11]. Le sacrifice apparaît moins offert par tous les fidèles par le ministère de leurs prêtres que par les prêtres pour tous les fidèles [12]. Les *ordines* rédigés vers le milieu du Xe siècle en Gaule

---

[6] MARROU, op. cit., 443s. 569-570; LESNE E., *Hist. de la propriété ecclésiast. en France*, V, *Les Ecoles de la fin du VIIIe s. à la fin du XIIIe*, Lille 1940, 430s; pour l'époque carolingienne, THOMPSON, op. cit., 38-39.

[7] LESNE, op. cit., 1s (considère qu'il n'y avait pour ainsi dire plus d'*écoles* aux VIe et VIIe siècles; il ne les voit véritablement renaître qu'avec Charlemagne); LOT F., cité *infra*, note 8; GRUNDMANN, art. cit., 38s.

[8] Cf. LOT F., *A quelle époque a-t-on cessé de parler latin ?* dans *Archivum latinitatis medii aevi (Bull. Du Cange)* 6 (1931) 97-159.

[9] Cf. JUNGMANN J., *Praefatio und Stiller Kanon*, dans *Gewordene Liturgie*, Innsbruck-Leipzig 1941, 53-119; *Missarum sollemnia...*, Vienne 1948, II, 125s.

[10] JUNGMANN, *Missarum sollemnia*, II, 204; KOLPING AD., *Der aktive Anteil der Gläubigen an der Darbringung des eucharistischen Opfers...*, dans *Divus Thomas* (Fr.) 27 (1949) 369-380; 28 (1950) 79-110. 147-170 (p. 147); OPPENHEIM PH., *Eucharistischer Kult und Messopfer...*, dans *Miscellanea P. Paschini*, Rome 1948, I, 237-268.

[11] JUNGMANN, op. cit., I, 279s; KOLPING, ét. cit., 109. 158.

[12] KOLPING, 101-110. 158-159. Le *Liber officialis* d'Amalaire, écrit vers 827, est un témoin du recul des idées traditionnelles sur les fidèles comme offrant collectivement ou ecclésialement l'eucharistie.

franque et notamment dans la région rhénane, homologuent et fixent ces différents progrès d'un certain éloignement du prêtre par rapport aux fidèles sur le plan liturgique [13].

Cette histoire a été reprise en 1962 par M. P. Riché sur la base d'une documentation complète, région par région [14]. Le beau livre de P. Riché confirme, en somme, les vues de Pirenne: restes notables de culture latine, même au Nord de la Loire. Mais comme les langues populaires n'ont pas donné lieu à une littérature ni à un enseignement, quand, à partir du VIIe ou du VIIIe siècle, on cesse de comprendre le latin, la culture des lettres (litterae, litteratura, grammatica), qui est latine, devient presque totalement un monopole des clercs, jusqu'à ce que, entre le IXe et le XIIe siècle, se constitue une culture nouvelle pour ceux qui ne savaient pas lire le latin, les illitterati [15].

C'est dans ce contexte historique que les mots litteratus, illitteratus ont la valeur que nous rencontrerons si souvent. Litteratus désigne proprement celui qui sait la langue qui s'écrit et dont on apprend la grammaire: les litterae. Litteratura désigne la « grammaire », porte de la culture, de ce que nous appelons les humanités [16]. Litteratus signifie donc: qui a l'usage du latin; illiteratus, celui qui n'en a pas l'usage ou du moins qui, pouvant le comprendre à l'audition, est incapable de le lire [17]. Cependant, illiteratus ne veut pas dire purement et simplement 'inculte'. On peut être cultivé, mais seulement dans le domaine de la langue parlée, qui est aussi celui de la vie pratique, terrestre; celui qui ne sait que la langue parlée, est illiteratus [18]. L'expression, cependant, ne gardait pas toujours

---

[13] ANDRIEU M., Les Ordines Romani au Haut moyen âge, 3 vol., Paris 1931-1951; LEMARIGNIER F. J., dans Prêtres d'hier et d'aujourd'hui (Unam sanctam, 28), Paris 1954, 116. Voir également, pour l'ensemble, BATTISTI C., Secoli illetterati. Appunti sulla crisi del latino prima della riforma carolingia, in Studi Medievali, 3ᵃ ser., 1 (1960) 362-396.

[14] RICHÉ P., Education et culture dans l'Occident barbare VIᵉ-VIIIᵉ siècles (Patristica Sorboniensia, 4), Paris 1962.

[15] RICHÉ P., Recherches sur l'instruction des laïcs du IXᵉ au XIIᵉ siècle, in Cahiers de civilisation médiévale 5 (1962) 175-182.

[16] Voir saint AUGUSTIN, C. Crescon. I, 14, 17 (PL 43, 456); autres références dans RICHÉ, Education et culture, 79, et dans DE LUBAC H., Exégèse médiévale. Les quatre sens de l'Ecriture, II/1 (Théologie, 42), Paris 1961, 68s.

[17] GÉLASE, lettre aux évêques de Lucanie, c. 16 (en 494): THIEL, Epist. RR. Pont., 371: texte repris dans les collections canoniques et par GRATIEN, C. 1 D. XXXVI (FRIEDBERG, 133): « Illitteratos... nullus praesumat ad clerum promovere ». Les images étaient la littérature de ceux qui ne savaient pas lire: RICHÉ Education et culture, 542-543 et infra, notes 41 et 42.

[18] Cf. GRUNDMANN, op. cit., 39-40. 44. – S. PIERRE DAMIEN, De omnibus ordinibus, poème n. 222 (PL 145, 974), appelle « illitteratus clericus » un clerc qui, ne sachant pas le latin, ne peut suivre les mystères liturgiques et « ut stulta iacet bestia ». Cf. METTLER AD., Laienmönche, Laienbrüder, Conversen, besonders bei den Hirsauern, dans Württemb.

ce sens étroit. D'une part, le latin étant l'instrument de la culture supérieure d'une société toute façonnée par l'Eglise, *litteratus* passait facilement du sens « qui connaît le latin » au sens plus général de: instruit, savant [19]. Le quartier des écoles n'est-il pas encore, à Paris, « le Quartier latin? ». D'autre part, il y avait bien des degrés dans la connaissance de ce latin. Non seulement d'individu à individu, mais de milieu à milieu et d'époque à époque. Le niveau de culture qui permettait d'appeler quelqu'un *litteratus* a varié selon qu'on passait du monde romain qu'ont encore connu les Pères, au monde issu des invasions barbares et aux moments successifs de « renaissance » des Lettres (époque carolingienne, XIIe siècle). Au XIIe siècle, qui a connu une véritable renaissance des Lettres, les exigences étaient plus grandes: on n'a souvent désigné alors comme *litterati* que ceux qui possédaient une certaine culture classique [20], ou bien l'on employait à leur sujet des expressions telles que « litteratus

---

Vierteljahrshefte f. Landesgesch. 41 (1935) 201-253 (p. 227). Le Cistercien dit, dans le *Dialogus inter Cluniacensem et Cisterciensem Monachum*, n. 43 (ap. MARTÈNE et DURAND, *Thesaurus nov. anecd.*, V, col. 1648): « Nos modo habemus intra ambitum monasterii duo monasteria, unum scilicet laïcorum fratrum et aliud clericorum: ideoque etiam non proprie vocamus coronatos laïcos monachos, nisi laïcos accipiamus per illitteratos ». Cf. RICHÉ P., cité *infra* (note 30), p. 216; saint BONAVENTURE, *Hexaemeron*, coll. 22, n. 11 (éd. Quaracchi, V, 439): « In primitiva Ecclesia, quia tunc quasi omnes erant litterati, legebatur eis lectio ». L'auteur d'un rapport rédigé par un théologien du milieu de Gérard Groote en faveur de la lecture de l'Ecriture en langue vulgaire par les laïcs, publié naguère par JELLOUSCHEK C. J., *Ein mittelalterliches Gutachten über das Lesen der Bibel und sonstiger religiöser Bücher in der Volkssprache*, dans *Aus der Geisteswelt des Mittelalters (Festgabe M. Grabmann)*, Münster 1935, II, 1181-1199), cite un passage du pseudo-Augustin (en réalité Geoffroy de Bath, XIIIe s.) tiré du *Sermo XV ad fratres in eremo*. Là où le texte portait *rusticani* (PL 40, 1259), il transcrit *illitterati*; or ces frères lisaient l'Ecriture. Une des raisons qu'on pourrait objecter à cette lecture, dit-il encore (p. 1186) est « quia laici et illitterati sunt ». Il est vrai que, un peu plus loin (p. 1189), on voit qu'un *illitteratus*, qui, de plus, était pauvre, avait acheté des livres et *se les faisait lire*... Nombreux exemples analogues dans Grundmann. Ailleurs – cela se passe à Strasbourg en 1400, nous voyons des *illitterati* apprendre et réciter par coeur l'Ecriture dans leur langue maternelle (cité par KROPATSCHEK F., *Das Schriftprinzip der lutherischen Kirche...*, I, *Die Vorgeschichte*, Leipzig 1904, 31). Voir encore de nombreux autres témoignages dans COULTON G. G., *Europe's Apprenticeship. A survey of Medieval Latin*, Londres 1940, surtout chap. II.

[19] Exemple ce texte de saint BERNARD, *In Cant.* sermo 36, 2 (PL 183, 967): « Non ignoro quantum Ecclesiae profuerint et prosint litterati sui, sive ad refellendos eos qui ex adverso sunt, sive ad simplices instruendos ». DURAND DE HUESCA (PL 215, 1513), dans sa profession de foi catholique, en 1207, disait: «Cum autem ex magna parte clerici simus et paene omnes litterati, lectioni, exhortationi, doctrinae et disputationi contra omnes errorum sectas decrevimus desudare ».

[20] Cf. GRUNDMANN, ét. cit., 52; DE LUBAC H., *Exégèse médiévale. Les quatre sens de l'Ecriture*, II/1 (*Théologie*, 42), Paris 1961, 291. Les textes les plus significatifs restent ceux de JEAN DE SALISBURY, *Policraticus*, VII, c. 9 (éd. WEBB, 126): « Poetas, historicos, oratores, mathematicos probabilis mathematicae quis ambigit esse legendos, maxime cum sine his viri esse nequeant vel non soleant litterati? Qui enim istorum ignari sunt, illiterati dicuntur, etsi litteras noverint »; ibid. (p. 128): cela demande la lecture des *auctores*.

optime », « valde, bene litteratus », « litteratiores », « competentis litteraturae »[21].

De fait, il y avait des degrés: Barthélemy de Lucques écrit, de Grégoire X (1271-1276), le pape du second concile de Lyon, qu'il était « modicae literaturae »[22]. Thomas d'Aquin justifiait l'existence et l'activité des Ordres Mendiants par l'ignorance de trop de prêtres du clergé diocésain (« adeo ignorantes ut nec etiam loqui latinum sciant »), à cause de laquelle la prescription du IVe concile de Latran risquait de demeurer lettre morte, selon laquelle un enseignement de la théologie devait être assuré en chaque église métropole[23]. Avec la connaissance du latin, le *litteratus* avait celle des Ecritures et de la théologie, il pouvait se livrer à l'étude...

A toutes les époques, mais surtout à partir du XIIe siècle, il existe, dans le monde des laïcs, des hommes qui savent le latin, surtout chez les nobles, mais aussi chez les marchands: les témoignages réunis par J. W. Thompson, tout en valant surtout pour les nobles, le montrent. Mais un autre phénomène a pris de plus en plus d'ampleur: celui par lequel les hommes étrangers aux Lettres et à la Grammaire, c'est-à-dire au latin, qui méritaient, à ce titre, le nom d'*illitterati*, ont lentement monté vers une véritable culture dans la langue qu'ils parlaient et comprenaient, leur langue maternelle.

Grâce à saint Bède († 735) et à ses disciples, il y eut très tôt, en Angleterre, une littérature historique et même religieuse (parties de l'Ecriture) en saxon[24]. On trouve de même, au Xe siècle, en Allemagne, un certain nombre de traductions en langue maternelle, ainsi que des écrits populaires et des poèmes rédigés en latin pour les laïcs[25]. Au début du XIe siècle, en Italie, les Communes commencent à créer leurs écoles à côté des écoles d'Eglise: il se forme, petitement, une classe de laïcs cul-

---

[21] Plusieurs exemples dans DE LUBAC, op. cit., 291-292; expressions de ce genre très fréquentes dans le Bx JOURDAIN DE SAXE († 1236), *Epistulae* (éd. A. WALZ, Rome 1951): ainsi *Ep.* 15 (p. 16); *Ep.* 21 (p. 25); *Ep.* 29 (p. 34).

[22] BARTHÉLEMY DE LUCQUES, *Historia ecclesiastica nova*, XXIII, 4 (éd. MURATORI, XI, 1166). Vers le même temps, GILLES DE ROME, *De ecclesiast. potestate*, II, c. 13 (éd. R. SCHOLZ, Weimar 1929, 127), parle de clercs plus *litterati* que les autres et qui, cependant, n'ont pas de juridiction. YVES DE CHARTRES, *Ep.* 89 (PL 162, 110), écrivant à Pascal II, avait présenté Etienne de Garlande, patronné par le roi pour l'évêché de Beauvais, comme « hominem illitteratum, aleatorem, mulierum sectatorem ».

[23] S. THOMAS, *Contra impugnantes*, c. 4 (éd. Marietti, n. 130): « propter litteratorum inopiam », « ergo saluberrime aliqua religio instituitur, in qua sint homines litterati et studio vacantes ».

[24] Cf. GRUNDMANN, ét. cit., 35s (références à études).

[25] Cf. THOMPSON, op. cit., 85s.

tivés, selon les besoins de leur profession [26]. En France également. Cet état de choses s'améliore nettement au XIIe siècle: en Italie du Sud avec le comte Roger II, les Normands, Barberousse; en Italie du Nord, avec les Communes [27]. En France, car le XIIe siècle est le siècle de la France, on assiste à un développement nouveau, très notable, d'une culture latine chez les femmes [28], à un accroissement du nombre des laïcs qui savent le latin (témoignage caractéristique de Philippe de Harvengt au milieu du siècle: il n'est plus nécessaire d'être clerc pour étudier les *litterae* [29]), enfin à un développement très considérable d'une culture en langue maternelle, non seulement dans le domaine de la littérature épique ou courtoise, mais dans celui de l'historiographie et même dans celui des connaissances religieuses, bibliques, patristiques, morales ou dévotionnelles [30]. Au XIIe siècle également, sous les Hohenstaufen, des écoles pour laïcs, avec des maîtres laïcs, se fondent en Allemagne [31]. Le mouvement ne fait que s'amplifier au XIIIe siècle: il existe de plus en plus des laïcs cultivés parmi les nobles, les marchands ou les bourgeois, les fonctionnaires publics et les légistes, les médecins. Une étude portant sur 35 médecins du XIIIe siècle au sujet desquels nous possédons quelques renseignements, montre que 17 étaient certainement clercs, 6 peut-être clercs, 5 peut-être laïcs et 4 certainement laïcs; parmi les trois autres, on manque de données sur deux et le troisième apparaît comme frère convers, donc sans doute d'abord laïc [32]. Il n'est donc pas exact d'écrire:

---

[26] Cf. SAPORI A., *Studi di storia economica medievale* (*Bibl. storica Sansoni*, 5), Florence, 2de éd., 1947, 285 (en 1020 à Florence, Ravenne, Sienne, Bologne, Pistoie, Salerne). Pour la France et surtout l'Italie, cf. THOMPSON, op. cit., 134; DELHAYE PH., *L'organisation scolaire au XIIe siècle*, dans *Traditio* 5 (1947) 211-268 (cf. p. 213).

[27] Cf. THOMPSON, op. cit., 70-73.

[28] Ibid. 132. Nombreuses études particulières.

[29] PHILIPPE DE HARVENGT, *De institutione clericorum*, c. 110 (PL 203, 816s) et *Epist.* 15 (col. 148-149): « Qui si forte litteras didicit, quorum scientia non est tantummodo clericorum, multi enim noverunt litteras in gradu sive ordine laicorum ». Voir LANDGRAF A., *Zum Gebrauch des Wortes « clericus » im 12. Jahrh.*, dans *Collectanea franciscana* 22 (1952) 74-78.

[30] Littérature épique et courtoise: PARÉ G., BRUNET A., TREMBLAY P., *La renaissance du XIIe siècle. Les écoles et l'enseignement*, Paris-Ottawa 1933, 47-53. Histoire: THOMPSON, op. cit., 145-146. Religion: GRUNDMANN, ét. cit., 56s. 60. Il faudrait évoquer ici la très abondante littérature des « miroirs » et des livres de vie chrétienne: DUFOURCQ A., *Hist. mod. de l'Eglise*, VI, 2de éd., 536. 640s. et, pour l'ensemble, LANGLOIS CH. V., *La vie en France au moyen âge*, III-IV, et *La vie spirituelle, enseignements, méditations et controverses d'après les écrits en français à l'usage des laïcs*, Paris 1923; RICHÉ P., *L'instruction des laïcs au XIIe siècle*, dans *Mélanges Saint Bernard...*, Dijon 1954, 212-217.

[31] Cf. LIMMER R., *Bildungszustände u. Bildungsideen des 13. Jahrh.*, 1928.

[32] Cf. VERCAUTEREN F., *Les médecins dans les principautés de la Belgique et du Nord de la France, du VIIIe au XIIIe siècle*, dans *Le Moyen Age* 57 (1951) 61-92. Sur les clercs, et même les moines, médecins, cf. LESNE, op. cit., 683s.

« Toutes les carrières libérales, au XIII° siècle, sont le monopole des clercs. Non seulement maîtres ès arts, mais juristes de l'un et l'autre droit, médecins eux-mêmes, tout ce monde appartient normalement à la cléricature » [33].

Ce n'est vrai que pour la grande majorité des cas. On assiste dès lors aux débuts d'un monde, celui dont M. G. de Lagarde a étudié la naissance dans l'ordre des idées socio-politiques. Le temps n'est pas loin où le théoricien le plus extrême d'un tel monde laïc, Marsile de Padoue, pourra réclamer la participation au concile général, de laïcs (non clercs) « litterati et in lege divina periti », tandis qu'il dénoncera, parmi les hommes d'Eglise, nombre de « divinarum litterarum ignari, idiotae ac indisciplinati » [34]. Réagissant aussi et vers le même moment contre une conception toute cléricale de l'Eglise, Guillaume d'Ockham proclamait aussi que, parfois, les laïcs sont plus *litterati* et connaissent mieux l'Ecriture que les clercs [35] ! Ceux-ci perdent de plus en plus, au cours des XIV° et XV° siècles, le quasi monopole de la culture [36]. Il est évident que l'avènement du livre imprimé, au milieu du XV° siècle, ne fera que multiplier les chances d'une individualisation de la culture et d'une indépendance du monde laïc. Ce dont l'Humanisme et la Réforme profiteront autant l'un que l'autre. Il ne peut plus être question, dès lors, de laïcs *illitterati* ni de monopole clérical des Lettres.

II. – LAICUS = ILLITTERATUS, IDIOTA

C'est dans le cadre de l'histoire que nous venons de résumer à très grands traits, que s'inscrivent les textes si nombreux qui supposent ou établissent un lien, voire même une équivalence, d'un côté entre

---

[33] MANDONNET P., *Dante le théologien...*, Paris 1935, 27 (au bénéfice de sa thèse sur Dante, clerc).
[34] MARSILE DE PADOUE, *Defensor Pacis*, II, 20, § 13 (éd. SCHOLZ R., *M. G. H.*, *Fontes Iuris Germ. ant.*, 1932, 400); sur les *idiotae* dans des emplois ecclésiastiques, cf. ibid., II, 24, § 2 (p. 453) et § 10 (p. 457s); II, 8, § 9 (p. 229). *Indisciplinati* = non formés aux disciplines du savoir. Nombreux exemples de ce manque de connaissance dans COULTON, op. cit., 49s, qui (p. 52) cite aussi Marsile.
[35] Références dans DE LAGARDE G., *La naissance de l'esprit laïque au declin du moyen âge*, V, *Guillaume d'Ockham...*, 2de éd., Louvain et Paris 1963, 41.
[36] Sur les grands changements qui surviennent alors, PIRENNE H., *Hist. de l'Europe des invasions barbares au XVI° siècle*, Paris-Bruxelles 1939, 393-433. Voir quelques indications dans SCHNÜRER G., dans HASHAGEN J., *Kulturgeschichte des Mittelalters*, Hambourg 1950, dans OEDIGER Fr. W., *Über die Bildung der Geistlichen im Späten Mittelalter*, Leyde-Cologne 1953, 136-137. Un signe: en 1387, à Winchester, sur 14 laïcs appelés à témoigner en une affaire, 11 étaient *litterati* : COULTON, op. cit., 41.

V

clericus et le fait d'être cultivé, ou en tout cas lettré, d'un autre côté entre *laicus* et le fait d'être sans « lettres », sinon sans culture. Guillaume de Tyr, chroniqueur de la première Croisade, écrit, en parlant de Beaudouin, frère de Godefroid de Bouillon et qui devait devenir le premier roi de Jérusalem:

« Quant il fu emfès [enfant], l'en volt qu'il fut clerc et aprist letres assez selonc son aage » [37].

Un moine de Cluse, Guillaume, écrit de même, peu après 1091, au sujet d'un chevalier bourguignon, nommé lui aussi Guillaume:

« Cum esset laicus et litterarum penitus ignarus, coepit tamen cum illis ita agere verbis latinis, ac si doctus fuisset » [38].

Abélard opposait, à la catégorie des femmes philosophes ou lettrées, celle des séculiers ou des « laïcs »:

« Quod si etiam post philosophos aut litteratas feminas, ad saeculares vel laicos venire delectat » [39].

Vers le même moment, le *Dialogus inter Cluniacensem et Cisterciensem Monachum* écrit tranquillement:

« Per mare laici saeculares, litteras et legem ignorantes » [40].

Pour eux sont faites les images, cet enseignement des illettrés, « laicorum litteratura » [41]. C'est ce que rappelait, en 1160, Jean de Salisbury, à propos de la série des papes représentés au Latran, foulant aux pieds les antipapes: « ubi hoc in visibilibus picturis et laici legunt » [42].

Philippe de Harvengt († 1183) est un témoin particulièrement instructif pour notre sujet (cf. note 29). Dans la société du XIIe siècle, l'étude des lettres était à ce point ordonnée à la science des Ecritures,

---

[37] Cf. *Recueil des Historiens des Croisades. Hist. Occidentaux*, I, 1: GUILLAUME DE TYR, X, c. 1, Paris 1844, 401.
[38] GUILLAUME DE CLUSE, *Vita Benedicti Abbatis Clusensis*, c. 19 (*M. G. H.*, *SS.*, XII, 206 (THOMPSON, op. cit., p. 62 et 76, n. 40).
[39] ABÉLARD, *Theologia christiana*, II (PL 178, 1201).
[40] *Dialogus...*, n. 40 (éd. cit. col. 1617).
[41] Cf. saint GRÉGOIRE, *Reg.* IX, 208, et XI, 10 (*M. G. H.*, *Epp.*, II, p. 195, l. 21 et 270): « nam quae legentibus scriptura, hoc idiotis praestat pictura cernentibus ». Les images, « laicorum litteratura »: WALAFRID STRABON († 849), *De rebus ecclesiasticis*, I, 8 (PL 114, 129; éd. KNÖPFLER A., 1899, 24): « quaedam litteratura illiterato »; HONORIUS AUGUSTODUNENSIS, *Gemma animae*, I, 132 (PL 172, 586): « laicorum litteratura »; SICARD DE CRÉMONE, *Mitrale*, I, 12 (PL 213, 40); etc. Voir PERDRIZET P., *Etude sur le Speculum humanae salvationis*, Paris 1908, 18s; GOUGAUD L., *Muta praedicatio*, in *Rev. Bénédictine* 42 (1930) 168-171.
[42] JEAN DE SALISBURY, *Epist.* 124, dans *The Letters of John of Salisbury*, I (ed. MILLOR W. J. et BUTLER H. E., Londres 1955, 208).

domaine propre des clercs, qu'on appelait couramment « clerc » celui qui s'y adonnait. Si l'on voyait un chevalier lettré à côté d'un prêtre inculte (*idiota*), on disait spontanément que le chevalier était meilleur clerc que le prêtre. On appellera le fils de Guillaume le Conquérant, Henri, « Beauclerc », en raison de son instruction, peu commune dans son milieu et pour un laïc. Il existe d'autres cas analogues [43]. A l'époque de Philippe de Harvengt, nous voyons de jeunes seigneurs lettrés réclamer certains privilèges de la cléricature, et le pape Alexandre III les leur refuser [44]. Philippe lui-même raconte: si l'on rencontre un moine pieux et qu'on désire savoir s'il est également savant, on lui demande: Etes-vous clerc? sans se soucier de savoir s'il est constitué dans les ordres et dans le service de l'autel. S'il est instruit, il répond: Oui, clerc; s'il ne l'est pas, il dit: Convers laïc. Le mot *clericus* avait ainsi une certaine ambiguïté, pouvant désigner aussi bien celui qui avait reçu la tonsure en vue du service de l'Eglise ou celui qui avait étudié les Lettres [45]. Cette ambiguïté, dont on avait conscience (cf. *supra* note 18, *Dial. inter Cluniac. et Cisterc.*), subsistait au XIIIᵉ siècle, comme on le voit par le texte de la Règle de saint François, « Clerici faciant divinum officium » [46], et par un texte de Sinibaldo Fieschi (Innocent IV) [47].

L'usage était si bien établi que, toujours d'après Philippe de Harvengt, nous voyons une moniale qui, dans sa jeunesse, avait écrit la biographie de quelque pieuse vierge, déclarer: c'est que j'ai été bon clerc ! voulant tout simplement signifier par là qu'elle avait été bien instruite des Lettres. Elle ne mettait pas le mot au féminin, remarque notre auteur:

---

[43] Cf. WENDELL DAVID CH., *The claim of King Henry I to be called Learned*, dans *Anniversary Essays in Medieval Hist. by Students of C. H. Haskins*, Boston 1929, 45-56, mis au point par THOMPSON, op. cit., p. 168s et 186, n. 33. – ORDÉRIC VITAL († peu après 1143), *Hist. eccles.*, III, c. 5 (PL 188, 240) écrit, au sujet de Raoul le Malcouronné, cinquième fils de Géro, grand bienfaiteur du monastère Saint-Evroul d'Ouche, près de Lisieux: « Clericus cognominatus est quia peritia litterarum aliarumque artium apprime imbutus est. Hic et Mala-corona vocabatur, eo quod in iuventute sua militaribus exercitiis et levitatibus detinebatur ». Ce Raoul ne s'était fait moine que sur la fin de sa vie.

[44] ALEXANDRE III, Epist. *Significatus est nobis*, du 26 avril 1176 (JAFFÉ-WATTENBACH, 12701). Cf. DELHAYE, ét. cit., 211.

[45] PIERRE LE CHANTRE († v. 1196), *Summa de Sacramentis et animae consiliis*, III, 2a, *Liber casuum conscientiae*, § 252 (ed. DUGAUQUIER J. A. [*Anal. Med. Namurc.*, 16], Louvain-Lille 1963, 256), écrivait: « Clericatus quandoque dicitur quilibet minor ordo, ut psalmista, lector, hostiarius, acolitha; quandoque dicitur clericatus litteratura... ».

[46] Cf. HARDICK L., *Gedanken zu Sinn und Tragweite des Begriffes « Clerici »*, dans *Arch. Francis. Hist.* 50 (1957) 7-20, admet, pour ce texte, le sens « qui savent lire le latin ».

[47] SINIBALDO FIESCHI, *Comm. in Decret.*, I, De elect. rub. 6, c. 7 (éd. Turin 1581, f. 19v, col. 2): « Qui autem omnino illitteratus est, omnino ordinari non debet ad aliquem ordinem. Si tamen ordinetur, potest dici quod ordinem accepit et clericus erit, quia inspecta prima origine clericatus, primi clerici dicebantur in sortem Domini electi ». Le sens génuine de *clericus* l'emportait sur son sens historique.

il n'existe pas de féminin de « clerc » comme il en existe un de « moine ».
Césaire de Heisterbach, qui rédige au début du XIIIᵉ siècle, rapporte
que, souvent, des « clercs » venant à l'Ordre cistercien, préféraient, par
humilité, se faire passer pour « laïcs », c'est-à-dire sans Lettres, que
commander aux autres, au titre, soit des ordres sacrés, soit du savoir [48].
Boniface VIII disait d'Arnaud de Villeneuve qui l'avait guéri: « iste
homo maior clericus mundi est » [49]. Clerc était synonyme de « cultivé »,
« lettré ». Dante écrivait:

> « Insomma sappi che tutti fur clerci
> e letterati grandi e di gran fama » [50].

Aussi bien « clergie » était-il, dans le français du XIIᵉ siècle, synonyme de « culture » [51]. Par contre, *laicus* était couramment associé à
illitteratus [52], tandis que l'identité mise entre « clerc » et « sachant les
Lettres » était telle qu'aux XIVᵉ et XVᵉ siècles, le fait de savoir lire (le
latin) fut souvent utilisé comme test pratique pour déterminer qui était
clerc et possédait, à ce titre, le bénéfice d'échapper éventuellement à la
juridiction des cours séculières [53]. Cette pratique, évidemment, donnait
lieu à bien des abus.

Le XIIIᵉ siècle nous apporte une riche moisson de témoignages. C'est
Jean de Garlande qui, parlant de son maître, Jean de Londres, *laicus
doctor*, dit de lui:

> « Omni litterula privatus, scivit et ivit ut laicus, sero vir Plato, mane rudis » [54].

---

[48] Césaire de Heisterbach, *Dialogus miraculorum*, dist. I, De conversione, 39
(éd. Stange J., Cologne 1851, 46-47): « Tanta est virtus humilitatis ut eius amore saepe
ad ordinem venientes clerici, laicos se simulaverint, malentes pecora pascere, quam libros
legere, satius ducentes Deo in humilitate servire quam propter sacros ordines vel litte-
raturam ceteris praeesse ».

[49] Cf. Finke H., *Aus den Tagen Bonifaz' VIII., Quellen*, p. xxx.

[50] Alighieri Dante, *Inferno*, XV, vv. 105-106.

[51] Chrétien de Troyes dans *Cligès* écrivait: « Que Grèce eut de chevalerie – le
premier prix et de clergie. – Puis vint chevalerie à Rome – et de la clergie la somme, –
qui or est en France venue ».

[52] Deux témoignages contemporains: Agostino Trionfo, *Summa de potestate ecclesiastica*, CI, 5 (éd. Rome 1584, 407): « Papa praeest contemplativis et activis viris de
Ecclesia, quia praeest pastoribus et ovibus, religiosis et clericis, litteratis et laicis »; G.
de Ockham, *Contra Ioannem XXII*, c. 14 (éd. Offler, *Opera politica*, III, 63): « Litteratis in sacra Pagina eruditis est illicitum ignorare spectantia ad fidem quae illitteratis
et laicis minime sunt ignota ».

[53] Voir Grupp G., *Kulturgeschichte des Mittelalters*, IV, 3ᵉ éd., Paderborn 1924,
2, et de nombreux faits dans Gabel L. G., *Benefit of Clergy in the Later Middle Ages* (*Smith
Coll. Studies in Hist.*, XXIV, 1-4), Northampton, Mass., 1928-1929. Cf. Le Bras G., cité
infra, note 68.

[54] Jean de Garlande, *De triumphis Ecclesiae* (éd. Wright T., Londres 1856, 53)
(cité par Callus D. A., *Introd. of Aristotelian Learning to Oxford : Proceedings of the British Acad.*, XXIX [1943] 229-281 [p. 241].

C'est Jourdain de Saxe annonçant à la B[se] Diane d'Andalo qu'il a donné l'habit de frère prêcheur à trente jeunes hommes, tous « competentis litteraturae », excepté deux convers, qui étaient *laici,* c'est-à-dire sans Lettres[55]. Alexandre de Brême, Franciscain qui a commenté l'Apocalypse dans la première moitié du siècle, écrit:

« [*Beatus*] *qui legit,* ut litterati vel clerici, *et qui audit,* ut laici...; quod supra dictum est de laico, intelligatur esse homo nullius sacri ordinis, nullaque liberali arte instructus »[56].

Cette équivalence entre *litteratus = qui legit,* et *illitteratus, laicus = qui audit,* se retrouve assez souvent[57]. Elle est évidemment en rapport avec la désignation de celui qui enseigne comme *lector.*

Saint Bonaventure, commentant la Règle franciscaine, écrit:

« Curiositatem laicorum cohibet, dicens: *Et non curent nescientes litteras,* id est laici, *litteras discere* »[58].

Dès lors, comme aujourd'hui encore, on disait de quelqu'un qu'il était « grand clerc » pour dire qu'il était très savant[59]. Un laïc peut être sage et de bon conseil – les « prudhommes » de saint Louis sont souvent des laïcs, comme Joinville –, le mot n'en comporte pas moins, par lui-même, une nuance de moindre culture, et aussi de moindre considération[60]. Jean de Gènes, dans son *Catholicon,* ce « Larousse » de 1286, définit ainsi le mot *Laicus*: « id est idiota »[61]. En 1345, les cardinaux objectaient, à Rome, à la désignation de Thomas Hatfield comme évêque,

---

[55] JOURDAIN DE SAXE, *Epist.* 21 (éd. WALZ A., dans *Mon. Ord. Praed. Hist.,* 23, Rome 1951, 25). Il est dit également, dans le procès de la canonisation de saint Dominique (1233), déposition de fr. Jean d'Espagne, dans *Monum. Ord. Fr. Praedic. Hist.,* 26 (Rome 1935, 244): « Voluit dictus frater Dominicus, quod conversi eius Ordinis illitterati praessent fratribus litteratis in administratione ».
[56] ALEXANDER MINORITA, *Expos. in Apocalypsim,* hrsg. v. WACHTEL Al., dans *M. G. H. Quellen z. Geistesgesch. des MA,* 1, Weimar 1955, 11, lin. 10-14.
[57] Cf. GRUNDMANN, ét. cit., 44; RICHARD DE SAINT-VICTOR, *In Apoc.* I, c. 1 (PL 196, 645): « In eo quidem quod dicit *qui legit,* designat litteratos sive doctores; in eo autem quod dicit *qui audit,* exprimit laicos sive auditores ».
[58] S. BONAVENTURE, *Expos. super Regulam Fr. Minorum,* c. 10, n. 6 (éd. Quaracchi, VIII, 433).
[59] Ainsi SALIMBENE, *Chronica* (ed. HOLDER-EGGER, 434), parlant d'Eudes Rigaud: « Unus de maioribus clericis de mundo ». Cf. l'anecdote rapportée par JOINVILLE, *Hist. de saint Louis,* c. 10 (éd. en texte original et en français modernisé par N. DE WAILLY, Paris 1877, 37).
[60] Témoin ce texte de HUMBERT DE ROMANS, *Opus tripartitum,* I, c. 27 (ed. BROWN, dans *Fasciculus rerum exspectand. ac fugiend.,* 205-206): « Aliud est quod cum consilio sapientum tam litteratorum quam etiam laicorum, et maxime nobilium »; il s'agit de préparer le concile général de Lyon, qui doit lancer une nouvelle Croisade.
[61] IOANNES (BALBI) DE IANUA, OP, *Summa quae vocatur Catholicon,* s. v. *Laicus.*

faite par le roi d'Angleterre, que le candidat était «levis et laicus»; mais le pape Clément VI répondait que si le roi d'Angleterre demandait qu'on nommât évêque un âne, il agréerait sa requête... [62].

Idiota, qu'on rencontre assez souvent, est bien voisin d'*illitteratus*: le texte des *Actes* (4, 13) le suggérait déjà, qui disait des Apôtres: «homines sine litteris et idiotae». Mais on le voit bien par ce coutumier de Cluny qui permettait à deux moines de manquer la messe conventuelle pour s'occuper de la cuisine, surtout s'ils étaient *idiotae*, et qui prévoyait que le Père linger surveillerait la redistribution des vêtements après le lavage annuel, pour qu'un *idiota* n'aille pas prendre d'autres effets que ceux sur lesquels son nom était inscrit [63]: un *idiota* ne savait pas lire. Il est de même prévu, dans le coutumier d'Abington que le frère chargé des aumônes n'est pas pour autant dispensé de la messe conventuelle, «nisi illitteratus fuerit»; à Hirschau, on emploie *idiota* pour le même cas. Les deux expressions sont synonymes: un Chapitre Prémontré précise que l'élection d'un Abbé est nulle «si sit idiota, hoc est illitteratus» [64]. On pourrait multiplier les preuves [65]. Le rapprochement entre *idiota* et *illitteratus* est tel que, tout comme ce dernier mot, le premier peut désigner simplement quelqu'un qui ne sait pas le latin. Ainsi saint Bède a-t-il traduit en langue populaire le Symbole et le

---

[62] Cité par PANTIN W. A., *The English Church in the Fourteenth Century*..., Cambridge 1955, 13 (d'après le *Chronicon Angliae 1328-1388*, ed. THOMPSON E. M., Rolls Ser., 1874, 20).

[63] PL 149, 727 et 762 (COULTON, op. cit., 45).

[64] *Chron. Abingdon.* Rolls Ser., II, 404; HERRGOTT, *Vetus disciplina Monast.*, Paris 1726, 467; *Coll. Anglo-Prem.*, I, 124 (COULTON, op. cit., 45-46 et note corr.).

[65] Saint PIERRE DAMIEN, *Vita S. Romualdi*, 4 (PL 144, 959): «quia saeculum idiota reliquerat»; Saint BERNARD, *In Cant.*, serm. 65 et 66 (PL 183, 1093s), au sujet des hérétiques de son temps. Cf. HENRI D'ALBANO, *Epist.* 29 (PL 204, 236), alors encore Abbé de Clairvaux, au sujet du chef des hérétiques néomanichéens de Toulouse en 1178: «licet tamquam laicus idiota nil saperet»; on voit par le récit parallèle du légat PIERRE, cardinal du titre de Saint-Chrysogone (cf. PL 204, 240-241), qu'il s'agissait de l'ignorance *du latin*. Ce motif revient plusieurs fois dans l'histoire des hérésies populaires du XIIᵉ siècle. Les Pauvres de Lyon se réclamaient du cas des Apôtres: «primi apostoli idiotae et sine litteris fuerunt. Et isti omnes, licet laici [= sans Lettres] verbum Dei praedicaverunt. Quare et nos eorum actus imitantes, repellendi non sumus, immo audiendi» (dans BERNARD DE FONTCAUDE, *Contra Valdenses*, IV, 15 [PL 204, 809]). Les Constitutions synodales de Paris, 1197 (MANSI, XXII, 683), signalaient le danger de contamination hérétique dans la prédication des «ignari et illiterati». Revenons au monde catholique. Saint FRANÇOIS D'ASSISE, dans son Testament, c. 4: «Et eramus idiotae et subditi omnibus», ou le chroniqueur THOMAS DE SPALATO, *Hist. Salonit.* (*M. G. H., SS.*, XXIX, 580), au sujet de François lui-même, «homo idiota», par opposition aux «litterati». *Idiota* avait, dans l'antiquité, davantage le pur sens de «laïc», homme non qualifié, par opposition à: gouvernant, élite. Voir GRUNDMANN, ét. cit., 6, qui donne aussi d'autres exemples, p. 54s. 63.

Pater, à l'usage de nombreux prêtres *idiotae* qui devaient les enseigner[66]. Gilbert de Limerick, vers 1130, écrivait de même aux évêques d'Irlande, pour les presser de s'aligner sur la langue et l'usage de l'Eglise universelle, c'est-à-dire romaine:

« Quid enim magis indecens aut schismaticum dici poterit, quam doctissimum unius ordinis in alterius ecclesia idiotam et laicum fieri » ? [67].

Changeant d'Eglise, on se trouverait comme un ignorant ou un laïc, puisqu'on ne comprendrait plus la langue... *Idiota* était ici nettement dépréciatif. Il faut cependant ajouter que *idiota* prend facilement, dans la littérature religieuse, une valeur positive qu'*illitteratus* n'a pas, celle de simplicité. L'*idiota* est souvent l'homme simple et sans jactance.

Ces valeurs médiévales de *laicus* et de *clericus* ont eu, et ont encore, leur répercussion dans les langues de l'Europe occidentale. En français ancien, le mot « clergie » signifiait « science », « érudition »[68]; de même « Clerckdom » en suédois[69]. En allemand, en néerlandais et en anglais ancien, *clerk* désigne l'homme rompu aux écritures et sachant le maniement des livres[70]. Cela vient directement des usages médiévaux des mots *laicus* et *clericus*, opposés comme celui qui ne sait pas et celui qui sait user des livres[71]. L'anglais moderne a gardé cet usage, *clerk* y désigne l'employé ou le commis, le caissier dans un magasin. En français, nous avons l'expression « clerc de notaire ». Un « laïc », par contre, sera un ignorant. En allemand, depuis le XIVe siècle, le mot *Laie* désigne celui qui n'est pas « Fachmann » et, aujourd'hui encore, il signifie amateur (en sport, par exemple), non spécialiste, celui qui n'a pas de formation ou de qualification dans une matière donnée. Le *Idiota de staticis experimentis* de Nicolas de Cuse est traduit « Der Laie über Versuche mit der Waage ». Le sens n'est évidemment pas péjoratif. L'usage du mot est ancien. Il n'est cependant pas impossible que cette signification de

---

[66] S. Bède, *Epist. ad Egbert.*, 5 (*Opera historica*, éd. Plummer, Oxford 1896, 409).
[67] Gilbert de Limerick, dans PL 159, 995.
[68] Outre *supra* note 51, voir Du Cange, II, 393, 3e col. (éd. de 1842): Le Bras G., *Le privilège de clergie en France dans les derniers temps du moyen âge*, dans *Journal des Savants* (1922) 163-170; (1923) 253-260; Willis R. S., *« Mester de clerecia »*. *A definition of the « Libro de Alexandre »*, dans *Romance Philology* 10 (1956-1957) 212-224.
[69] Cf. Klintorph E., *Dissertatio historica de distinctione fidelium in clericos et laicos...* Londoni Gothorum (Lund, Suède) 1766, 15-16.
[70] Cf. Verwijs & Verdam, *Middelnederlandsch Woordenboek*, III, 1894, 1531s; Wattenbach W., *Das Schriftwesen in Mittelalter*, 3e éd., 1896, 426s (cité par Oediger, op. cit., p. 53, note 1).
[71] Wattenbach, op. et loc. cit. note préc.; Saint Bonaventure, *Hexaemeron*, II, 20 (ed. Quaracchi, V, 340): nous sommes devant le livre de la création « sicut laicus nesciens litteras et tenens librum, non curat de eo ».

Laie ait été favorisée par le fait de la Réforme. La distinction du « clerc » et du « laïc » s'est, en effet, maintenue dans le protestantisme, mais elle n'y avait plus, en principe, le sens que fondait, dans l'Eglise, la doctrine du ministère, et prenait celui d'une simple différence entre théologien et non-théologien [72].

Au moyen âge, dans une société très hiérarchisée et stable, chacun avait son *ordo*, son *status*, avec les devoirs et les droits, les privilèges et les signes extérieurs correspondants. Le *laicus* avait les siens, et le *clericus* les siens; chacun devait rester à sa place. Césaire de Heisterbach nous raconte que le cardinal Henri d'Albano, ancien Abbé de Clairvaux, prêchant comme légat la Croisade en Allemagne, chevauchait en compagnie d'autres cisterciens, dont un frère lai. Le légat pria ce dernier de dire quelque chose d'édifiant, mais le frère se récusa:

« Ille primum se excusans, dicens laicum non debere litteratis aliquid loqui » [78].

Nous avons déjà vu la Règle franciscaine ordonner que chacun suive les convenances de son état (cf. note 58). Saint Bonaventure, l'expliquant à un jeune maître attiré par l'Ordre, et qui n'était autre que Roger Bacon, la commentait en ce sens, en citant saint Paul, I Cor. 7, 17 et 24 [74].

Une distinction aussi tranchée, affectée d'une valeur de hiérarchie et de privilèges, devait susciter des oppositions et des jalousies. Henri d'Albano, que nous venons de rencontrer, après avoir comparé laïcs et clercs, respectivement, à Caïn et Esaü d'un côté, Abel et Jacob de l'autre, ajoute:

« Non mirentur sacerdotes cum vident hodie laicos invidiae stimulis agitari... » [75].

---

[72] Fait clairement exprimé, par exemple, par TRILLHASS W., *Stellung und Aufgabe der Theologie in der evangelischen Kirche*, dans *Theol. Literaturzeitung* 79 (1954) col. 195-200 (col. 198). Cf. LIERMANN H., *Laizismus und Klerikalismus in der Gesch. d. evangelischen Kirchenrechts*, dans *Zeitsch. d. Savigny-St. z. Rechtsgesch.* 70. Kan. Abt. 39 (1953) 1-27 (cf. p. 4). C'est dans le même sens que la Conférence oecuménique d'Amsterdam a conclu, en 1948: cf. PHILIPS G., *Le rôle du laïcat dans l'Eglise*, Tournai-Paris 1954, 20.

[73] CÉSAIRE DE HEISTERBACH, *Dialogus miraculorum*, dist. 4, c. 79 (éd. STANGE, I, 47).

[74] Edit. Quaracchi, VIII, 334 (n. 10), ou mieux, éd. DELORME F. M., dans *Archivio ital. per la storia della pietà* I (1951) 216 (n. 13): « Dico quod Regula non vetat studium litteratis, sed laicis et illitteratis. Vult enim iuxta Apostolum quod unusquisque in ea vocatione in qua vocatus est, permaneat, ut ad clericatum de laicatu nullus ascendat. Nec vult quod clerici efficiantur laici studium recusantes ».

[75] HENRI D'ALBANO, *De peregrinante civitate Dei*, tr. X (PL 204, 326); la suite développe longuement l'application des types d'Esaü et Jacob aux laïcs et aux clercs.

Entre ce témoignage, qui est des environs de 1187, et la bulle fameuse de Boniface VIII, « Clericis laicos infestos oppido tradit antiquitas », du 25 février 1296 [76], on pourrait citer par douzaines des témoignages de même sens. Ce n'est pas de notre sujet. Mais cela nous aide à comprendre l'anecdote suivante, que nous rapporte un humaniste assez anticlérical de l'époque d'Erasme, Henri Bebel († 1518): un paysan inscrit son garçon à l'école, le jour de la fête de saint Grégoire, selon la coutume du lieu. Le soir, revenant de son premier jour de classe, le petit joue, comme il le faisait auparavant, avec ses camarades campagnards, mais son père le rappelle en disant: « Abi, fili, a laicis ! Oppido enim infesti sunt doctis » [77] !

III. – CONSÉQUENCE: UNE CERTAINE DÉPRÉCIATION DES LAÏCS

Laicus ne pouvait guère éviter d'être affecté d'une valeur dépréciative, d'éveiller l'idée d'infériorité. Les témoignages abondent. Nous en avons cité, dans *Jalons pour une Théologie du laïcat*, concernant et justifiant les réticences de la hiérarchie ecclésiastique à laisser les laïcs lire l'Ecriture sans discernement, en raison de leur ignorance [78]. Certaines façons de parler des laïcs nous choqueraient aujourd'hui. Elles ne rendaient pas tout à fait le même son à une époque où la hiérarchie des situations était généralement acceptée, où l'estime des activités supérieures de l'esprit s'imposait, et où, enfin, le franc parler, sans édulcorations de politesse bourgeoise, était une loi universelle (on appelait un bâtard « bâtard », etc.).

Nicolas de Clairvaux, qui avait été secrétaire de saint Bernard et l'était devenu de Henri Ier le Libéral, comte de Champagne, écrivait à celui-ci:

« Vetus enim proverbium est, et ore veterum celebrata sententia: Quantum a belluis homines, tantum distant a laicis litterati » [79].

---

[76] C. 3, VI, 'De immunitate' 3, 23 (FRIEDBERG, II, 1062); MIRBT, *Quellen z. Gesch. d. Papsttums*, n. 369.
[77] BEBEL H., *Facetien. Drei Bücher*, hrsg. v. BEBERMEYER G., 1931, II, 5 (cité par OEDIGER, op. cit., p. 58, note 3).
[78] Cf. pp. 437-440, 575 note 60.
[79] NICOLAS DE CLAIRVAUX, dans PL 196, 1651, ou BOUQUET, *Historiens de la France*, XVI, 700. Comparer *Carmina Burana* (éd. SCHMELLER, 1894, n. 101, p. 179): « litteratos convocat – decus virginale, – laicorum execrat – pecus bestiale ».

V

L'ignorance laissait un homme dans une condition qui ressemblait à celle des bêtes. Aelfric, moine d'Eynsham, dans son *Colloquium*, qui est un manuel de conversation latine des toutes premières années du XIe siècle, demande aux élèves: « Cur tam diligenter discitis » ? Et ceux-ci répondent:

« Quia nolumus esse sicut bruta animalia, quae nihil sciunt, nisi herbam et aquam » [80].

Ne pas comprendre, c'est être comme les bêtes brutes [81]. C'est dans ce sens très objectif et presque technique, qu'il faut comprendre les nombreux textes médiévaux où les *laici*, c'est-à-dire les illettrés, sont comparés à des bêtes ou à des ânes: l'âne étant ici la bête parfaite, comme le supposent encore certaines locutions populaires, et l'ancien « bonnet d'âne » de nos écoles. Les laïcs étaient des *iumenta* [82]. On leur appliquait, dans leurs rapports avec les clercs, les images ou les versets bibliques, « Tu n'attelleras pas ensemble un boeuf et un âne » [83], « Les boeufs laboureraient, les ânesses paissaient à leur côté » [84], ou encore l'image de Balaam et de son ânesse [85]. Ces comparaisons n'avaient pas alors un caractère aussi désobligeant que de nos jours.

---

[80] Edit. GARMONSWAY G. N., p. 18s; cité par COULTON, op. cit., 194-195.

[81] JEAN DE SALISBURY, *Policraticus*, IV, 6 (PL 199, 524), citait un proverbe alors très répandu: « Rex illitteratus est quasi asinus coronatus »; cf. DE LUBAC, op. cit., 292. PHILIPPE DE HARVENGT, *Epist.* 16 (PL 203, 149), au comte de Flandres Philippe (après 1168): « Princeps quem non nobilitat scientia litteralis, non parum degenerans sit quasi rusticanus et quodammodo bestialis »; ROBERT GROSSETÊTE, *Epist.* 72 (éd. LUARD, Rolls Ser., 1861, 219); ROGER BACON, *Opera quaedam hactenus inedita* (éd. J. S. BREWER, Rolls Ser., 1859, 413), au sujet des clercs qui récitent l'office sans le comprendre. Cf. PIERRE DAMIEN, cité *supra*, note 14.

[82] HENRI D'ALBANO, op. cit., tr. IV (PL 204, 288), « iumenta insipientia », parce que ne tenant pas la chasteté; ROBERT GROSSETÊTE, *Epist.* 72 (éd. LUARD, 1861, 219), « iumenta ». Même saint THOMAS D'AQUIN, *Summa theol.* I-II, q. 102, a. 8, ad 8, admet l'équivalence *iumenta = populares homines*.

[83] *Deut.*, 22, 10: appliqué par les canonistes à l'association de laïcs avec les clercs dans les offices ecclésiastiques: Cox R. J., *A Study of the Juridic Status of Laymen in the Writings of the Medieval Canonists*, Washington 1959, p. 63, note 10.

[84] HUGUES DE SAINT-VICTOR, *De sacram.*, I, pars 10, c. 3 (PL 176, 332); maître BANDINUS, *Sent.*, III, d. 24 (PL 192, 1082); cf. HUMBERT DE ROMANS, cité *infra*, note 89. Le texte latin porte *pascebantur*, auquel on donnait le sens de: se nourir sous la conduite de pasteurs.

[85] *Decretum Gratiani* post c. 41 C. 2 q. 7 (FRIEDBERG, 496); sainte HILDEGARDE, *Epist.* 92 (PL 197, 313) et cf. 46 et 51 (col. 157 et 261); INNOCENT III, lettre *Cum ex iniuncto* à l'Eglise de Metz, 12 juillet 1199, reprod. dans C. 12, X, V, 7 (FRIEDBERG, II, 786); Bx. JOURDAIN DE SAXE, sermon de Saint Martin, à Oxford, 11 nov. 1229, développe la comparaison en critique des clercs charnels: « Balaam super asinam sedebat, et isti super populum simplicem, ei dominantes » (cf. LITTLE A. G. & DOUIE D., *Three sermons of Friar Jordan of Saxony, the successor of St. Dominic, preached in England, A. D. 1229*, dans *The English Hist. Rev.* 54 [1939] 1-19 [p. 11]).

Elles appartenaient cependant à un univers culturel où l'illettré, c'est-à-dire le laïc, était quelque peu méprisé [86]. Césaire de Heisterbach, cistercien passablement théocrate, comparaît les clercs au jour et les laïcs à la nuit [87]; cela relevait de la typologie classique des deux pouvoirs: or et plomb, astre du jour et astre de la nuit, etc. [88]. Un homme aussi averti et modéré qu'Humbert de Romans, et encore, s'adressant ou censé s'adresser à des laïcs, développait tranquillement ces vues [89]. Elles faisaient depuis des siècles partie de l'idéologie de la supériorité du « spirituel » sur le « temporel ». On utilisait également pour cela la comparaison entre l'âme et le corps, l'âme, évidemment, ayant la connaissance et commandant au corps [90].

La distinction entre clercs et laïcs a souvent tourné en distinction entre ceux qui sont voués aux choses du ciel et ceux qui sont voués à celles de la terre. Tel a été, en particulier, le résultat de la lutte, si nécessaire d'autre part, menée victorieusement par l'Eglise, en Occident, contre l'emprise laïque sur les organismes ecclésiaux et la nomination des prêtres. On ne se contenta pas de distinguer, on opposa. Nous avons déjà montré [91] comment, a partir de la fin du XIᵉ siècle, on a aimé représenter les laïcs groupés derrière l'empereur, les clercs groupés derrière le pape. Chacun avait ses *negotia :* les laïcs avaient les *saecularia*, les clercs

---

[86] Voir CURTIUS E. R., *La littérature europ*·*enne et le moyen âge latin*, trad. BRÉJOU, Paris 1956, 261.

[87] CÉSAIRE DE HEISTERBACH, *Homiliae festivae*, in Dom. 2 Adv. (édit. COPPENSTEIN, Cologne 1615, 172-173).

[88] Documentation immense. Voir LEVISON W., *Die mittelalterliche Lehre von den beiden Schwerten*, dans *Deutsches Archiv f. Erforschung d. Mittelalters* 9 (1951) 14-42.

[89] Il vaut la peine de citer tout le passage d'un sermon-type *ad omnes laicos*, cf. *De eruditione Praedicatorum*, II, De modo prompte cudendi sermones..., tr. 1, c. 71, dans *Max. Bibl. Vet. Patrum*, XXV, Lyon 1677, 491: « Notandum quod sicut in mundo quaedam pars est superior, scilicet caelum, et quaedam inferior, scilicet terra; et in homine quaedam pars magis comprehensibilis, scilicet anima, et quaedam minus, scilicet corpus; et in tabernaculo quaedam pars sancta et quaedam pars sanctior, quae dicebatur 'sancta sanctorum': ita inter fideles Christi sunt duo genera hominum, scilicet clerici, qui sunt superiores dignitate et magis intelligentes per scientiam, et sanctiores debent esse quam laici, qui in his minus abundant. Ad notandum autem istam distinctionem sunt in ecclesiis christianorum duae partes, scilicet chorus, qui ad clerum pertinet, et navis, quae ad laicos. Notandum autem circa laicos, quod ipsi non debent ascendere ad scrutandum secreta fidei, quam tenent clerici, sed adhaerere implicite, iuxta illud Job [1, 14]: *Et boves arabant, et asinae pascebantur iuxta eos*: quod exponit Gregorius dicens quod asinae, id est simplices, debent esse contenti doctrina suorum maiorum. Item debent ipsis clericis, tamquam Dei ministris, exhibere reverentiam, quia sicut dicit Maximus in serm., dignitas quae ministris offertur, illi cuius ministri sunt, exhibetur... ».

[90] Ainsi HUMBERT DE SILVA CANDIDA, *Adv. simoniacos*, III, 21 (*M.G.H. Libelli de lite*, I, 225s; ROBERT PULLEYN, *Sent.*, VII, 7 (PL 186, 920); JEAN DE SALISBURY, *Policraticus*, V; au début du XIVᵉ s., Remigio de Girolami et Gui Vernani.

[91] CONGAR, *Jalons pour une théol du laïcat*, 325.

les *ecclesiastica* [92]; on disait aussi bien *terrena* et *spiritualia* : ainsi Robert Pulleyn [93], ainsi Hugues de Saint-Victor, qui fit beaucoup pour répandre la comparaison des laïcs et des clercs avec les deux côtés du corps [94]. Le côté droit, disait saint Bernard, est formé par les « spirituales viri ipsius Ecclesiae », le côté gauche par les « carnales » [95]. Saint Bernard n'identifiait pas les spirituels avec les clercs: c'était plutôt, pour lui, les moines. Au moment où saint Bernard parlait ainsi, Gratien recueillait, dans son *Décret*, un texte qu'il attribuait à saint Jérôme, *Duo sunt genera christianorum*, qui départageait les chrétiens en deux groupes: le groupe de ceux qui, se détournant du monde, s'adonnent aux choses spirituelles, et le groupe de ceux à qui les occupations du monde sont laissées et concédées [96]. Cette distribution des rôles n'a pu qu'être accentuée par la lutte entre les deux pouvoirs, qui a souvent mené à formuler une opposition entre le terrestre et le céleste, correspondant à la distinction entre laïcs et clercs, et à la subordination de ceux-là à ceux-ci. Cette opposition se trouve fréquemment chez les canonistes [97], puis chez les théologiens et polémistes de l'époque de Boniface VIII et des premiers papes avignonnais, au cours de la lutte engagée entre eux d'un côté, Ockham et Louis le Bavarois de l'autre; chez un Guillaume Amidani de Crémone, par exemple, l'ancienne comparaison hugonienne et bernardine des deux côtés du corps est reprise en ce sens que le côté gauche, celui des charnels, est identifié aux laïcs. Ils sont de l'Eglise, certes, mais « non ita nobiles in Ecclesia sicut clerici, nec ita abstracti ad divina » [98].

Le XIIe siècle avait été le siècle des écoles et d'un renforcement de l'autorité des clercs par le prestige attaché au savoir: les maîtres, les *litterati*, étaient l'élite de la société. Ils ont à la fois cette joie et cette supériorité de lire et de comprendre les saintes Lettres, source de toute

---

[92] Ainsi le cardinal HUMBERT, *Adv. simoniacos*, III, 9 (*M. G. H.*, *Libelli de lite*, I, 208): cf. CONGAR, *Jalons*, p. 33, note 34.

[93] ROBERT PULLEYN, *Sent.*, VII, 7 (PL 186, 920).

[94] HUGUES DE SAINT-VICTOR, *De sacram.*, II, pars 2, c. 3, 4 et 7 (PL 176, 417. 418 et 419s).

[95] S. BERNARD, *In Ps.* 90 sermo 7, n. 10 et 11 (PL 183, 205-206). Cf. ISAAC DE L'ETOILE, *Sermo* 53 (PL 194, 1870); HENRI D'ALBANO (*supra*, note 75).

[96] *Decretum Gratiani*, c. 7, C. XII, q. 1 (FRIEDBERG, 678); cf. nos *Jalons*, p. 27, note 21 et p. 29, note 26.

[97] Par exemple la *Glossa Palatina* à l'*Apparatus*, D. XXII, c. 1, ad v. *terreni*: « id est laicorum »; la Glose du ms. de Cambridge, Caius Coll. 676, au même endroit: « terreni imperii, id est laicorum, caelestia, id est clericorum... », citée par STICKLER A. M., *Sacerdotium et regnum nei Decretisti e primi Decretalisti...* (*Bibl. del Salesianum*, 27), Turin 1953, 18 et 21.

[98] GUILLAUME AMIDANI, *Reprobatio errorum*, dans SCHOLZ R., *Unbekannte kirchenpolitische Streitschriften...*, II, Rome 1914, 17.

sagesse [99]. Pendant longtemps encore l'idée á prévalu que le latin avait une force qu'aucune traduction ne peut rendre et que rien ne peut égaler la lecture des saintes Lettres en latin [100]! De plus en plus les prélats étaient recrutés parmi les gradués des écoles, bientôt des Universités; le vieux rêve, naturel à l'homme, de voir se rejoindre et coïncider savoir et pouvoir, tendait à se réaliser. Un signe modeste mais caractéristique: Innocent IV († 1254) justifiait le fait que des clercs plus instruits et représentant l'élite pussent, pour cette raison, recevoir de meilleurs bénéfices, et même en posséder plusieurs [101].

Il est certain que les laïcs, moins exercés dans la connaissance et l'expression abstraite de la doctrine, avaient, et ont encore besoin qu'on leur explique cette doctrine sous une forme simple et imagée. Saint Bonaventure disait justement, des *exempla :* « quod multum valet laicis, qui similitudinibus gaudent externis » [102]. Guillaume d'Auvergne avait dit, aussi justement:

« Laicis et minus capacibus leviter et simpliciter, litteratis et prudentibus... sapienter et sublimiter est loquendum » [103].

C'est la sagesse même. Saint Thomas est aussi de cet avis, tout en insistant sur la nécessité de donner *la même* doctrine aux simples qu'aux savants [104]. Mais son maître saint Albert s'exprimait en termes plus

---

[99] Au texte de Richard de Saint-Victor (cité *supra* note 57) ajouter ceux-ci, que cite DE LUBAC H., *Exégèse*, II/I, 382s. 386: ABSALON (DE SAINT-VICTOR), *Sermo* 30 (PL 211, 180), « viri litterati capaces verbi Dei»; un cistercien anonyme, « Arbores magnae et altae sunt viri litterati, viri in disciplina Domini eruditi..., in Scriptura sacra exercitati... » (cf. PITRA, *Spicil. Solesm.*, III, 487s); PIERRE LE MANGEUR, *Sermo* 12 (PL 198, 1755), « Beati ergo sunt litterati, quibus praesto est sacra Scriptura... »; *Sermo in Epiph.* (PL 171, 412), « Grandes enim in Ecclesia litteratos dicimus... ».

[100] CONTAMINE PH., dans *Recherches et débats*, 54 (1965) p. 168 note 1, a cité à ce sujet un texte significatif de PHILIPPE DE MÉZIÈRES adressé (v. 1380) au jeune Charles VI. Il en rapproche un texte de NICOLAS ORESME, en tête de sa traduction de l'*Ethique à Nicomaque*.

[101] INNOCENT IV, *Apparatus quinque librorum Decretalium*, Argentinae 1478, circa can. « De multa » (C. 28 X. III. 5): « Circa sublimes tamen et litteratas personas, quae maioribus sunt beneficiis honorandae... », et « Cum iam dudum » (18. X. III. 5); cités par BUISSON L., *Potestas und caritas. Die päpstliche Gewalt im Spätmittelalter*. Köln-Graz 1958, 110 et 96-97.

[102] S. BONAVENTURE, *Ars concionandi*, n. 39 (éd. Quaracchi, IX, 18).

[103] GUILLAUME D' AUVERGNE, *Ars praedicandi*, publié par DE POORTER A., *Un traité de prédication médiévale*, dans *Rev. Néoscolast.* 25 (1923) 192-209.

[104] Voir ses textes dans *Note sur la gnose ou l'enseignement religieux des savants et des simples selon saint Thomas*, dans *Notes et Communications du Bull. Thomiste*, 1931, 5-7. Noter cependant *Summa theol.* I-II, q. 102, a. 4, ad 4. On discutait, sur la fin du XIIIe s., la question de savoir « Utrum peccent praedicantes subtilia laicis vel rudibus, sicut de personis divinis vel relationibus vel consimilibus ? »: ainsi EUSTACHE DE GRAND-COURT (cf. GLORIEUX P., *La Littérature quodlibétique*, I, 238).

brutaux. Commentant un texte de Joël (I, II) parlant de froment et d'orge et ne reconnaissant pas là le procédé du parallélisme hébreu, il disait:

« Frumentum est refectio spiritualis quae clericis et religiosis proponenda est. Hordeum autem, quod grossum et asperum est, grossam signat doctrinam corporalibus similitudinibus propositam, quae laicis exhibenda est sicut iumentis. In signum huius panibus hordeaceis pavit Dominus turbas. Et cum laica peteret panem delicatum, respondit: Non est bonum sumere panem filiorum et mittere canibus... » [105].

Texte choquant par une sorte de morgue tranquille ! Pourtant, Albert était bien moins sévère pour les laïcs, bien moins systématiquement dénigrant que son contemporain Roger Bacon. Chez celui-ci, les termes désagréables abondent envers le « vulgus laicorum » [106], au nom d'une espèce d'aristocratisme de « sagesse », domaine propre et monopole des clercs [107]. Bacon ne pardonnait pas aux laïcs d'ignorer la philosophie, ce qui les amène à agir par pur empirisme... [108].

Tout ce qui précède nous a préparés à mieux comprendre un texte curieux de Jean de Paris, qu'il nous faudra cependant essayer encore d'expliquer. Dressant en 1302 une liste des raisons invoquées par ses adversaires hiérocrates, le dominicain parisien écrit:

« Dicunt quod clerici plus vigent ratione et intellectu quam laici, et debent regere in utroque » [109].

Etrange *dictum* : les clercs ont plus de vigueur d'esprit que les laïcs; le commandement leur revient (donc) au temporel comme au spirituel.

Sur le fond d'idées que nous avons exposées en apportant nombre de témoignages, s'était surimposé, après le milieu du XIIIe siècle, le thème aristotélicien du sage auquel il revient d'ordonner toutes choses et de commander aux autres parce qu'il a la connaissance de la fin et la

---

[105] S. ALBERTUS M., *In Joel enarratio* (éd. BORGNET, XIX, 141).
[106] ROGER BACON, *Opus tertium* (éd. BREWER, 11).
[107] Aux clercs, la sagesse, aux laïcs, les *mechanica* ! cf. ROGER BACON, *Compendium studii*, c. 4 (éd. BREWER, 420s).
[108] ROGER BACON, *Opus tertium*, c. 10 (éd. BREWER, 34); c. 14 (p. 50) (*laicaliter* opposé à *philosophice*); c. 28 (p. 103); *Compendium studii*, c. 1 (p. 395) (avec application aux guerres et à la croisade. Quand on lit le récit des opérations de saint Louis en Egypte, par Joinville, on ne peut s'empêcher de donner raison ici à Bacon...). Selon BACON, *Opus maius*, pars 4, c. 3 (éd. BRIDGES, I, 104), les mathématiques constituent la science plus facile: le signe en est que « laici et omnino illitterati figurare et computare sciunt »; cf. *Opus tertium*, c. 29 (p. 105).
[109] JEAN DE PARIS, *De potestate regia et papali*, c. 11 (éd. J. LECLERCQ, Paris 1942, 207). Le savant éditeur dit ne pas avoir pu identifier la source.

vision de l'ensemble [110]. Saint Thomas a incorporé cette vue à sa conception du sage [111]. Selon Aristote, même, les « barbares » (les Asiatiques)
étaient esclaves par nature, et il était normal de les traiter comme tels [112].
Cette philosophie païenne a été mise en oeuvre en particulier par Gilles
de Rome, dans son *De regimine principum* écrit en 1277-1279 pour Philippe le Bel, alors dauphin [113]. Gilles deviendra ensuite un théocrate
décidé. Il écrira le *De ecclesiastica potestate* (fin 1301) où l'on trouve une
des sources de la bulle *Unam sanctam* de Boniface VIII, 18 novembre
1302 [114].

Il n'est pas nécessaire que Jean de Paris ait eu en vue un *écrit*, il a
pu *entendre*, dans le camp des théocrates qu'il combattait, l'étonnant
propos qu'il rapporte (« dicunt »). On pourrait évoquer encore, dans ce
contexte immédiat, le commentaire de la bulle *Unam sanctam*, devenu
classique, rédigé par le cardinal Jean Lemoine, peut-être pendant son
séjour en France, de novembre 1302 à juin 1303. K. Burdach s'est attaché à ce texte pour y trouver un témoignage du « nouveau concept
de personnalité de la Renaissance » dont Boniface VIII et Cola di Rienzo
sont pour lui les représentants typiques [115]. Burdach a trop poussé son
idée. Les textes ne disent pas tant. On peut néanmoins lire chez Lemoine
une application de l'idée aristotélicienne du sage à l'*homo spiritualis*,

---

[110] ARISTOTE, *Metaph.* I, 2, 3 (ed. BEKKER, 982a).
[111] Cf. S. THOMAS, *Contra Gentiles*, II, 24; *Summa theol.* I-II, 57, 2; 66, 5 et cf.
164, 1 et 4.
[112] Cf. ARISTOTE, *Polit.* I, 2 (p. 1252b); III, 14 (p. 1285a).
[113] Nous lisons, dans la dédicace DE GILLES DE ROME, *De regimine principum* (éd.
Rome 1627, 1) : « Nam (ut testatur Philosophus), sicut est naturaliter servus qui pollens
viribus, deficit intellectu, sic vigens mentis industria et regitiva prudentia, naturaliter
dominatur »; lib. II, pars 3, c. 13 (p. 381): « Sunt aliqui naturaliter domini, et aliqui naturaliter servi... Sunt enim aliqui carentes prudentia et intellectu, non valentes se dirigere ad operationes debitas; expedit ergo eis ut dirigantur ab aliis et ut aliis sint subiecti »;
(p. 382): « Quare cum insipientes comparentur ad industres sicut bestiae ad homines eo
quod carentes prudentia nesciunt se ipsos dirigere: sicut naturale est bestias servire hominibus, sic naturale est ignorantes subiici prudentibus »; c. 14 (p. 383): « Sicut praeter ius
naturale propter commune bonum oportuit dare leges aliquas positivas secundum quas
regantur regna et civitates, sic visum fuit conditoribus legum, quod praeter servitutem
naturalem, secundum quam ignorantes debent servire sapientibus, esset dare servitutem
legalem et quasi positivam, secundum quam debiles et victi servirent victoribus et po-
tentibus ».
[114] Pour ce point, cf. RIVIÈRE J., *Le problème de l'Eglise et de l'Etat au temps de Philippe le Bel*, Louvain et Paris 1926, 394-404.
[115] BURDACH K., *Rienzo und die geistliche Wandlung seiner Zeit*, I (*Vom Mittelalter
zur Reformation...*, II/1), Berlin 1913, ch. 3, § 6, p. 528s: « Der *homo spiritualis* und
der neue Persönlichkeitsbegriff der Renaissance»: n. 2, p. 538s: la théorie de l'*homo spiritualis* dans la bulle *Unam sanctam* de Boniface VIII. Le texte de Jean Lemoine est
cité p. 544-545 d'après *Extravagantium communium*, lib. I, De maioritate et obedentia,
Rome 1582, 210-211.

c'est-à-dire au prêtre, avec une insistance assez lourde sur le fait que cet *homo spiritualis* est « sanus », « habet sanam mentem et sanum iudicium ». L'idéologie théocratique a survécu à Boniface VIII et l'on trouve, après Jean de Paris, des témoignages, qui se rapprochent curieusement de l'idée qu'il attribue aux théocrates. Pierre Dubois, qui n'était pas l'un d'eux, écrit vers 1306, dans un traité destiné pourtant à Philippe le Bel:

« Fertur quod sanctissimi Romani Pontifices, non visis alias processibus, iudicare cum summa ratione et arte philosophica per eum qui sic primo facere coepit acquisita, vel innata sive divinitus gratia data, consueverunt » [116].

On ne s'étonnera pas que le théocrate intrépide que fut Augustin d'Ancône (Agostino Trionfo) écrivît vers 1320-1324 qu'au regard du sacerdoce les laïcs sont « illitterati idiotae » [117].

Nous avons déjà rencontré la réaction d'Ockham contre une ecclésiologie cléricale et papaliste (cf. *supra* note 35). Il ne pouvait admettre des propos de ce genre. Il s'élève expressément contre l'idée des théocrates que Jean de Paris critiquait déjà:

« Plures imperatores et reges antiquitus excellentis litteraturae fuerunt... Non enim principes sunt bestiae ut veritatem Scripturarum eis expositam a peritis nequeunt intelligere; *quinimmo saepe maiore vigent iudicio intellectus*, ut profundius intelligant veritatem eis expositam quam illi qui eam sibi exponunt » [118].

Par contre, un des critiques d'Ockham, Conrad de Megenberg, reprenait en 1354 l'idée théocratique et cléricale, avec un appel explicite à la philosophie d'Aristote. Après avoir cité les textes classiques sur la distinction des laïcs et des clercs et la plus grande dignité de ceux-ci, il ajoutait:

« Item, genus clericorum est tamquam lux christianae Religionis, quibus Salvator in personis apostolorum ait: *Vos estis lux mundi*. Genus autem laicorum est populus ignarus, qui potius doceri debet quam docere, potius duci quam ducere. Unde XCVI dist., c. 'Si imperator' dicitur quod *si imperator* fidelis est *sive catholicus, filius est, non praesul Ecclesiae; discere ei convenit, non docere*. Istud genus hominum regere non debet clerum, sed potius regi ab eo, quoniam: *Sapientis est regere, non autem regi*, ut ait Aristoteles prooemio *Metaphysicae*. Genus autem clericorum sapientiam Scripturarum possedit, sed genus laicorum ignorantiam re-

---

[116] PIERRE DUBOIS, *De recuperatione Terrae Sanctae*, c. 97 (éd. LANGLOIS C. V., Paris 1891, 78).
[117] AGOSTINO TRIONFO, *Summa de potestate ecclesiastica*, II, 7 (Rome 1584, 25).
[118] JEAN DE PARIS, *Contra Benedictum* (éd. OFFLER, in *Opera Politica*, III, p. 316 [en 1337-1338]).

tinuit. Propter quod anthonomastice loquendo, id est per excellentiam et quasi sermone yperbolico, dicimus genus clericorum quandoque Ecclesiam, et principem eius nonnumquam Scripturae nominant Ecclesiam, scil. papam, eo quod ille caput sit Ecclesiae christianae [119].

Quel texte citer qui illustrerait mieux les thèmes que nous avons exposés ? On le voit, cette brève recherche de terminologie médiévale nous a entraîné à évoquer toute une esquisse de l'histoire de la position des laïcs dans l'Eglise. Cela demanderait une étude infiniment plus complète et plus complexe. Du moins pressentons-nous la vérité d'une conclusion rencontrée déjà dans nos *Jalons* (pp. 566s) par un autre biais, à savoir que le problème du laïcat n'a pu être posé au moyen âge selon toutes ses dimensions, comme il peut l'être et l'est effectivement aujourd'hui. Le monde des laïcs était trop peu de chose, sauf dans le domaine du pouvoir politique, pour que les laïcs eux-mêmes eussent toute leur place dans l'Eglise, excepté les princes, qui ont tendu si souvent à s'affranchir de la tutelle des prêtres, ou même à usurper dans l'Eglise une place à laquelle ils n'ont point droit.

---

[119] CONRAD DE MEGENBERG, *Tractatus contra Wilhelmum Ockham*, c. 7, in SCHOLZ R., *Unbekannte kirchenpolitische Streitschriften aus der Zeit Ludwigs des Bayern (1327-1354)*, II, Rome 1914, 367.

VI

L'ÉGLISE CHEZ SAINT ANSELME[1]

L'ÉGLISE EN ELLE-MÊME

Quand il s'agit de la conception de l'Eglise chez saint Bernard, les textes imposent la primauté d'une idée, celle d'Epouse. Cette idée intervient aussi assez fréquemment chez saint Anselme, mais pas avec la même valeur. Chez saint Bernard, elle porte un développement théologique intéressant le mystère même de l'Eglise, la connaissance de son rapport intime avec Dieu. Chez saint Anselme, elle intervient dans des lettres adressées à des seigneurs temporels, essentiellement pour justifier les exigences de la *libertas Ecclesiae* et pour fonder la vérité des rapports entre puissance séculière et Sacerdoce[2] : bref, c'est un topo relevant de la théologie du parti réformiste dans le cadre de sa grande querelle avec les Princes. De fait, dans les écrits de ce parti, les droits et la liberté de l'Eglise sont sans cesse liés à sa qualité de *Sponsa Christi, Sponsa et Mater*[3].

1. Nous citons Anselme d'après l'édition de Fr. S. SCHMITT, O.S.B. : *S. Anselmi Cantuariensis Archiepiscopi Opera omnia* : I, Seckau, 1938 ; II et III, Edimbourg, 1946 ; IV, Edimbourg, 1949 ; V, Edimbourg, 1951 ; — le *Vita et conversatio Anselmi* et l'*Historia novorum* d'Eadmer d'après Migne, PL t. 158 et 159, qui reproduit l'édition de Gerberon : nous n'avons pu utiliser habituellement l'édition de M. RULE, dans *Rerum Britannicarum Scriptores Medii Aevi* (Rolls Ser., N° 81), Londres, 1884, non plus que *The Life of Anselm by Eadmer*, ed. by R.W. SOUTHERN (*Medieval Classics*). Nous citons de même d'après Gerberon-Migne les deux écrits rédigés par Eadmer : *De beatitudine coelestis patriae* (conférence faite par Anselme à Cluny en 1104) et *De similitudinibus*.
2. Voir ces textes infra, nn. 97-100.
3. Voir P. THOMAS. *Le droit de propriété des laïques sur les églises...* Paris, 1906, p. 57, nn. 3 et 4 : M. HACKELSPERGER. *Bibel und mittelalterlicher Reichsgedanke. Studien u. Beitr. z. Gebrauch der Bibel im Streit zwischen Kaisertum u. Papsttum zur Zeit der Salier*, Bottrop i. W., 1934, pp. 65-66 ; G. TELLENBACH. *Libertas. Kirche und Weltordnung im Zeitalter des Investiturstreites*, Stuttgart, 1935, pp. 151-159. Voir, par exemple, dans notre contexte, PASCAL II, lettre d'avril-mai 1101 à Henri Ier, JAFFÉ-LOEWENFELD, n. 5868, du 11 nov. 1105 à Rothexde de Mayence, JAFFÉ, n. 6050, et lettre (v. 1106) à Robert, duc de Normandie, publiée par W. LEVISON dans *Neues Archiv*, 25 (1909), pp. 457-81.
Dans le même contexte, sur le thème (guère utilisé par Anselme) de l'évêque-époux de son Eglise, cf J. TRUMMER. *Mystiches im alten Kirchenrecht. Die geistige Ehe zwischen Bischof u. Diözese*, dans *Oesterr. Archiv f. Kirchenrecht*, 2 (1951) pp. 62-75.
Thème de l'Eglise-Mère : rien que chez Grégoire VII, plus de trente exemples (appliqués surtout à l'Eglise romaine).

372

Il faut évidemment tenir compte du fait que les textes où saint Anselme nous parle de l'Eglise, ceux que nous mettons en œuvre dans cette étude, appartiennent à peu près exclusivement à sa correspondance ; leur contexte est plus ou moins directement celui de la lutte pour la *libertas Ecclesiae*. Nous entendons, bien sûr, les textes authentiques...[4] Avant d'en venir à ces thèmes, tâchons de retrouver ceux qu'Anselme met en œuvre lorsque, sans préoccupation polémique, il exprime l'idée qu'il se fait de l'Eglise en elle-même. Cette idée s'identifie avec l'interprétation synthétique du sens de la vie chrétienne et de l'œuvre du christianisme ici-bas. Sa synthèse est dominée par l'idée de notre vocation et de notre état avant la chute et par celle de restauration onéreuse des hommes en cette vocation et cet état[5]. La vocation des hommes a été, à l'origine, et, grâce à la Rédemption, elle demeure, de prendre la place laissée vide par la chute des anges orgueilleux : son état était à l'origine, et il demeure, comme exigence idéale et comme promesse, la contemplation de Dieu.

On ne saurait, croyons-nous, majorer l'importance de l'idée, héritée de saint Augustin et de saint Grégoire le Grand, selon laquelle les hommes sont appelés à remplacer les anges tombés. On a bien montré la place que tient cette idée dans la théologie de l'état et de la vie monastiques, caractérisés comme βίος ἀγγελικός, *vita angelica*[6]. Le P. Chenu a montré[7] sa valeur, et l'intérêt de l'option favorable ou négative qu'on a prise à son égard, au début du XIIme siècle, pour caractériser une certaine représentation du monde et une orientation de l'anthropologie. Personne, à notre connaissance, n'a souligné sa portée ecclésiologique. Elle est considérable, à plusieurs égards.

4. Les travaux d'histoire des doctrines ecclésiologiques qui font place à S. Anselme ne tiennent pas compte des résultats de la critique littéraire acquis déjà, cependant, par Dom A. Wilmart. Ainsi Th. M. KAEPPELI (*Zur Lehre des hl. Thomas v. Aquin vom Corpus Christi mysticum...* (*Studia Friburgensia*). Freiburg-Paderborn, 1931, p. 35) et J. RANFT (*Die Stellung der Kirche im dogmatischen System*. Aschaffenburg, 1934, p. 66) : aucun des textes cités par ces auteurs n'est de S. Anselme. J. BAINVEL (*L'idée de l'Eglise au Moyen Age. S. Anselme et S. Bernard*, dans *La Science catholique*, 13 (févr. 1899) pp. 193-214) mêle les textes authentiques et non authentiques ; il relève surtout ceux qui concernent la papauté.

5. Bon résumé, même si plusieurs des textes invoqués sont inauthentiques, dans H. BOEHMER, *Kirche und Staat in England und in der Normandie im XI. u. XII. Jahrunderten. Eine histor. Studie*. Leipzig, (1899), p. 208-209 : « (pour Anselme, le salut =) die Versetzung in den Stand der Engel oder die contemplatio Dei, auf welche der Christ nach der Entsühnung durch den Gottmenschen durch die Sakramente vorbereitet wird und auf die er durch Glauben und Werke einen Anspruch erwirbt. » — Le mot « deificatio » se trouve dans le *De beatit. coel. patriae*, c. 12 (PL 159, 598).

6. Voir A. LAMY, *Bios angelikos*, dans *Dieu vivant*, N° 7 (1946) pp. 59-77 ; J. LECLERCQ, *La vie parfaite. Points de vue sur l'essence de l'état religieux*. Turnhout et Paris, 1948 ; L. BOUYER, *Le sens de la vie monastique*. Ibid., 1950 ; J. C. DIDIER, « *Angélisme* » *ou perspectives eschatologiques ?*, dans *Mél. de Science relig.*, 11 (1954) pp. 31-48 ; U. RANKE-HEINEMANN, *Zum Ideal der vita angelica im frühen Mönchtum*, dans *Geist und Leben*, 29 (1956) pp. 347-357 ; EMMANUEL VON SEVERUS, βίος ἀγγελικός, dans *Die Engel in der Welt von heute* (*Liturgie u. Mönchtum*, 21), 1957, pp. 56-70.

7. *Cur homo ?*, dans *Mél. de Science relig.*, 10 (1953) pp. 195-204 ; repris dans *La Théologie au XIIme siècle* (*Et. de Philos. méd.*, 45). Paris, 1957, pp. 52-61.

La pensée de saint Anselme se trouve déjà nettement affirmée
à l'époque de son enseignement au Bec, de l'important *De casu
diaboli* ; elle se retrouve dans plusieurs prières, dans la conférence
faite à Cluny en 1104 et dont Eadmer a rédigé le texte ; elle se
propose avec toute sa précision dans le *Cur Deus homo* ? composé
ou achevé pendant le séjour italien de 1098[8]. Deux points ne font
pas de doute pour Anselme ; ils s'imposent, en somme, comme
une donnée de tradition[9] : les hommes sont appelés à prendre la
place des anges tombés; ils ont même été créés pour cela. Un troisième point faisait l'objet de discussions, car la tradition apparaissait
partagée : celui de savoir si les hommes élus remplacent les anges
déchus nombre pour nombre, ou si leur somme sera égale à celle
des anges demeurés fidèles, ou bien si elle dépassera le nombre des
anges tombés. En ce cas, il faudrait admettre que le *numerus* des
anges, tel qu'il avait été arrêté à l'origine, n'était point parfait.
C'est l'idée à laquelle Anselme s'arrête, au nom de raisons assez
subtiles dans l'exposé desquelles nous n'avons pas à entrer ici.
Ce qui nous importe, c'est l'idée d'ensemble, qui domine et détermine celle qu'Anselme se fait de l'Eglise quant à sa nature profonde. Quatre traits doivent être relevés à cet égard :

1°) Cela situe l'Eglise, en sa réalité la plus foncière, non au
plan d'une institution terrestre, pas même, à proprement parler,
à celui d'une œuvre divine faite sur terre, mais à celui du monde
céleste. L'Eglise est, de soi, une réalité céleste qui a une extension,
une manifestation et une réalisation terrestres, visibles, dans le
monde des corps et du temps qui s'écoule.

2°) Cela met l'Eglise dans la perspective ou le sillage de la
Cité de Dieu augustinienne. Répétons ici que le point de départ,
trop peu compris ou valorisé, d'une intelligence de cette Cité de
Dieu, est le fait qu'elle est, essentiellement et de soi, une cité
CÉLESTE, *civitas superna*, que les anges en sont les premiers et les
plus authentiques citoyens, que les hommes, enfin, n'ont eux-mêmes cette qualité qu'au titre de concitoyens des anges, *cives su-*

---

8. Voici, complet si nous ne nous trompons, le dossier de cette théologie :
De casu diaboli, cc. 5 et 23 (I, pp. 243 et 270) ; *Oratio* II, lignes 38-40 et VII,
ligne 81 (III, pp. 7 et 21) : « dominum angelorum humiliatum ad conversationem hominum ut homines exaltaret ad conversationem angelorum », « angeli gratulantur restitutione semirutae civitatis suae » ; *De beatitudine coel,
patriae*, c. 15 (PL 159, 601 BC), à quoi il faudrait ajouter cc. 3 et 4 ; *Cur
Deus homo* ?, I, c. 16 et c. 18 (II, pp. 74 et 76).
9. Les autorités en étaient : Saint AUGUSTIN. *Enchir.*, cc. 19, 56, 61 et 62
(PL 40, 246, 258, 261) ; *De Civ. Dei*, XXII, 1 (DOMBART, II, p. 554 : peut-être
un nombre plus grand...) ; *Sermones post Maurinos rep...*, ed. G. MORIN, p.
480, l. 20 ; Saint GRÉGOIRE. *Hom. XXI in Ev.*, n. 2 (PL 76, 1171 A) ; *Hom.
XXXIV*, nn. 6-7 et 11 (1250 C et 1252 : nombre pour nombre, avec citation de
Deut., 32, 8) ; Saint ISIDORE. *Sent.* I, 10, 13 (nombre pour nombre).
    Position commune à l'époque d'Anselme : voir par exemple WERNER DE
SAINT-BLAISE. *Deflorationes*, lib. I (PL 157, 975 A et 976 : citation d'Augustin) ; le Moine bénédictin anonyme qui, vers 1132-33, répond à Thibaut
d'Etampes : cf. R. FOREVILLE et J. LECLERCQ, *Un débat sur le sacerdoce des
moines au XIIe siècle*, dans *Analecta Monastica*, 4e sér. (*Studia Anselmiana*, 41).
Rome, 1957, n. 51, p. 95.

374

perni, précisément en raison de leur vocation à prendre la place laissée vide par la prévarication des anges pécheurs[10]. Il est remarquable que là où saint Anselme nous propose la théologie que nous avons dite, il s'exprime en termes de *Civitas (Dei), superna Civitas, superna Jerusalem*[11]. L'Eglise de saint Anselme *(Ecclesia peregrinans*[12]*)* est la Cité de Dieu en son état d'itinérance, qui est aussi une situation d'exil et un processus de complémentation ou de restauration.

C'est du même contexte et de la même inspiration que relève le vocabulaire, si fréquent au moyen âge, *Ecclesia electorum, Ecclesia sanctorum, numerus electorum.* Mais ces expressions, qui reparaîtront fréquemment au XIIme et même au XIIIme siècles, sont rares à l'époque de Grégoire VII ou d'Urbain II. Nous ne prétendons pas avoir tout noté, mais nous n'en avons pas relevé d'usage dans les textes authentiques de saint Anselme[13].

3°) Ces thèmes sont classiques dans la tradition du haut moyen âge, formée à l'école de saint Augustin et de saint Grégoire. Ils ont, chez saint Anselme, une coloration propre due à la présence très active du schéma : perte et réparation. L'auteur du *Cur Deus homo ?* est très pénétré de l'idée que, si la nature humaine, conformément à cette destination de parachever la société angélique, avait été créée « sine peccato »[14], elle est tombée dans le péché et a perdu, par le péché, l'héritage qui lui était offert. Anselme a eu un sentiment extrêmement profond et vif de la gravité du péché comme offense à Dieu et perte de la justice : *Nondum considerasti quanti ponderis sit peccatum,* dit-il à son disciple, à un moment décisif de sa méditation sur l'Incarnation rédemptrice[15]. Ce péché, il l'a ressenti et défini très particulièrement comme ce qui doit être puni et a besoin d'être réparé[16] : ce qui nous a fait perdre la contemplation de Dieu. Il a un sentiment très fort de la déchéance de l'homme, de la perte subie, humainement irrépara-

---

10. Faute d'un travail plus vaste, en cours, voir *Eglise et Cité de Dieu chez quelques auteurs cisterciens à l'époque des Croisades...*, dans *Mél. Etienne Gilson,* Paris-Toronto, 1959.

11. Voir *Cur Deus homo ?,* I, c. 18 (tout entier) (II, p. 76 s.) ; comp. I, 23 (p. 91) ; II,c. 15 (p. 115, lignes 24 s.) et 16 (p. 118, ligne 25 et p.119) ; etc. ; *De beatit. coel. patriae,* c. 12 (PL 159, 598 C) et c. 15 (601 et 602).

12. Nous avons montré, dans l'étude citée n. 10, que le vocabulaire « Ecclesia militans » date de la seconde moitié du XIIe siècle ; on s'exprimait auparavant en termes de « peregrinatio », parce qu'on tenait à l'idée de l'Eglise *essentiellement* céleste (et pas seulement orientée vers le ciel). Saint Anselme reste dans ce vocabulaire : *Ep. de Incarn. Verbi,* dédicace (II, p. 3) ; *Ep.* 243, lignes 30 s. (IV, p. 154).

13. Il en va différemment des homélies d'Hervé de Bourg-Dieu publiées sous son nom, PL 158 : là, l'usage en est assez abondant. Mais Hervé est mort en 1150.

14. *Cur Deus homo ?,* I, c. 16 (II, p. 74).

15. *Cur Deus homo ?,* I, c. 21 (p. 88). Attention considérable donnée par saint Anselme au péché originel : cf. *Orat. II,* ligne 24 et *VIII* lignes 24 s. (III, p. 7 et 27). L'eucharistie a pour effet de purifier et de défendre du péché : *Oratio III* (p. 10).

16. *Cur Deus homo ?,* I, c. 12 (II, p. 69).

ble, de la misère de l'homme loin de Dieu, du besoin qu'il a d'être libéré d'un exil dégradant et d'être rendu à la vie[17]. Or, la vie monastique répond essentiellement et excellemment à ce besoin. Elle consiste, disait saint Anselme aux moines de Cantorbéry, à « militer » pour récupérer notre héritage perdu[18]. Si on a perdu le Paradis, on le retrouve dans le cloître[19]. Il semble que l'œuvre de la Rédemption consiste moins à ouvrir au monde les perspectives inouïes d'une eschatologie toute nouvellement promise, qu'à nous faire retrouver une Jérusalem existante, où nous avions un droit de cité, dont nous étions déchus, mais qui, en ses citoyens fidèles, est demeurée ce qu'elle était...

4°) Dans ces conditions, saint Anselme a, de l'Eglise, une conception très monastique. C'est normal, puisqu'il a une telle conception de la vie chrétienne elle-même. Ses appels sont moins pathétiques, moins passionnés peut-être, que ceux de saint Bernard, mais ils ne sont, ni moins résolus, ni moins nombreux. Dans plus de quinze lettres, nous recueillons une invitation pressante à fuir le monde et à embrasser la vie monastique ou à y persévérer[20]. On fait difficilement son salut dans le monde[21], et ceux qui l'aiment, comme dit l'apôtre saint Jacques, s'avèrent être des ennemis de Dieu[22]. Comme saint Bernard aussi, Anselme interdit aux moines d'entreprendre le pélerinage de Jérusalem : ce serait, bien sûr, une infraction à leur engagement de stabilité, et la vie monastique est, par elle-même, accession à la Jérusalem céleste, qui est « visio pacis », c'est-à-dire contemplation de Dieu[23]. La vie monastique est, par rapport à la société des anges, un peu ce que, dans l'abbaye, le Noviciat est par rapport à la société des moines : introduction et, déjà, participation ou début[24]. Toute vie chrétienne, mais plus purement et plus parfaitement la vie monastique, est

---

17. Voir par exemple la *Medit. III* et le c. 1 du *Proslogion* : « Quare sic nobis observavit lucem, et obduxit nos tenebris ? Ut quid nobis abstulit vitam et inflixit mortem ? Aerumnosi, unde sumus expulsi, quo sumus impulsi ? Unde praecipitati, quo obruti ? A patria in exsilium, a visione dei in caecitatem nostram. A iucunditate immortalitatis in amaritudinem et horrorem mortis. Misera mutatio ! De quanto bono in quantum malum ! Grave damnum, gravis dolor, grave totum. Sed heu me miserum, unum de aliis miseris filiis Evae elongatis a deo. » (I, p. 99). Noter que le *Salve Regina* (« in hac lacrimarum valle », « exules filii Evae ») date de l'époque d'Anselme et de l'époque de la première Croisade. Comp. *Ex dictis Anselmi* (PL 158, 1054 D s. ; 1055 A) : il était juste qu'ayant refusé d'être comme les anges, l'homme soit déchu à la ressemblance des bêtes.

18. Eadmer, *Vita Anselmi*, II, c. 3, nn. 30-31 et 32 (PL 158, 94 AC, 95 AB).

19. Cf. *Ep.* 333 et 418 (V, p. 269, 364).

20. Voir les *Epp.* 44, 46, 56, 76, 81, 99, 101, 115, 117, 120, 121, 134, 161, 162, 168 et 169, 418.

21. Cf. *Ep.* 231 (V, p. 265-266).

22. Anselme cite ce texte (4, 4) : *Epp.*, 8 (III, p. 110), 81 (p. 206), 405 (V, p. 350) ; comp. *Ex dictis Anselmi* : « Quanto magis ad mundum accedis, tanto longius a Deo recedis » (PL 158, 1053 A).

23. Voir *Epp.* 96 (III, p. 222 : authent. ?), 117 (p. 252-255), 195 (IV, p. 85), 410 (p. 355).

24. *De similitudinibus*, c. 79 (PL 159, 650).

376

une *conversatio in coelis*, une application à imiter la vie des anges, que nous sommes appelés à partager[25].

Nous n'avons pas à exposer ici les idées de saint Anselme sur la vie monastique, mais il est indispensable, pour situer complètement sa conception de l'Eglise en elle-même et dans son rapport avec l'ordre temporel, de dire un mot de sa théologie de l'obéissance, qui procure le règne de Dieu et le service du prochain. Cette théologie est sous-jacente à toute la pensée d'Anselme, mais elle est parfois exprimée de façon formelle, voire même développée[26]. On pourrait présenter la grande opposition qu'elle comporte, sous le titre : Le Séculier et le Moine, ou mieux encore : Le Roi et le Moine. Anselme oppose en effet deux personnages moraux, qui rappellent les deux amours de saint Augustin. L'un n'a qu'une idée : décider lui-même, s'affirmer, commander ; l'autre : obéir, s'effacer, se soumettre[27]. D'un côté, donc, *superbia, disoboedientia, propria voluntas*, opposition aux autres, discorde ; de l'autre côté, *humilitas, oboedientia*, règne de Dieu, concorde, service d'autrui. Un texte de saint Paul revient assez souvent sous la plume d'Anselme ; il est évident qu'il a représenté un puissant mobile de sa vie : « Nul d'entre vous ne vit pour soi-même, comme nul ne meurt pour soi-même. Si nous vivons, nous vivons pour le Seigneur, et si nous mourons, nous mourons pour le Seigneur ». (Rom., 14, 7-8)[28]. Bref, nous ne nous appartenons pas, nous n'avons pas à vivre pour nous-mêmes, mais pour Dieu et pour le service des autres, tel que Dieu nous le départage. On reconnaît les valeurs dont saint Augustin a fait le fond de sa théologie de l'Histoire et

---

25. Cf. *Ep.* 230 à Robert, Seit et Edit (ces deux dernières sont des moniales), vers 1103 (IV, p. 135) : « Colloquia vestra semper sint munda et de deo ; exemplum vitae accipite ex angelis de coelo. Exceptis iis quae frugalitas humanae naturae ad suam exigit sustentationem : ut vestra conversatio semper in caelis sit, angelicam in omnibus considerate et imitamini conversationem... » Anselme lui-même suivait cette règle du jeûne, au point d'inquiéter la reine.

26. Tel est le cas en particulier dans le *De similitudinibus*, cc. 5-9, puis 37 s. (PL 159, 406-407, 618 s.).

27. Outre les passages cités note précéd., cf. *De verbis Anslmi* (Pl. 158, 1052 AB) ; *Ep.* 233 à Bernard, moine de Chester, qui voulait bien se fustiger ou se faire fustiger, mais non se soumettre à la correction pénale du chapitre : « Illud enim iudicium quod sponte sibi aliquis iudicit, regale est. Illud vero quod per oboedientiam in capitulo sustinet, monachicum est. Alterum est ex sua voluntate, alterum ex oboedientia, non ex sua voluntate... In regali iudicio ostenditur sustinens esse suus, in monachico probatur non esse suus...» (IV, p. 140) ; *Ep.* 450 : « Inter saeculares homines est contentio de singulorum propria voluntate, ut unusquisque dicat : "Non sicut tu vis, sed sicut ego volo " ; contentio vero monachorum est : "non secundum voluntatem meam, sed secundum tuam ". » (V, p. 397).
Principaux autres textes sur l'obéissance, vertu essentielle du moine : *Ep.* 62 (III, p. 177) ; 156 (IV, p. 20) : « Cum enim professus sum monachum, abnegavi me ipsum mihi, ut deinceps meus non essem, id est non viverem secundum propriam voluntatem, sed secundum oboedientiam. Vera autem oboedientia aut est deo aut ecclesiae dei, et post deum maxime praelatis. Hanc ergo non abiuravi nec abnegavi cum dixi : " In nomine domini "... ») ; 233 (IV, pp. 140-141), 403 (V, p. 347).
Idée de la récapitulation de la désobéissance d'Adam dans l'obéissance du Christ : *Cur Deus homo ?* I, c. 3 (II, p. 51).

28. Citations *Ep.* 5 (III, p. 106), 13 (p. 118), 88 (p. 214), 148 (IV, p. 5), 291 (p. 210), 345 (V, p. 283), cité infra, n. 33.

dont E. Bernheim a montré[29] qu'elles sont aussi le fond de la synthèse religieuse de Grégoire VII et, d'une façon plus générale, qu'elles ont fourni aux hommes d'Eglise du moyen âge les critères à la lumière desquels ils ont jugé leur temps et cherché à régler leur action[30].

Nous résumerons la pensée d'Anselme sur la réalité profonde de l'Eglise considérée en elle-même, dans une expression qui n'est pas de lui mais qu'il n'aurait sans doute pas désavouée : *théonomie* parfaite. Le Monde, au contraire, recherche son *autonomie*...

Cette idée de l'Eglise, reconnaissons-le, n'est pas bien originale, mais ce trait même rentre dans son programme et eût réjoui Anselme. On établirait facilement des parallèles avec des textes de saint Pierre Damien (+ 1072), de Jean de Fécamp (+ 1078), d'Albéric du Mont-Cassin — des contemporains — puis, plus tard, de saint Bernard, d'Hervé de Bourg-Dieu, dont bien des textes sont passés sous le nom d'Anselme, etc. C'est, avec d'éventuelles nuances, de la théologie commune, tout au moins de la théologie monastique commune : mais, à cette époque, il n'y en a guère d'autre.

La théonomie profonde de l'Eglise se traduit, au niveau de sa vie concrète, dans les exigences et la réalité d'une Communion.

Le ciel sera communion et concorde parfaites, parce qu'il comportera la totale concordance de la volonté de chacun et de tous avec la volonté de Dieu[31]. Mais il s'opère ici-bas de substantielles anticipations de cette union, là où les âmes vivent les attitudes d'obéissance, de désappropriation de soi-même et de disponibilité aux autres, que nous avons dites[32]. Le « non sibi soli vivere » devient le principe concret d'une réalisation de l'Eglise comme corps et communion :

Utique, si in corpore Christi invicem sumus « alter alterius membra » (Rom., 12, 5), et maxime in una religiosarum personarum ecclesia,

---

29. *Mittelalterliche Zeitanschauungen in ihrem Einfluss auf Politik und Geschichtschreibung.* I. Tübingen, 1918 et le grand nombre de Dissertations faites sous la direction de Bernheim à Greifswald, à partir de 1911. — Sur l'obéissance comme disposition fondamentale dans la pensée des auteurs de cette époque, cf. G. TELLENBACH, *op. cit.*, p. 53, n. 8 ; U. LEWALD, *An der Schwelle der Scholastik. Bonizo von Sutri u. das Kirchenrecht seiner Tage.* Weimar, 1938, p. 5-6. — Pour saint Augustin, cf. A. ZUMKELLER, dans *Augustinus Magister.* Paris, 1954, pp. 265 s.

30. Encore un rapprochement avec Grégoire VII : Anselme cite à plusieurs reprises son verset préféré, « quoniam quasi peccatum ariolandi est repugnare, et quasi scelus idolatriae nolle acquiescere » (1 Reg., 15, 23), qui se trouve aussi chez saint GRÉGOIRE (*Moral.*, XXXV, 28) : *Epp.* 62 (III, p. 177), 148 (IV, p. 3).

31. Cf. le texte très remarquable du *De beatitudine coelestis*, c. 9 et 10 (PL 159, 596-597) : paix, communion, union mutuelle dans l'amour ; « Erit itaque tanta in cunctis concordia ut in nullo sentias aliquem discrepare ab eo quod te constiterit velle. Corpus unum erimus. Ecclesia una erimus, Sponsa Christi erimus quicunque ibi erimus. Non ergo major tunc inter nos discordia erit quam nunc est inter membra unius corporis... Quid dixi, omnium ? Ipsa Dei voluntas non erit a tua diversa, sed sicut tu quod ille, ita et ille volet in cunctis quod tu ; caput namque a suo corpore qui discreparet ? » (596).

32. La paix est mise en rapport avec l'*oboedientia* : *Ep.* 450 (V, p. 397). Egalement, ici et *Ep.* 403 (347), avec l'idée de temple de Dieu.

qui non permittit nec vult ut alia membra et totum corpus se utantur ut suo membro, non video quomodo possit se probare membrum illius corporis ; et si corpus illud est corpus Christi, quomodo se ostendat esse membrum Christi. Est et aliud : quia nemo, si recte se tractat, sibi soli vult vivere (Rom., 14, 7), sed sicut desiderat et credit quia, si membrum dei est, omnia commoda aliorum membrorum sua erunt in futura vita : ita debet velle ut, si quid boni est in se, aliorum sit in praesenti vita[33].

Quelle belle théologie de la communion et du corps ecclésiaux ! Cette fois encore, on pourrait faire des rapprochements avec des textes de Grégoire VII[34].

La communion a des exigences essentielles, sur lesquelles on ne peut transiger : la foi ou la vérité, et la charité[35]. Mais quand on a situé l'absolu là où il est à sa place, on jouit d'une grande liberté à l'égard du relatif. Saint Anselme a su garder et respecter cette saine liberté en matière de formules et en matière de rites. Est-ce parce que cela arrangeait sa propre mise en œuvre de la *ratio fidei* en doctrine trinitaire ? Anselme, défenseur du *Filioque* contre les Grecs au Concile de Bari, répète au moins quatre fois cette déclaration : *Latinos dicere tres personas credendas in una substantia, Graecos vero non minus fideliter tres substantias in una persona confiteri*[36].

Sa position n'est pas moins objective et nette sur la question de l'usage du pain azyme ou du pain fermenté dans la célébration eucharistique : *De sacrificio vero in quo idem Graeci nobiscum non sentiunt, multis rationabilibus catholicis videtur quia quod agunt non est contra fidem christianam*[37]. Parmi ces catholiques (= personnes orthodoxes) qui avaient de bonnes raisons de penser ainsi, il y avait Grégoire VII lui-même[38]. Walramne de Naumburg, à qui Anselme avait dit sans ménagements ce qu'il pensait de son attitude dans le conflit qui, en Allemagne, opposait l'empereur au pape, s'étant senti encouragé par la réponse, malgré tout attentive et sereine, d'Anselme, fit une seconde fois une demande analogue au sujet de la diversité des observances rituelles dans la célébration de l'eucharistie. Anselme répond d'abord par une déclaration de principes qui est, pour nous, d'un très grand prix :

Queritur vestra reverentia de sacramentis ecclesiae, quoniam non uno modo fiunt ubique, sed diversis modis in diversis locis tractantur.

---

33. *Ep.* 345 à Gunther, chanoine de St-Quentin de Beauvais (V, p. 283).
34. Voir GRÉGOIRE VII, *Reg.* IV, 5 (éd. CASPAR, p. 303) ; VI, 35 (p. 450, lignes 22 s. et 451, l. 5 s.) ; IX, 21 (p. 601 s.), et voir les Tables de l'éd. Caspar, s. v. *concordia, pax* (malheureusement, ces tables n'ont pas les mots *caritas* ou *dilectio*).
35. Anselme applique à la connaissance de la vérité le verset de Mat., 18, 20, « ubi duo vel tres... » : *Ep.* 85 (III, p. 210, lignes 29-30). Pour la charité, cf. le texte cité infra, n. 39.
36. *Ep.* 83 (III, p. 208) ; *Monol.*, prol. (I, p. 8, lignes 14-18) ; *Epist. de Incarn. Verbi*, c. 16 (II, p. 35) ; *Ep.* 204 (IV, p. 96-97).
37. *Epist. de sacrificio azymi et fermentati*, n. 1, à Walramne de Naumburg (II, p. 233).
38. Voir *Reg.* VIII, 1 (éd. CASPAR, p. 313, lignes 14-19). Le contexte n'est point particulièrement irénique.

Utique, si per universam ecclesiam uno modo et concorditer celebrarentur, bonum esset et laudabile. Quoniam tamen sunt multae diversitates, quae non in summa sacramenti neque in virtute eius aut fide discordant, neque omnes in unam consuetudinem colligi possunt : aestimo eas potius in pace concorditer tolerandas, quam discorditer cum scandalo damnandas. Habemus enim a sanctis patribus quia, si unitas servatur caritatis in fide catholica, nihil officit consuetudo diversa[39]...

L'origine de ces différences est à chercher, ajoute Anselme, dans des appréciations diverses de ce qui convient. Ici encore, admirons cette belle théologie : on n'a probablement jamais dit mieux. Mais notons que, pour le fond, on trouve une position analogue, non seulement chez les Pères, dont Anselme se réclame, mais, dans la seconde moitié du XIme siècle, chez des hommes d'Eglise appartenant aux horizons les plus divers[40].

La parfaite théonomie se traduit en communion, en concorde, en adaptation les uns aux autres ; elle se traduit aussi en obéissance aux autorités et aux règles ecclésiastiques, qui déterminent les conditions concrètes de cette communion. Ce point a toujours été tenu dans l'Eglise : on pourrait citer, en ce sens, des témoignages qui s'échelonneraient sur tous les siècles, depuis Clément Romain ou Ignace d'Antioche; il est évidemment cher à Grégoire VII, surtout lorsqu'il s'agit de l'Eglise romaine, et aux hommes de la réforme. Une fois de plus, Anselme n'est pas original, mais il a des formules remarquablement limpides et fortes. Il cite, bien sûr, comme tout le monde, de façon très générale, le *Qui vos audit me audit, qui vos spernit me spernit* de Luc, 10, 16[41]. Mais il s'agit surtout, pour Anselme, des décrets portés par le Siège apostolique de Rome. En voulant empêcher Anselme de leur obéir, Guillaume le Roux a été *contra legem et voluntatem dei*[42]. Par contre, en obéissant aux *ecclesiasica instituta*, le comte de Flandre Robert a obéi, non à un homme, mais à Dieu ; il s'est conduit en vrai fils de l'Eglise et en vrai chrétien[43]. Ces lois ecclésiastiques, plus particulièrement les lois portées par le Saint-Siège, sont loi de Dieu.

39. *Epist. de sacramentis ecclesiae*, n. 1 (II, p. 240).
40. Voir lettre de Léon IX à Michel Cérulaire (rédigée par Humbert), sept. 1053, c. 29 : Jaffé-Loewenfeld, n. 4302 (C. Will. *Acta et Scripta de controversiis ecclesiae graecae et latinae saec. XI*. Leipzig, 1861, p. 181) : texte repris trois fois par Yves de Chartres : *Panormia*, II, 155 (PL 161, 1119 A) ; *Decr.* IV, 223 et V, 44 (col. 313 A et 339 B) ; l'Anonyme normand du Ms. de Cambridge, tract. 11 (publié par H. Böhmer, *op. cit.*, pp. 453-457) et tract. 18, c. 3 (*ibid.*, p. 472).
41. *Epp.* 65 (III, p. 182), 249 (IV, p. 160) et discours à la réunion de Rockingham, mars 1095 : Eadmer. *Hist. novorum*, lib. I (PL 159, 382 C). Hackensberger, *op. cit.*, p. 57, ne cite que Deusdedit, mais le verset est souvent invoqué par Grégoire VII (voir tables de l'éd. Caspar).
Comp. Anselme, *Ep.* 156 citée supra, n. 27.
42. *Ep.* 210 (IV, p. 106), fin 1099. L'équivalence, ou au moins la liaison étroite entre « voluntas dei » et « decreta apostolica » est sans cesse faite par Anselme, par exemple *Ep.* 206 à Urbain II, lignes 40-41 (IV, p. 100 : fin 1098) et 210 à Pascal II (IV, pp. 105-107 : fin 1099 ou début 1100). Comp. infra, n. 44.
43. *Ep.* 248 (IV, p. 158) : peu après 1100.

380

Il est très important, pour situer exactement Anselme, de noter la façon dont lui-même précise le motif d'une aussi grave affirmation. Il enchaîne aussitôt, dans cette même lettre au comte de Flandre :

> Cum enim hoc facitis, non homini sed deo oboeditis, et vos verum et fidelem filium ecclesiae dei et verum christianum ostenditis, et vos esse de ovibus beato Petro apostolo commendatis, cui deus claves dedit regni caelorum, monstratis. Certum quippe est quoniam, qui non oboedit Romani pontificis ordinationibus, quae fiunt propter Christianae religionis custodiam, inoboediens est apostolo Petro, cuius vicarius est, nec est de grege illo, qui ei a deo commissus est. Quaerat igitur ille alias regni caelorum portas, quia per illas non intrabit, quarum claves Petrus apostolus portat.

Même motivation dans une lettre de 1100-1103 à Humbert, comte d'Aoste :

> Qui [mali principes] cum dedignantur apostolici decretis, quae ad robur Christianae religionis facit, esse oboedientes : Petro utique apostolo, cuius vice fungitur, immo domino Christo, qui Petro commendavit ecclesiam suam, se probant esse inoboedientes. Quaerant igitur qui vicarii Petri, et in eo Petri et Christi, decreta Christiana contemnunt, alias regni caelorum portas, quia certe per illas non introibunt, quarum claves Petrus apostolus portat. Omnes namque qui nolunt subiecti esse legi dei, absque dubio deputantur inimici dei[44].

Faut-il interpréter, dans ces deux lettres, le *ordinationes quae fiunt propter religionis Christianae custodiam* ou le *decreta quae ad robur Christianae religionis facit* [Apostolicus] dans un sens copulatif ou dans un sens disjonctif ? Dans le premier cas, ce serait : il faut suivre les décrets... qui sont tous faits pour affirmer et garder la religion chrétienne ; dans le second cas : il faut suivre les décrets... quand ils affermissent et gardent la religion chrétienne. Ce qui autorise à poser la question, c'est non seulement ce qu'Anselme disait des volontés royales (cf. infra, nn. 136, 137), c'est une déclaration faite par lui à Walerame, Chantre de Paris, qui était entré au monastère de St-Martin, et au propos monastique duquel son évêque s'opposait. Maintenir cette opposition, dit Anselme, serait aller contre la parole du Christ, « Quiconque a mis la main à la charrue et regarde en arrière, est impropre au Royaume de Dieu » (Luc, 9, 62). On n'a pas à obéir à l'évêque qui va contre la parole du Christ :

> Sicut enim episcopi servant sibi auctoritatem quamdiu concordant Christo, ita ipsi sibi eam adimunt, cum discordant a Christo. Omnis episcopus qui habet vocem Christi, Christus est, « Et oves illum sequuntur, quia sciunt vocem eius » (Jo, 10, 4)[45].

Anselme rentre tout simplement ici dans le double mouvement d'idées coextensif au moyen âge catholique, et qui affirme, d'un

---

44. *Ep.* 262 (IV, p. 177).
45. *Ep.* 162 (IV, p. 35). Comp., d'une façon plus générale et avec application à l'autorité royale, infra, n. 136.

côté, les limites de l'obéissance, conditionnée par le bien, et le caractère sacré du droit de résistance, de remontrance ou de refus devant une autorité qui irait contre le bien (Robert Grossetête usera de ce droit même envers le pape, dans une lettre célèbre...), d'un autre côté, un certain conditionnement, assez imprécis, à vrai dire, de la validité du pouvoir apostolique formel, par sa fidélité au contenu de la parole et de la vie apostoliques[46]. Il fallait noter cela, dans le moment même où nous recueillons des énoncés aussi forts, équiparant les *instituta ecclesiastica* à la *lex* et à la *voluntas Dei*. Mais nous ne croyons pas que ce soit ce sens disjonctif qu'il faille introduire ici, ni qu'Anselme eût appliqué cette restriction aux décisions, du moins aux décisions solennelles, *du Siège romain*.

Ce Siège, en effet, n'est pas simplement un Siège parmi les autres ; il est celui de Pierre. Le pape, qui l'occupe, est *vicarius Petri*[47], *summus Sanctae Ecclesiae pastor*[48], *universalis pontifex*[49], mais le titre qu'Anselme lui donne le plus ordinairement est celui de *Ecclesiae catholicae summus pontifex*[50], puis, de façon exclusive à partir de 1098, tout simplement *summus pontifex*, parfois nuancé d'un affectueux *pater*[51]. Le rôle du Souverain Pontife est de conserver et de défendre le christianisme, par le fait même, d'en être la force, et de le gouverner[52]. Il est d'être un critère d'orthodoxie et de corriger, dans l'ordre doctrinal, ce qui appellerait correction[53].

Sur quoi Anselme fonde-t-il ces prérogatives, qui sont charge en même temps qu'autorité ? Chez Humbert de Moyenmoûtier, chez

46. La situation née, dans la seconde moitié du XIe siècle, de la lutte contre le nicolaïsme, la simonie, l'investiture laïque et l'esprit schismatique, n'a pu que renouveler ces convictions : discussions sur la validité des ordres et des sacrements, dans un enchevêtrement fort confus de théories. Cf. *Dict. de Théol. cathol.*, t. XIII, col. 2417 suiv. Anselme lui-même craindrait de perdre son *honor* et les privilèges de son *ordo* s'il contrevenait à la communion avec le pape et à ses décrets : *Ep.* 176 (IV, p. 60).
47. *Ep.* 192, en 1095 (IV, p. 79) ; EADMER, *Hist.nov.*, lib. I (PL 159, 381 D et 382) ; comp. supra, n. 42.
48. EADMER, *op. cit.*, col. 379 D.
49. *Ep.* 127 (III, p. 269).
50. *Epp.* 126 et 193 à Urbain II (III, p. 266 et IV, p. 8) ; variante chez EADMER (*Hist. nov.*, lib. I : PL 159, 384 D) : « Sanctae Romanae Ecclesiae summus pontifex ».
51. *Epp.* 206 (IV, p. 99), 210 (p. 105), 214 (p. 111), 217, 218, 219, 220 (p. 118 s.), 272 (p. 187), 280 (p. 193), 315 (V, p. 242), 338 (p. 276), 340 (p. 278), 388 (p. 331), 430 (p. 376), 441 (p. 388), 451 (p. 398), 463 (p. 412). Déjà en 1095, *Ep.* 192 (IV, p. 79) ; comp. infra, n. 53.
52. Cf. *Epist. de Inc. Verbi*, c. 1 (II, p. 3-4), dédiée à Urbain II : « Quoniam divina providentia vestram elegit sanctitatem, cui fidem et vitam Christianam custodiendam et ecclesiam suam regendam committeret, ad nullum alium rectius refertur, si quid contra catholicam fidem oritur in ecclesia, ut eius auctoritate corrigatur... etc. » *Ep.* 214, à Pascal II, début 1101 : « Quoniam de sedis apostolicae auctoritate pendent filiorum ecclesiae directiones et consilia idcirco ad vestrae paternitatis recurro praeceptum et consilium » (IV, p. 111) ; *Ep.* 451 à Pascal II : « Quoniam fortitudo et directio ecclesiarum dei maxime post deum pendet ex auctoritate paternitatis vestrae » (V, p. 398).
53. Cf. *Epist de Inc. Verbi*, citée n. précéd. ; *Cur Deus homo ?*, commendatio operis : « ...papa Urbane, quem dei providentia in sua ecclesia summum constituit pontificem... ut eius auctoritate quae ibi suscipienda sunt aprobentur, et quae corrigenda sunt emendentur. » (II, p. 41).

382

Léon IX, chez Grégoire VII, chez les canonistes grégoriens, ces prérogatives sont à peu près invariablement rapportées, comme à leur
fondement, au texte de Mat., 16. 18-19, surabondamment cité. Il
est notable qu'Anselme, non seulement fasse un usage très modéré
de ce texte, mais ne l'apporte jamais formellement à l'appui des
prérogatives qu'il reconnaît si nettement au pape, et l'applique
d'une façon, en somme, assez générale[54]. Ce qui, pour Anselme,
fonde la valeur absolue des décrets pontificaux et de la communion avec le Saint-Siège, valeur telle que, les mépriser reviendrait
à se mettre en dehors du christianisme lui-même, c'est le fait que
l'apôtre Pierre a été investi par Dieu de la qualité de Portier du
ciel. Ses clefs sont des clefs de portier. Se soustraire à sa houlette,
c'est sortir du troupeau du Seigneur et s'empêcher de pénétrer par
la seule porte qui ouvre l'accès du Royaume de Dieu. Telle est la
perspective, tout à fait significative, des lettres aux comtes de
Flandre et d'Aoste que nous avons citées plus haut, mais aussi de
l'*Oratio* (IX) *ad sanctum Petrum* et de plusieurs faits décisifs du
conflit entre Anselme et le roi[55].

Anselme se situe ainsi dans le cadre d'une mystique de saint
Pierre qui est, certes, demeurée très active chez les hommes de la
réforme grégorienne et chez Grégoire VII lui-même[56], mais qui est
antérieure à cette réforme. Cette mystique de saint Pierre, Portier
du ciel, Pasteur du troupeau du Christ toujours présent et vigilant
pour ce troupeau était extrêmement forte dans la conscience des
Anglais et des Normands[57]. C'est Pierre, c'est-à-dire un personnage

---

54. Mat. 16, 18-19 est appliqué au pouvoir papal : *Ep.* 218 (IV, p. 120), ce
n'est pas à Anselme à délier ce que le pape aurait lié, ou à lier ce qu'il aurait
délié ; Discours d'Anselme à la réunion de Rockingham, mars 1095 (EADMER,
Hist. nov., lib. I : PL 159, 382 C), voir infra n. 104 ; c'est Pierre qui porte
les clefs, mais des clefs de Portier du ciel : *Epp.* 248 et 262 citées supra, n.
43 et 44. Mais, *Epist. de Incarn. Verbi prior recensio* (I, p. 283), Anselme interprète Mat., 16 en ce sens que le Christ a édifié l'Eglise sur la pierre = sur
la foi, interprétation courante au moyen âge ; *Ep.* 65 (III, p. 182), le même
texte est invoqué pour appuyer l'idée que Dieu est écouté dans les prêtres et
les évêque;, il absout en eux ; *Ep.* 156 (IV, p. 23), pour le pouvoir des abbés
(comp. *Ep* 158, p. 25, où Luc, 22, 32, « confirma fratres... », est aussi appliqué à la sollicitude d'un abbé).
55. « Sancte et benignissime Petre, fidelis pastor ovium dei, princeps apostolorum, princeps tantorum principum, qui ligas et solvis quod vis, qui sanas
et resuscitas quem vis, qui das regnum caelorum cui vis » (III, p. 30, lignes
3-5). Citation de Jo, 21, 17 « pasce oves meas », ligne 40, p. 31 ; « exponam
coram ianitore regni caelorum et principe apostolorum fidelem animam, mise-
ram sub regno peccatorum, ad regnum caelorum inhiantem, et ob hoc Petrum
ianitorem regni caelorum et principem apostolorum invocantem » (lignes 57-
60, p. 32).
Sans cesse, Anselme se réfère à saint Pierre ou à son *vicarius* dans ses
discussions avec Guillaume le Roux au sujet du pallium : cf. infra, n. 107.
56. Voir W. MARTENS, *Gregor VII., sein Leben und Wirken*. Leipzig, 1894,
t. II, p. 5 s. ; F. HEYN, *Der Petrusglaube Gregors VII.* (Diss. Greifswald : impression partielle, 1921) ; A. FLICHE, *La Réforme grégorienne*, t. II. Louvain,
1925, p. 105, n. 2 et 194, n. 4.
57. Pour la période antérieure, cf. Th. ZWÖLFER, *Sankt Peter, Apostelfürst
und Himmelpförtner. Seine Verehrung bei den Angelsachsen und Franken.*
Stuttgart, 1929 (nous ne renvoyons à cet ouvrage que pour sa documentation
sur la dévotion envers saint Pierre, Portier du ciel, non pour son interprétation du rapport de cette dévotion au développement de la primauté romaine).
En Normandie, à l'époque de Guillaume le Conquérant : H. BÖHMER, *op. cit.*,
p. 27 s.

transcendant et céleste, qui gouvernait l'Eglise, s'y trouvant représenté, au sens actif, c'est-à-dire s'y rendant présent, en ceux
qui avaient, précisément, mission de le représenter, *vices ejus agere* : ses « vicaires »[58]. Mais le mot de *vicarius* avait, dans cette
perspective, moins le sens juridique d'un successeur dans la
charge, héritier de pouvoirs transmis depuis une origine située
dans le passé, que le sens mystique et quasi sacramentel d'une
manifestation actuelle et active de la présence, en effet toujours
actuelle et active, de Pierre[59].

Ce sens s'est incontestablement maintenu chez les hommes de
la réforme grégorienne, mais une valeur quelque peu nouvelle s'est
comme surimposée à celle-ci, en attendant qu'elle se substitue à
elle : une valeur *juridique* de *pouvoir* transmis. Dans cette perspective, qui est celle des canonistes grégoriens, entre Pierre, origine
historique et garant céleste des prérogatives du souverain pontificat, et la vie de tout le troupeau du Christ sur la terre, s'inter-
cale le pouvoir juridique du pape, dont les canonistes grégoriens
détaillent les compétences universelles et souveraines. Saint Pierre,
sacramentellement représenté par son « vicaire », n'est plus immédiatement la source et la règle de la vie ecclésiale : c'est le pape
qui l'est, dépositaire (et, à ce titre, mais dans un sens quelque peu
nouveau, « vicaire ») des pouvoirs mêmes que le Christ avait con-
fiés à Pierre[60]. Petit à petit, lentement, le vocabulaire changera :
on n'appellera plus le pape *vicarius Petri*[61], mais le successeur de

58. Ce sens de « vicarius » est celui que donne saint Anselme dans son
Oratio (XVII) *episcopi vel abbatis ad sanctum sub cuius nomine regit ecclesiam*, lignes 6 et 52 (III, p. 68 et 70) ; il l'applique au pape, en liaison avec
sa mystique de Pierre : « Quoadusque sanctus Petrus apostolus per vicarium
suum Urbanum summum pontificem visitaret eam (la vigne du Seigneur qu'est
l'Eglise d'Angleterre) » (*Ep.* 192 : IV, p. 78-79).
   Comp. GÉRARD D'YORK, enfin rallié à la lutte contre l'investiture laïque :
« Tunc demum pericula partis, cuius corpori adhaerebam, intueri attentius
coepi, vidique et video, nec falli timeo, quia non longe ab haeresi recedit,
quicumque in his quae ecclesiae sunt dissentit, et adversari nititur generalibus
conciliis de ipsius rei prohibitione factis eiusque sententiae, cuius vox et persona apostolorum principem Petrum mundo repraesentat... » (IV, p. 316 : en
1105-1106).
   59. C'est une faiblesse de l'excellente étude de M. MACCARRONE (*Vicarius
Christi. Storia del Titolo papale* (*Lateranum*, Nova ser., XVIII). Rome, 1952)
que de n'avoir pas reconnu, 1°) la consistance, le contenu propre de *vicarius*
indépendamment de son usage particulier pour désigner le pape ; 2°) le passage du sens sacramentel-actualiste au sens juridique. Nous nous proposons
de mieux expliquer et justifier tout cela.
   60. On pourrait remplir plusieurs pages de citations et de références.
Quelques unes seulement : HUMBERT, fragments *De Ecclesia Romana* publiés
par P.E. SCHRAMM. *Kaiser, Rom und Renovatio...* Leipzig-Berlin, 1929, t .II,
pp. 120-133, avec les parallèles que donne là A. Michel, dans son commentaire ; ou encore, du même A. MICHEL, *Die Sentenzen des Kardinals Humbert...*
Stuttgart, 1943 (nouv. tirage, 1952), p. 10-11 et 18 (Collection en 74 Titres) ;
DEUSDEDIT, *Collectio Canonum*, I, cc. 6, 28, 60, 131 (caput et mater), 113 (fundamentum et forma) ; ANSELME DE LUCQUES, qui suit Humbert (Coll., I, 9 et
20 ; éd. THANER). Voir C. MIRBT, *Die Publizistik im Zeitalter Gregors VII*.
Leipzig, 1894, p. 553, n. 3 ; H.-X. ARQUILLIÈRE, *Saint Grégoire VII...* Paris,
1931, p. 315 s.
   61. Grégoire VII et les grégoriens le font encore : MACCARRONE, *op. cit.*,
p. 85 s. ; mais durant le XIIᵉ siècle, certains voudraient écarter ce titre (la
Summa Reginensis le défend contre eux : cf A. M. STICKLER, dans *Studia Gratiana*, t. III, p. 393) ; au début du XIVᵉ siècle, Jean d'André l'élimine ; de
même S. Bellarmin (MACCARRONE, p. 297).

384

Pierre, lequel a été établi par le Christ comme son vicaire, au sens
de chargé de pouvoirs, et donc, lui-même, vicarius Christi (Innocent III).

Anselme nous paraît, non certes contraire, mais antérieur à
cette évolution des notions. Un signe de cela : il se dit lui-même
constamment archevêque de Cantorbéry par la grâce de Dieu, sans
ajouter : et du Siège apostolique[62]. Le pape est pour lui le modéra-
teur suprême de l'Eglise, il n'est pas, comme il l'est pour les canonistes grégoriens, *la source* de tout pouvoir dans l'Eglise. On ne
trouve pas, chez Anselme, l'idéologie ni le vocabulaire caractéris-
ques des canonistes grégoriens, *fons et origo, cardo, fundamentum
et basis*. Pourtant, plusieurs de ces expressions se trouvaient dans
les Fausses Décrétales qu'Anselme, après Lanfranc, a lues dans la
Collection de celui-ci[63].

Il serait très intéressant d'être fixé avec certitude sur ce qu'Anselme a exactement connu et utilisé en matière de textes canoniques. L'exceptionnelle rareté de ses citations canoniques — DEUX
lettres, sur plus de 400, en contiennent chacune deux : c'est tout![64]
— rend difficile d'être ici très précis. Anselme a sans aucun doute
eu dans les mains la Collection de Lanfranc qui, plus ou moins
amplifiée, figurait dans les bibliothèques des cathédrales et des
monastères de Normandie et d'Angleterre[65]. Cette Collection était
formée de textes (décrétales et canons) du Pseudo-Isidore, plus ou
moins écourtés (au total, le Ps.-Isidore écourté d'environ un tiers)
et des *Capitula Angilramni*, à quoi Lanfranc avait ajouté la décrétale de Nicolas II sur l'élection du pape (1059) et le serment de
Béranger de Tours sur l'eucharistie. Or on sait que les faux isido-
riens du IXe siècle visaient moins à magnifier le pouvoir papal,
qu'ils exaltaient d'ailleurs, qu'à rendre les élections et les posses-
sions ecclésiastiques indépendantes de l'intervention séculière, bref
à combattre une situation d' « Eglise au pouvoirs des laïcs ». Quant

---

62. Remarque de F. S. SCHMITT, *Die Chronologie der Briefe des hl. Anselms
v. Cant.*, dans *Rev. Bénéd.*, 64 (1954) pp. 176-207 (p. 189 s.). A vrai dire, la
clause « et du Siège apostolique » n'est devenue habituelle chez les évêques
qu'au cours du XIVe siècle, sous les papes d'Avignon : cf G. MOLLAT, *Les
papes d'Avignon*, 4e éd. Paris, 1924, p. 399.
63. Par exemple « cardo et caput » : éd. HINSCHIUS, pp. 66-75 ; Ps. Anaclet,
Ep. 3, c. 34 (p. 84).
64. *Ep.* 65, écrite avant 1078, lignes 59 s. (III, p. 65) cite deux décrétales
apocryphes, empruntées probablement à Burchard : cf. Z.N. BROOKE, *The English Church and the Papacy from the Conquest to the Reign of John.* Cambridge, 1931, p. 149. *Ep.* 161 (IV, p. 32-33) cite deux textes qui pourraient
être empruntés, soit à Burchard, soit à la Coll. de Lanfranc, soit à Yves de
Chartres (BROOKE, p. 150). Ces deux textes semblent avoir appartenu au topo monastique du droit d'entrée en religion : cf. R. FOREVILLE et J. LECLERCQ,
éd. citée, p. 50 : les autres citations évoquées là rendraient vraisemblable un
emprunt à Lanfranc, mais sans que la chose soit évidente.
Brooke ajoute un troisième endroit (*Epist.* III, 159 : PL 159, 194), mais
cette lettre n'est pas d'Anselme.
65. C'est ce qu'a montré avec beaucoup de précision Z. N. BROOKE, *op. cit.*
Cf. aussi G. LE BRAS, *Notes pour servir à l'hist. des Coll. canoniques. VII.
Les Coll. can. en Angleterre après la conquête normande*, dans *Rev. hist. Droit
fr. et étr.*, 1932, pp. 145-150 (= P. FOURNIER et G. LE BRAS, *Hist. des Coll.
canon. en Occident...* Paris, 1932, t. II, pp. 227-230) ; H. WOLTER, *Ordericus
Vitalis. Ein Beitrag z. Kluniazensischen Geschichtsschreibung.* Mayence, 1955,
p. 210, n. 222.

au *Decretum* de Burchard, qu'Anselme semble bien avoir connu et
utilisé, il est caractérisé, au point de vue ecclésiologique, par le fait
que la vie de l'Eglise apparaît réglée PAR LES ÉVÊQUES : la primauté
papale n'y est certes pas méconnue, mais elle est présentée comme
une dernière instance d'appel, non comme un pouvoir souverain
gouvernant directement et habituellement toute l'Eglise[66]. Il commence par un *De primatu Ecclesiae*, qui concerne *les évêques*. La
caractéristique des collections grégoriennes, au contraire, que ce
soit les *Sentences* d'Humbert (Coll. en 74 Titres), ou la Collection
d'Atton, celle d'Anselme de Lucques, celle de Deusdedit, est de
commencer par un *De potestate et primatu Apostolicae Sedis*
et de faire découler toute la vie de l'Eglise du pouvoir pontifical,
du texte de Mat., 16, 18-19.

Saint Anselme nous semble se rattacher nettement au point de
vue des collections prégrégoriennes. S'il a utilisé Burchard, cependant, il l'a quelque peu complété dans le sens romain. Fait significatif : Burchard exclut, pour l'évêque de Rome, les titres de *princeps sacerdotum* et de *summus sacerdos*, au bénéfice de *Primae
Sedis episcopus* ; Anselme, surtout à partir de 1098, parle constamment en termes de *summus pontifex*. Faut-il conclure, comme
on l'a déjà suggéré (BÖHMER, p. 155, 158), qu'auprès de l'archevêque de Lyon, Hugues, qui l'accueillit durant une bonne partie de
son exil et qui était, en France, le grand protagoniste des idées
grégoriennes, Anselme aurait pris une connaissance plus nette de
celles-ci, peut-être même dans tel des recueils canoniques où elles
s'exprimaient ? Mais le titre de *summus pontifex* n'est pas vraiment caractéristique des textes de la réforme grégorienne et, même
s'il semble employé alors comme un titre propre du pape[67], il figurait depuis longtemps dans nombre de documents romains[68].

L'Eglise de S. Anselme nous est apparue comme essentiellement
théonomique. Nous pourrions ajouter maintenant que cette théonomie
est, pour la vie externe de l'Eglise, une « nomie » des saints canons,
et finalement de S. Pierre, qui les garde et leur assure la vigueur. Ceci
va se préciser dans l'examen, auquel il nous faut maintenant procéder,
de la position d'Anselme en matière de relations entre cette Eglise et
les instances temporelles.

---

66. Voir A. M. KOENIGER, *Burchard I. von Worms u. die deutsche Kirche
seiner Zeit* (1000-1025). *Ein kirchen — u. sittengeschichtl. Zeitbild.* Munich,
1905 ; P. FOURNIER, *Le décret de Burchard de Worms, son caractère et son
influence*, dans *Rev. Hist. ecclés.*, 12 (1911) pp. 451-473, 670-701 ; FOURNIER -
LE BRAS, *op. cit.*, t .I, pp. 364 s. ; O. MEYER. *Ueberlieferung und Verbreitung
des Dekrets des Bischofs Burchard*, dans *Zeitsch. d. Savigny - Stift. f. Rechtsgesch,*. 55. Kan. Abt., 24 (1935) pp. 141-183.

67. Cela ressort par exemple de son emploi par l'Anonyme normand du
Ms. de Cambridge Corpus Christi Coll. 415 : tract. I, dans H. BÖHMER. *Kirche
und Staat*, pp. 436-437. L'Anonyme transfère le titre à l'empereur : *Libelli de
Lite*, t. III, p. 677, ligne 33.

68. Voir par exemple *Liber Diurnus*, form. LXXIII, avec la note de l'éd.
DE ROSIÈRE, p. 137.

386

***

Eglise et Société temporelle

Avant de caractériser l'enjeu ecclésiologique de la querelle, rappelons très brièvement les faits : ils sont bien connus.

Amené en Angleterre par des circonstances et des obligations inéluctables, peu après la mort de Lanfranc (sept. 1092), Anselme est, malgré lui, élu archevêque de Cantorbéry. Il résiste de toutes ses forces. Le roi Guillaume le Roux étant tombé gravement malade en mars 1093, reçoit l'assistance spirituelle d'Anselme. On veut contraindre celui-ci, acclamé comme archevêque par les évêques et le peuple, à recevoir l'investiture royale de l'archevêché de Cantorbéry : on le force physiquement à toucher la crosse que tient le roi[69]. Anselme dit alors aux évêques : « Nihil est quod facitis » ; puis, revenu auprès du roi, il lui déclare qu'il ne mourra pas cette fois et pourra ainsi réparer ou régulariser ce qui avait été fait, car, précisait-il, « nec concessi nec concedo quod ratum sit. »[70]. Un peu plus tard, Anselme fixa les conditions auxquelles il accepterait le fait accompli[71] ; il l'accepta, il fut intronisé le 25 septembre 1093 et sacré le 4 décembre ; il fit hommage au roi pour la terre de son archevêché[72]. Il ne nous paraît donc pas pleinement exact, ni de dire, comme fait Z.-N. Brooke[73], qu'Anselme n'avait élevé aucune objection contre le fait d'être investi par Guillaume le Roux et de lui rendre hommage, ni d'affirmer, avec A. Fliche[74], qu'il n'y eut aucune question portant sur l'investiture, en Angleterre, avant le règne d'Henri Beauclerc (1100), et qu'entre Anselme et Guillaume le Roux, la querelle porta seulement sur la reconnaissance d'Urbain II et le pallium qu'Anselme voulait recevoir des mains mêmes du pape. Cependant, il est exact qu'au terme des textes d'Anselme lui-même, c'est ces deux chapitres qui furent décisifs ; l'allusion à l'investiture est de l'*Historia novorum,* le thème ne remplit les lettres du primat qu'après son premier exil.

Cet exil a été provoqué, d'abord par le refus du roi de reconnaître comme véritable pape Urbain II, qu'Anselme, lui, avait reconnu dès son abbatiat du Bec : le roi, d'ailleurs, prétendait qu'on ne reconnût aucun pape sans son assentiment[75] ; — ensuite parce que, Anselme voulant aller à Rome pour y recevoir le pallium des mains du pape, le roi, non seulement refusait de l'y autoriser, mais voulait lui faire jurer de ne jamais faire appel à Rome[76] ; — enfin parce que la

---

69. Eadmer. *Hist. nov.,* lib. I (PL 159, 367 CD).
70. *Ibid.,* 368 A. « Non ratum » = « irritum » = pratiquement nul.
71. *Ibid.,* 370 D-371 A. Deux conditions : restitution à l'archevêché de Cantorbéry des terres qu'il avait sous Lanfranc ; reconnaissance d'Urbain II.
72. *Ibid.,* 372 A.
73. *Op. cit.,* p. 153.
74. A. Fliche. *Y a-t-il eu en France et en Angleterre une querelle des Investitures ?* dans *Rev. Bénéd.,* 46 (1934) pp. 283-295.
75. Anselme, *Ep.* 210 à Pascal II, lignes 17 s. (IV, p. 106) ; Eadmer, *Vita,* lib. II, c. 3, n. 23 (PL 159, 90).
76. Anselme, *Ep.* 206, ligne 51 (IV, p. 100) ; Eadmer, *op. cit.,* n. 29, col. 92 D.
Alexandre II et Grégoire VII avaient fait aux archevêques une obligation stricte, non seulement de solliciter le pallium dans les trois mois suivant leur élection (mesure portée avant eux déjà), mais de venir eux-mêmes le recevoir, sous peine, précisait Grégoire, d'une véritable suspense de leurs droits de conférer les ordres : cf *Reg.* I, 24 et IX, 1 (éd. Caspar, p. 41 et p. 568) : Th. Gottlob, *Der kirchliche Amsteid der Bischöfe.* Bonn, 1936, p. 46 et n. 20. Notons ici que l'octroi du pallium comportait, du côté de l'archevêque, un serment qui semble, à partir d'Alexandre II, avoir porté sur la fidélité *au*

volonté du roi de disposer à sa guise et pour ses intérêts des biens
de l'Eglise, de régler toute la vie extérieure de celle-ci selon son plaisir
et de sa propre autorité, posait à Anselme de perpétuels problèmes de
conscience : il ne pouvait consentir, et il n'avait pas les moyens de
résister efficacement[77]... Pour lui, il y allait de l'*utilitas* de son épiscopat
et de la *libertas Ecclesiae*[78].

Anselme passa les trois années de son premier exil à Lyon, à
Rome, en Italie, de nouveau à Lyon. Il participa au concile de Bari en
1098 et au concile romain de 1099. Les actes de ce concile ne nous
ont été conservés que de façon très lacuneuse, mais par la suite, Anselme
s'y référera constamment comme à l'autorité topique interdisant l'investiture laïque[79]. Les historiens s'accordent à tenir son témoignage comme
valable et probant[80]. C'est donc renforcé dans ses convictions quant
aux exigences de la *libertas Ecclesiae*, tant par ce concile que par les
papes Urbain II et Pascal II, enfin par ses séjours auprès du grégorien
bon teint qu'était l'archevêque Hugues de Lyon, qu'Anselme revint en
Normandie, puis en Angleterre, après la mort de Guillaume le Roux et
l'accession au trône de son frère Henri Beauclerc (1100).

Henri eût voulu qu'Anselme fût, avec lui, ce que Lanfranc avait
été avec son père, le Conquérant. Mais les circonstances n'étaient les
mêmes, ni d'un côté ni de l'autre. Du côté de l'archevêque, il y avait
tout le poids des idées grégoriennes et des décrets pontificaux, il y
avait la triste expérience de six ans de lutte contre des exigences
inacceptables. Du côté royal, Guillaume le Roux, puis Henri, dès son
accession au trône, avaient usé des prérogatives qu'ils réclamaient,
d'une façon nuisible pour les Eglises : dès le retour d'Anselme, Henri
ne voulait rien savoir de l'interdiction de l'investiture laïque portée
au concile romain de 1099[81]. Anselme demandait au pape d'intervenir
auprès du roi. Pascal le fit[82]. Mais le roi et les évêques insistèrent
tellement qu'Anselme lui-même sollicita du pape une mitigation des
mesures portées[83]. La situation était grave : Anselme était presque seul
et il savait que le clergé n'aurait pas reculé devant une séparation
d'avec Rome[84]. Aussi insistait-il pour que le pape lui envoyât directement un document non ambigu[85]. La réponse vint, tout à fait formelle
sur l'article de l'investiture laïque, accompagnée de solutions détaillées
pour les cas soumis par Anselme[86]. C'est ainsi que, le roi ne voulant
pas céder, Anselme fut amené, après de nouveaux conflits et de

pape, le respect de ses légats, la visite *ad limina.* Le texte en usage aujour-
d'hui dans le sacre de tous les évêques au rite latin, est celui-là même
qu'Alexandre II avait imposé à Wibert de Ravenne : cf GOTTLOB, p. 42 s. et
le texte de ce serment p. 176-177.

77. Cf son exposé à Urbain II, *Ep.* 206, fin 1098 (IV, p. 100), à Pascal II,
fin 1099 ou début 1100, *Ep.* 210 (IV, p. 105-107).

78. EADMER, *op. cit.,* n. 30, col. 93 C.

79. Nous voyons Anselme en appeler au concile romain de 1099 contre le
roi Henri : EADMER, *Hist. nov.,* lib. III (PL 159, 424 C, 432 AB), et s'y référer *Epp.* 214, 217, 218 (IV, pp. 112, 119, 120). Comp. Gérard d'York cité supra
n. 58.

80. Ainsi BÖHMER, *op. cit.,* p. 158, n. 1 ; BROOKE, *op. cit.,* p. 154.

81. Cf *Ep.* 214 d'Anselme à Pascal II, lignes 11 s. (IV, p. 112).

82. *Ep.* 216, dans SCHMITT, IV, p. 115 s., vers Pentecôte 1101 = JAFFÉ-
LOEWENFELD, n. 5868.

83. *Ep.* 217, fin 1101 ou début 1102 (IV, p. 118 s.).

84. *Ep.* 214 (IV, p. 121).

85. *Epp.* 218, 219, 220.

86. JAFFÉ-LOEWENFELD, n. 5908 et 5909 = *Ep.* 222 et 223 dans SCHMITT. IV,
pp. 124 s. et 126 s.

388

nouveaux messages à Rome, entremêlés d'accalmies et de délais, à
quitter une seconde fois le royaume (Pâques 1103).
Le second exil dura, comme le premier, trois ans, dont seize mois
passés près de Hugues de Lyon. On sait comment les voies vers un
compromis possible furent ouvertes par l'entrevue de Laigle (4 juillet 1005). Le roi accepterait de renoncer à l'investiture, à condition de
garder l'hommage pour les fiefs attachés aux églises. C'était la solution
que patronnait depuis quelque temps déjà Yves de Chartres, qu'Anselme
connaissait bien[87]. Même son ami Hugues de Lyon conseillait de
transiger [88]. L'accord fut conclu sur cette base, ratifié par une bulle
de Pascal II en date du 23 mars 1106[89], parachevé par une entente sur
les modalités d'application au concile de Londres, août 1107 : les
évêques ne recevraient d'aucune personne laïque l'investiture par la
crosse et l'anneau, mais ils ne seraient pas sacrés avant d'avoir prêté
au roi le serment de vassalité pour les fiefs.

Sens du conflit. Idées d'Anselme sur le pouvoir royal dans son
rapport avec l'Eglise.
Z.N. Brooke[90] a bien caractérisé la situation de l'Eglise en Normandie, puis en Angleterre, sous Guillaume le Conquérant, en la
comparant à celle qui existait, dans l'Empire, sous les empereurs
saxons Henri II et Henri III. Plus haut, il faudrait remonter jusqu'à
Charlemagne. Quant à sa vie extérieure ordinaire, l'Eglise était soumise à l'autorité royale qui nommait aux grandes charges, réglait
la réunion des conciles, veillait, avec les évêques, à la dignité des
mœurs cléricales, etc. Grégoire VII avait fini par tolérer cette situation, en considération des bons résultats qui en provenaient, de fait,
pour l'Eglise.
Le fils du Conquérant, Guillaume le Roux, n'avait ni la grandeur, ni la finesse de son père. Brutal, il interpréta cette prééminen-
ce royale de fait en monopole de droit. A la tête d'une administration efficace, il voulut faire, de sa royauté, une monarchie totalitai-
re, et entendit que *rien* n'existât dans les limites de son domaine,
qu'en dépendance formelle de lui : « Nec enim regia dignitate integra se potitum suspicabatur, quamdiu aliquis in tota terra vel etiam
secundum Deum, nisi per eum quidquam habere vel posse dicebatur. »[91] Au moment même où il proclamait vouloir Anselme pour
archevêque de Cantorbéry, il ajoutait à part lui et devant ses inti-
mes : *Nec ipse* [Anselmus] *hoc tempore, nec alius quis archiepisco-
pus erit, me excepto*[92]. On sait quelles obscurités entourent encore
l'histoire des fameux traités anonymes du manuscrit de Cambridge,

87. Sur Yves de Chartres et son apport à la solution du conflit, cf, outre
Fournier - Le Bras, *op. cit.*, t. II, p. 55 s., A. Esmein, *La question des investitures dans les lettres d'Yves de Ch.*, dans *Bibl. de l'Ec. des Htes Etudes*,
Sc. relig., 1 (1889) pp. 139-178 ; J.J. Juglas, *Yves de Ch. et la querelle des
invest.*, dans *Mélanges Albert Dufourcq*. Paris, 1932, pp. 57-72, et surtout A.
Becker, *Studien zum Investiturproblem in Frankreich...* Saarbrück, 1955.
   Relations d'Anselme avec Yves : Böhmer, *op. cit.*, p. 163, n. 1.
88. *Ep.* 390 (IV, p. 335).
89. Jaffé-Loewenfeld, n. 6073 : Schmitt, V, p. 341 s.
90. *Op. cit.*, p. 25 s., 132. Pour la situation sous Guillaume le Conquérant,
outre Brooke, cf. Böhmer, *op. cit.*, p. 97 s. et 126 s. (rapports avec le Saint-
Siège) ; A. Fliche, *Réforme grégorienne*, t. II. Louvain, 1925, p. 186.
91. Eadmer, *Hist. nov.*, lib. I (PL 159, 384 B).
92. Eadmer, *op. cit.*, 364 D.

Corpus Christi College 415, parfois encore attribués à l'Anonyme d'York, mais plus volontiers aujourd'hui, et plus justement croyons-nous, à l'Anonyme normand[93]. Le plus étonnant n'est peut-être pas encore l'extraordinaire hardiesse des thèses de l'Anonyme, ou leur remarquable cohérence, mais le fait qu'on ne saisit, dans les témoignages contemporains, aucune trace de son influence, aucune allusion à lui, qu'elle soit polémique ou approbative. C'est à croire que les textes ont été rédigés *ad usum privatum* peut-être pour le roi ; le plus grand nombre de ces traités l'ont été, en tout cas, précisément sous Guillaume le Roux. Lui étaient-ils destinés ? Leur doctrine césarienne et césaropapiste représenterait effectivement assez bien l'appui idéologique des prétentions réelles du roi, à cela près qu'elle est, malgré tout, animée par une intention de donner la primauté au « chrétien » sur l' « ecclésiastique », intention qui ne semble pas avoir beaucoup inquiété le prince normand.

Dans cette situation, quels sont les principes d'Anselme, l'inspiration et le sens de son action.

Un fait est notable d'abord : on ne rencontre presque pas, chez Anselme, de déclarations théoriques générales, et celles qu'on peut recueillir, fort brèves, se trouvent surtout dans des lettres adressées à des seigneurs lointains, de Flandre ou de Terre sainte. Certes, il faut tenir compte du fait qu'au total la *Publizistik* relative à la politique religieuse dans les Etats anglo-normands, est très réduite. Böhmer, qui l'étudie et l'expose, en est réduit, outre le mystérieux Anonyme, au traité de Hugues de Fleury *De regia potestate et sacerdotali dignitate*, rédigé peu après 1102 et dédié à Henri Ier [94], et à trois ou quatre écrits mineurs concernant la question des fils de prêtres. A tout cela, d'ailleurs, aucune allusion chez saint Anselme. A-t-il connu, n'a-t-il pas connu le traité de Hugues de Fleury ? De même, quelle trace peut-on relever chez lui des thèses d'Honorius Augustodunensis, dont on pense aujourd'hui qu'il vécut au monastère de Cantorbéry au moment de l'épiscopat d'Anselme et que, sans doute, il l'y rencontra ? Aucune allusion non plus, chez Anselme, aux grands schémas idéologiques, souvent symboliques, tels que : $\dfrac{\text{Père}}{\text{Fils}} = \dfrac{\text{Roi}}{\text{évêque}}$, Melchisédech, Soleil et lune ou Or et plomb, texte sur les deux glaives, etc. Anselme reste d'une sobriété et d'une *Sachlichkeit* remarquables. Il ne semble pas avoir cultivé l'allégorie. Il n'a pas spéculé théoriquement sur les relations entre l'Eglise et le pouvoir royal ou la société temporelle ; il s'est contenté de formuler, à mesure, les exigences de sa conscience d'homme d'Eglise.

93. Edition aujourd'hui complète, mais dispersée (voir indications dans WILLIAMS, p. 205 s.). Etudes : E. BÖHMER, *op. cit.*, pp. 177-266 ; P. DE LAPPARENT, *Un précurseur de la Réforme anglaise : l'Anonyme d'York*, dans *Arch. Hist. doctr. et litt. du moyen âge*, 15 (1946) pp. 149-168 ; G. H. WILLIAMS, *The Norman Anonymous of 1100. A.D.* (*Harvard Theol. Studies*, 18). Cambridge (USA), 1951.
94. Texte : BALUZE, *Miscellanea*, t. IV, pp. 9-69 ; PL 163, 930-976 ; *Libelli de Lite*, t. II, pp. 465 s. Etudes : C. MIRBT, *Die Publizistik*, p. 514 s. ; BÖHMER, *op. cit.*, p. 164 s. ; A. BECKER, *op. cit.*, p. 151 s. ; les vol. de Fliche, etc.

390

Le grand motif qui inspire cette conscience est celui qui anime
la réforme depuis un demi-siècle déjà quand Anselme succède à
Lanfranc : *libertas Ecclesiae.* M. G. Tellenbach a bien montré[95]
qu'il faut entendre par là quelque chose de plus profond et de plus
positif qu'un simple affranchissement par rapport au pouvoir des
laïcs : la *libertas* de chaque être, c'est sa place dans l'ordre divin
qui, en lui fixant un service et des devoirs, lui assure une dignité
et des droits. D'où une équivalence pratique entre *libertas* et *privilegium, honor, dignitas, jus.* C'est la conscience des exigences de
cette *libertas* qui inspire à Anselme tel refus ou telle démarche en
opposition avec la prétention princière à tout régler souveraine-
ment. Au point de vue ecclésiologique, la question historique posée
par A. Fliche : y a-t-il eu querelle des investitures en Angleterre
avant la mort de Guillaume le Roux et d'Urbain II ?, est relativement secondaire, car le conflit sur le point précis de l'investiture
laïque n'est qu'un des symptômes ou des points d'affleurement du
combat pour la *libertas Ecclesiae,* qui en comporte bien d'autres.
Tous n'ont pas été actifs partout : ainsi ne voit-on que peu de
chose, chez Anselme, d'une lutte contre la simonie[96], et rien du
problème de la validité des sacrements célébrés ou des ordres con-
férés par des prélats investis par les princes.

Anselme participe à la conviction fondamentale des hommes
de la réforme : l'Eglise n'est pas la chose des rois, elle ne leur
appartient pas, elle n'est pas de leur *dominium.* Elle est l'Epouse
de Dieu : c'est à lui qu'elle appartient. Et, à ce titre, elle est, pour
tous les fidèles, y compris les rois, une mère : c'est elle qui a autorité sur eux, s'agissant de leur salut, ce n'est pas eux qui ont autorité sur elle, même s'il s'agit de son temporel. Ce sont ces titres
qu'Anselme invoque, c'est à ces thèmes qu'il se réfère, pour fonder
la liberté de l'Eglise — sans développer, nous l'avons vu, cette
idée d'*Ecclesia-Sponsa* en une théologie de son mystère intime,
comme le fera saint Bernard :

Ne putetis vobis, sicut multi mali reges faciunt, ecclesiam dei
quasi domino ad serviendum esse datam, sed sicut advocato et defen-
sori esse commendatam. Nihil magis diligit deus in hoc mundo quam
libertatem ecclesiae suae. Qui ei volunt non tam prodesse quam dominari, procul dubio deo probantur adversari. Liberam vult deus esse
sponsam suam, non ancillam. Qui eam sicut filii matrem tractant et
honorant, vere se filios eius et filios dei esse probant[97].
Considerate regiam illam, quam de hoc mundo sponsam sibi illi
placuit eligere. Haec est quam « pulchram » et « amicam » et « columbam » suam vocat in scripturis [Cant., 1, 14 ; 2, 10, 14 ; 5, 2], et de
qua illi dicitur : « astitit regina a dextris suis » [Ps. 44, 10]. Haec est
cui de eodem sponso suo Christo dicitur : « Audi filia... » (Ps. 44, 11),
etc...[98].

---

95. *Op. cit.,* supra, n. 3.
96. Allusions sans insistance : par exemple *Ep.* 214, ligne 42 (IV, p. 113).
97. *Ep.* 235 à Baudouin, roi de Jérusalem, v. 1102 (IV, p. 143).
98. *Ep.* 243 à la reine d'Angleterre Mathilde, v. 1102 (IV, p. 153-154).

Cum enim ea quae religionis Christianae sunt concordi voluntate facitis, veros vos esse filios ecclesiae, sponsae dei, et fideles advocatos ostenditis. Non enim debent principes sponsam dei, matrem suam, si Christiani sunt, aestimare sibi datam in haereditariam dominationem, sed a deo sibi commendatam, ut eius cohaeredes mereantur esse ad reverentiam et defensionem (...). Ad vos pertinet... ut haec et huiusmodi viro vestro frequenter « opportune, importune » suggeratis, et ut non dominum sed advocatum, non privignum sed filium se probet esse ecclesiae consulatis[99].

Videtis, mi carissime domine, qualiter mater nostra, ecclesia dei, quam deus pulchram amicam et dilectam sponsam suam vocat, a malis principibus conculcatur, quomodo ab eis, quibus ut advocatis ad tuitionem a deo commendata est, ad eorum aeternam damnationem tribulatur. Qua praesumptione in proprios usus ipsi usurpaverunt res eius, qua crudelitate in servitutem redigunt libertatem eius (...)... Ergo, mi domine, ne putetis ecclesiam, quae in vestro principatu est, vobis esse datam in haereditariam dominationem, sed in haereditariam reverentiam et tuitionem. Eam ut matrem vestram amate, ut sponsam et amicam dei honorate[100].

Non timeo exsilium, non paupertatem, non tormenta, non mortem, quia ad haec omnia deo confortante paratum est cor meum pro apostolicae sedis oboedientia et matris meae, ecclesiae Christi, libertate[101].

Notons que ces textes sont tous postérieurs à 1100, et tous adressés à des amis d'Anselme et de la liberté de l'Eglise. Ils expriment remarquablement le fondement dogmatique de l'action du primat. Sa qualité d'Epouse de Dieu vaut à l'Eglise une condition juridique, en même temps que morale et spirituelle, de « liberté ». Soumise, en sa vie intime, à la théonomie parfaite, l'Eglise relève, en sa vie extérieure même, d'un droit propre, irréductible au droit public des royaumes. La lutte engagée une première fois, partiellement, au IX° siècle, une seconde fois, à fond, au XI°, en vue d'affranchir l'Eglise du pouvoir des laïcs, était une lutte pour que fût reconnue et assurée sa condition propre d'Eglise *de Dieu*. C'était une lutte pour sortir de l'indivision où la situation historique du haut moyen âge l'avait mise avec la société temporelle : indivision juridique, car l'Eglise, dans cette situation, était réglée par un droit public d'empire ou de royaume, dans lequel ses propres canons étaient assumés et mêlés[102]; indivision du concept même d'*Ecclesia*, qui désignait à la fois ce que nous appelons l'Eglise, et l'Empire ou le Royaume, bref, la société chrétienne[103].

99. *Ep.* 249 à la comtesse de Flandre, Clémence, après 1100 (IV, p. 159-160).
100. *Ep.* 262 à Humbert, comte d'Aoste, lignes 28-33 et 41-44 : vers 1100-1103 (IV, p. 177).
101. *Ep.* 280 à Pascal II, été 1102 (IV, p. 195).
102. Ainsi les *Capitula Angilramni* notaient, par exemple : « Hoc capitulum non est canonicum, sed a saecularibus legibus sumptum.» (sect. 44).
103. On lira avec profit G. B. LADNER, *The Concepts of 'Ecclesia' and 'Christianitas' and their relation to the Idea od Papal « Plenitudo potestatis »* from Gregory VII to Boniface VIII, dans *Sacerdozio e Regno da Gregorio VII a Bonifacio VIII (Misc. Hist. Pontif.*, vol. XVIII). Rome, 1954, pp. 49-77.

392

Dénonciation de l'indivision juridique : Anselme se réfère
sans cesse à un droit d'Eglise, qui est, pour autant, un droit de
l'apôtre Pierre et un droit de Dieu. A l'assemblée de Rockingham
de mars 1093, les seigneurs, les évêques même, se réfèrent aux
consuetudines du royaume et à la volonté du roi. Anselme prend
la parole et, gravement, déclare :

> Cum nos qui Christianae plebis pastores, et vos qui populorum
> principes vocamini, consilium mihi principi vestro nonnisi ad unius
> hominis voluntatem dare vultis : ego ad summum pastorem et princi-
> pem omnium, ego ad magni consilii angelum curram et in meo, imo
> in suo et Ecclesiae suae negotio, consilium quod sequar ab eo reci-
> piam[104].

et de citer ces autorités, c'est-à-dire les normes auxquelles il veut
se référer : des paroles du Seigneur, Mat., 16, 18-19, Luc, 10, 16[105],
Zachar., 2, 8[106], à quoi il n'omet pas d'ajouter le *Reddite Caesari* de Math., 22, 21, que nous retrouverons plus loin. Un peu plus
tard, au cours de la même crise, le roi veut se réserver la reconnaissance, en Angleterre, du pape qu'il jugera bon, Urbain II ou
Clément III ; mais, pour Anselme, Urbain est le pape légitime, de
par les lois de l'Eglise qui ont été suivies dans son élection. Anselme voudrait aussi, conformément à ces lois (voir supra, n. 76),
recevoir le pallium de ses mains ; Guillaume le Roux lui refuse
l'accès auprès du pape, mais il arrange secrètement, avec des con-
nivences romaines, qu'un légat viendra de Rome apporter le pallium que le roi lui-même remettrait à Anselme. Celui-ci refuse :
c'est *de saint Pierre* qu'il veut recevoir ce pallium : *ostendens hoc
donum, non ad regiam dignitatem, sed ad singularem beati Petri
pertinere auctoritatem*[107]. On trouve une solution, car le pallium a
été effectivement apporté : Anselme le prendra sur l'autel de la
cathédrale de Cantorbéry, *quasi de manu beati Petri*. Tous ces faits,
auxquels on pourrait ajouter bien d'autres témoignages[108], ont un
sens très net : l'Eglise est régie par son droit propre, ces *instituta*
où nous avons vu qu'Anselme reconnaissait la volonté même de
Dieu.

Dénonciation de l'indistinction du concept d'*Ecclesia* hérité de
l'époque carolingienne : c'est la visée et le sens général de toute la

---

104. *Hist. nov.*, lib. I (PL 159, 382 C).
105. « Qui vos audit me audit... » : cf supra, n. 41.
106. « Qui tangit vos, sicut qui tangit pupillam oculi mei » : usage dans la
querelle des investitures, cf HACKELSPERGER, *op. cit.*, p. 38 (Humbert, Grégoire VII).
107. *Hist. nov.*, lib. II (PL 159, 391 D-392 A).
108. Notons encore ici l'usage fait par Anselme et par Pascal II, des versets de Jo, 10, 1 et 9, « Qui non intrat per ostium, ille fur est... Ego sum
ostium » : ANSELME, *Epp.* 137 (III, p. 283), pour que le moine Lanfranc n'ac-
cepte pas le don d'une abbaye, mais sans question d'investiture laïque ; 269
(IV, p. 184), en un sens très général, suivre l'autorité ; EADMER, *Hist. nov.*,
lib. III (PL 159, 444 CD). PASCAL II, lettres au roi Henri : JAFFÉ-LOEWENFELD,
nn, 5868, 5908, 5956 et HOLTZMANN, *Papsturkunden in England*, t. I, p. 226 s.
(dans SCHMITT, t. IV, pp. 115, 125, 227 et 290) et lettre au duc de Normandie
Robert, citée supra, n. 3. Pour les grégoriens, cf HACKELSPERGER, *op. cit.*, pp.
55, 62 s., 107.

réforme grégorienne[109]. On a pu en relever des traces significatives
jusque dans les Vies des évêques de l'Empire rédigées à cette
époque[110]. On a même cru — mais, à notre avis, en forçant quelque peu les textes — pouvoir noter, chez un Grégoire VII ou un
Urbain II, une tendance à distinguer l'*Ecclesia* proprement dite,
identifiée à son aspect et à ses membres ecclésiastiques, et la société chrétienne, dès lors appelée *Christianitas* ou *Populus christianus*[111]. Sur ce point précis, on ne saurait invoquer Anselme : chez
lui et chez son secrétaire Eadmer, *christianitas* signifie toujours :
la religion chrétienne, la cause du christianisme, le christianisme[112], et nous avons vu qu'il appelle l'Eglise, au sens concret du
mot, *christiana plebs* (cf. n. 104). Anselme n'identifie pas pour autant *Ecclesia* et société chrétienne, comme c'était le cas dans les
textes carolingiens et comme ce sera de nouveau le cas chez les
auteurs de tendance théocratique, au XII° siècle, avec leur idée de
l'Eglise, constituée par les différents *ordines* de la société, les
trois ordres classiquement distingués depuis le X° siècle, des *laboratores*, des *oratores* et des *milites*. Dans la mesure où Anselme
parle de ces *ordines*, il les situe *in hoc mundo*[113]. Il est certainement partisan d'une nette distinction des compétences et des domaines : du roi et au roi, la terre ; de Dieu, les âmes[114]. Il lutte
pour que les *divina* dépendent de leur règle propre ; Dieu et saint
Pierre, et non du roi, comme les *terrena*[115]. Mais il ne néglige pas
les devoirs dûs au souverain terrestre : tandis que Grégoire VII
n'a pas cité une seule fois le *Reddite Caesari quae sunt Caesaris*

109. Bien notés par G. B. LADNER, *Theologie und Politik vor dem Investiturstreit...* Baden bei Wien, 1936, pp 42 s.
110. Voir O. KÖHLER, *Das Bild des geistlichen Fürsten in den Viten des
10, 11. und 12. Jahrhunderts*. Berlin, 1935, pp. 120-129.
111. J. RUPP, *L'idée de Chrétienté dans la pensée pontificale des origines
à Innocent III*. Paris, 1939 : pour Grégoire VII, p. 55, pour Urbain II, p. 83.
Sur ce rôle de la notion de *Christianitas* pour réexprimer une certaine unité
entre l'Eglise et la société temporelle chrétienne, après la dénonciation de
l'indistinction carolingienne de l'idée d'*Ecclesia*, cf E. KEMPF, *Caput Christianitatis. Ein Beitrag zum Verständnis des mittelalterlichen Papsttums*, dans
Stimmen der Zeit, 138 (mai 1956) pp. 91-100.
112. Voir ANSELME, *Oratio X*, ligne 188 (III, ᵽ. 40) ; *Epp.* 235 ligne 6 et
259 ligne 37 (IV, p. 142 et 170), 380 ligne 5 et 424 (V, p. 323 et 370). EADMER,
Vita, II, c. 3, n. 29 (PL 158, 92) ; *Hist. nov.*, lib. I (PL 159, 353 C, 365 A,
366 A, 370 D, 384 AB, 387 A) ; lib. II (389 C, 395 B, 396 D, 398 C, 401 B) ;
lib. III (431 B, 433 A) ; lib. IV (472 A, 479 B et C) ; lib. V (489 A).
113. Cf *De Similitudinibus*, cc. 127 et 128 (PL 159, 679) : « Tres quippe
sunt ordines hominum, videlicet orantes, agricultores et defensores. Hos autem
ordines sic ad diversa officia Deus in hoc mundo disposuit, quemadmodum
quidam paterfamilias oves, et boves, et canes maximos in domo sua distribuit ».
114. Voir *Ep.* 251 à l'abbé de St-Evroult (IV, p. 162).
115. EADMER, faisant peut-être refluer sur cette époque le jugement d'Anselme son maître (BROOKE, *op. cit.*, p. 134, n.), caractérise ainsi la situation
sous Guillaume le Conquérant : « Cuncta ergo divina simul et humana eius
nutum expectabant » (*Hist. nov.*, lib. I : PL 159, 352 A). Comp. la condition
mise par Anselme à son acceptation du siège de Cantorbéry : le roi sera
« terrenus dominus et defensor », Anselme « spiritualis pater (du roi et de la
Nation) et animae provisor » (*ibid.*, 370 D-371 A). Finalement, la solution du
conflit avec Henri I°ʳ sera cherchée dans la distinction, dans l'*episcopatus*,
entre la fonction spirituelle et le fief.

dans les nombreuses circonstances où il a dû parler des rapports entre les deux domaines, ce texte fait partie, pour Anselme, tout comme pour Yves de Chartres et Hugues de Fleury, de la structure des choses voulue par Dieu, au même titre que d'autres textes fondent de façon autonome la structure apostolique de l'Eglise[116].

Mais, bien sûr, Anselme ne se contente pas de distinguer et de juxtaposer les domaines et les compétences. Une certaine unité doit exister entre eux, une « concorde ». Cette unité, à l'époque de l'épiscopat d'Anselme, était si bien un fait que lui-même, mis en demeure d'accepter une charge à laquelle on l'élevait malgré lui, disait : l'Eglise est comme un champ à labourer; il faudrait atteler à la charrue deux bœufs solides, vous voulez y mettre un taureau sauvage et une pauvre brebis... [117] Quand Guillaume le Roux veut assembler un concile pour réformer les abus, ce qui n'avait pas été fait depuis longtemps, Anselme, qui ne désire que cela, parle d'une action commune : *tu regia potestate et ego pontificali auctoritate*[118]. C'est ce que l'Eglise, d'une façon ou d'une autre, a toujours cherché, étant assuré le respect de sa *libertas* par le pouvoir temporel.

L'activité et les obligations des rois, dans cette union de travail, sont définies par Anselme d'une manière extrêmement classique, par les mots : *Advocatus, Defensor, tuitio, reverentia*, et les verbes : *commendari, prodesse non dominari, tractare, consulere, honorare ut matrem*[119]. Le mot sans doute le plus significatif est celui d'*Advocatus* : le roi est l'Avoué de l'Eglise, son gardien et son protecteur. C'est le titre que Godefroid de Bouillon prit, après la conquête de Jérusalem, à l'exclusion de celui de roi. Quand on se rappelle la qualité et l'étroitesse des rapports qu'Anselme entretint avec le duc de Lotharingie, avec sa mère la bienheureuse Ida, comtesse de Boulogne, avec son frère Baudoin, on est autorisé à penser que, sans préjudice d'autres influences, comme celle de Henri de Verdun, évêque de Liège, Anselme fut pour quelque chose dans les

---

116. Anselme le cite à son clergé, à la réunion de Rockingham, mars 1095 : EADMER, *Hist. nov.*, lib. I (PL 159, 382 D) et *Vita*, II, c. 3, n. 23 (158, 90 D). PASCAL II (par ex. JAFFÉ, n. 5868) cite ce verset, mais, tout comme les Vies d'évêques étudiées par O. KÖHLER (supra, n. 110), en insistant sur le « et quae Dei, Deo ». Mais Pascal reconnaît vraiment la consistance propre de l'ordre temporel : « regibus, quae sui juris sunt, integra servare optamus » (JAFFÉ, n. 6050, à l'archevêque de Mayence, 11 nov. 1105).

117. EADMER, *Hist. nov.*, lib. I (PL 159, 368 B). On serait encore assez proche ici d'une notion indistincte d'*Ecclesia*, mais c'est une comparaison, et qui décrit (fort bien) un état de fait.

118. *Ibid.*, 377 C. Ce n'est pas la seule fois où l'on rencontre les termes « regia potestas », « sacerdotalis (pontificalis) *auctoritas* ». Ils font partie du vocabulaire consacré et classique, depuis le texte fameux de Gélase ; il n'y a pas lieu de chercher une thèse de subordination et de dépendance de la « potestas » par rapport à l'« auctoritas » dans le simple emploi de ces mots.

119. Voir les textes cités supra, nn. 97-101. Ajouter : « Tuae quidem sunt (abbatiae) ut illas quasi advocatus defendas atque custodias, non tuae autem ut invadas et devastes », à Guillaume le Roux : EADMER, *Hist. nov.*, lib. I (PL 159, 378 A) ; *Ep.* 368 à Henri Beauclerc, vers oct. 1005 : « Expedit itaque animae vestrae, quatenus satagatis ut ego — qualiscumque sim — episcopus ecclesiae, quam deus regiae vestrae potestati custodiendam commendavit, et regno vestro in pace vestra celerius restituar » (V, p. 312).

convictions qui portèrent Godefroid à prendre ce titre, conformément aux thèses des hommes de la réforme grégorienne[120]. L'avouerie était plus qu'un titre : une institution qui comportait un statut juridique. L'avoué était un laïc disposant de moyens de force et d'attributions de justice, chargé de défendre le temporel et la paix extérieure des abbayes et des églises. Pourtant, les notions proposées par Anselme sont des notions surtout morales. L'idée qu'il a de la fonction royale, telle que, par exemple, il la propose, en 1107, au roi d'Ecosse Alexandre, est une idée toute religieuse et morale :

Tunc enim bene reges regunt, cum secundum voluntatem dei vivunt et serviunt ei in timore, et cum super se ipsos regnant nec se vitiis subiciunt, sed illorum importunitatem constanti fortitudine superant. Quidam enim reges, sicut David, et sancte vixerunt et populum sibi commissum cum rigore iustitiae et pietatis mansuetudine, secundum quod res exigit, rexerunt[121]...

Ceci est tout à fait dans la ligne des innombrables Miroirs des Princes du haut moyen âge, inspirés de saint Augustin, saint Grégoire et saint Isidore[122]. C'est le portrait du bon roi, auquel s'opposerait celui des « mali reges »[123], ceux qu'on appelait classiquement les tyrans, dont les types sont, pour Anselme, Néron et Julien l'Apostat[124]. Si donc nous nous demandons en quoi et comment s'opère, pour Anselme, la nécessaire et bienfaisante union des deux compétences, nous dirons que c'est moins dans une réalité politico-religieuse comme celle de *Christianitas* (cf. supra, nn. 111 et 112) que dans une notion éthico-religieuse, celle de *rectitudo*, apparentée au *regere*, dont la substance est essentiellement la conformité à la volonté de Dieu : « théonomie ».

Si l'histoire des idées révèle une constante, c'est bien celle d'un parallélisme et d'une correspondance entre la façon dont on se représente les rapports entre la foi et la raison, d'une part, ceux entre l'Eglise et la société ou l'autorité temporelle, d'autre part.

---

120. Voir R. Naz, art. *Avouerie, Avoué*, dans *Dict. de Droit canon.*, t. I, col. 1561-1578 ; Ch. Pergameni. *L'avouerie ecclésiastique belge*. Bruxelles, 1907 ; F. Senn. *Les avoueries et les vidamies*. Paris, 1908 ; Ch. Moeller, *Godefroy de Bouillon et l'avouerie du St-Sépulcre*, dans *Mélanges Godefroid Kurth*. Paris - Liège, 1908, t. I, pp. 73-83.
121. *Ep.* 413, lignes 16-22 (V, p. 358-359).
122. Cf A. Verminghoff, *Die Fürstenspiegel der Karolingerzeit*, dans *Hist. Zeitsch.*, 89 (1902) pp. 193-214 ; L. K. Born, *The Specula Principis of the Carolingian Renaissance*, dans *Rev. belge de Philol. et d'Hist.*, 12 (1933) pp. 583-612 ; W. Berges, *Die Fürstenspiegel des hohen u. späten Mittelalters*. Leipzig, 1938 ; Et. Delaruelle, *Jonas d'Orléans et le Moralisme carolingien*, dans *Bull. de Littér. ecclésiast.*, 1954, pp. 129-143, 221-228.
123. Cf supra, nn. 97 et 100.
124. Cf son *Epist. de sacrificio azimi et fermentati* à Walramne de Naumburg : *Libelli de Lite*, t. II, p. 180 ; Schmitt, t. II, p. 224. Sur le type de Néron, dans ce contexte, cf J. Szövérffy, *Der Investiturstreit und die Petrus-Hymnen des Mittelalters*, dans *Deutches Archiv f. Erforschung des MA*, 13 (1957) pp. 228-240 (p. 234 s.).

396

Parallélisme et correspondance ont été souvent notés[125]. Nous voudrions, en conclusion de cette étude, nous demander ce que révèle, à cet égard, l'œuvre d'Anselme. Peut-être recueillerons-nous ainsi quelque indication valable sur un point encore incomplètement éclairé : le statut anselmien de l'œuvre rationnelle à l'intérieur de la foi ?

La situation du dernier tiers du XI⁰ siècle et des premières années du XII⁰ pourrait bien être significative au point de vue qui nous intéresse. On assiste alors simultanément aux débuts de la grande carrière que va fournir la Dialectique entendue au sens très général d'application de la méthode rationnelle, et, dans la grande lutte pour la *libertas Ecclesiae*, à une première affirmation de la consistance propre, presque de l'autonomie, des pouvoirs temporels[126]. Or Anselme s'est trouvé vivre à un endroit de l'histoire et du monde où ces deux processus apparentés étaient à l'œuvre de la façon la plus significative. Il naît et grandit en Lombardie, lieu de passage où coexistent le sens de la papauté et le sens de l'Empire ; comme Lanfranc, comme plus tard le fameux Pierre, il vient en France, où des écoles fleurissent déjà au Nord de la Loire et qu'un concours de circonstances complexes destine à être le lieu d'élection du Savoir. Il trouve au Bec, non sans doute la Dialectique, car Lanfranc n'est pas de ses adorateurs, mais un milieu de culture et de réflexion. Il trouve aussi en Normandie, puis en Angleterre, l'institution royale la plus forte de l'époque : déjà bien organisée par le Conquérant, perfectionnée par Henri Beauclerc (institution du « scaccarium » : l'Echiquier), l'Etat anglo-normand est le premier modèle des Etats modernes, dotés d'une administration efficace[127]. La consistance de l'ordre naturel, au double plan de la Raison et de l'Etat, est donc, pour Anselme, un fait, une donnée. Comment a-t-il conçu son rapport avec le fait ou la donnée, plus souverains encore, de la Foi ?

Lui-même a rapproché implicitement le double rapport raison-foi, royauté temporelle-Eglise, en rapprochant *vérité* et *justice*[128],

125. En particulier par M. Et. Gilson, *La philosophie au moyen âge*, 2⁰ éd., Paris, 1944, p. 254 ; *Dante et la Philosophie*. Paris, 1939, pp. 147 et 200 s. ; M. Grabmann, *Studien über den Einfluss der aristotelischen Philosophie auf die mittelalterlichen Theorien über das Verhältnis v. Kirche u. Staat* (*Sitzg-Ber. d. Bayer. Ak. d. Wiss.*, Philos.-hist. Kl., 1934, H. 2.). Munich, 1934, p. 6-7.

126. La simultanéité, la cohérence et la solidarité des deux faits a été bien relevée par H. Mitteis, *Der Staat d. hohen Mittelalters*. 4⁰ éd. Weimar, 1953, p. 190. L'affirmation d'une connaissance propre du temporel par les Impériaux, contre les Grégoriens, non dégagée par A. Fliche et par F. X. Arquillière, a été bien mise en relief par W. Ullmann, *The Growth of Papal Government in the Middle Ages...* Londres, 1955, pp. 382 s.

127. Voir P. Kirn, *Die mittelalterliche Staatsverwaltung als geistesgeschichtliches Problem*, dans *Hist. Vierteljahrsch.*, 27 (1932) pp. 523-548 (cf p. 537-41) ; A. Brackmann, *Der mittelalterliche Ursprung des Nationalstaates* (*Sitzg-Ber. d. Preuss. Ak. d. Wiss.* Phil.-hist. Kl., 1936, N⁰ XIII, pp. 128-139 (trad. anglaise par G. Barraclough, *Mediaeval Germany, 911-1250*. II. *Essays*. Oxford, 1938, pp. 281-299).

128. « Nullus vero homo a se habet veritatem quam docet, aut iustam voluntatem, sed a deo. « *Cur Deus homo ?*, I, c. 9 (II, p. 63 ; comp. Eadmer, *Vita*, I, c. 5, n. 44 (PL 158, 75 C) : il s'agit d'une discussion entre Anselme et Lanfranc sur le culte de saint Elphège (19 avril) : est-ce un martyr ? Anselme étudie sa vie et s'aperçoit qu'il a été tué par les Danois païens, non

et en les unissant dans une notion qui est une catégorie très importante de sa pensée, celle de *rectitudo*. Vérité, justice et rectitude, sont trois notions étroitement liées, voire équivalentes. La vérité est une rectitude[129] ; la justice est aussi une forme de rectitude, c'est la rectitude dans la volonté[130] : ou plutôt, précise Anselme au terme d'une quête socratique d'une limpidité classique, c'est *rectitudo voluntatis propter se servata*[131]. C'est pourquoi les justes sont appelés *recti corde*, ceux dont la volonté est droite, ou tout simplement *recti*, les hommes droits[132].

Toute vérité et toute justice, bref toute rectitude, sont telles par participation et conformité à la Vérité par soi, la Rectitude par soi, qui est telle, non parce qu'elle accomplirait quelque chose qu'elle *devrait*, mais en raison même de ce qu'elle est (cf. nn. 128 et 129). Dieu est ainsi la règle, en même temps que la source, de toute justice. Veut-on savoir si l'on a la volonté droite ? Il suffit d'examiner si elle est soumise à la volonté de Dieu[133]. Ce qui n'est pas conforme à la volonté de Dieu manque de vérité et de rectitude : et, par exemple, d'accepter une dignité en dehors de l'obéissance, pour celui qui l'a vouée[134], ou, comme nous l'avons vu abondamment, recevoir une charge ecclésiastique des mains d'une autorité laïque, terrestre, contrairement aux *instituta ecclesiastica*.

Ce beau mot de *rectitudo* a été prononcé par Anselme et par Guillaume le Roux, en des sens bien différents, au cours du conflit qui les opposait. Il est intéressant d'en relever l'emploi. Comme les Tudors feront plus tard, le roi voulait exiger qu'Anselme observât les « consuetudines regni » et, au nom de ces *consuetudines*, voulait faire jurer de n'appeler jamais au pape[135]. Anselme répond: « *Scio quippe me spopondisse consuetudines tuas, ipsas videlicet quas per rectitudinem et secundum Deum in regno tuo possides* ». Et, comme on rétorque à l'archevêque qu'il n'a point fait cette restriction dans son serment, il ajoute : *Absit de omni christiano,*

---

seulement parce qu'il refusait de se racheter à prix d'argent, mais parce qu'il était, contre eux, l'âme de la résistance de ses concitoyens, au nom de la *christiana libertas ;* dès lors, il dit : « Quid distat inter mori pro justitia et mori pro veritate ? Amplius : cum testante sacro eloquio, Christus veritas et justitia sit, qui pro justitia et veritate moritur, pro Christo moritur ; qui autem pro Christo moritur, Ecclesia teste, martyr habetur ».

129. *De veritate*, c. 2 (I, p. 179, ligne 2) : « veritatem tamen et rectitudinem habet, quia facit quod debet » ; c. 10 (p. 189 s.) : *summa veritas = rectitudo ;* elle l'est par elle-même, elle est cause « omnium veritatum et rectitudinum » ; c. 11 (p. 191, lignes 19-20) : « veritas est rectitudo mente sola perceptibilis » ; *Ep.* 137 (III, p. 283) : « non intrasti per Christum, quia non per veritatem. Non per veritatem, quia non per rectitudinem. »

130. *De veritate*, cc. 4 et s. : I, pp. 180 et s.

131. *De veritate*, c. 12 (pp. 191-96 ; cf p. 194, ligne 26) : définition reprise ensuite sans cesse : *op. et loc. cit.*, p. 196, ligne 19 ; *De conceptu virg. et de pecc. orig.*, c. 3 (II, p. 143) et c. 5 (p. 147) ; *De concordia*, III, c. 4 (II, p. 268).

132. *De veritate*, c. 12 (II, p. 196, lignes 19 s.).

133. « Si autem vultis cognoscere quae vestra voluntas sit recta : illa pro certo est recta, quae subiacet voluntati dei » : *Ep.* 414 (V, p. 360) ; comp. *Ep.* 345, citée supra, n. 33 (« si recte tractat »), *Ep.* 137 citée supra, n. 129, et *Cur Deus homo ?*, I, c. 11 (III, p. 68) : la justice, la *rectitudo* = rendre à Dieu ce qui lui est dû, obéir à sa volonté.

134. Cf *Ep.* 137 à Lanfranc, moine du Bec, en 1089-92 : citée supra, n. 129.

135. *Hist. nov.*, I (PL 159, 383 C) et II (400).

398

absit, leges et consuetudines tenere, aut tueri, quae Deo et rectitu-dini contraria esse noscuntur[136] ! Or ce que le roi voulait, ce que le roi faisait, apparaissait à Anselme, non *simplex rectitudo*, mais *voluntariae consuetudines*, coutumes purement arbitraires[137]. Or nous apprenons par Anselme lui-même que le roi appelait recti-tudo, c'est-à-dire devoir de justice, ce qu'il prétendait exiger du primat[138] : il se prétendait offensé par le refus de celui-ci et voulait qu'il lui fît satisfaction et réparation, ce qu'il appelait aussi *recti-tudo*[139]. On saisit bien là le heurt de deux volontés, ayant chacune sa référence et sa norme. Le roi veut imposer *sa* volonté « royale », toute humaine, et finalement arbitraire (*comp supra*, nn. 27 s.). Anselme ne connaît qu'une source de rectitude, comme une seule source de vérité : l'esprit ne forme un énoncé *vrai* que par l'in-fluence, sur lui, de la vérité de la chose dont il parle, garantie par la vérité divine ; de même un homme ne pose une action *juste* qu'en recevant la mesure de cette justice de la source essentielle de toute justice, qui est la volonté de Dieu révélée dans sa Parole et se traduisant, concrètement, dans les *instituta apostolica* (*ecclesias-tica*). Ici et là, théonomie.

Anselme a donc reconnu sa consistance propre au pouvoir royal, tout comme à la raison. Mais l'un comme l'autre n'ont de vérité que de Dieu. Normalement, nous devrions trouver chez lui un programme *positif* de l'usage du pouvoir terrestre dans la jus-tice, tout comme nous trouvons chez lui le programme d'un usage de la raison dans l'obéissance de la foi[140]. Mais Anselme a fait, de la Raison et du Pouvoir, une expérience bien différente. Il n'a connu qu'un usage parfaitement soumis de la raison, dans la foi : le sien. Il n'a connu qu'une volonté royale rebelle à la loi de Dieu. C'est pourquoi nous trouvons chez lui une correspondance entre l'ordre de la conduite et celui de la connaissance vraie, mais rien d'explicite sur le parallélisme des relations $\dfrac{\text{raison}}{\text{foi}} = \dfrac{\text{royauté}}{\text{Eglise}}$.

Ce qu'il nous dit du pouvoir royal en christianisme se situe trop au plan de la critique, de la lutte et des avertissements, pour nous éclairer sur le sens de l'usage de la raison à l'intérieur de l'obéis-sance de la foi.

---

136. *Ibid.*, col. 400 C.
137. Cf son *Ep.* 206, lignes 40-43, écrite de Lyon, début 1098 (IV, p. 100) ; EADMER, *Hist. nov.*, lib. II (PL 159, 406 B).
138. « Exigebat enim a me rex ut voluntatibus suis quae contra legem et voluntatem dei erant, sub nomine rectitudinis assensum praeberem » : *Ep.* 210, lignes 15 s. (IV, p. 106), à Pascal II, écrit de Lyon fin 1099 ou début 1100.
139. Cf *Ep.* 176, lignes 33 s., à Hugues de Lyon, début 1094 (IV, p. 59) : « Postera die rediens ad eum dixi me libenter facturum illi rectitudinem si... Respondit se nec rectitudinem tunc recepturum... nisi... » ; *Ep.* 206, ligne 50 (IV, p. 100) : « quasi de gravi offensa illi satisfacerem... »
140. « Nullus christianus debet disputare, quomodo quod catholica ecclesia corde credit et ore confitetur non sit ; sed semper eandem fidem indubitanter tenendo, amando et secundum illam vivendo, humiliter quantum potest quae-rere rationem quomodo sit. » (*Epist. de Inc. Verbi*, 1 : t. II, p. 6-7 ; en note, références au thème « credo ut intelligam ») ; « Verum est quia, quanto opu-lentius nutrimur in sacra scriptura ex his quae per oboedientiam pascunt, tanto subtilius provehimur ad ea quae per intellectum satiant » (*Epist. de Inc. Verbi prior recensio*, c. 4 : t. I, p. 284, lignes 20-22).

S'il nous fallait résumer d'un mot les acquisitions de notre recherche, nous dirions que l'expression, non anselmienne, de « parfaite théonomie » résume l'idéal d'Anselme. Et si nous essayions de situer notre saint dans l'histoire générale des idées sur l'Église et ses rapports avec la société temporelle, nous dirions : Anselme tient les thèses de la réforme grégorienne, mais, conditionné par la situation normande et anglaise, il les tient avec des ressources de pensée plus prégrégoriennes que grégoriennes. D'un bout à l'autre, d'ailleurs, il nous est apparu, sur ce chapitre, plus classique et traditionnel qu'original. La marque de sa pensée et de sa conduite nous semble être, tout comme celle de son style, une grande pureté, toute vouée au service de l'essentiel dans un climat d'équilibre, de douceur et de grâce, qui n'en diminue pas la force.

VII

L'ECCLÉSIOLOGIE DE S. BERNARD

I. L'IDÉE DE L'ÉGLISE CHEZ S. BERNARD (¹).

Plutôt qu'*idée* ne faudrait-il pas dire: *image*? *Kirchenbild*, comme dit Mayer-Pfannholz (²), plutôt que *Kirchenbegriff*, comme écrit le P. Kilga? Non pas seulement parce que Bernard est un orateur et un homme d'action, non un théologien des écoles, mais parce qu'il est un contemplatif et que la contemplation de la terre, répondant à l'économie de la Révélation divine, se fait « per speculum, in aegnigmate » (³). Mais peu importe, au fond. Sous les grandes images empruntées à l'Ecriture, nous allons trouver chez S. Bernard une conception précise et très riche de l'Eglise.

L'image à laquelle il s'arrête de préférence n'est pas celle de corps, ni celle de temple, mais celle d'Epouse. Certes, on doit tenir compte du fait qu'un grand nombre de ses textes ecclésiologiques se trouvent dans ses sermons sur le Cantique. Mais on doit remarquer aussi que la même image revient fréquemment dans d'autres écrits; dans la correspondance en particulier, sans cesse Bernard désigne spontanément l'Eglise par les mots *Sponsa Christi* (⁴), de même qu'il appelle les évêques

---

(¹) Principales études sur l'ecclésiologie de S. Bernard (outre celles portant sur des points particuliers, qui seront citée en leur lieu, et ce qu'on trouve dans les notices des grandes encyclopédies): J. BAINVEL, *L'idée de l'Eglise au moyen âge. S. Anselme et S. Bernard* (*La Science cathol.*, 13, (févr. 1899), p. 193-214); J. KLOSSOWSKI, *Kirche und Kirchenstaat nach dem hl. Bernhard von Clairvaux* (Diss.) Fribourg en Br. et Posen, 1916; K. KILGA, S. O. Cist., *Der Kirchenbegriff des hl. Bernhard von Clairvaux*, dans *Cistercienser-Chronik*, 54 (1947), p. 46-64, 149-179, 253-271; 55 (1948), p. 39-35, 88-114, 156-187, et tiré à part (nous citons d'après le tiré à part); E. MIKKERS, *De Kerk als Bruid in de Hooglied commentar van de H. Bernardus* (dans *Sint Bernardus van Clairvaux*. Amsterdam et Achel, 1953, pp. 195-214). Voir aussi G. FRISCHMUTH, *Die paulinische Konzeption in der Frömmigkeit Bernhards von Clairvaux*. Gütersloh, 1933. Nous ne connaissons que le titre de J. SCHUCK, *Das Hohe Lied des hl. Bernard von Clairvaux. Dokumente zur mittelalterlichen Christus u. Brautmystik*. Paderbon, 1926. — Toutes nos références au texte de S. Bernard sont à Migne, *P. L.*, 182 et 183.

(²) A. MAYER-PFANNHOLZ, *Der Wandel des Kirchenbildes in der Geschichte* (*Theologie u. Glaube*, 33 (1941), p. 22-34).

(³) « Quod ego non puto esse aliud, quam texere spirituales quasdam similitudines, ut in ipsis purissima divinae sapientiae sensa animae contemplantis conspectibus importare, ut videat, saltem per speculum et in aenigmate, quod nondum facie ad faciem valeat ullatenus intueri » *Cant.* 41,3 (183, 986).

(⁴) Ainsi *Ep.* 170, 2 (182, 330); 187 (350); 191, 2 (358); 238, 2 (428); 244, 2 (442); 330 (536-36); 331 (536); 348 (552): 341 (554) 348 (560); 395 (604); 467 (672); 468 (673).

ou prélats auxquels il s'adresse *amici Sponsi* ([1]). De plus, il a librement choisi de commenter le Cantique; il eût pu commenter aussi bien les psaumes ou quelque épître de S. Paul. C'est qu'il y retrouvait les thèmes les plus familiers, les plus chers à son âme.

En choisissant, pour parler de l'Église, l'idée d'épouse, et, pour développer cette ideé, le cadre du Cantique, Bernard prenait rang dans la suite d'une tradition où il est intéressant de le situer rapidement ([2]). Il existait, chez les Pères, une sorte de tradition théologique sur le chapitre des épousailles du Christ et de l'Eglise. Elles s'étaient faites sur le bois de la croix où, sous le signe de l'eau et du sang, l'Eglise sanctificatrice était sortie du côté de Jésus comme Eve avait été tirée du côté d'Adam endormi ([3]). Mais, avant la croix, et sous un autre aspect, les noces s'étaient faites lors de l'Incarnation elle-même, dans le sein de Marie, quand le Verbe s'était uni à la nature humaine pour former avec elle une seule chair, selon qu'il été dit, également, au sujet d'Adam et d'Eve (*Gen.*, II, 25: *Eph.* V, 31-32). Ce point de vue, qui est familier aux Pères grecs, est aussi fréquemment celui des Pères latins; on le trouve, par exemple chez S. Augustin ([4]).

([1]) Ainsi *Ep.* 187 (182, 350); 191, 2 (358); 195 (363): 246, 3 (464); 331 (536); 351 (554) 358 (560); 395 (605); *De Consider.*, III, 5, 20 (182, 772); IV, 7, 23 (788); *Cant.* 77, 1 (183, 1155); 78, 6 (1162). Voir aussi *infra*, p. 155, n. 1; 159, n. 5; 171, n. 4. Il est d'autant plus notable que, dans le *De moribus et officio episcoporum* à l'archevêque de Sens, Henri Sanglier, l'idée d'*amicus Sponsi* ou de l'évêque-époux de son Eglise n'intervienne pas: cette dernière idée était pourtant classique depuis le IVᵉ siècle. S. Bernard n'y fait, à notre connaissance, que quelques très fugitives et pâles allusions (*Ep.* 170, 2 et *Vita Malachiae*, 10, 21: 182, 330 et 1087). Il y a sans doute à cela une raison profonde que nous indiquerons plus loin. On peut aussi penser qu'en 1127, date du *De mor. et off. episc.*, l'idée de l'Eglise-Epouse n'était pas familière à S. Bernard. Seule une chronologie rigoureuse des épîtres permettrait de dire si cette idée s'est imposée à lui à partir de 1135, date où il a commencé les sermons sur le Cantique.

([2]) Pour l'histoire de l'interprétation du *Cantique*, voir F. CAVALLERA, A. CABASSUT et M. OLPHE-GAILLARD, dans *Dict. de Spiritualité*, t. II, col. 93 s.; L. WELSERSHEIMB, *Das Kirchenbild der griechischen Väterlehre zum Hohen Lied* (*Zeitsch. f. kath. Theol.*, 70 (1948), p. 393-449); H. DE LUBAC, *Méditation sur l'Eglise* (*Théologie*, 27). Paris, 1953, p. 266 s. — Sur le thème de l'Epouse et son histoire: O. CASEL, *Die Kirche als Braut Christi nach Schrift, Väterlehre und Liturgie*, dans *Theologie der Zeit* (1. Reihe, Folge 2/3, *Die Kirche des Lebendigen Gottes*) Vienne, 1936, p. 91-111; Claude CHAVASSE, *The Bride of Christ. An Enquiry into the Nuptial Element in Early Christianity*. Londres, s. d. (1940); Al. MÜLLER, *Ecclesia-Maria. Die Einheit Marias und der Kirche* (*Paradosis*, 5). Freiburg i. d. Sch., 1951; etc.

([3]) Cf. S. TROMP, *De Nativitate Ecclesiae ex Corde Jesu in cruce* (*Gregorianum*, 13 (1932), p. 489-527). — S. Bernard connaît le thème: *In septuages. sermo* 2, 1 (183, 166); *In oct. Paschae sermo* 1, 5 (294).

([4]) Pour S. Athanase, le Cantique chantait l'union du Verbe avec notre chair. Comp. S. Grégoire de Nysse, Philon de Carpasie, Aponius, S. Maxime le Confesseur (cf. WELSERSHEIMB cité *supra*, n. 2). Sur le thème des épousailles de la nature humaine lors de l'Incarnation dans le sein de Marie, et sur l'exégèse unissant le thème *époux-épouse* et le thème *corps mystique* par l'idée de *una caro*, on trouvera de nombreux textes des Pères anciens dans Al. MÜLLER, *Ecclesia-Maria* (cf. en particulier p. 210). Voir aussi CHAVASSE, *op. cit.*, mais il est trop systématique dans le sens de l'*una caro*. Le fait que S. Augustin applique le plus souvent le texte de *Eph.*, V, 32, à l'union mystique du Christ avec l'Eglise et avec chaque fidèle aussi bien qu'avec tous, et qu'il l'applique rarement à l'union physique du Christ avec l'humanité dans son Incarnation (cf. P. COLLI, *La pericope paolina « ad Ephesios V, 32 » nella interpretazione dei SS. Padri e del Concilio di Trento*. Parme, 1951, p. 78-88: sur 35 textes,

Très tôt, cependant, dès la première moitié du IIIe siècle, une autre voie avait été suivie par la pensée chrétienne, très spécialement quand le thème de l'épouse était abordé en référence au Cantique des Cantiques: l'épouse était l'âme à la recherche de Dieu, en même temps que l'Eglise. Cette interprétation, due au génie religieux d'Origène, mais qui pourrait se réclamer de l'Ecriture elle-même (cf. 2 *Cor.*, XI, 2), eut la faveur de ceux qui pronaient la virginité chrétienne (S. Jérôme, S. Ambroise, si dépendant d'Origène au surplus; déjà Tertullien). De toute évidence, et quelles que soient les dépendances littéraires qui n'ont jamais été étudiées systématiquement (¹), Bernard se rattache à la ligne d'Origène: non seulement, comme lui, il commente le Cantique, mais, comme lui, il y cherche le mystère des noces, tant entre le Christ et l'Eglise, qu'entre le Verbe et l'âme.

Un peu avant S. Bernard, ou à son époque même, une nouvelle application du thème de l'épouse et des textes du Cantique était proposée par Rupert de Deutz et Gerhoh de Reichersberg, et sera reprise bientôt avec profondeur et brillant par un disciple de Bernard, Isaac de l'Etoile: la triple application, à la fois, à l'Eglise à Marie et à l'âme individuelle (²). Certes, ces auteurs gardaient, non seulement les applications à l'Eglise et à l'âme, mais les considérations dogmatiques relatives aux mystères de l'Incarnation et de la Croix. On peut relever cependant chez eux un certain changement d'accent. L'Incarnation du Verbe dans le sein de Marie est volontiers considérée, non comme constituant l'union nuptiale elle-même, mais comme l'occasion ou le moment d'une *union d'amour* de la Vierge avec Dieu, ou le point de départ de cette recherche que, par amour, le Verbe fait de l'Eglise et de chacune de nos âmes (³). La considération est, ici, plus morale qu'ontologique ou dogmatique. Les épousailles se réalisent par un amour mutuel, dans une vie spirituelle fervente répondant à l'amour du Christ. Les maîtres-mots sont moins *una caro*, comme chez S. Augustin, que *Osculetur me osculo oris sui...*

---

un seul, *En in Ps.* 90, enseigne le second point de vue) n'empêche pas que S. Augustin parle assez souvent des épousailles de la nature humaine réalisées dans l'Incarnation.

(¹) Sur S. Bernard et Origène, nous n'avons pas encore de travail d'ensemble. Voir E. GILSON, *La théologie mystique de S. Bernard.* Paris, 1934, p. 28, n. 1; J. LECLERCQ, *S. Bernard et Origène d'après un manuscrit de Madrid* (*Rev. bénédictine*, 59 (1949), p. 183-195 (Bernard nous paraît plus critique sur Origène que ne le laisse entendre l'A.: cf. *Serm.* 34 de *div.*: 183, 630-34; *Cant.*, 54.3; 1039 D); ID., *Origène au XIIe siècle* (*Irénikon*, 24 (1951), p. 425-39); G. BARDY, *S. Bernard et Origène* (*Rev. du moyen âge latin*, 1 (1945) p. 420-421: pour l'idée du feu qui chauffe et éclaire). — Origène commente symboliquement le *Cantique* en référence à l'histoire des rapports entre le Verbe-époux et son épouse, l'Eglise, en l'état d'enfance qu'elle avait sous l'Ancien Testament. Cet aspect ne se retrouve pas dans le commentaire de S. Bernard, poursuivi en référence à la vie spirituelle de l'âme.

(²) La tradition patristique présente bien quelques anticipations (cf. DE LUBAC, *op. cit.*, p. 275); mais c'est vers le milieu de IXe siècle que le thème apparaît avec HAYMON D'HALBERSTADT († 853) et PASCHASE RADBERT († 865): cf. DE LUBAC, *op. cit.*, p. 264 en n. et 275, n. 190. Pourtant, Rupert de Deutz semble conscient d'innover ainsi dans l'interprétation du *Cantique*: cf. *De glorificatione Trin. et Process. Spir. S.*, lib. 7, c. 13 (P. L., 169, 155). — Comp. DE LUBAC, *op. cit.*, p. 281-82.

(³) Cf. RUPERT, *In cant. comm.*, lib. 1 (P. L., 168, 840); GERHOH, *Liber de gloria...*, c. 10 (194, 1105 B: fait homme en Marie, le Verbe procède d'elle «tanquam sponsus de thalamo suo, amaturus novam Ecclesiam, et in ea quamlibet fidelem personam tanquam sponsam ornatam viro suo» Cf. DE LUBAC, *op. cit.*, p. 170-71).

Faisons une constatation assez étonnante: pas une seule fois, dans ses 86 sermons sur le Cantique ou ailleurs, Bernard n'applique le thème de l'épouse à la Vierge Marie. Pourquoi? On ne peut guère arguer ici de sa volonté de ne pas dépasser ce que les Pères avaient dit avant lui, car Bernard est loin d'y avoir été toujours fidèle en mariologie, précisément. Nous reviendrons plus loin sur la question, sans prétendre d'ailleurs y apporter une réponse adéquate.

Bernard connaît les thèmes dogmatiques traditionnele qui mettent en cause la typologie d'Ève, mais il les suit, en somme, assez peu; cette fois, la nouvelle Ève est pour lui Marie, plus que l'Eglise ([1]). Nous avons vu qu'il évoque parfois, sans y insister, la naissance de l'Eglise du côté du Christ endormi dans la mort (p. 137 n. 3). Quant'au thème de l'*una caro*, nous l'avons rencontré chez lui trois ou quatre fois, dans des conditions qu'il faut préciser brièvement. Un premier texte ne nous renseigne pas beaucoup. Reprenant une idée chère, Bernard note que la naissance du Verbe à Bethléem est précédée par sa naissance éternelle et, dans l'Ancien Testament, par une sorte de célébration prophétique (on disait depuis longtemps: *Puer natus est nobis*). Aussi le premier homme, père de tous les vivants, a fait connaître le mystère que S. Paul a ensuite célébré plus clairement: l'homme quittera son père et sa mère, et il s'attachera à sa femme, et ils seront deux en une seule chair ([2]). Le thème se trouve partout et il n'est énoncé ici qu'en passant. Dans les sermons sur le Cantique, l'*una caro* intervient bien, mais non dans le contexte et le sens de S. Augustin, à savoir pour expliquer que l'Incarnation *est* l'union sponsale elle-même. Entre l'époux et l'épouse il y a un même héritage, une seule demeure, et même une seule chair (citation de *Gen.*, II, 24). Mais Bernard ne voit cette unité que comme un mystère d'amour: l'époux aime l'épouse et celle-ci de son côté, parce qu'elle aime, ne demande rien d'autre qu'un baiser ([3]).

Dans un autre sermon ([4]), Bernard explique que l'âme sainte (ou l'Eglise), bref l'épouse, est toute céleste, du ciel et dans le ciel. Le Verbe avait déjà les anges pour épouse. S'il choisit ensuite de s'unir l'Eglise, aura-t-il deux épouses? Non pas, mais « cum haberet sponsam inhaerentem sibi a principio multitudinem angelorum, placuit ei et de hominibus convocare Ecclesiam atque unire illi quae de coelo est, ut sit una sponsa et unus sponsus » (n. 6). Ainsi l'époux vient du ciel, Jésus-Christ, et l'épouse aussi vient du ciel, Jérusalem. L'un et l'autre, étant célestes, se manifestent visiblement sur la terre: S. Jean dans l'Apocalypse, dit qu'il a vu l'épouse, Jérusalem, descendre du ciel. Sous quelle forme? « Melius dicemus quod sponsam tunc viderit cum Verbum in carne vidit, agnoscens duos in carne una ». On voit que le *duo in carne una* n'exprime pas ici les noces de l'Incarnation, mais explique seulement en quel sens l'apôtre S. Jean peut dire avoir vu la Jérusalem céleste: il l'a vue dans le Christ qui nous apportait les paroles de la vie éternelle, la règle de l'existence céleste. Ainsi nous avons vu l'épouse dans l'époux: « in sponso spon-

---

([1]) Cf. A. BUSSELS, *Marie, de Nieuwe-Eva bij sint Bernardus* (*Sint Bernardus van Clairvaux*. Amsterdam et Achel, 1953, p. 265-94).

([2]) *In vigil. Nativ. Dom. sermo* 6, 3 (183, 110)

([3]) *Cant.*, 7, 2 (807).

([4]) *Cant.*, 27, 6 et 7 (916-17). Comp. *Cant.*, 82, 8 (1181 C) qui rappelle le « erit unus Christus amans seipsum » de S. AUGUSTIN (*In ep. ad Parthos*, tr. 10, n. 3: P. L., 35, 2055).

140

sam perspeximus, unum eumdemque Dominum gloriae admirantes, et sponsum decoratum corona, et sponsam ornatam monilibus suis. Ipse igitur qui descendit ipse est et qui ascendit, ut nemo ascendat in coelum nisi qui de coelo descendit, unus idemque Deus, et sponsus in capite, et sponsa in corpore » (n. 7, col. 917). La dernière formule est de S. Augustin et de S. Grégoire (¹), nous pouvons la noter en passant mais nous n'en trouverons pas beaucoup de semblables chez S. Bernard (²).

Un dernier texte tiré des sermons sur le Cantique va nous éclairer sur son point de vue à lui. C'est pendant l'Avent de 1135; Bernard se représente les justes de l'A. T. désirant entendre une parole, non plus des prophètes seulement, mais de la bouche même de Dieu. Cette bouche, c'est son Verbe. Avec une certaine subtilité, Bernard distingue entre être baisé par sa bouche et être baisé par un baiser de sa bouche: être baisé par sa bouche, celle-ci étant le Verbe lui-même, c'est le sort bienheureux du seul *assumptus homo*, sa prérogative singulière. Le Verbe est l'*osculans*, la chair qu'il assume est l'*osculatum*; le baiser dans lequel ils s'unissent est la personne faite des deux, Jésus-Christ, médiateur de Dieu et des hommes (³). Mais cela n'est arrivé qu'une fois. Nous ne pouvons prétendre, nous, qu'à être baisés non plus directement par sa bouche, mais d'un baiser de sa bouche, c'est-à-dire à recevoir de la plénitude du Verbe incarné, à entendre sa parole efficace et vivante, à recueillir la communication de ses joies, la révélation de ses secrets, un étonnant et presque excessif mélange de sa lumière et de notre esprit: bref, à faire un seul esprit avec Dieu (1 *Cor.*, V, 17) (*ibid*). On le voit, l'union ou les épousailles ne se font dans l'Incarnation que pour le Christ lui-même, personnellement, individuellement; dès là qu'il s'agit de nous ou de l'Eglise, on passe, à une union spirituelle d'amour fondée dans les dons spirituels reçus du Christ, et S. Bernard cite, non pas le *Erunt duo in carne una*, mais le *Qui adhaeret Deo, unus spiritus est*. Le baiser que l'âme — ou l'Eglise — reçoit est alors le Saint-Esprit (⁴).

Or ce qui intéresse S. Bernard, ce n'est pas tant le mystère objectif de l'Incarnation et de la Rédemption, qu'il saura d'ailleurs, à l'occasion, illustrer et défendre: c'est surtout l'ordre de la sanctification, dont l'âme religieuse peut faire l'expérience. Quand il suit son goût spontané et celui de ses moines, il ne s'arrête pas au plan dogmatique, mais se place au point de vue moral ou spirituel de l'amour mu-

---

(¹) S. AUGUSTIN, *Enarr. in Ps.* 142, 3 (37, 1845); *Contra ep. Donat.*, 4, 7 (43, 395); *In 1 Ioan.* tr. 1, 2 (35, 1979); S. GRÉGOIRE, *Moral.*, praef. c. 6, n. 14 (75, 525) etc. cf. KILGA, *op. cit., p.* 45, n. 79.

(²) Notons ici *De erroribus Abaelardi*, c. 6., n. 15 (182, 1065): « ... nec alter iam inveniatur qui forefecit, alter qui satisfecit: quia caput et corpus unus est Christus »).

(³) *Cant.*, 2, 2 et 3 (183, 790): « Nec sane praesumo me osculatum iri ab ore ipsius (est enim hoc assumpti hominis unicae felicitatis et praerogativae singularis); sed humilius ab osculo oris sui peto me osculari, quod commune utique est multorum, qui dicere possunt, *Et nos omnes de plenitudine ejus accepimus* (*Io.*, I, 16). Intendite. Sit os osculans, Verbum assumans; osculatum, caro quae assumitur: osculum vero, quod pariter ab osculante et osculato conficitur, persona ipsa scilicet ex utroque compacta, mediator Dei et hominum homo Christus Jesus... » Sur la distinction entre être baisé *ore* et être baisé *osculo oris*; comp. *Cant.* 8, 2 (811).

(⁴) *Sermo* 89 *de div.* (183, 707); *Cant.*, 8 (810).

tuel que l'époux et l'épouse ont l'un pour l'autre; du vin de la charité. Quand l'épouse vient avec ce vin, et cela en perfection, « faciet spirituale conjugium: et erunt duo, non in carne una, sed in uno spiritu, dicente Apostolo: qui adhaeret Deo, unus spiritus est (1 *Cor.*, VI, 17) (¹). Bernard se situe au plan, non du mystère ontologique de l'Eglise et des épousailles de la nature humaine et de la nature divine par l'Incarnation, mais à celui de la réalisation intérieure, spirituelle et personnelle par l'amour. Cette application *aux personnes* marquera toute son ecclésiologie.

L'amour entre l'époux et l'épouse, tel est, aux yeux de Bernard, le contenu de tout son commentaire du Cantique (²). L'épouse dont il y est question est l'Eglise (ou l'âme) qui aime Dieu (³). S. Bernard a parlé avec ferveur de l'amour de l'Eglise pour Jésus-Christ (⁴). L'important ici est que l'Eglise est, pour lui, « sponsa per dilectionem ». Sans l'amour, elle pourrait être le temple de Dieu, la cité du Roi, elle ne serait pas son épouse (⁵).

Nous pouvons dès lors répondre à la question: pour S. Bernard, l'épouse est-elle l'Eglise ou l'âme individuelle aimant Dieu, ou l'ensemble des âmes aimant Dieu? Elle est, pour lui, tout cela car cela, pour lui, est la même chose.

Et tout d'abord, il est incontestable que l'épouse, pour Bernard, c'est l'âme: les textes abondent qui le disent, et des séries entières de sermons sur le Cantique n'ont pas d'autre thème (⁶): nous verrons plus loin pourquoi. Mais il est non moins incontestable que l'épouse, c'est aussi l'Eglise: des textes au moins aussi nombreux le disent (⁷), textes auxquels il faut joindre, parmi les 86 sermons achevés sur le

---

(¹) *Cant.*, 61, 1 (183, 1071). Comp. *infra*, p. 147, n. 7 et 148, n. 2.

(²) *Cant.*, 79, 1 (183, 1163): « Amor sanctus, quem totius hujus voluminis unam constat esse materiam ». Cette façon de s'exprimer, dont il y a d'autres cas, montre que les *Sermones in Cant.* ont été *rédigés*. Comp. *Cant.* 1, 8 (788): « Christi et Ecclesiae laudes, et sacri amoris gratiam, et aeterni connubii cecinit sacramenta ».

(³) « Ecclesia seu anima diligens Deum » *Cant.*, 29, 7 (932).

(⁴) Cf. *Cant.*, 79, 4 (183, 1164); comp. *De dilig. Deo*, c. 3 (182, 978-980); il s'agit là de l'âme, mais Dom J. LECLERCQ intitule sa traduction du passage: L'amour de l'Eglise pour J-C. (*S. Bernard mystique.* Paris, 1948, p. 360-363).

(⁵) Cf. *in dedic. ecclesiae sermo* 5, n. 9 et 10 (183, 534-35): « ... Sed quemadmodum fieri posse videbitur, ut rex tantus in sponsum transeat, civitas promoveatur in sponsam? Sola hoc potest quae nihil non potest, charitas fortis ut mors »; « templum Dei per sanctificationem, civitas Summi Regis per socialis vitae communionem, sponsa immortalis Sponsi per dilectionem ». Comp. *Cant.*, 76, 8 (1153), « civitas propter collectionem, sponsa propter dilectionem ». Sur les noces spirituelles comme opérées par l'amour, cf. *Cant.*, 7, 2 (807), 83, 3, 5 et 6 (1182 s) et GILSON, *La Théol. myst. de S. Bernard.*, Paris, 1934, p. 138, 158, 162, 166, 211.

(⁶) « Et gaudebit Sponsus super sponsam animam tuam » (*De Consid.*, III, 4, 14: 182, 766 C): « Quaeramus et sponsam. Neque enim oblitus sum, sed cum metu et reverentia dico: Nos sumus ». (*In dedic. eccl. sermo* 5, 8: 183, 534); *Dom.* 1ᵃ *post oct. Epiph.*, *sermo* 2, 2 (183, 158); *De dilig. Deo*, c. 4, n. 13 (182, 981); *Sermo* 87 *de diversis* (703-706); *Sermo* 92 *de diversis* (714-715). — Parmi les *S. in Cant.*, cf. surtout 7, 2 (183, 802), « Sponsa. Quaenam ipsa? Anima sitiens Deum »; 41 (984 s); 46-56; 48 (1055 s.); 61, 2 (1071), « Cum ipsos cogitatis amantes, non virum et feminam, sed Verbum et animam sentiatis oportet... »; 68, 2 et 3 (1109); 80 jusqu'à la fin.

(⁷) Outre ceux que nous avons cités p. 136, n. 4 (en particulier *Ep.* 244, 2: 182, 442), cf. par ex. *Apol.*, 3, 6 (182, 902); *In dedic. eccl. sermo* 5 (183, 530 s.). Parmi les *S. in Cant.* 1, 8 (183, 768); 14 (839 s.); 22, 5 et 6 (879-80); 27, 7 (916-17); 49, 2 (1017); 57, 3 (1051);

142

Cantique (la rédaction du dernier est, on le sait, inachevée), les cinquante-cinq conclusions qui, avec de légères variantes, sont du type de celle-ci: « Ad laudem et gloriam Sponsi Ecclesiae Domini nostri Jesu Christi qui est super omnia Deus benedictus in saecula » (¹). Il faut donc accorder ces deux énoncés: l'épouse, c'est l'âme fidèle; l'épouse, c'est l'Eglise. L'accord n'est pas difficile; S. Bernard, en tout cas, nous donne de nombreuses indications sur la façon dont il le concevait.

Notons d'abord combien les deux sont inséparables pour lui; il ne peut guère les séparer. Tantôt il parle des âmes fidèles et d'elles il passe à l'Eglise (²); tantôt il parle de l'Eglise mais bientôt il passe aux âmes (³). Si on lui demandait, en doctrine théologique, c'est-à-dire, objectivement, laquelle est première, contenante ou enveloppante, il répondrait, bien sûr: l'Eglise. Il dit, et non pas une fois seulement, que l'âme n'est épouse que dans l'Eglise, qu'un individu seul n'a que quelques dons et une ferveur précaire; l'Eglise seule a tous les dons, multiples et divers en ses différents membres, l'Eglise seule est adéquatement l'Epouse. Le Christ, unique époux, n'a qu'une épouse, aux bénédictions de laquelle les âmes individuelles ne font que participer, mais aussi aux bénédictions de laquelle n'importe quelle âme peut avoir part, qui vit en elle (⁴).

69, 1 (1112); 76, 8 et 9 (1153-54); 78 (1159 s.); 79, 4 (1164). — Il faudrait ajouter les quelques textes où Bernard parle de certaines créations ou adaptations, certains gestes de la liturgie. Il en justifie toujours le sens profond par cette considération que l'*Ecclesia mater* a l'Esprit, le sens et comme le conseil de son Epoux: cf. *In vigilia Nativ. sermo* 3, 1 (183, 94: l'endroit fameux où Bernard place les adaptations liturgiques de la Bible au dessus du sens historique des textes de l'Ecriture); *In dom. Palm, sermo* 1, 1 (253); *In festo Petri et Pauli sermo* 2, 5 (410); Comp., pour l'idée générale que l'Epouse a l'Esprit de l'Epoux, *Cant.* 73, 6 (1136-37).

(¹) Cette doxologie termine le *S.* 23; nous empruntons le chiffre total à CHAVASSE, *op. cit.*, p. 200. Comp. *Sermo* 3 *im Pentec.*, n. 8 (183, 334 C): « Ad laudem et gloriam Sponsi Ecclesiae Jesu Christi D. N. ».

(²) Voir par exemple *In dedic. eccl. sermo* 5, n. 8 (« nos sumus ») et 9 (183, 534-35); *Sermo* 2 *in dom.* 1 *post oct. Epiph.*, n. 2 (158): « Omnes enim nos ad spirituales nuptias vocati sumus, in quibus utique sponsus est Christus Dominus; unde canimus in psalmo: Et ipse tanquam sponsus procedens de thalamo suo. Sponsa vero nos ipsi sumus, si non vobis videtur incredibile, et omnes simul una sponsa, et animae singulorum quasi singulae sponsae ». *Serm. in Cant.* 12, 7 s. (831 s.); 49, 2 (1017: « si tamen ad Ecclesiam referatur sermo... »); 61, 1 et 2 (1071).

(³) En particulier dans les *Serm. in Cant.*: 22 (879-83); 25 (899); 27, 7 (916-17); 29, 7 (932); 30, 2 et 3 (934); 57, 3 (1051; « Non enim sic ista de Ecclesia referuntur, ut non singuli nos, qui simul Ecclesia sumus, participare his eius benedictionibus debeamus... »); 69, 1 (1112).

(⁴) Principaux textes: *Cant.*, 12, 7 (831) et 11 (833): « Ipsa (Ecclesia) audacter secureque sese nominat sponsam... Quod etsi nemo nostrum sibi arrogare praesumat, ut animam suam quis audeat sponsam Domini appellare, quoniam tamen de Ecclesia sumus, quae merito hoc nomine et re nominis gloriatur, non immerito gloriae huius participium usurpamus. Quod enim simul omnes plene integreque possedimus, hoc singuli sine contradictione participamus »); 57, 3 (1051: cité *supra*, n. 2); 68, 4 (1110: « Quid singulus quisque nostrum? Putamusne in nobis quemquam esse, cui aptari queat quod dicitur (= être épouse)? Quid dixi, in nobis? Ego autem et de quovis intra Ecclesiam constituto si quis hoc quaerat, non omnino reprehendendum censuerim. Nec enim una unius ratio est atque multorum. Denique non propter animam unam, sed propter multas in unam Ecclesiam colligendas in unicam astringendas sponsam... Charissima illa est una uni, non adhaerens alteri sponso, non cedens alteri sponsae »); 69, 1 (1112: « *Dilectus meus mihi et ego illi.* Hanc vocem universali Eccle-

Il semble pourtant incontestable que l'intérêt de Bernard se porte surtout sur les âmes religieuses, sur les personnes qui cherchent Dieu. On le voit clairement quand on lit d'affilée les sermons sur le Cantique; on le voit bien aussi quand on considère par exemple, un thème qui revient très souvent sous sa plume, très proche de celui de l'épouse, le thème de la vigne. Il y revient fréquemment dans les sermons sur le Cantique, à cause du texte commenté et aussi parce que Bernard l'affectionne visiblement. Or, au sens spirituel, le seul qui intéresse notre saint, les vignes sont les Eglises, c'est-à-dire les gens fidèles, les âmes, les hommes spirituels, ceux que Dieu a élus et qu'il appelle à soi... (¹). Ou encore cette vigne particulière, choyée, qu'est le monastère de Clairvaux (²). De toute évidence, ce qui intéresse Bernard dans l'Eglise, ce n'est pas tant le mystère objectif et transpersonnel, c'est la réalité concrète que ce mystère a dans les âmes saintes. Ceci parce qu'il est lui-même moine, abbé, non évêque ou curé ou professeur de théologie; parce que ses moines eux-mêmes ne le suivent pas volontiers dans la méditation théologique du mystère de l'Eglise en elle-même et préfèrent les applications spirituelles à l'âme, les *moralia*, comme Bernard nous le dit lui-même (³). Et encore parce que, comme nous le verrons, il aime insister sur les initiatives de la grâce, sur la prédestination, dont les personnes sont le terme. Enfin, très certainement, parce que, comme toute son époque, il aime individualiser et considérer des personnes singulières plus que les parties d'un tout ou des abstractions (⁴).

Tout cela se concilie, chez Bernard, dans une conception de l'Eglise comme ensemble des âmes saintes. Il était normal que, suivant la ligne origénienne d'inter-

---

siae nemo superior assignavit, propter factas sibi a Deo promissiones vitae eius, quae nunc est, pariter et futurae, de anima proposita quaestio est: quia non potest sibi arrogare una quod universitas audeat, nec aliquo modo ad se trahere illam. Si non licet, referamus proinde oportet ita ad Ecclesiam, ut nullatenus ad personam... Quod si quis licere putat, ego non abnuo; sed interest cui, non enim cuicumque. Prorsus habet Ecclesia Dei spirituales suos ... cum Deo quasi cum amico loquentes... ».

(¹) Principaux textes: *Cant.*; 30, 2 (183, 934: «vineas Ecclesias, id est fideles interpretamus populos»); 58, 3 (1056: «Et vineas quidem animas esse vel Ecclesias, simulque hujus rei rationem quaenam sit, dixi vobis iam»); id. n. 4 (1057); 60, 9 (1070); 61, 1 (1071); 62, 1 (1075: «vinea Domini quae est Ecclesia praedestinatorum»); 63, 3 (1081 = le sage); 63, 5 (1082 = les hommes spirituels); 68, 1 (1108: «nos sumus»).

(²) «Nam quod ad nostram spectata domesticam vineam, quae vos estis... » (*Cant.*, 65, 1: 1089; comp. 64, 5 s.).

(³) Ses auditeurs ont trouvé que certains sermons où Bernard s'appliquait à considérer le mystère (*sacramentum*), manquaient du sel des *moralia*: *Cant.*, 80, 1 (1166: il s'agit surtout, sans doute, des sermons 77 et 78 sur l'Eglise «inventa»: cf. *infra*). On aimait, chez les Cisterciens, les considérations d'anthropologie morale et spirituelle, ISAAC DE l'ETOILE, disciple de S. Bernard et lui aussi abbé, a fait la même expérience: cf. à la fin de son magnifique et très profond sermon 11ᵉ, où il développe le mystère des noces du Christ et de l'Eglise, cette remarque: «Sed video, fratres, exspectationi vestrae non satisfecisse me: qui moralem sensum, quo superaedificemini fundamento in quo positi estis, avidius bibitis». (P. L., 194, 1729).

(⁴) Voir *infra*, à propos de la Vierge Marie, et la conclusion. Un signe, encore, de ce fait: si, en suivant l'allégorie, on entend par les vignes les Eglises, on entendra par les renards les hérésies «vel potius haereticos». (*Cant.* 64, 8: 1086). Bernard s'est occupé d'Abélard, d'Arnaud de Brescia, d'Henri de Lausanne, de Pierleone (Anaclet II): des personnes individuelles.

144

prétation du Cantique — l'Eglise et l'âme religieuse —, il aboutisse aux mêmes formules qu'Origène: « Ecclesia perfectorum » ([1]), « Congregatio justorum » ([2]), Ecclesia electorum » ([3]), ou « praedestinatorum » ([4]), mais aussi « ipsi (electi) Ecclesia sunt » ([5]), « nos qui simul Ecclesia sumus » ([6]). L'Eglise est faite des âmes saintes, elle est l'ensemble des hommes qui adhèrent à Dieu et ont du cœur pour lui. Non pas que les pécheurs n'en seraient pas d'une certaine manière: Bernard dit expressément qu'ils lui appartiennent aussi, et il précise à quel titre. L'Eglise reconnaît pour ses enfants les *filiae Jerusalem* qui s'élèvent contre l'Epoux, « sive propter sacramenta Ecclesiae quae indifferenter cum bonis suscipiunt, sive propter fidei aeque communem confessionem, sive ob fidelium corporalem saltem societatem; seu etiam propter spem salutis futurae, a qua omnino non sunt, quamdiu hic vivunt vel tales desperandae, quantumlibet vivant desperate » ([8]). Ces indications sont très précises, très classiques aussi. Le cœur de l'Eglise, c'est la charité, par laquelle les âmes, répondant à l'élection éternelle que Dieu a faite d'elles, s'unissent à Lui comme ses épouses; l'Eglise n'existe vraiment que dans les saints. Elle est faite d'eux. Mais tous ceux qui sont, soit sur la voie de la pénitence, soit sous l'action des sacrements de l'Eglise, soit dans la profession de la foi, soit dans la société des fidèles et en possibilité d'être entraînés vers le bien par les hommes spirituels ([9]), soit même franchement dans le péché, mais encore convertissables puisqu'ils sont encore *in via*: tous ceux là peuvent être comptés *quodam modo* parmi les filles de Jérusalem.

([1]) *Cant.*, 14, 5 (841). — Comp. ORIGÈNE, *Com. in Cant.* 1 et 3 (GCS Orig., VIII, 90, 5 et 232, 21-22).

([2]) Ou « sanctorum »: *Cant.*, 68, 2 et 3 (1109); 78, 3 (1160). Dans *Sermo de Nativ. B.M.V.* n. 2 (439), l'*Ecclesia sanctorum* est l'Eglise céleste. — Comp. ORIGÉNE, *Com. in Cant.* 1 (GCS Orig., VIII, 90, 4-6).

([3]) *In ps.* « *Qui habitat* » *sermo* 7, 10 (183, 206); *Cant.*, 68, 2 (1109); 78, 3 (1160: « voce omnium electorum, et ipsi Ecclesia sunt »); *Serm.* 33 *de diversis*, n. 8 (630). Pour Bernard, les *electi* sont ceux qui cherchent Dieu, qui sont sensibles à l'avénement caché du Seigneur, entre l'avénement de Noël et celui de la Parousie: cf. *In adv. sermo* 3, 4 et 5, 1 (183, 45 et 50). Comp. fréquemment S. Grégoire (cf. S. TROMP, *Corpus Christi quod est Ecclesia*, 2e éd. Rome, 1946, p. 124, 139.

([4]) *Cant.*, 62, 1 (1075).

([5]) *Cant.*, 78, 3 (1160).

([6]) *Cant.*, 57, 3 (1051); comp. 68, 1 (1108: « Quae est sponsa et quis est sponsus? Hic Deus noster est: et illa si audeo dicere, nos sumus... »); *De consider.*, III, 1, 5 (182, 760 C: « Corpus Christi, quae est multitudo credentium »). — Ici encore, on comparera ORIGÈNE qui abonde en formules de ce genre: « Ecclesia nos sumus de gentibus congregati » (*Com. in Cant.* 1, 3 (GCS Orig., VIII, 45), « nos sumus Ecclesia Dei » (*In Is.* hom. 2, 1: ibid., 250); « quia multitudo credentium corpus illius dicitur » (*De princ.*, II, 8, 5: P. G., 11, 225; comp. *C. Cels.*, VI, 48: 11, 1374). — D'autres parallèles pourraient être multipliés: cf. notre étude sur *Ecclesia = Congregatio fidelium*, à paraître dans *Etudes conjointes pour une théologie du laïcat*.

([7]) « Peccatores recipit, ad poenitentiam in corpore suo quod est Ecclesia » (*Cant.*, 71, 11: 183, 1127: c'est une façon, pour l'Epoux, de *pasci inter lilia*); 10, 6 (821, à propos de l'onction des pieds de Jésus par la pécheresse); 44, 2 (996); Ep. 353 (182, 556: « de hoc mundo exiremus si vellemus omnes malos fugere quos Ecclesia tolerat »). et cf. n. suiv. Comp. KILGA, *op. cit.*, p. 54 s.

([8]) *Cant.*, 25, 2 (183, 899 D-900 A). Comp. *infra*, p. 158, n. 1.

([9]) *Cant.*, 44, 2 (996).

Il reste que l'image de l'Eglise que reflète S. Bernard est celle d'une Eglise très spirituelle, très monastique, qui se réalise dans la recherche de l'union à Dieu. Le P. Bainvel a écrit très justement et finement que Bernard, en parlant de l'Eglise, vise, surtout « les relations surnaturelles de Dieu avec les âmes ou les fidèles » (¹). Chez S. Bernard, le personnalisme augustinien prend, avec le lyrisme et l'appel à l'expérience intérieure qui caractérisent l'abbé de Clairvaux, un développement et un son nouveaux.

Mais ce personnalisme n'est pas plus individualiste que ce spiritualisme ne refuse le visible et l'extérieur. « L'époux, c'est notre Dieu, dit Bernard, et l'épouse, c'est nous, avec la multitude de tous ceux qu'il a délivrés, et qu'il connaît... L'épouse, c'est l'assemblée des justes, la génération de ceux qui cherchent le Seigneur... Dieu n'a pas fait tant de grandes choses, il n'a pas opéré le salut sur la terre pour une âme isolée, mais pour ramasser les âmes en une seule épouse... (²) ». L'âme individuelle, nous le savons, n'est épouse que dans l'Eglise, en participant aux promesses et aux bénédictions de l'épouse parfaite. Rappelons-nous les formules déjà rencontrées (cf. p. 142. n. 2 et 4): *Simul omnes una sponsa; multas in unicam astringendas sponsam; una uni*. On dirait que l'Eglise, pour Bernard, est comme un chœur de moines qui compte des fervents et des distraits mais qui, dans le chant de la louange divine, ne fait qu'une voix et représente comme un adorateur unique.

Malgré le mot d'*universitas* qu'emploie aussi Bernard, l'Eglise est pour lui autre chose et plus qu'une simple totalité d'individus juxtaposés. Elle n'est pas une simple *multitudo congregata*, mais un *populus*, au sens fort que ce mot avait dans la tradition de S. Augustin, de S. Isidore et de tout le moyen âge; elle est une *civitas* (³): une *civitas* spirituelle, d'ailleurs, dont la loi est la charité et qui, par conséquent, ne sera parfaite qu'au ciel, quand ce corps de péché aura été détruit (voir infra). Une cité, c'est l'unité d'un grand nombre sous un roi et une loi. Le roi est le Christ, la loi est celle de la charité (⁴), qui est le principe même par lequel les âmes et l'Eglise s'unissent au Christ comme une épouse, une unique épouse. « Ecclesiae nomine, non una anima, sed multarum unitas, vel potius unanimitas designatur » (⁵). Il est clair que cette unanimité est celle de la charité. Bernard n'a pas développé systé-

---

(¹) *Art. cité*, p. 204.

(²) *Cant.*, 68, 1, 3, 4 (1108, 1109, 1110).

(³) « Quaeramus domum Dei, quaeramus templum, quaeramus civitatem, quaeramus et sponsam (...) Numquid tamen vel ipsa iam sanctimonia sufficit? Pax quoque necessaria est... Haec est quae facit unius moris habitare fratres in unum, novam utique regi nostro, vero pacifico, aedificans civitatem, quae et ipsa Ierusalem nominatur, quod est *visio pacis*. Ubi enim sine foedere pacis, sine observantia legis, sine disciplina et regimine acephala multitudo congregata fuerit, non populus, sed turba vocatur: non est civitas, sed confusio; Babylonem exhibet, de Jerusalem nihil habet ». *In dedic. eccl. sermo* 5, 8 et 9: 183, 534). Tous les mots employés ici ont, dans la langue religieuse de l'époque, un sens entrêmement fort: *pax* (cf. les diverses publications de H.-X. Arquillière); *fratres in unum; acephala* (cf. *Rev. moyen âge latin*, 1952, p. 9, n. 14); *populus* (par ex. S. AUGUSTIN, *Civ. Dei*, xix, c. 21 et 24); *Babylon-Jerusalem*.

(⁴) Sur la charité comme loi, cf. *Ep.* 11 (182, 106 s.); *De dil. Deo*, n. 35 s. (122, 996 s.). Il y aurait une étude à faire sur les divers degrées de l'amour selon S. Bernard comme degrés de réalisation de l'Eglise.

(⁵) *Cant.*, 61, 2 (183, 1071).

146

matiquement, théologiquement, les positions qu'il esquisse seulement. Il nous semble que, sur tous ces points, en particulier celui de la façon dont les pécheurs font partie d'un Eglise qui existe vraiment dans les justes, et sur la charité comme principe de réalisation de l'Eglise et raison de l'unité des âmes, la théologie que développe Mgr Ch. Journet dans le t. II de son monumental traité, *L'Eglise du Verbe incarné*, représente un développement exact des principes esquissés par le docteur de vie spirituelle que fut Bernard.

Il est tout de même étonnant qu'ayant vu ainsi dans la charité le principe de l'unité à la fois très rigoureuse et toute divine, notre saint n'ait pas developpé, à peine indiqué le rôle du Saint-Esprit comme réalisateur personnel dernier de cette unité. S. Bernard parle relativement peu du Saint-Esprit, bien que les brèves indications qu'il donne suffisent à montrer qu'il lui attribuait toute vie spirituelle [1], et la réalisation même, non seulement de la vie monastique [2], mais de toute l'Eglise [3]. Etant donné les textes de S. Augustin qu'il connaissait certainement, il est un peu surprenant de ne trouver que si peu de chose sur le Saint-Esprit comme âme de l'Eglise: juste quelques mots, ou des énoncés implicites[4].

On pourrait faire, et on a fait [5], une remarque analogue au sujet d'un autre thème biblique, lié d'ailleurs à celui du Saint-Esprit dans la tradition théologique, le thème, si important à nos yeux, du Corps mystique. Cela vaut la peine qu'on s'y arrête un istant. Nous pensons avoir relevé à peu près tous les textes. Sauf de très brefs énoncés qui sont plutôt des expressions scripturaires, comme « corpus ejus quod est Ecclesia » [6], et des allusions fugitives, on ne trouve guère chez S. Bernard, à une exception près, importante d'ailleurs [7], d'énoncé propre-

---

[1] « Solus Spiritus est qui revelat » (*De consersione ad clericos*, c. 13: 182, 848; Comp. *Cant.*, 8, 5: 183, 812); *Cant.* 17 (les visites du S.-E., qui doivent nous trouver vigilants), 18 (les opérations du S.-E. en nous); voir surtout les trois sermons de Pentecôte (183, 323 s.) et la fin du *De gratia et lib. arb.* (n. 59; 182, 1028), où l'on voit que toute la vie spirituelle est l'œuvre du S.-E.

[2] Expressions favorites de Bernard: « sub magisterio Spiritus S. » (*Ep.* 320, 2: 182, 525); « in schola Spiritus S. » (*Ep.* 341, col. 545; *Serm.* 3 *Pent.*, 5: 183, 332).

[3] Dans le texte important de *Cant.*, 78, 3 et surtout 5, on voit que ce sont les inspirations du Saint-Esprit qui réalisent l'Eglise.

[4] Le P. KILGA en fait la remarque déjà (*op. cit.*, p. 29). Je ne trouve guère que ces textes: « Quod (l'unité de l'Eglise) a Spiritu Sancto compactum est » (*Ep.* 334: 182, 538); la génération présente n'a pas l'Esprit, sans quoi la charité serait diffusée dans les cœurs et l'unité serait gardée (*Sermo* 1 *in festo*, S. Michaelis, n. 6: 183, 450 D).

[5] E. MERSCH, *Les Corps mystique du Christ. Et. de théol. hist.*, t. II (*Museum Lessianum*, sect. théol., 29), 2ᵉ éd. Bruxelles et Paris, 1936, p. 146-147. Le P. Mersch n'a pas relevé toutes les allusions, mais il en ajoute quelques-unes qui nous semblent trop vagues pour être retenues. Même remarque pour HOLBÖCK cité *infra*, p. 148, n. 3.

[6] Ainsi *De gradibus humilitatis*, n. 7 (182, 945); *Sermo* 1 *in Convers. Pauli*, n. 2 (183, 361); *Cant.*, 12, 7 (831); 66, 7 (1097); 71, 11 (1127). Comp. *Ep.* 126, 1 (182, 271); *Ep.* 219, 2 (383); 244, 1 (441); 277 (483); ou encore, comme allusion scripturaire, *Sermo* 1 *in festo S. Michaelis*, n. 5 (183, 450 B: « Dico autem ut quomodo civitatis illius participatio est in idipsum, sic et nos idipsum sentiamus, idipsum dicamus omnes et non sint in nobis schismata; sed magis omnes simul unum corpus simus in Christo, singuli autem alter alterius membra »).

[7] « *Si unus pro omnibus mortuus est, ergo omnes mortui sunt* (2 *Cor.*, V, 14): ut videlicet satisfactio unius omnibus imputetur, sicut omnium peccata unus ille portavit; nec alter

ment *théologique* objectif, sur le Corps mystique, mais plutôt des applications spirituelles de cette doctrine fondamentale, qui ne lui est évidemment pas étrangère. Ce qui l'intéresse, c'est que le corps, c'est-à-dire les âmes fidèles, suivent la Tête dans son jeûne et dans ses souffrances (¹), dans sa résurrection (²) et dans sa montée aux cieux (³). Ce sont bien là des thèmes pauliniens (⁴). Bernard sait vraiment que la vie spirituelle, ces épousailles mêmes en qui se réalise l'œuvre de notre salut, tout cela n'existe que par et dans le Christ (⁵). Il entend aussi de façon extrêmement concrète et réaliste, la transposant à la vie historique de l'Eglise totale, la vérité selon laquelle « quod historice praecessit in capite, consequenter etiam credatur fieri moraliter in ejus corpore » (⁶); nous y reviendrons plus loin. Pourtant on ne peut d'empêcher de penser que si l'abbé de Clairvaux avait commenté les Epîtres de la captivité plutôt que le Cantique, on aurait eu plus de textes sur la doctrine du Corps mystique.

Mais ses catégories préférées, spontanément mises en œuvre, ne sont pas celles de *caput et corpus, una caro, unus Christus*: c'est beaucoup plus celle de *sponsus et sponsa, charitas, dilectio*. Rien n'est plus significatif, sans doute, de l'orientation d'esprit foncière et spontanée de notre saint que l'usage qu'il fait des textes scripturaires. A coup sûr, il utilise beaucoup moins volontiers que S. Augustin, le *duo in carne una* de *Gen.*, II, 24 et *Eph.* V, 31; il l'applique parfois à l'union de l'Eglise et du Christ (⁷), mais, en somme, assez rarement. Le plus souvent, *una caro* lui

---

iam inveniatur qui forefecit (= peccavit) alter qui satisfecit: quia caput et corpus unus est Christus. Satisfecit ergo caput pro membris, Christus pro visceribus suis, quando iuxta Evangelium Pauli, quo convincitur mendacium Petri [Abaelardi], mortuus pro nobis con-vivificavit nos... », *De erroribus Abaelardi*, c. 6, n. 15 (182, 1065 D).

(¹) *In capite jejunii sermo* 1, n. 1 (183, 167: « quidni caput suum membra sequuntur? ... Non est magnum si jejunet cum Christo qui sessurus est ad mensam Patris cum ipso. Non est magnum si compatitur membrum capiti, cum quo et glorificandum est »); *In die Paschae*, 8 (278: « Ita et nos quicumque sequimur caput nostrum »).

(²) *Cant.*, 72, 11 (183, 1134).

(³) *In dom. palm. sermo* 1, 2 (183, 255: « Quando suscipietur in coelesti Ierusalem Christus Dominus, caput cum omnibus membris »); comp. *in festo omn. sanct. sermo* 5, 9 (480), mais surtout le grand texte de *Cant.*, 27, 2 (916-917) déjà cité *supra*, p. 139.

(⁴) Cf. G. FRISCHMUTH, citée *supra*, n. 1.

(⁵) Cela ressort de *De gratia et lib. arb.*, c. 14, n. 49 (182, 1027-28), tout comme il ressort du n. 50 que cette vie est l'œuvre du S.-Esprit. Les trois opérations de la grâce, *creatio, reformatio, consummatio*, sont faites *in Christo*: comp. *In adventu sermo* 6, 1 (183, 52). — Si nous ajoutons les textes eucharistiques cités p. 148, n. 5 et deux autres allusions (*In adventu sermo* 5, n. 1 et 3; 183, 51; *Cant.* 12, 10: 833), nous aurons presque épuisé, pensons-nous, la liste des mentions notables du Corps mystique chez S. Bernard. Voir différemment encore G. FRISCHMUTH, *op. cit.*, p. 92, 93, 95 (références à de brèves allusions). Ajoutons seulement pour être complet, quelques textes où l'image de la tête et du corps est appliquée à la papauté et à l'Eglise visible: *Ep.* 150, 1 (182, 306); 243, 2 (438); 291 (497). Comp. *Ep.* 277 et 382, 1 (483, 585).

(⁶) *De diversis sermo* 58, 2 (183, 682 C).

(⁷) Nous avons cité (p. 139, n. 2 et 4, p. 141, n. 1) ou citerons (p. 155, n. 4) les textes où Bernard applique le *erunt duo in carne una* aux épousailles de l'âme ou de l'Eglise. Le grand texte sponsal de *Ephes.*, V ne joue pas un très grand rôle chez notre docteur; nous verrons plus loin l'usage qu'il fait du v. 27, *sine macula et ruga*. C'est pourtant le texte dogmatique majeur sur les épousailles *de l'Eglise*. Quant à *Mat.*, XIX, 5, il le cite parfois (*De div.*

suggère l'*unio carnalis*, soit celle des noces de la terre, soit, s'il s'agit de l'Eglise, une union qui passera pour laisser la place à l'union toute spirituelle de la contemplation et de la charité. Le verset qu'il cite le plus volontiers — c'est, pensons-nous, de toute l'Ecriture, celui qu'il cite ou évoque le plus souvent (¹) — est celui de 1 *Cor.*, VI, 17, *qui adhaeret Deo unus spiritus est*. Il oppose à l'union en une seule chair cette union en un seul esprit (²).

On a souligné également la rareté, chez S. Bernard, des textes sur l'eucharistie dans son rapport au Corps mystique, et même sur l'eucharistie tout simplement (³). De celle-ci, quelques rares mentions assez vagues (⁴); quant au rapport que le corps ecclésial entretient avec le corps sacramentel et, par celui-ci, avec le corps né de Marie, mort et ressuscité, juste deux brèves allusions (⁵). C'est très peu, surtout à une époque où les textes sur ce sujet abondent (⁶). Ce n'est pas, nous le verrons, que

---

sermo 33, 4:183, 628), mais il lui arrive d'interrompre le texte après *adhaerebit uxori suae*, en omettant *et erunt duo in carne una*: *Cant.*, 83, 3 (1182 D); comp. *Dom. 1 post oct. Epiph.* *sermo* 2, 3 (159), où, énumérant les bienfaits que l'âme–épouse reçoit du Verbe incarné, après avoir cité *Eph.*, V, 31, Bernard dit: ...*ut sis socia mensae, socia regni, socia denique thalami*. On attendrait: *ut sis una caro*, mais Bernard écrit: « propter te (l'âme, non l'Eglise) a Deo exivit et matrem Synagogam reliquit, ut adhaerens ei unus cum eo spiritu efficiaris... » C'est significatif. Comp. *supra*, p. 141, n. 1.

(¹) O. CASTRÉN (*Bernhard von Clairvaux. Zur Typologie des mittelalterlichen Menschen*, Lund 1938), qui a dressé le tableau des « Schriftbeweise » de S. Bernard, cite quinze références: aucun autre verset n'en connaît autant. Nous avons relevé plusieurs allusions que ne cite pas l'historien suédois, dont la table des citations bibliques est très incomplète et le livre, au total, décevant (très dans la ligne de *Eros et Agapè* de A. Nygren). Sur l'importance décisive de notre verset dans la mystique cistercienne, cf. E. GILSON, *La théol. myst. de S. Bernard.*, Paris, 1934, p. 149.

(²) Voici les textes: *Ep.* 53 (182, 160); 126, 6 (275): *In Nativ. Dom. sermo* 2, 6 (183, 122); *Serm. de diversis* 80, 1 (699); *Cant.*, 61, 1 (1071, *supra*, p. 141, n. 1). Comp. encore *Cant.*, 2, 2 (790); 3, 5 (796); 8, 9 (814); *Consid.*, V, 5, 12 (182, 795): l'union de l'âme (et de l'Eglise) ne se fait pas en une seule substance, mais par l'amour, en un saint baiser. Comp. *supra*, p. 147 n. 7.

(³) Cf. Fr. HOLBÖCK, *Der eucharistische und der mystische Leib Christi in ihren Beziehungen zueinander nach der Lehre der Frühscholastik*. Rome, 1941, p. 76-77. Holböck ne cite aucun des textes que nous citons ici.

(⁴) *In septuages. sermo* 1, 3 (183, 164 C); *Cant.*, 31, 10 (945 B); 48, 7 (1016 A); *Sermo* 120 *de diversis* (743): l'offrande de l'eucharistie, objet du ministère sacerdotal); enfin et surtout *In festo S. Michaelis sermo* 1, 3 (183, 449: « Minister ille (Christus) sublimior cunctis, sed et humilior universis, qui semetipsum obtulit sacrificium laudis, qui Patri offerens animam suam nobis ministrat usque hodie carnem suam ». Comp. *in Festo S. Martini*, n. 11 (495).

(⁵) « Vivit enim Ecclesia, quae manducat panem vivum, qui de coelo descendit ». (*Cant.*, 12, 7: 831); « Non ignoro quod se et solos corpus Christi esse gloriantur (il s'agit des hérétiques néomanichéens et Apostoliques): sed sibi hoc persuadeant qui illud quoque persuasum habent potestatem se habere quotidie in mensa sua corpus Christi et sanguinem consecrandi ad nutriendum se in corpus Christi et membra ». (*Cant.* 66, 8: 1097-98): texte important, car il montre que, pour Bernard, le nom de Corps du Christ est attribué à l'Eglise en raison de la célébration du sacrement eucharistique. La jonction au troisième terme, le corps historique du Sauveur, serait établie par le texte cité le premier, *Cant.*, 12, 7, où Bernard dit que l'Eglise est plus chère au Christ que son propre corps, qu'il a livré pour elle à la mort. Ainsi tenons-nous les trois termes de l'enchaînement traditionnel, mais Bernard n'exploite absolument pas ce thème.

(⁶) Cf. HOLBÖCK, *op. cit.*, n. 3: H. DE LUBAC, *Corpus mysticum. L'Eucharistie et l'Eglise au moyen-âge* (*Théologie*, 3). Paris, 1944. — Notons ici que, pour S. Bernard, la *res* de l'eucha-

Bernard ignore ou mésestime le corporel; encore moins les sacrements. Il cite rarement le texte de S. Jean (VI, 64), « La chair ne sert de rien, c'est l'esprit qui vivifie » (¹). Sans doute faut-il voir ici la conséquence d'une spiritualité de ligne origénienne. Il est remarquable que, quand Bernard parle de l'âme, c'est *le Verbe* qui est son époux (²). Certes, il ne faut pas exagérer dans la recherche de rapprochements entre Bernard et Origène: il y a des similitudes d'apparentement qui ne sont pas nécessairement des filiations (³). Mais aussi, quand une parenté d'esprit existe, la simple rencontre de quelques fragments suffit à la faire se déclarer plus largement. Le P. de Lubac a bien montré (⁴) qu'Origène ne méconnaît nullement ce que nous appelons la présence réelle, qu'il n'allégorise pas l'eucharistie. Mais elle ne l'intéresse que comme communication du Logos, l'aliment immortel de notre âme, qui est, dans l'eucharistie même et au-delà d'elle, le vrai pain et le vrai vin promis au fidèle (⁵). Ce qui l'intéresse, ce sont les venues du Verbe: dans l'Ecriture, oui, très spécialement dans l'Ecriture, dans l'Incarnation historique, dans les visites qu'il fait à l'âme. Or, inconstestablement, ce son là des thèmes bernardins. Pour l'Abbé de Clairvaux également, notre pain est la parole de Dieu (⁶), le Verbe est venu dans l'Ecriture avant de venir en Marie (⁷), mais il veut naître

---

ristie est la présence réelle, non le corps ecclésial: cf. *Vita Malachiae*, c. 26, n. 57 (182, 1105: « praesumpsit dicere in Eucharistia esse tantummodo sacramentum, et non rem sacramenti id est solam sanctificationem, et non corporis veritatem ».

(¹) Cf. *Dom. 1 post oct. Epiph. sermo* 2, 1 (183, 158) et *Cant.* 20, 7 (870), où Bernard cite à la fois *Jo*, VI, 64 et 2 *Cor.*, V, 16.

(²) *Cant.*, 61, 2 (183, 1071: « Verbum et animam... Christum et Ecclesiam ») On n'a pas étudié, que nous sachions, la nuance que peut mettre Bernard entre l'union au Christ, Verbe *incarné*, et l'union au Verbe. Il y a une affinité entre l'âme immortelle et le Verbe, affinité qu'exprime l'idée d'image; le mariage de l'âme se fait avec le Verbe: voir *Cant.*, 80, 1 (1166 s., où l'on retrouve les couples *Christus-Ecclesia, Verbum–anima*); 81, 82, en particulier n. 7 et 8; 83, 1. Les doxologies finales de ces admirables textes mériteraient aussi qu'on s'y arrête, car elles rétablissent l'identité entre l'Epoux *de l'Eglise*, Jésus-Christ (80, 9; 81, 11) et l'Epoux *de l'âme*, le Verbe-Jésus-Christ (83, 6; 82, 8); comp. *Dom. 1 post oct. Epiph.* sermo 2, 2 (158). — La désignation du *Verbe* comme époux de l'âme et du *Christ* comme époux de l'Eglise est caractéristique d'Origène dans son commentaire du *Cantique* (cf. L. WELSERSHEIMB, *art. cité* (p. 137), p. 408, 436). Dans la perspective dogmatique des épousailles réalisées par l'Incarnation dans le sein de Marie, l'époux est bien le Verbe, mais il épouse la nature humaine ou l'Eglise (ainsi chez S. Augustin). Tous ces points mériteraient d'être examinés très attentivement.

(³) Ad. DEISSMANN distinguait, en ce sens, *analogie* et *généalogie* (*Licht von Osten* Tubingue, 1923, p. 226).

(⁴) H. DE LUBAC. *Histoire et Esprit. L'intelligence de l'Ecriture d'après Origène* (*Théologie*, 16). Paris, 1950: ch. VII, p. 336-373, surtout, p. 355 s.

(⁵) Cf. ORIGÈNE, *Jo.*, 32, 24; *Mat. ser.* 85: cités et trad. par DE LUBAC, p. 358-359.

(⁶) Voir *Sermo 5 de Adventu*, n. 2 (183, 51); *In Vig. Nativ. Domini sermo* 6, 10 (114: passage d'autant plus notable qu'il parle de Bethléem, *domus panis*, à propos de quoi on évoquait traditionnellement l'eucharistie). Ajoutons un endroit où l'eau qui sort du côté du Christ en croix est interprétée de l'*aqua sapientiae*, non des sacrements (*Sermo de S. Clemente*, 6: 183, 502); et notons que Bernard aime citer le texte de *Eph.*, III, 17, *Christum habitare per fidem in cordibus nostris* (cf. G. FRISCHMUTH, *op. cit.*, p. 78).

(⁷) Voir en particulier *Super Missus est* hom. 4, 11 (183, 86); autres référ, dans DE LUBAC, *op. cit.*, p. 345, n. 47, qui, après avoir cité les textes d'Origène, en indique de S. Ambroise, S. Augustin, Rupert de Deutz.

aussi en nous (^{1}) et, comme leur Epoux, il visite nos âmes (^{2}). Nous serions par là portés à penser qu'une mystique du Verbe et de l'âme immortelle a eu, chez, S. Bernard, un certain primat sur une spiritualité des sacrements et des moyens sensibles, corporels, d'union à Dieu.

Par un autre aspect encore, lié au précédent, la pensée de S. Bernard nous apparaît dans la ligne, sinon du seul Origène, du moins d'une conception familière aux Pères anciens et singulièrement à Origène: nous voulons parler de celle selon laquelle les mystères de l'Economie, ceux de l'A.T., de l'Incarnation et de l'Eglise, sont des manifestations diverses et progressives d'un dessein formé et caché éternellement en Dieu. Qu'on parle d'essentialisme, de platonisme si l'on veut, il est certain que le monde spirituel des Pères est un monde où les choses reçoivent leur vérité d'en haut, en ce qu'elles manifestent un ordre supérieur (aux deux sens du mot: décision ou propos; disposition ou hiérarchie) (^{3}). Le monde médiéval de même, surtout avant le développement du naturalisme qui commence avec Abélard et triomphera avec la scolastique (^{4}). Il s'agit d'autre chose ici, et de bien davantage, que de la simple idée, empruntée directement ou non à Denys (^{5}), selon laquelle l'Eglise terrestre est « exemplifiée » à l'Eglise céleste: cette idée se trouve chez S. Bernard (^{6}), mais elle n'est pas très caractéristique. Bernard a une vision beaucoup plus personnelle du dessein caché de Dieu et qui se réalise, d'abord dans le ciel, ensuite sur terre et dans le monde des hommes (^{7}). L'Eglise est ce mystère par lequel Dieu s'unit ses créatures: d'abord les créatures angéliques; puis, en raison de la défection d'un grand nombre de celles-ci et pour combler les vides ainsi faits, les hommes (^{8}). Bernard se situe ainsi dans la ligne de l'Ecriture et des Pères, pour qui la vraie Eglise, la vraie Jérusalem, l'Eglise parfaite est celle d'en haut (d'où,

---

(^{1}) *In vigil. Nativ. Dom. Sermo* 6, 3 (110).

(^{2}) GILSON (*op. cit.*, p. 28, n.) rapproche ces deux textes: ORIGÈNE (*Cant.* I: CGS. Orig. VIII, 39), « Saepe, Deus testis est, sponsum mihi adventare conspexi », et S. BERNARD (*Cant.*, 74, 5: 1141 A), « Fateor et mihi aventasse Verbum, in insipientia dico, et pluries ». Sur les venues spirituelles du Christ dans nos âmes, cf. FRISCHMUTH, *op. cit.*, p. 57 s.

(^{3}) Nous avons rencontré cette sorte d'exemplarisme en étudiant des thèmes aussi divers que le thème verbal *Céphas-Kephalé-Caput* (*Rev. du moyen âge latin*, 8 (1952), p. 5-42) ou que le thème dogmatique de *Marie et l'Eglise*... (*Rev. Sc. philos. théol.*, 38 (1954), p. 38).

(^{4}) Voir, par exemple, Ph. FUNK, *Überwelt und Welt im Mittelalter* (*Histor. Jahrbuch*, 51 (1931), p. 30-46); G. LE BRAS, *Inventaire théologique du Décret et de la Glose ordinaire. Etres et mondes invisibles*, dans *Mélanges de Ghellinck*, t. II (*Museum Lessianum, Sect. hist.* 14). Gembloux, 1951, p. 603-615).

(^{5}) On discute encore pour savoir quelle connaissance S. Bernard a eue de Denys, et quelle influence le Pseudo-Aréopagite a eue sur lui: cf. GILSON, *op. cit.*, p. 38 s.; autres référ. dans KILGA, *op. cit.*, p. 86, n. 140.

(^{6}) « Exemplar habet e coelo » (*Consid.*, III, 4, 17 et 18: 182, 768-69).

(^{7}) Comp. Kl. KILGA, *op. cit.*, p. 21 s., 123 s.: peut-être un peu trop systématique. On ne voit pas que *Ephes.*, V, 29 s. occupe une telle place dans les considérations de Bernard. Rapprocher Bernard d'ORIGÈNE, *Cant.* 1 et 2 (éd. BÄHRENS: CGS. Orig., VIII, p. 90 et 156-58).

(^{8}) Cette idée, qui se trouve chez S. AUGUSTIN (*Civ. Dei*, XXII, 1: P. L., 41, 753) et bien d'autres Pères, revient, plusieurs fois chez S. BERNARD: *Cant.*, 27, 6 (916); 62, 1 (1075); 68, 4 (1110 C); *In festo S. Michaelis sermo*, 1, 4 (449).

chez un Origène et chez d'autres, l'idée d'Eglise préexistante). Elle existe d'abord
dans les anges, qui sont les premiers à réaliser la qualité d'épouse du Christ: oui,
du Christ. Bernard va très loin, plus loin à coup sûr que n'ira S. Thomas, dans l'affirmation du rapport que les anges ont au Christ qui est, d'une certaine manière,
même leur Sauveur (¹). On ne peut pas mettre plus de continuité qu'il n'en met
entre l'Eglise terrestre et l'Eglise céleste incluant les anges dans la réalisation d'une
unique Epouse. Cette idée que les hommes sont élus et appelés pour s'adjoindre
aux anges et compléter leur nombre, est décisive chez S. Bernard; elle fonde sa conception ultra-spirituelle de la vie chrétienne. Il s'agit de mener une vie céleste, angélique (comp. supra, p. 139 n. 4). On voit par là, une fois de plus, combien son idée
et son idéal de l'Eglise sont monastiques; car l'Ordre monastique, dont le commencement se confond avec celui de l'Eglise elle-même dans la communauté apostolique
des premiers fidèles, est aussi le plus proche des anges, le plus homogène à la Jérusalem céleste qui est notre mère (²). Ajoutons que Bernard voit l'Eglise d'ici-bas
comme sans cesse et très activement assistée par les anges: quand, en remplacement
de ceux d'entre eux qui ont failli, Dieu choisit des âmes-épouse parmi les hommes,
les anges deviennent ces « administratorii spiritus, in ministerium missi propter
eos qui haereditatem capient salutis » dont, à la suite de l'épître aux Hébreux
(I, 14), Bernard aime tant à parler (³).

Ainsi l'Eglise commence sur terre, ayant son origine dans le ciel (⁴). Elle existe
de toute éternité dans la prédestination divine, et c'est l'*Ecclesia electorum* (⁵);
elle prend forme visible sur terre dans le peuple que Dieu y recrute. Ce peuple a
d'abord été la Synagogue. Bernard, qui est intervenu pour sauver les Juifs de la
fureur populaire attisée par un moine fanatique lors de la seconde croisade, est à
la fois généreux et sévère pour la Synagogue. Il lui reconnaît la qualité d'épouse (⁶);
mais il lui reproche, en refusant l'extension de l'appel aux Gentils, parce qu'ils
n'étaient pas purs, d'avoir voulu en rester à la justice, à *sa* justice, et d'avoir ignoré
la miséricorde. Bernard a ici des accents qu'on retrouvera plus tard chez Luther:
« qui contemnunt Dei misericordem justitiam, et suam volunt constituere... » (⁷).

L'Eglise, celle du Christ et des apôtres, celle qui sort de l'Incarnation, de la
Passion et de la Pentecôte, est la vraie réalisation et manifestation terrestres du
dessein caché en Dieu, encore qu'elle ne doive prendre sa forme parfaite et parfai-

---

(¹) Voir les textes dans KILGA, *loc. cit., supra*, p. 150, n. 7.

(²) Cf. *Apol.*, c. 10, n. 24 (182, 912). Sur la place des moines dans l'Eglise, voir surtout
Sermo 93 *de div.* (183, 715 s.); *Cant.*, 46 (1004 s.).

(³) Textes principaux (il y en a beaucoup): *In festo S. Michelis sermo* 2 (183, 451 s.);
In dedic. eccles. sermo 5, n. 5 (532); *Cant.*, 7, 4 (808) 19 (863 s.); 77, 4 (1157); 78, 1 s. (1159 s.)

(⁴) « Nec est parvipendendum quod Deum habet auctorem et de coelis duxit originem »
(*Consid.*, III, 4: 182, 769).

(⁵) « Secundum praedestinationem nunquam Ecclesia electorum penes Deum non
fuit..., nunquam non grata exstitit, nunquam non dilecta (cit. de *Eph.*, I, 3-6): nec dubium
quin voce omnium electorum ista dicuntur: et ipsi Ecclesia sunt ». (*Cant.*, 78, 3: 1160).

(⁶) *Cant.*, 67, 11 (183, 1107). — Sur la Synagogue, voir encore *In festo omn. Sanct.
sermo* 5, n. 9 (183, 480); *Cant.*, 14 (839 s.); 60 (1066 s.); 79, 5 (1165: le salut final d'Israël).
Pour les rapprochements avec Origène, cf. *supra*, p. 150, n. 7.

(⁷) *Cant.*, 14, 1 et 2 (183, 839, 841); 67, 11 (1107); 68, 6 (1111).

tement pure qu'à la fin, lors de la résurrection. Elle est, d'un bout à l'autre, l'Eglise de la grâce. Elle ne doit l'existence qu'à l'élection gratuite de Dieu et ses mérites sont tout de Dieu (¹). Bernard lui-même a vécu au maximum selon le régime d'un pain quotidien de lumières et de forces quotidiennement donné par grâce sans que jamais rien en lui pût fonder une assurance humaine (²). Il a expliqué sa pensée en ce sens, quant à l'Eglise, dans un sermon où il donnait comme une découverte personnelle très chère, mais qui semble avoir plutôt lassé ou déçu ses moines, le 78ᵐᵉ sur le Cantique. La question avait été posée la veille (*Cant.* 78, 7: 1158): pourquoi est-il dit de l'épouse qu'elle a été trouvée, *inventa* (*Cant.*, III, 2)? C'est là un mot étonnant, on dirait que l'Eglise ne vient que d'un seul endroit, et en un seul coup: on aurait attendu plutôt *collecta*, ou encore *fundata*... Le mot est en réalité plein de sens. Il veut dire que tout est préparé par Dieu, par la prédestination divine et qu'il ne reste aux amis de l'Epoux, aux prédicateurs de l'Evangile, qu'à *trouver* ce que Dieu a ainsi préparé *ut inveniretur* (³).

Dans la tradition patristique ancienne, c'est à ces idées d'Eglise venant d'en haut et de pure grâce que se rattacherait, en son aspect le plus profond tout au moins, l'affirmation de sa virginité, avec citation de *Galates*, IV, 26: « Mais le Jérusalem d'en haut est libre, et c'est elle qui est notre mère ». Bernard ne semble pas avoir cette voie. Il parle évidemment de la virginité, il exalte la fécondité virginale (⁴). Nous ne voyons pas qu'il ait spécialement parlé de la virginité, de la maternité virginale *de l'Eglise*, thème si cher à la tradition patristique (⁵). Ce thème, chez les Pères, de même que dans la liturgie et chez les théologiens médiévaux, était lié au parallèle entre Marie et l'Eglise: parallèle qui repose sur l'identité profonde du mystère qui s'est dévoilé et réalisé en elles (⁶). Chose étonnante, dont il nous faut chercher les raisons et signification: Bernard qui passe pour être spécialement le docteur marial et qui a parlé si mystiquement de l'Eglise comme épouse, ne développe absolument pas, il esquisse à peine (⁷), le parallèle classique entre

---

(¹) Les prédicateurs qui rassemblent les peuples dans l'unité de la foi « Cognoverunt de divitiis gratiae quae a saeculis absconditae tenebantur in abdito praedestinationis aeternae, et gavisi sunt eam se invenisse, quam ante saecula Dominus elegerat in sponsam sibi ». (*Cant.*, 78, 5: 1161). — Sur les « mérites » de l'Eglise: *Cant.*, 68, 6 (1111). Statut de grâce de nos mérites: *De gratia et lib. arb.*, c. 13 (182, 1024-26); c. 14, n. 51 (1028-29).

(²) C'est un trait qui ressort de J. LECLERCQ, *S. Bernard mystique*. Paris, 1949.

(³) *Cant.*, 78, 6-7 et la doxologie finale (1161-62). Si l'Eglise est ainsi *praeparata a Deo* et *inventa*, l'amour élisant et prédestinant de Dieu est *praeveniens* (*Cant.*, 67, 11 et 69, 8 (183, 1107, 1116); *Dil. Deo*, c. 4, n. 13 (182, 982); *Ep.* 107, 8 (246), et nous sommes les *praeventi* (*Cant.*, 67, 10: 183, 1107; etc.).

(⁴) *Hom.* 2 super *Missus est*, et hom. 4, n. 3 (183, 61 s., 80); *In Nativ. B. M. V.* (*de aquaeductu*), n. 12 (444); comp. *De laudibus Virg. Matris*, hom. 1 (183, 55-61, sur la trilogie Humilité, Virginité, Fécondité); *In vigil. Nativ. Dom. sermo* 6, 11 (114-15: cf. *infra*, p. 178, n. 6). — Quant au texte de *Gal.*, IV, 26, Bernard le cite parfois mais sans y chercher l'inspiration d'un développement particulier: *In dedic. sermo* 4, 1 (183, 526); *In ascensione* 5, 4 (317); *De div.* 22, 1 (595); *Cant.*, 27, 7 et 12 (916 D, 920); *Apol.*, 10, 24 (182, 912).

(⁵) Cf. Al. MÜLLER cité *supra*, p. 137.

(⁶) Outre Müller, cf. H. DE LUBAC, *Méditation sur l'Eglise* (*Théologie*, 27). Paris, 1953, p. 241-285, et notre article cité *supra*, p. 150, n. 3.

(⁷) *Cant.*, 78, 8 (183, 1162): « Legimus de Maria quod inventa fuerit in utero habens de Spiritu Sancto. Existimo autem simile quid habere in hac parte sponsam Domini Matri

l'Eglise et Marie. Il ne semble pas non plus avoir appliqué à Marie le titre d'épouse, qu'il applique à l'Eglise et à l'âme: alors qu'avant lui déjà Pascase Radbert, autour de lui Hildebert de Lavardin, Honorius Augustodunensis, Rupert de Deutz, bientôt Isaac de l'Etoile attribuaient ce titre spécialement à Marie, universellement à l'Eglise, singulièrement à l'âme fidèle... (¹) Bernard se détache peut-être, dans la suite des docteurs, comme maître en théologie mariale; mais aussi comme silencieux là où une véritable tradition prononçait avant lui le *verbum bonum* exaltant l'identité profonde de mystère entre l'Eglise et Marie.

Nous verrions trois raisons de cela: 1) S. Bernard distingue toujours très fortement le cas unique de l'Incarnation et l'union spirituelle entre les âmes et Dieu, par quoi se réalise l'Eglise (²). D'un côté, *caro una*, de l'autre, *unus spiritus*. Marie est, comme Mère, du côté de l'Incarnation, et cela lui donne, à l'égard de l'Eglise, une position royale et particulière. 2) Marie est, en effet, pour Bernard, autre chose que la réalisation suprême, le point d'émergence décisif du mystère de l'Eglise. Les Pères l'ont vue surtout ainsi, c'est pourquoi, même lorsqu'ils l'appelaient nouvelle Eve, ils ne la sortaient pas de l'Eglise; il ne développaient point ses prérogatives comme celles d'une source de grâce avant l'Eglise, au dessus de l'Eglise. S. Bernard, lui, l'individualise et, d'une certaine façon, la sépare. Elle est, pour lui, l'acqueduc entre la source et le lac ou le réservoir (³); elle est la femme entre le soleil de justice, le Christ, et la lune qui reçoit ses rayons, l'Eglise (⁴); elle est la miséricorde suppliante et toute puissante entre un Christ justicier dont l'humanité semble absorbée par la divinité, et notre humaine fragilité (⁵); bref, elle est « Mediatrix ad Mediatorem » (⁶). Pour S. Bernard, non, la mariologie ne serait pas un chapitre de l'ecclésiologie, mais bien plutôt un traité à part entre celui du Christ et celui de l'Eglise. Notre docteur fait ce que ne faisait pas la tradition patristique ancienne: il développe une théologie du rôle et des prérogatives de Marie dans l'ordre de l'Economie du salut, à partir de sa dignité personnelle de Mère physique de Jésus,

---

ipsius »: cela intervient dans la perspective du développement résumé supra sur *inventa*. Comp. quelques mots sur l'Eglise et Marie au point de vue de la virginité: *Cant.*, 28, 10 (926). — Le P. KILGA (*op. cit.*, p. 42) remarque aussi l'absence, chez S. Bernard, du parallèle entre l'Eglise et Marie.

(¹) PASCHASE RADBERT, *Expos. in Mat.*, lib. 2 (P. L., 120, 103-104, 106 C); RUPERT DE DEUTZ, *De glorificatione Trinitatis*, lib. 6, c. 13 (169, 155); HILDEBERT DE LAVARDIN (?), *Sermo in Annunt. B. M.* (171, 609 A); HONORIUS AUGUSTODUNENSIS, *Expos. in Cant.*, tr. 4 (172, 494 C); ISAAC DE L'ETOILE, *Sermo* 51 (in *Assumpt.* 2): « Haereditas enim Domini, universaliter Ecclesia, specialiter Maria, singulariter quaeque fidelis anima ». (194, 1865 C). Nous devons ces références au P. DE LUBAC, *op. cit.*, Comp. A. PIOLANTI, *Maria et Ecclesia. Quaedam inter utramque relationes a scriptoribus marianis saec. XII illustratae* (*Euntes docete*, 4, 1951).

(²) Nous avons vu *supra*, p. 139, n. 3, 140 n. 3, 141 n. 1-5, 147, 4; et cf. p. 155, n. 4 que Bernard distingue l'ordre de l'Incarnation (*una caro*) et celui de l'union des âmes à Dieu dans l'Eglise (*unus spiritus*). Nouvel aspect de son éloignement extrême pour toute trace de panthéisme, qu'a bien noté M. E. GILSON, *Théol. myst. de S. Bernard*, p. 146).

(³) Cf. le fameux *Sermo in Nativ. B. M. V.* (*de aquaeductu*), n. 3 s. (183, 439 s).

(⁴) *Sermo in dom. infra oct. Assumpt.*, n. 5 (183, 431).

(⁵) *Id.*, n. 1 (429). Cf. notre petit livre *Le Christ, Marie et l'Eglise*. Paris, 1952, p. 83 s.

(⁶) *Id.*, n. 2 (429 D). Nombreuses expressions analogues.

notre Sauveur. Dès lors, il voit Marie moins *dans* l'Eglise qu'au-dessus d'elle, entre elle et Jésus. 3) Les Pères citaient volontiers, *et ils appliquaient à Marie*, les textes qui dans l'Evangile, la replacent le plus dans l'Eglise, dans la communauté des fidèles: *Mat.*, XII, 48 s. (« qui est ma mère et qui sont mes frères? Quiconque fait la volonté de mon Père... ») et *Luc*, XI, 28 (« Heureux le sein... Heureux plutôt ceux qui écoutent la parole de Dieu et qui la gardent »). Or, ces textes, on ne voit pas que S. Bernard y cherche une lumière sur la Vierge Marie et son rapport à l'Eglise. S'il les cite, c'est dans un sens moral d'édification, pour y trouver une leçon: *Mat.*, XII, 48 s. lui sert à enseigner aux religieux qu'ils ne doivent pas se préoccuper de leurs parents charnels (¹); *Luc*. XI, 28 lui sert à magnifier l'attention qu'il nous faut apporter à entendre la parole de Dieu (²).

* * *

Les considérations que nous venons de résumer donnent de l'Eglise une image extrêmement spirituelle, toute dans l'aura de Dieu et du Christ auxquels elle est unie. Toute dépendante de la grâce. En voyant la façon dont Bernard montre, dans le Christ du ciel, « l'humanité comme absorbée dans la divinité », celle dont il dit qu'en lui « caput ad divinitatem referendum est » (³), nous nous sommes demandé un moment s'il n'y aurait pas chez notre docteur une nuance, disons grossièrement, de tendance monophysite; nous voulons dire un penchant à voir seulement l'opération *de Dieu* et à considérer l'humain, dans le Christ et dans l'Eglise, comme tellement pénétré et transfiguré par Dieu qu'il ne serait plus vraiment humain. Il n'en est rien. S. Bernard, qui a si âprement accusé Abélard de nestorianisme, n'est lui-même nullement, même de tendance, monophysite, et son contemporain Gerhoh de Reichersberg, une connaissance personnelle, trouvait qu'il n'abimait pas assez l'humanité du Christ dans la gloire (⁴). Cette Eglise, qui procède de Dieu, qui traduit et réalise un mystère céleste, est tout autre chose pour Bernard qu'une pure apparition, sous des apparences humaines, d'une réalité divine. Nous allons nous en rendre compte en étudiant maintenant sa réalité terrestre: la situation de l'Eglise en son état d'itinérance, sa structure hiérarchique, son rapport à la société temporelle, le statut et l'esprit de l'exercice, en elle, des pouvoirs sacrés et de l'autorité.

L'Eglise procède de Dieu, elle est préparée en sa prédestination éternelle et n'a qu'à être « trouvée ». Encore faut-il qu'elle le soit. Elle doit donc être également « rassemblée » sur terre, *collecta*, et ceci par la prédication apostolique (⁵). L'Eglise

---

(¹) *Sermo 2 in dom. 1 post oct. Epiph.*, n. 5 (183, 160).

(²) Cf. *De convers. ad clericos*, 1 (182, 833); *Serm.* 24 de div., 2 (183, 603); *Cant.*, 28, 6 (924).

(³) *Cant.*, 10, 8 (183, 822). S. Bernard ne développe guère la théologie du Christ-Chef: c'est là un fruit de la « Frühscholastik » à laquelle il est antérieur. Mais il a, évidemment, des affirmations équivalentes: cf. G. FRISCHMUTH, *op. cit.*, p. 79, 93, 95.

(⁴) Cf. J. LECLERCQ, *Le mystère de l'Ascension dans les sermons de S. Bernard* (*Collect. Ord. Cist. Ref.*, avril 1953, p. 81-88).

(⁵) Les expressions dérivée de *colligere* reviennent assez souvent sous la plume de Bernard: Le Christ est *collector* (*Cant.*, 29, 1: 928). L'Eglise doit être rassemblée par les Apôtres

est épouse, mais il y a des *amici Sponsi*: les prélats, qui doivent prendre soin d'elle (¹). Elle n'est d'ailleurs pas seulement épouse, tout comme le Christ n'est pas seulement son Epoux: il est aussi son Roi et elle est également Cité. Une Cité, c'est-à-dire un grand nombre rassemblé sous l'autorité d'un chef et d'une loi (²). Il y a donc une certaine dualité dans l'Eglise, comme au fond dans l'homme, qui est à la fois animal et spirituel, mortel et immortel. Or, aime à rappeler Bernard, ce n'est pas ce qui est spirituel qui existe d'abord, mais ce qui est animal; nous devons porter l'image du terrestre avant de porter celle du céleste (³). Avant d'être en un état céleste de cité et d'épouse, l'Eglise est l'une et l'autre sous la forme qui convient à la terre. La façon dont S. Bernard caractérise celle-ci est extrêmement remarquable.

Le moyen de réaliser avec des hommes la Jérusalem céleste a été l'Incarnation, l'union du Verbe avec notre chair, union par laquelle, précisément, les fidèles font avec le Verbe incarné, une seule chair. Cette situation répond à l'abaissement du Verbe qui est venu « in similitudinem carnis peccati ». Mais elle répond, selon notre docteur, à un moment du plan divin, son moment terrestre, et l'union « en une seule chair », union charnelle — union sacramentelle, préfère dire Bernard, par référence à *Eph.*, v. 32. — est ordonnée à l'union *in uno spiritu* qui commence ici-bas par la charité — c'est le principe même des noces — et qui sera totale quand, ayant déposé ce corps de mort, assujetti à la vanité et au péché, nous serons, et l'Eglise sera pleinement avec le Seigneur, pleinement épouse, toute transformée en un seul esprit avec lui (⁴). Mais tant que nous sommes dans ce corps, nous sommes

---

et par les prédicateurs, des confins de la terre (*Cant.*, 78, 5 et 6: 1161; *Ep.* 126, 6: 182, 275 A); consolant l'Eglise de la perte de la Synagogue, Bernard dit: « Dilata sinum et collige plenitudinem gentium ». (*Cant.*, 30, 5: 933), c'est ainsi que s'accomplit le programme de l'élection divine: « Denique non propter animam unam, sed propter multas in unam Ecclesiam colligendas, in unicam astringenda sponsam ». (*Cant.*, 68, 4:1110). Finalement, l'Eglise est « congregatio justorum » (cf. *supra*, p. 144, n. 2). Comp. encore *Ep.* 7, 11 (182, 100).

(¹) Cf. *supra*, p. 137, n. 1. Comp. *Ep.* 238, 2 à Eugène III: « tibi commissa Domini tui Sponsa... » (182, 428 C). Comp. *infra*, 159 n. 4, 171 n. 4.

(²) Après avoir dit que l'Eglise, c'est-à-dire nous, les fidèles, est épouse, non par sa propre dignité mais par la *sanctimonia* reçue de la grâce, Bernard ajoute au texte cité *supra*, p. 145, n. 3: (de Jerusalem nihil habet). Sed quemadmodum fieri posse videbitur, ut rex tantus in sponsum transeat, civitas promoveatur in sponsam? Sola hoc potest quae nihil non potest, charitas fortis ut mors ». (*In dedic. eccles. sermo* 5, n. 9: 183, 534).

(³) 1 *Cor.*, XV, 46, 49. Cf. *Ep.* 11, 6 à Guigues le Chartreux (182, 113); *Apol.* 7, n. 14 (907-08); *De dilig. Deo*, c. 8, n. 23 (988); *Serm. de div.* 16, 1 (183, 580-81). Il s'agit, dans ces textes, de la vie spirituelle, mais *Cant.*, 78, 4 (1160) il s'agit de l'Epouse et de la réalisation terrestre de l'Eglise.

(⁴) Nous avons essayé de rendre d'ensemble la pensée contenue dans plusieurs textes, dont il nous faut maintenant indiquer les références ou même citer les passages principaux: « Quomodo namque non recognosceret os de ossibus suis et carnem de carne sua, imo vero jam quodammodo spiritum de spiritu suo? Quasi non ipsa sit dilecta illa, cujus concupivit decorem, cuius formam induit... ita ut essent duo in carne una: unum in uno spiritu quandoque futuri. Nam et si cognoverat secundum carnem Christum, sed tunc jam non recognoscet: quia spiritus ante faciem ejus, Christus Dominus, cui adhaerens unus spiritus erit, cum absorpta morte in victoria, quod infirmum de carne est, in virtute spiritus convaluerit; cum exhibuerit eam sibi Sponsus gloriae gloriosam columbam suam, perfectam suam, formosam suam, non habentem maculam peccati, neque rugam corruptionis aut aliquid hujus modi ». (*Epist.* 126, 6, aux évêques d'Aquitaine: 182, 275). — « Jam quid futurum sit in

en itinérance loin du Seigneur. Notre corps est cette cloison derrière laquelle l'Epoux se tient et frappe, et qui nous empêche de le rejoindre. Non que le corps soit par lui-même mauvais, mais celui que nous avons présentement est un corps de mort, qui alourdit l'âme, et dans lequel domine la loi du péché (¹). Un jour le corps sera soumis à l'esprit, et l'esprit uni à Dieu, par l'opération du Saint-Esprit (²). Ici-bas, l'Eglise est noire et belle à la fois (cf. *Cant.*, I, 4): belle, parce qu'elle est l'épouse, ornée des joyaux de son époux (cf. *supra*, p. 139, n. 4), noire parce qu'elle porte la ressemblance de son époux humilié et qu'elle connaît les mêmes opprobres que lui (³).

On sait que S. Bernard a développé le thème de l'imitation du Christ venu en chair, non seulement par chaque fidèle, mais par l'Eglise comme telle. C'est encore, chez lui, un thème origénien (⁴), mais pensé de façon entièrement personnelle à

---

unione tertia (= futurae glorificationis) quis loquetur? ...Consummatio erit illa cum tradiderit Christus regnum Deo et Patri, et erunt duo non jam in carne una, sed in spiritu uno. Etenim si adhaerens carni Verbum factum est caro, multo magis qui adhaeserit Deo unus spiritus erit cum eo... » (*In Nativ. Dom. sermo* 2, 6: 183, 122 B). — « Et nunc vide quomodo trahat ad se omnia, quomodo ei omnia uniantur unitate substantiali, personali, spirituali, sacramentali. Habet in se Patrem, cum quo est una substantia; habet assumptum hominem, cum quo est una persona; habet adhaerentem sibi fidelem animam, cum qua est spiritus unus; habet sponsam Ecclesiam unam omnium electorum, cum qua est caro una. Et forte carnalis haec unio dicenda fuisse videbitur, sed sacramentalem dicere malui, dignius hoc vocabulum arbitratus, praesertim occasionem dante Apostolo, ubi ait: *Sacr.* ...(*Eph.*, V, 32)... » (*Sermo* 33 de div., n. 8: 183, 630). — Le Verbe venant « in similitudinem carnis peccati » (*Rom.*, VIII, 3): *Cant.*, 20, 3 (183, 868). S. Bernard aime citer le texte des *Lament.*, IV, 20; « L'oint du Seigneur... dont nous disons: A son ombre nous vivrons parmi les nations ». La chair du Christ est comme son ombre; il se fait connaître et aimer ainsi des hommes encore charnels: cf. par ex. *Cant.*, 20, 6-8 (870-71); comp. 78, 4 (1160). Tout, pour Bernard, va à l'esprit: l'Incarnation est pour Pâques et l'Ascension, la venue du Verbe dans la chair pour nous ramener à Dieu qui, en les Trois Personnes de la Trinité, est Esprit. Cf. Cl. BODARD, *Christus-Spiritus, Incarnation et Résurrection dans la théologie de S. Bernard* (*Sint Bernardus van Clairvaux*. Amsterdam, 1953, p. 89-104); comp. J. LECLERCQ cité *supra*, p. 154. — Notre corps de mort (*Rom.*, VII, 24): *De dil. Deo*, c. 10, 27 et c. 13, 36 (182, 990, 996); *De gratia et lib. arb.*, c. 5, 13 (1009); *Ep.* 11, 5 (112); *Serm. de div.* 2, 8 (183, 545); *In vig. Nat. Dom. Sermo* 4, 10 (105: il y est question de l'épouse); *Cant.*, 21, 1 (872 D). Et cf. G. FRISCHMUTH, *op. cit.*, p. 74.

(¹) Notre corps, cloison: *In vig. Nat. Dom.* 4, 10 (183, 105); *Cant.* 56, 3 et 4 (1048). — Ce corps qui alourdit l'âme (*Sap.* IX, 15): *De gratia et lib. arb.*, 11, 37 (182, 1020): *Cant.*, 16, 1 (183, 848-49). — Non que le corps en lui-même soit mauvais: « Quamdiu in hoc corpore sumus peregrinamur a Domino. Non utique corporis est culpa, hujus scilicet, quod gerimus corpus mortis: magis autem quod corpus peccati sit caro, in qua bonum non est, sed potius lex peccati » *De conv. ad clericos*, c. 17 (182, 851); comp. *De praecepto et dilectione* c. 20 (892); *De dil. Deo*, 15, 40 (999); *In septuages. sermo* 2, 2 (183, 167 B); *Cant.*, 56, 3 (1048: particulièrement net).

(²) *Sermo* 92 *de div.*, n. 1 (183, 714 C: ne faudrait-il pas lire « Spiritu Sancto sic *transformante* » plutôt que *confirmante?*).

(³) *Cant.*, 25, 4 et 5 (183, 900-01). Bernard cherche comment l'Eglise est à la fois *nigra* et *formosa*; elle est telle à l'image de son Epoux, qui a été noir au dehors par l'*ignominia crucis* (n. 8: 902). Le même thème est repris *Cant.*, 26, 1 s. (903 s.) avec les *tabernacula Cedar* c'est la condition itinérante, loin du Seigneur. Bernard revient, *Cant.*, 28 (921 s.) sur la *negritudo et formositas Sponsi* (le Christ sous la peau d'Esaü). Comp. encore *Cant.*, 29, 9 (933) et 61, 7 (1074).

(⁴) Cf. MERSCH, *op. cit.*, t. I, p. 367-71; H. DE LUBAC, *Histoire et Esprit*, p. 206 s.

partir non seulement de l'expérience spirituelle, mais du destin de la chrétienté, tout particulièrement des épreuves qu'elle subissait en Orient, occasion de la seconde Croisade, dont Bernard fut l'âme. On sait comment Bernard a compris et présenté les épreuves qu'étaient les revers chrétiens en Orient: la passion du Christ recommence aux lieux où il a souffert une première fois ([1]). C'est que ce qui est arrivé une fois historiquement à la Tête doit se reproduire dans son corps; l'Eglise doit imiter le Christ et passer par où il est passé ([2]).

Est-ce parce qu'il aspirait si intensément à la Jérusalem céleste? Bernard a, sur la condition terrestre de l'Eglise, des passages d'une force et d'une pureté qui procèdent directement de la force et de la pureté des saintes Ecritures. L'Eglise est en condition d'itinérance: « interim peregrinatur in terris » ([3]). Elle est située entre la prophétie, qui était la part de la Synagogue, et la vision, qui sera celle du ciel ([4]). Elle est là dans une condition militante, non seulement parce qu'elle doit engendrer les âmes à Dieu et travailler apostoliquement dans le monde, mais parce qu'elle est engagée dans des tentations et des combats que l'abbé de Clairvaux classe en quatre groupes, auxquels lui semblent correspondre quatre époques de l'histoire chrétienne: les persécutions, les hérésies, l'envahissement des fonctions ecclésiastiques par l'esprit de lucre et de magnificence, enfin les prestiges et les manœuvres de l'antéchrist, qui cherche à corrompre et à saper les choses saintes par l'hérésie, le schisme, etc ([5]). Tout au long de la vie de l'Eglise terrestre, il y aura à poursuivre un dur travail de défrichement, d'arrachage des mauvaises herbes: c'est en ce sens que Bernard entend le texte fameux de *Jérémie*, I, 10 ([6]). Les murs de l'Eglise seront toujours à rebâtir par la cohésion de la charité, au milieu des scandales et des tentations: et ceci par des hommes sans cesse tentés par l'esprit charnel et qui doivent en triompher par le combat spirituel, en gardant cet *oculus simplex* dont parle l'Evangile et qui est un don de la grâce ([7]).

Ici bas, rien n'est pur, tout est mêlé. On ne peut pas réaliser une unité qu'il ne s'y mêle quelque division, quelque partage ([8]). L'Eglise elle-même n'est pas entièrement pure: elle est comme le filet plein de poissons de toutes sortes et qu'on

---

([1]) *Ep.* 256, 1, à Eugène III (182, 464 A).

([2]) « Quod historice praecessit in capite, consequenter etiam credatur fieri moraliter in eius corpore ». (*Serm.* 58 *de div.*, 2: 183, 682 C). Cf. E. KLEINEIDAM, *Die Nachfolge Christi nach Bernard von Clairvaux*, dans *Amt und Sendung*, hrsg. v. E. KLEINEIDAM, O. KUSS u. E. PUZIK. Fribourg en B., 1950, p. 432-460. — Sans verser dans la manie d'assigner des sources littéraires à toutes les grandes pensées, on rapprochera le mot de Pascal sur le Christ en agonie jusqu'à la fin des temps; Pascal, comme tout Port-Royal, se nourrissait de S. Bernard.

([3]) *Sermo in Nativ. B. M. V.*, n. 2 (183, 439): on sait que *interim* désigne le temps de l'attente, de la tribulation (cf. F. CHATILLON, dans *Rev. Asc. Myst.*, 1949, p. 194-199). Comp. *Cant.*, 38, 5 (977: « peregrinari a lumine); 56, 5 (1048-49); 59, 5 (1063).et FRISCHMUTH, *op. cit.*, p. 71-72.

([4]) *Sermo in festo S. Martini*, 12 (183, 495).

([5]) Cf. *Sermo* 5 *et* 6 *in Ps.* 90 (Qui habitat): 183, 195 s.; *Cant.*, 33, 14 s. (958 s.); KILGA, *op. cit.*, p. 133.

([6]) *Consid.*, II, 6, 9 (182, 747).

([7]) *In festo S. Michaelis sermo* 2 (182, 451-54).

([8]) Cf. *In septuages. sermo* 2, 3 (183, 168); comp. *In dedic. eccl. sermo* 2, 4 (523).

traîne jusqu'au rivage: là seulement on séparera les mauvais des bons... (¹). Parce qu'avec les Pères et la liturgie, Bernard entend par « ecclesia » l'ensemble des âmes fidèles, il peut, avec les Pères et la liturgie, voir l'Eglise comme encore maculée, pécheresse et pénitente: « in his namque qui adhuc militant, nec sine macula est Ecclesia ». C'est seulement après la résurrection, dans l'union spirituelle parfaite, que le Christ se donnera et se présentera à lui-même une épouse sans aucune tâche ni ride (*Ephes.*, V, 27) (²).

L'Abbé de Clairvaux savait ce qu'était une Eglise maculée et ridée: il a passé toute sa vie à lutter contre le luxe, l'esprit séculier et l'incontinence chez les hommes d'Eglise (³), à combattre le schisme et l'hérésie (⁴), à apaiser des soulèvements (⁵), à travailler à la réforme (⁶). Autant de points très importants, qu'illustrent des textes très intéressants; mais autant de points connus, sur lesquels il existe de bonnes études, et que, pour cette raison, nous ne développerons pas ici. Nous retrouverons bientôt, par un autre biais, l'inspiration profonde de l'action du saint réformateur, à savoir sa conception du ministère ecclésiastique. Cette conception est extrêmement remarquable. Mais avant d'en voir l'aspect spirituel — le plus profond, le plus intéressant, le plus original —, il faut en étudier la structure en préci-

---

(¹) *De conversione ad clericos*, 10, 20 (182, 845); comp. *De dil. Deo*, 15, 40 (999). Le monde actuel est « hoc mare magnum et spaciosum » où le filet de l'Eglise doit retenir des mauvais et des bons poissons, que l'on séparera seulement « cum ad litus venerint ». La comparaison est de S. Grégoire. Elle est reprise par Innocent III. Comp. *supra*, p. 144, n. 7 et 8.

(²) Textes principaux: « Quia enim nondum pervenit Ecclesia ad perfectam purificationem, quando eam sibi Christus exhibebit gloriosam, non habentem maculam neque rugam aut aliquid hujusmodi; multis interim purificationibus opus habet, quatenus sicut abundant peccata, abundet et indulgentia: sicut multiplicatur miseria, sic et misericodia; nisi quod non sicut delictum, ita et donum ». (*Dom.* 1ᵃ *post oct. Epiph. sermo* 1, 3: 183, 155-56); *In festo omn. sanct. sermo* 3, 2 (469: le seul où soit expliqué le sens de *sine ruga.* et qui répond ainsi à la question posée per M. GILSON, *op. cit.*, p. 125, n. 5); *sermo* 2, 2 et 3 (159, 160); *In Ps.* 90, *Qui habitat, sermo* 17, 6 (253); *De div. sermo* 33, 8 (994); *Cant.*, 38 5 (977); *Ep.* 113, 2 (182, 257); 126, 6 (275); *De convers. ad clericos*, c. 17 (851 C; il s'agit de l'âme individuelle).

(³) Cf. tout le liv. IV du *De consideratione* (surtout c. 3, n. 6 et c. 4, n. 19: 182, 776, 778; comp. III, 5, 769 s.); *De moribus et off. episc.*, c. 7, n. 25-26 (182, 826); *De convers. ad clericos* c. 19 s. (182, 852 s.); *In Ps.* 90, *Qui habitat, sermo* 6, 7 (183, 200); etc.

(⁴) Les allusions au schisme sont fréquentes dans la correspondance et les sermons de S. Bernard. Sur cette question, comme sur sa lutte contre les erreurs d'Abélard, d'Arnaud de Brescia, etc. on trouve toutes les indications dans les vies de S. B., les Hist. de l'Eglise et les études spéciales. — Notons seulement ici de beaux textes sur l'unanimité fraternelle et la paix: *In vigil. Nativ., sermo* 3, 6 (183, 97 D); *In septuag. sermo* 2, 3 (168); *In festo S. Michaelis sermo* 1 et *sermo* 2, 1 (447, 451); *In dedic. eccles. sermo* 2, 4 (523); *Cant.* 49, 5; 60, 9; 64, 5 (1018, 1070, 1083).

(⁵) Cf. par exemple *Ep.* 243 aux Romains et 244 à Conrad, roi des Romains (182, 437-42) à propos de la révolte contre Eugène III en 1146.

(⁶) Cf. A. STEIGER, S. Ord. Cist., *Der hl. Bernard v. Clairvaux. Sein Urteil über die Zeitzustände...* (Diss.). Brünn, 1908, p. 20 s.; A. FLICHE, dans *Dict. Hist. Géogr. ecclés.* t. VIII, col. 620 s.; dans le volume jubilaire *Bernard de Clairvaux (Comm. d'Hist. de l'Ordre de Cîteaux* 3), Paris, 1952, p. 567 s., les tables chronologiques, puis les tables analytiques, I, II, III et V donnent un conspectus détaillé de l'activité de S. Bernard à l'égard de la papauté, des évêques et de la société. — Noter chez Bernard comme chez Grégoire VII et Pierre Damien, comme dans tout le moyen âge, l'idéal de l'*Ecclesia primitiva* comme motif inspirateur de réforme, à commencer par celle de Clairvaux même (GILSON, *op, cit.*, p. 79).

sant successivement la façon dont Bernard a conçu l'autorité du pape, son rapport à celle des évêques, le rôle des laïcs dans l'Eglise et le rapport du pouvoir temporel avec le spirituel

Le pape est, pour Bernard, le vicaire de Pierre ([1]), le vicaire du Christ ([2]), le chef de ce corps visible qu'est l'Eglise (cf. *supra*, p. 147, n. 5). L'Abbé de Clairvaux lui donne bien d'autres titres. en particulier dans la liste fameuse qui clôt le Livre IV du *De consideratione*, qui mêle les titres juridiques aux titres spirituels ou charismatiques et qui se termine par le plus charismatique de tous, « postremo deum Pharaonis ». Ce titre n'a rien à voir avec les qualificatifs d'adulation ou les majorations idéologiques des théologiens ou des canonistes curialistes ultérieurs ([3]): il s'agit d'un devoir, non d'une prérogative, le pape doit agir devant tous les Pharaons qui empêchent la marche du peuple de Dieu, avec une puissance prophétique, comme Moïse l'a fait jadis (*Ex.*, VII, 1) ([4]). C'est le même mélange de données juridiques et d'énoncés de devoirs qu'on trouve encore dans un texte comme celui-ci, à Eugène III: « Celui qui tient — on rendrait exactement le sens, croyons-nous, en traduisant: celui qui tient *vraiment* — la place de Pierre peut, d'un seul coup, anéantir Ananie, ou d'un seul coup Simon le magicien » ([5]). Nous verrons plus loin que l'un des sens, pour ne pas dire le sens, de l'action de notre saint, a été d'affirmer que l'apostolicité de fonction et d'autorité ne doit pas aller sans l'apostolicité des mœurs et de la vie.

Que S. Bernard reconnaisse la primauté de l'évêque de Rome au sens où la définira le concile du Vatican, cela ne nous semble pas pouvoir être mis sérieusement en doute. Le pape a reçu la charge de l'Epouse durant le temps de son pélerinage, pendant l'absence de l'Epoux. Il a la charge de tout le troupeau, et même du monde entier ([6]). Il a la plénitude du pouvoir, cette fameuse « plenitudo potestatis » dont Bernard a contribué à accréditer la formule et l'idée ([7]), dans le sens

---

([1]) *Epist.* 183 (182, 345); 346 (551).

([2]) *De moribus et off. episc.*, c. 8, n. 31 (182, 829); *Ep.* 251 (451); *De consider.*, II, 8, 16 et IV, 7, 23 (752, 788).

([3]) Sur lesquelles cf. J. RIVIÈRE, *Sur l'expression « Papa Deus » au moyen âge* (*Miscellanea Fr. Ehrle*, t. II, Rome, 1924, p. 276-289 (pour S. Bernard, voir p. 278). Comp. *Rev. des Sc. relig.*, 2 (1922), p. 447-51 et R. SEEBERG, *Dogmengeschichte*, III, 4e éd., p. 580.

([4]) Ainsi ne croyons-nous pas exact l'équivalent que donne KILGA (*op. cit.*, p. 109, n. 231): « Der Papst ist mit göttlicher Macht ausgerüstet ».

([5]) *Ep.* 239 à Eugène III (182, 431).

([6]) « Moram faciente Sponso, tibi Domine commissa est Sunamitis in loco peregrinationis suae ». (*Ep.* 330 à Innocent II, pour le porter à agir contre Abélard: 182, 535). Comp. *supra*, p. 155, n. 1 et *infra*, p. 171 n. 2. *De consid.*, II, 8, 15 et 16 (182, 751-52: Pierre a reçu, non une barque particulière, mais le monde (la mer): ce qui, pensons-nous, doit s'entendre, non d'un pouvoir sur le monde, *in temporalibus*, mais de la charge missionnaire et apostolique universelle: cf. *Consid.*, III, 1, 3 (759) et comp. infra, p. 174 n. 2. Pierre est bien, pour Bernard, *princeps mundi*, mais il l'est avec Paul (*Ep.* 243, 3 et 6: 182, 439 et 440) et *princeps* signifie non pas prince au sens de pouvoir royal, mais « premier » (comp. *Sermo* 1 de *Adv.*, 4: 183, 37: « principes nostri Adam et Eva »).

([7]) Cf. *Ep.* 131, 2 (182, 286-87); 239 (431); *De Consid.*, II, 8, 16 (752); III, 4, 14 (766 C); comp. *Ep.*, 198, 2 (366: « plenaria potestas »). Voir B. JACQUELINE, *Bernard et l'expression « plenitudo potestatis »* (dans *Bernard de Clairvaux*, Paris, 1952, p. 345-48).

160

qu'elles avaient, non seulement chez son premier auteur, S. Léon, mais dans la tradition canonique issue des Décrétales du Pseudo-Isidore et animatrice de la puissante réforme grégorienne (¹). En vertu de sa *plena potestas*, le pape peut citer à son tribunal n'importe quel évêque ou fidèle, il peut ériger des évêchés, ordonner des évêques, les transférer à un siège plus élevé ou moins digne, les déposer (²). Bernard a-t-il admis également l'infaillibilité pontificale au sens du concile du Vatican? Sa pensée semble bien être dans cette ligne: en se prononçant contre la doctrine de l'Immaculée-Conception de Marie, il finit en déclarant tout soumettre à l'autorité de l'Eglise romaine (³). Ecrivant à Innocent II contre les erreurs d'Abélard, il dit, du Siège romain: « ubi non possit fides sentire defectum. Haec quippe hujus praerogativa Sedis. Cui enim alteri aliquando dictum est: Ego rogavi pro te...? » (⁴). Il faut pourtant remarquer que l'antiquité chrétienne présente plus d'un énoncé de ce genre, sans qu'on puisse toujours parler d'une profession expresse et totale de la foi en l'*infaillibilité*: au XIIᵉ siècle, et encore au début du XIIIᵉ, dans le « Frühscholastik », de telles formules n'excluaient pas totalement l'éventualité de l'erreur (⁵). C'est pourquoi nous ne serions pas aussi catégorique que certains (⁶) et préfèrerions dire simplement que l'abbé de Clairvaux se situe, à n'en pas douter. *dans la ligne* du dogme proclamé en 1870.

Positif comme nous avons vu qu'il l'est sur la *plenitudo potestatis* du pape *super universas orbis Ecclesias* et sur les évêques eux-mêmes (cf. n. 2), S. Bernard n'est pas moins favorable à l'autorité des évêques. Il a, de l'autorité de ceux-ci, une idée extrêmement haute: non seulement, on peut s'y attendre, de leur charge spirituelle et des devoirs qu'elle leur impose (⁷), mais de leur position dans l'organisme de l'Eglise. Ils sont, eux aussi, les vicaires du Christ (⁸) et leur juridiction vient directement de Dieu (⁹). C'est dire que l'ordre hiérarchique, s'il se ramène, pour Bernard, à un principe ou à une source céleste unique, le Christ, ne consiste pas uniquement dans la puissance du pape. Il imite, en effet, l'ordre céleste où, *sub uno capite Deo*, se hiérarchisent les ordres angéliques: les séraphins et les chérubins,

---

(¹) Sens de la formule chez S. Léon: E. CASPAR, *Gesch. des Papsttums*. I Tubingue, 1930, p. 455 s. Son Histoire: J. RIVIÈRE, *In partem sollicitudinis... Evolution d'une formule pontificale* (*Rev. Sc. relig.*, 5 (1925), p. 210-231: pour S. Bernard, cf. p. 218-19).

(²) *Ep.* 131 (182, 286-87); *Consid.*, II, 8, 16 (752).. Textes très forts, qu'on aimerait citer ici.

(³) *Ep.* 174, 9 (182, 336).

(⁴) *Contra quaedam capitula errorum Petri Abaelardi* (= *Ep.* 190), praef. (182, 1053).

(⁵) Cf. A. LANDGRAF, *Scattered remarks on the development of dogma and on Papal infaillibility in Early Scholastic writings* (*Theol. Studies*, 7 (1946), p. 577-582: reproduit dans *Dogmengesch. d. Frühscholastik*. I. Ratisbonne, 1952, p. 30-36.)

(⁶) E. VACANDARD, dans *Dict. théol. cath.*, t. II, col. 771; KILGA, *op. cit.*, p. 93, 99, 109 n. 37; A. LE BAIL, O. C. D., dans *Dict. de Spiritualité*, t. I, col. 1491; J. SCHUCK, dans *Lexik. f. Theol. u. Kirche*, t. II, col. 201.

(⁷) Cf. KILGA, *op. cit.*, p. 101 s.; W. PITSCH, *Das Bischofsideal des hl. Bernard von Clairvaux*, Bottrop. i. W., 1942; *Bernard de Clairvaux*, Paris, 1952, p. 669 s.

(⁸) Cf. *De moribus et off. episc.*, 8, 16 (182, 829 C, où il s'agit de l'obéissance ou de la soumission des moines *aux évêques*).

(⁹) *De moribus et off. episc.*, 1, 1 (182, 809: « regni coelorum claves Deo auctore vobis traditas suscepistis »); *Consid.* III, 4, 17 (768 B: « institutam a Deo »); KILGA, *op. cit.*. p. 103.

auxquels sont assimilés les patriarches et archevêques, et, sous eux, les archanges et les anges, auxquels correspondent les évêques, les prêtres, abbés et autres prélats (¹). Les ordres inférieurs doivent, certes, être soumis aux supérieurs, mais ceux-ci ne doivent pas rendre vaine leur autorité. Sans doute le pape, qui a la « plenaria potestas », *pourrait* se substituer aux instances métropolitaines ou épiscopales; mais il n'en a pas le *droit*, et, pour Bernard, le pouvoir ne doit jamais s'exercer en dehors du devoir, le *principatus* en dehors du *ministerium* (²).

Bernard a donc une théologie très ferme des rapports entre le pouvoir épiscopal et la primauté papale. Cette primauté est totale, mais elle devrait s'exercer dans le respect des droits et de l'autorité des Eglises locales. La primauté que Bernard admet n'est pas seulement celle de S. Léon, si nettement affirmée mais si soucieuse aussi de respecter l'autonomie de la vie ordinaire dans les Eglises locales (³); elle est celle qui s'est affirmée chez S. Grégoire VII et, autour de lui ou après lui, chez les protagonistes de ses idées et de sa réforme. Bernard nous le dit lui-même, indirectement, dans le texte où il définit les rapports de l'autorité du pape et des évêques: « Ergo, *juxta canones tuos*, alii in partem sollicitudinis, ut in plenitudinem potestatis vocatus es. Aliorum potestas certis arctatur limitibus: tua extenditur et in ipsos qui potestatem super alios acceperunt » (⁴). Bernard se réfère aux décrétales des papes, (« juxta canones tuos »), plus exactement aux Fausses Décrétales (⁵) compilées vers le milieu du IXᵉ siècle et qui, sans créer, soit l'idéologie de la primauté, parfaite délà chez S. Léon, ni les prérogatives pontificales telles qu'elles existaient en pays franc et auxquelles elles n'ajoutent rien, ont servi réellement le renforcement et l'extension que Grégoire VII et ses partisans ou successeurs ont donné à l'exercice concret de l'autorité pontificale. Bernard emploie la formule « in partem sollicitudinis », à laquelle des emplois contemporains ne portent pas à donner un sens tellement précis (⁶): elle n'a certainement pas chez lui ce sens que

---

(¹) De consid., III, 4, 18 (182, 768-69); comp. De moribus et off. episc., 9 (830 s.).

(²) « Sic factitando probatis vos habere plenitudinem potestatis, sed justitiae forte non ita. Facitis hoc, quia potestis: sed utrum et debeatis, quaestio est. Honorum ac dignitatum gradus et ordines quibusque suos servare positi estis, non invidere, ut quidam vestrorum ait: Cui honorem, honorem… (Rom., XIII, 7) » (Consid., III, 4, 14: 182, 766-67. Bernard cite S. Paul sous cette forme un peu étrange parce qu'il est, avec S. Pierre, *princeps* et *patronus* de Rome: Ep. 143, 3 et 6: 182, 439-40). — Pas de *principatus* sans *ministerium*: Ep. 256, 2, à Eugène III (182, 464).

(³) L'expression *plena potestas*, chez S. Léon, ne signifie pas que le pape puisse tout, mais que, dans la chaire de Pierre, le pouvoir spirituel s'étend à toute l'Eglise et qu'il y a toute la force de la source, tandis que, chez les évêques, il est limité géographiquement et en étendue, voire en force: cf. J. LUDWIG, Die Primatwortz Mt. 16, 18-19 in der altkirchlichen Exegese. Münster i. W., 1952, p. 90, 95. Sur la primauté selon S. Léon, cf. P. BATTIFFOL, Le Siège apostolique (359-451). Paris, 1924, et T. JALLAND, The Life and times of St. Leo the Great. Londres, 1941; ajouter M. JUGIE, Interventions de S. Léon le Grand dans les affaires intérieures des Eglises orientales (Miscellanea P. Paschini. Rome, 1948, t. I, p. 77-94.

(⁴) De consid., II, 8, 16 (182, 752). Pour l'histoire de la formule, cf. supra, p. 160 n. 1.

(⁵) « Allusion manifeste aux fausses decrétales », dit J. RIVIÈRE, art. cité, supra (p. 160), p. 219; de même KILGA, op. cit. p. 102. Un manuscrit du recueil du ps.-Isidore existait à Clairvaux: cf. JACQUELINE, art. cité supra (p. 159 n. 7), p. 348.

(⁶) A propos des archidiacres, Philippe de Cologne († 1191) écrit: « Quia episcopus presentiam suam omnibus exhibere non potest, necessaria ordinatione onus tantae potestatis

les évêques n'auraient de pouvoir que reçu du pape, comme participation à sa sollicitude, laquelle serait, non seulement universellement suprême, mais, en somme unique. Bernard, nous l'avons vu, pense que les évêques tiennent leur pouvoir directement de Dieu, et l'on ne voit d'ailleurs pas que la pratique ancienne des nominations épiscopales pût s'accommoder d'une autre conviction. Le souci de S. Bernard, plus encore que d'affirmer une primauté que personne ne niait en Occident, a été de revendiquer, contre un abus de son exercice, le droit ordinaire des évêques et des métropolitains. Ses textes sont fameux, on en a d'ailleurs abusé de tout temps, du camp anticurialiste ou gallican au camp vieux-catholique ([1]): «Tune denique tibi licitum censeas, écrit-il, à Eugène III, suis ecclesias mutilare membris, confundere ordinem, perturbare terminos quos posuerunt patres tui... *Erras si ut summom, ita et solam institutam a Deo vestram apostolicam potestatem existimas...* Monstrum facis, si manui submovens, digitum facis pendere de capite...» ([2]).

Bernard mène donc une lutte contre une certaine confiscation de l'autorité et de la liberté des évêques par le pape, contre une perversion de l'ordre ecclésiastique tel que la tradition l'a reconnu et que Dieu lui-même l'a institué. Les abus portaient sur deux points: les exemptions (selon notre vocabulaire actuel) et les appels.

L'exemption des monastères à l'égard de l'autorité épiscopale a ses origines dès l'époque de S. Grégoire, mais elle avait pris une portée nouvelle avec les organismes monastiques d'extension universelle comme Cluny ([3]). Avec la réforme

---

certis personis distribuit, ita tamen ut in partem vocatae sint sollicitudinis, non in diminutionem pontifici lis honoris». (HAUCK, *Kirchengesch. Deutschlands*, IV, 4-5e éd., p. 17, n. 1). Le biographe de Bernard, ERUALD, écrit à propos de son rôle au concile de Pise (1135): «... ita ut videretur vir humilis et nihil sibi de his honoribus arrogans non esse in partem sollicitudinis sed in plenitudine potestatis». (*S. Bernardi vita*, II, 8: *P. L.*, 185, 273: cité par RIVIERE, *Rev. Sc. rel.*, 1925, p. 219). Les fausses décrétales du ps.-Isidore (éd. HINSCHIUS, p. 712) et YVES DE CHARTRES (*Decr.*, I, 11 et V, 349: *P. L.*, 161, 326 B et 428 CD), qui peuvent être des sources de S. Bernard (cf. JACQUELINE, art. cité *supra* (p. 159), p. 347-48), permettent-ils de préciser le contenu exact de la formule léonienne «plenitudo potestatis ...in partem solicitudinis»? Sa tendance, oui, nettement dans le sens curialiste; sa portée précise? C'est douteux.

([1]) Anticurialistes: cf. J. RIVIÈRE, *Le problème de l'Eglise et de l'Etat au temps de Philippe le Bel (Spicil. Sacr. Lovan.*, 8). Louvain et Paris, 1926, p. 405-423: Place de S. Bernard dans la controverse (il s'agissait surtout alors du pouvoir papal *in temporalibus*). — Vieux-catholiques: J. H. REINKENS, *Papst und Papstum nach der Zeichnung des hl. Bernhard von Clairvaux*. Uebersetzung u. Erläuterung seiner Schrift *De consideratione*. Munster, 1870.

([2]) *De consid.*, III, 4, 17 (182, 768). Pour tout ce qui suit, comp. B. JACQUELINE, *S. Bernard de Clairvaux et la Curie romaine (Riv. di Storia della Chiesa in Italia*, 7 (1953), p. 27-44), paru après la rédaction du présent travail. — L'auteur remarque justement, p. 30, que la façon dont les choses se sont passées au Concile de Reims de 1148 illustre bien la pensée de S. Bernard: les évêque de France ont usé, à la grande fureur des cardinaux de Curie, de leur droit, répondant à leur responsabilité, de régler les questions de doctrine soulevées dans leur ressort.

([3]) Histoire de l'exemption monastique (surtout depuis la réforme grégorienne jusqu'au milieu du XIIe siècle, période qui nous intéresse ici): A. HAUCK, *Kirchengesch. Deutschlands*, t. IV, 4-5e éd., p. 172 s., surtout 176 s. (p. 176 en n. bibliographie jusqu'en 1913); H. HIRSCH, *Studien über die Privilegien süddeutscher Klöster i. 11. u. 12 Jahrh. (Mittlg. d. österr. Institutes f. Geschichtsforsch.*, Erg. Bd., 7, 1907); G. SCHREIBER, *Kurie u. Kloster im 12. Jahrh.*, 2 vol.

grégorienne, l'exemption était devenue un moyen d'indépendance à l'égard des maîtres temporels, mais aussi un moyen d'extension de l'autorité pontificale aux dépens, non des puissances séculières, mais des prérogatives de l'épiscopat local. Cette politique avait été suivie par les successeurs de Grégoire VII et elle avait atteint une sorte de maximum sous Innocent II, le vrai pape, selon S. Bernard, dans le conflit avec Anaclet II. Au même moment, le droit de dispense suivait une évolution analogue au bénéfice de la Cour romaine et au détriment de l'autorité des évêques (¹).

S. Bernard admet que, par dévotion envers le siège de Pierre, un monastère se donne à lui en se fondant. Ce n'est donc pas le principe même de l'exemption qu'il combat, mais sa pratique et certaines de ses conséquences (²). Tout se passe comme s'il avait en vue, pour l'exclure de son Ordre, un exemple très précis et une pratique concrète, en un mot, la pratique clunisienne de l'exemption. Il y voit une marque d'ambition et d'orgueil qui ne sied pas à la profession monastique: on ruine les abbayes pour payer le cens *ad indicium libertatis*, on se soustrait à l'obéissance; on entre dans la voie d'ouvrir des églises pour les fidèles et d'y exercer les actes du ministère, en réclamant aussi les droits (la dîme); on veut porter, comme les évêques, la mitre, l'anneau et les sandales... (³). Bernard se souvenait du canon 4ᵉ porté par le concile de Chalcédoine, base de la discipline traditionnelle en la matière, et il voulait en faire la règle de ses monastères: que nul ne bâtisse un couvent sans l'assentiment de l'évêque, que les moines du pays ou de la ville soient soumis à l'évêque, qu'il s'appliquent au jeûne et à la prière sans se mêler des affaires de l'Eglise ou des affaires temporelles, qu'ils ne quittent leur couvent que sur la demande de l'évêque ou en cas de nécessité (⁴). Ces dispositions inspirent à l'évidence l'action et les textes de l'abbé de Clairvaux; il n'est pas jusqu'au point concernant les sorties du monastère qui n'éclaire tel texte du saint Abbé, sans cesse sur

---

(*KRtl. Abhdlg.*, 65-66 et 67-68). Stuttgart 1910; H. GÖTTING, *Klösterliche Exemption in Nord- u. Mitteldeutschland von* 9. *bis* 15. *Jahrh.* (*Archiv. f. Urkundenforschg.*, 1915); W. SZAIVERT, *Die Entstehung u. Entwicklung der Klosterexemption bis z. Ausgang des* 11. *Jahrh.* (*Mittlg. d. Inst. Öster. f. Gesch.*, 59 (1951), p. 265-298); J.-F. LEMARIGNIER, *Etudes sur les privilèges d'exemption et de juridiction ecclesiast. des abbayes normandes depuis les origines jusqu'en* 1140. Paris, 1937; ID., *L'exemption monastique et les origines de la réforme grégorienne,* dans *A Cluny. Congrès scientif....* Dijon 1950, p. 288-340 (sur Cluny, voir aussi bibliogr. dans H. E. FEINE, *Kirchliche Rechtsgesch.* I. Weimar, 1950, p. 144). — Pour Clairvaux et S. Bernard, cf. *inf.* n. 2, et comp. JACQUELINE, art. cit. *supra* (p. 162, n. 2), p. 39.

(¹) Cf. J. BRYS, *De dispensatione in iure canonico...* Bruges-Wetterem, 1925. Comp. JACQUELINE, art. cité *supra* (p. 162, n. 2), p. 38.

(²) Sur ce sujet, outre les études citées *supra*, surtout celle de G. Schreiber, cf. J-B. MAHN, *L'Ordre cistercien et son gouvernement des origines au milieu du XIIIᵉ siècle* (1098-1265). Paris 1945, surtout p. 88-155; B. JACQUELINE, *A propos de l'exemption monastique,* dans *Bernard de Clairvaux,* Paris, 1952. p. 339-43 et cf. p. 679; J. M. CANIVEZ, dans *Dict. Hist. Géogr. ecclés.*, t. XII, col. 902-905.

(³) Tout cela dans *De moribus et off. episc.*, 9, 33 et 37 (182, 830-31 et 833-34); *De consider., der.*, IV, 4, 18 (769); *Ep.* 398 (607). Comp. JACQUELINE, *supra,* p. 160 n. 8.

(⁴) Cf. MANSI, VII, 374; HEFÈLE-LECLERCQ, *Hist. des conciles,* II/2, 779; W. BRIGHT, *The Canons of the First Four General Councils...* Oxford, 1892, p. 157 s.; J-B. MAHN, *op. cit.*, p. 121 s.

les routes de la chrétienté, où il est difficile de ne pas voir une nuance d'apologie ([1]).

Mais la lutte de Bernard contre l'exemption a une portée ecclésiologique, et non pas seulement monastique ou morale. Bernard se fait l'écho, auprès d'Eugène III, son ancien moine, du murmure et des plaintes de toutes les Églises: elles se plaignent d'être amputées et démembrées. Les abbés sont soustraits aux évêques, les évêques aux archevêques, les archêveques aux patriarches ou aux primats. Ce n'est pas conforme à la justice et à l'ordre voulu par Dieu dans l'Eglise ([2]). Ces considérations n'empêcheront pas l'Ordre cistercien d'accepter, du vivant même de notre saint, d'importantes libertés ou exemptions: dispense pour les abbés d'aller au synode diocésain, droit de continuer la célébration des offices liturgiques malgré les interdits, puis, sous Alexandre III, une indépendance réelle à l'égard des évêques pour la nomination des abbés, et, sous Lucius III, la soustraction au droit épiscopal d'excommunication ([3]).

Bernard voyait les mêmes inconvenients pour l'ordre ecclésiastique dans la multiplication des appels ([4]). Cette multiplication était une chose nouvelle, un changement, et qui ne venait pas de la droite de Dieu... Tout le monde s'en plaint, écrit Bernard successivement à Innocent II, à Eugène III, dans des termes extraordinairement pressants ([5]). Et de fait, plusieurs de ses contemporains et correspon-

---

([1]) *Ep.* 48 (182, 154-57).

([2]) *De consid.*, III, 4, 14 (182, 766: passage que termine le texte cité supra, p. 161, n. 2). La formule de Dom J. HOURLIER (*Rev. Hist. ecclées.*, 1953, p. 279), « le St-Siège, en étendant la politique de l'exemption, change la structure de l'Eglise: à la place de diocèses autonomes, s'établit une hiérarchie pyramidale, dont la tête est à Rome », n'est pas tout à fait exacte, elle ne répond pas entièrement, en tout cas, aux griefs de Bernard, qui aurait admis la hiérarchie pyramidale à condition que soient respectés ses intermédiaires organiques; cf. texte cité p. 162 n. 2 et, sur cette question de centralisation, l'article de B. JACQUELINE cité *ibid.* L'auteur attire très justement l'attention sur le rôle de modèle qu'a eu Cluny dans la centralisation et dans l'organisation de la Curie romaine selon un type administratif étatique.

([3]) J.-B. MAHN, *op. cit.*, p. 136 s.: il est vrai (p. 136) que les privilèges pontificaux donnés aux abbayes cisterciennes au temps de S. Bernard stipulent la réserve des droits épiscopaux.

([4]) Ce point, à notre connaissance, n'a pas fait l'objet d'une monographie, au moins pour la période qui nous intéresse. Quelques mots dans G. SCHREIBER, *op. cit.*, I, p. 204 s., mais concernant seulement le droit d'appel lié à l'exemption; voir A. HAUCK, *op. cit.*, p. 174 s., 179-185 et, pour l'ancien droit, HINSCHIUS, *Kirchenrecht...* t. VI/1 (1897), p. 119 s.

([5]) *Ep.* 178 à Innocent II, en faveur de l'archevêque de Trèves (1139): « Querimonia domini Treverensis non est ejus solius, sed communis multorum, eorumque praecipue qui sinceriori affectu vos diligunt. Vox una omnium. qui fideli apud nos cura populis praesunt, justitiam in Ecclesia deperire, annulari Ecclesiae claves, episcopalem omnino vilescere auctoritatem, dum nemo episcoporum in promptu habeat ulcisci injurias Dei, nulli liceat illicita quaevis, ne in propria quidem parochia, castigare. Causam referunt in vos curiamque Romanam. Recte gesta ab ipsis, ut aiunt, destruitis, juste destructa statuitis (...) Episcopi ubique in opprobrium veniunt et contemptum: quorum dum recta judicia contemnuntur, vestrae quoque plurimum derogatur auctoritati ». (182, 340. Sur S. Bernard et l'Eglise de Trèves, cf. N. ZIMMER, *Des hl. Bernard v. Cl. Beziehungen zu Trier: Triever theol. Zeitsch.*, 60 (1951), p. 41-42, 87-93). — *De consid.*, III, 2, 6 et 7: « Mihi videtur et in multam posse eas (appellationes) devenire perniciem, si non summo moderamine actitentur. Appellatur de toto mundo ad te. Id quidem in testimonium singularis primatus tui... Quosque murmur

dants les plus notables, Hildebert de Lavardin, Conrad III, Gerhoh de Reichersberg, nous transmettent des plaintes analogues (cf. ici, n. 2 et 1). Bernard voit trois graves inconvénients à cette multiplication des appels. On les fait, le plus souvent, pour éviter la justice et, au delà d'un jugement rendu en connaissance de cause et en équité, pour chercher une absolution ou un avantage auprès de l'instance suprême ([1]). L'autorité épiscopale en subit un grave dommage, elle est avilie et méprisée, dit Bernard, par cette véritable usurpation ([2]). Enfin, Rome est surchargée d'affaires à demi temporelles; elle fait payer ses services; elle se perd dans toutes sortes de détails de dîme ou d'héritage, de distance à laquelle on a le droit de bâtir ou d'étang dans lequel il est permis de pêcher des carpes ([3]).

A la fin du livre IV du *De consideratione*, rédigé en 1152, Bernard résumait ses interventions en faveur de l'ordre ecclésiastique traditionnel, en ces mots: « Tu considéreras la sainte Eglise Romaine, à la tête de laquelle Dieu t'a placé, comme la mère des Eglises, non leur souveraine: et toi-même, tu te considéreras, non comme le souverain des évêques, mais comme l'un deux » ([4]).

S. Bernard s'est assez peu intéressé à la vie laïque. Certes, il a eu une action politique extrêmement considérable; il a donné son élan à la seconde croisade à la tête de laquelle on aurait voulu le mettre: il est intervenu en plus d'une affaire publique — mais dans quoi n'est-il pas intervenu?... Pourtant, s'il s'agit proprement de laïcat, le bilan de ce qu'on peut recueillir dans ses œuvres est un peu décevant. Il était trop rempli par l'idée du primat de la vie monastique ([5]) pour s'intéresser vraiment à la fonction laïque, même du point de vue de l'œuvre chrétienne et de l'Eglise. Au fond, pour lui, la vraie voie du salut est la profession monastique: et à Clairvaux mieux qu'à Cluny.

Certes on peut trouver chez S. Bernard une vue positive de la condition laïque; en voici les principaux éléments. D'abord, l'idée courante, si courante que Bernard en parle comme d'une chose connue et allant de soi, des trois « ordres » dont se

---

universae terrae, aut dissimulas, aut non advertis? Quousque dormitas? Quousque non evigilat consideratio tua ad tantam appellationum confusionem atque abusionem? ... Non mutatio dexterae Excelsi » (182, 761-62). Voir aussi B. JACQUELINE, art. cité *supra* (p. 162), p. 35 s.

([1]) *De consid.*, III, 2, 6,-8 (761-62); comp. GERHOH, *De investigatione Antichristi*, I, n. 52 (*Mon. Germ, hist. Libelli de Lite*, III, p. 358 s). Cf. HAUCK, *op. cit.* p. 180 s.

([2]) Cf. *supra*, p. 164. n. 5; comp. HILDEBERT DE LAVARDIN, alors archevêque de Tours, à Honorius II (vers 1129); *Epist.* lib. 2, 41 (*P. L.* 171, 265 s.); CONRAD III à Eugène III (en 1150), dans JAFFÉ, *Bibl.*, I, 351 (cité: *Libelli de Lite*, III, p. 358, n. 3). Cf. aussi HAUCK, *op. cit.*, p. 187.

([3]) Ces exemples concrets ne sont pas données par Bernard; on les trouvera, avec les références aux documents originaux, dans HAUCK, *op. cit.*, p. 175, 179 (Comp., pour l'époque d'Innocent III, A. FLICHE, dans *Rev. Hist. ecclés.*, 1949, p. 98-99). Mais on verra plus loin (p. 187, n. 2) les textes de S. Bernard faisant reproche à la Curie d'être devenue, comme dit Hauck, « die grosse Geschäftsstube der Welt ».

([4]) *Cons.*, IV, 7, 23 (788). Avec M. P. DALLOZ (Grenoble, 1945), nous traduisons *domina*, *dominus*, par *souveraine* et *souverain*.

([5]) Cf. *Ep.* 422 (182, 630: « causa sui salutis ») *Ep.* 412 (621), etc.: cf. un excellent résumé dans *Bernard de Clairvaux*. Paris, 1952, p. 674-75 (comp. *id. op.*, p. 359 s.).

compose l'Eglise: les prélats, les hommes engagés dans la chasteté, les gens mariés (¹). Ces trois ordres, le saint les voit figurés respectivement en Noë, constructeur et pilote de l'arche (= Eglise), Daniel, l'homme de désir, et Job qui, «substantiam hujus mundi dispensans in conjugio, fidelem designat populum terrena licite possidentem » (²). Ces expressions sont significatives et elles constituent un assez bon résumé sur ce que Bernard pense de la condition laïque. C'est une condition de mariage: celui-ci est bon et permet de se sanctifier; ceux qui s'y engagent, cependant, ne prennent pas de raccourci pour aller à Dieu, mais une route longue et pleine de périls (³). Bernard, comme tous les réformateurs et même tous les prédicateurs, tonne contre le luxe et les plaisirs (⁴); mais surtout, il prêche le bon usage des richesses: un usage de vraie justice et de large miséricorde, par lequel ceux qui possèdent les biens périssables pourront cependant se constituer un trésor dans les cieux (⁵). Mais, pour Bernard comme pour presque tout le monde jusqu'à la fin du XVIᵉ siècle, jusque S. Robert Bellarmin inclusivement, le laïcat d'Eglise est représenté essentiellement par les princes. C'est eux qui, détenant la puissance, peuvent l'orienter vers les fins de l'Eglise et à son service, chose que, depuis Constantin au moins, d'une manière ou d'une autre l'Eglise a toujours attendu des laïcs. L'œuvre et la vie de S. Bernard permettraient d'écrire ici un chapitre très substantiel: ce chapitre, on le trouvera ailleurs (⁶). Il est superflu de noter ici que S. Bernard a, en même temps, combattu pour affranchir le spirituel de toute influence laïque, de cette *manus laica* qui est la main mise abusivement par des laïcs sur les églises, les fondations ou les charges (⁷).

Tout cela représente à peu près ce qu'on trouverait chez bien d'autres théologiens ou hommes d'Eglise au milieu du XIIᵉ siècle: Hugues de Saint-Victor, Gratien, Gerhoh de Reichersberg... (⁸). Il n'est pas jusqu'à l'image des deux côtés du corps, auxquels correspondent, dans l'Eglise, les spirituels et les charnels, qu'on ne trouve chez Bernard comme chez Hugues, avec le danger très grave d'identifier les spirituels aux ecclésiastiques, les charnels aux laïcs, et de

---

(¹) *In Nativ. Dom. sermo* 1, 7 (183, 118) et tout le *Sermo* 35 *de div.* (634 s). Sur cette idée des *ordines* et la division en « praelati, continentes, virgines », voir nos *Etudes conjointes pour une théologie du laïcat*. Sur S. B. et la société laïque, cf. A. FLICHE, *Bernard et la société civile de son temps*, dans *Bernard de Clairvaux*, Paris, 1952, p. 255-79.

(²) *Sermo de div.*, 9, 3 et 35, 1 (566 et 634); déjà *In Nativ. Sermo*, 1, 7 (118-19). Bernard a évidemment dans l'esprit le texte d'*Ezech.*, XIV, 13-14 d'après la Vulgate.

(³) Route pleine de périls: *ibid.* Mariage bon: *Cant.*, 66, 3 (183, 1095); comp. *Ep.* 7, 4 (182, 96); FLICHE, *ét. cit.*, p. 365-67.

(⁴) Cf. FLICHE, p. 361-363.

(⁵) Cf. surtout *Ep.* 42 (182, 629) et FLICHE, p. 358-62, 369-73.

(⁶) Outre le classique Vacandard, cf. A. STEIGER, *Der hl. Bernhard v. Cl. Sein Urteil über die Zeitzustände...* Brünn, 1908; H. FECHNER, *Die politischen Theorien des Abtes Bernhard v. Cl. in seinen Briefen.* Bonn et Cologne, 1933; O'CONNELL, *The relation between solitude and social Action as lived and taught by St. Bernard*, Indiana, 1949; A. FLICHE, *ét. cit.*, dans *Bernard de Clairvaux*. Paris, 1952, p. 355-69 et 373 s.

(⁷) Cf. par exemple *Ep.* 276. L'expression *manus laica* se trouve par exemple dans les *Ep.* 179 et 180 à Innocent II au sujet des affaires de Trèves (sur quoi cf. *supra*, p. 164 n. 5): 182; 343 A et D.

(⁸) Cf. *Jalons pour une théol. du laïcat.* Paris, 1953, p. 28-34.

compromettre ainsi les chances d'un vrai laïcat chrétien ([1]). Ces chances ne peuvent être totales que si l'œuvre terrestre a un intérêt pour le Royaume de Dieu en tant même qu'œuvres terrestres; autrement, la condition qui voue à les accomplir ne peut être, finalement, qu'une demi-mesure, un pis-aller tolérable et concédable, mais qui sera toujours une déchéance à l'égard du plein idéal chrétien, celui d'une vie exclusivement consacrée, non seulement à Dieu, mais aux choses de Dieu. On ne voit pas de valorisation positive de la condition laïque comme condition chrétienne sans une valorisation des « réalités terrestres », sans un humanisme.

Or la position de S. Bernard est plutôt « divinisme », selon l'expression du P. Gauthier dans son étude sur la magnanimité ([2]). A son époque, la tendance humaniste était bien plutôt représentée par des hommes ou des courants qu'il combattait, ou à l'égard desquels il n'avait qu'une sympathie mitigée: Abélard, dont l'effort, en ce qu'il avait de valable, aboutira en S. Thomas d'Aquin, Suger, Godefroid de Saint-Victor, voire Cluny ([3]). Chacun à leur manière, ces hommes ou ces courants cherchent une synthèse entre le spirituel et le temporel, entre la culture et la foi. S. Bernard, lui, est un prophète, c'est-à-dire un homme de l'absolu et des choix radicaux formulés en « ou bien, ou bien »..., il est un homme du tout de Dieu, du tout à Dieu, et rien à la chair. Sa ligne est celle qu'on retrouvera, après l'explosion naturaliste de la Renaissance, dans l'absolu janséniste, et dans la façon de vivre qu'un Pascal suivra après sa conversion (voir sa *Vie* par Gilberte Périer). Pourtant, si les positions prises sont purement monastiques et, en somme, antihumanistes, les résultats ne le sont pas. En vertu de son génie, de ses dons naturels inouïs, de la sincérité et du pathétique des mouvements de son âme, S. Bernard, a autant qu'Abélard, préparé, à sa manière, l'avènement d'un nouveau type humain, celui d'individualités entreprenantes et d'un humanisme personnaliste; la spiritualité intérieure et lyrique dont il a été la source géniale a contribué à libérer des énergies qui s'appliqueront bientôt à conquérir le monde profane ([4]). Par là, contre l'idéal qu'il professait, Bernard est aussi l'un des fondateurs de l'humanisme chrétien. Le courant de spiritualité personnelle qu'il a, sinon ouvert, du moins puissamment alimenté, se retrouvera dans l'intériorité et l'accent personnel de la spiritualité franciscaine ou de la « devotio moderna » ([5]).

---

[1] La comparaison chez S. Bernard: *In Ps. 90* (*Qui habitat*) *sermo 7*, n. 10 et 11 (182, 205 D, 206). Pour le reste, cf. JALONS, *loc. cit.*

[2] R.-A. GAUTHIER, *Magnanimité. L'idéal de la grandeur dans la philosophie païenne et dans la théologie chrétienne* (*Bibl. thomiste*, 28). Paris, 1951, surtout à propos des Pères. Sur S. Bernard, qui applique l'idéal de la magnanimité, alors très actif dans la chevalerie, à la foi et à l'intérieur de la foi, cf. p. 283-85.

[3] Abélard: GAUTHIER, *op. cit.*, p. 257 s.; Abélard et S. Thomas: M.-D. CHENU, *Abélard le premier homme moderne* (*Esprit et Vie*, déc. 1951, p. 391-408); S. Thomas: GAUTHIER, *op. cit.*, p. 496 s.; CONGAR, *Jalons pour une théol. du laïcat*, p. 578 s. — Suger: cf. Erwin PANOFSKY, *Abbot Suger on the abbey church of Saint-Denis and his art treasures*. Princeton Univ. Press. 1946, 2e éd. 1948; P. FRANCASTEL, *Suger et les débuts de l'art gothique* (*Annales: Economies. Sociétés. Civilisations*, 7 (1952), p. 237-243: cf. p. 239-40). — Godefroid de St-Victor: cf. l'édition de son *Microcosmus* par Ph. DELHAYE. 1951. — Cluny: cf. A. FLICHE, *ét. citée*, p. 259.

[4] Comp. Fr. HEER, *Aufgang Europas*. Vienne et Zurich, 1949, p. 182-235.

[5] A. LE BAIL, dans *Dict. de Spiritualité*, t. I, col. 1496 s. (bibliogr.).

Si telle est la position de S. Bernard sur la condition laïque et la société profane, on doit s'attendre à ce que son idéal des rapports entre celle-ci et l'Eglise soit nettement théocratique. Qu'en est-il au juste? Bernard est ici célèbre surtout pour le symbolisme des deux glaives, dont on lui attribue généralement la paternité (¹). Une bonne méthode veut pourtant qu'avant d'en venir à ces textes fameux nous lisions quelques passages où la pensée du saint s'exprime de façon plus générale, bien que *toujours occasionelle*, et dans des termes moins imagés.

Il s'agit des lettres adressées à l'empereur ou aux princes et à leurs conseillers, et surtout de l'*Ep.* 244 envoyée à Conrad III, en 1146, pour l'inviter à mater la révolte des Romains qui, excités par Arnaud de Brescia, avaient forcé Eugène III à quitter Rome (²). Voici l'enchaînement des idées de Bernard: la royauté et le sacerdoce doivent être unis et concourir à produire en commun des fruits de paix et de salut, parce qu'ils sont unis dans la personne du Seigneur, héritier des deux tribus de Juda et de Levi, à la fois souverain prêtre et roi suprême. Le Christ a semblablement mêlé et allié le *regnum* et le *sacerdotium* dans son corps qui est — Bernard a soin de ne pas dire: l'Eglise, et ceci est très remarquable, mais — le *populus christianus*, dont il est lui-même la tête. C'est pourquoi le peuple fidèle est appelé *genus electum, regale sacerdotium*. Ce que Dieu a uni, que l'homme ne le sépare pas, qu'il s'applique plutôt à le réaliser volontairement; que la royauté et le sacerdoce prennent soin l'un de l'autre, se défendent l'un l'autre, portent les fardeaux l'un de l'autre. Bernard n'est pas de ceux pour lesquels ils se porteraient ombrage et se feraient tort l'un à l'autre.

Ainsi, pour l'abbé de Clairvaux, le sacerdoce et l'empire sont comme deux individualités distinctes, mais que Dieu a unies dans le peuple chrétien comme par un mariage dont la loi sera l'assistance et la fidélité mutuelles. L'empereur porte, de ce fait, une double fonction, source d'une dualité de devoirs: il est roi et, à ce titre, il doit assurer la *pax* de ses peuples et défendre sa propre couronne; il est l'avoué de l'Eglise, et, à ce titre, il doit assurer la *libertas* de celle-ci et sa défense (³).

Nous pouvons aborder maintenant les énoncés sur les deux glaives, que nous

---

(¹) A la fois avec raison (le sermon 69ᵉ *In dedic. eccl.*, où on croyait trouver la formule chez S. Pierre Damien, n'est en effet pas de celui-ci: cf. O. J. BLUM, *St Peter Damian, His teaching on the Spiritual Life.* Washington, 1947, p. 44 s. et 198-99), et à tort, comme nous le verrons plus loin.

(²) *P. L.*, 182, 440 D-442 C.

(³) « Restituat sibi Caesar quae Caesaris sunt, et quae sunt Dei Deo. Utrumque interesse Caesaris constat, et propriam tueri coronam, et Ecclesiam defensare. Alterum regi, alterum convenit Ecclesiae advocato ». *Ep.* 244, 3 (442 A); « Benedictus Deus qui vos elegit... ad laudem et gloriam nominis sui, et reparandum imperii decus, ad subveniendum Ecclesiae suae in tempore malo (...) opus... pro pace regni et Ecclesiae liberatione susceptum (...). Est tamen advocati Ecclesiae arcere, ab Ecclesiae infestatione schismaticorum rabiem... » *Ep.* 139 à Lothaire II (1135), n. 1: 182, 293-94. Comp. *Ep.* 224, 3 (393). Les mots *pax, libertas* (*liberatio*) avaient un sens prégnant. Sur l'idée de l'empereur-avoué de l'Eglise, cf. F. SENN, *Les avoueries et les vidamies.* Paris, 1908, et voir H. PLANITZ et Th. BUYKEN, *Bibliographie z. deutschen Rechtsgesch.* Francofort s/M., 1952, p. 407-08.

ne pouvons nous dispenser de considérer après tant d'autres (¹). Et pour cela, d'abord, de reproduire une fois de plus leur texte.

Exserendus est nunc uterque gladius in passione Domini, Christo denuo patiente, ubi et altera vice passus est. Per quam autem nisi per vos? Petri uterque est, alter suo nutu, alter sua m nu, quoties necesse est, evaginandus. Et quidem de quo minus videbatur, de ipso ad Petrum dictum est: *Converte gladium tuum in vaginam* (Jo., XVIII, 11). Ergo suus erat ille, sed non sua manu utique educendus (²).

Quid tu denuo usurpare gladium tentes, quam semel jussus es reponere in vaginam? Quem tamen qui tuum neget, non satis mihi videtur attendere verbum Domini dicentis sic: *Converte gladium tuum in vaginam* (Jo. XVIII, 11). Tuus ergo et ipse, tuo forsitan nutu, etsi non tua manu evaginandus. Alioquin si nullo modo ad te pertineret et is, dicentibus Apostolis, Ecce gladii duo hic, non respondisset Dominus: *satis est* (Lc, XXII, 38); sed, nimis est. Uterque ergo Ecclesiae et .piritualis scilicet gladius, et materialis; sed is quidem pro Ecclesia, ille vero et ab Ecclesia exse,endus: ille sacerdotis, is militis manu, sed sane ad nutum sacerdotis et jussum imperatoris (³).

Le problème essentiel est de savoir ce que Bernard entend au juste par le glaive (matériel). Les affirmations qu'il pose et les conséquences qu'il tire sont assez claires, mais de quoi parle-t-il au juste? Le plus souvent, on lit ces textes dans la perspective de la lutte entre le sacerdoce et l'empire et des *théories* ecclésiologico-politiques de la Réforme grégorienne. Les deux glaives sont les deux *pouvoirs*. Le glaive matériel est le pouvoir temporel. On en tire cette conséquence que Bernard faisait du pape le sujet premier du pouvoir temporel, commis par lui à l'empereur, et que celui-ci ne pouvait exercer que « sur son ordre »: bref une position, non seulement théocratique, mais hiérocratique (⁴).

(¹) Bibliographie récente: J. LECLER, *L'argument des deux glaives (Lc., XXII, 38) dans les controverses politiques du moyen âge (Rech. Sc. relig.*, 21 (1931), p. 299-339; 22 (1932), p. 151-177 et 281-303); H.-X., ARQUILLIÈRE, *Origine de la théorie des deux glaives (Studi Gregoriani*, t. I, Rome, 1947, 501-521); W. LEVISON, *Die mittelalterliche Lehre von den beiden Schwerten (Deutsches Archiv.*, 9 (1951), p. 14-42); A.-M. STICKLER, *Il « gladius » negli atti dei concili e dei RR. Pontefici sino a Graziano e Bernardo di Clairvaux (Salesianum*, 13 (1951), p. 414-45); A. DEPORTER, *De argumento duorum gladiorum apud S. Bernardum (Collat. Brugenses*, 48 (1952), p. 22-26 et 95-99).

(²) *Ep.* 256, 1, à Eugène III, écrite au lendemain de l'assemblée de Chartres, 7 mai 1150, où, à la suite de l'échec de la croisade, il a été résolu de recommencer l'entreprise et de mettre Bernard à sa tête (182, 464 A).

(³) *De consid.*, IV, 3, 7 (182, 776): 1152. — L'article du P. Stickler cité *supra* donne des informations (hérétiques de Liège) qui permettent d'expliquer le « qui *tuum* neget... » de S. Bernard.

(⁴) Interprétation soutenue, par exemple, par J. SCHMIDLIN (*Die geschichtsphilosophische u. kirchenpolitische Weltanschauung Ottos von Freising.* Fribourg en B., 1909, p. 147 s.). — A SEGUIN (*Bernard et la seconde croisade*, dans *Bernard de Cl.* Paris, 1952, p. 400: « ... Le gouvernement spirituel, le seul véritable, dans son esprit et dans celui de ses contemporains, et qui use à son gré, lorsque c'est nécessaire, du glaive temporel... Pour lui, c'est de l'Eglise que le Prince reçoit son glaive »; comp. A. FLICHE, *ét. citée* dans le même recueil, mais qui, à juste titre, insiste sur le caractère occasionnel des énoncées de Bernard en ces matières. — E. JORDAN, lui, se serait bien accommodé de penser que, « comme tous ceux qui écrivent beaucoup, et vite, et des œuvres de circonstance, il est arrivé à Bernard de se contredire » (*Rev. Hist. ecclés.* 1937, p. 370).

Antérieurement même à ces textes, écrits à l'occasion de la seconde croisade, Bernard parle de deux glaives. Assez fréquemment il mentionne le « gladius spiritus, quod est Verbum Dei », ne faisant ainsi que reprendre une expression de l'épître aux Ephésiens souvent utilisée dans les textes ecclésiastiques (¹). Il dit encore, dans le même sens, que le pape tient « le glaive de Pierre », ou que les glaives des Apôtres sont une parole enflammée et un esprit fervent (²). Quand il parle des glaives au pluriel, cependant, il s'agit généralement des deux glaives, le matériel et le spirituel, comme dans les textes déjà cités ou dans l'*Ad milites Templi* de 1128 (³). La date est à noter: elle permet de penser que Bernard, qui procède alors par une simple allusion, comme si l'idée allait de soi, n'entend pas les deux glaives autrement qu'on ne le faisait communément alors. Or nous pouvons, grâce aux travaux du P. Stickler (⁴), préciser le sens classique de la métaphore. Celle-ci, dont l'origine est biblique (*Eph.* VI, 17, d'un côté, *Rom.*, XIII, 4, de l'autre), ne relève pas, à ce stade de son utilisation, d'une théorie sur le rapport des deux pouvoirs pris en eux-mêmes, mais du chapitre concernant la puissance coactive du droit, lequel, de l'aveu de tous, était chrétien. On parlait du *gladius spiritus*, qui était l'excommunication, et du *gladius materialis* qui impliquait le recours à la force exercée par le pouvoir civil. L'usage de cette dernière métaphore au XIᵉ siècle apparaît lié, non tant à la querelle des investitures qu'aux guerres chrétiennes (⁵) et à l'autorité que l'Eglise se reconnaît de requérir, pour ses intérêts spirituels, l'usage du glaive temporel que détiennent, pour cela, les princes. Gratien d'un côté, Bernard de l'autre, au milieu du XIIᵉ siècle, s'inscrivent dans le cadre de ces idées alors classiques.

Il est remarquable que S. Bernard ne parle du glaive matériel qu'à propos des guerres chrétiennes: croisades (textes cités *supra*, p. 169 n. 2 et 3; ici n. 3), répression

---

(¹) *Ep.* 376, à Suger (182, 581); *De consid.*, II, 6, 7 (749); *Cant.*, 29, 6 (183, 932).

(²) *Ep.* 276, 2 et 285 (182, 484, 494); *De consid.*, III, 1, 1 (757). Autres allusion au glaive de l'autorité apostolique: *Ep.* 348, 3 (553).

(³) Après avoir justifié la légitimité, pour des chrétiens, de « percutere in gladio «, « ut depulsis divinae transgressoribus legis, secura ingrediatur gens justa, custodiens veritatem », Bernard continue « Secure proinde dissipentur gentes quae bella volunt, et abscindantur qui nos conturbant, et disperdantur de civitate Domini omnes operantes iniquitatem, qui repositas in Jerosolymis *christiani populi* inaestimabiles divitias tollere gestiunt, sancta polluere, et haereditate possidere sanctuarium Dei. *Exeratur gladius uterque fidelium* in cervices inimicorum, ad destruendam omnem altitudinem extollentem se adversus scientiam Dei, quae est christianorum fides ». *Ad milites Templi*, c. 3, n. 5 (182, 924-25; soulignés de nous).

(⁴) Outre l'importante étude citée *supra*, p. 169, cf.: *De Ecclesiae potestate coactiva materiali apud Magistrum Gratianum* (*Salesianum*, 4 [1942], p. 2-23, 77-119; cf. p. 105 s.); *Magistri Gratiani sententia de potestate Ecclesiae in Statum* (*Apollinaris*, 21 (1948), p. 36-111: pour le point qui nous interesse ici, p. 98 s.); *Il « gladius » nel registro di Gregorio VII* (*Studi Gregoriani*, t. III. Rome, 1948, p. 89-103).

(⁵) Sur ces guerres, et les croisades, non seulement de Palestine, mais d'Espagne ou de Prusse, cf. l'ouvrage si intéressant de P. VILLEY, *La croisade. Essai sur la formation d'une théorie juridique* (*L'Eglise et l'Etat au M. Age*, 6). Paris, 1942, et les articles non moins remarquables de Et. DELARUELLE, *Essai sur la formation de l'idée de croisade* (*Bull. Liittér. ecclés.*, 1941, p. 24-45, 86-103; 1944, p. 3-46, 73-90; suite non parue).

des hérésies (¹) ou des révoltes contre le pape (²). Remarquable également qu'il parle généralement, en ces occasions, non précisément de l'Eglise, mais du peuple chrétien (*supra*, n. 180 et 188). Il s'agit donc ici de la puissance coactive qui réside, non dans l'excommunication ou dans la parole apostolique, mais dans la force matérielle que les rois, en tant qu'avoués de l'Eglise, détiennent pour défendre la pureté, la liberté et la sécurité de la foi. Ce glaive-là on le comprend, ils doivent s'en servir à la requête éventuelle du sacerdoce, « tuo forsitan nutu ... ad nutum sacerdotis » (³). Qu'on relise les textes dans cette perspective, ils prennent leur sens naturel, parfaitement limpide et cohérent, sans qu'on doive imposer à S. Bernard, soit une théorie politique qu'il n'a pas faite, soit une position hiérocratique à laquelle contredirait la vision spirituelle qu'il a de l'Eglise.

Car voici la part la plus originale, la plus immortelle, de la pensée de S. Bernard sur l'organisme ecclésial terrestre et le pouvoir spirituel. Comme il arrive souvent, le plus original n'est d'ailleurs qu'une réinvention personnelle du plus classique, du plus traditionnel: un retour à la source pure et profonde de l'Evangile. Plus précisément, à l'esprit évangélique du ministère et de ce qu'il comporte, de par Dieu, d'autorité.

A l'égard du Christ, vrai chef invisible de son corps visible, les ministres ou prélats sont, pour S. Bernard, *les amis de l'Epoux*, ceux qui ont la charge aimante et dévouée de l'Epouse en l'absence de l'Epoux (⁴). Cette expressions revient sans

---

(¹) *Cant.*, 66, 12, contre les néo-manichéens: le peuple, *irruens in eos*, a fait des martyrs à leur perfidie; « approbamus zelum, sed factum non suademus; quia fides suadenda est, non imponenda. Quamquam melius procul dubio gladio coercerentur, illius videlicet qui non sine causa gladium portat, quam in suum errorem multos trajicere permittantur. Dei enim minister ille est, vindex in iram ei qui male agit (*Rom.* XIII, 4) ». (183, 1101).

(²) « Quamobrem accingere glaudio tuo super femur tuum, potentissime, et restituat sibi Caesar que Caesaris sunt, et quae sunt Dei Deo » ... *Ep.* 244, 3 (182, 442): cf. *supra*, p. 168, n. 3

(³) Comment traduire exactement le « ad nutum sacerdotis »? « Avec l'assentiment du prêtre » (*La Considération*, trad. P. Dalloz, Grenoble, 1945, p. 172) est manifestement trop faible: de même peut être, la simple idée de droit moral, dont parle A. Dempf (*Sacrum Imperium...* Munich, 1929, p. 227).: « Sur l'ordre de » (H. X. Arquillière: *Studi Gregoriani*, I, p. 506) est fort. « Sur un signe de lui » (A. Fliche, dans *Bernard de Cl.*, p. 355) est assez exact. Nous préférons dire: « sur la requête ». Comp. E. Jordan, *Dante et S. Bernard* (*Comité frs. cath. pour la célébr. du 6ᵐᵉ centen. de Dante. Bulletin du Jubilé*. N. 4, oct. 1921, pp. 267-330), qui écrit p. 313 « C'est à peine et tout au plus un droit de réquisition », distinct du domaine éminent que Bernard ne reconnaît pas au pape *Ibid.*, n 3, J. justifie son « à peine » en montrant comment, à l'époque de Boniface VIII, on s'ets cru obligé de gloser le texte de Bernard pour lui faire parler vraiment de réquisition. — Voici quelques autres emplois de *nutus* chez Bernard: *Consid.*, III, 4, 14 (182, 766 C: « non sit in conscientia nutans infirmitas modicae fidei » = faiblesse qui inspire, qui donne le ton); *Dom.* 1 *post oct. Epiph. sermo* 2, 2 et 3 (183, 158 et 159 D = sur la volonté de, selon la volonté duquel); *Cant.*, 78, 4 (1160: « sed et cum ad nutum creantis visa est emersisse » = au signal, à l'ordre, à la discrétion).

(⁴) Voir p. 137, n. 1, Citons ici seulement quelques textes relatifs au pape: « Tibi commissa est sponsa Christi, amice Sponsi: tuum est tandem uni viro virginem castam exhibere Christo ». (*Ep.* 191, 2, à Innocent II, pour l'inviter à sévir contre Abélard: 182, 358 B); comp. *Ep.* 330 au même (*supra*, p. 159 n. 5) et 238 2 à Eugène III (*supra*, p. 155 n. 1); *Ep.* 348, 3 à Innocent II (553); 358 à Célestin II (560); etc.

172

cesse sous sa plume, c'est celle qui résume sa pensée et exprime la motivation profonde qui est, chez un homme, comme la parole intérieure dans laquelle il se dit lui-même. Le terme est emprunté à cet admirable passage de S. Jean (III, 25-30) où, à ses disciples dépités de ce que tous, maintenant, aillent à Jésus, le Baptiste répond: « Un homme ne peut prendre que ce qui lui a été donné du ciel. Vous m'êtes vous-mêmes témoins que j'ai dit: Je ne suis point le Christ, mais j'ai été envoyé devant lui. Celui qui a l'épouse est l'époux; mais l'ami de l'époux, qui se tient là et qui l'écoute, est ravi de joie à la voix de l'époux. Or cette, joie qui est la mienne, est, pleinement réalisée. Il faut qu'il croisse et que je diminue ». Ce texte tendre, religieux et profond, est la charte du ministère des âmes, qui sont au Christ et non à nous. Jean est celui qui prépare les voies, qui annonce la grâce comme l'aurore annonce le soleil et s'eteint à mesure qu'il monte ([1]). Nous avons remarqué plus haut, p. 137 n. 1, en nous en étonnant un peu, que S. Bernard, faisant de l'idée d'épouse son image préférée de l'Eglise, ne propose pour ainsi dire jamais le thème classique de l'évêque-époux de son Eglise. C'est que *le Christ* est cet époux: les évêques, abbés ou prêtres ne sont que les amis de l'époux, dont tout le rôle et toute la joie sont d'entendre s'approcher l'époux et de lui céder la place.

Celui qui, devant le Christ, se tient comme l'ami de l'époux, est, à l'égard de l'Eglise, c'est-à-dire des âmes, en position de ministre ou de serviteur. Sans cesse reviennent chez S. Bernard, en particulier dans le *De consideratione*, les grandes oppositions: *cura*, non *dominatus*; *dispensatio* et *ministerium*, non *dominium* ([2]). Le *dominium*, dans le vocabulaire de l'époque, c'est la propriété, soit celle du suzerain (*dom. eminens*) soit celle du seigneur vassal (*dom. utile*) ([3]). On peut détenir et exercer une *potestas* sans avoir la propriété: la *potestas* est l'ensemble des pouvoirs qui permettent d'assurer les services publics; aussi S. Bernard ne se fait aucun scrupule de la reconnaître aux prélats, alors qu'il leur dénie le *dominium*. En effet, ils ne sont pas maîtres, l'Eglise ne leur appartient pas, elle est au Christ ([4]).

([1]) Cf. ces passages, où Bernard a commenté notre texte: *Pro domin.* 1 Nov. *sermo* 3, 2 (183, 350: « parat viam, praedicat gratiam... Fidelis lucifer, qui Solis justitiae non usurpare venerit, sed praenuntiare splendorem... »); *In nativ. S. Joan. Bapt.*, 12 (404: « ut eo mediante transeamus ad Christum... Praecessi solem tanquam sidus matutinum; abscondi necesse est, orto jam sole »).

([2]) Dès le *De mor. et off. episc.* (1127): « honorificabitis ministerium vestrum (*Rom.*, XI, 13): ministerium, inquam, non dominium » (1, 3: 182, 812); *De consid.*, II, 6, 9 et 10 (747: « ...impositum senserimus ministerium, non dominium datum...; Inde (de ta chaire) superintendis, sonans tibi episcopi nomine non dominium, sed officium »); III, 1, 1 (759: « Possessionem et dominium cede huic (Christo); tu curam illius habe. Pars tua haec: ultra ne extendas manum ».) « Plane sanctae suae Ecclesiae ministros, non dominos »: *Ep.* 127, 1, au comte de Poitiers: 281); etc. Comp. *infra* n. 4 et p. 173 n. 4.

([3]) Voir Daremberg et Saglio, *Dict. des Ant. gr. et rom.*, art. *Dominium*; pour l'époque féodale, voir les nombreuses études consacrées au droit de proprieété (*dominium*) des laïcs sur les églises: P. Imbart de la Tour, *Les paroisses rurales...* Paris, 1900, p. 234-99; P. Thomas, *Le droit de propriété...* Lille, 1943, et cf. Planitz-Buyken, *Bibliographie...*, p. 409-411. — Sur *dominium* chez S. Thomas et les scolastiques, cf. C. Spicq, dans *Rev. Sc. phil. théol.*, 18 (1929), p. 269-81 et 20 (1931), p. 52-76.

([4]) Bernard écrit à Eugène III tout fraîchement élu pape, en faisant allusion au changement de nom de Saraï en Sara: « Si amicus sponsi es, ne dixeris dilectam ejus Principem *meam*, sed Principem: nihil tuum in ea vindicans... » (*Ep.* 238, 2: 182, 428); comp. *De*

Bernard voit l'économie du salut des hommes assurée par une sorte de grande cascade d'amour et de service: l'Eglise, en qui se réalise ce salut (dans les noces de l'épouse et de l'époux), se construit d'en haut par une suite de services dont le principe souverain est l'amour; le Christ, qui en est le chef, la sert; les anges, qui sont au-dessus de nous, servent le Christ en nous et nous servent (comp. *supra*, p. 151, n. 3). Tout est *ministratio, ministerium*. Ce n'est pas *leur* affaire que les anges font: purs ministres, ils offrent à Dieu nos labeurs, non les leurs. Bernard ajoute que le Christ, lui, ministre suprême mais le plus humble de tous, nous sert en se donnant lui-même « nobis ministrat usque hodie carnem suam » ([1]).

Le service ne s'oppose donc pas à la hiérarchie, il en est l'âme. L'Eglise est elle-même hiérarchisée. Il y a donc en elle des hommes constitués en dignité, qui président et qui commandent. Mais ils ne doivent le faire que pour être utiles et servir, non pour exercer le commandement et jouir de l'autorité: *praesis ut prosis*, Bernard ne cesse de reprendre cette formule classique, si fréquente chez S. Augustin en particulier ([2]).

En quoi consiste exactement cette autorité qui est un service, et non une domination? Bernard a une formule très éclairante, directement inspirée de l'Ecriture (*Jér.* I, 10 et *Mat.*, XXIV, 45), mais qui rend chez lui un son très moderne: « Disce exemplo prophetico praesidere non tam ad imperitandum quam ad factitandum quod tempus requirit » ([3]). Il s'agit, occupant une position d'autorité et de puissance, avec les avantages ou les honneurs que cela entraîne éventuellement, de ne pas se contenter de cela, mais d'assurer le service et de faire le travail que cette situation comporte dans les circonstances données. S. Bernard dit cela dans des termes plus nobles, plus bibliques aussi, mais tel est bien le sens de ses objurgations répétées. Le texte que nous venons de citer continue ainsi: Sache-le, ce qu'il te faut, c'est un hoyau, pas un sceptre, pour faire le travail du prophète (il s'agit de Jérémie envoyé « arracher et abattre, perdre et détruire, planter et bâtir »). Jérémie n'a pas été envoyé pour régner et jouir d'une possession, mais pour y faire un travail de défrichement. De même les Apôtres n'avaient aucune richesse, ils n'avaient que la sollicitude de toutes les Eglises: la loi de la condition apostolique n'est pas la domination, mais le service ([4]). Pierre a reçu le monde comme champ de travail.

---

consid., III, 1, 2 (759: l'économe et le pédagogue ont autorité sur l'entreprise et sur le jeune maître, et pourtant ils n'en sont pas le *dominus*); et cf. p. 172 n. 2, 174 n. 2.

([1]) Cf. *Sermo* 1 *in festo S. Michaelis*, 1-3 (183, 447-49). Pour les anges, comp. *Cant.*, 78 et *supra*, p. 151 n. 3. Que la puissance souveraine qui commande toute cette chaine de service et d'amour soit la charité, cf. *Ep.* 14 à Honorius II: « Domina caritas facit, quippe quae imperat et vobis » (182, 117).

([2]) Cf. *Sermo de div.* 9, 3 et 35, 6 (183, 566 et 637); *De consid.*, III, 1, 2 (182, 759) et c. 3 (764 s.), textes très denses et très importants, qu'on voudrait pouvoir citer intégralement; IV, 6, 18 (785); comp. *Ep.* 238, 2 à Eugène III (182, 428: « non ministrari, sed ministrare »).

([3]) *De consid.*, II, 6, 9 (182, 747). Bernard emploie volontiers le fréquentatif, surtout *factitare*. — *Mt.*, XXIV, 45 est cité: *Consid.*. III, 1, 2 (759) et *De mor. et off. episc.*, 12 (810).

([4]) « Numquid dominationem? Audi ipsum: *Non dominantes*, ait, *in clero, sed forma facti gregis...* (1 *Pi*, V, 3). Planum est: Apostolis interdicitur dominatus ... Forma apostolica haec est: dominatio interdicitur, indicitur ministratio ». (*De consid.*, II, 6, 10 et 11: 748).

Après lui,. le pape doit y pénétrer, non comme maître, mais comme économe (¹). Certes, il est l'héritier de Pierre, et le monde est son héritage. Mais le Christ est seul propriétaire du monde; le pape n'est appelé qu'à y travailler apostoliquement (²). Il a la puissance souveraine de la primauté; mais il doit s'appliquer ce que Jésus a dit aux Apôtres: Ne vous réjouissez pas du fait que les esprits vous sont soumis (*Luc* X, 20) (³).

On se tromperait du tout au tout si l'on interprétait les textes de Bernard comme niant l'existence des degrés hiérarchiques ou même simplement comme en faisant peu de cas. Plus tard, certains chefs de secte ou réformateurs dépourvus de sens catholique gauchiront ses textes dans un sens antihiérarchique (⁴). A l'époque même de S. Bernard, une véritable nuée de conventicules et de sectes, dont le commun dénominateur était le désir d'une Eglise purement spirituelle et la critique d'une Eglise installée dans la richesse et la puissance, opéraient sans cesse le passage ruineux du plan moral au plan ontologique: puisque, disaient ces hommes sincères mais mal éclairés, le pape et les prêtres ne vivent pas comme les Apôtres, ils ne sont ni les successeurs ni l'Eglise des Apôtres (⁵). Bernard connaissait ces sectes: il a parlé contre elles, d'une façon un peu décevante d'ailleurs. Nous y reviendrons plus loin. Mais s'il formule des affirmations et des requêtes aussi fortes que les leurs sur le chapitre de l'esprit et de la vie apostolique, il leur est aussi opposé qu'on peut l'être au point de vue ecclésiastique. Sa démarche est inverse de la leur: il ne va pas du plan moral au plan ontologique, avec pour résultat de ruiner celui-ci. Réformateur catholique, il va du plan ontologique, qu'il admet tel qu'il est, au plan moral, où il traduit, avec une intransigeance de prophète et une pureté de saint, les exigences imprescriptibles du ministère hiérarchique. Ce ministère est spirituel mais, loin de lui être contraire, l'exigence de service et d'amour est fondée sur la réalité des degrés hiérarchiques et de la puissance qui leur correspond.

Il faut bien dire, cependant, que ce n'est pas l'aspect ontologico-théologique des choses qui intéresse S. Bernard, c'est leur aspect spirituel et moral. Certes, on peut recueillir chez lui une panoplie complète d'énoncés et d'expressions sur la *potestas*, l'*auctoritas*, le *primatus* du pape; mais Bernard ne développe ni ne systématise tout cela. Sa pensée est étonnamment en place, son vocabulaire précis; son but est d'édifier l'Eglise dans les âmes, c'est à cela que vont tous ses textes. Rien

---

(¹) *De consid.*, II, 6, 12 (749).

(²) « Tu haeres, et orbis haereditas... dispensatio tibi super illum credita, non data possessio... Christus hic est qui possessionem sibi vindicat... »; « Quid, inquis? non negas præesse et dominari vetas? Plane sic. Quasi non bene praesit qui praeest in sollicitudine... Ita et tu praesis ut providear, ut consulas, ut procures, ut servis... » (*De consid.*, III, 1, 1 et 2: 758 et 759).

(³) « Appellatur de toto mundo ad te. Id quidem in testimonium singularis primatus tui. At tu, si sapis, non primatu gaudebis, sed fructu. Apostolis dictum est... » (*De consid.*, III, 2, 6: 761).

(⁴) Cf. P. DE VOOGHT, *Du « De consideratione » de S. Bernard au « De potestate papae » de Wiclif* (*Irénikon*, 26 (1953), p. 114-132).

(⁵) Voir sur ces courants et mouvements, à l'importance desquels il ne nous semble pas qu'on fasse assez justice: J. VON WALTER, *Die ersten Wanderprediger Frankreichs*, 2 vol. Leipzig, 1903 et 1906; H. GRUNDMANN, *Religiöse Bewegungen im Mittelalter*. Berlin, 1935; L. SPÄTLING, *De Apostolicis, Pseudo-Apostolis, Apostolinis*, München, 1947.

de plus significatif, à cet égard, que l'emploi abondant qu'il fait des mots *minister*, *ministerium*. Chez lui, ils s'opposent à *dominus, dominatio, dominium*: mots qui indiquent une position, celle du propriétaire, mais surtout *un esprit*. Dans la scolastique, chez S. Thomas, on parlera presque aussi souvent de *ministerium*, mais pour l'opposer à *auctoritas* comme la cause instrumentale ou le simple canal à la cause initiatrice ou à la source ([1]). La préoccupation passera d'un évangélisme vécu à une théorie ou à une analyse théologique: ceci dit, non pour déprécier la seconde démarche, qui a aussi valeur évangelique, mais pour situer celle de notre saint, qui est aussi un docteur.

II. PLACE DE S. BERNARD DANS L'HISTOIRE DE L'ECCLÉSIOLOGIE

Nous ne chercherons pas à déterminer exactement quelles influences Bernard a subies, de quels apports, de quels courants il peut être littérairement tributaire. Une telle étude, ébauchée sur plusieurs points, supposerait une série d'enquêtes systématiques rendues plus difficiles par le fait que Bernard cite peu nominalement les auteurs (Ambroise, Augustin, Grégoire, par exemple, qu'il a certainement fréquentés); il peut en avoir connu qu'il ne mentionne jamais (Grégoire VII; peut-être Denys). Sans doute le point le plus intéressant serait-il celui de la dépendance de Bernard à l'égard de S. Augustin en matière proprement ecclésiologique. Certainement, il lui doit plusieurs des thèmes qui interviennent dans sa mystique ecclésiologique de l'épouse: l'idée que l'Epoux est le Verbe, que le Christ est à la fois Epoux et épouse, que la vraie épouse est l'Eglise, et chaque âme dans l'Eglise... S. Bernard doit aussi certainement beaucoup à l'idéologie de la Cité de Dieu ([2]), encore qu'il soit très difficile de discerner ce qu'il tient d'Augustin lui-même et ce qu'il doit directement au thème *biblique* de Jérusalem, qui appelle son opposée, Babylone. Sans doute l'apport augustinien le plus notable — mais il est biblique, lui aussi... — se retrouve-t-il dans le rattachement de la Cité de Dieu, Jérusalem, à l'acte divin de prédestination, avec tout ce que cela engage de distance entre cette Jérusalem, toute pure et sainte, et les diverses réalisations temporelles du *populus christianus*. Mais le vocabulaire de Bernard en tout cela est-il augustinien?

En tout cas, nous avons noté avec un certain étonnement le peu de développement, chez notre saint, du thème du Corps. Ce thème est, au contraire, très répandu chez les auteurs du second tiers du XIIᵉ siècle et dans la « Frühscholastik », souvent en dépendance de S. Augustin. Il est notable qu'on ait pu rédiger des études sur l'ecclésiologie du XIIᵉ siècle, sans pour ainsi dire nommer S. Bernard, qui domine pourtant tout son siècle ([3]). On se trouve en présence d'un courant rela-

---

([1]) Voir nos *Etudes conjointes pour une théol. du laïcat* (à paraître). Ces catégories scolastiques peuvent d'ailleur se réclamer de S. Augustin: voir D. ZÄHRINGER, *Das kirchliche Priestertum nach dem hl. Augustinus*. Paderborn, 1932, p. 115 s.

([2]) Le P. STEIGER (*op. cit.*, p. 43-58) explote au maximum la veine augustinienne de la théologie de l'histoire chez S. Bernard.

([3]) Voir A. M. LANDGRAF, *Die Lehre vom Geheimnisvollen Leib Christi in den frühen Paulinenkommentaren und der Frühscholastik* (*Divus Thomas* (Frib.), 24 (1946), p. 217-48,

176

tivement homogène, caractérisé par ie thème du corps que l'eucharistie réalise et que le Saint-Esprit anime; mais Bernard reste comme en marge de ce courant et suit sa propre voie, qui est celle de sa méditation intérieure, non celle des questions agitées dans les écoles. Sans doute la différence tient-elle à cela. D'un côté, un début de rationalisation de la théologie, de recherche d'une construction logique, membrée de questions, même chez un Hugues de Saint-Victor; de l'autre, une méditation monastique, résolument étrangère à des préoccupations de construction logique et d'analyse par la méthode des « questions ». D'un côté, une étude de psychologie, de l'autre une perception synthétique du mystère surtout en référence à la fin: ce qui sera, pour Pascal (frag. 283), l'ordre même du « cœur ». Il serait facile d'éclairer cela en relisant les textes, étonnamment lucides et précis dans leur outrance passionnée, où l'abbé de Clairvaux a lui-même énoncé les motifs de son ascharnement contre Abélard: des textes dont on trouvera encore un écho, près d'un siècle plus tard, dans la lettre de Grégoire IX aux nouveaux théologiens de Paris, en 1228 ([1]). Nous ne pouvons analyser ici les accusations et les déclarations de S. Bernard dans ce conflit célèbre; non parce qu'une telle analyse serait tout à fait étrangère à notre sujet, elle en éclairerait bien plutôt certains aspects décisifs, comme nous l'indiquerons tantôt, mais parce que cela nous entraînerait trop loin et que d'autres études s'en préoccuperont expressément. Nos réflexions en vue de préciser la place de S. Bernard dans l'histoire de l'ecclésiologie porteront sur deux points: ecclésiologie de l'*Ecclesia*, S. Bernard et les conséquences de la réforme grégorienne.

Une écclésiologie de l'*Ecclesia?* Mais peut-il en exister une autre? Ces termes ne sont-ils pas une tautologie Oui et non. Expliquons-nous.

J'entends par ecclésiologie de l'*Ecclesia* celle qu'on trouve chez les Pères, en particulier chez S. Augustin, et dans les textes liturgiques les plus anciens ([2]). Elle est caractérisée par deux traits principaux: 1) le mot *Ecclesia* signifie la commu-

---

393-428; 25 (1947), p. 365-94; 26 (1948), p. 160-180, 291-323, 395-434); J. BEUMER, *Zur Ekklesiologie der Frücholastik* (*Scholastik*, 26 (1951), p. 364-89), *Ekklesiologische Probleme der Frühscholastik*, (id., 27 (1952), p. 183-209). Quant à Holböck, il ne fait guère une place à Bernard qu'en recueillant, per fas et nefas, des allusions au Corps mystique, et en y ajoutant quelques généralités sur les sacrements: cf. *supra*, p. 148. n. 3.

([1]) Comparer cette lettre (DENZINGER, n. 442 s.) et les *Ep.* 192 et 193 de S. Bernard (182, 358 s.).

([2]) Faute d'une étude expresse et complète, voici quelques références: En général: MÖHLER, *L'unité dans l'Eglise...* (*Unam sanctam*, 2). Paris, 1938 (passim et App. XIII); D. STONE, *The Christian Church*, ch. 6. — S. Augustin: voir en particulier *Quaest. in Evang.*, lib. 2, q. 40 (*P. L.* 35, 1355); *In Ev. Joan.* tr. 124, n. 7 (35, 1976); *Sermo* 295, n. 2 (38, 1349-50), et les textes parlant de Pierre, type de l'Eglise. — Etudes: K. ADAM, *Die kirchliche Sündenvergebung nach dem hl. Augustinus*. Paderborn, 1917, p. 101-116: J. VETTER, *Der hl. Augustinus und das Geheimnis des Leibes Christi*. Mayence, 1929, p. 90-95; surtout F. HOFMANN, *Der Kirchenbegriff des hl. Augustinus*. Munich, 1933, p. 263-75. — Liturgie: J. JUNGMANN, *Was ist Liturgie?* (*Zeitsch. f. kath. Theol.* 55 (1931), p. 83-102; reproduit dans *Gewordene Liturgie*. p. 1-27). — Haut moyen âge et « Frühscholastik »: A. LANDGRAF, *Sünde und Trennung von der Kirche in der Frühscholastik* (*Scholastik*, 5 (1930), p. 210-47; F. HOLBÖCK *op. cit.*, (p. 148), p. 225 s.; Ad. KOLPING, *Der aktive Anteil der Gläubigen an d. Darbringung des eucharistischen Opfers. Dogmengeschichtl. Unters. frühmittelalterlicher Messerklärungen* (*Divus Thomas*, Frib., 27 (1949), p. 369-80; 28 (1950), p. 79-110, 147-70.

nauté des fidèles ou plutôt, dans la liturgie, une assemblée concrète de fidèles; 2) les pouvoirs hiérarchiques du sacerdoce, tout en étant très fortement affirmés comme venant d'en haut, ne sont jamais séparés du corps: ils sont considérés comme des puissances remises à l'Eglise et qui n'ont valeur que dans son unité. Aussi leurs opérations, celle de remettre les péchés, par exemple, sont envisagées comme relevant, non de sa seule hiérarchie, médiatrice entre le Christ et le corps des fidèles, mais du Christ, présent dans ce corps et agissant ici bas, en des formes ecclésiastiques, par le ministère des prêtres mais dans l'unité de l'*Ecclesia*, tout le corps étant intéressé et engagé.

Nous avons vu comment, chez S. Bernard, *ecclesia* signifie l'ensemble des fidèles. C'est à cause de cela qu'avec la théologie classique il y englobe les justes de l'Ancien Testament, voire les anges, et qu'il reconnaît à la Synagogue, comme fera encore S. Thomas, la qualité d'épouse du Christ. C'est à cause de cela aussi qu'il voit l'*ecclesia* terrestre encore impure, le visage plissé par les rides. C'est à cause de cela enfin qu'il peut, comme les Pères, appliquer *à l'Eglise*, et pas seulement aux individus religieux, de grands thèmes moraux de l'Evangile et de S. Paul: suivre Jésus, revivre ce qu'il a vécu en son corps mortel, mener le combat spirituel contre le péché et contre la chair. Il est évident que, parmi les lettres de S. Paul, Bernard est plus l'homme de l'épître aux Romains que de l'épître aux Ephésiens (encore un trait profond par lequel Luther pourra penser le rejoindre). Moine, il a vraiment pris au sérieux le péché et la lutte contre la chair et l'esprit. Et comme son Eglise est faite des âmes qui cherchent Dieu, elle n'a pas l'espèce d'intemporalité et d'indifférence aux combats de l'esprit, que présente une Eglise conçue comme appareil ou médiation de grâce. Bernard, par exemple, applique à l'Eglise aussi bien qu'à l'âme un thème comme celui de l'Epoux, tout proche de l'épouse, n'étant séparé d'elle que par cette cloison qu'est le corps de péché...; il voit l'Eglise porter « fuscum crucis, ustionem passionis, livorem vulnerum » ([1])... L'Eglise-épouse est la communauté des âmes orientées vers Dieu, non une réalité juridique considérée comme une personne en soi, indépendamment des fidèles qui la composent.

Dans l'ecclésiologie, ancienne, l'Eglise n'étant pas conçue comme une médiation impersonnelle entre les fidèles et le Christ, les opérations de grâce étaient attribuées, d'un côté au Christ transcendant, de l'autre côté à son corps tout entier, plus exactement à l'unité de ce corps comme telle. Certes, dans ce corps, certains membres étaient qualifiés et ordonnés d'une façon spéciale pour accomplir, comme ministres visibles, les actes sacramentels du Christ: mais ordonnés *dans le corps*, et de telle manière que le corps entier coopérait à ces actes. La façon dont S. Augustin, par exemple, parle du pardon des péchés (cf. p. 176 n. 2), celle dont il explique comment la Vierge Marie, « membre excellent, membre éminent de l'Eglise », a coopéré, par sa charité, à ce que les fidèles naissent dans l'Eglise ([2]), montre remarquable-

---

([1]) *Cant.*, 61, 7 (183, 1074).

([2]) *De virgin.*, 6 (*P. L.*, 40, 399): Augustin dit la même chose de tout chrétien ou plutôt de toute l'Eglise (n. 5, col. 399 et *Sermo* 192, 2: 38, 1012-13), mais Marie, tout en étant « portio Ecclesiae, totius corporis membrum », en est « excellens membrum, supereminens membrum » (*Sermo Denis*, 25, 7: éd. MORIN, *Miscellanea agost.*, p. 162-63). Cf. F. HOFMANN, *Mariens Stellung in der Erlösungsordnung nach dem hl. Augustinus* dans *Abhandlg. über Theol. u. Kirche, Festschrift K. Adam* Düsseldorf, 1952, p. 213-24.

ment cette coopération de la sainteté de tous les membres à ce que le Christ accomplit dans l'Eglise. Rappelons aussi tant de textes ou les Pères montrent la maternité de l'Eglise se réalisant et s'exerçant par la foi et la parole que tout fidèle vivant en elle peut rayonner... ([1]).

S. Bernard s'insère exactement dans la chaîne continue de témoignages qui nous montrent le Christ, seul vrai prêtre souverain, opérant dans les sacrements que les ministres célèbrent visiblement ici-bas ([2]). L'abbé de Clairvaux a un sentiment très fort de cette transcendance active du Christ, qui est comme son roi, le véritable auteur de la paix (= de l'unité) de la Cité spirituelle qu'est l'Eglise (comp. *supra*, p. 145 n. 3). Admettrait-il une coopération de tout le corps à la manière de S.Augustin? Dans une certaine mesure, oui, nous semble-t-il. Il admet, bien sûr, l'*intercession* des saints et celle des fidèles vivants ([3]). Il attache une grande importance à la coopération des anges ([4]). Il sait que l'Eglise est un grand mystère de charité qui nourrit notre ferveur, et que la communauté locale nous édifie et nous soutient ([5]). Mais il semble aller plus loin: dans la ligne de la tradition (cf. n. 1), sinon vraiment dans celle de S. Augustin, il montre les hommes spirituels coopérant à l'œuvre salutaire et sanctificatrice de l'Eglise ([6]). Dans un siècle où l'Eglise apparaît comme vitalisée spirituellement par *les moines* ([7]), avec la vision très spirituelle qu'il avait du mystère ecclésial, Bernard ne pouvait pas avoir une autre idée. Mais, pour la même raison, il lui était difficile, peut-être, de garder dans toute sa force l'ecclésiologie augustinienne de l'*ecclesia*: il était trop personnaliste, son idéal était trop celui d'une recherche personnelle de Dieu à la façon du moine. Il faut l'avouer, on ne trouve pas chez lui les affirmations de S. Augustin, ni sa

---

([1]) Nombreux textes en ce sens cités par Al. MÜLLER, op. cit., *supra* (p. 137); cf. aussi J. C. PLUMPE, *Mater Ecclesia. An Inquiry into the concept of the Church as mother in Early Christianity.* Washington, 1943 (surtout, p. 105, au sujet de S. Cyprien).

([2]) « De ordinibus et sacramentis caeteris, scitote quoniam qui baptizat, ipse et sacrat, Christus Dominus, Pontifex animarum nostrarum... » (*Ep.* 353 à Guillaume, abbé de Riévaulx, au sujet de l'archevêque d'York Guillaume Fitz Herbert, accusé de simonie; cf. *Bernard de Clairvaux*, Paris, 1952, p. 648). — Pour ce sentiment chez les Pères, dans la tradition et chez S. Thomas d'Aquin, cf. *Jalons pour une théol. du laïcat*, p. 209 s., 185 s.

([3]) Pour les saints, nombreux textes: cf. KILGA, *op. cit.*, p. 128. Pour les vivants, *De mor. et off. episc.*, 3, 10 (182, 817).

([4]) Cf. *Cant.*, 77, 4 (183, 1157); 78, 1 (1159) et *supra*.

([5]) L'Eglise: *Cant.*, 79 (1163-66). La communauté locale: *Cant.*, 44, 2 (996).

([6]) Voici les textes: « Caeterum si qua anima eo usque profecerit (quod quidem est multum ad nos) ut si fecunda virgo, sit stella maris, sit plena gratia, et supervenientem habens in se Spiritum Sanctum: puto quod non modo in ea, sed ex ea quoque non dedignabitur nasci (Dominus). Nemo sane sibi arrogare praesumat, nisi quos ipse speciali designatione tanquam digito monstraverit dicens: *Ecce mater mea et fratres mei* (*Mat.*, XII, 49)... » (*In vigil Nativ. Dom. sermo* 6, 11: 183, 114-15); « Sed attende in spirituali matrimonio duo esse genera pariendi... cum sanctae matres aut praedicando animas, aut meditando intelligentias pariunt spirituales... » (*Cant.*, 85, 13: 1194); « Custodes tui angeli sancti, vigiles tui spiritus et animae justorum... » (*Cant.*, 77, 4: 1157 B. Il s'agit de l'Epouse-Eglise). — A *Cant.*, 27, 12 (920), les hommes spirituels sont plutôt dans l'Eglise, des entraîneurs, par l'exmple.

([7]) Cf. Fr. HEER, *Die Tragödie des hl. Reiches.* Vienne et Zurich, 1952, p. 198; comp. J. SPÖRL, *Das Alte und Neue im Mittelalter...* (*Histor. Jahrb.*, 50 (1930), p. 297-341, 498-524): cf. 336-41).

VII

référence décisive à l'unité. Bernard n'a pas voulu approuver, non plus qu'il ne l'a combattue, la position raide et étroite de Gerhoh de Reichersberg sur la valeur des sacrements administrés en dehors de la communion de l'Église. Participe-t-il à la tendance qui marquerait son époque (¹), à augmenter l'importance de la puissance et de la médiation du sacerdoce? Peut-être pourrait-on relever quelques signes en ce sens dans sa théologie de la pénitence? Cela semble assez douteux: Bernard ne majore pas le rôle des sacrements. Encore une fois, sa vue de l'Église est très spirituelle et très monastique.

Il nous paraît même rester étranger au mouvement qui commence à son époque, avec lequel s'inaugure une nouvelle étape en ecclésiologie et qui peut être caractérisé par une considération de plus en plus marquée de l'Église comme moyen de grâce. Au lieu de voir l'Église comme *étant* l'ensemble des fidèles sous l'action du Christ, on en viendra à la voir comme *étant* un grand appareil de grâce auquel les fidèles doivent se soumettre pour recevoir l'action du Christ. A la limite, ou aura ces définitions modernes où le mot « Église » ne désigne plus la communauté des fidèles, ne désigne même plus des hommes, mais un appareil, une médiation entre Dieu et les hommes (²): où, au lieu d'un rapport à deux termes: *Dieu (le Christ) → Eglise*, c'est-à-dire la *congregatio fidelium* dans laquelle des ministères organiquement insérés dans le corps servent la communion des fidèles avec Dieu, on a un rapport à trois termes: *Dieu → Eglise* (c'est-à-dire l'appareil de médiation) → *les hommes.*

Le mouvement qui aboutira à cela et dont le développement est exactement contemporain de la constitution du traité de l'Église en traité *séparé*, a commencé sur la fin du XIᵉ ou la première moitié du XIIᵉ siècle, en dépendance de diverses causes: la lutte entre le sacerdoce et l'empire et la réforme grégorienne, l'apparition et la diffusion des sectes spirituelles, avec leur critique radicale de l'Église romaine; puis le renouveau canonique et la scolastique. Nous verrons, dans le paragraphe suivant, quelle a été l'attitude de S. Bernard à l'égard de la réforme grégorienne et de ses accompagnements canoniques. Précisons d'un mot sa position quant aux nouvelles acquisitions que l'ecclésiologie enregistre du fait des hérésies nouvelles et des premiers essais de théologie scientifique.

Les sectes spirituelles ou « apostoliques » du XIIᵉ siècle avaient en commun le refus de toute autre supériorité que celle de la sainteté personnelle: toutes elles critiquaient, dans l'Église romaine, un appareil de puissance qu'elles faisaient remonter, non à Pierre et au Christ, mais à Constantin. Elles aboutissaient à rejeter et à vider l'organisme hiérarchique et, plus ou moins complètement, les sacrements et la médiation de l'Église dans l'ordre de la grâce. Elles disaient être, elles, la vraie *ecclesia* et le vrai *corpus Christi* (³). Ce sont ces mouvements assez désordonnés,

(¹) D'après HAUCK, *Kirchengesch.*, t. IV, 5ᵉ éd., p. 71 s.
(²) Cf. M. RAMSAUER, *Die Kirche in den Katechismen* (*Zeitsch. f. Kath. Theol.* 71 (1951), p. 129-169, 313-346). Citons seulement ce texte, du catéchisme national allemand de 1925 (Ramsauer, 330): — Pourquoi Jésus a-t-il fondé son Eglise? — Jésus a fondé son Eglise pour qu'elle conduise les hommes à la béatitude éternelle. — Que doit faire l'Eglise pour les hommes? — L'Eglise doit enseigner, sanctifier et diriger les hommes.
(³) Cf. *supra*, p. 174, n. 5. Sur cette prétention des néomanichéens et « apostoliques » d'être seuls le vrai *corpus Christi*, cf. S. BERNARD, *Cant.*, 65 et 66 (183, 1089, 1094); GRUNDMANN, *op. cit.*, p. 19, n. 10; J. VON WALTER, *op. cit.*, t. II, p. 163, n. 4.

180

mais populaires et pullulant de Cologne aux Pyrénées et du Nord de l'Italie à la Bretagne, qui provoquèrent, du côté catholique, les premières esquisses d'une systématisation apologétique *de vera Ecclesia* et d'une insistance sur l'Eglise comme médiation hiérarchique visible de grâce et de vérité. De ces premières esquisses on ne trouve, à l'époque de S. Bernard, que quelques traces, significatives cependant. Son ami Pierre le Vénérable, vers 1138, argumente contre Pierre de Bruys, à partir de l'idée d'*Ecclesia*, de l'apostolicité de la foi [1]. En 1146 ou 47, un ancien moine de Cluny devenu archevêque de Rouen et de qui dépendait la Bretagne, Hugues (d'Amiens, ou de Rouen), justifie longuement l'Eglise et la hiérarchie, arrache aux sectaires le titre d'apostoliques dont ils s'attribuaient le monopole, et pose la question *de vera Ecclesia* [2]. Bientôt, un Eckbert de Schönau († 1184) va, contre les cathares, développer des considérations sur le sacerdoce, une théologie de la succession apostolique liée à la succession de la foi, et parler de l'« Ecclesia *Romana* » comme de la seule vraie Eglise [3]. Il est évident que, contre l'hérésie, il s'esquisse une apologétique de la vraie Eglise, avec insistance sur l'apostolicité et sur l'organisme hiérarchique de médiation visible. Or S. Bernard, qui a défendu le baptême des enfants contre Pierre de Bruys, Henri de Lausanne et autres sectaires [4], qui a fait à ses moines eux-mêmes tout un sermon contre les nouveaux hérétiques, le 66ème sur le Cantique, Bernard n'a nulle part le mot « apostolique » à propos de l'Eglise [5]. Sa réfutation, dans ce sermon, se tient au plan moral et spirituel. Il demeure donc étranger, ici encore, au courant de son temps qui portait les hommes d'Eglise à ébaucher une ecclésiologie de l'institution pour répondre aux négations des hérétiques.

Et non seulement pour répondre aux hérétiques, mais sous la poussée logique de la scolastique maissante. La contemplation patristique, liturgique et monastique, du mystère de l'Eglise considérait celui-ci dans sa relation transcendante à Dieu, aux sources et à la fin célestes de l'Eglise. Une théologie qui commençait à devenir scientifique et analytique devait s'appliquer davantage à considérer l'Eglise *en elle-même*, dans sa forme propre d'existence. On trouverait des signes, déjà, de ce changement de perspective jusque dans l'admirable petit traité de S. Pierre Damien, antidialecticien pourtant, sur *Dominus vobiscum* [6]. On en trouverait de plus nets encore dans le *De sacramentis* de l'ami de S. Bernard, Hugues de Saint-Victor (1141).

---

[1] *Contra Petrobrusianos*: P. L. 189, 738 s.

[2] « Vos qui Ecclesiam Dei sequendam proponitis, dicite nobis quid est et ubi est, et quare est Ecclesia Dei? ... » (*Contra haereticos sui temporis sive de Ecclesia et eius ministris*, III, 7: P. L., 192, 1294. Sur la date du traité, cf. D. VAN DEN EYNDE, *Nouvelles précisions chronologiques sur quelques œuvres théologiques du XIIe siècle* (*Franciscan Studies*, 13. (1953). p. 71-118: cf. p. 78 s.).

[3] *Sermones contra Catharos*. Sermo 7: P L.., 195, 69 s.

[4] *De baptismo* (adressé à Hugues de St-Victor), c. 2, n. 7 et 8 (182, 1035 s.); *Ep*. 241, ▪ (434); *In dom*. Palmarum *sermo* 1, 3 (183, 255): avec appel au « Sinite parvulos venire ad me »

[5] Le P. KILGA en fait déjà la remarque: *op. cit.*, p. 56.

[6] En ce sens que, comme le remarque Ad. KOLPING (*Petrus Damiani, Das Büchlein vom Dominus vobiscum*. Düsseldorf, 1949, p. 55 s. et p. 79, n. 10), il fonde la présence de tous en un seul dans l'unité qui existe entre les fidèles par la même foi, le même amour etc., et non plus exactement, comme faisait. S. Augustin, dans la présence *du Christ* en cha cun. Léger glissement de la référence transcendante à la réalité ecclésiale elle-même.

L'ecclésiologie du Victorin est foncièrement mystique, dans la tradition spirituelle issue des Pères (¹). Pourtant, le texte du *De sacramentis*, vigoureux et sans bavure, qui représente bien la démarche de la pensée scolastique en ecclésiologie à l'âge heureux et encore frais de cette pensée, ébauche une considération de l'Eglise comme médiation — ici toute sacramentelle, peu juridictionnelle — entre le Christ et les fidèles (²). Cette considération sera celle de l'avenir du traité de l'Eglise comme traité séparé. On n'en voit pas l'équivalent chez S. Bernard, dont la vision reste toute monastique et spirituelle: il voit l'Eglise, non tant comme l'ensemble des moyens de grâce — ce qu'elle est, évidemment, aussi pour lui — que comme l'ensemble des hommes qui cherchent Dieu et qui vivent le drame et les luttes de la sainteté.

Sur un point, pourtant, Bernard innove, dans un sens qui prépare, à sa manière, le développement d'une considération de l'Eglise en elle-même, en un traité séparé: en théologie mariale. On a noté qu'au XIII⁰ siècle, on individualise l'image de l'Eglise, qui est représentée comme une personne royale se posant en elle-même dans sa dignité et sa puissance (³). Au fond, la considération de l'Eglise suit la même voie et franchit la même étape que la considération de la Vierge Marie, un siècle, plus tôt, chez S. Bernard. Les deux mystères sont si profondément liés! (⁴). S. Augustin voyait, dans l'Eglise, l'unité, et il considérait la Vierge Marie *dans* cette unité (*supra*, p. 176 n. 2 et 177 n. 2). S. Bernard voit encore l'Eglise comme l'ensemble des âmes, comme leur unanimité (*supra*, p. 141 n. 6; p. 142 n. 2 à 144 n. 6; p. 145 n. 1 et 5), mais il regarde la Vierge Marie comme médiatrice entre le Christ et l'Eglise. L'Eglise sera, à son tour, individualisée, personnalisée, et considérée comme médiatrice entre le Christ (le Christ et Marie, diraient certains...) et les hommes. Jusqu'à ce que, sans rien renier des acquisitions faites dans les traités *séparés* « de B. Virg. Maria » et « de Ecclesia », le renouveau présent de l'ecclésiologie nous fasse retrouver, et une ecclésiologie de l'*Ecclesia*, c'est-à-dire une Eglise faite des hommes fidèles (⁵), et une mariologie qui soit « un chapitre de l'ecclésiologie » (⁶).

S. *Bernard et les conséquences de la réforme grégorienne.*

Nous disons bien: les conséquences, car il va nous apparaître que Bernard, tout à la fois, se situe résolument dans la ligne de la réforme grégorienne et en critique certaines conséquences.

(¹) Outre les articles de J. BEUMER cités *supra* (p. 175 n. 3), cf. J. CHÂTILLON, *Une ecclésiologie médiévale: l'idée de l'Eglise dans la théologie de l'école de St-Victor au XII⁰ siècle* (*Irénikon*, 22 (1949), p. 115-138, 395-411).

(²) Cf. *De sacram.*, lib. 2, pars 2, c. 2 (*P. L.*, 176, 416-17).

(³) Cf. A. MAYER-PFANNHOLZ, art. cité *supra* (p. 136), p. 26; ID., *Das Kirchenbild des späten Mittelalters u. seine Beziehungen zur Liturgiegeschichte* (dans *Vom christl. Mysterium, Gesam. Arbeiten z. Gedächtnis von O. Casel.* Düsseldorf, 1951, p. 274-302), p. 277-81.

(⁴) Cf. *supra* p. 137, n. 2 et 150 n. 3, et *Le Christ, Marie et l'Eglise*, Paris, 1952.

(⁵) Cf. *Jalons* et *Etudes conjointes pour une théologie du laïcat.*

(⁶) Expression de Ch. JOURNET, *L'Eglise de Verbe incarné*, t. II (Paris, 1951), p. 393. Déjà Barangé et le P. Mersch.

Que Bernard se situe dans la ligne de la réforme grégorienne, c'est un point qui n'a pas besoin d'être prouvé (¹). Peu importe qu'il ne cite jamais Grégoire VII, dont le Registrum se trouvait dans la bibliothèque de Clairvaux (²): il cite si peu ses auteurs. Nous verrons Bernard critiquer certaines conséquences de la centralisation instaurée par Grégoire VII, mais il ne s'en prend, ni à cette centralisation elle-même, ni à l'uniformisation des coutumes poursuivie par le pape réformateur; il loue bien plutôt l'introduction, dans les Eglises, des pratiques de l'Eglise romaine (³). Dans sa lettre de 1135 aux habitants de Milan (⁴), il adopte tout à fait les positions de la réforme grégorienne telles qu'Innocent II les mettait alors en pratique dans un sens extrêmement curialiste (⁵), et, à la mort de ce pape, il souhaitait à son éphémère successeur, Célestin II, de poursuivre sa politique (⁶). Innocent II avait été, avant Eugène III, l'homme de S. Bernard. L'abbé de Clairvaux avait eu, on le sait, un rôle décisif pour le faire reconnaître comme le pape authentique contre Anaclet II. Or quand on examine de près les motifs pour lesquels Bernard se détermine en faveur de Grégoire de Saint-Ange contre Pierre de Léon, non seulement d'après les déclarations de Bernard lui-même (⁷), mais compte-tenu de ce que l'histoire nous apprend sur les partisans et les tendances des deux élus, on trouve qu'au delà des motifs de légalité qu'il invoque, l'Abbé de Clairvaux a opté pour la continuation de la réforme *religieuse* selon la ligne de Grégoire VII, contre une nouvelle génération d'hommes de la Curie, grandis dans les conflits de pouvoirs et qui pensaient politiquement. Analect II (Pierleone) avait été moine à Cluny avant la réforme de Pierre le Vénérable, c'est-à-dire dans ce Cluny de puissance, d'exemptions et d'accommodements, que l'abbé de Clairvaux critiquait si âprement; Inno-

---

(¹) Cf. A. FLICHE, *L'influence de Grégoire VII et des idées grégoriennes sur la pensée de S. Bernard* (dans *S. Bernard et son temps* ... Dijon, 1928, t. I, p. 137-150); comp. dans *Hist. de l'Eglise* (Fliche et Martin). Paris, t. IX, 1944, p. 23 s. — Fliche nous paraît majorer la dépendance directe de S. Bernard et même sa conformité aux idées des *Dictatus papae*.

(²) Cf. P. VILLARET dans *Bernard de Clairvaux*. Paris, 1952, p. 191, n. 23. Sur la bibliothèque de Clairvaux cf. A. WILMART, *L'ancienne bibliothèque de Clairvaux* (*Mém. de la Société Acad.*, 4ᵉ sér., 54 (1947), p. 125-190: reproduit dans *Collectanea Ord. Cisterc. Reform.*, 11 (1949), p. 10-127, 301-19).

(³) Cf., dans sa *Vita Malachiae*, c. 3, n. 7 (182, 1079): « Leges dabat plenas justitiae, plenas modestiae et honesti. Sed et apostolicas sanctiones ac decreta sanctorum Patrum, praecipue sanctae Romanae Ecclesiae, in cunctis Ecclesiis statuebat. Hinc est quod hodieque in illis ad horas canonicas cantatur et psallitur juxta morem universae terrae ». Cette dernière phrase est d'ailleurs discutable, en ce qu'elle néglige l'existence d'une tradition orientale non latine, et partant non romaine. Comp. c. 8, n. 17 (col. 1085).

(⁴) *Ep.* 131: 182, 286-87. Fliche a donc raison (ét. citée *supra* (n. 1), p. 140) de dire que la lettre aux Milanais est conforme aux positions théologiques des *Dictatus papae*. Mais c'est trop affirmer, déjà, que d'écrire qu'elle en dérive, et les pages suivantes montreront que Bernard est loin d'épouser toutes les thèses du fameux et mystérieux document.

(⁵) Sur quoi, cf. HAUCK, *Kirchengeschichte*, IV, 5ᵉ éd. p. 171 s.

(⁶) Cf. l'*Ep.* 235 (182, 422): « Oportet vos secundum justitiam, quae ex lege est, suscitare semen fratris vestri defuncti. Quod digne implebitur, si papae Innocentio, cui in haereditate Domini successistis, et defenditis bene gesta, et minus adimpleta perficitis ». Cf. HAUCK, *op. cit.*, IV, p. 168.

(⁷) *Epist.* 125, 2 (182, 270); 126, 13 (250).

cent, lui, avait eu pour maîtres des hommes spirituels, des moines et des ermites. Bernard, en optant pour lui, restait fidèle à ses propres options ([1]).

Tout cela nous montre bien que, partisan résolu des principes théologiques et religieux de la réforme grégorienne, ceux qui, par lui, passeront jusqu'à Innocent III et même Boniface VIII, Bernard en récusait certaines conséquences qui, au delà de lui et malgré lui, se développeront également jusque chez Innocent III et Boniface VIII. Efforçons-nous de préciser lesquelles.

Cette centralisation, d'abord, dont Bernard ne niait ni le principe, ni les bienfaits concrets, il la considérait tout de même comme excessive. Son génie religieux le rendait plus sensible aux abus moraux ou aux inconvénients spirituels qu'à l'aspect théorique des choses. Pourtant, nous l'avons vu critiquer l'excès des appels et des exemptions comme une atteinte portée à l'autorité et aux droits des métropolitains et des évêques. Sur ce point, Innocent III tachera de suivre aussi Bernard, et de rétablir un certain équilibre entre le pouvoir pontifical et les autorités locales ([2]). Mais Bernard insiste surtout sur ce que cette centralisation entraînait de pratiques injustes ou malhonnêtes et intéressées, d'esprit de puissance et d'orgueil, de gouts de luxe, de bavardages, d'envahissement par toutes sortes d'affaires dont beaucoup étaient tout autres que religieuses, de pertes de temps telles qu'il n'en restait plus pour la prière et la componction, bref d'habitudes et d'esprit séculiers. N'insistons pas sur le détail qui remplit des chapitres entiers du *De consideratione* ([3]): cela relèverait plutôt d'une étude de Bernard-réformateur. Avec l'Abbé de Clairvaux allons jusqu'au fond ecclésiologique des choses.

C'est à propos du luxe et de la pompe de la Cour pontificale que, ne craignant pas de reprendre le maître-mot des fauteurs de secte, Bernard écrit à Eugène III: « In his succedisti, non Petro, sed Constantino » ([4]). Bernard admettait la *Donatio Constantini* au sujet de laquelle Arnaud de Brescia élevait déjà des doutes ([5]). Mais il voyait en de telles dispositions une chose de l'histoire, toute relative, « toleranda pro tempore, non affectanda pro debito ». Il opérait une distinction entre ce qui venait de Pierre et constituait l'héritage sacré de Rome, et ce qui venait de privilèges royaux et que le pape ne pouvait revendiquer « apostolico jure » ([6]). Bernard

---

([1]) Sur tout cet aspect des choses, cf. P. F. PALUMBO, *Lo Scisma del MCXXX. I precedenti, la vicenda Romana e le ripercussioni europee della lotta tra Anacleto e Innocenzo II.* (*Miscellanea della R. Deput. di Storia Patria*, 1942); H. BLOCH, *The schism of Anacletus II and the Glanfeuil Forgeries of Peter the Deacon* (*Traditio*, 8 (1952), p. 159-264; surtout p. 163-166). — Pour l'aspect canonique de la question, tel que Bernard pouvait le voir, et l'a, de fait, apprécié, cf. B. JACQUELINE, *Bernard et le schisme d'Anaclet II* (dans *Bernard de Cl.*, Paris, 1952, p. 349-54), et aussi l'article cité *supra* (p. 162 n. 2), p. 31 s.

([2]) Cf. A. FLICHE, *Innocent III et la réforme de l'Eglise* (*Rev. Hist. éccles.*, 44 (1949), p. 87-152; cf. p. 97 s.).

([3]) Surtout du livre IV (« quae circa te »).

([4]) *De consid.*, IV, 3, 6 (182, 776).

([5]) Pour Bernard, cf. *Vacandard*, t. II, p. 462. Mais le saint n'en tient guère compte; pour lui, c'est l'empereur et non le pape qui exerce le pouvoir à Rome (cf. infra p. 189 n. 1). Pour Arnauld, telle est la supposition, fondée à notre avis, de C. W. GREENAWAY (*Arnold of Brescia*. Cambridge, 1931, p. 137-38). — Comp. *infra*, p. 186, n. 5.

([6]) « Esto ut alia quacumque ratione haec tibi vindices: sed non apostolico jure » (*Consid.*, II, 6, 10: 182, 768); « Sacram et apostolicam sedem divinis regalibusque privilegiis singulariter sublimatam » (*Ep.* 243, 3: 439).

184

concède donc (*esto*) ou tolère une certaine pompe du même ordre que celle des princes, mais il le fait manifestement « ad duritiam cordis », et il combat de tout son pouvoir l'évolution de l'Eglise en empire, du ministère apostolique en possession, et de l'Eglise romaine en cour du même type que la cour impériale.

S. Bernard emploie rarement, mais il emploie sans faire de remarque et, semble-t-il, sans attacher à l'expression une note dépréciative, les mots *Curia* (*romana*) (¹). Mais un contemporain et ami qui, comme lui, vitupère contre les exemptions, les appels, le luxe des légats romains, les sommes perçues pour les dispenses, l'achat des juges à prix d'argent, enfin le mélange des *regalia* avec les *pontificalia* (²), Gerhoh de Reichesberg, fait à ce sujet des remarques dignes d'être retenues. Rome, dit-il, au témoignage même de S. Pierre, est également Babylone. Or la Curie, qui devrait s'appliquer à garder toute l'Eglise sans tâche ni ride, est elle-même maculée: « quod nunc dicitur curia Romana, quae antehac dicebatur ecclesia Romana ». Si on compulse les écrits anciens des papes, on n'y trouve jamais, pour désigner la sainte Eglise romaine, ce mot de *curia* qui dérive de *cruor* ou des tracas (*curae*) générateurs de tant de maux (³). L'indication historique de Gerhoh est exacte. Le mot curia a été transposé du vocabulaire impérial au vocabulaire papal au cours du XIe siècle: d'abord rare et occasionnel, il devient un terme technique, régulièrement employé, à l'époque d'Urbain II et de Pascal II, c'est-à-dire dans les dix dernières années du XIe siècle et les dix premières du XIIe, au moment où naissait la vocation du jeune Bernard à la vie monastique et à la sainteté (⁴).

Ce fait littéraire est significatif d'une évolution, que les historiens ont bien souvent notée, dans la manière d'être et de se comporter du pouvoir pontifical. Le moyen âge vivait dans l'idée d'un ordre unitaire universel traduisant ici-bas celui de la monarchie divine. Dans la lutte grandiose qui se déroule entre la papauté et l'empire, il s'agit de savoir qui tiendra le sommet de cet ordre. La papauté a vaincu, mais son adversaire, en succombant pour un temps, lui a laissé la marque de son esprit: un peu comme naguère, en triomphant de la Grèce, Rome avait subi l'envahissement de sa culture et de ses mœurs. Constantin avait réalisé une victoire de la croix sur le paganisme, mais il avait aussi préparé une revanche du paganisme sur la croix considérée comme loi profonde de l'Eglise sur la terre. Ainsi, dans l'élan même de son triomphe sur César, la papauté prit la figure et l'allure d'un empire. Inutile de détailler les manifestations de ce changement: adoption des *insignia*

(¹) Nous avons relevé ces emplois: *Ep.* 138, 1 (182, 340 B: cf. *supra*, p. 164, n. 5); *In transitu S. Malachiae sermo* 1, 1 (183, 482 C). — Dans ces deux cas, l'expression a sa valeur technique et désigne la réalité qu'aujourd'hui nous appelons encore la Curie romaine.

(²) Ce sont les thèmes des chapitres (et des plaintes) d'une partie du *De investigatione Antichristi* (1161-62): *Libelli de Lite*, III, p. 355 s.

(³) Prologue du commentaire sur le *Ps.* 64 (*Tractatus de ecclesiasticis negotiis*), dédié à Eugène III en 1146, donc en pleine révolte des Romains excités par Arnaud de Brescia: P. L., 194, 9-10, ou *Libelli de Lite*, III, p. 139. Comp. en 1161-62, dans le *De invest. Antichr.*, n. 67 « Huic Romana ecclesia, immo in hoc facto et similibus magis dicenda curia quam ecclesia, in ratione dati et accepti communicavit aurum et argentum... » (*Libelli*, p. 384).

(⁴) Cf. K. JORDAN, *Die Entstehung der Römischen Kurie* (*Zeitsch. d. Savigny-Stiftung f. Rechtsgesch.*, 59, Kan. Abt., 28 (1939), p. 97-156. Voir bibliogr. plus complète dans FEINE, *Kirchl. Rechtsgesch.*, I, 1950, p. 264 s., 267 s.

impériaux, transposition du vocabulaire et des titres, entreprises guerrières... :
à cet égard, les croisades et autre guerres saintes ont été des étapes décisives d'une
évolution dans la conception de l'autorité papale et finalement de l'Eglise elle-
même (¹). La position de Bernard sur ce point (les deux glaives) montre qu'il n'avait
pas poussé jusqu'au fond sa réflexion et sa réaction ecclésiologiques. Un Jean de
Paris ira plus loin, bénéficiant de la conquête, faite par son frère génial et saint,
Thomas d'Aquin, d'une définition de l'ordre naturel et d'une explication de sa
consistance.

L'un des grands instruments du changement qui s'opère depuis Rome, dans
la chrétienté, dans le sens étatique ou impérial, a été le droit romain. On connaît
bien, aujourd'hui, le grand effort entrepris sous l'impulsion de Grégoire VII pour
retrouver, collationner et ordonner des textes de droit qui fournissent un fondement
à la réforme et à l'autorité pontificale qui en était l'appui efficace. On avait décou-
vert un grand nombre de textes, entre autres le droit de Justinien (²). Cette première et décisive entrée du droit romain dans les idées et les institutions avait eu,
et puissamment, l'effet que produiront dans la suite tous les renouveaux de ce droit:
affirmant l'unité et le caractère absolu de la souveraineté il servit la réalisation de
l'unité sous la souveraineté d'un pouvoir central: de fait, celui du pape (³). L'Eglise
fut régie, comme un grand empire, non plus seulement par les *canons* des conciles,
par ces synodes locaux qui se tenaient chaque année, mais par des *lois* imitées, et
parfois copiées, du droit impérial romano-byzantin: ce droit impérial venant don-

---

(¹) Sur l'ensemble de cette évolution, les historiens protestants ont souvent des vues
unilatérales et systématiques; ils sont hantés par la lutte entre le Sacerdoce et l'Empire, lutte
vue elle-même sous l'angle de théories théologico-politiques. Voir cependant, outre la *Dogmengeschichte* de HARNACK (sur l'envahissement par le mode de pensée juridique, t. III,
p. 353); A. HAUCK, *Kirchengesch.*, III, 3ᵉ éd., p. 27 s. et IV, 5ᵉ éd., p. 4, 168 s.; ID. *Der Gedanke der päpstlichen Weltherrschaft bis Bonifaz VIII.* Leipzig, 1904; *Deutschland' und die
päpstliche Weltherrschaft.* Leipzig, 1910; K. JÄNTERE, *Die römische Weltreichsidee und die
Entstehung der Weltlichen Macht des Papstes.* Turku, 1936. Ces différentes études s'intéres-
sent d'ailleurs aux théories politiques plus qu'à l'aspect ecclésiologique. Sur cet aspect,
cf. n. précédente. Parmi les historiens catholiques, citons Mgr. MARTIN, art. *Pape* dans
Dict. Théol. cath., t. XI/2, col. 1883 s.; Fr. HEER, *Die Tragödie des hl. Reiches.* Vienne et
Zurich, 1952, p. 190-99 (« Die Kleruskirche als Imperium »); les articles de G. LE BRAS cités
infra n. 2 et 3 (« La papauté commençait de se muer en un Empire, dont Théodose et Justinien offraient le modèle »: *Actes Congrès...* p. 336). — Il y aurait lieu d'ajouter encore la
bibliographie propre à chaque point touché: pour les guerres, cf. *infra*, p. 188; n. 2 pour les *insignia* et les titres, cf. P. E. SCHRAMM, *Sacerdotium u. Regnum im Austausch ihrer Vorrechte. Eine
Skizze der Entwicklung zur Beleuchtung der « Dictatus papae » Gregors VII.* (*Studi Gregoriani*,
t. II. Rome, 1947, p. 403-457); E. EICHMANN, *Weihe u. Krönung des Papstes im Mittelalter
(Münch. Th. Studien*, III. Kanon. Abt.), Munich. 1951.

(²) P. FOURNIER, *L'Eglise et le droit romain au XIIIᵉ s.* (*Nouv. Rev. hist. droit.*, 14
(1890), p. 69-119; *Un tournant de l'histoire du droit* (*Rev. hist. droit*, 41 (1917), p. 129-180:
cf. p. 150 s.); C.-G. MOR, *Le droit romain dans les collections canoniques des Xᵉ et XIᵉ s* (*ibid.*
4ᵉ sér., 6 (1927) p. 512-27); P. S. LEICHT, *Il Pontefice S. Gregorio VII ed il Diritto Romano
(Studi Gregoriani*, t. I, Rome, 1947, p. 93-110); G. LE BRAS, *La formation du droit romano-
canonique (Actes du Congrès de droit canonique, Paris, 1947.* Paris, 1950, p. 335-38).

(³) Cf. G. LE BRAS, *Le droit romain au service de la domination pontificale* (*Rev. hist.
droit*, 4ᵉ sér., 27 (1949), p. 377-98).

186

ner une structure ferme et précise à un monde chrétien auquel le régime féodal n'avait pu en fournir une (¹). Le visage de l'Eglise va changer de ce fait, et l'image qu'on s'en faisait, passer du plan mystique et sacramentaire au plan d'une conception sociologique qui s'affirmera de plus en plus après le pontificat d'Innocent III (²). Rome, en même temps que le centre et la règle visibles de la communion dans la foi, devient le tribunal suprême du monde.

Cette évolution se dessinait seulement, à l'époque de S. Bernard, mais il nous semble évident que, pour autant, il réagit contre elle. Bien des textes du *De consideratione* et des lettres s'inscrivent dans une critique de certaines suites de la concentration grégorienne. Les mots d'*imperium*, de *dominium, dominari, dominatus, possessio*, qui désignent cela même contre quoi Bernard s'élève, ne sont pas des clauses de style; ils dénoncent quelque chose de précis. Innocent II peut bien être l'homme de l'abbé de Clairvaux: quand il esprime le rapport des évêques au siège romain ou même celui de l'empereur à l'égard du pape en termes de subordination féodale (³), il ne rencontre certainement pas l'approbation du saint, dont la critique atteint certainement un vocablaire de Curie plus politique qu'évangélique (⁴). Si Bernard a connu les *Dictatus papae*, il n'a pas dû en admettre volontiers l'article 8ème, « Quod solus (papa) possit uti imperialibus insigniis », non plus que les 10ᵉ et 11ᵉ, « Quod illius solius nomen in ecclesiis recitetur; quod hoc unicum est nomen in mundo » (voir *supra*, p. 162 n. 2). Il n'a pas pu ne pas en gloser intérieurement tel article, tout juridique, le 23ᵉ par exemple (« Quod Romanus Pontifex, si canonice fuerit ordinatus, meritis beati Petri indubitatnter efficitur sanctus »), en ajoutant: « Cuius locum tenetis, zelum negligere non debetis » (⁵). Lui dont l'un des reproches

---

(¹) Cf. LE BRAS, cité p. 185 n. 2. Noter la remarque, faite p. 336, sur le fait significatif des docteurs *utriusque* dans la curie pontificale: le premier est Jean Bazianus, en 1180...

(²) Cf. A. MAYER-PFANNHOLZ, *Gregor VII. und Heinrich IV., im Lichte der Geistesgeschichte (Zeitsch. f. deutsche Geistesgesch.*, 2 (1936) p. 153 s.). — C'est ce qu'il y a de vrai dans la thèse célèbre de Sohm, battue aujourd'hui en brèche sur plus d'un point, sur le remplacement à partir de Gratien, de l'ancien droit sacramentaire par un droit de société et de corporation: cf. R. SOHM, *Das altkirchliche Kirchenrecht u. das Dekret Gratians*, dans *Festschr. f. J. Wach*. Leipzig, 1918; W. MAURER, *Bekenntnis u. Sakrament*. Berlin, 1939.

(³) Au concile du Latran de 1139: « Nostis quia Roma caput est mundi et quia a Romani Pontificis licentia ecclesiastici honoris celsitudo quasi foeudalis juris consuetudine suscipitur et sine ejus permissione legaliter non tenetur ». Cité par HAUCK (*Kirchengesch.*, IV, p. 173, n. 6), qui en rapproche cet énoncé d'Eugène III: « *Investio* te remissione omnium peccatorum tuorum ». — Après le sacre de Lothaire, Innocent avait fait peindre, au Latran, une inscription où il faisait de l'empereur l'*homo papae*, un véritable vassal: cité par E. JORDAN, *Dante et S. Bernard (Rev. citée*, p. 276, n. 2).

(⁴) Qui écrivait à Eugène III: « Consideres ante omnia sanctam Romanam Ecclesiam, cui Deo auctore praees, Ecclesiarum matrem esse, *non dominam*: te vero *non dominum* episcoporum, sed unum ex ipsis » (*Consid.* IV, 7, 23: 182, 788). Quand on lit les textes de Bernard contre l'*imperium*, il est bon de se souvenir qu'Eugène III écrivait encore, par exemple, le 12 octobre 1147, aux évêques de la Province de Salzbourg: « Sanctam matrem et apostolicam Romanam Ecclesiam solus ille fundavit et super firmam et immobilem fidei petram constituere voluit, qui beato Petro coelorum regni clavigero, terreni simul et coelestis *imperii* jura. commisit... » (JAFFÉ, 9149).

(⁵) *Ep.* 256, 2 à Eugène III, 1146 (182, 464); ou bien « Superest ut facta hac mutatione tui, ipsa quoque quae tibi commissa est, Domini tui, sponsa, mutetur in melius... » (*Ep*

les plus décisifs qu'il fît à Abélard était de ne pas traiter *religieusement* des choses religieuses (¹), il ne voulait pas d'une Eglise où la légitimité juridique, qu'il ne méconnaissait d'ailleurs pas, dispensât de l'effort ascétique et d'une sainteté personnelle. Il ne suffisait pas, pour Bernard, qu'on occupât un lieu élevé dans l'ordre de *pouvoir* spirituel: il fallait qu'on fût soi-même un homme spirituel. L'abbé de Clairvaux (nous pensons revenir un jour ailleurs sur ce point) gardait à leur ordre spirituel personnel des textes comme celui de S. Paul (*I Cor.* II, 15), «Spiritualis homo judicat omnia et a nemine judicatur», textes que, trop facilement on transposait au plan juridique, faisant ainsi un *droit* de ce qui était essentiellement un devoir Notre saint dénonçait la transformation de la Curie en grand centre des affaires du monde, il stigmatisait une véritable invasion des marchands dans le temple, sous la forme d'avocats et de procureurs affairés par tout le contentieux de la chrétienté (²). Le pape lui-même se mêlait de beaucoup trop de procès en matière séculière, alors que le jugement qu'il lui appartient de porter est le pardon des péchés(³). Il se laissait absorber par les affaires du monde entier et n'avait plus le temps de vivre lui-même en homme de Dieu: quotidiennement son palais retentissait du bruit des lois: celles de Justinien, non du Seigneur... (⁴). Ici, Bernard touche un point central et capital, et ce seul mot nous en dit long sur sa pensée. De nouveau, ce n'est pas qu'il soit absolument opposé à un juridisme nourri de droit romain, malgré une formule qui, prise comme un énoncé théorique, eût entraîné une exclusion totale (⁵). Il ne se tient pas au plan des énoncés «ontiques», mais au plan «existentiel» de la vie sainte. Il finira par dire au pape: je ne te demande pas de rompre (avec ces occupations), mais de savoir les interrompre par la méditation des choses de Dieu. Pourtant, transposé au plan de la vie générale de l'Eglise, et confronté au mouvement qui entraînait celle-ci vers une prédominance des formes juridiques et étatiques, le jugement de S. Bernard apparaît comme grave; il a la valeur d'un désaveu. Le sort fait à l'étude du droit, même du droit canonique, dans l'Ordre de Cî-

---

238, 2 à Eugène III nouvellement élu, 1145: col. 428). Il faut citer encore le passage suivant du *De consid.*, IV, 3, 6 (182, 776), surtout en pensant aux *insignia* impériaux que revendiquent les *Dictatus*: « Pastorem te populo huic certe aut nega, aut exhibe. Non negabis: ne cujus sedem tenes, te neget haeredem. Petrus hic est qui nescitur processisse aliquando vel gemmis ornatus, vel sericis; non tectus auro, non vectus equo albo, nec stipatus milite, nec circumstrepantibus septus ministris... In his successisti, non Petro, sed Constantino ». Noter que le droit aux insignes impériaux était un des articles de la fameuse *Donatio Constantini* (n. 11 et 14: MIRBT, *Quellen z. Gesch. d. Papsttums*, p. 110-111), que Bernard ne mettait pas en doute (*supra*, p. 183 n. 5). Comp. à ce passage de S. Bernard celui de GERHOH, *De investigatione Antichristi*, l. 72 (*Libelli de Lite*, III, p. 393).

(¹) Cf. *Ep.* 139, 2 (182, 355); comp. *Ep.* 326, 2 (532); *Cant.*, 79, 1 (183, 1163: On ne comprend la langue de l'amour que si l'on aime). Encore un point où Pascal continue S. Bernard...

(²) *De consid.*, I, 10, 13 et 11, 14 (182, 740-42): cf. *supra*, p. 165, n. 3 et l'article de B. JACQUELINE cité p. 162.

(³) *De consid.*, I, 6, 7 (735-36).

(⁴) *De consid.*, I, c. 3 et 4 (731-32): c'est ici que se trouve le texte fameux: « Et quidem quotidie perstrepunt in palatio leges, sed Justiniani, non Domini » (c. 4, col. 732 D).

(⁵) « Hae autem non tam leges quam lites sunt et cavillationes, subvertentes judicium ». (col. 733 A).

teaux, montre qu'on y gardait la même méfiance et qu'on y tenait la tradition bernardine d'une Eglise spirituelle (¹).

Il serait intéressant de considérer de plus près l'attitude de Bernard en face des
guerres chrétiennes, entreprises sur l'initiative ou à la requête du pape: fait dont
l'importance est si considérable pour l'évolution de l'Eglise vers un style étatique
et impérial (²). Ces guerres, Bernard les admettait, sa théorie des deux glaives le
montre. Mais, au moins autant que sur le « (forsitan) ad nutum sacerdotis », il faudrait insister sur le « jussu imperatoris ». Dans la conjoncture de l'époque, le plus
original de l'attitude du saint réside dans son insistance à distinguer les domaines,
à sauvegarder la compétence des princes dans l'ordre temporel, à répéter enfin
que la guerre, la répression des hérétiques et des révoltes populaires est une affaire
des soldats et de l'empereur (³). Il n'aurait certainement pas approuvé un Lucius II

(¹) Est-ce un fruit posthume de l'action de Bernard? Alexandre III le 19 mai 1163,
interdisait à tous les religieux d'étudier *physicam legesve mundanas* (= le droit romain),
« ne sub occasione scientiae spirituales viri mundanis rursus actionibus involvantur et in inte-
rioribus ex eo ipso deficiant ». (DENIFLE, *Chartular, Univ. Paris.*, t. I, p. 3). Le chapitre
général cistercien, de 1188 prescrivait qu'on ne mette pas « in communi armario », mais
qu'on garde « secretius » le *Corpus canonum* et les *Decreta Gratiani*, « propter varios qui inde
possunt provenire errores » (J. H. CANIVEZ, *Stat. Capitul. Gen. Ord. Cist.*, I, p. 108): c'est
ce que, dans les bibliothèques ecclésiastiques, on appelle aujourd'hui « l'enfer ». Sur l'ensemble de la question, cf. C. BOCK, *Les cisterciens et l'étude du droit (Anal. S. Ord. Cisterc.*,
7 (1951), tiré à, part, 31 pp.) — L'intéressante note de B. JACQUELINE (*S. Bernard et le
droit romain: Rev. hist., droit* 4ᵉ sér., 30 (1952), p. 223-28; reprod. dans *Bernard de Cl.* Paris,
1952, p. 429-33) ne nous persuade pas que Bernard eut un intérêt notable pour le droit
romain. Voir encore, du même, *Le Décret de Gratien à l'Abbaye de Clairvaux (Collect. Ord.
Cist. Ref.*, octobre 1952, p. 259-264).

(²) Ce point, à notre connaissance n'a pas encore été traité comme il le mériterait,
dans une perspective ecclésiologique. Quelques suggestions, plus lancées que véritablement
élaborées ou prouvées, dans W. MAURER, *op. cit.*, (p. 185, n. 1), tout le chap. 3, p. 60 s.

(³) Distinction des domaines et respect de la juridiction temporelle des princes: Après
avoir cité 2 *Tim.*, II, 4 et *Lc*, XII, 14, Bernard écrit à Eugène III: « Mihi non videtur bonus
aestimator rerum, qui indignum putat Apostolis seu apostolicis viris non judicare de talibus
quibus datum est judicium in majora. Quidni contemnant judicare de terrenis possessiun-
culis hominum, qui in coelestibus et angelos judicabunt? », puis, après avoir cité *Mat.*, IX, 6:
« Quaenam tibi major videtur et dignitas et potestas, dimittendi peccata, an praedia divi-
dendi? Sed non est comparatio. *Habent haec infirma et terrena judices suos, reges et principes
terrae. Quid fines alienos invaditis? Quid falcem vestram in alienam messem extenditis?* Non
quia indigni vos, sed quia indignum vobis talibus insistere quippe potioribus occupatis.
(Suit. cit. de 1 *Cor.*, VI, 2) ». (*Consid.*, I, 6, 7: 182, 736). Texte aussi net que possible et qui,
mis en regard de telle déclaration de Grégoire VII, en constitue, sinon une critique, du moins
une mise un point: ces déclarations, par exemple: « Quod si sancta sedes apostolica divinitus
sibi collata principali potestate spiritualia decernens dijudicat, cur non et saecularia? »
(*Reg.* IV, 2); « Si coelestia et spiritualia sedes B. Petri solvit et judicat, quanto magis terrena
et saecularia? » (*Reg.* IV, 24); etc. (cité par A. HAUCK, *Der Gedanke der päpstlichen Weltherrschaft...*, p. 27, n. 1). JORDAN (*art, cité* (p. 171 n. 3), p. 293, n 1) remarque justement que, du
même texte de 1 *Cor.*, VI, 3, Bernard, au nom de l'infériorité des choses terrestres, tiré la
conclusion que le pape ne doit pas se mêler de les juger, tandis que Grégoire VII, au nom de
la supériorité de pouvoir spirituel, tirait la conclusion qu'il pouvait « judicare terrena »
(*Reg.* VIII, 21, à Hermann de Metz: MIRBT, *Quellen*, n. 297). — Cf. encore *Ep.* 244 à Conrad
III (182, 440-42); comp. *supra*, p. 171, n. 1 et GERHOH DE REICHERSBERG, *Ep.* 17 (*P. L.*, 193,

faisant le siège du Capitole, et y étant d'ailleurs mortellement blessé (« Quiconque tirera l'épée périra par l'épée » . . .). M. Jordan a bien montré que les textes de S. Bernard, quand on les met en rapport avec les faits historiques, avec les positions reçues et tenues même par les papes contemporains, parlent nettement dans le sens de la distinction des pouvoirs et d'une autonomie de celui de l'empereur dans le domaine de la justice temporelle ([1]). L'originalité de Bernard est aussi dans son insistance à dire que les hérétiques doivent être conquis, plutôt que mis en fuite, et ceci par les arguments, non par les armes ([2]). Certainement Bernard aurait agi comme, trois quarts de siècle plus tard, agira Dominique: laissant Simon de Montfort mener sa « croisade », le père des prêcheurs s'installera au milieu des hérétiques, armé du seul glaive de la parole de Dieu. Sans cesse, Bernard insiste sur la prédication de l'Evangile. Malheureusement, à son époque, bien des évêques, devenus des seigneurs temporels, commençaient à déserter une fonction qui est, dit S. Thomas d'Aquin, la plus importante de celles qui leur incombent.

Ainsi la ligne de Bernard, la cause de Bernard, étaient et n'étaient pas la ligne et la cause de la réforme grégorienne. Il y a une réforme de S. Bernard qui n'est pas uniquement la suite de la réforme de S. Grégoire VII, car, de celle-ci, précisément, Bernard récuse certaines suites, sans d'ailleurs faire porter sa critique jusqu'au niveau des positions ecclésiologiques théoriques. L'idéal qu'il propose au pape est celui d'un prophète: « Puta te velut unum aliquem ex prophetis. . . Numquid plus quam propheta? . . . Disce exemplo prophetico praesidere non tam ad imperitandum quam ad factitandum quod tempus requirit » ([3]).

Bernard lui-même a rempli ce programme prophétique: dans son siècle, il est intervenu *in spiritu* pour juger toutes choses *spiritualiter* ([4]). S'il a été, comme il le dit ([5]), la chimère de ce siècle, l'homme impossible, le moine sans cesse sur les

---

568 D – 69 A): se trouvant auprès d'Eugène III à Viterbe, et le pape se plaignant à lui de ce que lui coûtaient les révoltes des Romains (en 1149, les Romains ne lui avaient juré fidélité que contre une promesse d'argent) Gerhoh lui répondit: cela vaut mieux que de les mâter par la guerre, car il est dit, dans *Jean*, XVIII: Remets ton glaive au fourreau. Dès lors, ajoute Gerhoh, le pape n'a plus tiré le *gladium ferreum*; comp. BERNARD, *Consid.*, IV, 2 et 3.

([1]) Art. cité *supra* (p. 171 n. 1), surtout p. 300-308. Bernard prend parti pour l'empereur, non pour le pape Innocent II, *son* pape pourtant, dans le conflit qui les opposait sur la question de l'autorité en Italie du Sud occupée par les Normands: c'est à l'empereur qu'il revient d'intervenir *à Rome* contre les Romains soulevés; c'est lui qui y est temporellement souverain. D'un bout à l'autre, et bien qu'il admît la Donation de Constantin (cf. *supra*, p. 183 n. 5), Bernard parle et agit comme si le pouvoir temporel des papes n'existait pas. Comp. A. MASSERON, *Dante et S. Bernard*. Paris, 1953, ch. *VIII* (p. 223 s.; surtour p. 230 s. Suit Jordan sans rien apporter de neuf). Cette étude de Jordan est excellente; elle serait peut-être plus juste si, au lieu de Dante, l'A. avait dit: Jean de Paris. Jordan n'a été retenu de voir parfaitement la position de S. Bernard, que par l'idée, alors universellement tenue, que *gladius* signifie « pouvoir » au sens d'une théologie politique.

([2]) *Cant.*, 64, 8 (183, 1086-87, avec la note de Migne); comp. 66, 12 (1101: « quia fides suadenda est, non imponenda »).

([3]) *De consid.*, II, 6, 9 (182, 747). Comp. la finale du livre IV, où S. Bernard se résume (788), et *supra*, p. 159 n. 4.

([4]) Expressions de l'*Ep.* 3 (182, 88).

([5]) *Ep.* 250, 4 (182, 451).

grands routes, mêlé aux affaires du monde sans être laïc et à celles de l'Eglise sans être un de ses recteurs, c'est qu'il en a été le prophète: l'homme impossible, non seulement au sens vulgaire du mot, se mêlant de tout, morigénant à temps et à contre-temps, mais au plus grand sens du mot: celui qui, étant du ciel, intervient dans les choses terrestres avec la force de l'Esprit pour y apporter la mesure de Dieu. L'Eglise de S. Bernard, c'est cela: une Eglise des âmes, s'élevant, par la grâce de la charité, à la mesure de Dieu.

ÉGLISE ET CITÉ DE DIEU
CHEZ QUELQUES AUTEURS CISTERCIENS
A L'ÉPOQUE DES CROISADES

EN PARTICULIER DANS LE
De Peregrinante civitate Dei
D'HENRI D'ALBANO

Les Cisterciens ont beaucoup lu le *De Civitate Dei* et les *Enarrationes in Psalmos* de S. Augustin : plus, peut-être, que ne l'avaient fait les moines noirs ; plus, sans aucun doute, que ne le feront les docteurs scolastiques du XIIᵉ et du XIIIᵉ siècles[1]. Sans négliger les informations qu'apportait l'évêque d'Hippone concernant l'Antiquité, son histoire, sa religion, les moines blancs devaient goûter surtout, dans le *De Civ. Dei*, ce qui pouvait nourrir ce désir du ciel dans lequel on nous a montré, joint à l'amour des Lettres, une des composantes essentielles de l'esprit monastique[2]. Ils y trouvaient aussi, en des formules inoubliables, les

---

(1) Le fait ressort du nombre et de la provenance des copies qui nous sont parvenues : A. WILMART, « La tradition des grands ouvrages de S. Augustin », dans *Miscellanea Agostiniana*, t. II. Rome, 1931, pp. 257-315 : pour le *De Civ. Dei*, p. 279 s. et n. 1 (quelques exemples : les Mss. Dijon 158, 159, 160 proviennent de Cîteaux ; Troyes 68 de Clairvaux ; Charleville 246 C de Belval ; Londres Brit. Mus. Reg. 5. D. VIII sans doute de Rievaulx ; etc.) ; pour les *En. in Ps.*, p. 311.

(2) J. LECLERCQ, *Un maître de vie spirituelle au XIᵉ siècle. Jean de Fécamp.* Paris, 1946, pp. 89-96 ; *La spiritualité de Pierre de Celle.* Paris, 1946, pp. 75-81 ; « Une élévation sur les gloires de Jérusalem », dans *Rech. Sc. relig.*, 40 (*Mél. J. Lebreton*, 2), 1951, pp. 326-334 ; *L'amour des Lettres et le désir de Dieu. Introduction aux auteurs monastiques du moyen âge.* Paris, 1957, p. 56.

grands thèmes de l'anthropologie spirituelle dont ils se nourrissaient, les grandes catégories dans lesquelles s'exprimait la situation de l'homme en mal de retour vers sa véritable patrie, la Jérusalem céleste : *aeternitas, mutabilitas, pax, caritas, superbia, quaerere quae sua (vel quae Dei) sunt, humilitas, avaritia,* etc. On peut se demander, cependant, si l'idée même de Cité de Dieu n'a pas subi certaines mutations du fait des auteurs cisterciens du XIIe siècle.

M. Étienne Gilson écrivait naguère : « La notion d'Église a pris [aujourd'hui] une importance telle qu'elle a comme absorbé celle de Cité de Dieu, non d'ailleurs sans en avoir assimilé le contenu. (...) Telle qu'elle se conçoit aujourd'hui, dans la pleine conscience de sa propre notion, l'Église a pratiquement assumé tous les attributs de la Cité de Dieu augustinienne »[3]. La présente étude voudrait, par une première, partielle et modeste approximation, répondre à cette question : les Cisterciens du XIIe siècle ont-ils, et comment, contribué à cette absorption de la Cité de Dieu augustinienne par l'Église historique et visible ?

Une réponse affirmative nous paraît s'imposer, à deux titres principalement : d'abord au titre de l'idéal monastique qui, tout à la fois, porte à voir la vie angélique comme déjà menée sur terre par les moines, et à voir le mystère de l'Église réalisé par excellence dans les monastères ; en second lieu, au titre d'une traduction historique de la Cité de Dieu dans la vie militante de l'Église terrestre, surtout au siècle des Croisades. Ces deux titres sembleraient, de prime abord, s'opposer. Ils ont été cependant proposés et développés ensemble, même si le premier l'a été surtout par S. Bernard, le second par des hommes qu'on ne peut évidemment lui comparer, ni au point de vue de la sainteté, ni à celui de la pensée : nous citerons surtout Othon de Freising et Henri de Clairvaux (Henri d'Albano). Ajoutons que les limites imposées à la présente étude nous ont amené à ne donner qu'une esquisse sommaire et schématique du premier des deux thèmes annoncés.

Vie angélique, vie monastique et Église

La Cité de Dieu de S. Augustin est, de soi, une réalité céleste. Le fait qu'elle a, sur terre, une histoire, n'enlève rien au fait primordial qu'elle se définit essentiellement par un rapport, de soi intemporel, à Dieu : « *societas fruendi Deo et invicem in Deo* »[4]. Elle appartient de soi à

---

(3) « Église et Cité de Dieu chez S. Augustin », dans *Arch. Hist. doctr. lit. M. A.*, 18 (année 1953), pp. 5-23 : p. 15 et 22-23.

(4) *De Civ. Dei* (= *CD*), XIX, 13 (*P. L.*, 41, 640 ; Dombart, II, 377) ; comp. XII.9 (357 ; II, 525) ; XIX.10 et 17 (636, 646 ; II, 370, 386) ; *En. in Ps.* 98.4 (*P. L.*, 37.1200-1201) ; *Sermo 361.* 28.29 (39.1633).

l'ordre de la fin et de la jouissance de la fin *(frui, caritas)*. Sans cesse, Augustin oppose la *civitas terrena* à la *civitas coelestis*, qui est la Cité de Dieu[5]. Parce qu'elle est fondée d'abord dans le ciel et, sur terre, depuis le ciel[6], ses premiers et ses plus authentiques citoyens sont les anges, en qui elle a commencé[7]. Elle est la « sancta civitas in sanctis angelis »[8], la « sancta civitas angelorum »[9]. Augustin ne perd jamais de vue cet article de sa théologie de la Cité de Dieu : une cité dont les hommes ne sont citoyens qu'au titre de concitoyens des anges[10]. La tradition monastique s'est nourrie de ces idées, au point que, chez S. Grégoire, son plus vénéré docteur, et dans maint textes liturgiques, *cives (superni)* désigne les anges[11]. L'idée de la vie monastique comme imitation, sur terre, de la vie angélique, a été, ces dernières années, proposée avec tant de profondeur et une telle richesse de documentation qu'il suffit de renvoyer aux études publiées[12]. Parmi les témoins de cette idée de la vie monastique, les

(5) Ainsi *CD*, XIV.28 (428 ; II, 56) ; XV.2 (439 ; 61) ; 17 (460 ; 94) ; 27 (476 ; 120) ; XVIII.47 (609 ; 330) ; 54 (620 ; 345) ; XIX.17 (645 ; 384) ; comp. *Ep. 138*.17 (*P. L.*, 33.533 : « Sempiterni cuiusdam populi coelestem divinamque rempublicam, cui nos cives adsciscit fides, spes, caritas »).

(6) « Ex illa quae in coelis est semper, ex quo condita est... » : *Enchir.* xv (56), *P. L.*, 40. 258 ; éd. SCHEEL, p. 36 ; comp. *CD*, XI, 24 (338 ; I, 495) ; *Sermo 105.* 7. 9 (*P. L.*, 38. 622 : « civitas in terra peregrina, in coelo fundata »).

(7) *CD*, X. 7 (284 ; I, 412) ; XI. 24 (338 ; 495) ; 34 (348 ; 511) ; XII. 1 (347-49 ; 462) ; 9 (357 ; 325) ; XIV. 13 (421 ; II, 33) ; *De Gen. ad litt.*, XI. 15. 20 (*P. L.*, 34. 437) ; *Enchir.*, xv et xvi (56-64) (*P. L.*, 40. 258-62) ; *En. in Ps.* 121. 2 et 149. 5 (*P. L.*, 37. 1619 et 1952).

(8) *CD*, XI. 7 et 24 (322 et 338 ; I, 469 et 495).

(9) *CD*, XI, 19 (333 ; I, 487).

(10) Outre plusieurs des textes cités n. 7, cf. *CD*, XI. 31 (345 ; I, 506) ; XXII. 29 (797 ; II, 624) ; *En. in Ps.* 9. 12 (*P. L.*, 36. 122) ; *Enchir.*, xxix (8), *P. L.* 40. 246 ; *Sermo 341.* 9 (39. 1500).

(11) Voir S. GRÉGOIRE. *Dial.*, IV, 1 (*P. L.*, 77. 317) ; *Moral.*, I. 34 (75. 543 A) ; 43 (546 B) ; XVII. 13 (76. 20 C) ; XXXII. 23 (665 C) ; *In Ezech.*, II. 4-5 (76. 986 C) ; *Hom. in Evang.* 14. 5 (76. 1130 A : texte souvent repris. Mais Pierre et Paul sont aussi *cives*: 14. 6, col. 1130 B) ; 21. 3 (1171 B) ; 30. 10 (1227 C) ; 34. 11 (1252 C). *Civitas superna*: *Hom. in Ev.* 34. 11 (76. 1252 B : « ex angelis et hominibus constat ») ; 37. 1 (1275 B).

Liturgie : 1° Collectes : cf. *Ausdrucksformen der lateinischen Liturgiesprache bis in Elften Jahrh.*, ges. u. dargeb. v. G. MANZ. Beuron, 1941, p. 103, n°s 153 *(cives aeterni)*, 154 *(cives caelestes:* plus rare), 155 *(cives superni)*, 156 *(civitas aeterna)*; 2° Hymnes : Vêpres de S. Jean-Baptiste (sans doute Paul Diacre) : « Laudibus cives celebrent superni »; hymne *Jesu Salvator saeculi*, du 1er nov. (Raban Maur ?).

(12) E. PETERSON. *Das Buch von den Engeln*, trad. frse par Cl. CHAMPOLLION, *Le livre des anges*. Paris, 1954, surtout pp. 60 s., 77 s. ; A. LAMY (Cl. CHAMPOLLION), *Bios Angelikos*, dans *Dieu vivant*, n° 7 (1946), pp. 59-77 ; J. LECLERCQ, *La vie parfaite. Points de vue sur l'essence de l'état religieux*. Turnhout-Paris, 1948, ch. 1, pp. 19-56 ; L. BOUYER, *Le sens de la vie monastique*. Turnhout-Paris, 1951 ; J.-C. DIDIER, « Angélisme ou perspectives eschatologiques », dans *Mél. de Sc. relig.*, 11 (1954), pp. 31-48 ;

176

classiques de l'Ordre cistercien occupent une bonne place. S. Bernard ne se contente pas de reprendre les grands thèmes augustiniens de la Cité de Dieu[13], il dépasse Augustin dans le rapprochement des anges et des hommes au sein d'une même Église. C'est même un chapitre sur lequel S. Bernard, si soucieux de ne pas outrepasser les *dicta patrum*, a une position originale : sur deux points, en particulier, Thomas d'Aquin ne le suivrait pas. Pour l'abbé de Clairvaux, les anges ont déjà la qualité d'Épouse du Verbe[14] et le Christ peut être appelé leur Sauveur[15]. Ils sont tous, et pas seulement les moins élevés parmi eux, employés et envoyés par Dieu pour l'utilité de l'Église[16] : bienheureuse Église, dans le service et la vie de laquelle toute la cour céleste s'engage !

Mais, d'un autre côté, les hommes spirituels que sont, par excellence, les moines, sont, dès ici-bas, citoyens de la Jérusalem céleste. Rien n'est plus significatif, à cet égard, que la réponse adressée par S. Bernard à l'évêque de Lincoln, Alexandre, pour justifier la décision qu'a prise un de ses chanoines, Philippe, parti d'abord pour la Terre sainte, de demeurer comme moine à Clairvaux. Philippe est arrivé où il voulait aller, dit Bernard : il est à Jérusalem, non comme un touriste venu pour regarder une ville, mais comme un citoyen qui en exerce les activités. Cette Jérusalem, c'est Clairvaux, qui fait une unique société avec celle du ciel, par la dévotion du cœur, l'imitation de la vie et une vraie parenté

U. RANKE-HEINEMANN. « Zum Ideal der vita angelica im frühen Mönchtum », dans *Geist und Leben*, 29 (1956), pp. 347-357 ; EMMANUEL VON SEVERUS, ΒΙΟΣ ᾿ΑΓΓΕΛΙΚΟΣ, dans *Die Engel in der Welt von heute* (*Liturgie und Mönchtum*, 21). Maria Laach,1957, pp. 56-70.

(13) Deux cités, typifiées en Jérusalem et Babylone, *pax* et *confusio: In dedic. eccl. sermo 5.*9 (*P. L.*, 183. 534) ; Ep. 126. 7 (182. 275-76). « Habet unaquaeque civitas regem suum. Rex Hierusalem Christus Dominus est, rex Babylonis diabolus » : *Parab.* II, 1 (183. 761). Leur combat, qui met leurs deux armées en lutte (*Parab.*, II : *De pugna spirituali*, 183, 761-65 et III, col. 765 : « Inter Jerusalem et Babylonem ordinatae sunt acies ad bellum »), finit en « extrema caecitas » ou en « suprema charitas » : *Cant. S.* 72. 5-11 (183. 1130-34). — La Cité de Dieu est céleste, elle a son origine dans le ciel : *Cant. S.* 27. 6 et 7 (183. 916-17) ; *De consid.*, III. 4 (182. 769). Les anges en sont les premiers et les plus authentiques citoyens : *De consid.*, V. 4. 7 (182. 769). — Les hommes sont assumés en remplacement des anges tombés : *Cant. SS.* 27. 6 ; 62. 1 ; 68. 4 ; 78. 1 (183. 916, 1075, 1110 C, 1159) ; *In festo S. Michaelis sermo* 1. 4 (183. 449).

(14) *Cant. S.* 27. 6. 7 (183. 916-17). Par contre, S. THOMAS, *In IV Sent.*, d. 49, q. 4, a. 4, sol., ad 1 et ad 5 ; a. 3, ad 4. S. GRÉGOIRE voyait les noces du Christ avec les anges se faire après l'Ascension : *Hom. in Ev.* 13. 2 (*P. L.*, 76. 1124 B).

(15) *Cant. S.* 22. 6 (183. 880) : sur ce point, cf. *Ami du Clergé*, 1954, p. 124 s. — S. THOMAS est plus nuancé lorsqu'il parle du mérite du Christ pour les anges : *In III Sent.*, d. 13, q. 2, a. 2, q[la] 1 ; *De Verit.*, q. 29, a. 7, ad 5.

(16) Voir E. BOISSARD, « La doctrine des anges chez S. Bernard », dans *Saint Bernard théologien* (*Anal. S. Ord. Cisterc.*, 9, 3*l*4, 1953), pp. 114-135, surtout pp. 129 s. Bernard aime citer Hébr. I, 14, « administratorii spiritus », et il s'écrie « o mater Ecclesia, bene tecum agitur in loco peregrinationis tuae ! » (*Cant. S.* 77. 4 : 183. 1157).

d'esprit[17]. Tout moine est ainsi un pèlerin de Jérusalem arrivé à la ville sainte : « monachus et Hierosolymita »[18]. De fait, l'anthropologie monastique de S. Bernard dessine les lignes d'une assimilation aux esprits bienheureux, premiers citoyens de l'« ea quae sursum est Jerusalem »[19]. S'il est vrai qu'il demandait aux novices qui se présentaient à Clairvaux de laisser leur corps à la porte, on serait autorisé à dire qu'au fond, l'anthropologie monastique qu'il leur proposait ressemblait assez bien à une anthropologie angélique... L'homme est de la terre par son corps, mais il est du ciel par l'âme. Il a, dans son âme, la possibilité d'aimer Dieu comme les anges, d'être chaste comme eux, bref de vivre une vie angélique ; mais il doit le faire dans un corps, ce dont sont affranchis les anges, et s'il laissait parler la chair (que S. Bernard semble assez proche ici d'identifier au corps), il deviendrait cette chose monstrueuse, un *ange* dans un corps de *bête*[20]. La discipline monastique

(17) « Philippus vester, volens proficisci Jerosolymam, compendium viae invenit, et cito pervenit quo volebat. Transfretavit in brevi hoc mare magnum et spaciosum, et prospere navigans, attigit jam littus optatum, atque ad portum tandem salutis applicuit. (...) Ingressus est sanctam civitatem, sortitus est cum illis haereditatem, quibus merito dicitur : *Jam non estis hospites et advenae, sed estis cives sanctorum et domestici Dei* (Eph. II, 19). Cum quibus intrans et exiens, tanquam unus e sanctis gloriatur et ipse cum caeteris, dicens : *Conversatio nostra in coelis est* (Phil. III, 20). Factus est ergo non curiosus tantum spectator, sed et devotus habitator, et civis conscriptus Jerusalem, non autem terrenae hujus, cui Arabiae mons Sion conjunctus est, quae servit cum filiis suis, sed liberae illius, quae est sursum mater nostra (Gal. IV, 25. 26). Et si vultis scire, Clara-Vallis. Ipsa est Jerusalem, si quae in coelis est, tota mentis devotione, et conversationis imitatione, et cognatione quadam spiritus sociata. Haec requies ejus, sicut Ipse promittit, in saeculum saeculi elegit eam in habitationem sibi : quod apud eam sit, etsi nondum visio, certe expectatio verae pacis, illius utique de qua dicitur : *Pax Dei, quae exsuperat omnem sensum* (Phil. IV, 7) ». *Epist.* 64, nn. 1-2 (182. 169 B-170 A). Sur la « similis devotio » comme nous conformant aux anges, cf. aussi *Cant. S.* 27. 6 (183. 916 B). — Comp. *Cant. S.* 7. 5 (809 : « Laudem ergo cum coeli cantoribus in commune ducentes, utpote cives sanctorum et domestici Dei, psallite sapienter ») ; *Cant. S.* 55. 2 (1045 C : cf. note suiv.).

(18) « Puto enim hoc loco [Soph. I, 12] prophetam Jerusalem nomine designasse illos qui in hoc saeculo vitam ducunt religiosam, mores supernae illius Jerusalem conversatione honesta et ordinata pro viribus imitantes... Mea autem, qui videor monachus et Jerosolymita, peccata... ». *Cant. S.* 55. 2 (183. 1045 C). Comp. *infra*, n. 20. *Hierosolymita* désigne le pèlerin ou le croisé arrivé à la ville sainte : caractéristique, à cet égard, est le titre du récit de la première croisade par EKKEHARD, abbé d'Aura, *Hierosolymita* (*Mon. Germ. Hist., SS.*, VI, 265 s. ; *Recueil des Hist. des Crois. Hist. Occid.*, t. V, p. 1 s. ; éd. H. HAGENMAYER, 1877); cf. aussi H. HAGENMAYER. *Die Kreuz-zugsbriefe aus den Jahren 1088-1100*. Innsbruck, 1901, p. 343.

Comp. Henri d'Albano. *De peregr. Civ. Dei*, praef. : « In hac (civitate) fratres meos et filios Clarevallenses, quorum absentiam deplorabam, prasentes reperi ; in hac omnes bonos in hoc mundo peregrinantes ascriptos cives inveni » (*P. L.*, 204, 253 B).

(19) Texte caractéristique : *De Consider.*, V, 4. 7 et 9 (182. 791 B, 793 B).

(20) Voir tout particulièrement *Cant. S.* 27. 6 : « Nam si propter corpus, quod de terra habet, tabernaculis Cedar se assimilat (Sponsa), cur non et propter animam, quae de coelo est, coelo aeque similem se esse glorietur, praesertim cum vita testetur

178

donne le corps qui lui convient à une âme appelée à partager la vie des anges et à faire avec Dieu « un seul esprit » (1 Cor. VI, 17, sans doute le verset biblique le plus souvent cité par S. Bernard).

Les moines, qui mènent la vie angélique, sont sur terre, avec les anges, les citoyens de la Jérusalem céleste. Mais il faut dire en même temps qu'ils représentent la réalisation la plus authentique de l'Église[21]. Il est clair que, même s'il a eu surtout le souci de leur assurer leur inspiration mystique, S. Bernard n'a pas méconnu, il a au contraire fortement affirmé, les structures hiérarchiques de l'Église. Mais, pour lui, le mystère essentiel de celle-ci consiste dans l'union spirituelle des âmes personnelles avec le Verbe : une union qui se réalise suprêmement par la *caritas*, grâce à laquelle elles font, avec Dieu, cet *unus spiritus* dont nous parlions[22]. C'est ainsi que l'*unus populus*, l'*una civitas* deviennent *una sponsa*[23]. La Cité est Épouse, comme le dit l'Apocalypse, XXI, 2 et 9-10. Mais tandis que S. Augustin ne citait guère ces textes et que, dans les chapitres finaux du *De Civ. Dei* où il commente les derniers chapitres de l'Apocalypse, il évite de gloser le « quasi novam nuptam » et que, d'une façon générale, il n'unit pas le thème de l'Épouse au thème de la Cité[24],

originem, testetur naturae dignitatem et patriae ? Unum Deum adorat et colit, quo modo angeli, Christum super omnia amat, quo modo angeli, casta est, quo modo angeli, idque in carne peccati et fragili corpore, quod non angeli, quaerit postremo et sapit quae apud illos sunt, non quae super terram. Quod evidentius coelestis insigne originis, quam ingenitam et in regione dissimilitudinis, retinere similitudinem, gloriam vitae caelibis in terra, et ab exsule, usurpari, in corpore denique pene bestiali vivere angelum ? Coelestis sunt ista potentiae, non terrenae, et quod vere de coelo sit, anima quae haec potest, aperte indicant... » (183. 915 C-916 A). Comp. *Serm. 93 de div. (infra*, n. 28) et *De praec. et disp.*, xx, 59-60 (*P. L.*, 182. 892-893) : nous pérégrinons quant au corps et vivons la vie céleste (Phil. III. 20) quant à l'âme. Pour S. Bernard, bien sûr, la mort est une libération de l'âme : cf. par ex. *De diligendo Deo*, 10. 29 (182. 992) ; *Sermo in Vig. Nativ.* (183. 90).

(21) Pour ce qui suit, voir « L'ecclésiologie de S. Bernard », dans *S. Bernard théologien* (*Anal. S. Ord. Cisterc.*, 9, 3/4). Rome, 1953, pp. 136-190.

(22) Art. cité, p. 140 s.

(23) « Civitas propter collectionem, sponsa propter dilectionem » (*Cant. S.* 76. 8 : 183. 1153) ; mais surtout *In dedic. eccl. sermo* 5. 8 à 10 : « Quaeramus domum Dei, quaeramus templum, quaeramus civitatem, quaeramus et sponsam. (...) Numquid tamen vel ipsa iam sanctimonia sufficit ? Pax quoque necessaria est (pour faire une cité)... Haec est quae facit unius moris habitare fratres in unum, novam utique Regi nostro vero pacifico, aedificans civitatem, quae et ipsa Jerusalem nominatur, quod est *visio pacis*. Ubi enim sine foedere pacis, sine observantia legis, sine disciplina et regimine acephala multitudo congregata fuerit, non populus, sed turba vocatur : non est civitas, sed confusio ; Babylonem exhibet, de Jerusalem nihil habet. Sed quemadmodum fieri posse videbitur ut Rex tantus in sponsum transeat, civitas promoveatur in sponsam ? Sola hoc potest quae nihil non potest, charitas fortis ut mors. (...) Templum Dei per sanctificationem, Civitas Summi Regis per socialis vitae communionem, sponsa immortalis Sponsi per dilectionem » (183. 534-535).

(24) Augustin commente soigneusement le ch. XX de l'Apoc. parlant du règne de 1.000 ans et des dernières luttes entre les forces du mal et l'Église : *CD*, XX. 7-15 ;

S. Bernard, lui, les lie. D'une façon, d'abord, assez singulière, mais au fond significative : la Cité-Épouse qui descend du ciel, ce sont les anges, déjà Cité de Dieu et déjà Épouse au moment où le Christ vient s'unir une Épouse prise des hommes ; mais c'est aussi, et mieux encore, le Verbe en son Incarnation, formant avec l'Église *una caro*[25]. Mais surtout, la Cité qu'est l'Église devient Épouse lorsqu'au-delà des disciplines de l'unité qui font d'elle un peuple ou une ville, elle vit, dans sa profondeur, le mystère de la charité. S. Bernard propose, tout au long de ses *Sermones in Cantica*[26], une théologie mystique de l'union de l'âme, comme Épouse, avec Dieu, par l'amour : théologie mystique qui est, tout autant et pour autant, le fond de son ecclésiologie. Quand, au-delà des exigences extérieures de l'unité, la Cité qu'est l'Église porte la réalisation de son propre mystère jusqu'à la *caritas-dilectio*, elle devient Épouse, mais il faut bien reconnaître qu'elle trouve alors sa substance dans les âmes spirituelles[27] et que, de ces âmes spirituelles, les moines sont, par excellence, les représentants[28]. S. Augustin s'était tenu au rapport *Civitas-Rex* (ou *Conditor*).

il parle des nouveaux cieux et de la nouvelle terre (Ap. XXI, 1) : *CD*, XX. 16 ; il arrive enfin au texte d'Ap. XXI, 2 s., et il le cite, *CD*, XX. 17, mais il ne commente pas le « quasi novam nuptam ». Il semble qu'il évite d'appeler la Cité de Dieu « Épouse », sauf en de très rares et fugitives allusions (*Conf.*, VII. 21.27 : *P. L.*, 32. 748 ; comp. *En. in Ps.* 44. 33 : 36. 514). Il ne suffit pas, croyons-nous, de noter à ce sujet, comme fait Cl. CHAVASSE (*The Bride of Christ. An Enquiry into the Nuptial Element in Early Christianity*. Londres, s. d. (1940), p. 135, n. 1), qu'Augustin s'adresse, dans le *De Civ. Dei*, à des païens, car il n'est pas plus positif dans les *En. in Ps.*, prêchées à des fidèles. On peut se demander si Augustin ne réserve pas le thème des épousailles aux rapports entre le Verbe *incarné* et l'*Ecclesia*, laquelle fait, avec le Christ, *una caro*. S'agit-il de l'union sponsale spirituelle *avec le Verbe*, il semble en réserver l'application à l'âme individuelle : cf. *En. in Ps.* 90. 13 (37. 1170).

Pourtant, ce passage de l'âme à l'Église est esquissé, sans devenir un principe décisif de la théologie augustinienne de la Cité de Dieu, *C. Faust.*, XXII. 38 et 40 (42. 424, 425) ; *In Ep. Joannis* tr. 2. 2 (35. 1990).

(25) *Cant. S.* 27. 6 et 7 (183. 916 AB et C).

(26) Il en formule ainsi le thème : « Amor sanctus, quem totius hujus voluminis unam constat esse materiam » (*Cant. S.* 79. 1 : 183. 1163).

(27) « Et gaudebit Sponsus super sponsam animam tuam » (*De Consider.*, III. 4. 14 : 182. 766 C) ; « Quaeramus et sponsam. Neque enim oblitus sum, sed cum metu et reverentia dico : Nos sumus » (*In dedic. eccl. sermo* 5. 8 : 183. 534) ; « Sponsa. Quaenam ipsa ? Anima sitiens Deum » (Cant. S. 7. 2 : 183. 802). Voir d'autres références dans *L'ecclésiologie...*, p. 141-142.

(28) Voir par exemple *Sermo 93 de div.*, 2 (183. 716) où Bernard compare les moines aux dents, dans le corps de l'Église : « De toto Ecclesiae corpore, quod candidum est, candidiores esse videntur », « Isti carnem non habent, quia in carne carnem obliti audiunt ab Apostolo : *Vos autem in carne non estis, sed in spiritu* (Ro. VIII, 9) ». Comp. *Cant. S.* 46. 1 et 2 (183. 1004 : « In Ecclesia quidem lectum in quo quiescitur, claustra existimo esse et monasteria ») ; *Apologia*, c. 10. 24 (182. 912) : « Ordo noster, qui primus fuit in Ecclesia, imo a quo coepit Ecclesia : quo nullus in terra similior angelicis ordinibus, nullus vicinior ei quae in coelis est Jerusalem mater nostra, sive ob decorem castitatis, sive propter charitatis ardorem... ».

On rencontre le même sens des choses si l'on suit le thème de la Vigne : cf. *L'ecclésiologie...*, p. 143, nn. 1 et 2.

180

Chez lui, la *caritas* était la valeur décisive et créatrice de la Cité de Dieu, mais elle se présentait aussi essentiellement comme constitutive de l'Église considérée dans son unité. Sans nier ce moment ecclésiologique et social, S. Bernard, qui parle à des moines et qui a lu Origène, intériorise et personnalise davantage les valeurs associées de *caritas (dilectio)* et de *sponsa*.

Il y avait une tradition dont la source était sans doute S. Jérôme, peut-être même Origène[29], mais qui, par Cassien[30], était devenue un lieu commun de la méditation monastique, concernant les quatre sens attribuables au mot *Jerusalem :* ce nom désignait, au sens historique, la ville de Palestine, au sens allégorique l'Église, au sens tropologique l'âme fidèle, au sens anagogique, enfin, la patrie céleste. Les esprits du xiie siècle respirent le plus à leur aise au niveau de l'allégorie et de la tropologie. Jérusalem, pour eux, c'est l'Église et c'est l'âme fidèle[31]. Pour S. Bernard, ces deux choses sont foncièrement la même, et le lieu par excellence de leur identité, c'est l'institution monastique, c'est Clairvaux.

Ainsi S. Bernard spiritualise, personnalise et intériorise simultanément l'Église et la Cité de Dieu. Essentiellement céleste, celle-ci l'est toujours pour lui, mais elle s'identifie à l'Église de la terre plus adéquatement qu'elle ne l'était dans la perspective de S. Augustin. L'association des anges et des hommes est, chez S. Bernard, moins eschatologique qu'elle ne l'était chez Augustin[32] : elle se réalise étroitement déjà dans l'Église, dans laquelle les anges sont davantage insérés et dont le mystère apparaît vécu par excellence dans la vie monastique. Il nous semble peu douteux que ces thèmes bernardins, dont l'influence a été grande, ont contribué à estomper les différences, déjà peu nettes chez Augustin, entre l'Église

---

(29) S. Jérome. Com. *in Is.,* lib. XIII, c. 49 (*P. L.,* 24. 470) ; *In Ezech.,* lib. IV, c. 16 (25. 125) ; comp. Origène. *In Jesu Nave* hom. 17. 1 (Baehrens, p. 401-402) ; *In Ezech.* hom. 5, n. 4 (p. 374 ; comp. p. 387).

(30) *Collat.* XIV. 8 (*P. L.,* 49. 964).

(31) Cf. Guibert de Nogent († 1124), *Liber quo ordine sermo fieri debeat* (*P. L.,* 156. 26 A) ; Hugues de Saint-Victor, *De claustro animae,* lib. IV (176. 431 s.) ; Richard de Saint-Victor (Ps.-Hugues), *Sermo 39* (177. 999 A) ; *Miscellanea* (de l'école de Richard), lib. III, tit. 20 et 21 ; tit. 54 (texte très développé) ; tit. 62 (177. 645, 670-71, 674).

(32) On vérifierait cela, pensons-nous, en suivant les usages du texte de Mat. XXII, 30 et Lc. XX, 36 (avec l'expression ἰσάγγελοι, point d'appui de l'idée de *vita angelica*), d'une part chez S. Augustin, d'autre part dans la tradition monastique : voir *supra,* n. 12 et *infra,* n. 78 et 120. Pour S. Augustin l'*aequales angelis Dei* est toujours eschatologique et lié à la résurrection : cf., entre tant de textes, et sans souci de chronologie (inutile ici) : *CD,* XI. 13 (329 ; I, 480) ; 32 et 33 (346 ; I, 507 et 508) ; XV. 26 (472 II. 114) ; *En. in Ps.* 36 serm. 2. 8 (36. 368) ; 65. 1 (786) ; 109. 2 et 3 (37. 1447) ; 117. 4 (1776) ; 126. 3 (1668-69) ; 148. 8 (1942) ; *Sermo* 55. 5 et 248. 3 (38. 376 et 1160) ; *De Gen. ad litt.,* V. 19. 38 (34. 334-35) ; VI. 24. 35 (353) ; *Enchir.,* xxix (40. 246) ; *De bap.,* II. 5. 6 (43. 130) ; *Epist.* 148. 7 (33. 625). — Comp. encore *En. in Ps.* 33 serm. 2. 3 (36. 308-09) ; 45. 11 (521) ; 60. 1 (723) ; *Sermo* 341. 11 (39. 1500) ; *De fide et symb.* 6. 13 (40. 187) ; etc.

et la Cité de Dieu ; ils ont favorisé un développement de l'idée, déjà augustinienne, selon laquelle la Cité de Dieu se réalise dans l'Église historique et terrestre. Il s'agit, en tout ceci, de l'Église envisagée sous son aspect le plus spirituel. Nous allons voir que, sous ses aspects les plus lourdement engagés dans l'Histoire, l'Église des auteurs cisterciens que nous avons nommés apparaît comme adéquatement identifiée à la Cité de Dieu en son état d'itinérance et de combat. Nous prendrons alors la mesure du chemin parcouru depuis S. Augustin et ce qui a été simplement esquissé dans les pages précédentes trouvera un complément qui lui donnera toute sa portée.

L'Eglise de l'époque des Croisades comme Cité de Dieu militante

Comme nous invoquerons ici, plus encore que S. Bernard et Othon de Freising, qui sont suffisamment connus, le sixième successeur de Bernard comme abbé de Clairvaux, devenu Henri, cardinal-évêque d'Albano, et son traité, *De peregrinante Civitate Dei*, il ne sera pas inutile de présenter succinctement l'homme et l'œuvre[33].

Né au château de Marcy, près de Cluny, vers 1140 ou peu auparavant, Henri, tout juste adolescent, était entré à Clairvaux, sous l'abbatiat de Robert Ier successeur immédiat de S. Bernard, en 1155 ou 1156. Il avait été élu en 1160 abbé de Hautecombe, puis, en 1176, abbé de Clairvaux, en place de l'abbé Gérard qui avait succombé aux blessures portées par un moine évidemment assez étranger aux mœurs de la vie angélique. Comme abbé de Clairvaux déjà, Henri se trouva engagé dans les grandes affaires de l'Église de son temps, en particulier dans la lutte contre l'hérésie néomanichéenne du Toulousain et de l'Albigeois : légation de 1178 en compagnie du cardinal de Saint-Chrysogone. Venu au concile de Latran, mars 1179, Henri de Clairvaux y fut créé par Alexandre III cardinal-évêque d'Albano. Il est hautement probable qu'li joua un rôle décisif dans l'élaboration du canon 27e, par lequel un pas nouveau était fait dans le sens d'une répression de l'hérésie, tout à la fois, par des mesures spirituelles et par l'usage de la contrainte matérielle. On vivait alors dans un climat de guerres saintes, et la distinction des domaines spirituel et temporel, portée par Grégoire VII et les Grégoriens jusqu'à une nette division des compétences, n'empêchait pas qu'on vécût universellement — avec des nuances diverses, tantôt dans le sens hiérocratique, tantôt dans le sens d'une plus nette consistance de l'ordre temporel —, dans l'idée et la pratique d'une œuvre unique, expressément chrétienne en ses finalités et ses règles, menée de concert par le Sacerdoce et par les Princes.

Henri d'Albano reçut bientôt une seconde mission, cette fois comme cardinal-

(33) Nous publions, dans les *Analecta Monastica*, 5e série (*Studia Anselmiana*, Rome), une étude détaillée sur la vie et l'activité d'Henri de Marcy (ou de Clairvaux, ou d'Albano), où sont indiquées les sources, puis notablement complétées et parfois corrigées les indications, déjà précieuses, de S. STEFFEN, « Heinrich, Kardinalbischof von Albano. Ein Kirchenfürst des XII. Jahrhunderts », dans *Cisterzienser Chronik*, 21 (1909), pp. 228-36, 267-80, 300-306, 334-43, et de G. KÜNNE, *Heinrich von Clairvaux* (Diss. Tubingue). Berlin, 1909.

182

légat, en France, en particulier en Languedoc, où l'hérésie marquait de jour en jour des points. Au cours de cette légation (hiver 1180-81 à l'été 1182), il reçut à Lyon, la profession de foi catholique de Valdès et consacra, le 19 mai 1182, l'autel majeur de la nouvelle cathédrale Notre-Dame dont Maurice de Sully ,évêque de Paris, avait entrepris la construction en 1163. Est-ce au cours des quelques loisirs que lui laissèrent, dans le séjour qu'il fit à la Curie, de l'été 1182 à la mi-novembre 1187, les fonctions dont il était chargé, qu'Henri d'Albano commença la rédaction de son *De peregrinante Civitate Dei?* Le fait est possible[34], mais aucune indication positive ne permet de l'affirmer de façon certaine.

En octobre 1187, arrive à la Curie l'affreuse nouvelle de la défaite des troupes chrétiennes à Hattin (4 juillet 1187) ; avant la fin de novembre, celle, plus triste encore, de la prise de Jérusalem par Saladin. Henri d'Albano fut désigné par Grégoire VIII pour prêcher la croisade au delà des Alpes, en France, en Flandres et en Allemagne. Nous pouvons suivre dans le détail ses allées et venues, conduites à un rythme haletant, auprès de l'empereur Frédéric Barberousse, de Philippe Auguste et de Henri II, roi d'Angleterre et duc de Normandie, des comtes de Flandre et de Hainaut. Henri assiste à la grande *Curia* de l'Empire, à Mayence, 27 mars 1188, dont il avait dit lui-même qu'elle serait la *Curia Jesu Christi*[35]. Il revient en France, où la guerre menace de recommencer entre Philippe Auguste et Henri II, qui ont cependant fait vœu de se croiser, dès janvier 1188. Le Tract. XIII du *De peregr. Civ. Dei*, évidemment rédigé pendant l'été ou au début de l'automne 1188, fait allusion à tous ces événements : la prise de croix de l'empereur et de nombreux princes allemands, spirituels et temporels, le scandale de la lutte entre les rois de France et d'Angleterre : chacun pense aux intérêts de son pays particulier ; ceux qui s'étaient tout entiers voués à la croix sont revenus à leur vomissement, « jam crux adversus crucem dimicat, crucifixus crucifixum impugnat »[36]. Au même moment, Pierre de Blois, alors archidiacre de Bath, rédigeait son *De Jerosolymitana Peregrinatione acceleranda* (P. L. 207, 1057-70) où, avec plus de rhétorique encore, il se lamentait, lui aussi, sur les atermoiements du départ, et même des préparatifs finaux, de la croisade.

Il ne devait pas être donné à Henri d'Albano de voir le succès total de ses efforts. Parti pour l'Artois afin d'aplanir un différend entre l'Église d'Arras et le comte de Flandres Philippe, il mourait aux portes d'Arras, ou même peut-être dans la cathédrale, le 1er janvier 1189. Son corps fut transporté à Clairvaux, où il reçut sa sépulture entre ceux de S. Bernard et de S. Malachie, derrière le maître-autel.

Il est difficile de préciser la date exacte de composition des *(Tractatus) de Peregrinante Civitate Dei (P. L.,* 204, col. 251-402). Tel qu'il se présente à nous dans les éditions imprimées, cet écrit comporte dix-huit Tractatus précédés d'une épître dédicatoire aux moines de Clairvaux. Mais cette division en *tractatus*, de même que le titre de chacun de ceux-ci, provient des éditeurs ; elle ne figure pas dans le ms. de Troyes n° 509, où notre traité occupe les fol. 93vb-177vb. Le plan est peu logique, et sans cesse alourdi par des développements digressifs. L'ouvrage voudrait suivre, par mode de large commentaire, les sept versets du Ps. 86e (hébr. 87), *Fundamenta ejus in montibus sanctis.* L'ensemble aurait dû comporter sept développements successifs, dont Henri annonçait ainsi la suite (tr. I : col. 255 BC) :

vv. 1-2 : agitur de civitatis ipsius fundatione et gloriosa portarum seu murorum consummatione ;

v. 3 : de communis asyli in medio civitatis collocatione ;

---

(34) Dom BRAUNMÜLLER le dit, dans sa notice du *Kirchenlexikon,* t. V (Freiburg, 1888), col. 1702, mais sans apporter de preuve.

(35) Cf. son *Epist.* XXXII, dans *P. L.,* 204. 249-52 (col. 250 D) ; Mansi, t. XXII, col. 539-540.

(36) *P. L.,* 204. 260 A.

v. 4 : de civitatis populatione ;
v. 5 : de ejus informatione ;
v. 6 : de confirmatione ;
v. 7 : de consummata civitatis laetabunda dedicatione.

De ce programme, Henri d'Albano n'a réalisé que les deux premiers points : leur développement occupe les douze premiers Tractatus, qui seuls répondent à l'intention de l'ouvrage telle que l'auteur l'a formulée. Les Tract. XIV à XVIII n'appartiennent pas à l'ouvrage annoncé : sauf une brève allusion[37], ils ne proposent absolument pas le thème de la Cité ; de plus, ils n'ont pas la clausule habituelle aux douze premiers Tractatus. Dans le ms., le texte de ces cinq *tractatus* est d'une seule venue, alors que, pour les tr. I-XIII, la division en *tractatus* introduite par les éditeurs se trouve marquée, tant par une graphie particulière des deux premières lignes, que par une doxologie finale. Les cinq derniers tract. sont consacrés à une explication de la liturgie de la septuagésime (XIV), de la sexagésime (XV), de la quinquagésime (XVI) et de la quadragésime (XVII). Cette suite aussi est incomplète, et le Tract. XVIII, qui contient une sorte de récapitulation, s'arrête après avoir annoncé un commentaire des dimanches de carême. Le manuscrit de Troyes 509 est de la même écriture (gothique française du XIIIe siècle, si nous ne nous trompons), à cela près qu'une autre main a complété quelques rares omissions et transcrit quelques mots que le copiste n'avait pas bien déchiffrés. Tout se passe comme si, dans le Scriptorium de Clairvaux dont provient notre ms. Troyes 509, on avait réuni, sous le titre commun de De peregrinante Civitate Dei, deux séries de Tractatus, l'une et l'autre inachevées. Entre ces deux séries ont été insérées, comme Tract. XIIIe, des pages qui, à la différence des autres, font, à l'actualité de la croisade, des allusions permettant de les dater avec certitude et précision : l'empereur et presque tous les princes de Germanie ont pris la croix (col. 357 AB) ; les rois de France et d'Angleterre, et presque tous les princes des deux royaumes, aussi (357 BC) : ceci est donc écrit après mars 1188 ; mais les deux rois ont repris leurs querelles (col. 360) : on est donc après août 1188.

Il semble donc que le cardinal d'Albano ait poursuivi simultanément la rédaction de deux séries de méditations, que sa brève maladie et sa mort auraient interrompues l'une et l'autre. A l'automne 1188, ayant rédigé déjà douze Tractatus du De peregr. Civ. Dei, Henri d'Albano aurait ajouté le Tract. XIII, qu'un bref exorde relie au précédent. Tout cela situerait donc la rédaction de nos Tract. pendant la trépidante légation de 1188. Le Chronicon Clarevallense entend bien les choses ainsi[38], mais son témoignage tardif (rédaction après 1223) apporte-t-il une information conservée à Clairvaux, fait-il autre chose que traduire une supposition ? La Praefatio laisse incontestablement le sentiment d'un texte rédigé assez peu de temps après le moment où Henri a quitté définitivement Clairvaux pour devenir évêque et cardinal, ou, mieux encore, le sentiment d'une expérience des soucis imposés à l'ancien abbé par sa nouvelle situation, ceux, par exemple, de sa légation de 1181-82. Nous serions alors ramenés à l'opinion de Dom Braunmüller (*supra*, n. 34) ; mais, si elle rend compte du fait que les Tract. I-XII ne comportent pas d'allusion à la Jérusalem des croisés et à la croisade, cette opinion laisse sans explication l'inachèvement d'un projet dont deux-septièmes seulement ont été accomplis, et l'adjonction du Tract. XIII, lié qu'il est, par son exorde, au précédent.

On atteindrait, croyons-nous, la plus grande vraisemblance, en pensant qu'Henri d'Albano aurait formé son projet, commencé de le réaliser et rédigé sa Préface à la Curie, vers 1185-86. Il aurait emmené son manuscrit commencé, en partant pour sa légation de novembre 1187 et y aurait ajouté le Tract. XIII à l'automne 1188.

(37) Tract. XVII, col. 389 D-390 A.
(38) « Inter haec autem et ista (la légation de 1188), Albanensis episcopus, Domnus Cardinalis Henricus, quemdam tractatum ad nos Clarevallenses edidit » (*P. L.*, 185. 1251 B-1252 A).

184

La Cité de Dieu vue sur terre et dans l'Histoire. — On retrouve évidemment chez Henri d'Albano les thèmes augustiniens classiques. Passons sur les équivalences *Sion-speculatio* et *Jerusalem-pax*[39], qui sont banales, universellement admises. La « pax supernae Jerusalem »[40], l'opposition entre « Civitas Dei » et « Civitas diaboli » ou Babylone[41] sont plus spécifiquement augustiniennes, mais également communes. Tout cela, chez Henri d'Albano, semble assez extérieur. La grande opposition augustinienne est beaucoup plus marquée chez Othon de Freising[42].

On arrive, chez Henri, à un niveau plus profond dans l'usage des thèmes augustiniens avec l'opposition entre, d'un côté, la « veritas incommutabilis »[43] ou l'absence de tout changement dans le ciel[44], de l'autre côté la « mutabilitas » à laquelle Adam a été livré, en même temps qu'à l'exil en dehors du Paradis[45]. Même thème, avec adjonction d'une idée nouvelle, chez Othon de Freising. Historien, Othon a été impressionné par l'incessant changement de toutes choses, des royaumes en particulier[46] ; augustinien, il voit une « miseria » dans cette « mutabilitas », l'une et l'autre commençant avec Adam[47]. L'histoire est le cadre, tant d'un effort visant à conserver un ordre au sein de la « mutabilitas » — et c'est, pour Othon, le rôle du Pouvoir politique ; d'autres, au XIIe siècle, aimaient à situer ici l'effort des hommes dans le sens des arts et de la philosophie[48] —, que

(39) Tract. VI : col. 298 A, 299 BC.
(40) Tract. III : col. 278.
(41) Tract. IV : col. 283, 284 CD, 290 A.
(42) Comme on peut s'en rendre compte grâce aux Tables de l'éd. Ad. Hofmeister (p. 564), *Script. rerum Germanic. in usum Scholarum.* Hanovre et Leipzig, 1912, d'après laquelle nous citons. Chez Othon, l'expression *utraque Civitas*, très fréquente, désigne, comme chez Augustin, la Cité du bien et celle du mal.
(43) Tract. XIV, col. 364 A ; XVII, col. 390 A : noter cependant, à cet endroit, une expression significative. On attendrait, dans la ligne de S. Augustin, « incommutabili veritati », mais Henri d'Albano a écrit « virtuti » : ainsi porte le manuscrit, Troyes 509, fol. 172va.
(44) Praef., col. 254 B, commentaire de l'« in idipsum » ; tract. III, col. 278 A et B.
(45) Tract. XIV, col. 362. Ayant quitté le monastère, qui était une arche de sécurité, qui était paix et liberté, Henri a été voué à « inter labentia fluctuare » : Praef., col. 251 C.
(46) Voir *Chronica*, dédicace au chancelier Raynald de Dassel, éd. Hofmeister, p. 5 avec la n. 5 qui indique les parallèles ; tables s.v. *Mutatio.* Comp. *Gesta Friderici*, I, 4. Sur la valeur systématique de cette idée de *mutabilitas* dans la philosophie de l'histoire d'Othon, et sur la loi d'alternance qui fait se succéder, dans l'histoire, les abaissements et les expansions, voir J. Koch, « Die Grundlagen der Geschichtsphilosophie Ottos von Freising », dans *Münchener Theol. Zeitsch.*, 4 (1953), pp. 79-94.
(47) *Chron.*, I, 2 (p. 38 : « Ubi (in terra Eden) primus homo positus, Verbo Dei factus inobediens, in hanc peregrinationem iusto Dei iudicio deiectus est... Generavit autem filios utriusque civitatis ») ; I. 5 (p. 43 avec les notes).
(48) Voir en particulier l'*Hortus deliciarum* d'HERRADE DE LANDSBERG (*Recueil de cinquante planches... avec texte d'Introd.*, par J. WALTER. Strasbourg, 1952, p. 68 s.), mais une idée analogue se trouve chez HUGUES DE SAINT-VICTOR (*De sacram.*, lib. 2, p. 2, c. 1 : *P. L.*, 176. 415), et, en termes de reformatio par la loi, chez RUFIN, contemporain d'Henri d'Albano (voir « Maître Rufin et son De bono pacis », dans *Rev. Sc. ph. th.*, 41 (1957), pp. 428-444 : p. 438). Pour Henri d'Albano, comp. *infra*, n. 120.

d'une aspiration à « migrare » de la « mutabilitas », « ad stantem et perma-
nentem eternitatis civitatem »[49].

Pourtant, tout pénétrés qu'ils fussent d'idées augustiniennes, nos deux
cisterciens devenus évêques s'écartent notablement du modèle auquel
ils se réfèrent. Augustin, dans son *De Civ. Dei*, avait, soit utilisé des
données de l'histoire profane au service de son apologétique (lib. I-X),
soit retracé une histoire de l'*exortus* et du *progressus* des deux cités,
mais une histoire toute théologique, puisée dans les indications de l'Écriture (lib. XI-XVIII). L'évêque de Freising, lui, rédige ses *Chronica sive
Historia de duabus civitatibus* comme une histoire humaine appréciée du
point de vue du plan et des jugements de Dieu. Certes, il emprunte
beaucoup d'éléments à la sainte Écriture, mais davantage encore aux
chroniques des événements de l'histoire. Othon historicise la notion de
Cité de Dieu, au point, le fait est bien connu, de l'identifier finalement
avec la société chrétienne de l'époque ouverte par Théodose le Grand[50].
Il est plus loin de S. Augustin que ne le sera Bossuet, plus biblique et
plus religieux, au total, que l'évêque de Freising, et qui n'a pas intitulé
son livre : Histoire des deux Cités...

Henri d'Albano, lui, prend soin de se situer par rapport à Augustin.
Celui-ci, dit-il, a traité à la fois des deux Cités, celle qui est voyagère sur
la terre et celle qui règne dans les cieux. Pour moi, ajoute-t-il, laissant à
de plus habiles ou à de plus spirituels le soin de disserter de cette partie
de la Cité qui triomphe dans le ciel, je me propose de parler seulement de
celle qui combat sur la terre[51]. Nous sommes avertis, mais nous

(49) *Chron.* I, prol. (p. 6 avec les notes) ; comp. VII, prol. (p. 307).
(50) Cf. les passages célèbres de *Chron.*, IV. 4 (p. 189-90) ; V, prol. (p. 228 : « At
deinceps (à partir de Théodose), quia omnis non solum populus, sed et principes,
exceptis paucis, katholici fuere, videor mihi non de duabus civitatibus sed pene de
una tantum, quam ecclesiam dico, hystoriam texuisse ») ; VII, prol. (p. 309, l. 18 s.).
Cette historicisation de l'idée de Cité de Dieu a été relevée par P. BREZZI, « Ottone di
Frisinga, dans *Bulletino dell' Istituto storico italiano per il Medio Evo (= Archivio
Muratori)*, n° 54 (1939), pp. 129-328, et par J. SPÖRL, « Die, Civitas Dei 'im Geschi-
chtsdenken Otto's v. Freising », dans *Estudios sobre la ' Ciudad de Dios '*, t. II. Madrid,
1956, pp. 577-597, surtout p. 588 s.) ; comp. aussi R. FOLZ, *L'idée d'Empire en Occident
du Vᵉ au XIVᵉ siècle*. Paris, 1953, pp. 111-112. P. Brezzi a également, dans un court
article, noté chez Henri d'Albano une humanisation et une historicisation des thèmes
augustiniens : « Il 'De peregrinante Civitate Dei' del card. Enrico di Chiaravalle, » dans
Archivio d. Società Romana di Storia patria, n° 71 (1948), pp. 159-162.
(51) *P. L.*, 204. 254 AC : « Tractavit B. Augustinus mistim de utraque civitate, et
peregrinante in terris, et regnante in coelis : si tamen duae dicendae sint, cum non
sint nisi una in quam se Propheta gratulabatur iturum, cum diceret : *Laetatus sum...
participatio in idipsum* (Ps. 121). Ecce et aedificari Propheta dixit eam in terris, et id
ipsum participare in coelis. In terris habet initium et profectum... In coelis habet
consummationem. (...) De illa ergo parte Civitatis Dei, quae jam in coelis coronata
triumphat, peritioribus et spiritualibus, qui omnia judicant, disserendum relinquo.
Ego... de militante in terris Civitate Dei tractare instituo ».

pouvons nous demander si ce propos de l'évêque d'Albano ne recouvre pas, réellement, un changement de perspective par rapport à la Cité de Dieu telle qu'Augustin l'a conçue.

Quand Augustin parlait de deux cités, il s'agissait de la Cité de Dieu et de celle du diable, typifiées en Jérusalem et Babylone ; mais, pour lui, le peuple des anges ou des saints dans le ciel, et celui des fidèles sur la terre, formaient une seule Cité de Dieu, essentiellement céleste, dont, Augustin ne cesse de le répéter, une partie se trouve en exil sur la terre, une autre partie, dans le ciel, s'applique à aider la précédente. Quand, dans le texte que nous venons de citer, Henri d'Albano écrit « utraque civitas », il pense à celle du ciel et à celle de la terre. Certes, il se reprend aussitôt, mû par un scrupule augustinien ; si l'expression lui a échappé, cependant, c'est peut-être qu'elle répondait au mouvement foncier de sa pensée : la suite de notre étude vérifiera cette hypothèse.

Pour Augustin, pour S. Bernard encore, la Cité de Dieu commençait dans le ciel, chez les anges d'abord, au Paradis ensuite ; les hommes étaient appelés à remplacer les anges tombés ; ils formaient ainsi un dixième chœur s'ajoutant aux neuf chœurs qu'il était traditionnel, au moins depuis S. Grégoire, de dénombrer chez les anges[52]. C'est pourquoi il était devenu fréquent, depuis S. Grégoire encore, d'appliquer à ce thème angélico-humain la parabole de la drachme perdue ou celle des 99 brebis et de la centième égarée[53].

Déjà Othon de Freising expliquait à ce propos que les chiffres 6, 10, 12 ou 100 ont parfois, dans la Bible, une signification qualitative, non quantitative[54]. Mais Henri d'Albano, tout simplement, néglige l'application de ces

---

(52) Cf. *supra*, n. 16 (Boissard). Allusion aux « novem chori angelorum » et au « decimus ordo (hominum) » chez Henri d'Albano, tract. XII, col. 943 D, 944 D.

Il faut distinguer quatre points différents, des auteurs pouvant être d'accord sur l'un d'eux sans l'être sur un autre : 1° la distinction des anges en *ordines* ou en *chori* (voir à ce sujet la riche documentation de E. Boissard, art. cité) ; 2° le thème selon lequel les hommes ont été créés pour remplacer les anges tombés : point généralement accepté. Une exception au moins : Honorius Augustodunensis ; 3° le nombre des hommes élus est-il égal à celui des anges demeurés fidèles (S. Grégoire), ou à celui des anges tombés, soit nombre pour nombre (S. Isidore), soit en nombre peut-être supérieur (S. Augustin), ou bien n'en sait-on rien ? (Hugues de Saint-Victor, S. Thomas d'Aquin) ; 4° les hommes s'insèrent-ils, dans la gloire, à différents degrés parmi les anges (S. Thomas) ou forment-ils un ordre à part, en dessous des ordres angéliques ?

(53) Les cent brebis : S. IRÉNÉE, *Demonstr.*, 33 (P. Or., 12/5, p. 772) ; *Adv. Haer.*, III, 19, 3 (*P. G.*, 7, 941 B) ; ORIGÈNE, *Hom. in Genes.* 9, 3 (*P. G.*, 12, 214 C) ; *In Josue*, 7, 6 (col. 862 A) ; S. HILAIRE, *Com. in Mat.*, 18, 6 (*P. L.*, 9, 1020) ; S. AMBROISE, *In Luc.*, lib. XV, n. 210 (*P. L.* 15. 1846) ; S. GRÉGOIRE, *Hom. 34 in Ev.* (76. 1246), locus classicus du thème anges-hommes, est un commentaire de Lc. XV. 1-10 ; au XIIᵉ s. PHILIPPE DE HARVENGT (*P. L.*, 178. 824 D et 889 A) ; S. BERNARD. *In Adv. Dom. serm.* 1. 7 et 2. 2 (183. 38 D et 42 A). Et voir *P. L.*, 219. 267-68 (Tables). La drachme : S. BÈDE, In Luc. XV (*P. L.*, 92. 521 C), et cf. *P. L.*, 219. 264 (Tables).

(54) *Chron.* VIII. 32 (p. 448 s.).

paraboles au rapport des ordres angéliques et de l'humanité : il s'agit, pour lui, de la réparation de l'image de Dieu dans *l'homme*[55]. L'indice est minime. Mais nous nous apercevons que la Cité dont parle notre auteur ne commence pas avec les anges : elle est uniquement humaine, elle se prépare dans l'Israël de l'A. T. et se voit fondée par le Christ, en son avènement historique de Noel[56]. C'est assez normal, pensera-t-on, puisqu'il s'agit uniquement, chez Henri, de la *peregrina Civitas*. Mais précisément, cette considération séparée n'a-t-elle pas changé notablement les perspectives ? Ajoutons que les deux cités dont parle Othon de Freising, tout opposées qu'elles soient comme la Cité du bien et celle du mal, ont également leur commencement *sur terre*[57], et que, pour l'oncle de Barberousse, la communauté de cité entre les anges et les hommes est eschatologique[58].

Pour S. Augustin, si la Cité de Dieu, *l'unique* Cité de Dieu, avait commencé dans le monde angélique, la partie de cette Cité qui se trouve sur la terre en état d'itinérance et d'exil avait commencé en Abel[59]. Henri d'Albano voit bien la *Civitas peregrinans*, qui reçoit chez lui comme une personnalité propre, se préparer dans l'Ancien Testament ; mais lorsqu'il parle de son commencement, il ne mentionne même pas Abel, qu'il ne nomme, et à propos d'autre chose, qu'une fois[60] ; lorsqu'il esquisse, à la manière d'Augustin, une histoire de la Cité de Dieu, il ne la commence qu'à l'Exode[61]. Pour lui, d'ailleurs, il ne s'agit, avant le Christ, que de préparations, d'*infantia*, de *pueritia*, d'*adolescentia*, c'est-à-dire de choses que l'on oublie quand on est parvenu à l'âge d'homme[62]. Tout ceci est d'autant plus curieux que, lorsqu'il s'agit de la *Civitas diaboli (Civ. terrena)*, Henri d'Albano parle comme S. Augustin : il fait expressément mention de Caïn et ajoute que le fondement en a été posé « in paradiso »[63].

---

(55) Tract. II, col. 272 B ; tract. IV, col. 285 C.

(56) Tract. I, col. 261 A.

(57) *Chron.* I. 2 (p. 38) : « Primus homo... generavit autem filios utriusque civitatis, de quibus agere proposuimus, primos cives »

(58) *Chron.* VIII. 30 (p. 441).

(59) *CD.* XV. 1 (437-38 ; II. 58-59) ; *En. in Ps.* 61. 6 (36. 733) ; 90, serm. 2. 1 (37. 1159) ; 142. 3 (1846) ; etc.

Le même thème est très fréquemment repris en termes d'*Ecclesia :* voir « Ecclesia ab Abel, » dans *Abhandlungen über Theologie u. Kirche. Festschrift f. K. Adam.* Dusseldorf, 1952, pp. 79-108.

(60) Tract. X, col. 326 C, comme premier type du sacerdoce, Jacob étant le second.

(61) Tract. IV, col. 285 C s.

(62) Cf. tract. IV, col. 287 C ; à tract. I, col. 258, c'est le temps d'avant Abraham qui est *infantia et pueritia*. — Notons ici que, d'une façon générale, Henri d'Albano participe à une tendance, assez répandue au xiie s., à marquer surtout les différences entre l'Ancien et le Nouveau Testaments : voir tr. II, col. 264 C ; tr. V, col. 297 D, sur les sacrements ; tr. IX, col. 320 (la chaire de Pierre renverse celle de Moïse et celle d'Élisée) ; tr. XI, col. 337 D ; tr. XIII, col. 382 CD.

(63) Caïn : tr. IV, col. 285 A ; fondement « in paradiso » : 284 C et D. Comp. Epist. XXXI (*Publicani et peccatores :* début 1188), « Prima fuit in ,coelo generis humani transgressio » (col. 248 B).

188

On pourrait faire des remarques analogues concernant Othon de Freising. Pour lui aussi, la Cité de Dieu est, avant la venue du Christ, réduite à peu de chose : en un fort beau passage, il la montre enveloppée alors de nuit et de silence[64].

C'est que la *Peregrina Civitas Dei* d'Henri a pour fondateur *le Christ*. Il était essentiel à la Cité de S. Augustin d'avoir pour « Conditor » *Dieu :* au même titre auquel il lui était essentiel d'être céleste[65]. Henri d'Albano christologise et historicise cette Cité, comme Othon de Freising l'a historicisée, non d'ailleurs sans la christologiser aussi assez largement[66]. Le Christ, qui est l'Alpha et l'Omega de tout, dont Henri veut faire l'A. et l'Ω de ses discours[67], est le fondement et l'édificateur, sur terre, de la Cité du ciel[68]. C'est vraiment la Cité *du Christ*[69], on dirait même volontiers : de Jésus, pour marquer mieux son caractère humain[70], comme aussi l'importance, ici, du mystère de Noël. La Cité qu'est l'Église — car c'est bien elle, l'Église historique, terrestre et combattante[71] — « suae fundationis in Christi Nativitate celebrat(ura) »[72]. Le Christ a donné sa loi aux citoyens de sa Cité[73]. Chef du Corps, il y distribue les offices hiérar-

---

(64) *Chron.* II, 47 (p. 124).

(65) L'expression est employée abondamment par S. Augustin. Pour Henri, le « conditor Civitatis » est le Christ de Noël : tr. IV, col. 287 D ; tr. VI, col.299 A.-Othon de Freising appelle aussi le Christ « Civitatis Dei princeps et auctor » : *Chron.* III. 6 (p. 143).

(66) L'expression *Civitas Dei* est fréquente chez Othon (cf. Tables de l'éd. Hofmeister, p. 564) ; mais celle de *Civitas Christi* (ou *Dominus in Civitate sua*) est également fréquente, surtout, nous a-t-il semblé, dans les livres VII (histoire du temps suivant Grégoire VII et Henri IV) et VIII (eschatologie). Quelques références (Hofmeister n'en indique pas) : p. 190. 25 ; 228. 21 ; 235. 30 ; 390. 4 ; 391. 5-6 ; 393. 19 ; 396. 17 400. 2 ; 431. 11 ; 437. 20 ; 456. 26.

(67) Cf. la doxologie finale des douze premiers Tractatus, sauf le 6e.

(68) Cf. tract. II, col. 263 D ; tr. IV, col. 283 C.

(69) Fréquemment revient l'expression « in Civitate sua Christus » ; ou bien « Civitatis suae » : par ex. tr. IV, col. 287 CD ; tr. XI, col. 338 D. Et cf. infra, n. 77.

(70) Le Christ lui-même est très humanisé : Henri lui adjoint Marie et Joseph, il s'agit des vertus de la crèche : tr. IV, col. 283 s.

(71) « Ecclesia quae ipsa Civitas est » (tr. I, col. 257 B) ; « Spiritualis Jerusalem quae est Ecclesia » (359 A) ; la tempête des victoires de Saladin, « quo civitas nostra tota concutitur » (tr. XIII, col. 351 B). — La représentation de l'Église comme une cité fortifiée est assez fréquente au xiie s. : voir par ex. le *Rescriptum cujusdam pro Monachis* publié par R. Foreville, J. Leclercq, « Un débat sur le sacerdoce des moines au xiie siècle », dans *Studia Anselmiana*, 41 (*Analecta Monastica*, 4e sér.). Rome, 1957, nn. 50, p. 50 (les monastères ; parall. chez S. Anselme et Eadmer); 51, p. 95; 52, p. 96; Bernard de Fontcaude, *Contra Valdenses*, c. 2, n. 4 et c. 4, n. 16 (*P. L.*, 204. 799 B et 810 BC : peu après 1185).

(72) Tract. I, col. 257 B. « Patet ea quae primum Christi praecesserunt adventum, praeparatoria tantum nostrae fuisse civitatis ; ipso vero Christi primo adventu civitatem ipsam fundatam atque munitam... », col. 261 A : nous avons là, appliqué à la Cité, le thème bernardien des trois avènements ; comp. 259 C.

(73) Tract. II, col. 267 CD.

chiques[74], les fonctions des ministres, qui sont « praecipui in Civitate Domini »[75], possédant un *gradus* « in Civitate Domini virtutum »[76], avec la qualité, si souvent invoquée par S. Bernard, d'amis de l'Époux[77].

S'il s'agissait d'étudier la théologie ou la spiritualité de notre auteur, on pourrait relever bien d'autres traits encore, montrant une pensée très intéressée au Christ, et une tendance à moraliser les thèmes sacramentels ou liturgiques : tendance qui est, de l'avis unanime, l'un des traits de la piété cistercienne au siècle de S. Bernard[78]. Mais nous voulons demeurer ici dans le cadre de l'ecclésiologie ou d'une théologie de la Cité de Dieu. Nous sommes à pied d'œuvre, maintenant, pour situer notre auteur dans le développement de cette théologie et par rapport aux points de vue de S. Augustin.

Chez Augustin, l'Église est la partie de la Cité céleste qui se trouve en itinérance et en exil sur la terre[79]. Il existe une seule Cité de Dieu, faite des anges, des saints et des hommes[80]. Il est bien arrivé à S. Augustin, au début de sa carrière, d'esquisser une distinction entre l'*Ecclesia* terrestre et la Cité céleste, dont le rapport était vu alors presque comme celui de moyen à fin, en tout cas comme celui d'une préparation à la consommation[81]. Tel n'est pas exactement le sens le plus authentique de

(74) Tract. V, col. 292 C.

(75) Tract. III, col. 276 B.

(76) Tract. III, col. 282 D, 283 A. Nous voyons par là que l'expression, spécialement affectionnée par Henri, de « Civitas Domini Virtutum », est synonyme de « Civitas Christi ». Pour cette expression, qui n'est pas augustinienne, cf. tr. I, col. 253 D ; tr. III, 280 A ; 282 D ; 283 A ; tr. IV, 284 A ; 288 A ; 289 B ; 291 B ; tr. V, 296 A; tr. VI, 298 C ; tr. VII, 304 D.

(77) Tract. II, col. 265 A (les cardinaux-prêtres) ; tr. III, 276 D, 282 C. Pour S. Bernard, cf. *L'Ecclésiologie...*, p. 137, n. 1.

(78) Voir, par exemple, sur le baptême, tr. VI, col. 300 s. ; sur l'eucharistie, tr. VI, col. 302 C s. Moralisation, aussi, du « similes angelis », qui est appliqué à la chasteté : tr. IV, col. 288 B (pour S. Augustin, cf. *supra*, n. 32). — On pourrait relever aussi, chez plus d'un auteur cistercien, une tendance à moraliser le thème dogmatique et cosmique de la Cité deD ieu et de sa lutte contre celle du mal : cf. *infra*, n. 133 : ainsi dans les *Parabolae* II et III de S. BERNARD (*P. L.*, 183. 761 s.), dans le *De spiritu et anima* d'ALCHER DE CLAIRVAUX (cc. 5 et 37 : *P. L.*, inter opera Aug., 40. 782, 787 s.).

(79) Sans cesse reviennent des expressions telles que « Civitas... cujus pars peregrinatur in terris » (*CD*. X. 7 (41. 284 ; I. 412) ; XV. 26 (472 ; II. 26) ; XVIII. 54 (620 ; II. 345) ; XIX. 17 (645 ; 384) ; XX. 17 (683 ; 444) — ; « Ab illa Civitate peregrinamur » (*En. in Ps.* 146. 2 : *P. L.*, 37. 1901) — ; « Coelestis Civitas, dum peregrinatur in terra » (*CD*. XIX. 17 : 41. 645 ; II. 385 ; comp. XV. 15 : 456 ; II. 89) — ; « Civitas quae in nobis peregrinatur » (*CD*. XV. 1 (438 ; II. 59) ; XVI. 41 (519 ; 191) ; *En. in Ps.* 131. 21 (37. 1725) — ; « Civitas peregrina » (*Sermo* 105. 9 : 38. 622) ; etc., etc.

(80) Textes sans nombre. Voir particulièrement *Enchir.* xv (56), *P. L.*, 40. 258 ; xvi (61), col. 260-61 ; comp. *supra*, nn. 8 et 9.

(81) F. Ed. CRANZ, qui fait cette remarque : « The Development of Augustine's Ideas on Society before the Donatist Controversy », dans *The Harvard Theol. Rev.*, 47 (1954), pp. 255-316 : p. 388 s.), donne les références suivantes : *Serm. 214*. 11 (38. 1071 : de 391) ; 383. 2. 4 (39. 1562) : 391-96 ; 190. 3 (38. 1008) : 391-400; 50. 8. 11 (351) : 394-95 ;

la pensée d'Augustin, surtout en sa maturité, non plus que de la théologie patristique en général. Pour Augustin, l'*Ecclesia* terrestre *est* la « pars peregrinans » de la Cité de Dieu *céleste*. Pour les Pères, le salut est moins quelque chose à quoi l'Église nous ferait parvenir qu'il n'est la vie même de cette Église, la réalité à laquelle on participe, dès ici-bas, en étant membre de cette Église, et pour autant qu'on en est membre.

La perspective change quelque peu, précisément au XIIᵉ siècle. On peut s'en rendre compte en suivant l'évolution du vocabulaire, car c'est alors — à une date qu'il est difficile de préciser, mais que nous situerions volontiers dans la seconde moitié du siècle, — qu'apparaît l'expression d'*Ecclesia militans* distinguée d'une *Ecclesia triumphans* dont elle serait la préparation. Bien sûr, il y avait longtemps qu'on employait les mots *militia*, *militare*, pour caractériser la condition de l'Église terrestre[82]. Ce n'est pas exactement l'équivalent de *Ecclesia militans*, car cette expression individualise ou personnalise en quelque manière l'Église de la terre en face de l'Église du ciel, appelée alors triomphante. Or, sans qu'une enquête vraiment systématique, encore moins une enquête exhaustive, nous permette une affirmation péremptoire, il nous semble que le vocabulaire employé dans la première moitié du XIIᵉ siècle reste lié aux idées de *peregrinatio* et d'épreuve comme caractérisant *l'état* présent d'une unique Église, de soi céleste[83].

En. in Ps. 5. 8 (36.86) ; *De lib. arb.*, III. 20. 57 (32. 1299) : 388, 394-95 ; *In Ep. ad Gal. expos.*, 24 (35. 2122) : 394-95 ; *De div. Quaest. LXXXIII*, q. 61. 2 (40. 49) : 388, 395-96 ; etc. On pourrait ajouter ces textes, que ne cite pas Cranz : *En. in Ps.* 9. 12 (36. 122) ; 47. 18 (37. 1929) ; *Serm. 216*. 4 (38. 1078-79) : de 391. Mais il ne s'agit souvent que d'une nuance.

(82) Par exemple S. Ambroise : « Illa Jerusalem quae de coelo est, in qua militat fides nostra » (*In Luc.*, lib. VII : *P. L.*, 15, 1813 B) ; S. Augustin : « regnum militiae », opposé à « regnum pacatissimum » : *CD*. XX. 9 (41. 673 ; II. 429) ; comp. *De div. Quaest. LXXXIII*, q. 69. 8 (40. 78) ; etc.

(83) Voir par exemple Rupert de Deutz († 1135). *De divinis officiis*, IV. 13 (*P. L.* 170. 103 A) ; Honorius Augustodunensis, *Eucharistion*, 1 (172. 1250: la troisième partie de l'hostie « est illud quod ad laborem adhuc huic mundo quasi carceri inclinatur ») ; Étienne d'Autun (v. 1170-86), *Tract. de sacram. altaris*, c. 18 (172. 1303 A : « Pro illa parte Ecclesiae quae naufragio hujus saeculi agitata... ») ; S. Bernard, *Cant. S.* 27. 12 : « Exemplo illius quae sursum est mater nostra, haec quoque quae adhuc peregrinatur, habet coelos suos, homines spirituales... » (183. 920) ; 77. 4 : « O mater Ecclesia, bene tecum agitur in loco peregrinationis tuae ! » (col. 1157) ; « in his qui adhuc militant » : *L'Ecclésiologie...*, p. 158 ; Richard de Weddinghausen, *Libellus de canone mystici libaminis*, 1 (*P. L.*, 177. 458 C : « Sunt quidem tres partes Ecclesiae : pars quaedam est in exultatione, pars in peregrinatione, pars in expectatione... ») ; Hugues de Saint-Victor, *De sacram.*, lib. 2, pars 8, c. 10 (176. 468-69 ; vers 1135-40) ; Richard de Saint-Victor, *Sermones centum*, S. 44 (177. 1015 D : « Sancta Ecclesia est in coelo, partim in mundo. Ibi velut in patria, hic ut in exsilio: Ibi regnans, hic peregrinans ») ; Robert de Melun, *Quaest. de epist. Pauli*, in 1 Cor. . éd. R. Martin, p. 211 (v. 1145-55), traitant, lui aussi, la question du symbolisme du partage de l'hostie en trois parties, dit bien « Propter tres partes Ecclesiae, quarum una triumphat, altera militat », mais n'a pas l'expression « Ecclesia militans ».

Dans la seconde moitié du XIIe siècle, on commence à parler d'*Ecclesia militans* et d'*Ecclesia triumphans*, en un sens tel que la première menait à la seconde en qui elle avait son terme et son couronnement. La considération va moins de haut en bas, comme chez les Pères, que de bas en haut[84]. L'Église terrestre prend comme une consistance autonome par rapport à celle du ciel, encore qu'elle demeure toute relative à celle-ci. Au surplus est-ce le moment où, contre les hérésies populaires, néomanichéens d'un côté, Vaudois de l'autre, un traité *De vera Ecclesia*, d'abord très embryonnaire, à vrai dire, commence à s'esquisser[85]. Et de même, dans la première scolastique — à laquelle il faut reconnaître qu'Henri d'Albano est resté totalement étranger —, la considération des sacrements aboutit à une systématisation et à la constitution d'un véritable Traité. L'attention, dirions-nous en langage scolastique, se porte sur le *sacramentum*, sur le moyen, alors qu'elle était autrefois presqu'entièrement absorbée par la *res*.

La Cité dont parle Henri d'Albano est appelée *peregrinans* jusque dans le titre de son traité, au cours duquel l'expression revient très souvent. Mais, d'une part, les mots mêmes de *peregrinatio*, *peregrinari* ont pris, depuis le début du siècle, une valeur ou tout au moins une densité nouvelle, car ils servent désormais, très communément, à désigner le départ en

---

Par contre, Pierre de Poitiers, *Sent.* V, c. 12 (*P. L.*, 211. 1252 A : vers 1170), écrit : « ut unitas Ecclesiae quae signatur et efficitur corpore Christi, quod est hic, associetur corpori Christi, id est Ecclesia militans Ecclesiae triumphanti. « Ce vocabulaire est repris par des disciples de Pierre : ainsi l'auteur des *Quaestiones* du Ms. British Mus. Royal 9 E XII (cité par A. Landgraf, dans *Divus Thomas*, Fr., 1946, p. 244, n. 4 et 406, n. 1 : « Christus est capud utriusque ecclesiae, scilicet triumphantis et militantis » ; « Item, quare dicitur ecclesia militans ? Si quia meretur, eadem ratione, cum angeli mereantur, sunt de ecclesia militante... »). Ce sont là des termes nouveaux, qu'on chercherait vainement chez les Pères. A partir du début du XIIIe s., l'expression « Ecclesia militans » est courante, non, bien sûr, sans quelques rémanences du vocabulaire ancien.

(84) « In terris habet intiium et profectum... in coelis consummationem » (*De peregr. Civ. Dei*, praef. : *P. L.*, 204. 254 B ; comp. *supra*, n. 51) ; « Velut de Civitate militante ad triumphantem jamjamque transmigraturi », tr. V, col. 296 CD ; rapport entre Sion (« nostra civitas quae adhuc militat et peregrinatur in terris ») et Jérusalem : tr. VI, col. 299.

On comparera, par exemple, la finale du *De consecratione ecclesiae a se aedificatae*, de Suger : « His (les sacrements) et hujusmodi benedictionibus visibilibus invisibiliter restauras, etiam praesentem in regnum coeleste mirabiliter transformas, ut cum tradideris regnum Deo et Patri, nos et angelicam creaturam, coelum et terram unam rempublicam potenter et misericorditer efficias » (*P. L.*, 186. 1254 A).

(85) Il y a, chez Pierre le Vénérable (*Contra Petrobrusianos : P. L.*, 189. 738 s. : v. 1138) et chez Eckbert de Schönau († 1184), *Sermones contra Catharos* (*P. L.* 195), une esquisse d'argumentation par l'apostolicité. Au cours de la légation du cardinal Pierre de Saint-Chrysogone dans le Toulousain, légation dont Henri d'Albano, alors abbé de Clairvaux, fit partie, le légat argumenta contre les hérétiques cathares au nom de l'apostolicité de doctrine : cf. sa lettre *Testante Apostolo*, *P. L.*, 199, 1119-20.

croisade[86]. La croisade n'est-elle pas une conquête de la Jérusalem céleste par le moyen d'une conquête militante de la Jérusalem terrestre ? D'autre part, chez Henri lui-même, *peregrinans* et *militans* sont sans cesse des expressions synonymes[87]. Nous nous rendrons mieux compte de la densité nouvelle que possèdent ces expressions en étudiant maintenant l'incidence du fait des croisades et de l'idéologie qui le sous-tendait, sur la notion d'Église et de Cité de Dieu.

Moines, Chevaliers, Ordre temporel et Église dans l'idéologie cistercienne de la Cité de Dieu, à l'époque des Croisades. — Cîteaux avait été un renouveau du monachisme pur. Mais ses moines les plus marquants tout au moins furent, dès l'époque de S. Bernard, lui-même « la chimère de son siècle », entraînés dans le tourbillon de la vie historique de l'Église la plus mêlée aux forces temporelles. Cluny avait, depuis le Xe siècle, créé et représenté le type nouveau d'un Ordre religieux unifié, tout en étant réparti dans les différents pays, de Burgos à Hersfeld et d'Utrecht à Salerne. L'Ordre cistercien devait connaître une expansion plus considérable encore, du Portugal à la Pologne et d'Écosse ou d'Irlande en Sicile, tout en gardant, grâce au régime des filiations, des visites et du Chapitre général annuel, en même temps que grâce à la spiritualité de la *Charta caritatis*, une puissante unité. Il était, par surcroît, plus engagé que ne l'avait été Cluny, dans la fidélité active au Saint-Siège, à une époque où les antipapes succédaient aux antipapes, tout en conservant, pour l'Empire, une sorte d'attachement sentimental dont les témoignages sont nombreux[88]. Dans ces conditions, la grande fraternité mystique de Cîteaux représentait aussi une force politique, une puissance capable d'intervenir dans les relations entre la Papauté et l'Empire ou les royaumes nationaux. Pendant son premier siècle surtout, Cîteaux fournit au Saint-Siège un grand nombre de légats, et aux Églises bien des évêques[89].

L'histoire a voulu que Cîteaux naquît précisément (21 mars 1098) en plein climat de croisade : Jérusalem est prise le 15 juillet 1099. La prédi-

---

(86) La croisade est une *peregrinatio*, un pèlerinage armé (« Cum armis Iherusalem peregrinati sunt » : Fulcher de Chartres, prol.) : C. ERDMANN. *Die Entstehung des Kreuzzugsgedankens*, 1935, nouv. éd. Stuttgart, 1955, pp. 275 s., 306 s. ; U. SCHWERIN. *Die Aufrufe der Päpste zur Befreiung des Hl. Landes von den Anfängen bis zum Ausgang Innocenz IV. Ein Beitrag z. Gesch. d. kurialen Kreuzzugspropaganda u. d. päpstl. Epistolographie (Hist. Studien*, 301). Berlin, 1937, p. 45. — *Peregrini* comme nom des croisés : Erdmann, p. 315, n. 109. — Comp. *supra*, p. 182 (Pierre de Blois).

(87) Les deux mots sont accolés ou pris l'un pour l'autre : Praef., col. 254 C ; tr. I, col. 261 C ; tr. VI, col. 299 C.

(88) Cela ressort de M. DIETRICH. *Die Zisterzienser und ihre Stellung zum mittelalterlichen Reichsgedanken bis zur Mitte des 14. Jahrh.* (Diss.). Munich-Salzbourg, 1934.

(89) Voir J. M. CANIVEZ, art. *Cîteaux*, dans *Dict. Hist. Géogr. ecclés.*, t. XII (1953), col. 892 s. ; D. WILLI, *Päpste, Kardinäle u. Bischöfe aus dem Cistercienser Orden.* Bregenz, 1912.

cation de la croisade, le grand branlebas des départs seigneuriaux ou populaires, les lettres et les nouvelles reçues, donnèrent aux imaginations un ébranlement prodigieux. D'autant plus que déjà l'idée théologique et mystique de Jérusalem, nourrie de toute la typologie biblique et augustinienne, s'alliait, dans les esprits, avec un très vif sentiment eschatologique et avec un messianisme mi-religieux et mi-politique[90]. Il n'était pas jusqu'au nom de Babylone, avec son « Soudan », que portait Casr-Esch-Scham en Égypte, qui ne devait, un jour, apparaître comme complétant le symbolisme évocateur du lointain Orient. Les moines et les religieux ne pouvaient rester étrangers à ce grand ébranlement. S. Norbert voulait partir à Jérusalem[91] : Joachim de Flore, alors abbé de Corace, entreprend le pèlerinage (avant 1177). S'il était interdit aux moines de se joindre au pèlerinage armé que représentait la croisade[92], du moins certains d'entre eux tentaient de partir en pèlerins solitaires et pacifiques : l'idée de Jérusalem hantait leurs rêves religieux[93]. Et voici que Bernard était chargé de prêcher la seconde croisade (1146)[94]. Il ne crée pas une mystique qui existe déjà depuis un demi-siècle, mais il lui apporte l'appui de son lyrisme et surtout de sa justification de la *Nova militia* du Temple. S. Bernard a puissamment contribué à fonder ou à développer, dans toute la Chrétienté mais particulièrement dans l'Ordre cistercien, une idéologie de la vie militante de l'Église qui devait être, aussi bien, une idéologie de la Cité de Dieu pérégrinante et militante, de la Cité de Dieu en état de croisade.

L'expression *militia Christi*, par opposition à *miles mundi*, celle de

(90) C. ERDMANN, « Endkaiserglaube und Kreuzzugsgedanken im 11. Jahrh. », dans *Zeitsch. f. Kirchengesch.*, 51 (1932), pp. 384-414 ; Al. DEMPF. *Sacrum Imperium...* Munich-Berlin, 1929 (nouv. éd., Darmstadt, 1954), p. 259 s. — Le *Ludus de Antichristo* est composé à l'abbaye bénédictine de Tegernsee v. 1160-62. — Sur le caractère eschatologique de la première croisade, cf. P. ALPHANDÉRY, « Les citations bibliques chez les historiens de la Première Croisade », dans *Rev. Hist. Relig.*, 99 (1929), pp. 139-157 (p. 152 s.) ; ID. et A. DUPRONT, *La Chrétienté et l'idée de Croisade. I. Les premières Croisades* (*L'Évol. de l'Human.*, 38). Paris, 1954, pp. 24, 50 s., 160 s.
(91) Cf. S. BERNARD, *Epist.* 56 : *P. L.*, 182. 162.
(92) C. ERDMANN, *Die Entstehung*, p. 310.
(93) Au point que le Chapitre général de 1157, § 53, dut le leur interdire (*Statuta...*, éd. J. M. CANIVEZ, t. I, p. 66). Il ne faisait que canoniser une ligne de conduite tracée, après S. Anselme (*Epist.* III. 130 : *P. L.* 159. 165), par S. BERNARD lui-même : *Epist.* 82 à l'abbé de S. Jean de Chartres, et 399 à Lelbert, abbé de Saint-Michel (en 1043) : *P. L.*, 182. 203 et 612 : « Neque enim terrenam, sed coelestem, requirere Jerusalem monachorum propositum est ; et hoc non pedibus proficiscendo, sed affectibus proficiendo ». Bernard avait même écrit au pape Célestin II pour empêcher l'abbé de Morimond d'aller en Terre sainte : *Epist.* 359 (182, 560-61).
(94) On trouvera toutes les références désirables dans A. SEGUIN, « S. Bernard et la Deux. Croisade », dans *Bernard de Clairvaux*. Paris, 1953, pp. 379-409 ; E. DELARUELLE, « L'idée de croisade chez S. Bernard », dans *Mélanges Saint Bernard*. Dijon, 1954, pp. 53-67 ; E. WILLEMS, « Cîteaux et la seconde croisade », dans *Rev. Hist. ecclés.*, 49 (1954), pp. 116-151.

militia Regis Christi, désignaient traditionnellement la vie monastique[95].
Au cours de la lutte contre la puissance séculière pour la *libertas* de
l'Église, Grégoire VII avait transféré l'expression aux combattants de
cette cause : non seulement les évêques étaient des *milites Christi*, accom-
plissant la volonté du Roi du ciel[96], mais les chefs de la Pataria milanaise
ne faisaient, eux aussi, que « coelesti Regi militare »[97]. De son côté,
d'ailleurs, Cluny avait introduit la chevalerie dans les structures sacrales
de l'Église[98]. Il était normal que les termes *milites Christi, militia Christi*
fussent appliqués aux croisés : les textes pontificaux et les chroniques
l'ont fait abondamment[99]. S. Bernard n'innovait donc pas entièrement
quand il aidait les Chevaliers du Temple à se constituer en Ordre religieux
et quand, entre 1132 et 1136, il magnifiait la nouvelle fondation en formulant sa mystique. Le titre de son opuscule est significatif : *De laude novae
militiae*. Le « novum militiae genus »[100] — on pourrait sans doute traduire :
la nouvelle forme de vie monastique — était celui des chevaliers-moines.

Si les moines s'appliquaient à parvenir à la Jérusalem céleste et même
l'habitaient déjà, une nouvelle forme du même idéal s'offrait, celle de la
conquête de la Jérusalem céleste par la conquête de la « Jérusalem
terrestre, début de celle du ciel »[101]. Si le moine était un pèlerin et un
habitant de Jérusalem, la croisade était la *via Hierosolymitana*[102]. Si le
combat de l'ascèse monastique était un combat spirituel, la guerre que

---

(95) S. Benoit, *Reg.*, c. 61 ; S. Bernard, *Epp.* 1 et 441 (*P. L.*, 182. 75 et 638) ;
comp. l'*Exordium Magnum Cist.*, « Nos, pauperes milites Christi... » Ad. Harnack,
Das Mönchtum, seine Ideale und seine Geschichte. Giessen, 1908.

(96) Voir Grégoire VII, *Reg.* I. 43 (éd. E. Caspar, p. 67) ; II. 3 (p. 173) ; IX. 18
(p. 598). Et cf. O. Köhler, *Das Bild des geistlichen Fürsten in den Viten des 10, 11.
und 12. Jahrhunderts (Abhandlg. z. Mittl. u. Neueren Gesch.*, 77). Berlin, 1935, pp. 120-
129 : Der Bischof als Fürst des « Rex coelestis ».

(97) *Reg.* II. 35 (Caspar, p. 173). Sur ce transfert de sens de *militia Christi*, cf.
C. Erdmann, *op. cit.*, pp. 186 s. ; H. Beumann, « Kreuzzugsgedanke und Ostpolitik im
MA », dans *Histor. Jahrbuch*, 72 (1952), p. 115.

(98) Erdmann, *op. cit.*, p. 63 s., 84.

(99) Erdmann, *op. cit.*, p. 311-315 : U. Schwerin, *op. cit.*, p. 39, n. 174 *(militare)*,
p. 47, n. 236 *(christ. militia)*, n. 237 *(milites J. C.)*.

(100) *Op. cit.*, c. 1 : *P. L.*, 182. 921 B. Comp. Guibert de Nogent, *Gesta Dei*, I,
c. 1 : « ... instituit nostro tempore praelia sancta Deus, ut ordo equestris et vulgus
oberrans... novum reperirent salutis promerendae genus, ut nec funditus electa (uti
electus assolet) monastica conversatione, seu religiosa quadam professione, saeculum
relinquere cogerentur, sed sub consueta licentia et habitu, ex suo ipsorum officio,
Dei aliquatenus gratiam consequerentur » (*P. L.*, 156. 685 C) ; Pierre le Vénérable
cité *infra* n. 103.

(101) Expression d'un Chant sur la prise de Jérusalem (1099), dans *Recueil des
Hist. des Crois. Hist. Occid.*, t. III (Paris, 1866), p. 119. Comp. P. Alphandéry, *La
Chrétienté et l'idée de crois.*, p. 22-23.

(102) S. Bernard, *Epist.* 457 (*P. L.*, 182. 651, 652) ; comp. *Epist.* 247 (447) ;
P. Rousset, *Les origines et les caractères de la Prem. Crois.* Neuchâtel, 1945, p. 154.

ÉGLISE ET CITÉ DE DIEU   195

menaient les croisés était également spirituelle, non charnelle[103]. Si la
vie monastique était une vie pénitente, la croisade était une « nova
poenitentiae via »[104]. Si enfin la vie monastique avait pour idéal et pour
terme la reconquête de la liberté spirituelle[105] — La Jérusalem d'en haut
est libre ! : Gal. IV. 26 —, la croisade avait aussi pour but de restituer aux
chrétiens une *libertas*[106] qui, dans la pensée du moyen âge[107], est à la
fois spirituelle et temporelle, mystique et incarnée. Au surplus n'était-ce
pas sans une signification profonde que tant d'assemblées préparatoires
de la croisade se plaçaient au dimanche de « Laetare Jerusalem », dont
les textes liturgiques étaient si évocateurs. S'il s'agissait de se libérer du
péché, les moines le faisaient par la vie pénitente, les laïcs par la croisade...

Toute cette idéologie, sans être absente à la pensée des historiens-
théoriciens de la première croisade[108], est surtout née de celle-ci. La
première croisade avait été portée par un courant d'enthousiasme religieux
pénétré de représentations eschatologiques. La seconde, prêchée par
S. Bernard, et qui avait abouti à l'échec final que l'on sait, fut davantage
présentée sous la forme d'un acte de pénitence personnelle empruntant
la voie de l'œuvre guerrière[109]. Même Othon de Freising, qui y fut un
chef d'armée, reprend le thème augustinien qui avait été le fondement
de la théologie politique de Grégoire VII, d'opposition entre les hommes
qui cherchent « quae sua sunt » et ceux qui cherchent « quae Jesu
Christi »[110] : il met en contraste, d'une part, la querelle d'intérêts

(103) *Gesta Francorum :* éd. L. Bréhier, *Histoire anonyme de la Prem. Croisade.*
Paris, 1924, p. 84 ; comp. S. Bernard, *De laude nov. mil.*, c. 1, n. 1 (182. 921) et Pierre
le Vénérable, *Epist.* VI. 26 (*P. L.*, 189. 434).
(104) Ekkehard, *Hierosolymita*, c. 35 : éd. Hagenmeyer, p. 304 avec la n. 5. C'est
la base spirituelle de l'organisation canonique de la croisade, avec l'indulgence plénière :
« iter illud pro omni poenitentia reputetur », dit le concile de Clermont de 1095, c. 2
(Mansi, t. XIX, col. 813) ; cf. Erdmann, *op. cit.*, p. 311, 316 ; M. Villey, *La Croisade.
Essai sur la formation d'une théorie jurid.* Paris, 1942. S. Bernard montrait dans la
croisade le moyen de réparer ses péchés : *Epist.* 363. 2 (182. 565).
(105) Idée monastique de perdre la liberté du siècle, embrasser la servitude du
Christ, et trouver ainsi la vraie liberté : G. Tellenbach, *Libertas. Kirche und Weltordnung im Zeitalter des Investiturstreites.* Stuttgart, 1936, p. 55, n. 10 et 58, n. 13. —
Henri d'Albano commence et finit son *De peregr. Civ. Dei* sur une évocation de cette
liberté du moine : Praef., col. 231 D, 232 BC ; tr. XVIII, col. 400 D et s. ; comp. tr. II,
col. 269 B et tr. XIII, col. 382 D.
(106) Cf. Erdmann, *op. cit.*, p. 310 (référ.). Déjà Urbain II écrivant aux Bolonais,
Epist. 220 (*P. L.*, 151, 483).
(107) Remarquablement reconstituée par G. Tellenbach, *op. cit.*, ch. 1.
(108) Voir Guibert de Nogent cité *supra*, n. 100. Les motifs ascétiques sont
exprimés par Raoul Glaber, mais celui-ci reconstruit quelque peu la mystique de la
croisade en théologie : cf. P. Alphandéry, dans *Rev. Hist. Relig.*, p. 150, n. 7.
(109) Voir P. Rousset, *op. cit.*, pp. 152 s. ; P. Alphandéry. *La Chrétienté et l'idée
de croisade*, pp. 203 s., 207. Le motif bernardien du salut de l'âme a été repris dans les
documents pontificaux après lui : cf. U. Schwerin, *op. cit.*, p. 59.
(110) Sur ce thème décisif, cf. E. Bernheim. *Mittelalterliche Zeitanschauungen in
ihrem Einfluss auf Politik und Geschichtschreibung.* Teil I. Tubingue, 1918.

196

personnels qui avait dressé son fils contre l'empereur Henri IV (1104),
d'autre part ceux qu'attire la douceur du royaume céleste, les moines et
les clercs, d'abord, qui, au même moment, réformaient leur vie, mais
aussi les soldats du « novum militiae genus » qui, également, étaient tendus
vers Jérusalem[111].

Henri d'Albano partage la même idée, avec une note de pessimisme
plus grand sur la pureté de vie des uns et des autres[112]. On est au lendemain
des désastres de Hattin et de Jérusalem. C'est une parole de pénitence
que le pape réformateur Grégoire VIII vient d'adresser à la Chrétienté
dans sa bulle *Audita tremendi*[113]. Son légat reprend cet appel. Moine, il
s'adresse aux Grands du siècle. Chacun, pense-t-il, doit faire son salut
selon son état et par les moyens propres à cet état : les clercs et les «pauperes Christi», ainsi que les moines aimaient à se nommer, par les voies
de la prière, de la pénitence, de la pureté du cœur ; les princes, par celle
du service de la force qui leur a été impartie, dans l'observation générale
de la loi de Dieu et de la justice[114].

Il ne faut d'ailleurs pas croire que la voie de la croisade serait, pour
Henri d'Albano, une voie plus facile et moins onéreuse pour la chair que
la voie pénitente de la vie monastique. Est-elle même vraiment pour lui
une autre voie ? Peut-être l'a-t-on pensé, mais les événements sont venus,

---

(111) *Chron.* VII. 9 (p. 320) : « Haec sunt iuxta Paulum tempora novissima et ideo
periculosa, in quibus homines quae sua, non quae Iesu Christi quaerentes... (...)
sicut quosdam sceleratissimos ac mundi amatores avidissimos, sic alios zelo Dei ferven-
tissimos ac coelesti desiderio plenissimos habent ; et sicut hos nequitiae spiritus, iam
modicum tempus habens et ob hoc amplius inardescens, amplius ad vitia inflammat,
sic istos dulcedo regni coelestis, quasi iam in ianuis posita, ad amorem suum magis
alliciat. Unde circa haec tempora, dum regnum Romanorum non solum civiliter sed
et parricidialiter libidine dominandi dividitur, alii contemptis suis pro Christo ac
miliciae cingulum se non sine causa gestare considerantes, Ierusalem tendunt ; ibique
novum militiae genus exorsi, sic arma contra inimicos crucis gestant, ut crucis mortificationem ugiter in suo corpore portantes, vita et conversatione non milites sed
monachi videantur... ». Pour Othon aussi, les moines sont les vrais citoyens de Jérusalem : *Chron.* VII. 35 (p. 369 s.) : «crucemque per mortificationem carnis iugiter
portantes, coelesti desiderio pleni Christum secuntur (...) ad coelestis miliciae contu-
bernium dignos tyrones in praesentis vitae stadio praeparat ».
(112) Cf. *De peregr. Civ. Dei*, tr. IV, col. 289 B-290.
(113) 29 oct. 1187 : Jaffé-Ewald, 16019 (*P. L.*, 202. 1539 : Mansi, t. XXII, col. 527)
et bulle *Nunquam melius superni*, même date : Jaffé-Ewald, 16018 (*P. L.*, 1539 ;
Mansi, 531). Le contenu spirituel des bulles de croisade de Grégoire VIII relève de
S. Bernard : U. Schwerin, *op. cit.*, p. 84.
(114) Cf. *Epist.* XXVIII à Louis VII (1178) : *P. L.*, 204. 234 BC. Pour les clercs,
la lettre *Publicani et peccatores*, 1188 : *Ep.* XXXI, *P. L.*, 204. 247 B.
Noter, dans la première croisade, où l'enthousiasme et la participation populaires
ont tenu une si large place, le rôle joué par les pauvres et par une mystique de pauvreté :
Alphandéry, *Rev. Hist. Relig.*, p. 145 s. ; *La Chrét. et l'idée de crois.*, pp. 127 s., 145 s.
Un tel thème comporte, à sa manière, une certaine assimilation des croisés aux moines,
car ceux-ci étaient traditionnellement les « pauperes Christi ».

tragiquement, rappeler qu'on avait fait fausse route. Si la Jérusalem
terrestre a sombré dans le désastre, c'est que des destructions plus graves
s'étaient d'abord perpétrées dans l'ordre de la Jérusalem spirituelle[115].
C'est à ce niveau qu'il fallait d'abord porter la lutte. C'est ce qu'a fait
déjà le pape Grégoire VIII qui a prescrit jeûne et abstinence dans toute
la Chrétienté, en imposant une observance plus sévère encore à la Curie
elle-même[116]. Henri communique ces décisions en y ajoutant d'autres
mesures d'ascèse et de réforme[117] ; en prêchant, surtout, une mystique
de la croix, seule âme valable de la croisade[118].

Il est clair que, dans l'esprit d'Henri d'Albano, le renoncement reste,
comme pour l'ensemble des hommes d'Église médiévaux, la marque
indispensable et la mesure de la vie chrétienne. Prenant occasion du titre
que porte le Ps. 86e qu'il commente, *Filiis Chore*, et du fait que *Chore*
signifie *calvus*, Henri développe longuement, dans ses Tractatus I et II,
toute une mystique de tendance moralisante plus que dogmatique, du
dépouillement, condition de la liberté avec laquelle on peut lever son front
vers les choses éternelles[119]. Ainsi, au fond, seuls les moines et les clercs
voués aux *coelestia* sont pleinement des citoyens de la Cité de Dieu.
Ceux qui, n'ayant pas voué la chasteté, font l'œuvre charnelle de propager

(115) *De peregr. Civ. Dei*, tr. XIII, col. 351 D : « Primo igitur terrenae Jerusalem
ruinam deploret, licet eam spiritualis Jerusalem ruina praecesserit, nec terrenae ulla
nocuisset adversitas, nisi prius dominata fuisset et iniquitas Jerusalem spirituali ».
Comp. 356 A : châtiment de Dieu.

S. BERNARD avait déjà donné une explication semblable de l'échec de la seconde
croisade : *Epist.* 288 (182. 493) et *De Consider.*, II. 1 (741-45 : en 1150). D'autres
disaient : du moins, par la mort de tant de fidèles, la croisade a-t-elle atteint son but,
peupler d'élus la Jérusalem céleste... : ainsi JEAN, abbé de Casamari, inter op. Bern.,
Epist. 386 (182. 590-91) ; *Vita Bernardi* 1ᵃ, III. 4. 10 (185. 309).

(116) Cf. *supra*, n. 113.

(117) Lettre *Publicani et peccatores* à tous les prélats, début 1188 : *P. L.*, 204. 247 s.

(118) En particulier dans le tr. XIII du *De peregr. Civ. Dei* (204. 382 s.) et dans la
lettre de fin 1187 convoquant à la *Curia Christi :* 204. 249-50.

L'application à la croisade du thème de ' porter sa croix ' (Mt. X. 38 ; Lc. IX. 23 ;
XIV. 27), qui se trouve déjà chez certains chroniqueurs de la première croisade (*Hist.*
anonyme, éd. L. Bréhier, p. 2), ne sera reprise dans les documents officiels du Saint-
Siège que sous Innocent III (cf. U. SCHWERIN, *op. cit.*, p. 62). Le thème est présent dans
les textes d'Henri d'Albano (lettre à Alexandre III du début 1178 : *P. L.*, 204. 216 B ;
De peregr. Civ. Dei, tr. XIII, col. 357 A) et il aurait fait, si l'on en croit la *Gestorum*
Treverorum Continuatio III, 12 (*Mon. Germ. Hist.*, SS., XXIV, 388, l. 47), rédigée
par un contemporain, le fond de sa prédication de la croisade en Allemagne.

(119) Voir tr. I, col. 257 A ; tr. II, col. 264 s. ; 269 B, seuls les *perfecte calvi* « frontem
libere erigunt ad aeterna, paternae similitudinis et regiae libertatis titulis insigniti
(parallèle aux *insignia* des croisés ?), Sponso canticum nuptiale, canticum novum
decantant, dicentes : *Dominus regnavit, decorem induit*... (Ps. 92)... ». Comp. tract. X,
col. 328 A.

L'étymologie *Chore* = *calvus* est philonienne et origénienne : cf. F. WUTZ, *Onomas-*
tica sacra. Untersuchungen zum Liber interpretationis nominum hebraicorum des hl.
Hieronymus (*TU*, 41 = 3. Reihe, H. 11). Leipzig, 1914-1915, pp. 454, n. 1, 656, 757.

198

la race terrestre des hommes, seraient, pour un peu, comparés aux
« jumenta insipientia »[120]. Jalousant, d'ailleurs, les moines et les prêtres,
ils continuent, contre eux, l'opposition d'Esaü contre Jacob...[121]. La
croisade, si elle était vraiment une prise de croix, si elle était accomplie,
en somme, dans l'esprit monastique et consistait à porter en son corps
la mortification du Christ, devenait pour les laïcs un moyen de quitter le
monde et d'entrer sérieusement dans la voie qui mène à la vraie Jérusalem (comp. *supra*, n. 100, Guibert de Nogent). C'est donc avec une
note de pessimisme sur le compte de la vie terrestre qu'Henri d'Albano
trace le plan de la Cité militante de l'Église et y fait une place aux laïcs[122].

Cette note dépréciative est assez commune au moyen âge. Dans la
comparaison, très répandue au XIIᵉ siècle, des clercs et des laïcs avec les
deux côtés de ce corps qu'est l'Église, les clercs sont le côté droit ou les
spirituales, les laïcs le côté gauche ou les *carnales*[123]. Nous verrions

(120) Voir *De peregr. Civ. Dei*, tr. II, col. 263 D : « Postquam primus homo de terra
terrenus terrenis civitatibus et habitatoribus terrena sapientibus mundum implevit,
veniens novus homo de coelo coelestia et coelestem in terris Civitatem volens aedificare,
cives suos qui coelestia saperent a terrenis civibus voluit sui characteris signo distingui,
titulo praenotari, testimonio communiri. Signum fuit decalvatio, titulus filiatio,
testimonium secretiori familiaritate probata amicitiae certitudo. Signum siquidem et
imago terreni fuit in terrenis crescere, multiplicari, dominari... » : il faudrait citer
toute la suite.

C'est la chasteté, « quae in carne praeter carnem viventes homines coelestes facit (. . .)
et eos qui per luxuriam aliquando jumentis insipientibus comparati putruerunt in
stercore suo... » (tr. IV, col. 288 B). — La foi et le baptême (condition de vie chrétienne
des laïcs) ne sont que les fondements inférieurs de la Cité (col. 290 C-291 D).

(121) Voir tr. X, col. 326 CD-327. On comparera HONORIUS AUGUSTODUNENSIS
qui, dans sa *Summa gloria*, assimile le sacerdoce à tous les types purs de l'A. T., Abel,
Sem, Isaac, Jacob, et le *Regnum* aux types impurs : Caïn, Japhet, Ismaël, Esaü (cf. nn. 2
et 8 : *Libelli de Lite*, t. III, pp. 65-68) : imagerie de théocratie...

(122) Une fois, mais une fois seulement, Henri d'Albano fait allusion à l'idée,
pourtant si répandue au XIIᵉ s., considérant l'Église comme faite des trois *ordines* des
Conjugati, *Doctores* et *Continentes* : tr. VIII, col. 314 B. — S. BERNARD faisait, de ces
ordines, des parties représentatives de la Cité de Dieu : cf. *Serm. de div.* 35. 1 et 91. 1
(183. 634 et 710), et A. STEIGER, *Der hl. Bernhard v. Clairvaux. Sein Urteil über die
Zeitzustände*. Brünn, 1908, pp. 50-51.

(123) Le thème s'annonce au IXᵉ s., quand WALA transpose l'idée gélasienne des
deux pouvoirs auxquels Dieu a remis le gouvernement du monde, en celle de deux
ordines à l'intérieur de l'*Ecclesia* (sens carolingien de ce mot !) : cf. L. KNABE, *Die
gelasianische Zweigewaltentheorie bis zum Ende des Investiturstreites*. Berlin, 1936,
pp. 47-48 et 53. Après lui, voir WALAFRID STRABON, v. 840, *De exordiis et incrementis
rer. eccles.*, c. 32 (*Mon. Germ. Hist. Capit. Reg. Franc.*, t. II, p. 516). Au XIᵉ s., l'Église
est représentée comme constituée par deux groupes d'hommes, celui des clercs et des
moines, derrière le pape, celui des chevaliers et des laïcs, derrière l'empereur (voir
Jalons pour une théologie du Laïcat. Paris, 1953, p. 32-33). Mais l'un des résultats de
la lutte entre Grégoire VII et l'empereur fut d'insister sur l'identification des laïcs
avec ceux qui ne s'occupent (et n'ont à s'occuper) que des *terrena*, et celle des clercs
avec le peuple des hommes spirituels, voués aux *coelestia*. Voir HUMBERT DE MOYEN-
MOUTIER, *Adv. Simoniacos*, III. 9 (*Libelli de Lite*, t. I, p. 208). L'idée de deux côtés

volontiers ici un nouveau signe de l'historicisation du thème augustinien
de la Cité de Dieu. Chez Augustin, en effet, deux cités *mystiques*, toute
deux présentes aussi bien dans l'Église que dans la société politique des
hommes, se constituaient, l'une, des hommes vivant *secundum spiritum*,
l'autre des hommes vivant *secundum carnem*[124]. Ces deux catégories
tendent, au moyen âge, à prendre une forme juridique ou sociologique et
à s'identifier respectivement aux moines ou aux clercs, d'un côté, aux
laïcs de l'autre[125]. Pourtant, dans l'image des deux côtés du corps,
l'assimilation des laïcs au côté gauche et aux *carnales* leur est moins
défavorable que ne le feraient penser les avertissements de notre cistercien-
légat. Elle a aussi le sens de marquer une commune appartenance à un
même corps, à une même « una civitas sub uno Rege » : c'est le cas, par
exemple, chez Étienne de Tournai, alors abbé de Sainte-Geneviève,
qu'Henri d'Albano rencontra durant sa légation dans le Languedoc
dévasté par l'hérésie, en 1181[126].

On notera, dans un grand nombre des textes que nous avons cités, et
dans le dernier même, la mention de la Royauté du Christ. Cette idée
est extrêmement active dans la mystique de la croisade. L'armée des
croisés est celle du Roi des cieux[127] ; ils sont les « vexilliferi coelestis

du corps, deux pouvoirs, deux vies, comme intégrant l'*Ecclesia* a été reprise d'une
façon qui ne pouvait pas ne point marquer, par Hugues de Saint-Victor, *De sacram.*,
lib. 2, p. 2, c. 3 (*P. L.*, 176. 417 s.) dans l'intention d'affirmer l'unité des parties au
sein de l'*unum corpus*. Comp. Werner II de Küssenberg, abbé de Saint-Blaise,
Deflorationes, lib. II (*P. L.*, 157. 1049). Mais elle entraînait désormais avec elle l'attribution, aux laïcs, soit de la *vita* et de la *potestas terrena* (Hugues, *op. cit.*, c. 4, col. 417
418 ; Robert Pulleyn, *Sent.*, VII. 7 : *P. L.*, 186. 920), soit des activités « charnelles »
(S. Bernard, *In Ps. 90 sermo 7*. 10 et 11 : *P. L.*, 183. 205 D-206). Bref, la distinction
entre clercs et laïcs se trouve transcrite en termes juridiques ou sociologiques d'états
de vie : aux uns les *coelestia*, aux autres les *terrena*. Comp. encore les *Miscellanea* de
l'école de Hugues de Saint-Victor, lib. I, tit. 48 (*P. L.*, 177. 496 s.).

(124) *CD*, XIV. 1 (403 ; II. 3-4) ; ou « secundum hominem, secundum Deum » :
CD, XV. 1 (437 ; II. 58). Tel est aussi le sens, chez Augustin, du thème du côté droit
et du côté gauche : cf. *En. in Ps.* 136. 16 (*P. L.*, 37. 1770).

(125) Pour Henri d'Albano, « animalis homo » répond à « populares, populi », bref,
aux laïcs, « spiritualis » aux clercs : tract. X, col. 328 A. Il arrive à appliquer au seul
clergé le texte de 1 Pi. II. 9 « genus electum, regale sacerdotium » ! : col. 328 C.

(126) « In eadem civitate sub uno Rege duo populi sunt, et secundum duos populos
duae vitae, secundum duas vitas duo principatus, duplex iurisdictionis ordo procedit.
Civitas Ecclesia, civitatis Rex Christus, duo populi duo in Ecclesia ordines : clericorum
et laicorum, duae vitae : spiritualis et carnalis... » *Summa super Decret.*, dans
J. Fr. v. Schulte, *Gesch. d. Quellen u. Liter. d. canon. Rechts*, t. I. Stuttgart, 1875,
p. 251.

(127) S. Bernard, *Epist.* 467 aux barons bretons : N'abandonnez pas le roi des
Francs, ou plutôt le Roi des cieux ; Pierre le Vénérable, *Epist.* VI. 26 (*P. L.*, 189.
434) : « militiam Regis aeterni ». — Le Christ-Roi avait été le vrai chef de la première
croisade (Rousset, *op. cit.*, p. 174) ; Hagenmeyer, *op. cit.*, *supra* (n. 18), p. 42, n. 4
et p. 48, n. 43) et Godefroid de Bouillon n'avait voulu prendre que le titre d'« avoué
du Saint-Sépulchre ». De même, la *Curia Christi* de Mayence, 27 mars 1188, n'avait pas

Regis »[128]. L'idée de la Royauté du Christ dominant le monde et les empires était traditionnellement très présente à la pensée chrétienne, à qui la liturgie la rappelait sans cesse[129]. Il est possible, cependant, que la conscience chrétienne du haut moyen âge ait plus volontiers contemplé les royaumes et les rois terrestres comme constituant des reflets ou de imitations du Royaume et du Roi céleste. Il est certain, en tout cas, qu'au XIIe siècle, la valeur militante domine : il faut mener sur terre le combat du Roi des cieux.

Chose curieuse : l'expression si souvent citée par S. Augustin, *Civitas Regis Magni*[130], ne semble pratiquement pas intervenir chez nos auteurs. Henri d'Albano ne l'a jamais, peut-être lui trouvait-il une trop nette saveur eschatologique ou céleste ; il emploie par contre très souvent celle de *Civitas Domini Virtutum*, qui, toute christologique qu'elle soit, évoque sans doute l'idée du Dieu des Armées[131]. L'image dominante est tellement, pour Henri, celle de la croisade, qu'il s'en sert pour expliquer certaines exigences de la Cité de Dieu, celle de *signa* en particulier, qui joue un très grand rôle dans ses explications liturgico-ecclésiologiques et mystiques[132].

Il ne serait pas difficile de montrer que cette accentuation du caractère militant de l'Église, et même de la Royauté du Christ, se retrouve dans la littérature, si abondante au XIIe siècle, présentant les thèmes du combat des vertus et des vices, du Christ et du démon, de Jérusalem et de Babylone. Dans cette perspective, l'idée de la Cité de Dieu est alors très souvent, tout à la fois, moralisée, individualisée, et vue sous le signe

---

eu de président, afin de demeurer vraiment ' Curia *Christi* ' : la *Continuatio Zwellensis altera* (*Mon. Germ. Hist.*, SS. IX. 543) note expressément que l'empereur « affuit, non praefuit ». Dans sa lettre à Saladin, Frédéric Barberousse parlait au nom du Christ, le Roi des cieux.

(128) *De peregr. Civ. Dei*, tr. XIII, col. 357 C. — Les croisés sont récompensés par la « Regis liberalitas » : S. BERNARD, *De laude novae mil.*, c. 3, n. 4 (182. 924 B).

(129) Voir E. STAEHELIN, *Die Verkündigung des Reiches Gottes in der Kirche Jesu Christi*. Bâle, 3 vol. parus, 1951 et s., mais surtout la suite d'articles de Dom J. LECLERCQ, dont on annonce la réunion en un vol. (coll. *Unam Sanctam*). Malheureusement, D. Leclercq commence au XIIIe s. et n'a pas étudié particulièrement les croisades. Nous ne sachons pas que le sujet ait fait l'objet d'une recherche spéciale.

(130) L'expression est empruntée à Ps. 48. 3 (Vg. 47) ; Mt. V. 35. — Quelques références : *CD*, XVII. 4 et 16 (528 et 549 ; II. 205 et 239) ; *En. in Ps.* 47. 3 et 14 (36. 534-35 et 542) ; *Sermo* 341. 11 (39. 1500).

(131) Cf. *supra*, n. 76. Comp. S. BERNARD, *De laude novae mil.*, c. 4, n. 8 (182. 927) : prendre sa confiance « de virtute Domini Sabaoth ». Chez Henri, cf. encore tr. III, col. 279 D, « Dominus virtutum ipse est rex gloriae » (= Ps. 23. 10) ; tr. V, col. 298 A.

(132) Tract. I, col. 261 CD : « Et quia signis peregrinantes et militantes praecipue uti solent, recte peregrinanti et militanti civitati signa dantur... » (comp. *supra*, n. 119). Ces *signa* de la Cité de Dieu sont l'eau, le sang et l'Esprit, auxquels Henri fait correspondre respectivement, d'un côté le Saint-Esprit, le Fils et le Père, d'un autre côté le baptême, l'eucharistie et l'imposition des mains, puis la prière, le jeûne et l'aumône, et enfin la trilogie *castitas, humilitas, caritas :* la théologie monastique aime à se nourrir de telles correspondances, qui ne sont pas toujours très formelles.

de la lutte[133]. Le thème Jérusalem-Babylone est alors celui de la lutte du Christ et du chrétien contre le diable et les démons du dedans. Mais cela n'empêche pas, profitant de ce climat de combat, l'historicisation et la sociologisation de l'idée de Cité de Dieu que nous avons rencontrées chez Othon de Freising et même chez Henri d'Albano : vue, ici, sous un jour plus monastique, là davantage sous le jour de l'Empire chrétien.

Chez Augustin, *Civitas* avait un sens qualitatif : les deux cités étaient faites de deux amours, elles étaient spirituelles. S'agissait-il de la réalité historique ou sociologique, soit de la société temporelle, soit même de l'Église, elle apparaissait mêlée[134]. Sociologiquement, les deux cités étaient *mixtae :* mais la Cité de Dieu, grandeur spirituelle, était pure et ne comptait que des bons. Par esprit monastique aigu, Henri d'Albano irait sans doute dans le même sens. Mais Othon de Freising historicise et sociologise tellement sa Cité du Christ, il l'identifie tellement à l'Église, ou plutôt à la société chrétienne, qu'il arrive à reconnaître expressément que son « una Civitas » est « permixta » et qu'elle a pour membres tous les catholiques, même pécheurs[135]. Seule l'hérésie ou l'excommunication, qui excluaient alors de la société chrétienne et de l'Empire autant que de l'Église, mettent un baptisé en dehors de la Cité du Christ.

Dans ses représentants que nous avons étudiés, l'Ordre cistercien nous apparaît comme étant resté assez étranger au mouvement, si net au XIIe siècle chez les grands canonistes (Yves de Chartres, Gratien, Alexandre III, Rufin...), soucieux de marquer la dualité du temporel et du spirituel. Il est demeuré dans la ligne d'une *Ecclesia* qui absorbe et

---

(133) On trouvera bien des indications à ce sujet dans l'article de F. TOURNIER, dont nous avons vérifié toutes les références : *Les « deux Cités » dans la littérature chrétienne*, dans *Études*, 123 (1910), pp. 644-665. Et cf. *supra*, n. 78. Sur le combat des vertus et des vices, cf. E. MALE, *L'Art religieux en France au XIIIe siècle*. Paris, 8e éd., 1948, p. 99 s.

(134) Cf. *CD*, I. 35 (46 ; I. 51). Augustin dit souvent que les deux cités sont mêlées ici-bas, il ne dit pas que la Cité de Dieu soit mêlée de bons et de mauvais.

(135) *Chron.* V, prol. (p. 228 : ce passage fait suite au texte cité *supra*, n. 50): « Non enim, quamvis electi et reprobi in una sint domo, has civitates, ut supra, duas dixerim sed proprie unam, sed permixtam tanquam grana cum paleis ». II, prol. (p. 309) : « Nos... tempore Theodosii senioris usque ad tempus nostrum non iam de duabus civitatibus, immo de una pene, id est ecclesia, sed permixta, historiam texuisse » VIII, prol. (p. 391) : « Si item mali ecclesia, quae corpus Christi est, dici propter temporalem commixtionem ac sacramentorum communionem debeant, acutissime disputant. Sed communem sacrae scripturae usum simplici oculo intendendo, omnes in ecclesia fidem tenentes, catholicam civitatem Christi vocamus, Deo, qui solus novit qui sint ejus (2 Tim. II. 19), iudicium discussionemve singulorum relinquentes ». Vraiment, pour Othon, *ecclesia* = la société chrétienne !

Comp. WOLBERO, abbé bénédictin de Saint-Pantaléon à Cologne († 1167) : « Civitas est congregatio fidelium, quae ab Abel justo ad ultimum tendit electum... Ista vero civitas, quae praesens Ecclesia accipitur, permixta est bonis et malis ». *Com. in Cant.* I. 9 (*P. L.*, 195. 1062).

202

sacralise au maximum la vie historique du siècle. Il refusait de s'ouvrir à la dialectique et à l'analyse scolastique, pour demeurer attaché à une pensée de caractère mystique, pénétrée de symbolisme. Henri d'Albano est *totalement* étranger aux acquisitions de la scolastique naissante ; il semble même avoir peu pratiqué « l'amour des Lettres », ses rares citations d'auteurs profanes sont empruntées à S. Augustin. Othon de Freising, malgré sa formation humaniste chartraine et quelque sympathie pour Gilbert de la Porrée, tient à exprimer lui-même son refus de s'engager dans les débats d'école[136]. Oncle de l'empereur, prélat temporel et spirituel de l'Empire, il conçoit l'*Ecclesia-Civitas Dei* comme identique à la société chrétienne. Henri d'Albano la voit davantage sous le signe de l'idéal monastique, mais il la veut militante et il y englobe toute l'activité de la croisade. L'un et l'autre se sont trouvés, hors de leur monastère, engagés, comme S. Bernard aussi l'avait été, dans les tractations avec les Grands et dans la politique du temps. Ainsi, étrangers d'un côté au grand courant des écoles et des villes, ils sont restés, de l'autre, liés aux structures de puissance de la Chrétienté telles qu'elles venaient du passé. Est-ce une des raisons pour lesquelles, après six ou sept décades de splendide rayonnement, l'Ordre cistercien se trouva comme mis en marge d'une histoire où il avait été si actif, et remplacé, non certes dans sa spiritualité monastique, qui le retire à ce qui passe, mais dans la faveur du Temps, par les jeunes Ordres mendiants ?

Strasbourg.

(136) Cf. le texte de *Chron.* VIII, prol. (p. 391) cité *supra*, n. 135. On notera pourtant chez Gilbert, abbé cistercien de Swineshead († 25 mai 1172) et continuateur du commentaire du *Cant.* laissé inachevé par S. Bernard, un large programme d'humanisme théologique : « Dicitur ergo civitas Dei universitas creaturae, quippe legibus administrata dispensationis ejus » (*In Cant.* sermo 4. 3 : *P. L.*, 184. 27). Ce texte représenterait une première rédaction, vers 1162 : cf. J. Leclercq, *Rev. Bénédict.*, 62 (1952), p. 290.

Addendum à la n. 83: Autres témoignages sur le vocabulaire avant le milieu du XIIᵉ siècle : Texte liturgique anglais du haut moyen âge : « concepta est (Maria) triumphanti Ecclesiae..., sic nos..., pertransita hujus miseriae peregrinatione » (cité par L. Bouyer. *Le Trône de la Sagesse.* Paris, 1957, p. 174, n. 1). S. Anselme. *Ep. de Incarn. Verbi,* dédicace : « Ecclesia peregrinans » (*P. L.*, 158, 261 B ; *Opera,* éd. F. S. Schmitt, t. II, p. 3) ; comp. *Epist.* 243 à la reine d'Angleterre Mathilde, v. 1102 (éd. Schmitt, t. IV, p. 154, l. 30 s. ; dans *P. L.*, 159, 91 C (*Ep.* III, 57), mauvaise lecture : « peregrinus »). Gerhoh de Reichersberg. De ordine donorum, pars 1 : « Ecclesiae membra quaedam iam cum capite ipso triumpho sunt potita, quaedam adhuc peregrinantur in hac vita inter innumera et periculosa certamina » (*Opera inedita,* ed. D. et O. Van den Eynde et A. Rijmersdael, t. I. Rome, 1955, p. 92 : dans un contexte de *Civitas Dei*).

IX

Modèle monastique et modèle sacerdotal en Occident de Grégoire VII (1073-1085) à Innocent III (1198)

Les historiens évitent les affirmations globales, les généralisations, les simplifications. Il semble cependant légitime de dire que les Xᵉ et XIᵉ siècles ont été pénétrés d'un idéal monastique. Les moines apparaissaient comme les soutiens de la société chrétienne non seulement pour sa structuration de société, mais pour la détermination et la hiérarchisation des valeurs officiellement admises [1]. Les hommes influents, les conseillers des princes, venaient du monachisme. Cluny avait acquis une puissance qui pouvait se montrer concurrente de celle des rois, sinon même du pape. Jusqu'en plein XIIᵉ siècle, tout un courant d'idées a considéré la condition monastique comme la plus haute et la plus sûre dans l'échelle de la profession chrétienne [2]. Cette perfection était appréciée selon le critère ascétique de la plus grande abstention des jouissances terrestres et de la plus grande austérité [3].

---

1. Evocation d'ensemble : H. WOLTER, *Ordericus Vitalis. Ein Beitrag zur kluniazensischen Geschichtsschreibung*, Wiesbaden, 1955, p. 2-5. L'*Apologeticus* d'ABBON DE FLEURY († 1004) est caractéristique à cet égard : *P.L.*, t. CXXXIX, 463 B. Dans l'historiographie de l'époque, on situe souvent, entre les Apôtres, les martyrs et les Pères d'une part, l'Antéchrist de l'autre, les continents et les moines : ceux-ci caractérisent le temps de paix de l'Eglise : Fr. HEER (*Die Tragödie des Heiligen Reiches*, Zürich, 1952, p. 198) cite en ce sens HONORIUS AUGUSTODUNENSIS, ANSELME DE HAVELBERG, HUGUES DE SAINT-VICTOR (cf. W.A. SCHNEIDER, *Geschichte und Geschichtsphilosophie bei Hugo v. St. Viktor*, Münster, 1933, p. 110) ; OTHON DE FREISING (*Chronica*, éd. A. HOFMEISTER, p. 370 ss.), JEAN DE SALISBURY. Ajouter ADAM SCOT, v. 1179-1180, *De tripartito tabernaculo*, II, 19, n° CXXXVI (*P.L.*, t. CXCVIII, 739) ; *Sermo 8 de triplici Ecclesiae statu*, IX-XI (col. 145-146).

2. C'est ainsi que, commentant Ap., XXI, 11 ss., RUPERT DE DEUTZ, de ligne conservatrice († 1129), écrit : « nomine muri firmiores, magisque spiritualis propositi fideles ; civitatis autem appellatione plateas civitatis, id est laxioris vitae maximeque laicalis ordinis multitudinem significat » (*In Apoc.*, lib. XII : *P.L.*, t. CLXIX, 1201 A). Comparer, du même, *De Trinitate et operibus eius. In Reg.*, III, 10 (*P.L.*, t. CLXVII, 1150-1151), dans le cadre des trois *ordines* classiques ; HONORIUS AUGUSTODUNENSIS, *Elucidarium*, III, 2 (*P.L.*, t. CLXXII, 457 CD) ; GILBERT DE LIMERICK († 1140), *De statu Ecclesiae* (*P.L.*, t. CLIX, 997 A) ; OTHON DE FREISING, *Chronica*, VII, 9, entre 1143 et 1146.

3. ABBON DE FLEURY, *op. cit.*, col. 463 ss. ; pour Cluny, cf. P. LAMMA, *Momenti di storiografia cluniacense*, Rome, 1961 (« Coll. Istit. stor. ital. per il medio evo, Studi storici », 42-44). RUPERT DE DEUTZ, *Ad Lizelinum* : « Sic nimirum in sancta Ecclesia quanto quisque ordo

Il est vrai que le monachisme s'était fortement cléricalisé. Depuis le milieu du VIIe siècle la proportion des moines prêtres a augmenté, d'une croissance qui ne fut d'ailleurs ni homogène ni régulièrement continue 4. De façon approximative et globale on peut dire qu'à la fin du VIIIe siècle, prêtres et diacres représentaient seulement 20 % de la population monastique, ils étaient 60 % au IXe siècle, dont 25 % de prêtres, 75 % au Xe siècle, dont 40 à 50 % de prêtres. Au XIIe siècle, malgré des contestations et discussions 5, malgré un débat qui durera longtemps encore sur l'exercice pastoral de leur sacerdoce par les moines, ceux-ci revendiquent hautement l'égalité, mieux : l'identité de leur sacerdoce avec celui des prêtres de paroisse : ainsi Rupert, abbé de Deutz, Honorius Augustodunensis, Gratien enfin, qui était moine lui-même 6. Les moines sont des clercs, dit Hugues de Rouen 7. Mais d'où leur vient cette démangeaison de vouloir tous être clercs et se faire ordonner prêtres, se demande saint Bernard ? Des deux côtés, Rupert de Deutz d'une part, Philippe de Harvengt d'autre part, porte-parole des chanoines réguliers, critiquaient l'état de choses qui s'était ainsi introduit 8.

Cette évolution s'inscrit dans un contexte global, mais tout particulièrement dans un contexte ecclésiologique dont il nous faut évoquer quelques aspects décisifs.

Le courant monastique a été animé par le désir du ciel et d'une anticipation ici-bas de ce qui sera l'eschatologie. Aussi les époques à forte densité eschatologique ont-elles été des époques de grande vitalité monastique. Ce fut le cas dans le dernier tiers du XIe siècle et la première moitié du XIIe, avec une intense recherche de vie monastique loin des agglomérations (érémitisme) et avec l'extraordinaire expansion cistercienne. Mais d'autres valeurs s'affirmaient au même moment dans le christianisme, certainement liées aux conditions et aux mouvements de l'histoire générale (démographie et bien-être en

---

est arctior, tanto est altior » (*P.L.*, t. CLXX, 663 C) ; OTHON DE FREISING, *Chronica*, VII, 35 (éd. HOFMEISTER, p. 369 ss. et 373) ; RUFIN, *Summa Decretorum* C. XIV, q. 1 (éd. H. SINGER, Paderborn, 1902, p. 339-340 : en 1157-1159). Nous n'entrons pas ici dans le débat suscité ces dernières années au sujet du « contemptus mundi ».

4. Cf. J. WINANDY, *Les moines et le sacerdoce*, dans « Vie spirituelle », n° 336, janv. 1949, p. 23-26 ; HOFMEISTER, *Mönchtum und Seelsorge bis zum 13. Jahrhundert*, dans « Studien u. Mitteil. z. Gesch. d. Benediktiner Ordens », t. LXV, 1953/54, p. 209-273 (p. 245 ss.) ; O. NUSSBAUM, *Kloster, Priestermönch und Privatmesse. Ihr Verhältnis im Westen von den Anfängen bis zum hohen Mittelalter*, Bonn, 1961 (« Theophaneia », 14), surtout p. 78-81 ; J. LECLERCQ, *Le sacerdoce des moines*, dans « Irénikon », t. XXXVI, 1963, p. 5-40, et *On Monastic Priesthood according to the Ancient Medieval Tradition*, dans « Studia monastica », t. III/1, 1961, p. 137-155.

5. Dont un exemple (vers 1132-1133) se trouve dans le très intéressant dossier rassemblé par R. FOREVILLE et LECLERCQ, *Un débat sur le sacerdoce des moines au XIIe siècle*, dans « Studia Anselmiana », n° 41, 1957, p. 8-118.

6. Cf. L. HÖDL, *Die Geschichte der scholastischen Literatur und der Theologie der Schlüsselgewalt*, I, Münster, 1960 (« Beitr. z. Gesch. d. Philos. u. Theol. d. Mittelalters », XXXVIII/4), p. 166-172. GRATIEN, *Dictum* post c. 16 et post c. 40 C. XVI q. 1 (FRIEDBERG, 767 ss., 773), et cf. Ch. DEREINE, *Le problème de la «cura animarum» chez Gratien*, dans *Studia Gratiana*, II (Bologne, 1954), p. 305-318.

7. *Dial.* VI, 4 (*P.L.*, t. CXCII, 1219).

8. RUPERT, *In Regulam S. Benedicti*, III, 12 (*P.L.*, t. CLXX, 520) : « Ut quid tot sacerdotes in coenobiis ? ». PHILIPPE DE HARVENGT, *De Institutione clericorum*. IV : *De continentia clericorum*, c. LXXXIV (*P.L.*, t. CCIII, 778) : il n'est même pas nécessaire d'être prêtre pour être abbé (deux curieux cas de femmes devenues moines et même, l'une, abbé !), mais « in tantum haec licentia nostris excrevisse temporibus invenitur, ut iam in monasteriis, non solum abbatem, verum etiam aliquem monachum vix contingat haberi qui non se videat ad ordines promoveri. »

croissance, circulation plus intense, croisades...) mais également aux besoins et à l'évolution interne de l'Eglise.

On a montré que Grégoire VII avait mis en valeur, dans un amour véritable, conforme à la volonté de Dieu, les aspects de militance et de service du prochain. Il a canonisé Erlembaud, chef de la *Pataria* milanaise, assassiné en 1075, et il l'appelle *strenuissimus miles Christi* (*Reg.*, I, 27), alors que *militia Christi* désignait traditionnellement la vie monastique [9]. Il a développé un idéal de l'amour vrai, en vertu de quoi aider le prochain, venir en aide aux opprimés passait avant les prières, jeûnes, veilles, etc. [10] Grégoire a stigmatisé comme une désertion l'entrée au monastère de Hugues, comte de Bourgogne [11] ; il a approuvé le mariage de la comtesse Mathilde [12]. Certes, on ne peut le taxer d'anti-monachisme, lui qui a gardé toute sa vie son habit monastique et observé la rigueur des jeûnes de règle. Mais il poussait à ses conséquences le principe que la charité *non quaerit quae sua sunt* et il le rappelait aux moines en les pressant de prendre plus généreusement leur part de la vie militante de l'Eglise [13]. Grégoire VII, moine lui-même, a favorisé l'institution des chanoines réguliers : des clercs et des prêtres pratiquant au service des fidèles une vie semi-monastique [14]. A condition de garder à saint Grégoire VII sa physionomie d'ascète, d'homme de foi et de prière, il est légitime de le situer dans un mouvement qu'on peut noter au xie et au début du xiie siècle, d'éloignement de certains extrémismes ascétiques, de primauté donnée aux attitudes morales sur les pratiques extérieures, enfin de goût pour une charité efficace [15]. Ainsi, comme l'a bien noté G. Tellenbach, une hiérarchie de type clérical-sacerdotal tendait à se juxtaposer, peut-être même

9. Cf. C. Erdmann, *Die Entstehung des Kreuzzugsgedankens*, Stuttgart, 1935, p. 128-129, 197. Sur le changement d'application du terme *militia Christi*, H. Beumann, *Kreuzzugsgedanke und Ostpolitik im Mittelalter*, dans « Histor. Jahrbuch », t. LXXII, 1952, p. 115 ; Erdmann, *op. cit.*, p. 186 ss.

10. Voir *Registrum*, I, 50, du 4 mars 1074, éd. E. Caspar, Berlin, 1955, p. 76-77. Voir A. Nitschke, *Die Wirksamkeit Gottes in der Welt Gregors VII. Eine Untersuchung über die religiösen Aeusserungen und politischen Handlungen des Papstes*, dans « Studi gregoriani », t. V, (Rome, 1956), p. 117-219, surtout p. 137 et 140.

11. *Registrum*, VI, 17, 2 janvier 1079, à l'abbé de Cluny : « non perpendis, non consideras, in quanto periculo, in quanta miseria sancta versatur ecclesia ? ... Ecce qui Deum videntur timere vel amare, de bello Christi fugiunt, salutem fratrum postponunt et in se ipsos tantum amantes quietem requirunt » (éd. Caspar, p. 423).

12. Cf. le récit de Bernold de Constance, avec une nuance d'apologie : *M.G.H., SS.*, t. V, 449.

13. *Loc. cit.* n. 11, p. 424 ; voir encore, au même Hugues de Cluny, 20 mars 1074 : *Reg.*, I, 62 (p. 90).

14. G. Bardy, *Grégoire VII et la réforme canoniale au XIe siècle*, dans « Studi gregoriani », t. I (Rome, 1947), p. 47-64 ; Leclercq, *Un témoignage sur l'influence de Grégoire VII dans la réforme canoniale, ibid.*, t. VI (Rome, 1959/61), p. 173-227.

15. Sur cela, cf. B. Schmeidler, *Anti-asketische Aeusserungen aus Deutschland im 11. und beginnenden 12. Jahrhundert*, dans « Kultur- und Universalgeschichte. W. Goetz z. 60. Geburtstag dargebracht », Leipzig, 1927, p. 35-52.
Il cite en particulier Wipo, vers 1030 ; notons ce texte de 1072. Quand l'archevêque de Mayence Siegfried voulut résigner sa charge et se retirer à Cluny, le peuple et le clergé lui écrivirent : « Fatemur, pater, eos bene facere, qui saeculum relinquunt quique, se ipsos abnegantes et crucem suam baiulantes, post Christum vadunt. Sed hoc utique eorum est, qui sibi solis vivunt ; quia in vinea Domini Sabaoth nullam colendi curam acceperunt ; quibus satis est, ut, si tantum possint se salvare, qui de nullo habent nisi de se rationem reddere. Tu autem pater, melius regis saeculum quam relinquis... (citation de Jn., XXI, 17)... Omnis ordo, omnis dignitas, omnis professio apostolicae subditur dignitati. Nec quicquam est in mundo eminentius vel vicinius Deo vita episcopali ; cui cedit ut mimor omnis monachus vel reclusus, omnis cenobita vel heremita » (cité p. 48-49).

à se substituer dans l'échelle des valeurs à une hiérarchie de type ascétique-monacal [16]. On a noté que Grégoire attribue le titre de *spirituales homines* non plus seulement aux moines, par distinction des laïcs et des clercs séculiers, mais à l'ensemble des gens d'Eglise, moines et clercs, par distinction d'avec les laïcs [17].

Une évolution sémantique parallèle a marqué bientôt l'usage de l'expression *vita apostolica*. Réservé jusque-là au monachisme, avec sa pauvreté et sa *vita communis*, le terme a été revendiqué par les chanoines réguliers, clercs et prêtres voués à l'apostolat et à la pastoration [18]. Les prémontrés de saint Norbert ne sont évidemment pas seuls à représenter les clercs réguliers, mais c'est eux qui ont le plus écrit pour revendiquer, en face du monachisme, la supériorité de leur état et le sens nouveau de *vita apostolica*. Pour maintenir leur rang, les moines ont accentué ce qui les rapprochait des clercs : presbytérat, pastoration [19]. Du reste, Urbain II, reconnaissant la dualité des formes de service de Dieu, les avait canonisées toutes deux ensemble, comme « unius pene eiusdem propositi portiones » [20].

Toutes ces inflexions annoncent le moment où, au lieu de voir l'Eglise comme la réalité eschatologique en sa partie exilée et pérégrinante sur terre, on parlera d'*Ecclesia militans*, société surnaturelle préparant l'*Ecclesia triumphans*, renouvellement du vocabulaire qui se produira à partir de 1160 [21]. Le désir du ciel continuera d'animer puissamment les âmes. Mais, dans une société en transformation, l'Eglise se verra davantage agissante : Eglise des clercs, Eglise des écoles, bientôt des universités. Dans l'ancien monde à dominante monastique, l'Eglise la plus véritablement elle-même résidait dans les moines : saint Bernard et Othon de Freising le font entendre nettement [22]. Par contre, les apologistes prémontrés des chanoines réguliers

16. G. TELLENBACH. *Libertas. Kirche und Weltordnung im Zeitalter des Investiturstreits*, Stuttgart, 1956 (« Forsch. z. Kirchen- u. Geistesgesch. », 7), p. 67 ss.
17. L. Chr. ACHELIS, *Studien über das « geistliche Amt »*, dans « Theol. Studien u. Kritiken », t. LXII/1, 1889, p. 7-79 : 17-19.
18. Cf. M.-D. CHENU, *Moines, clercs, laïcs au carrefour de la vie évangélique (XIIᵉ siècle)*, dans « Rev. d'hist. ecclés. », t. XLIX, 1954, p. 59-89 ; repris dans *La théologie au XIIᵉ siècle*, Paris, 1957, p. 225-251 ; les remarquables études de DEREINE, synthétisées dans l'article *Chanoines réguliers* du « Dict. d'hist. et géogr. eccls. », t. XII, col. 353-405 ; H. DE LUBAC, *Exégèse médiévale. Les quatre sens de l'Ecriture*, I/2, Paris, 1959 (« Théologie », 41) p. 579 ; H. M. VICAIRE, *L'imitation des Apôtres. Moines, chanoines et mendiants. IVᵉ-XIIIᵉ siècles*, Paris, 1963 ; *La réforme des prêtres au moyen âge*. Textes choisis et présentés par F. PETIT, Paris, 1968.
19. Cf. RUPERT DE DEUTZ, *Altercatio monachi et clerici, quod liceat monacho praedicare* (*P.L.*, t. CLXX, 537-542) ; *Epistola ad Everardum* (col. 541-544) ; le *De vita vera apostolica*, dont l'attribution à Rupert est douteuse (col. 609-664) ; *Epistola ad Lizelinum* (col. 663-668).
20. Bulle d'Urbain II à l'église de Raitenbach, 1092, qui est devenue un texte de la chancellerie papale et se trouve reproduite en d'autres circonstances (ainsi dans la confirmation de Prémontré en 1124 : *P.L.*, t. CXCVIII, 36) : *P.L.*, t. CLI, 338-339. DEREINE, *L'élaboration du statut canonique des Chanoines réguliers, spécialement sous Urbain II*, dans « Rev. d'hist. ecclés. », t. XLVI, 1951, p. 534-565.
21. Voir notre *Eglise de saint Augustin à l'époque moderne*, Paris, 1970 (« Histoire des dogmes », III/3), p. 164-165.
22. Saint Bernard en ce sens qu'il a de l'Eglise une idée très spirituelle et personnaliste, mais il ne la réduit certes pas aux moines. Sur l'excellence ecclésiale des moines qui nourrissent tout le corps, cf. *Apologia*, 10, 24 (*P.L.*, t. CLXXXII, 912) ; *Sermo 93 de div.* (183, 715 ss.) ; *Sermo 46 in Cant.* (183, 1004 ss.) ; cf. Y. CONGAR, *L'ecclésiologie de saint Bernard*, dans *Saint Bernard théologien* (« Anal. s.o. Cisterc. », t. IX/3-4, 1953), p. 136-190. Pour Othon, seule la sainteté des moines fait que Dieu supporte un monde mauvais : *Chronica*, VII, 34 (éd. HOFMEISTER, p. 369).

MODELE MONASTIQUE ET MODELE SACERDOTAL

exaltent le sacerdoce dans l'Eglise. Anselme de Havelberg († 1158) pense que les moines appartiennent à l'éclatante beauté de l'Eglise, mais que celle-ci pourrait subsister sans eux, par le ministère des prêtres, surtout celui de la parole [23]. Le *De institutione clericorum* de Philippe de Harvengt († 1182) est plein de la louange du sacerdoce : *Magna et praecipua dignitas clericorum, quae nimirum sic inter Deum et populum media collocatur ut Deo subdita populo praeferatur...* [24]. Sur la fin du XIIe siècle, Adam Scot voyait dans le sacerdoce le soleil qui éclaire le ciel qu'est l'Eglise [25].

Cette montée du sacerdoce est contemporaine et bien probablement solidaire du développement des écoles. Le second traité du *De institutione clericorum* de Philippe de Harvengt est intitulé *De scientia clericorum* ; s'adressant à son ami Herwald, Philippe fait déjà l'éloge de Paris comme capitale de la science sacrée : *Felix civitas in qua sancti codices tanto studio revolvuntur...* [26]. Or les moines avaient eu leurs écoles claustrales pour la formation des petits oblats, ils avaient cultivé les Saintes Lettres et les Pères, produisant ainsi les fruits savoureux et substantiels de ce que dom Jean Leclercq a dénommé « la théologie monastique ». Les écoles qui se multiplient *dans les villes* au XIIe siècle sont autre chose [27] : au point qu'un témoin de la spiritualité claustrale encore vivante chez les chanoines réguliers pourra, vers la fin du XIIe siècle, établir une opposition et parler de ceux qui sont « enivrés du vin scolastique plutôt que du vin théologique [28] ». Mais l'inadaptation des moines à l'enseignement des écoles et à sa méthode dialectique jouera son rôle dans la relève des moines par les clercs [29]. L'appréciation des valeurs était en train de changer. Rédigeant sa *Summa* entre 1204 et 1207, Robert de Courson pourra écrire : *Qui legit publice sacram scripturam, iter maioris perfectionis arripuit quam aliquis Clarevallensis* [30].

Toutes ces modifications n'ont pu s'opérer sans quelques changements quant aux maîtres ou aux autorités les plus cultivées. Dans les écoles du XIIe siècle, Aristote gagnera lentement en influence. Au point de vue proprement religieux, les pères de la spiritualité monastique, Grégoire et Isidore, cèdent du

---

23. A l'abbé Egbert de Huysberg : « Tolle interim omne genus monachorum et in Ecclesia Dei secundum ordinationem Christi iuxta Apostolum habeamus alios quidem prophetas, alios apostolos, alios vero evangelistas, alios autem pastores et doctores, et alios clericorum ordines : nonne isti sufficiunt ad consumationem corporis Christi, quae est Ecclesia ? Quae tamen, etsi absque monachis bene et ordinate consistere posset, decentius tamen et pulchrius tanquam varietate circumamicta diversis electorum ordinibus exstruitur et decoratur » (*P.L.*, t. CLXXXVIII, 1136 BC). Date : 1149-1150.

24. *De instit. cleric.* IV : *De continentia clericorum*, c. LXIX (*P.L.*, t. CCIII, 258 B).

25. Sermon pour la fête de saint Etienne : *P.L.*, t. CXCVIII, 275. Mais c'est la comparaison alors classique du *sacerdotium* avec le soleil et du *regnum* avec la lune.

26. *Epist.* 3 : *P.L.*, t. CCIII, 31 D.

27. Ph. DELHAYE, *L'organisation scolaire au XIIe siècle*, dans « Traditio », t. V, 1947, p. 211-268 ; CHENU, *La théologie au XIIe siècle*, Paris, 1957 (« Etudes de philos. médiév. », 45), p. 343-350.

28. *De gloria et honore filii hominis, Epist.* : *P.L.*, t. CXCIV, 1074 A. Cité par LECLERCQ, *Les études dans les monastères du Xe au XIIe siècle*, dans *Los monjes y los estudios*, Abbaye de Poblet, 1963, p. 105-117 : p. 115.

29. Remarque de DELHAYE, dans son compte rendu du livre du P. CHENU cité n. 27, dans « Rev. d'hist. ecclés. », t. LIV, 1959, p. 541.

30. Cité par CHENU, *op. cit.* (n. 27), p. 260, d'après Ch. DICKSON, dans « Arch. d'hist. doctr. et littér. du moy. âge », t. IX, 1934, p. 73.

terrain à Augustin, père des clercs réguliers [31]. Du reste, ce n'est pas seulement dans l'ordre des modèles religieux qu'Augustin prend cette avance : J.R. Geiselmann a montré comment il avait supplanté Isidore en théologie sacramentaire eucharistique [32].

Le lieu de ce conflit d'influence est significatif. Au fond, le monachisme déploie la vie baptismale du fidèle [33], l'Eucharistie fait l'Eglise comme Corps du Christ, mais c'est un sacrement sacerdotal. Déjà le développement pris par l'Eucharistie dans la pensée et la dévotion durant la période, très précisément, qui délimite notre étude, est remarquable et nouveau. L'erreur de Béranger de Tours, avec les interventions du cardinal Humbert et de Grégoire VII, a déclenché ce mouvement si bien élucidé par le P. H. de Lubac, qui a conduit à qualifier le pain eucharistique de *corpus verum* et de même l'Eglise de *corpus mysticum* [34]. Prémontré a été marqué par une grande dévotion eucharistique. Et puisque Innocent III figure dans le titre de notre étude pour préciser la limite de la recherche, comment ne pas évoquer son *De sacro altaris mysterio*, ou, plus exactement, *De missarum mysteriis*, commencé et peut-être même achevé avant son élection à la chaire de Rome ?

J'avais naguère noté le peu de place que l'Eucharistie semble occuper chez saint Bernard [35]. Ce fut, pour le très regretté Etienne Delaruelle l'occasion de m'écrire : « par là, Bernard est encore du haut moyen âge, époque qui me semble, și je peux dire, anté-eucharistique, et par là même anté-sacerdotale. Il me semble que les XIIIᵉ-XVᵉ siècles aient été une époque essentiellement "cléricale", non au sens des problèmes politiques qui sont liés au cléricalisme, mais en ce sens qu'alors le Catholicisme est essentiellement religion du sacrement. Antérieurement c'est le temps des moines pour lesquels l'Eucharistie n'est pas essentielle. Je crois qu'un des grands faits des XIᵉ-XIIᵉ siècles est la réhabilitation du sacerdoce par la Réforme grégorienne (les chapitres) rendant possible ce "sacerdotalisme" » (Lettre du 19-3-1954). De fait, à notre époque, on magnifie le rôle du prêtre dont les gestes et les paroles, qui reprennent celles du Christ, opèrent efficacement le changement

---

31. On le voit, par exemple, dans les citations patristiques de Deusdedit et d'autres collections canoniques : Ch. MUNIER, *Les sources patristiques du droit de l'Eglise du VIIIᵉ au XIIIᵉ siècle*, Mulhouse, 1957, p. 37-38 et 43. Cependant cette remarque ne vaut pas pour le recueil concernant la vie cénobitique régulière analysé et édité par LECLERCQ (*op. cit. supra* n. 14 : cf. p. 178). ANSELME DE HAVELBERG, dans sa théologie historique des diverses formes de vie religieuse, écrit : « In hoc statu apparuerunt viri religiosi, amatores veritatis, instauratores religionis, Augustinus, Hipponensis ecclesiae episcopus, provinciae Numidiae legatus, qui collectis non falsis fratribus vita apostolica praeelegit vivere » : *Dialogi*, I, 10 (*P.L.*, t. CLXXXVIII, 1154 D).

32. J.R. GEISELMANN, *Die Eucharistielehre der Vorscholastik*, Paderborn, 1926, p. 293 ss., 370 ss. ; *Die Abendmahlslehre an der Wende der Spätantike zum Frühmittelalter. Isidor von Sevilla und das Sakrament der Eucharistie*, Munich, 1933, p. 235-236.

33. Cette idée sera sous-jacente aux critiques des Maîtres séculiers parisiens du XIIIᵉ siècle contre les Mendiants : les religieux diront-ils, sont des *perficiendi*, catégorie comprenant les *monachi, fideles laici et catechumeni* : ainsi GUILLAUME DE SAINT-AMOUR, *Tractatus brevis de periculis novissimorum temporum*, c. 2 ; M. BIERBAUM, *Bettelorden und Weltgeistlichkeit an der Universität Paris*, Münster, 1920, p. 12 ss. ; évêques et curés, eux, étaient des *perfectores*, avec invocation des textes du PSEUDO-DENYS.

34. DE LUBAC, *Corpus myticum. L'Eucharistie et l'Eglise au moyen âge*, Paris, 1944 ; 2ᵉ éd., 1949 (« Théologie », 3).

35. Étude citée *supra* (n. 22), p. 148.

MODELE MONASTIQUE ET MODELE SACERDOTAL

de la consécration [36]. Dans le cadre et le climat de la lutte contre l'incontinence des clercs, on a aimé mettre la condition du prêtre en rapport avec celle de la Vierge Marie [37]. Un texte d'un auteur inconnu, datant du XIIe siècle et qui a été cité assez fréquemment, disait : *O veneranda sacerdotum dignitas in quorum manibus Dei Filius, velut in utero Virginis incarnatur...* [38]. Saint Norbert († 1134) avait composé un *De sacerdotio*. On lui attribue des maximes d'une étonnante ferveur :

> Sacerdos, Tu non es tu, quia Deus es
> Tu non es tui, quia servus et minister Christi es
> ....
> Tu non es de te, quia nihil es.
> Quis ergo es tu, o Sacerdos ? Nihil et omnia... [39]

Tout cela relevait d'un développement interne, c'est-à-dire du mouvement animant la vie de l'Eglise elle-même, inséparable d'ailleurs de l'évolution de la société globale. Mais il faut aussi faire sa place, dans l'exaltation du sacerdoce des ministres ordonnés, à la nécessité de répondre aux hérésies anti-ecclésiastiques populaires que l'on voit s'annoncer au cours du XIe siècle et remplir tout le XIIe. Ces hérétiques niaient le sacerdoce propre des ministres, attaquaient ou contrefaisaient l'Eucharistie [40]. Ils exigeaient, par contre, une vie pauvre, « apostolique ». Les défenseurs de la foi catholique ou les conciles s'attachèrent dès lors à défendre, justifier et mettre en valeur le sacerdoce et l'Eucharistie [41]. L'un et l'autre s'élevaient ou tombaient ensemble. De plus en plus, on définissait le sacerdoce par le pouvoir de consacrer l'Eucharistie [42],

---

36. Telle est la position de la *Summa Sententiarum* et de Pierre Lombard ; J. Brinktrine, *Zur Lehre der mittelalterlichen Theologie über die Konsekrationsform der Eucharistie.* I : *Von Paschasius Radbertus bis zu Hugo von Saint-Cher* († 1264). II : *Von dem Verfasser der « Summa Sententiarum »* (*Hugo von St. Viktor ?*) *bis zu Thomas von Aquin*, dans « Theol. u. Glaube », t. XLV, 1955, p. 188-207, 260-275. Philippe de Harvengt écrit : « Presbyter cuius est sacro manus uncta liquore, in altari corpus Christis conficit sacro ore, cum substantiam panis et vini veraciter corruptibilem nullo penitus dubitante, signo crucis et virtute verborum adhibitis, reddit incorruptam, ascriptam, ratam, Spiritu efficaciter operante » : *De inst. cleric.* IV : *De continentia cleric.*, c. CVII (*P.L.*, t. CCIII, 812 C).
37. Ainsi saint Pierre Damien, *Opusc.*, 17 c. 3 et *Opusc.*, 18 d. 1, c. 1 (*P.L.*, t. CXLV, 384 D et 388 B), cité dans R. Laurentin, *Marie, l'Eglise et le Sacerdoce* (titre de la couverture). I : *Essai sur le développement d'une idée religieuse*, Paris, 1952, p. 115-116. Comparer Pierre Comestor, *Sermon pour un synode diocésain*, publié par J.-P. Bonnes, *Un des plus grands prédicateurs du XIIe siècle, Geoffroy Babion*, dans « Revue bénédictine », t. LVI, 1945/46, p. 174-215 : cf. p. 213 ; très grande exaltation du pouvoir eucharistique du prêtre.
38. Cf. Laurentin, *op. cit.*, p. 43 avec la note 41.
39. Cité par M. Fitzthum, *Die Christologie der Prämonstratenser im 12. Jahrhundert* [Dissert. 1939], p. 23. Sur la dévotion eucharistique des Prémontrés, cf. F. Petit, *La spiritualité des Prémontrés aux XIIe et XIIIe siècles*, Paris, 1947 (« Etudes de théol. et d'hist. de la spiritualité », 10), p. 225-233.
40. Exposé et bibliographie dans notre ouvrage (cité *supra*, n. 21), p. 198-209. Bibliographie plus complète dressée par H. Grundmann et reproduite dans *Hérésies et sociétés dans l'Europe pré-industrielle, XIe-XVIIIe siècles*, prés. par J. Le Goff, Paris/La Haye, 1968, p. 407-487. Du même Grundmann, bien sûr, l'ouvrage classique *Religiöse Bewegungen im Mittelalter*, Berlin, 1935 ; éd. complétée, Hildesheim, 1961.
41. Voir Concile de Lombers, 1176 (Mansi, t. XXII, 162 ss.) ; Pierre le Vénérable, *Contra Petrobrusianos*, en 1134 ? (*P.L.*, t. CLXXXIX, 787-788, 808) ; Hugues de Rouen, *Contra haereticos*, 1145-1147, lib. II (*P.L.*, t. CXCII, 1273 ss.) ; Eckhart de Schönau, *Sermones adversus Catharos*, 1163, Sermo 10 (*P.L.*, t. CXCV, 69 ss.). Evidemment aussi les professions de foi imposées aux Vaudois. et déjà, en 1179, à Valdès lui-même (texte édité par A. Dondaine, dans « Archiv. fratrum praedic. », t. XVI, 1946, p. 231 ss.).
42. Ainsi Hugues de Rouen, *C. haeret.*, II, 2 et 10 (*P.L.*, t. CXCII, 1276 et 1281 D), et cf. notre ouvrage cité *supra* (n. 21), p. 170 et 173.

alors qu'on l'avait auparavant daavntage caractérisé par le pouvoir des clefs, ce qui se rencontre encore parfois jusqu'au début du XIIIe siècle [43]. De toute façon, soit sous l'incitation de telles circonstances, soit sous la poussée de l'intense travail des maîtres dans les écoles, le XIIe siècle a très intensément élaboré la théologie des sacrements.

Par tout cela, sous bien d'autres aspects encore (développement du Droit, rapport entre les deux pouvoirs, etc.), l'époque ouverte par la réforme dite grégorienne apparaît de plus en plus comme celle d'un tournant décisif dans l'histoire séculaire de la Chrétienté occidentale.

---

43 Ainsi PHILIPPE DE HARVENGT, *loc. cit. supra* (n. 24) ; voir encore BERNARD DE FONTCAUDE, *Contra Vallenses*, c. 2, peu après 1185 (*P.L.*, t. CCIV, 798 ss.) ; RAOUL ARDENT, *Speculum universale*, entre 1190 et 1200 ; le IVe concile de Latran, *c. Firmiter*, où l'Eucharistie est proposée, avant le baptême comme l'acte le plus caractéristique de l'Eglise (DENZINGER, n° 430 ; DENZINGER-SCHÖNMETZER, n° 802). Pour cette conception, voir notre *Ecclésiologie du haut moyen âge*, Paris, 1968, p. 141-148.

X

INCIDENCE ECCLÉSIOLOGIQUE
D'UN THÈME DE DÉVOTION MARIALE

Exposant vers 1285-1290 les motifs pour lesquels le samedi est un jour spécialement consacré à honorer la Vierge Marie, Durand de Mende énonce comme deuxième des cinq raisons qu'il donne *quia Domino crucifixo et mortuo, et discipulis fugientibus et de resurrectione desperantibus, in ea (B. Maria Virgine) sola fides in sabbato illo remansit* [1]. Ailleurs, cherchant la raison pour laquelle, aux Ténèbres des jours saints, on conserve seul le cierge du milieu pour le cacher ensuite et le montrer enfin à nouveau, il dit : « Significat primo fidem quae in sola Virgine remansit, per quam postea omnes fideles docti et illuminati sunt... » [2] Durand n'est pas un créateur ; ses dires traduisent des idées reçues à son époque. De fait, il n'est pas difficile de trouver, vers le milieu du XIIIe siècle, plus d'un témoignage dans le sens du *Rationale*. Très discrètement suggérée chez saint Thomas [3] — si discrètement qu'on la dirait plutôt omise sans être niée — , cette idée que Marie aurait seule gardé la foi durant le temps où le Christ était au tombeau, se trouvait beaucoup plus explicite, quelques années auparavant, chez saint Bonaventure, avec une référence expresse au samedi [4]. Il n'est pas étonnant que les prédicateurs aient dès lors tiré parti d'un thème qui se prêtait à susciter l'émo-

---

1. *Rationale divinorum officiorum*, lib. IV, c. 1, n. 32 (éd. Naples, 1859, p. 145). — Cf. Dom. L. GOUGAUD, *Dévotions et pratiques ascétiques du moyen-âge* (Coll. *Pax*, 21) Paris, 1925, ch. 4 : Pourquoi le samedi a-t-il été consacré à la Sainte Vierge ? (pp. 65-73) ; J. A. JUNGMANN, S. J. *Gewordene Liturgie. Studien und Durchblicke.* Innsbruck, 1941, p. 230 (dans le chap. : Beginnt die christliche Woche mit Sonntag ?)

2. *Lib.* VI, c. 72, n. 25-26 (p. 515).

3. *Com. in III Sent.*, d. 3, q. 1, a. 2, qa 2, ad 1 (vers 1255) : « Dubitatio quæ sonat infirmitatem fidei, sine peccato esse non potest : nec talis dubitatio in B. Virgine fuit tempore passionis, sed in ea remansit fides firmissime etiam Apostolis dubitantibus ». La question d'un doute de Marie a d'autant plus préoccupé les théologiens que certains Pères avaient interprété en ce sens la prophétie de Siméon. S. Thomas a toujours éliminé tout doute en Marie, sauf au sens d'un doute d'admiration et de réflexion : cf. le commentaire de III a, q. 27, a. 4, ad 2, que j'ai donné dans *Vie Spirit.*, Suppl. mars 1934, p. 159-160.

4. *Com. in III Sent.*, d. 3, p. 1, a. 2, q. 3, ad 2 (vers 1250-1252) : « Discipulis non credentibus et dubitantibus, ipsa fuit in qua fides Ecclesiae remanserat solida et inconcussa ; et ideo in die sabbati in honorem ejus solemnisat omnis Ecclesia » (éd. Quart. III, 78). Pour le texte de la *Vitis mystica*, cf. *infra*, p. 7.

X

278

tion des fidèles attentifs à tout ce qui concernait la passion du Christ [1].

On peut à coup sûr remonter plus haut dans le temps que les grands docteurs du milieu du XIIIᵉ siècle [2]. Jusqu'où pourrait-on le faire ? La référence que donnent les éditions du *Rationale* de Durand au canon *Sabbato* de la troisième partie du Décret est une référence trompeuse, que Durand lui-même s'est d'ailleurs abstenu de suggérer : le canon en question [3], qui remonte à Silvestre Iᵉʳ [4], parle du jeûne du samedi et dit seulement qu'il convient parce que ce jour rappelle le samedi saint, qui s'est passé entre la tristesse et la joie et où les Apôtres se cachaient par peur des Juifs. Il n'y est nullement question de la Sainte Vierge. ni de sa foi, seule sans défaillance.

On penserait volontiers au mouvement de dévotion mariale qui reçut une impulsion si puissante de saint Pierre Damien, dans le troisième quart du XIᵉ siècle et aboutit, sur la fin du siècle, d'une part, aux belles prières mariales de saint Anselme (on lui en a aussi attribué qui ne sont pas de lui), d'autre part à l'extension par Urbain II à toute la chrétienté de l'office institué par Pierre Damien pour les Ermites de Fonte Avellana [5]. Mais quand Pierre Damien explique pourquoi le samedi est spécialement consacré à la Sainte Vierge, c'est à des récits d'apparitions ou d'interventions miraculeuses de Marie qu'il fait appel [6] ; le fait qu'il ne fasse aucune allusion à l'idée que Marie aurait seule gardé la foi, entre la mort du Christ et sa résurrection, semble indiquer de façon certaine qu'une telle idée était alors inconnue. Tout aussi inconnu était alors,

1. Cela se prêchait à l'époque de saint Louis : cf. G. GOYAU, *Saint Louis*, Paris, 1928, p. 113 ; Éd. FARRAL, *La vie quotidienne au temps de S. Louis*. Paris, 1942, p. 225. — Témoignage des années 1275-1277 : « Expedit autem non ignorare quare illi qui devoti sunt Beatæ Virgini plus ipsam honorant in sabbato quam alia die... Item, sicut dicunt Sancti, aliis deficientibus in die sabbati, stetit in ea fides ». HUMBERT DE ROMANS, *Expos. in Const. FF. Prædic.*, in c. 1, § 24 (*Opera* éd. BERTHIER, t. II, p. 72-73). Le texte montre assez bien, pour le dire en passant, l'idée large qu'on se faisait des « Sancti ».
2. Dom GOUGAUD, *op. cit.*, p. 67, cite l'*Expositiuncula in Sequentiam* « *Ave præclara maris stella* » de Césaire d'Heisterbach († 1240), éd. A. E. SCHŒNBACH (*Sitzungsber. d. Wiener Akad.* 1908, p. 6-7), affirmant que Marie demeura le samedi saint, « l'unique colonne de la foi catholique »'.
3. C. 13, D. III, de consecr. (FRIEDBERG, I, 1355-1356). — J. DE MIECHOW (*Conférences sur les Litanies de la T. Ste Vierge*, trad. A. RICARD ; t. III, 2ᵉ éd. Paris, 1870, p. 429, n. 2) affirme donc à tort que Durand *allègue* ce canon.
4. JAFFÉ. Reg. App. 180 (I, p. 733). Le texte de Silvestre (314-335) dit seulement qu'il faut jeûner le samedi parce que tous les disciples ont jeûné le samedi saint.
5. Concile de Clermont, 1095 : Mansi, XX, 827. Ce texte n'est pas très formel.
6. *De bono suffragiorum*, c. 4 (P. L., 145, 565 s.).

évidemment, le rattachement à la foi de Marie du rite concernant le dernier cierge des Ténèbres. Rupert de Deutz ne connaît même pas le rite de la conservation d'un cierge ; celui qu'on éteint le dernier, dit-il, figure le Christ mis à mort après tous les prophètes [1]. Saint Bernard, qui a tant parlé de Marie, ne connaît pas le thème du samedi saint, et la *Vitis mystica*, qu'on citera plus loin et qui a été imprimée parmi ses œuvres (P. L., 184, 655 s.), n'est pas de lui.

Les auteurs ultérieurs qui, jusqu'au XVIe siècle, mentionneront le thème de la foi conservée en Marie seule, se réfèrent à Alexandre de Halès. De fait, la fameuse *Somme*, compilation d'une érudition considérable, mentionne notre thème dans un commentaire du Symbole qui termine son traité de la foi [2]. Cette partie de la Somme, nous disent les éditeurs [3], est transcrite de Jean de la Rochelle et de Philippe le Chancelier : plus spécialement, pour notre passage, de ce dernier, dont la Somme a été rédigée entre 1228 et 1236. L'auteur commente l'article : *Ascendit ad coelos* [4]. Il reprend

1. *De divinis officiis*, lib. V, c. 26 (P.L., 170, 148).
2. *Summa fr. Alexandri*, pars III, q. 69, memb. V, a. 1 (éd. Venise 1575, p. 299 r et v), pars III. inq. 2, tract. 2, q. 2, tit. I (éd. Quaracchi, t. IV, p. 1130).
3. T. IV, Prolegomena (Quar. 1948), p. CCCIV.
4. Voici le texte de la *Summa* de Philippe, d'après le ms. (assez médiocre) Paris Nat. lat. 15749, fol. 88 ra-rb ; on l'amende ici par le texte d'Alexandre, en indiquant entre parenthèses les écarts de notre témoin :
« *Ascendit ad cœlos*. Secundum quod homo, sicut Io. III, ibi : *Qui ascendit, ipse est qui descendit*, Glo. Aug. : descendit secundum quod Deus, ascendit secundum quod homo. Item, Glo. dicit quod non ascendit ad æqualitatem quia nunquam æqualis ei secundum quod homo [nec ascendit ad æqualitatem secundum quod Deus et ita non [le ms. omet *non*] asçendit ad æqualitatem.
Solùtion. Non ascendit in re, sed in notitia [le ms. porte *in nocentia*], id est innotuit. Simile habetur Mt. ult, *Data est mihi potestas*, id est apparet mihi data.
Sed videtur quod aliquis possit credere sine peccato ipsum non esse æqualem Patri, immo de Magdalena dicitur Io. XX, super illud : *Noli me tangere*, in Glo. : *Dicit ei*, etc., quia illa cum adhuc in illum carnaliter credebat, quæ sicut hominem flebat, audit : *Noli me tangere*, id est sic [ms. om. : *Sic*] credere in me ; *nondum enim*, in corde scilicet tuo [ms. om. *tuo*], *ascendi ad Patrem meum*, id est nondum credis me aequalem Patri ; tunc tanges cum non imparem credes. — Sed probatur quod ipsa caritatem habebat, quia, ut habetur Io, XX, super illud : *Maria flebat ad monumentum*, etc. Glo. : quod fortior fixerat, et super illud : *Cucurrit ad Simonem Petrum*, Glo, : et in uno amore. Item Gregorius : Discipulis recedentibus, mulieres, quæ arctius amabant, non recedebant. Et Iob, XIX : *Pelli meæ consumptis carnibus, adhæsit os meum*, Glo. : Consumptis (le ms. porte : *assumptis) carnibus*, id est discipulis per infidelitatem consumptis, *os meum*, id est fortitudo meæ divinitatis, *adhæsit pelli meæ*, vel ad exteriora deservientibus. Et ita videtur quod haberet caritatem et tamen non credebat æqualem esse Patri Christum.
Respondent quidam quod non habebat caritatem et exponunt auctoritatem de amore naturali. Unde dicunt quod in sola Virgine stetit Ecclesia, cujus fides sola permansit in passione : propter quod dicunt ejus memoriam in sabbato fieri. Alii dicunt, secundum auctoritatem Iob, quod fides et caritas mansit in

d'abord l'explication de la Glose, inspirée de saint Augustin [1], selon laquelle, puisque monter aux cieux, c'est s'élever à l'égalité du Père, le Christ ne *devenant* égal au Père, ni en tant que Dieu, puisqu'il l'est toujours, ni en tant qu'homme, puisque c'est impossible, il s'agit d'*ascendere ad aequalitatem* dans la foi de ses disciples. Mais voici la difficulté : dans cette perspective, le *Noli me tangere* de *Jean*, xx, 17, implique que Madeleine ne le croyait pas égal au Père. Et pourtant, elle avait la charité, puisqu'elle aimait, ainsi que le soulignent la Glose et saint Grégoire.

C'est ici qu'intervient notre texte *Respondent quidam :* « les uns disent que Madeleine n'avait pas la charité, et ils expliquent le passage en parlant d'amour naturel ; ils disent que l'Église ne subsista qu'en Marie, dont la foi demeura seule debout durant la passion ; c'est pourquoi, ajoutent-ils, on fait mémoire d'elle le samedi ». D'autres pensent que les saintes femmes ne perdirent ni la foi ni la charité ; seulement, tout en croyant à la divinité du Christ de façon générale, Madeleine n'appliqua pas sa foi concrètement à celui qui lui apparaissait (ici, évocation d'un exemple classique d'inconséquence par non passage d'une conviction générale à une appréciation particulière). Ces auteurs ont une autre explication de la consécration du samedi à la mémoire de Marie : il s'agit seulement, disent-ils, de la translation, d'une commémo-

---

mulieribus. — Et quod objicitur de Magdalena, *Noli me*, etc... exponunt sic : Nondum credis me æqualem Patri, id est credendo nondum advertis [ms. : *avertis*], sicut ille qui scit omnem mulam esse sterilem, non advertit [ms. : *avertit*] ad hanc quam credit habere in utero, scit tamen in universali ; sic ipsa non advertebat [ms. : *avertebat*], tamen in universali credebat hoc. Quod patet quia si adverteret [ms. : *averteret*] quod ei dimisit peccata, cognosceret ipsum esse Deum. — Et ad hoc quod dicunt alii de Beata Virgine quantum ad sabbatum respondent quod propter aliam causam sabbatum [ms. om. *respondent... sabbatum*] deputetur, quia sicut in sexta feria celebratur memoria passionis Christi, ita cum ipsa quodam modo passa sit [ms. om. : *passa* et add. in marg.), illius passionis [ms. add. *Christi*] fuit memoria celebranda et quod sexta feria fieri non potuit, sed sabbatum translatum est, Hoc est quod dixit Simeon de ipsa, Luc II : *Et tuam ipsius animam pertransibit gladius* ; unde quidam dixit : Verum est eloquium iusti Simeonis, quem promisit gladium sentiet doloris. Et quod ita sabbatum deputetur ei, significatur Ezech. XLVI : *Porta hæc non claudetur usque ad vesperam, et adorabit ad ostium portæ huius in sabbatis omnis populus* ».

1. S. Augustin, *In Joann. Ev.* tract, 121, n. 3 (P. L., 35, 1957) ; *Sermo in fer. V. post Pasch.* (éd. Morin, *Sermones inediti*. Munich, 1917, p. 52).
Cette exégèse se retrouve, par exemple, chez S. Grégoire, *Hom. in Evang.*, lib. II, hom. 25, n. 6 (P. L., 76, 1193) ; S. Bède, *In Joan.*, XX (P. L., 91, 919-920) ; Alcuin, *Com. in Joan.*, lib. VII, c. 41 (P. L. 100, 991) ; Raban Maur, *Hom. in fer. V post Pasch.* (P. L., 110, 162) ; par contre, la *De vita Mariæ Magdalenæ* (c. 26 ; P. L., 112, 1474) mise sous le nom de Raban, date d'après 1456 (cf. *Zeitsch. f. kathol. Theol.*, 1922, p. 583). Cf. encore Pierre le Chantre, *Verbum abbreviatum*, c. 6 (P. L., 205, 38) ; Odon d'Ourscamp, *Quæstiones*, II, q. 56 et q. 295 (Pitra, *Anal. noviss.*, II, p. 53 et 106 s.) ; etc.

raison de sa compassion, qu'on ne pouvait pas faire le vendredi, jour consacré à célébrer la passion du Christ.

Qui sont les *quidam* visés par le Chancelier ? Il n'est jamais facile et, en somme, assez rarement donné, d'identifier les *quidam* des écrits de cette époque ; au surplus désignent-ils peut-être des auteurs dont les opinions, exprimées dans leur activité scolaire, ou du moins universitaire (sermons ?), n'a pas laissé de trace écrite. De plus l'abondante littérature de la Première scolastique est, pour la plus grande part, inédite. D'après ce que nous avons pu voir, ce n'est ni dans la littérature des Sommes, ni dans la littérature des Sentences, qu'on a chance de trouver nos *quidam :* rien, ou si peu que rien, chez Hugues de Saint-Cher, dont l'œuvre est sensiblement contemporaine de celle de Philippe [1] ; rien chez Guillaume d'Auxerre, son modèle (*Summa aurea*) ; rien chez Guillaume d'Auvergne, qui semble d'ailleurs avoir été extrêmement réservé sur la question de la Vierge Marie ; rien chez Robert de Melun (*Quaest. de div. Pagina ; Quaest. in epist. Pauli ; Sententiae*) *;* rien chez Pierre Lombard (*Sentences*) *;* rien chez Pierre de Poitiers (*Sentences*) *;* rien même chez Simon de Tournai (*Disputationes.*) On pressent pourtant que c'est dans la littérature des *Quaestiones* sur l'Écriture Sainte, origine première des Sentences et des Sommes, qu'on aurait chance de trouver nos *quidam.*

Faute de meilleure indication, en voici une qui semble nous situer dans le milieu où ont été posées les questions à la solution desquelles le texte de Philippe fait allusion : c'est celui de l'école d'Anselme de Laon, dont les travaux de Bliemetzrieder, Weisweiler, Mgr Landgraf et Dom Lottin ont commencé de nous restituer la physionomie et les vraies dimensions : le lieu même d'où devait sortir la nouvelle théologie, analytique et dialectique, qui sera proprement la Scolastique. Dans ses *Quaestiones* (vers 1160), Odon d'Ourscamps (†1171) pose une question au sujet de la foi de Marie-Madeleine : cette foi était imparfaite, puisque Madeleine ne croyait pas encore le Christ égal au Père, *sed passione turbata hanc fidem amisit etiam cum discipulis : cujus infidelitatis matrem Domini solam immunem credimus* [2]. Nous tenons, en très bref, notre thème,

---

1. Rien dans les différents-endroits des commentaires sur les Évangiles, où on pourrait trouver quelque chose de ce genre. Noter seulement, sur *Mat.*, XXVI, 31 (« omnes vos scandalum patiemini in ista nocte ») : « Omnes vos. Ibi erat mater ejus ; nunquid ipsa ? Non. » Aucun rapprochement avec la foi de l'Église.

2. *Quæst.*, II, q. 56 (PITRA, *Anal. noviss.*, II, p. 53).

et assez exactement dans le contexte où Philippe le formulera, mais il n'est question, chez Odon, ni de l'hypothèse d'un amour naturel, ni de la consécration du samedi à la Sainte Vierge : entre lui et les *quidam* de Philippe il y a évidemment des intermédiaires qui nous échappent.

Notre thème reparaît encore, mais sans mention de la Vierge Marie, dans une autre question soulevée par Odon au sujet de la foi de Pierre et de sa défaillance : *major ac difficilior quaestio, multa ex utraque parte habens argumenta et auctoritates...* Odon apporte ici un témoignage personnel : il tient de Jean de Tours qu'Anselme de Laon « déterminait » la question ainsi : *non defecit (charitas) in apostolis omnino, sed habuerunt omnes apostoli charitatem, mortuo Christo ; in radice quidem habebant eam, non in ramis, similiter et fidem. Sic audivit eum determinantem in scholis suis Mag. Joannes Turonensis, a quo et nos hoc accepimus...* [1]. C'est encore à Anselme de Laon et à son entourage ou à ses disciples que nous ramène enfin le curieux et vraiment très symbolique commentáire sur *Job*, xix, que cite Philippe le Chancelier [2].

Ainsi sommes-nous ramenés aux environs de 1080, c'est-à-dire à l'époque de saint Anselme de Cantorbéry, et presque de saint Pierre Damien ; mais, dans la Glose d'Anselme de Laon, il n'est pas question de la Vierge Marie : ce qui confirme la position du *terminus a quo* dont nous avons parlé plus haut. Par contre, dans les années qui suivent les *Quaestiones* d'Odon d'Ourscamps, l'idée dévote de Marie gardant seule la foi à l'époque de la passion semble connue et même acclimatée : un Alain de Lille a, vers 1178, une page très émouvante en ce sens dans son commentaire du Cantique des Cantiques [3]. Sans aucun doute, une enquête plus approfondie

---

1. *Quæst.*, II, q. 326 (PITRA, p. 167). Le thème de la défaillance des apôtres devait être assez courant : cf. par ex. PHILIPPE DE HARVENG, *De silentio clericorum*, c. 74 (P. L. 203, 1096 s.) : vers 1156.

2. Cf. le texte de la Glose « ordinaire » (P. L., 113, 809-810) dont l'édition de Migne est, on le sait, défectueuse. Faute d'avoir accès au texte de la Glose « interlinéaire » publié par Léandre de St-Martin (Anvers, 1634), j'ai consulté celui qui est donné avec les Postilles de Nicolas de Lyre, éd. Douai, 1617 (t. III, col. 216-217), dont je ne sais ce qu'il vaut en général mais qui, dans le cas, correspond assez bien à celui qu'invoque Philippe.

3. *Elucidatio in Cant. Cant.*, c. I (P. L., 210, 58-59) : « *...Indica mihi quem diligit anima mea. Hoc refertur ad tempus passionis et sunt verba Virginis a statu fidei non deficiente. ...Indica mihi quem diligit anima mea ; quia video contribules tuos in te desævientes, video apostolos fugientes, et ideo nescio in quibus per fidem habites. Ideoque indica mihi quem diligit anima mea, id est demonstra mihi in quibus sciam te habitare per fidem. Expressius autem ait, quem diligit anima mea, quam si dixisset te, ut exprimatur amor ineffabilis*

que la nôtre enrichirait le dossier et apporterait peut-être des
précisions sur l'origine exacte des divers éléments de notre thème.
Mais ce serait sans grand intérêt pour le but que nous poursuivons
ici. Appliquons-nous plutôt à voir quelle fut la destinée ultérieure
de ce thème marial et son incidence ecclésiologique.

Le thème de Marie ayant seule gardé la foi et contenant en elle
toute l'Église a connu un assez grand succès aux XIVᵉ et XVᵉ
siècles. Agostino Trionfo l'exprime dans son *Summa de potestate
ecclesiastica* [1]. C'est au XIVᵉ s., semble-t-il, que fut faite en ce sens
une importante adjonction au texte de la *Vitis mystica*, qu'on trouve
dans quelques manuscrits de ce traité bonaventurien [2]. Faut-il voir
dans cette interpolation le fait de dévots désireux de s'assurer
le patronage prestigieux de quelque grand Docteur ? C'est sans
doute également au XIVᵉ siècle que fut composée cette *Homélie
sur Luc*, XI, 27, qui se présente dans quelques manuscrits et qui
a été éditée en 1916 sous le nom d'Albert le Grand [3]. L'idée qui

matris ad filium, quæ illum in passionis articulo non reliquit, cum in apostolis ardor
caritatis defecerit... *Ubi pascas, ubi cubes in meridie.* Indica ergo mihi *ubi*, id est
in cujus mente te *pascas* per fidem ; *ubi cubes*, in cujus animo requiescas per
caritatem, qui exterius laboras per passionem. Et hoc *in meridie*, id est in passionis
tempore... *Ne vagari incipiam post greges sodalium tuorum.* Per sodales Christi
discipuli figurantur qui, percusso pastore, tanquam oves gregis vagabantur.
Tunc cum discipulis Virgo fluctuaret, si in ambiguitate maneret, si fidem omnino
defecisse crederet. Ad hoc respondens Christus introducitur in hunc modum :
*Si ignoras te, o pulchra inter mulieres, egredere et abi post vestigia gregum tuorum...
Et pasce hædos tuos juxta tabernacula pastorum.* Dicuntur hædi Ecclesiæ Dei
quos regunt ecclesiastici pastores. Apostoli vero, qui in fide defecerant, jam in
Ecclesia vel de Ecclesia non erant, sed quasi juxta Ecclesiam per infidelitatem
errabant ; tamen prædestinati erant ». — On sent la gravité d'une telle assertion...

    1. Cf. q. 3, a. 8 ; q. 20, a. 6 (cité par J. LECLER, dans *Etudes*, janv. 1950, p. 125).
    2. *Vitis mystica*, c. 2, n. 4 *(Opera Bonaventuræ*, éd. Quar., VIII, 161). Le texte,
que les éditeurs estiment authentique (cf. prolegomena, p. LXIII), ne fait aucune
allusion au thème marial du samedi saint ; deux manuscrits de la fin du XIVᵉ s.,
par contre, ajoutent ici un texte assez considérable, dans lequel nous lisons
(éd. citée, p. 161, note 9) : « ... Si verŏ fugam mentalem intelligimus, nec vir
relictus est cum eo nec mulier, præter illam quæ sola benedicta est in mulieribus,
quæ sola per illud triste Sabbatum stetit in fide, et salvata fuit Ecclesia in ipsa
sola. Propter quod aptissime tota Ecclesia in laudem et gloriam ejusdem Virginis
diem Sabbati per totius anni circulum celebrare consuevit ».
    3. *Alberts des Grossen Homilie zu Luc* II, 27, hrsg. von P. DE LOE. Bonn, 1916.
Le texte que nous citons se trouve p. 50.
    Dans son compte-rendu de cette publication, le P. Fr. PELSTER *(Zeitsch. f.
Kathol. Theol.*, 42 (1918), p. 654-657) estime que le latin de cette homélie est d'une
qualité littéraire trop poussée pour être d'Albert le Grand et même du XIIIᵉ siècle ;
les manuscrits sont tous du XVᵉ siècle, se groupent assez bien dans la région de
Trèves et se rattachent à un seul témoin. L'opuscule daterait, selon le P. Pelster,

284

nous occupe·s'y trouve exprimée avec une nuance de poésie : *Immo in tantum folia fidei servavit, ut eum in hieme passionis filii omnes discipuli eo derelicto deficerent, istam fidem in illo triduo firmiter teneret. Propter quod et dies sabbati ipsius nomini dedicata est quia in illo die de Ecclesia pene nihil superfuit nisi Maria.* C'est du XIVᵉ s. encore que date ce poème français que cite Dom Gougaud [1] et où il est dit :

> Le vrai cuer de sa mère onques ne le lessa,
> Ainz très le vendredi que Jhesu trespassa
> Jusques au jour de Pasques que il resuscita
> La foy de sainte Église toute seule garda.

Au XVᵉ s., notre thème se présente parfois comme un pur thème de piété : ainsi, et de façon discrète, chez saint Antonin († 1459) [2] ; mais il a le plus souvent une incidence ecclésiologique immédiate. Aux alentours des conciles de Constance et de Bâle, une question se pose partout : qui est-ce qui, dans l'Église, est infaillible dans la foi ? Est-ce l'Église entière ? Le concile général, l'Église romaine, le collège des Cardinaux, le pape ? Jusqu'où peut aller la défaillance : peut-elle atteindre le pape, l'Église romaine, le concile général ? Et alors, où se réfugierait la foi : dans un certain nombre d'hommes ; *in solis mulieribus, quia sic conservata fuit in sola Maria Virgine tempore passionis Christi ;* voire dans les seuls nouveaux-nés baptisés... ? C'est ainsi que Pierre d'Ailly pose la question, en esprit nourri d'Occam [3]. Plusieurs théologiens réagissaient : un Aeneas Sylvio Piccolomini, comme nous le verrons plus loin, un Alphonse Tostato († 1455), surnommé en son siècle *Stupor mundi* en raison de son érudition biblique. Celui-ci montrait [4]

de la seconde moitié du XIVᵉ ou du début du XVᵉ siècle ; Cf. aussi G. MEERSSEMAN, *Introductio in Opera omnia B. Alberti Magni, O. P.* Bruges, 1931, p. 122. — Le fait qu'à ma connaissance on ne trouve pas chez Albert le thème marial du samedi saint, serait un nouveau signe de l'inauthenticité albertinienne de cette homélie.

1. *Op. cit.*, p. 66.

2. *Summa theologica*, pars IV, tit. XV, c. 41 (éd. Vérone, t. IV, col. 1230). S. Antonin parle de consolations du Christ. Tous les autres, ou bien étaient ses bourreaux, ou bien avaient fui, ou bien avaient perdu « fidem divinitatis ». Seule Marie était vraiment avec lui.

3. *Utrum Petri Ecclesia lege reguletur*, dans *Opera Gersoni*, I, 669-670.

4. *In Evang. Matthaei Praefatio*, q. 13 et 14 *(Com. in Matt.,* éd. Venise, 1615, t. I, p. 15 s.). Dans le commentaire du chap. XVI (q. 67 ; éd. citée, t. II, p.284ᵃ), Tostato semble admettre cependant que tous avaient perdu la foi, lors de la passion, sauf la Vierge.

A titre de témoignage sur une atmosphère générale, citons ce passage d'un bref

par l'analyse biblique de la notion d'*Ecclesia* (un corps impliquant une pluralité de membres et de fonctions) que la foi, et donc l'Église, ne peuvent subsister en une seule personne (q. 13), et il appliquait sa thèse au cas de la Sainte Vierge (q. 14). Par contre, Jean de Turrecremata († 1468) tient de façon décidée à la thèse selon laquelle, pendant le temps qui s'écoula de la mort du Christ à sa résurrection, la foi, et donc l'Église, ne demeura complète et sans trouble que dans la Vierge Marie [1].

On s'étonne un peu de cette insistance et de cette assurance de la part de Turrecremata, quand on connaît la prudence de son jugement critique et l'équilibre de sa pensée. On s'en étonne encore davantage quand, sachant dans quel contexte théologique il travailla, quelles erreurs ecclésiologiques il rencontra, on connaît l'usage que firent de cette idée un certain nombre de théologiens dont Turrecremata combattit les principes.

Depuis les Pères, on définissait couramment l'Église *Congregatio (Collectio, Collegium...) fidelium* [2]. Dans cette perspective, dire que, durant un temps, la foi n'avait plus existé que dans l'âme de la Vierge Marie, revenait à dire que l'Église n'avait subsisté qu'en celle-ci, et donc qu'elle pouvait ne subsister qu'en un très petit nombre de croyants ou même en un seul. Or nous voyons, aux XIVe et XVe siècles, tout un groupe de théologiens tenir cette position et faire appel pour cela précisément au cas de la

de Benoît XIII au Chapitre général des Chartreux, mars 1411 : « Nec vós terreat si pauci fideles sitis, procurante inimico homine a pluribus derelicti. Nam in exordio nascentis Ecclesiæ post Christi passionem in paucis fidem remansisse Sacra Scriptura commemorat... »(MARTÈNE-DURAND, *Thesaurus Anecdot.*, II, 1534).

1, *Summa de Ecclesia*, lib. I, c. 27, ad. 14 ; c. 30, ad 9 ; lib. III, c. 61.
Voici le second de ces textes : « In passione Christi fides non ita defecit quin ita manserit in aliquo ; mansit quidem integerrima et illibata in Virgine gloriosa matre Domini nostri Jesu Christi, ut dicere videtur Anselmus in lib. *Cur Deus Homo*, quare magister Alexander de Alis in fine tertii sui in expositione symboli Apostolorum dicit quod opinio dicentium quod in sola virgine stetit Ecclesia tempore passionis Christi videtur sibi vera, unde et Dominus Guilelmus in lib. qui dicitur *Rationale divinorum officiorum* dicit quod candela quæ occultatur in officio matutinali in ultimis diebus hebdomadæ sanctæ significat fidem Christi quæ in sola virgine remansit, per quam postea omnes fideles docti et illuminati sunt... »
Dans le troisième texte cité, T. dit qu'on se sert de la défaillance des Apôtres en la foi, pour dire que toute l'Église peut faillir, et certains, pour éviter cette conséquence, nient que les Apôtres aient ainsi failli. Mais cela ne suit pas, parce que la foi de l'Église est restée en Marie...
2. Il suffit, pour s'en convaincre, de parcourir l'*Epist. XIII* de Jean LAUNOI à Nicolas Catin *(Opera,* t. V/2, pp. 665-696). Cf. encore A. DARQUENNES, *La définition de l'Eglise d'après S. Thomas d'Aquin,* dans le recueil *L'organisation corporative du Moyen Age à la fin de l'Ancien Régime.* Louvain, 1943, p. 1-53

Sainte Vierge : Guillaume d'Occam, Nicolas de Clémanges, Conrad de Gelnhausen : des partisans déclarés des théories conciliaires les plus extrêmes [1].

Que les partisans de la théorie conciliaire aient eu une particulière sympathie pour une définition de l'Église comme (pure) *Collectio fidelium*, nous en montrerons ailleurs les raisons et les conséquences. Cependant, ce n'était pas précisément comme partisans de la théorie conciliaire que les auteurs cités invoquaient le principe selon lequel l'Église pouvait subsister dans l'âme d'un

---

1. GUILLAUME D'OCCAM, *Dialogus*, lib. II, c. 25 (GOLDAST, *Monarchia*, II, 429) : Certains disent que le pape peut déclarer hérétique ce qu'il veut. D'autres le nient et pensent qu'une vérité doit être fondée, soit dans l'Écriture, soit dans la tradition orale, soit dans une révélation nouvelle. Si *toute* l'Église adhérait à une telle définition, celle-ci serait de foi catholique ; mais si un seul fidèle ou un petit nombre refusait, « non esset talis veritas acceptanda, quia in uno solo potest stare tota fides Ecclesiæ, quemadmodum tempore mortis Christi tota fides Ecclesiæ in Beata Virgine remanebat, nec est etiam credendum quod omni tempore post tempora Apostolorum fuerint aliqui magis accepti Deo quam fuerunt Apostoli ante mortem Christi. »

Même idée et mention de la Vierge, lib. VI, c. 12 (p. 517) ; même idée, sans mention de la Vierge, mais avec évocation du cas d'Élie, lib. V, c. 101 s. (p. 467 s.), lib. VII, c. 47 (p. 704). Même idée sur l'Église universelle qui ne peut errer, mais distinction d'avec le multitude, voire la quasi totalité des chrétiens, qui peuvent tomber de la foi — mais sans mention de la Vierge : lib. IV, c. 9 (pp. 450-541) ; lib. V, c. 25 et 26 (p. 494 sq.) ; lib. V, c. 35 (p. 506). — Cf. aussi lettre de 1334 au Chapitre d'Assise (publiée par L. BAUDRY, dans *Revue d'Hist. franciscaine*, III (1926), p. 201 sq.) : « totam Ecclesiam Dei in paucis, ymo in uno posse salvari... ad instar Eliæ prophetæ... » (p. 214).

Avant Occam, Michel de Césène avait fait usage du thème dans sa polémique contre Jean XXII, mais sans que le théologien nominaliste le lui ait emprunté semble-t-il, cf. L. BAUDRY, *Guillaume d'Occam...* t. I, pp. 137, 145 (Paris, 1950).

NICOLAS DE CLÉMANGES, cité par G. BONET-MAURY. *Les Précurseurs de la Réforme et de la liberté de conscience dans les Pays latins du XIIe au XVe siècle.* Paris, 1904, p. 192 : « Elle (l'Église) peut subsister par la grâce en une seule faible femme, comme à l'époque de la passion de Jésus-Christ, où tous les disciples s'étant enfuis, elle consista dans la seule Vierge Marie. ». — Il y a chez Nicolas de Clémanges, moins une théorie conciliaire qu'une théorie nominaliste individualiste. Il critique le concile général dès là qu'on veut le présenter comme une autorité infaillible ; le concile ne vaut que ce que valent ceux qui y prennent part... Cf. *Disputatio super materia Concilii generalis*, dans BROWN, *Fasciculus rerum...*, t. I, p. 396 s., 402.

CONRAD DE GELNHAUSEN, *Epist. Concordiæ*, c. 3, rédigée en 1380/81, éd. F. BLIEMETZRIEDER, *Literarische Polemik zu Beginn des Grossen Schismas...* Vienne-Leipzig, 1910, p. 128 s. ; publiée également, sous le titre de *Tractatus de congregando concilio tempore schismatis*, dans MARTÈNE et DURAND, *Thes, anecdot.*, t. II, col. 1200 s. (notre passage, col. 1215). Pour Conrad, l'Église sainte et catholique, dont le chef est le Christ, n'est pas « collegium papæ et cardinalium, nec aliquod collegium particulare mundi », c'est l'« Ecclesia quæ est congregatio fidelium in unitate sacramentorum » : celle qui reste, par l'intégrité de la foi, de l'espérance et de la charité, dans les fidèles. Cette Église inclut le pape, s'il est fidèle, mais peut subsister sans lui, en n'importe quel homme ou femme, comme elle a subsisté en Marie.

Sur Gelnhausen et, en général, tout le courant qu'il représente, cf. A. HAUCK, *Gegensätze im Kirchenbegriff des späteren Mittelalters*, dans *Luthertum*, 1938, pp. 225-240.

seul fidèle. On s'en douterait à priori, puisque la théorie conciliaire affirme logiquement la supériorité de la communauté sur un seul individu quel qu'il soit. C'est pourquoi un partisan de la supériorité du concile aussi franc qu'Aeneas Sylvio Piccolomini — le futur Pie II — combat expressément l'opinion de ceux selon lesquels, *tempore dominicae passionis solam Virginem in fide perstitisse* [1] ; il apporte contre elle un certain nombre de textes bibliques que nous verrons invoquer par les théologiens du XVIe siècle qui critiqueront également cette idée. Selon Piccolomini, chaque membre de l'Église est pécheur et faillible, mais l'Église totale est assurée de toujours compter un certain nombre de vrais fidèles ; elle est donc elle-même sainte. C'est pourquoi le concile général, qui est l'assemblée représentative de l'Église totale, peut juger le pape, qui est un membre individuel. D'autres partisans déclarés de la théorie conciliaire parlent dans le même sens [2].

En réalité, si les auteurs susdits affirment que l'Église peut subsister en un seul fidèle, et utilisent en ce sens l'exemple de Marie au temps de la passion, ce n'est pas proprement au nom de leurs convictions conciliaires, c'est au nom d'une ecclésiologie bien définie dont le premier théoricien fut précisément Guillaume d'Occam. Des conciliaristes comme Piccolomini font du concile général l'autorité suprême de l'Église ; pour Occam, Conrad de Gelnhausen et Nicolas de Clémanges, le concile général est faillible. C'est en un point plus profond encore que la question de savoir qui, du pape ou du concile, est l'autorité dernière dans l'Église, que leur ecclésiologie se sépare des positions catholiques ; c'est sur la façon de concevoir le rôle de l'institution ecclésiale, c'est sur le statut et la valeur qu'ils donnent à l'élément visible de l'Église, c'est-à-dire sur le point où se décide le caractère catholique ou non catholique d'une ecclésiologie. On pourrait même dire, je

1. *De gestis Basiliensis Concilii*, lib. I : dans Ed. BROWN, *Fasciculus rerum expectendarum et fugiendarum...* Londres, 1590, t. I, p. 8. — Des textes analogues seront invoqués, un peu plus tard, par un adversaire de la Théorie conciliaire tel que Dominique JACOBAZZI *(De concilio*, lib. VI, a. 2, dans ROCCABERTI, *Bibl. Max.*, t. IX, p. 197) : avec *Luc*, XXII, 32, il cite *Jean*, XVII, 15.
2. Je pense qu'on pourrait trouver une différence semblable entre la position occamiste, d'une part, celle d'un conciliariste comme Pierre d'Ailly, d'autre part. Tandis qu'il suffisait à Occam que la foi existât en une seule âme, voire dans celle des enfants baptisés, Pierre d'Ailly pense « quod semper in Ecclesia universali erunt plures adulti illustrati veritate fidei » *(Utrum Petri Ecclesia lege reguletur,* dans *Opera Gersonis*, I, 671). Sa position conciliaire est plus nuancée et moins extrémiste que celle d'Occam (cf. *Tract. de Ecclesiæ, concilii generalis, R. Pont. et cardinal. authoritate*, dans *Opera Gersonis*, II, 925 sq.). Pierre d'Ailly était évêque et cardinal...

crois : le point où se joue la possibilité et l'existence d'une ecclésiologie, si l'on entend par Église, avec toute la tradition, un certain
corps formellement visible. Nous ne pouvons, dans le cadre de
ce bref article, exposer l'ecclésiologie occamiste ; qu'il suffise d'en
indiquer le point de vue essentiel [1].

Qu'est-ce qu'il y a de premier chez Occam, est-ce le présupposé
nominaliste qui ne reconnaît de réalité que dans l'individu concret,
est-ce un spiritualisme qui ne s'intéresse qu'au rapport de grâce
entre l'âme et Dieu ? Les deux, en réalité, sont liés : qu'on parte
de l'un ou de l'autre, on passe logiquement de l'un à l'autre. Occam
ne voit dans un peuple qu'une collection d'individus (ordo est
verae personae reales) [2] ; dans l'Église, il ne voit qu'une collection
de croyants. Ainsi, d'une part, l'Église est-elle réduite à la réalité
spirituelle de la foi dans les âmes ; d'autre part, cette réalité
demeure la même, quel que soit le nombre des individus en lesquels
elle existe : plusieurs hommes qui, par la foi, ont le Christ pour
chef, c'est l'Église ; mais une seule âme unie au Christ par la foi,
c'est encore et aussi bien l'Église. A la limite, même, Occam admettrait que cette âme soit celle d'un nouveau-né baptisé et possédant ainsi la seule foi infuse. Pour définir l'Église, Occam ne fait
pas intervenir la considération d'un ensemble de moyens de grâce,
d'une « institution » qui, comme telle, soit autre chose que les
individus et que la relation spirituelle intérieure de l'individu à
Dieu ; il se tient dans l'ordre de la relation personnelle spirituelle
avec le Christ, c'est-à-dire tout à la fois dans une ligne individualiste et à un plan tout spirituel. Au surplus cette position lui permet-
elle facilement, comme elle le permettra plus tard à Luther, de
justifier ecclésiologiquement une révolte dans laquelle et par
laquelle il pense être, lui, contre le pape et, s'il le faut, tout seul,
le tenant de la vraie foi, et donc de la véritable Église...

La pensée ecclésiologique de Conrad de Gelnhausen et celle de
Nicolas de Clémanges semblent être d'inspiration semblable [3].
Plus tard, celle de Luther poussera ce point de vue à ses dernières,

1. L'une des études les plus éclairantes à cet égard est celle de M. G. DE
LAGARDE. L'idée de représentation dans les œuvres de Guillaume d'Ockham (dans
Hist. des Assemblées d'Etats, Bull. of the Internat. Committee of Histor. Sciences.
N° 37, Déc. 1937, pp. 425-451).
2. Cf. DE LAGARDE, étude citée, et, sur la collectivité (universitas) comme
« fictio juris » chez les nominalistes, les références données par le P. Th. I. ESCH-
MANN, dans Mediæval Studies, VIII (1946), p. 33.
3. Pour Conrad, cf. HAUCK, cité supra, p. 10 ; pour Nicolas, cf. la Disput.
super materiam Concilii generalis, dans BROWN, op. cit., I, 396 s.

ou au moins à ses avant-dernières conséquences — car je pense
que les ultimes conséquences en seront mieux tirées par les Ana-
baptistes, ou encore par les Congrégationalistes modernes [1].
Luther sera nourri des idées occamistes ; le genre littéraire
même des disputes ou écrits ecclésiologiques de ses années de
lutte ressemble beaucoup au genre des traités d'Occam et de Gelnhausen. Mais chez lui et chez les autres Réformateurs, l'idée que
l'Église n'a parfois subsisté qu'en un petit nombre de fidèles,
voire en un seul, jouera un rôle fort important et viendra, à point
nommé, répondre à une difficulté que les théologiens catholiques
ne manquaient pas de soulever.

Vous dîtes, objectaient ceux-ci, que l'Église romaine était
corrompue jusque dans sa foi, et que vous restaurez cette foi en
sa pureté des origines. Mais alors, l'Église n'avait-elle pas cessé
d'apparaître visiblement, et même d'exister ? Si l'Église romaine, que vous combattez, n'était pas vraiment l'Église, ainsi que
vous le prétendez, où donc était celle-ci pendant tant de siècles ?

A cette difficulté, les Réformateurs ont maintes fois répondu
en disant que la vraie Église, celle du Christ qui règne à la droite
du Père, avait subsisté, cachée, dans quelques âmes fidèles que
la puissance romaine a souvent persécutées. Ils faisaient appel
— non directement au cas de la Sainte Vierge le samedi saint ;
du moins je ne connais guère de textes en ce sens [2] ; mais — aux
cas où l'Ancien Testament nous montre le peuple de Dieu ne subsis-
tant plus qu'en un petit nombre de fidèles (histoire d'Élie :
I Reg., XVIII-XIX), et à ceux où, dans l'histoire de l'Église, la
vraie foi semblait n'avoir été tenue que par une minorité (époque
de l'arianisme) [3] « Dieu, disait Luther, a toujours conservé son

---

1. Je me permets de renvoyer à la troisième partie de mon ouvrage *Vraie et
fausse Réforme dans l'Eglise.*

2. LUTHER *(Traité du Serf arbitre*, éd. et trad. Je sers, p. 104) parle du petit
nombre de ceux qu'on trouve au pied de la croix, mais il ne parle pas de Marie.
Sans avoir fait une enquête spéciale sur le sujet, je n'ai rencontré, pour ma
part, une allusion à l'opinion de Turrecremata et autres théologiens concernant
la subsistance de l'Église en la foi de la seule Vierge Marie durant le temps où
le Christ était au tombeau, que chez les apologistes qui ont eu à répondre aux
controversistes catholiques : ainsi GERHARD, *Loci, De Ecclesia*, c. 8 (Francfort
et Hambourg, 1657, t. V, p. 289) ; parmi les Anglicans. Richard FIELD († 1616).
The Church, liv. I, ch. 10 (1606) : cf. le recueil *Anglicanism*, ed. by MORE CROSS.
Londres, 1935, p. 44.

3. Cf. LUTHER, *Traité du Serf arbitre*, Introd. (trad. fr., éd. Je sers, p. 103 sq.).
Voir aussi *Vermahnung an die Geistlichen...* (1530) : Weimar, XXX, 2, 345, sq. ;
Wider Hans Worst (1541) : Weimar, LI, 476 sq., 501.
MÉLANCHTON, *De recusatione concilii* (1537) : *Corpus Ref.* III, 313 sq.
CALVIN, *Epître à François Ier*, en tête de l'*Institution* (éd. Budé, I, 25 sq.) ;
Epître à Sadolet (éd. Je sers, p. 53, 83 sq.) ; Comm. sur *Actes*, XXIII, 6 ; etc.

Église par un petit nombre d'hommes : Adam, Enos, Enoch, Noë, Sem, Abraham, Moïse et, dans les livres des Juges, Samuel, Élie, Isaïe ; et la dévastation n'était pas imminente... Ensuite par Daniel et le Christ avant la destruction de la nation ; ensuite par le concile de Nicée, Augustin et Ambroise ; Bernard a fait quelque chose ; et maintenant par moi, Jérémie... » [1].

Contre cette position, qui mettait en cause la visibilité formelle et l'indéfectibilité de l'Église garanties par des promesses du Christ, les apologistes catholiques se sont vigoureusement élevés. Il ne nous revient pas de recueillir ici leurs arguments textuels ou dialectiques sur le fond du problème ; ce qui nous intéresse, par contre, c'est que, dans ce débat, l'idée de Marie demeurée seule fidèle fut formellement répudiée et critiquée : et ceci au nom d'un certain nombre d'affirmations scripturaires dont un Piccolomini avait déjà mis en œuvre l'une ou l'autre, en particulier *Luc*, XXII, 32. Ainsi font, par exemple, avec une référence explicite à l'opinion de Turrecremata sur la foi de Marie : Melchior Cano, Banez, Suarez, Bellarmin [2]... Il est inutile de pousser plus loin une enquête et une énumération qu'il serait si facile de prolonger : il est évident que la nécessité de réfuter la position protestante sur la visibilité formelle et la perpétuité de l'Église ont porté un coup à l'opinion concernant la foi de l'Église réfugiée en la seule Marie durant le temps où le Christ était au tombeau.

L'idée ne disparut cependant pas tout à fait. Il en reste peut-être quelque trace dans des coutumes dévotes [3]. Des livres de spiritualité ont gardé une idée qu'il est facile de rendre touchante et d'appuyer par des considérations sentimentales dont la littérature mariale fait un si abondant usage. Ici encore une enquête serait facile à faire, mais aussi interminable et peut-être sans grande utilité. Deux ou trois exemples seulement : Jean Palafox y Mendoza, mort en odeur de sainteté évêque d'Osma en

---

1. *Tischreden*, éd. Weimar, V, 23.

2. Melchior Cano, *De locis theologicis*, lib. IV, c. 5 ; Banez, *Comm. in II*ᵃᵐ - II*ᵃᵉ*, q. I, a. 10 (éd. Venise, 1602, col. 95 ; il qualifie de « téméraire » l'opinion de Turrecremata, bien que « prædicatores ita solent concionari ») ; Suarez, *Disp. IX de Ecclesia*, sect. III, n. 6 *(Opera*, Paris, 1858, XII, 257 sq.), à propos de la perpétuité de l'Église ; Bellarmin, *Controv. de Ecclesia militante*, lib. III, c. 17 *(Opera*, Naples, 1857, II, 105 sq.).

3. Le P. Jungmann, *op. cit.*, p. 230, n. 85, signale, à Ste Marie-sur-Minerve, à Rome, l'office de la Desolata, qui se célèbre le soir du vendredi saint.

1659 ; le P. Justin de Miechow, O. P. ; le P. Émile Peillaube, Mariste [1].

*
* *

On trouverait sans doute chez un nombre plus grand encore d'auteurs dévots un thème également touchant, mais qui est, bibliquement parlant, discutable et discuté : celui de la première apparition du Christ ressuscité à Marie. L'idée est nettement plus ancienne et traditionnellement mieux appuyée que celle de la foi conservée en Marie seule ; elle a été aussi beaucoup plus répandue. On cite en ce sens des textes de Paulin de Nole [2] et de Sedulius ; Rupert de Deutz, au début du XIIe siècle, est également affirmatif[3] ; puis, après lui, Honorius d'Autun [4] ; au XIIIe s., la *Légende dorée*, etc... L'idée trouva une très grande faveur parmi les écrivains de la Compagnie de Jésus, en conséquence, sans doute, de la place que lui avait faite saint Ignace dans les *Exercices* eux-mêmes (IVe Sem., première contemplation) : ainsi Canisius [5], Maldonat († 1583), Suarez († 1617) [6]; mais elle est aussi ardemment soutenue par le dominicain Ambroise Catharin. L'art de la Contre-Réforme a traité plusieurs fois le thème, qui se prêtait à une représentation à la fois émouvante et éclatante [7], et Molan, si rigoureux dans sa volonté de ramener la peinture au respect de la lettre de la Bible, se montre tolérant pour une idée qui lui paraît appuyée par la tradition [8].

Cette idée ne demeura pourtant pas indiscutée. Elle se heurtait trop littéralement au texte de saint Marc (XVI, 9), où il est dit

---

1. J. PALAFOX Y MENDOZA. *Excelencias de S. Pedro Principe de los Apostolos* t. I, lib. IV, c. 18, n. 4 (Madrid, 1659 : trad. italienne, Rome, 1788), cité par E. COMMER, *Relectio de Matris Dei munere in Ecclesia gerendo*. Vienne, 1906, p. 72 sq.
  J. DE MIECHOW, O. P., *Conférences sur les Litanies de la T. Ste Vierge*. Trad. fr. par A. RICARD, 2e éd. Paris, 1870. t. III, p. 451.
  E. PEILLAUBE, *La destinée humaine*. Paris, 1930, p. 256, avec le symbolisme du cierge des Ténèbres.
  2. Cf. U. HOLZMEISTER, *Num Christus post resurrectionem benedictæ Matri apparuerit ?*, dans *Verbum Dei*, 22 (1942), p. 97-102.
  3. *De div. officiis*, lib. VII, c. 25 (P. L., 170, 205 s.).
  4. *Speculum Ecclesiæ*, in die Paschæ.
  5. *De Maria Virgine...*, lib. IV, c. 26, fin : publié dans *Summa aurea de laudibus* B.M.V...., éd. BOURASSÉ, t. VIII, col. 1436 (Paris, 1866).
  6. *De mysteriis vitæ Christi*, disp. 49, sect. I, n. 2 (*Opera*, XIX, 876).
  7. Cf. E. MALE. *L'art religieux après le concile de Trente*. Paris 1932, p. 358-359.
  8. *De historia SS. Imaginum et picturarum...* lib. IV. c. 13. Dans ce même chapitre, il se montre favorable à l'idée que la foi fut sauvée, le samedi saint, en la seule personne de la Vierge.

que Jésus apparut d'abord à Madeleine — sans compter celui de saint Paul (I *Cor.*, v, 5) qui attribue à Pierre la primauté de vision. Le P. Serry attaqua vigoureusement la thèse d'une première vision accordée à Marie [1]. De nos jours, la discussion est encore active ; elle s'attache à confronter l'espèce de tradition dont nous sommes loin d'avoir cité tous les témoignages, avec ce que l'Évangile. nous apprend, soit de Marie, soit des apparitions du Christ ressuscité [2]. Sur le terrain strictement biblique, les chances d'une toute première apparition à la Vierge sont nulles. Sur le terrain de la théologie mariale, il semble que les relations entre Marie et son Sauveur — qui était en même temps son Fils selon la chair : cf. *Gal.*, IV, 5 — se situaient dans un ordre de foi et de charité si profond qu'aucune apparition ne lui eût rien ajouté. Sur le terrain de l'ecclésiologie, il y aurait quelque inconvénient à laisser estomper par une proto-vision accordée à Marie la protovision de Pierre, expressément attestée par l'Écriture ; tout comme il y avait inconvénient à laisser corroder par l'idée d'une foi demeurée en Marie seule, le rôle de la foi de Pierre, garantie par la prière du Sauveur (*Luc*, XXII, 32). Comme le dit avec tant de profondeur saint Thomas, si Marie était pleine de grâce, « sa grâce n'était pas ordonnée à l'implantation de l'Église par la doctrine et le ministère des sacrements, comme cela fut le fait des Apôtres » [3].

Mais, quelque position que l'on tienne, il faut absolument éviter les fadaises de toute une littérature dévote, dans laquelle le mystère de la résurrection n'apparaît plus dans sa qualité de centre de toute la sotériologie et du message apostolique, mais plutôt comme une démarche de « consolation » dont il devient dès lors normal que Marie jouisse la première. En effet, « n'est-il pas vraisemblable que Notre-Seigneur, désireux de consoler sa Mère des douleurs de sa compassion, a dû lui ménager dès la sortie du tombeau, les joies délicieuses d'une entrevue tout intime » ? [4]

---

1. *Exercitationes historicæ, criticæ, polemicæ, de Christo ejusque Virgine Matre*, exercit. 60 (Venise et Milan, 1719, pp. 424-426).

2. Cf. un conspectus des discussion dans : A. M. SCHULMAIER, *Côntroversia de Christophania B. Mariæ V. die resurrectionis concessa*, dans *Marianum*, VIII (1946), pp. 147-151.

3. *Com. in I Sent.*, d. 16, q. I, a. 2, ad 4. — Comp. PIERRE DE VÉNÉRABLE *Epist.* III, 7 (P. L. 189, 284 s.). Il y aurait toute une étude à faire sur ce sujet ; nous l'esquisserons dans un traité de l'Église en préparation.

4. J. HOPPENOT, S. J., *La Ste Vierge dans la tradition, dans l'art, dans l'âme des saints et dans notre vie.* Lille-Paris 1912, p. 63 ; cet auteur cite, de la même veine, un texte de PERDRAU, *La T. Ste Vierge Marie, Mère de Jésns*, p. 387.

LES POSITIONS ECCLÉSIOLOGIQUES DE PIERRE JEAN-OLIVI D'APRÈS LES PUBLICATIONS RÉCENTES

Notre propos est très modeste. Il doit l'être, en considération de notre trop faible compétence, plus sensible encore au milieu de savants qui, eux, connaissent les choses à fond. Nous ne prétendons faire autre chose que, sur la base d'études publiées ces vingt dernières années[1], communiquer les conclusions acquises et attirer l'attention sur quelques points intéressants.

On s'est parfois étonné de trouver chez Olivi des énoncés apparemment opposés. D'un côté, il en a d'étonnament forts sur l'autorité de l'Eglise romaine, du pape. Il serait même, d'après Brian Tierney, le père de la thèse de l'infaillibilité du magistère pontifical. D'un autre côté - telle fut du moins l'accusation portée contre lui par la Commission papale de 1319[2] - il aurait vu dans l'Eglise romaine la Babylone de l'Apocalypse, persécutrice des saints, et dans le pape l'Antéchrist. Raoul Manselli a fait justice de cette imputation. Il montre[3] que l'Eglise charnelle est, pour Olivi une réalité concrète mais qui ne peut être identifiée, sans plus, avec une réalité déterminée du temps

156

ou de l'espace : un peu comme la Cité du mal de St Augustin. Rome pourrait être Babylone, un pape pourrait être l'instrument de cet Antéchrist dont St François a eu révélation, dont il a fait confidence à frère Léon et à d'autres frères ; ce serait alors un pseudo-pape. Olivi a certainement appréhendé la venue de temps plus difficiles et même d'un pape qui contredirait la règle évangélique, mais s'il a globalement dénoncé un règne croissant de la Bête dans le cinquième âge de l'Eglise, celui qu'il connaissait, il n'a désigné personne comme étant déjà cet antéchrist ou ce faux pape. Il a au contraire justifié la légitimité de Boniface VIII après la démission de Célestin V, lequel devait pourtant réaliser, à ses yeux, une figure sympathique d'homme spirituel et d'ascète.

Le centre d'intérêt d'Olivi n'est pas l'Eglise, mais la forme évangélique de vie, caractérisée par la pauvreté, dont la vérité a été révélée à François, vécue par lui, transmise par lui aux Frères Mineurs. Mais ni François ni son Ordre ne sont concevables sans l'Eglise, en dehors d'une unité de forme institutionnelle dont, de par la volonté du Christ, le Siège romain occupe le sommet.

Citons seulement deux textes tirés de l'*Expositio super Regulam*, c. 1 :

« Quia constat quod colligantia totius corporis ad suum universalissimum caput est eius universale stabilimentum. Ex hac enim accipit suam unitatem et totalitatem. Rursus si summus pontifex est sic caput totius ecclesiae quod ei non subesse est extra ecclesiam esse ac per consequens et extra fidei catholicae unitatem, quid mirum si regula evangelica, in supererogativo zelo fidei Christi plantata, debuit sic in principali sede Christi suum statum infigere ut nullus stipes vel surculus sive ramus rectius aut profundius vel firmius staret in illa ? Et hinc est quod Francisco institutori seu renovatori huius regulae datus fuit

singularis et superfervidus zelus ad obedientiam et reverentiam vicarii Christi et ecclesiae romanae. »

« Sicut igitur papa est omnium christianorum ordinarius
et immediatus propter quod tota ecclesia est plene et
intime una, sic generalis est omnium minorum ordinarius et
immediatus. Et ideo totus hic ordo est sic unus sicut unus
singularis conventus [4]. »

Olivi participe au courant d'idées d'inspiration diony-
sienne qui appuyait, chez les théologiens franciscains du
XIIIe siècle, une ecclésiologie très romaine et « papaliste »,
avec les catégories de « hierarcha », « reductio ad unum » [5].
Comme tous les catholiques de son époque, Olivi ne conçoit
l'unité que sous un chef. A ce sujet notons une intéressante précision : la distinction entre l'*Ecclesia Romana* ou
la *Sedes Romana* d'un côté, son Pontife, c'est-à-dire le pape,
de l'autre [6]. Ce n'est ni une séparation ni une opposition, c'est
une distinction. Le pape meurt ou cesse sa fonction ; le
Siège ou l'Eglise romaine demeure, c'est elle et, en elle,
le collège des cardinaux, qui assure la continuité. Le pape,
nous le verrons, pourrait être ou devenir un pseudo-pape :
l'institution demeurerait.

L'Eglise est faite de tous les fidèles mais elle a une
règle qui mesure son authenticité, l'Evangile. Olivi est un
passionné de l'Evangile. Or l'Evangile comporte une forme
de vie dont la vérité a été « révélée », dans le cinquième
âge finissant de l'Eglise, à François et en la personne
de St François.

Il faut noter ici, à la suite d'E. Stadter et d'autres [7] que
les positions théologiques d'Olivi, particulièrement ses positions ecclésiologiques, sont inséparables de ses positions
en épistémologie théologique. Il critique vivement Aristote,
« paganum philosophum », et ceux qui font de ses dires
plutôt que des paroles du Christ leurs premiers principes [8] :
ils y ajoutent Averroès, « Saracenum » ! Nous sommes

158

ici dans le clamat théologique de St Bonaventure et de
ses *Collationes in Hexaemeron*, qu'Olivi a entendues. Olivi
préconise et pratique une théologie plus historique, ouverte à une intelligence du dessein de Dieu qui se poursuit
dans toute l'histoire du salut. Bien caractéristique est à
cet égard la valeur donnée aux mots « revelare, revelatio ».
Ces mots avaient un sens assez large : « faire connaître,
faire comprendre ». On les appliquait aux Pères, aux décisions portées par les papes ou les conciles, etc[9]. Tant
St Bonaventure qu'Olivi gardent à ces mots leur sens large
comportant des applications dans la vie de l'Eglise. En
particulier François d'Assise avait apporté une révélation
nouvelle concernant la forme de la vie évangélique comme
consistant dans la pauvreté, la non possession et, pour
Olivi, l'« usus pauper ». De même qu'à la fin du cinquième
âge de l'Ancien Testament, le Christ et les apôtres avaient
remplacé le judaïsme charnel par l'Evangile : de même,
à la fin du cinquième âge de l'Eglise et comme l'Ange
du sixième sceau annonçant le sixième âge, François avait
nouvellement révélé la vérité de l'Evangile[10]. Olivi équi-
parait cette révélation que Dieu accomplit dans l'histoire
par les saints à celle des Ecritures : « Leges autem Christi
non solum sunt illae quas in scripturis sacris expressit sed
etiam illae quas in corde fidelium per spiritum sanctum
insinuit »[11].

Thomas d'Aquin ne se contentait pas de citer Aristote
et Averroès. Sur ce point d'épistémologie théologique, il
se distançait des auteurs franciscains. D'un côté il distingue nettement, bien que sans les séparer, l'*auctoritas* de
l'Ecriture et celle qui revient aux Pères et aux docteurs[12].
D'un autre côté il a de plus en plus réservé l'application
des mots *revelare, revelatio, inspiratio*, à la Révélation
biblique et à l'inspiration scripturaire[13].

Olivi pouvait trouver un appui dans la bulle *Exiit qui*

seminat publiée par Nicolas III en août 1279, qui consacrait l'interprétation rigoureuse de la pauvreté et qui présentait St François comme un moment à la fois nouveau et solennel de l'histoire du salut : « Haec est apud Deum et Patrem munda et immaculata religio, quae, descendens a Patre luminum, per eius Filium exemplariter et verbaliter Apostolis tradita, et deinde per Spiritum Sanctum beato Francisco et eum sequentibus *inspirata*, totius in se quasi continet testimonium Trinitatis »[14]. Si une Eglise de vrais fidèles existait au milieu de l'Eglise globale, si la règle de vie de ces vrais disciples devait avoir, en plus de son fondement divin, une reconnaissance et une canonisation du Siège romain et de son pontife, la pauvreté franciscaine les avait reçues avec la bulle *Exiit*. Aussi Olivi s'y réfère sans cesse[15]. Pour lui comme pour Bonaventure, la canonisation de St François et l'approbation de sa Règle par le pape avaient une importance décisive. S'agissant de la bulle *Exiit*, c'est même pour établir qu'un autre pape ne pouvait pas revenir sur cette détermination et donner ainsi raison aux Conventuels en contredisant l'enseignement d'*Exiit*, qu'Olivi a, aussitôt après, en 1279, introduit dans ses questions du *De perfectione evangelica*, la question « An Romano Pontifici in fide et moribus sit ab omnibus catholicis tamquam regule inerrabili obediendum ? »[16]. Selon Brian Tierney, qui a éclairé cette histoire d'une manière nouvelle, Olivi serait le père de l'idée d'infaillibilité pontificale. Le lieu de naissance de l'idée serait la lutte des Spirituels pour la pauvreté absolue, s'appuyant sur une bulle papale dont Olivi affirmait le caractère irréformable, parce que l'inerrance en une question intéressant la foi et les mœurs[17].

C'est pourquoi aussi, aux yeux d'Olivi, un pape qui enseignerait autre chose que cette vérité révélée à (et en) François, et canonisée par la bulle *Exiit*, serait un pseudo-pape. Certes, Olivi attribue une immense autorité et de très grands pouvoirs au pape : « Afin que la vérité éternelle puisse être honorée de façon plus ferme, plus franche et plus infaillible, sans schisme ni erreur ni doute causé par des ambiguïtés, elle s'est choisie elle-même et a établi par une loi irréfragable un siège universel de foi orthodoxe..., l'Eglise romaine. Sur ce point, aucun catholique ne peut ni n'a le droit de douter que cette Eglise est la mère et maîtresse de toutes les Eglises et qu'il lui revient à elle seule, par sa plénitude d'autorité, de déterminer et de définir les causes majeures de l'Eglise, en particulier celles qui touchent des articles ou des questions de foi »[18]. On ne peut dire davantage. Mais Olivi met une réserve : pourvu que le prononcé pontifical n'aille pas contre la foi et la loi du Christ ![19] Olivi a un cas précis dans l'esprit : la forme de vie évangélique révélée en saint François, caractérisée par l'absence de propriété et l'« usus pauper ». Le pape qui trahirait ce point de foi et de loi serait un « pseudo-pape ». Il ne serait plus pape du tout[20]. Il serait Antichrist ou suppôt de l'Antichrist. On pourrait, on devrait même lui désobéir. Là se situent les textes « anti-papistes » qu'on peut relever chez Olivi, en particulier dans sa *Lectura in Apocalipsim*, qui est de la fin de sa vie (1297). Sa lecture quelque peu joachimite des périodes de l'histoire fait qu'Olivi parle d'un tel instrument de la Bête comme s'il était déjà là ou imminent.

On peut penser que cette position d'Olivi annonce celle d'Occam dans sa lutte contre Jean XXII. Un point qui étonne chez Occam est que, partant du principe universellement tenu que l'*ecclesia universalis* ne peut errer dans la foi, Occam déclare qu'en face d'une chute du pontife romain dans la foi, il suffirait d'une seule vieille femme ou même d'un seul bébé baptisé pour que la vraie foi soit sauvegardée dans l'Eglise (universelle)[21]. Olivi ne dit pas exactement cela, mais il a les idées qui fondent cet étrange énoncé. D'un côté, en effet, il tient, comme tout le monde, que « ecclesia generalis errare non possit »[22]. D'un autre côté il dit que si l'on suivait un pape défaillant dans la foi - qui admettrait une propriété chez les Frères Mineurs -, « totus status ecclesiae in praelatis et plebibus et religiosis funditus subverteretur, *praeter id quod in paucis electis remanebit occulte* »[23]. Oui, l'Eglise universelle (générale, totale) ne peut errer, mais comme elle est, par définition, l'Eglise fidèle, spirituelle et non charnelle, elle peut, à telle ou telle époque, ne subsister que dans quelques fidèles : et encore, de façon cachée. On sait que les Réformateurs du xvie siècle reprendront le thème. On a parlé d'Olivi comme d'un précurseur du nominalisme. Nous sommes incompétent pour approuver ou récuser cette suggestion. Mais il est certain que son approche plus historique et concrète, un peu antimétaphysique de la réalité ecclésiale prête à des vues apparentées à celles d'un esprit nominaliste.

Nous voudrions cependant, en conclusion, attirer l'attention sur un autre aspect. Depuis surtout que nous avons étudié Gerson, nous sommes frappé par l'existence, dans les xiiie-xve siècles, d'un courant qui refuse ce qu'on peut appeler l'inconditionnalité des structures juridiques dans l'Eglise. On veut faire intervenir dans leur appréciation l'« utilité » (au sens que ce mot a dans la tradition ecclésiastique[24]), le bien spirituel, la fin[25]. Une institution d'Eglise pourrait être juridiquement correcte et n'avoir que les apparences de l'Eglise du Christ. En cette fin du xiiie siècle où, d'un côté, le poids de l'appareil ecclésiastique s'alourdit et où, d'un autre côté, on pose beaucoup de questions critiques en théologie, la distinction entre une Eglise qui est telle « merito » et une Eglise qui le serait « reputatione tantum» quitte le monde des sectes, où on la faisait

162

depuis deux siècles, et se trouve chez des théologiens orthodoxes, comme, par exemple, Henri de Gand [26], contemporain d'Olivi. Ce sera aussi plus tard, mais dans un contexte beaucoup plus radical, une distinction protestante...

Pentecôte 1973

Notes

(1) Nous nous référons surtout à Manselli, *Lectura;* L. Hödl, *Die Lehre des Petrus Johannis Olivi* O.F.M. *von der Universalgewalt des Papstes,* München, 1958 ; C. Partee, *Peter John Olivi : Historical and Doctrinal Study,* in *Franciscan Studies* 20 (1960), 215-260 ; E. Stadter, *Das Problem der Theologie bei Petrus Johannis Olivi,* O.F.M. *Auf Grund gedruckter und ungedrunckter Quellen dargestellt,* in *Franziskanische Studien* 43 (1961), 113-170 ; id., *Offenbarung und Heilsgeschichte nach Petrus Johannis Olivi, ibid.,* 44 (1962), 1-22 ; 129-191 ; id., *Die spiritualistische Geschichtstheologie als Voraussetzung für das Verständnis von fides und auctoritas bei Petrus Johannis Olivi, ibid.,* 48 (1966), 243-253 ; G. Leff, *Heresy in the Later Middle Ages,* Manchester, 1967 ; B. Tierney, *Origins of Papal Infallibility 1150-1350. A Study on the Concepts of Infallibility, Sovereignty and Tradition in the Middle Ages (Studies of the History of Christian Thought,* ed, by H.O. Oberman, VI), Leiden, 1972 (ch. III, *Pietro Olivi,* 93-130) ; Olivi, *Commentary* (Edition et présentation de l'*Expositio super Regulam* par D.E. Flood), surtout 85s. — (2) In E. Baluze et J.D. Mansi, *Miscellanea,* II, Lucca, 1761, 259. — (3) Manselli, *Lectura,* 219-235. — (4) Olivi, *Commentary,* 116, l. 25-35, et 117, l. 10-12. Comparez les pages 331-338 dans l'édition par M. Maccarone (*infra,* n. 16), de la question sur l'infaillibilité. — (5) Sur ce courant, introduit chez les Frères Mineurs par Grossetête et à partir d'Oxford, voir notre *L'Eglise de saint Augustin à l'époque moderne (Hist. des dogmes* III/3), Paris, 1970, 219-230. Notons cet exemple pour Olivi : « ut ostendatur modus hierarchicae reductionis inferiorum in supremos, quia in eo quod omnes fratres obligantur obedire Francisco promittenti obedientiam papae, subintelliguntur per ipsum reduci ad papam et per papam in Christum » : *Expositio in Regulam,* c. 1, II, 1-2 (Olivi, *Commentary,*

121). — (6) Voir par exemple l'*Expositio in Regulam Fratrum Mino-rum*, c. 1, « ad obedientiam et reverentiam vicarii Christi et ecclesiae romanae » ; c. 1, II, 2 (« ecclesiae romanae et sui pontificis ») et 4 (Olivi, *Commentary*, 116, l. 34-35 et 121-122) ; conclusion : « incla-rescente plenius summo primatu romani pontificis et suae aposto-licae sedis ». (Olivi, *Commentary*, 195, l. 24-25) ; *Quaest. de infallibi-litate R. Pontificis*, éd. M. Maccarrone, in *Riv. di Storia della Chiesa in Italia* 3 (1949), 338 (= « inerrabilitas ipsius sedis romanae et eius qui... praesidet »), 342 (« Secunda distinctio est de ipsa sede et eius presule ») ; *De renuntiatione*, éd. L. Oliger, in AFH, 11 (1918), 362 (« mediante ducatu romane sedis et sue papalis potestatis »). — (7) E. Stadter (cf. *supra*, n. 1) ; J. Ratzinger, *Die Geschichtstheologie des hl. Bonaventura*, München, 1959 ; id., *Offenbarung, Schrift. Ue-berlieferung. Ein Text des hl. Bonaventura*, in *Trierer Theol. Zeitsch* 67 (1958), 13-27 ; D. Burr, *The Apocalyptic Element in Olivi's Critique of Aristotle*, in *Church History* 40 (1971), 15-29 ; B. Tierney, 109. — (8) « Paganum philosophum » : *Expos. in Reg.* c. 8 (Olivi, *Commen-tary*, 185) ; « Dicta eius sunt prima principia multis Christianorum sicut et verba Christi et potius ! » : *Super II Sent*, q. LVII (éd. B. Jansen, Quaracchi, II, 361). R. Manselli, *Lectura*, 206 s. cite d'autres textes de même sens. — (9) Cf. J. de Ghellinck, *Pour l'histoire du mot revelare*, in *Rech. de Sc. relig.* 6 (1916), 149-167 ; notre *La Tradi-tion et les traditions. I. Essai historique.* Paris, 1960, 151-166 et les notes correspondantes 178-181. — (10) Pour Bonaventure, cf. Tierney, 72-82. Pour Olivi, *ibd.*, 110 s. et Stadter cité supra n. 1. — (11) Cité L. Hödl (cf. *supra*, n. 1), 20, n. 63. — (12) Cf. Sum. theol. Iᵃ, q. 1, a. 8 ad 2ᵘᵐ. — (13) Cf. J. de Guibert, *Pour une étude méthodique des loca parallela de S. Thomas*, in *Bull. de Littér. eccl.* 1914, 472 s. (re-produit dans *Les Doublets de S. Thomas*, Paris, 1926, 55 s.) ; P. Benoît, *Somme théologique*, IIᵃ-IIᵃᵉ q. 171-174, *La Prophétie*, Paris, 1947, 278. — (14) Texte reproduit dans le *Sexte* 5.7.3. (éd. Friedberg II, 1110). Egalement in *Seraphicae Legislationes Textus originales*, Quaracchi, 1897, 181-227. — (15) Références dans B. Tierney, 99 n. 3. — (16) Editée par M. Maccarrone, *Una questione inedita dell'Olivi sull-infallibilità del Papa*, in *Rivista di Storia della Chiesa in Italia* 3 (1949), 309-343 : texte 325-343. — (17) Ce n'est pas le lieu de traiter la question de savoir si Thomas d'Aquin n'avait pas posé plus for-mellement que ne le dit Tierney les bases d'une telle doctrine. Voir à ce sujet notre étude sur *Saint Thomas d'Aquin et l'infaillibilité du magistère papal* (Sum. theol. IIᵃ IIᵃᵉ q. 1 a. 10), *The Thomist*, 38 (1974) 81-105. Notons ici qu'Olivi, dans sa *Quaestio*, n'a pas le mot « infallibilis » : tout comme pour saint Thomas, *infallibilis* est pour lui une propriété de la démonstration certaine. Cf. par exemple le *Super* II *Sent.* q. LVIII (éd. B. Jansen, II, 479). « tamquam demonstrationes infallibiles ». — (18) Olivi, dans sa *Defensio* de 1285 (éd. D. Laberge, in AFH 28 (1935), 130-131. — (19) Dans son *De renuntiatione pape Coelestini* V (éd. L. Oliger in AFH 11 (1918), 351) : « Constat enim ex omnibus praedictis, quod papa potest novam legem condere de quocumque quod non est contra Christi fidem et legem et quod in omni tali et etiam in omni sententiali et autentica expositione dubiorum cristiane legis et fidei est sibi credendum et obediendum, nisi aperte esset contraria fidei Christi et legi ». — (20) Olivi anticipe la solution que Turrecremata et d'autres donneront à la question du pape hérétique : on n'aurait pas à le déposer, mais seulement à reconnaître et déclarer que son hérésie l'a fait déchoir de sa charge et de sa dignité. Cf. Tierney, 114 et 121. « Pseudo-papa » intervient souvent, surtout dans la *Lectura in Apocalipsim.* Olivi le définit : « qui quidem erit pseudo quia haeretico modo errabit contra veritatem evangelicae paupertatis et perfectionis » (éd. I. von Döllinger, *Beiträge zur Sektengeschichte des Mittelalters,* II, München, 1890, 573, cité par Tierney, 126 n. 2). — (21) Cf. l'incidence ecclésiologique d'un thème de dévotion mariale, in *Mélanges de Science relig.* 8 (1951), 277-292. — (22) *Question sur l'infaillibilité,* éd. M. Maccarrone (*supra* n. 16), 342. — (23) *Lectura super Apoc.* (éd. Döllinger - cf. *supra,* n. 20 - p. 547). Sur « status ecclesiae », notre étude parue sous ce titre dans *Studia Gratiana* XV (in hon. of Gaines Post), Rome, 1972, 1-31. — (24) Voir quelques expressions traditionnelles du service chrétien B. *Utilitas,* in *L'Episcopat et l'Eglise universelle,* éd. Y. Congar et B.D. Dupuy (*Unam Sanctam* 39), Paris, 1962, 106-123. — (25) Le seul ouvrage qui, à notre connaissance touche cette question, est celui de L. Buisson, *Potestas und Caritas,* Köln-Graz, 1958. Nous y avons touché aussi en étudiant l'« Economie » (*Irénikon,* 1972) et la « Réception » (*Rev. Sc, ph. th.,* 1972). — (26) Discutant de l'autorité respective de l'Ecriture et de l'Eglise : *Summae quaestionum ordinarium,* I, Paris, 1520, fol. LXXIII r (cité par Tierney, 136 n. 1).

M · PETRVS · IOHS

3. MAITRE PIERRE JEAN [OLIEU]

Fresque de Benozzo Gozzoli (1452). Dans l'église de Saint-François, au couvent franciscain de Montefalco (Province de Pérouse).

Photo Alinari, Florence.

4. Fragment de la lettre xxxiv, du 13 avril 1313, de Ange Clareno
Il décrit la célébration solennelle de l'anniversaire de Pierre Jean [Olieu]
sur sa tombe à Narbonne, après une intervention de Clément V. (Ms Florence,
Magliabecchi, xxxix, 75 f° 103 r et v.) Cf. p. 165

NOTE

La mémoire de Pierre Jean [Olieu] à Florence et à Narbonne

1° *La fresque de Benozzo Gozzoli* (planche III)

2° *Fragment d'Angelo Clareno sur la célébration à Narbonne du quinzième anniversaire de la mort de Pierre Jean [Olieu]* (Planche IV)

« Item sciatis quod Dominus Papa omnes prelatos fratrum qui impugnabant viam spiritus et fratris Petri Johannis doctrinam deposuit et adhuc gravius punientur. Et contra voluntatem fratrum relaxatorum celebratum (fol. 103 v.) fuit festum ipsius fratris Petri Johannis in Narbona a clericis ita solenniter et ab omni populo quod numquam in his partibus fuit his diebus aliquod festum ita solenniter celebratum. Nam de tota provincia ad sepulcrum eius populus confluxit et non minus, ut dicunt, quam consueverat esse in festo Sancte Marie de Portiuncula. Ex quo satis patet quod adiutorium nostrum in nomine Domini et nunc et in futuro qui fecit celum et terram. » Manuscrit florentin, *Bibl. Naz. Magliabecchi* XXXIX, 75, lettre XXXIV, fol, 103 r et v.

« Sachez que notre Seigneur le pape [Clément V] a déposé tous les supérieurs qui s'opposaient à la voie de l'Esprit et à la doctrine du frère Pierre Jean et qu'il les punira encore plus sévèrement. Et malgré la volonté des frères relâchés, la fête de ce même Pierre Jean fut célébrée à Narbonne [le 14 mars 1313] par le clergé et par tout le peuple avec tant de solennité que jamais dans cette région une fête semblable n'a été célébrée de nos jours. Car le peuple est accouru de toute la province au tombeau, aussi nombreux, dit-on, que celui qui se réunissait à la fête de Sainte-Marie de la Portioncule. Il apparaît ainsi que « notre secours est au nom du Seigneur qui fit le ciel et la terre » dès maintenant et à toujours. » *Lettre* d'Angelo Clareno, datée du 3 avril 1313.

XII

Quatre siècles de désunion et d'affrontement

Comment Grecs et Latins se sont appréciés réciproquement au point de vue ecclésiologique

Les heurts, les brouilles, oppositions et ruptures entre l'Orient et l'Occident, ont suscité toute une littérature polémique dans laquelle Grecs et Latins se sont mutuellement reproché bien des choses et ont porté, les uns sur les autres, des appréciations critiques sans indulgence. Notre propos n'est pas de parcourir ce long chapitre d'un millénaire de brouille. Il est d'apporter quelques éléments de réponse à cette question : comment, après la rupture de 1054, Grecs orthodoxes et Latins catholiques se sont-ils appréciés et définis les uns les autres quant à leur situation ecclésiologique [1] ?

En disant : après la rupture de 1054, nous ne prétendons pas fixer une date précise au « schisme ». Nous savons que l'éloignement était commencé depuis longtemps et qu'il y a eu bien des faits de communion après 1054, voire jusqu'à nos jours [2]. Au surplus, dans une situation générale de communion

---

1. La question se trouve traitée, en somme, dans le « pamphlet » de A. H. REES, *The Catholic Church and Corporate Reunion. A Study of the Relations between East and West from the Schism of 1054 to the Council of Florence*, Westminster, 1940. Nous en avons largement fait notre profit. Voir aussi St. RUNCIMAN, *The Eastern Schism. A Study of the Papacy and the Eastern Churches during the XIth and XIIth Centuries*, Oxford, 1955.

2. A la fin du XIe siècle, on n'a nullement le sentiment d'être en schisme : B. LEIB, *Rome, Kiev et Byzance à la fin du XIe siècle. Rapports religieux des Latins et des Gréco-Russes sous le pontificat d'Urbain II*, Paris, 1924. S. Runciman apporte un grand nombre de faits en ce sens. Voir également, parmi un matériel documentaire très abondant : A. PALMIERI, *Theol. dogm. Orthod.*, t. II, Florence, 1913, pp. 85 s. ; *Stoudion* 1928/3, pp. 75 s. ; *Echos d'Or.*, 1935, pp. 350-367 ; W. DE VRIES, dans *Ostkirchl. Studien* 6 (1957), pp. 81-106 et *Concilium*, n° 4 (1965), pp. 23-42 ; A. G. VUCCINO, dans *Unitas* (éd. fr.), 14 (1961), pp. 357-380 ; U. SICARD, *Libellus...*, dans MANSI XLVI, 105-110 ; M. JUGIE, *Le schisme byzantin...*, Paris, 1941, pp. 234 s. ; *Codificazione Canon. Orient. Fonti. Fasc. II : Testi vari di diritto nuovo. Parte II.* Vatican, 1931, pp. 73-137.

distendue, l'épisode de 1054 n'a pas pris la valeur dramatique que nous lui attribuons. Il est cependant légitime d'y voir plus qu'une date symbolique : un tournant, jusqu'ici non redressé, dans les relations d'Eglise entre l'Orient et Rome, tournant rigoureusement contemporain et, peut-on penser, solidaire d'un certain développement de l'ecclésiologie romaine, qui s'est exprimée alors dans les textes du cardinal Humbert, du pape Léon IX, puis des hommes de la réforme grégorienne[3].

Comment les Latins, les papes de Rome, ont-ils apprécié, après 1054, la situation ecclésiologique des Grecs, comment les Grecs ont-ils apprécié celle des Latins ? Les Grecs ou les Latins se trouvaient-ils en dehors de l'Eglise ? Sinon, à quel titre étaient-ils dans l'Eglise, et que leur manquait-il pour y être parfaitement, purement et simplement ? Il est clair qu'une ecclésiologie doit se trouver engagée dans la position qu'on tenait, quelle qu'elle fût.

Nous pouvons noter tout d'abord le caractère traditionnel des expressions « *Orientalis (Occidentalis) ecclesia* » ou d'autres analogues, telles que « *ecclesia omnis, tam Romana quam Graeca*[4] ». Les mots *Orientalis ecclesia* (parfois au pluriel) reviennent sans cesse dans les textes relatifs aux croisades[5]. Elles ont été entreprises pour la « *liberatio Orientalium ecclesiarum*[6] », « *in defensionem Orientalis ecclesiae*[7] » : ce qui nous

3. Voir Y. M.-J. Congar, *Der Platz des Papsttums in der Kirchenfrömmigkeit der Reformer des 11. Jahrhunderts*, dans *Sentire Ecclesiam* (Festschrift Hugo Rahner), 1961, pp. 196-217.

4. « Occidentalis ecclesia » : S. Augustin, *Sermo* 202, 2 (P.L. 38, 1033) ; « Ecclesia omnis, tam Romana quam Graeca » : Paschase Radbert, *De partu Virginis*, 1 (P.L. 96, 223 B) ; comparer Urbain II, *Epist.* 273 : « Canones apostolorum quorum auctoritate Orientalis et ex parte Romana utitur (Migne : unitur !) ecclesia » (P.L. 151, 532 D).

5. Cf. Guibert de Nogent, *Gesta Dei per Francos* I, 1 (P.L. 156, 686 D) ; Othon de Freising, *Chronica* VII, 1 (éd. Hofmeister 310, 20 s.). Comp. Rupert de Deutz, *Ep. ad Liezelinum* : « illam Orientalium ecclesiarum lampadem Hieronimum » (P.L. 170, 667 C).

6. Urbain II, *Ad omnes fideles in Flandria*, déc. 1095 (dans *Epistulae et Chartae ad hist. primi Belli sacri spectantes... Die Kreuzzugsbriefe aus den Jahren 1085-1100... hrsg. v. H. Hagenmeyer*, Innsbruck, 1901, p. 136) ; Anselme de Ribémond, lettre écrite d'Antioche, nov. 1097, à Manassé, archev. de Reims (p. 146). Voir également Pascal II (déc. 1099), Jaffé 5812 ; Suger, *Hist. du roi Louis VII*, § 10 ; Eugène III, *Epist.* 48 (P.L. 180, 1064) ; Alexandre III, 23 déc. 1173 (Jaffé 11638) ; Grégoire VIII (Jaffé, 16014). — Sur l'ensemble de la question d'une entreprise des croisades faite pour aider les Eglises d'Orient (de mande d'aide de l'empereur Alexis : P. Charanis, *Byzantium, the West and the Origin of the First Crusade*, dans *Byzantion* 19 (1946), pp. 17-36), cf. C. Erdmann, *Die Entstehung des Kreuzzugsgedankens*, 1935 (2ᵉ éd. anastatique Stuttgart, 1955), pp. 361-377 ; W. M. Daly, *Christian Fraternity, the Crusaders and the security of Constantinople, 1097-1204*, dans *Mediaeval Studies* 22 (1960), pp. 43-91 ; S. Runciman, *op. cit.*, pp. 78 s.

7. S. Bernard, lettre de 1146 à Eugène III : *Epist.* 256, 2 (P.L. 182, 464). C'étaient les termes dans lesquels, d'après Bernold de Constance (MGH SS. V, anno 1095), Alexis Comnène avait exprimé son désir de recruter des troupes en Occident.

montre d'ailleurs que, dans ce contexte-là, l'expression désigne non les Eglises de l'Empire byzantin, mais les Eglises de Palestine et de Syrie, soumises au joug musulman. La *Gesta Treverorum continuatio* précise, du reste : « *in diebus illis Orientalis ecclesia, id est Iudea et Iherusalem*[8] ». Cependant, chez saint Grégoire VII, « *Orientalis ecclesia* » désigne l'Eglise de Constantinople[9] ; à l'époque même des croisades, l'expression garde un sens plus large, elle englobe et même parfois elle désigne expressément toutes les Eglises Orthodoxes, dont on aime invoquer le témoignage[10]. Dans le même temps, « *Occidentalis ecclesia* » se trouvait tout aussi fréquemment[11]. La conscience de l'unité d'Eglise dans la dualité des traditions et même des organisations était donc bien appuyée, en Occident, au plan du vocabulaire. Au départ, le sentiment d'unité dominait. Dans son discours du 27 novembre 1096 au concile de Clermont, Urbain II s'écriait : « A quels affreux supplices à Jérusalem, à Antioche et dans tout l'Orient, les chrétiens, membres du Christ, sont jetés en proie ! Ce sont vos frères ; ils s'assoient à la même table que vous et ont bu le même lait divin, car vous avez pour père le même Dieu et le même Christ[12]. »

En Orient, les positions étaient variables. Selon Michel Cérulaire, la doctrine du *Filioque* constituait une hérésie dont la profession empêchait toute communion : c'est même par ce biais ou en raison de cela que le patriarche rejetait l'autorité papale[13]. Mais vers 1090, Théophylacte excusait les Latins

8. III, 12 : MGH SS., XXIV, 388. Il s'agit de la prise de Jérusalem par Saladin.

9. Cf. Reg. II, 49 ; éd. Caspar 189, 14-16.

10. YVES DE CHARTRES, *Panormia* III, 84 : « Aliter se habent orientalium ecclesiarum traditio, aliter huius sanctae Romanae ecclesiae. Nam eorum sacerdotes... copulantur. Totius autem ecclesiae vel Occidentalium... » (P.L. 161, 1149) ; S. BERNARD : « Ipse enim iam Orientalis ecclesia tam universaliter clamat » (*Epist.* 380 à Suger : P.L. 182, 584) ; parlant de saint Bernard lui-même, GEOFFROY D'AUXERRE évoque sa réputation « in ecclesia Orientali » (*Vita prima* III, VII, 22 : P.L. 185, 316 A) ; GRATIEN : « Hoc autem ex loco intelligendum est. Orientalis ecclesia cui VI sinodus regulam vivendi prescripsit, votum castitatis in ministris altaris non suscepit » (D XXXI, dictum post c. 13 : FRIEDBERG, col. 115) ; S. THOMAS D'AQUIN : « (qu'il soit convenable que les religieux prêchent et confessent) hoc apparet ex communi consuetudine Orientalis ecclesiae, secundum quam fere omnes monachis confitentur » (*Contra impugnantes,* c. 4).

11. Vocabulaire courant au XIIᵉ s. (ANSELME DE HAVELBERG), au XIIIᵉ s. (JACQUES DE VITRY) : cf. *Histor. Jahrb.,* 62-69 (1949), pp. 292 s. HUBERT WALTER, légat du pape en 1195, écrit : « hanc Occidentalis Ecclesiae portionem quam in Anglia plantavit Altissimus » (Z. N. BROOKE, *The English Church and the Papacy*... Cambridge, 1931, p. 13) ; ELÉONORE D'ANGLETERRE écrivant à Célestin III (P.L. 206, 1262 D).

12. Cité et traduit dans E. DELARUELLE et A. LATREILLE, *Hist. du Catholicisme en France,* Paris, 1957, p. 302.

13. Cf. début de la *Panoplia,* éd. A. MICHEL, *Humbert und Kerullarios.* II. Paderborn, 1930, pp. 213 s. et 248-256.

même du *Filioque*, en raison de la pauvreté de leurs ressources culturelles et linguistiques ; selon lui, les Latins professaient plus d'une erreur, mais pas de telle nature qu'elles divisent l'Eglise [14]. Au fond, pour Théophylacte, non seulement les Latins n'étaient pas des hérétiques, mais il n'y avait pas de schisme : si chacun restait chez soi et respectait l'autre, on pouvait être en communion.

Saint Anselme, dans son *De processione Spiritus Sancti*, part du positif de la foi chrétienne que les Grecs tiennent avec les Latins et ceux-ci avec les Grecs, et argumente pour amener la « *Graecorum ecclesia* » à conformer sa foi à ce que tient l' « *universa ecclesia* » [15].

Le pape Pascal II envoyait en 1112 une ambassade à l'empereur Alexis Comnène qui recevait avec amitié l'archevêque de Milan et se montrait favorable à la communion avec Rome. Le problème, il est vrai, était fortement conditionné par la conjoncture politique de l'Italie du Sud, région où interféraient les intérêts de l'Empire occidental, de la papauté et de Byzance [16]. Le pape considérait que l'empereur pouvait seul, mais qu'il pouvait amener les Grecs à l'unité, laquelle impliquait la reconnaissance de sa primauté [17]. Pascal écrivait à l'empereur, en novembre 1112. Il s'agissait selon le pape de reconstituer l'unité de l'Eglise catholique. Ce qui l'avait brisée depuis de nombreuses années déjà, était un schisme de hiérarques consistant, de la part de ceux-ci, à se soustraire à la charité et à l'obéissance de l'Eglise romaine. Il fallait qu'ils reconnaissent la primauté du Siège apostolique, dont Pascal parlait en termes appropriés à l'opinion byzantine, puisqu'il la rattachait à un empereur, Constantin, et aux conciles. Il suggérait aussi une rencontre des patriarches (« *apostolicarum sedium praesules* ») pour examiner les fondements bibliques de la primauté [18]. Discrètement, mais nettement, Pascal II avait évo-

14. *De iis quorum Latini incusantur* : P.G. 126, 221 D - 224 A. Sur le *Filioque*, col. 229 AB. RUNCIMAN, *op. cit.*, pp. 72-74. Pour Théophylacte les différences de rite et de coutumes ne justifiaient pas un schisme ! C'était aussi l'avis, peu auparavant, du patriarche d'Antioche Pierre III (1052-1056) et, vers le même moment, du patriarche de Jérusalem Syméon II (1084-1099, voire jusque 1106 ?) : cf. B. LEIB, *Deux inédits byzantins sur les Azymes au début du XIIe siècle*, in *Orientalia Christ.* II, 3, n° 9, Rome, 1924, pp. 177-243. Syméon appelait les Latins φιλοχριστάτοι (p. 217). Leib trouve la même attitude, du côté latin, chez Dominique de Grado, saint Anselme, Bruno de Segni.

15. Cap. 22 (P.L. 158, 317 B et D) ; c. 26 (321 A : « contra christianam fidem quam cum Graecis tenemus »). Semblable discussion irénique à propos des azymes, *De azymo et fermentato*, 1 (158, 541 C : « quod agunt (Graeci) non est contra fidem christianam »).

16. Cf. J. Gordon ROWE, *The Papacy and the Greeks (1122-1153)*, in *Church History* 28 (1959).

17. Cela restera la conviction à Rome : Alexandre III (*infra*, n. 29), Grégoire VIII écrivant à l'archevêque de Trèves (P.L. 202, 1559), Innocent III (*infra*, n. 46), Grégoire X lors du Concile de Lyon de 1274, etc.

18. JAFFÉ 6334 : « Omnipotentis Dei dignationi et miserationi gratias

qué le thème de Rome-tête que les autres Eglises doivent suivre comme des membres dans le corps. Ses légats ont dû développer ce thème spécifiquement romain, car c'est sur ce point que porte surtout la réponse, décidément négative et critique, faite par Nicétas Séidès, un laïc byzantin [19].

Sous le successeur d'Alexis, Jean II Comnène, Pierre le Vénérable écrivait au patriarche de Constantinople pour une question de monastère. On ne se douterait vraiment pas, à le lire, qu'il y ait schisme entre les Eglises : il ne fait appel qu'aux principes d'unité [20]. L'évêque de Havelberg, Anselme, avait en 1136, à Constantinople, un dialogue du plus haut intérêt avec Nicétas de Nicomédie, que nous ne connaissons guère autrement. Voici dans quels termes il parle de la situation de rupture : « *Orientalis ecclesia seipsam ab oboedientia sacrosanctae Romanae ecclesiae et ab unitate tantae communionis sequestrans* [21]. » Pour Anselme, il y a rupture dans l'unité : une Eglise particulière s'est séparée de l'obéissance due à l'Eglise romaine et de la communion de celle-ci. Il semble que l'unité de foi demeure, à ses yeux, intacte, bien qu'il discute de la Procession du Saint-Esprit et que les communautés orientales appartiennent toujours à l'unique corps qu'est l'Eglise [22]. Tout le monde

---

agimus, quia cor vestrum ad reformandam catholicae ecclesiae unitatem animare et confortare dignatus est, Sancti Spiritus Paracliti potentiam deprecantes, ut sicut in apostolis suis omnium gentium diversitates unire dignatus est, ita in nobis unitatis huius operetur effectum. (... Il constate que ce n'est pas facile.) Novit sane vestrae sagacitatis experientia, quanta olim Constantinopolitani patriarchae circa Romanum episcopum devotio ac reverentia fuerit. Caeterum ex multis iam annorum curriculis adeo civitatis regiae praesules cum clero suo praeter omnem audientiam a Romanae ecclesiae charitate et oboedientia subtraxerunt... Prima igitur unitatis huius via haec videtur, ut confrater noster Constantinopolitanus patriarcha primatum et reverentiam sedis apostolicae recognoscens, sicut in religiosi principis Constantini sanctionibus institutum et sanctorum conciliorum consensu firmatum est, obstinantiam praeteritam corrigat... Ea enim quae inter Latinos et Graecos fidei vel consuetudinum [diversitatem] faciunt, non videtur aliter posse sedari nisi prius capiti membra cohaereant... » (P.L. 163, 388-389).

19. Cf. J. DARROUZÈS, *Les documents byzantins du XIIe siècle sur la primauté romaine*, in *Rev. des Et. byzant.* 23 (1965), pp. 42-88 (p. 55).

20. *Epist.* II, 40 : « Quamvis et terrarum remotio et linguarum divisio nobis invicem et vultus invideant et verba subducant, tamen unus Deus, una fides, unum baptisma, una caritas et divisa coniungere, et affectus unire et sermones debent aliquando communicare. Debemus eo glutine uniri in terris, quo nunquam dissociandi cohaerere expectamus in coelis, ut illud in miseriis sit nobis refrigerium. quod in beatitudine perfectum erit praemium... » (P.L. 189, 262).

21. *Dialogi* III, 3 (P.L. 188, 1211).

22. Cf. *Dial.* I, 11 : « In Orientali ecclesia, apud Graecos et Armenos et Syros, diversa sunt genera religiosorum, qui in una quidem fide catholica concordant, ac tamen in moribus, in ordine, in habitu, in victu, in officio psallendi non parum ab invicem discrepant... Porro haec omnia tam divina, tam sancta, tam bona, in diversis temporibus et in diversis ordinibus *operatur unus atque idem Spiritus, dividens singulis prout vult* (1 Co 12, 11). Novit quippe Spiritus Sanctus, qui totum corpus ecclesiae ab initio et nunc et semper regit » (P.L. 188, 1156-1157).

n'était pas aussi favorable [23]. Saint Bernard, cependant, peu de temps après, ne semblait pas loin de penser semblablement, bien qu'il introduisît une nuance, sinon même une restriction [24]. Il semble que les théologiens fussent plus positifs que les papes, ne mettant pas avant tout la question de soumission à l'Eglise romaine. Vers le même temps, Anne Comnène, patriote byzantine s'il en est, écrivant peu après 1140, considérait les Grecs et les Latins comme étant pleinement en communion, et leurs ordinations comme également valables. Mais elle se montrait franchement hostile aux papes [25].

Hadrien IV, le pape anglais second successeur d'Eugène III, exposait, en 1155, à l'archevêque grec de Thessalonique, Basile, sa façon de voir les choses. Il y a schisme, et cette division est due au fait que le siège de Constantinople, poussé par un mauvais esprit, s'est séparé de l'obéissance due à sa mère, l'Eglise romaine. Il faut qu'il revienne à l'unité de l'Eglise. L'Eglise de Dieu est une et unique, comme l'arche du salut : on ne peut pas la garder divisée. Mais rentrer dans l'arche unique, c'est rentrer dans l'unique troupeau de Pierre, c'est se réunir à l'Eglise [26]. Il y a *un lieu* de l'unité propre à l'Eglise, c'est le lieu où siègent les successeurs de Pierre. Les catégories qui auront cours jusqu'au second Concile du Vatican sont acquises, tout à la fois dans leur précision juridique et leur impré-

---

23. D'après J. Le Goff (*La civilisation de l'Occident médiéval*, Paris, 1965, p. 179). L'évêque de Langres, Gaudefroi de La Roche, disait : les Grecs ne sont chrétiens que de nom (rapporté par Eudes de Deuil, *De profectione Ludovici VII in Orientem* : éd. H. Waquet, *Doc. relatifs à l'hist. des Crois.*, fasc. III, Paris, 1949, p. 47). Mais cela pouvait viser simplement des comportements pratiques. Cf. *infra*, n. 63.

24. *De consideratione*, III, 1, 4 : « Ego addo et de pertinacia Graecorum, qui nobiscum sunt et nobiscum non sunt, iuncti fide, pace divisi, quanquam et in fide ipsa claudicaverint a semitis rectis » (P.L. 182, 760).

25. Cf. S. Runcinan, *op. cit.*, pp. 110-113.

26. *Epist.* 198 : « Ex quo per invidiam hostis antiqui Constantinopolitana sedes a sacrosancta Romana et apostolica (quod sine lacrymarum inundatione vix famur) ecclesia seipsam separavit et hominis inimicus proprium malitiae venenum effudit, et a matris obedientia liberi secesserunt, unitatisque locum binarius subiit, laborem multum et studium, qui nos praecesserunt beati Petri successores adhibuerint, ut schisma de medio tolleretur, et unitati Ecclesiae qui se ab ea separaverunt, redderentur (...). Ideoque ad introductionem liberorum in locum ecclesiae et unitatis, inventionemque amissae drachmae properemus, et apostolico praecepto incitati, in eos qui doctrinae sermones aspernantur (...). Unde frater in Christo, dilectionem tuam in his litteris admonemus, ut hanc rem diligenter cures. Nam una sola est ecclesia, et una sola sanctificationis arca, in quam unumquemque fidelium ex diluvio servari oportet. Et circa unionem eius modis omnibus labores, tuaque cogit et prudentia, ut ecclesia Dei non posset divisa consistere, et omnem animam viventem e praesentis diluvii procellis intra unam arcam ecclesiae congregari oporteat ad beatum Petrum omnium fidelium gubernatorem (parle de la primauté de l'Eglise romaine). Primum apud teipsum, deinde in aliis, quatenus divina gratia largitur, da operam, ut grex cum ecclesia uniatur, et qui seipsos Dominicas oves confitentur, ad gregem beati Petri revertantur qui Domini iussu eorum curam suscepit » (P.L. 188, 1580 B - 1581 B ; Mansi XXI, 796).

cision théologique. Car on voit clairement ce que signifie un retour sous l'obéissance à l'Eglise romaine, siège de Pierre. Mais qu'est exactement ce troupeau qui existe en dehors de l'unité de l'Eglise unique ? Faut-il voir une réponse à la théologie d'Hadrien IV dans la lettre écrite par Georges Tornikès, métropolite d'Ephèse, en janvier 1156, au nom de l'empereur Manuel 1ᵉʳ Comnène ? La lettre du pape à laquelle il répond ne nous est point parvenue, mais son contenu devait ressembler à celui de la lettre précédente. Voici la position de Georges Tornikès [27] :

« Le troupeau, c'est l'Eglise signifiée par la vision de Pierre. Elle embrasse toutes les nations, car Pierre, après avoir établi l'Eglise à Jérusalem, puis à Antioche, a prêché partout ; de même Paul, envoyé aux Gentils, prêcha aussi aux Juifs. L'Eglise est une parce que son grand prêtre unique est le Christ, non Paul, Apollos ou Céphas ; elle est une parce que, hormis la pierre angulaire, le Christ, elle n'a pas d'autre fondement ni d'autre tête.

« Sur ce fondement est établie toujours l'Eglise de Constantinople ; si un autre bâtisseur a voulu y introduire une pierre de scandale, d'elle-même, elle l'a brisée avec le secours de l'Esprit. C'est pourquoi Dieu l'a bénie parce qu'elle a gardé intacte la doctrine des apôtres, en particulier sur la Trinité, sans addition, ni soustraction. Cette Sion a les préférences de Dieu, comme Rachel est préférée à Lia, Jacob à Esaü.

« Puisque nous formons un seul corps, nous n'avons qu'une tête douée de tous les sens spirituels. Nous n'avons qu'un maître qui nous enseigne et ce ne sont pas les trônes qui distinguent ses disciples, mais le fait de boire à la même coupe et de recevoir le même baptême. Les sièges (épiscopaux) tirent leur honneur des pouvoirs séculiers. Mais nous n'avons qu'un seul grand prêtre, un seul roi, dont l'Eglise est le peuple saint unique.

« Bâtie sur le fondement unique, le Christ, et assise sur la pierre, la confession de Pierre, l'Eglise prévaut contre l'enfer. Bien qu'il arrive à toutes les Eglises locales, l'une ou l'autre, de tomber, elles se relèvent mutuellement, sans que l'une ait à se glorifier aux dépens d'une autre, car la Catholique seule est inébranlable. »

Le successeur d'Hadrien IV, Alexandre III (1159-1181), continue tout à la fois son ecclésiologie papale et ses efforts d'union avec Manuel Comnène. Selon Manuel 1ᵉʳ Comnène, Byzantins et Latins étaient ὁμοθρήσχοι, de même culte [28]. Le pape le considérait comme disposé à l'union avec Rome, aux conditions de Rome [29]. De fait, dans son dialogue de 1168-1169

27. Dans J. DARROUZÈS, *art. cité* (n. 19), p. 70.
28. F. DÖLGER, *Regesten der Kaiserurkunden d. öström. Reiches*, n° 1368 ; A. FROLOW cité *infra* (n. 63), p. 77.
29. Le biographe d'Alexandre, BOSON, rapporte ainsi ce qu'il en disait : « Asseruit quod idem imperator ecclesiam suam graecam unire volebat sicut melius antiquitus fuit, cum matre omnium ecclesiarum sacrosancta Romana ecclesia, ut sub una divine legis observantia et uno ecclesiae capite uterque

avec les cardinaux, ceux-ci lui ont donné acte du fait qu'il
admettait une certaine primauté de Rome, mais on s'étonne
de leur optimisme, car Manuel Comnène tenait la position
classique à Byzance, celle d'une primauté liée à la capitale de
l'Empire [30]. Du reste, à Byzance, les positions se durcissaient.
On y rencontrait bien des hommes tels que Théorien, un Armé-
nien, proclamant que les Latins devaient être « aimés comme
des frères, car ils sont orthodoxes, fils de l'Eglise catholique
et apostolique, tout comme nous [31] ». Mais un courant plus fort
et majoritaire commençait à créer une tradition ecclésiologique
autrement négative.

Le patriarche de Constantinople Michel III dit d'Anchialos
(1170-1178) reprenait, dans une lettre au pape, le thème de
l'unique Eglise sous le pastorat unique du Christ [32], dans des
termes mesurés. Mais aux yeux du patriarche Georges II Xiphilinos (1191-1198) et des canonistes bien connus Théodore Balsamon et Jean Zonaras, les Latins étaient des hérétiques [33]. On
commençait, ici ou là, à les rebaptiser [34]. On se posait la question de savoir si l'on pouvait les admettre à la communion.
Théodore Balsamon répondait que non, à moins qu'ils ne re-
noncent à leurs fausses doctrines et coutumes, car selon lui,
les Latins avaient rompu la communion avec les autres pa-
triarcats, il y avait donc schisme [35]. Mais d'autres répondaient
que oui : ainsi Demetrios Chomatianos, archevêque des
Bulgares [36], et Jean, évêque de Kitros [37], deux canonistes également, au début du XIIIe siècle.

C'est de même à cette époque que l'ecclésiologie byzantine
développa sa critique, non seulement exégétique et canonique,
mais théologique, de la primauté entendue au sens romain.

clerus et populus, latinus videlicet atque graecus, perpetua firmitate subsis-
teret » : Alexandri III vita, éd. J. M. WATTERICH, in Pontificum Romanorum
Vitae, II. Leipzig, 1862, p. 403.
    30. Cf. J. DARROUZÈS, art. cité (n. 19), pp. 75-76.
    31. THEORIANOS, Epist. ad monachos de diversis ritibus : P.G. 133, 297.
Cf. M. JUGIE, Theol. dogm. Christian. Orient..., t. III, Paris, 1930, p. 104. Et
voir R. LOENERTZ, L'épître de Théorien le philosophe aux prêtres d'Oreinê, dans
Mémorial L. Petit, Bucarest, 1948, pp. 317-335.
    32. Cf. J. DARROUZÈS, art. cité (n. 19), pp. 78-79.
    33. Cf. JUGIE, op. cit., p. 105, qui cite les textes et donne les références.
    34. JUGIE, op. et loc. cit. D'après HUMBERT DE SILVA CANDIDA, cela aurait
commencé dès le milieu du XIe siècle : Adv. Graec. calumnias, 65 (P.L. 143,
972 C). Le concile de Latran de 1215 fait état de la chose : c. 4 (MANSI XXII,
989-990 ; Denz. 435, Denz. Sch. 810).
    35. P.G. 138, 968 B. Il répondait ainsi à une question posée par le patriarche
d'Alexandrie, Marc, au sujet des Latins de la croisade faits prisonniers. Le successeur de Marc, Nicolas, ordonna un diacre pour assister le vieux prêtre latin
qui avait soin pastoralement des prisonniers : H. REES, op. cit., p. 11.
    36. En réponse à Constantin, évêque de Durazzo, 1203. Il rejette expressé-
ment l'opinon de Balsamon, arguant du fait que les Latins n'avaient jamais
été condamnés comme hérétiques par un concile : P.G. 119, 956-960. Cf. H. REES,
op. cit., p. 10.
    37. H. REES, op. et loc. cit.

Balsamon utilisait en ce sens et de façon polémique la théorie de la Pentarchie qui n'avait, à l'origine, rien d'antiromain [38]. Nous trouvons esquissée, vers 1170-1175, une idée que les Byzantins développeront plus formellement après les événement de 1204, récusant qu'une primauté puisse venir à l'évêque de Rome par succession de saint Pierre, car Pierre a été un Apôtre, donc un docteur universel, non un évêque lié à une Eglise particulière : ainsi chez Georges Tornikès, métropolite d'Ephèse, écrivant au nom de l'empereur Manuel Comnène (janvier 1156), chez le patriarche Michel III, dit d'Anchialos, chez Andronic Camateros [39]. Mais c'est la théologie d'Innocent III et la quatrième croisade qui devaient provoquer un nouveau durcissement.

Pour le maître d'Innocent III, Huguccio, les Grecs n'étaient ni des hérétiques, ni excommuniés, bien qu'ils refusassent de considérer l'Eglise romaine comme tête de toutes les Eglises, ce qui est de soi une position hérétique [40]. Au même moment le fameux abbé Joachim de Flore, qui connaissait personnellement le christianisme grec, attribuait cette non-excommunication à la patience des papes, mais ne voyait de solution que le retour à l'unité du troupeau [41]. De son contact avec le monachisme grec, Joachim avait gardé l'idée que l'Eglise avait reçu de Dieu comme un double visage, modelé par un double charisme : Rome ou l'Occident avait reçu, avec Pierre, le charisme de l'*« ordo sacerdotalis »* ou du *« magisterium praedicationis »*, l'Orient, avec l'apôtre Jean, le charisme monastique [42]. Mais,

38. *Responsum de Patriarcharum privilegiis* : P.G. 138, 1013-1033.
39. Cf. J. MEYENDORFF, *Saint Pierre, sa primauté et sa succession dans la théologie byzantine*, dans *La Primauté de Pierre dans l'Eglise orthodoxe*, Neuchâtel-Paris, 1960, pp. 90-115 (pp. 100-101). La première esquisse de cette idée se trouve, d'après l'auteur, chez Théophylacte. Pour Georges Tornikès, cf. J. DARROUZÈS, *art. cité* (n. 19), p. 75.
40. *Summa*, ad Dist. 22 c. 1 : « *In heresim*, ergo videtur quod sint heretici qui non habent romanam ecclesiam pro capite et sic quod sint excommunicati ipso iure... Quid ergo de grecis dicetur, qui non habent eam pro capite ? Suntne excommunicati ipso iure ? Non credo et ideo expono *in heresim*, i.e. in peccatum quia peccat talis sed non est hereticus. » Cité par B. TIERNEY, *Foundations of the Conciliar Theory. The Contribution of the Medieval Canonists from Gratian to the Great Schism*, Cambridge, 1955, p. 28, n. 3.
41. « Sed tamen patientia eius qui tenet locum Christi patitur eos [Graecos] usque ad praesens ut non excommunicati generaliter pereant, sed longanimitate expectati redeant aliquando ad unitatem gregis et revertantur ad pastorem animarum sanctarum » : *Super IV Evangelia* : Ms Dresde A 121, fol. 196va, cité par P. FOURNIER, *Etudes sur Joachim de Flore et ses doctrines*, Paris, 1909, p. 29, n. 2. Depuis, le *Tract. super IV Evang.* a été édité par E. BUONAIUTI, 1930.
42. *Tract. super IV Ev.*, éd. citée, p. 33 : « Voluit Deus esse duplicem Ecclesiam, orientalem scilicet atque occidentalem, ut, misso Petro summo pontifice ad occidentalem ecclesiam, confirmaret in ea ecclesiasticum seu sacerdotalem ordinem quem designat Ioannes [Baptista], et misso Ioanne evangelista castitatis speculo ad ecclesiam orientalem, confirmaret in ea virginalem et castam religionem, quam designat Maria. Siquidem ut magisterium praedicationis Romae ita doctrina monasticae atque eremeticae professionis in ecclesia orien-

si haut que Joachim mît le christianisme oriental originel, il considérait l'Eglise grecque de son temps comme « *extra corpus ecclesiae* », hors de ce corps qu'est l'Eglise et comme devant revenir à l'unité de l'Eglise romaine[43].

Les lettres d'Innocent III, avec les réponses qu'elles ont suscitées du côté byzantin, suffiraient à fournir un très substantiel thème d'étude. Lothaire de Segni devenu pape était hanté par l'unité à rétablir. Pour lui, l'Eglise, l'Eglise romaine était divisée par le schisme byzantin un peu comme l'Empire (occidental) l'était par la double élection de 1198 (Othon IV de Brunswick contre Philippe de Souabe)[44]. C'est pourquoi, dès la première année de son pontificat, Innocent faisait remettre une lettre à l'empereur Alexis III et une autre au patriarche de Constantinople, Jean X Camateros qui avait succédé le 5 août 1198 à Georges II Xiphilinos, décédé le 7 juillet. Toute l'argumentation du pape repose sur le fait qu'il existe une seule Eglise, fondée sur le Christ et sur Pierre, c'est-à-dire sur l'institution papale. En quittant (« *recedente* ») l'Eglise romaine, « *quae est cunctorum fidelium mater et magistra* », les Grecs se sont fait une autre Eglise, si toutefois on peut parler d'Eglise en dehors de l'unique, « sibi aliam ecclesiam confixerunt, si tamen quae praeter unam est ecclesia sit dicenda[45] ». A l'empereur, le pape écrivait : « fais en sorte que l'Eglise des Grecs revienne à l'unité du Siège apostolique, que la fille revienne à sa mère... et que tous les membres soient soudés au corps sous une seule tête, celui auquel le Seigneur a dit : Tu t'appelleras *Cephas,* ce qui veut dire Tête, *caput*[46] ». Au patriarche, Innocent disait : « Le peuple des Grecs s'est soustrait à l'unité du Siège apostolique, il n'a suivi ni la constitution du Seigneur ni le magistère de Pierre et il fait tout, jusqu'aujourd'hui, serait-ce en vain, pour déchirer la tunique sans couture du Seigneur[47]. »

L'empereur Alexis III considérait les Latins comme des chrétiens[48]. Il répondit au pape en février 1199 : l'union est facile si l'on n'écoute que la volonté de Dieu, si les prélats quit-

---

tali noscitur accepisse exordium. » Joachim se trouve ainsi à l'origine du thème sur lequel voir notre article *Eglise de Pierre, Eglise de Paul, Eglise de Jean. Destin d'un thème œcuménique*, dans *Mélanges Père Georges Florovsky...*

43. *Op. et éd. cit.*, pp. 277, 280, 300. Cf. H. DE LUBAC, *Exégèse médiévale. Les quatre sens de l'Ecriture*, II/1 (*Théologie*, 42), Paris, 1961, pp. 450 et 475.

44. « Ille vero qui paci semper invidet et quieti, sicut Romanam olim divisit Ecclesiam, ita nunc Romanum divisit imperium » : *Reg. super neg. Imper.*, 2 (P.L. 216, 998 A).

45. A l'empereur : *Ep.* I, 353 (POTTHAST 349) ; P.L. 214, 326 C, 328 B.

46. Col. 327 A. L'interprétation *Cephas = Caput* remontait à Optat de Milev ; elle est fréquente en Occident et tout à fait familière à Innocent III : cf. notre article *Cephas, Cephalè, caput*, dans *Rev. du Moyen Age Latin*, 1952, pp. 5-42.

47. POSTHAST 350 ; P.L. 214, 328 BC. Nous avons traduit *magisterium* par « magistère », mais ce mot n'avait pas alors son sens moderne. Il exprimait simplement un titre d'autorité, la condition de qui doit être écouté lorsqu'il parle.

48. Dans *Reg.* d'INNOCENT III : V, 122 (P.L. 215, 1123).

tent l'esprit charnel et n'écoutent que le Saint-Esprit. Innocent devait être d'accord, car il était ardemment convaincu de chercher et de défendre la volonté de Dieu. Mais l'empereur reprenait le thème byzantin de l'unique pastorat universel du Christ (col. 768 A). Il ajoutait une suggestion bien conforme à l'ecclésiologie byzantine : que le pape réunisse un concile ! « *Tuae igitur Sanctitatis est secundum praecedentes synodales operationes pro requisitis dogmatibus synodalem conventionem fieri dispensare* » (768 BC). C'était de bonne tradition grecque. Nicetas de Nicomédie l'avait dit à Anselme de Havelberg, Demetrios Chomatianos avait la même référence [49] ; de même les auteurs des *Criminationes* de 1204-1205 [50] ; c'est encore ce que Barlaam et Etienne Dandalo diront en Avignon à Benoît XII [51], ce que répétera encore, plus tard, Nil Cabasilas dans son *De causis dissensionum in Ecclesia*. Innocent III remerciait l'empereur pour ce qu'il avait dit *super Ecclesiae unitate* : « *etsi non omnino sufficienter et evidenter, benigne tamen et devote* », puis il lui répondait sur la question d'un concile : effectivement le pape pensait à en réunir un... (col. 771).

Le patriarche Jean X Camateros contestait les fondements donnés par le pape à sa primauté, en particulier ses fondements exégétiques, mais il abordait encore un autre point d'ecclésiologie. Il s'étonnait que le pape ait appelé l'Eglise romaine « une et universelle ». Et comment est-elle la mère de toutes les Eglises ? N'est-ce pas plutôt Jérusalem (citation du Ps 86, 5) ? Quant à déchirer la tunique du Christ, c'est plutôt Rome qui l'a fait en introduisant le *Filioque* dans le Symbole... [52].

Cette lettre du patriarche byzantin nous a valu un exposé en règle, détaillé et soigné, d'Innocent III (1199) [53]. La primauté du Siège apostolique ne vient pas des hommes mais de Dieu et les constitutions canoniques n'ont fait que la reconnaître (758 D-759 A). Pierre-*Cephas* est tête, *caput,* il jouit comme tel de la *plenitudo potestatis,* alors que les autres prélats sont appelés « *in partem sollicitudinis* » (759 BC). Ce n'est même pas seulement l'*universa ecclesia,* c'est *totum saeculum* que le Seigneur a remis au gouvernement de Pierre : ce qu'Innocent justifiait en recourant, comme il le faisait constamment et comme ses successeurs le feront après lui (Boniface VIII !), à une exégèse allégorique [54] ; après quoi il reprenait tout ce qu'il

49. Cf. n. 36.
50. Cf. n. 62.
51. Cf. RAYNALDUS, a. 1339 : A. PICHLER, *op. cit.* (infra n. 70). I, p. 359) (cf. infra n. 95).
52. P.L. 214, 757 B et 758. Et Cf. J. DARROUZÈS, *art. cité* (n. 19), pp. 84-85.
53. *Ep.* II, 209 : P.L. 214, 758-765.
54. « Petro non solum universam ecclesiam sed totum reliquit saeculum gubernandum... Per hoc quod Petrus se misit in mare, privilegium expressit pontificii singularis, per quod universum orbem susceperat gubernandum » (759 D) ; « cum aquae multae sint populi multi... per hoc quod Petrus super aquas maris incessit, super universos populos se protestatem accepisse monstra-

peut y avoir de textes pétriniens. Enfin il répond à la question posée touchant l'application à Rome de l'expression « *ecclesia universalis* ». Il s'applique à distinguer deux sens de ce mot : un premier sens quantitatif, selon lequel l'Eglise universelle comprend toutes les Eglises particulières. Mais déjà en ce premier sens, l'Eglise romaine, tout en étant une de ces Eglises particulières, est la première de ces Eglises, comme la tête de laquelle découlent toutes les énergies dans le reste du corps. Le second sens est qualitatif : on peut dire universelle cette Eglise (particulière) qui contient toutes les autres. L'expression ne peut s'appliquer en ce sens qu'à l'Eglise romaine, qui est *caput* à l'égard de toutes les autres [55]. Cela permet à Innocent de répondre à l'objection touchant la maternité. Le titre de mère ne s'applique pas dans le même sens à Rome et à Jérusalem : à Rome, « *non ratione temporis, sed ratione potius dignitatis* » (763 CD) ; à Jérusalem, en tant que « *mater fidei, quoniam ab ea sacramenta fidei processerunt* ». Rome, elle, est « *mater fidelium, quoniam privilegio dignitatis universis fidelibus est praelata* » (763-764).

Pour conclure, le pape se réjouit de ce que sa sollicitude pour l'union de l'Eglise des Grecs et des Latins a été appréciée du patriarche (« *super unione Latinorum et Graecorum ecclesiae* ») et il en vient au projet de concile. Il espère y voir venir « *sanctissima quae apud vos est ecclesia* » (764 B). L'empereur et le patriarche y viendront conformément à l'ecclésiologie de la lettre pontificale, comme une fille revenant à sa mère, des membres se joignant à leur tête. On voit poindre là une certaine

---

vit » (760 A). — Cette exégèse avait un appui lointain dans S. AUGUSTIN (*mare = saeculum : En. in Ps.* 39, 9 ; 64, 9 ; 138, 12 ; *In Ioan.* tr. LXIII, 2 ; *De Civ. Dei* XX, 15-16), plus proche dans S. GRÉGOIRE (*Hom. 24 in Ev.*, 1 : P.L. 76, 484), dans la Glose ordinaire (P.L. 114, 890), mais plus immédiat encore dans S. BERNARD, dont Innocent a retenu plus d'une expression : *De consider.* II, 8, 16 : P.L. 182, 752.

55. Col. 762 D-763 : « Ecclesia duabus de causis universalis vocatur. Intelligentia namque dictorum ex causis est assumenda dicendi, cum non res sermoni, sed rei sit sermo subiectus. Dicitur enim universalis ecclesia quae de universis constat ecclesiis, quae graeco vocabulo *catholica* nominatur. Et secundum hanc acceptionem vocabuli, ecclesia Romana non est universalis ecclesia, sed pars universalis ecclesiae, prima videlicet et praecipua, veluti caput in corpore : quoniam in ea plenitudo potestatis existit, ad caeteros autem pars aliqua plenitudinis derivatur.

Et dicintur universalis ecclesia illa una quae sub se continet ecclesias universas. Et secundum hanc nominis rationem Romana tantum ecclesia universalis nuneupatur, quoniam ipsa sola singularis privilegio dignitatis coeteris est in species specialissimas, aut etiam subalternas, sed quoniam universa sub eius praelata : sicut et Deus universalis Dominus appellatur, non quasi iam divisus dominio continentur. Est enim una generalis ecclesia, de qua Veritas inquit ad Petrum : *Tu es Petrus... ecclesiam meam ;* et sunt multae particulares ecclesiae, de quibus Apostolus ait : *Instantia mea quotidiana, sollicitudo omnium ecclesiarum* (2 Cor 11, 18). Ex quibus una consistit, tanquam ex particularibus generalis ; et una praeeminet omnibus, quoniam cum unum sit corpus ecclesiae, de quo Apostolus *Omnes unum corpus sumus in Christo* (Rm 12, 5) illa, velut caput, caeteris membris excellit. »

théologie du concile comme simple organe de conseil et de consentement sous l'autorité monarchique du pape. A plusieurs reprises, également, revient la formule habituelle de « *reverentia et obedientia* » envers l'Eglise romaine. La lettre s'achève sur une menace[56].

Jean Camateros s'était retiré sur l'autre rive du Bosphore après la prise de Constantinople par les croisés. Il répondit au pape en récusant le rapport de mère à fille, de maîtresse à disciple, de tête à corps, enfin de contenant à contenu qu'Innocent mettait entre l'Eglise romaine et les autres Eglises. A cette structure monarchique il en opposait une oligarchique, celle de la Pentarchie, dans laquelle l'Eglise romaine avait le premier rang, mais parmi des sœurs égales en pouvoir[57]. On ne pouvait guère imaginer de points de vue plus opposés que ceux du patriarche et du pape. Pour l'un comme pour l'autre, cependant, une même Eglise existait (encore) dans les deux parties présentement disjointes et opposées.

Nous avons encore une autre expression des réactions grecques après la tragédie de 1204. Un groupe d'évêques retiré probablement de l'autre côté du Bosphore, à Nicée, a envoyé au pape des *Criminationes adversus ecclesiam Latinam*[58]. C'est un réquisitoire sévère. Relevons, au point de vue ecclésiologique, le même refus que dans la première lettre de Camateros, d'une sorte de contenance qualitativement universelle de l'Eglise romaine, qui serait comme un *epitomè* de toute l'Eglise[59]. La situation chrétienne des Latins n'apparaissait pas brillante : ceux qui, comme eux, ne suivent pas les canons des Pères et des conciles « *haeretici appellantur atque anathemati subiiciuntur*[60] ». Pourtant, le document se terminait par un appel à l'union et au pape qui pouvait la favoriser : « *ut duos populos connectaret, seu potius corpus suum in duo scissum rursus in*

---

56. « ... ut scilicet membrum ad caput et ad matrem filia revertatur, ecclesiae Romanae reverentiam et obedientiam debitam impensurus, te sicut fratrem carissimum et praecipuum membrum ecclesiae benigne et hilariter admittemus ; de coeteris auctoritate sedis apostolicae ac sacri approbatione concilii, cum tuo et aliorum fratrum nostrorum consilio quae statuenda fuerint statuentes ». Que le patriarche vienne ou envoie « procuratores idoneos et aliquos de maioribus ecclesiarum praelatis, apostolicae sedi reverentiam et obedientiam secundum statum canonicum praestiturus : ne, si secus actum fuerit, quod non credimus, tum in imperatorem ipsum, qui potest, si voluerit, efficere quod mandamus, quam in te et Graecorum ecclesiam procedere compellamur » (764 D-765).

57. Le P. JUGIE avait donné, dès 1931, des extraits de cette seconde lettre (*op. cit.*, t. IV, pp. 340-341, 386-387, 456-457).

58. Texte grec et latin édité par J.-B. COTELIER, *Ecclesiae Graecae Monumenta*, t. III, Paris, 1686, pp. 495 s. On nous excusera de citer le texte latin.

59. N° XXXIII, pp. 501-502 : « Dicunt ipsam ecclesiam Romanam esse catholicam et apostolicam ecclesiam, unam cunctas complectentem, itemque unum cunctos continentem pontificem, Papam, ut Petrum unum, et subesse ei omnes Christi oves ; necnon omnem christianum ad horum iuratam confessionem pertrahunt. »

60. N° LX, p. 509.

unum coniungeret et adunaret [61] » : ce sont là des termes notables : il y a un seul corps (du Christ) présentement divisé. La distance ainsi créée n'est pas grande. Le remède ? Conformément à l'ecclésiologie orientale, les rédacteurs n'en voient qu'un : un concile général, qu'ils prient le pape de réunir [62].

Innocent III n'a pas voulu, il a même extérieurement désapprouvé la prise de Constantinople par les croisés [63]. Il était sensible aux indications de l'histoire, ayant choisi comme devise papale, « *fac mecum signum in bonum* ». La chose faite, il s'en est réjoui, voyant quelque chose de providentiel dans l'événement, comme si un simple changement d'autorité entraînait le changement profond des esprits et des cœurs. Pour le pape, l'empire était passé « *a superbis ad humiles, ab inobedientibus ad devotos, a schismaticis ad catholicos* », la fille était revenue à sa mère, le membre à sa tête [64]. Innocent voit dans l'événement du 12 avril 1204 tout autre chose qu'un hasard, un fait qui relève de l'histoire du salut, un « *mysterium* » (col. 461 A). Il s'efforce d'en scruter le sens, ce qui nous vaut une méditation à la fois subtile et rigoureuse, sur ce que représentent dans le plan de Dieu le « *populus Graecorum* » et le « *populus Latinorum* » (Innocent ne parle pas en termes d'Eglises). Le pape les voit symbolisés respectivement par Jean et par Pierre courant au sépulcre le matin de Pâques, tandis que Marie-Madeleine représente la première annonce à partir de la Synagogue. Il y a là une typification très positive du « *populus Graecorum* » et des charismes qui lui sont propres, dans la ligne de ce que nous avons déjà rencontré chez Joachim. Ce vocabulaire semble cohérent et il est très intéressant. Pour Innocent, les charismes spécifiques de l'Orient sont attribués au « *populus Graecorum* » ; et c'est l' « *ecclesia Graecorum* », c'est-à-dire les prélats et les clercs, qui s'est mise en schisme à l'égard de l'Eglise romaine.

L'occupant latin devait s'organiser, y compris au plan

61. N° LXXXV, pp. 514-515. *Ibid.* : « cum fratribus nostris uniomen fecissemus ».

62. N° LXXXVII, p. 516 : « Itaque quandoquidem exiguum interstitium Latinos inter et Graecos est, quod unius ecclesiae continuitatem solvit, statue synodum œcumenicum congregari et majestatis tuae vicarios mittito. » Sur le concile comme seule instance, cf. aussi n° LXXXVIII, p. 518 et LXXXIX, p. 519 (c'est au concile que le Saint-Esprit fait reconnaître la vérité).

63. Du moins les violences : voir, avant les événements, *Reg.* V, 161 et 162 ; VI, 101 et 232 (P.L., 214, 1179-1180 ; 215, 107 et 262) ; après, *Reg.* VIII, 133 ; IX, 139 (215, 712-713 et 957) et lettre à son légat, P.L. 215, 701 ; cf. A. FROLOW, cité *infra*, pp. 87-89 et 202. J. LE GOFF dit que, consultés sur la légitimité d'attaquer Constantinople, des clercs auraient déclaré : « Anciennement ils obéissaient à la loi de Rome et maintenant ils ne lui obéissent plus. Aussi les attaquer n'est pas péché, mais grande œuvre de piété » (*La civilisation de l'Occident médiéval*. Paris, 1965, p. 180 ; voir également A. FROLOW, *La déviation de la IVᵉ Croisade vers Constantinople*, dans *Rev. Hist. des Relig.*, 145 (1954), pp. 168-187 ; 146 (1954), pp. 67-89 et 194-219 (pp. 69 et 75).

64. *Ep.* VII, 154 ; P.L. 215, 456.

ecclésiastique. Innocent III veut que, dans les églises délaissées par les Grecs, soient installés des clercs latins « *sub orthodoxae fidei regula in devotione sedis apostolicae* [65] ». Le pape considère qu'ainsi la *Constantinopolitana ecclesia* est revenue à l'obéissance du Siège apostolique [66] : ce qui en dit long sur le contenu concret qu'il mettait sous le mot *ecclesia*. Tandis qu'auparavant la *Graecorum ecclesia* s'était faite « *aliam, cum ab unitate universalis ecclesiae se alienare praesumpsit* » (215, 513 D) ; « *ab obedientia sedis apostolicae declinavit* » (575 A), « *ab unitate declinans... ipsius magistro se subtraxit* » (623 A), elle apparaissait désormais à Innocent réunie au Siège apostolique, et donc rentrée dans l'unité, du simple fait qu'un clergé latin soumis au pape avait pris la place de l'ancien clergé, qui s'était retiré... [67].

Le Concile de Latran de 1215 a repris les mêmes termes : « *Graeci* », « *ecclesia Graecorum ab obedientia Sedis apostolicae se subtraxit* » ; elle doit revenir à l'obéissance de l'Eglise romaine, de façon à ce qu'il y ait un seul troupeau, un seul pasteur [68].

M. P. Lemerle résume ainsi la situation psychologique du moment historique où nous sommes arrivés :

Il ne faut pas invoquer les questions de foi (pour rendre compte de l'aversion des Grecs pour les croisades). Le schisme n'a pas encore séparé les deux mondes chrétiens : c'est au contraire *à cause* de 1204, et de ce qui suivit, que le Schisme prendra son importance et sa signification. A la fin du XIe, au XIIe siècle, les Latins ne voient pas dans les Grecs des hérétiques ; je crois qu'aucun chroniqueur occidental des premières Croisades ne leur adresse ce reproche. Et les Grecs, les textes le montrent, voient dans les Latins des chrétiens. Les débats qui se sont déroulés dans quelques cercles de théologiens, n'en ont guère franchi les limites étroites, et n'ont pas encore passionné l'opinion [69].

---

65. *Ep.* VII, 164 (P.L. 215, 471) : « devotus » s'oppose à « inobediens » (cf. n. préc. : P.L. 214, 1124 C et 215, 623 B). Alexis IV avait promis l'union à Innocent III, en 1203, en termes de « omnem vobis devotionem » (*Reg. Innoc.*, VI, 210 : P.L. 215, 237).

66. Cf. *Ep.* VII, 203 (P.L. 215, 512 s.) ; VIII, 19 (575) ; IX, 139 (957 C) ; X, 138 (1233 D), etc. Innocent avait pourtant le sentiment qu'au-delà d'une occupation par les Latins, il restait encore que la *Graecorum ecclesia* revienne à l'unité ecclésiastique et à la dévotion du Siège apostolique : *Ep. VIII*, 126 (215, 701 A).

67. Innocent considérait le patriarche latin Thomas Morosini comme ayant pris la suite du patriarche orthodoxe. Il lui écrivait : « Licet autem eadem ecclesia [Constantinopolitana] interdum ab obedientia Sedis apostolicae declinavit, quia tamen ad eam per Dei gratiam humiliter est reversa... eandem ecclesiam sub beati Petri et nostra protectione suscipimus » (*Reg.* VIII, 19 : P.L. 214, 575). Une partie du clergé grec aurait accepté la soumission à Rome à condition de conserver son rite : en somme, un uniatisme. Innocent n'a pas donné suite. Cf. *Reg.* XI, 23 (215, 1353).

68. Cap. 4 : MANSI XXII, 989-990 ; Denz. Sch. 810.

69. P. LEMERLE, *Byzance et la Croisade*, dans *Relazioni del X° Congresso intern. di Scienze storiche*. Florence, 1955, t. III, pp. 595-620 (p. 617).

La polémique, en effet, s'est développée, les Grecs ont durci leur position : l'ecclésiologie était fixée et elle est demeurée la même ici et là. En 1232, le patriarche grec Germain II écrivait au pape Grégoire IX « qui a reçu la primauté (*proedreian,* présidence) du siège le plus exalté [70] » et lui reprochait d'avoir manqué à défendre les Grecs contre la brutalité des Francs ; il l'invitait à descendre de la trop grande sublimité de sa primauté pour devenir plus fraternel. Le pape répondait le 26 juillet. L'Eglise grecque, disait-il, s'est séparée de l'Eglise *latine,* laquelle a gardé la tête (le pape, successeur de Pierre et vicaire du Christ) et la vraie foi. En se soustrayant à l'unité du siège romain, l'Eglise des Grecs est tombée dans la servitude du pouvoir séculier [71] : qu'elle revienne, qu'elle se soumette à sa tête. Reçu dans le sein de l'Eglise-mère, le patriarche retrouvera la pureté de la foi que l'Eglise latine garde dans l'unité [72]. Il s'agit évidemment du *Filioque* et peut-être de quelque autre article tel que celui de la vision béatifique. Au XIIIe siècle, la primauté papale n'était pas toujours considérée comme appartenant à la foi définie [73]. On reprochait, plus précisément, aux Grecs de s'être *soustraits à l'obéissance* du Siège romain (ou apostolique) [74]. Dans les Professions de foi, l'article de la pri-

70. Dans MANSI XXIII, 47-56 ; cf., pour ce titre, 49-50 A et 52 C. Cf. A. PICHLER, *Geschichte der kirchlichen Trennung zw. d. Orient u. Occident...* München, 1864, t. I, pp. 324-328 ; M. RONCAGLIA, *Les Frères Mineurs et l'Eglise grecque orthodoxe au XIIIe siècle (1231-1274).* Le Caire, 1954, pp. 34-40.

71. Epist. *Fraternitatis tuae,* n° 11 : *Bullarium Romanum* (éd. Turin), t. III, p. 471. Egalement dans MANSI.

72. N° 16, éd. citée, p. 473 b. On comparera S. THOMAS, *Com. in Ev. Matt.* c. XVI, 1 : « in Constantinopoli fuerunt haeretici, et labor Apostolorum amissus erat ; sola Petri ecclesia inviolata permansit. Unde Lc 22, 32 : *Ego rogavi pro te, Petre, ut non deficiat fides tua.* Et hoc non solum refertur ad ecclesiam Petri, sed ad fidem Petri et ad totam occidentalem ecclesiam ».

73. Elle le semble bien pour S. THOMAS D'AQUIN : cf. *C. errores Graec.,* pars II, c. 32 (= c. 64 de l'éd. P. GLORIEUX ; *Opuscula,* éd. Lethielleux, t. III, p. 322) ; *Quodl. VII,* 18, ad 5. Pour lui, désobéir à Rome n'est pas seulement une erreur, mais une hérésie : *C. impugnantes,* c. 3 circa finem ; IIa IIae, q. 70, a. 2, ad 3. Par contre, GODEFROID DE FONTAINES pose en 1292 cette question : Utrum Graecorum error de Spiritu Sancto sit peior inobedientia eorum vel e converso ? (*Quodl. VIII,* 18 : éd. J. HOFFMANS : *Les Philosophes Belges.* IV. Louvain, 1924, p. 269). Il répond en distinguant d'abord le « peccatum quod est contra fidem vel error in fide » et l' « error in moribus ». Plus étonnante encore est la position de GUERRIC DE SAINT-QUENTIN, O.P. (?), qui doute que la papauté ou l'épiscopat soient « de necessitate et constitutione ecclesiae », ils sont seulement « de honestate » : cité par L. HÖDL in *Scholastik,* 36 (1961), 6. HUMBERT DE ROMANS ne doute pas de la primauté, mais pense que le régime de monarchie papale n'est apparu qu'à un certain moment de l'histoire, par disposition ecclésiastique : *Opus tripartitum* (en 1273), pars II, cc. 6 et 9. C'est peut-être pourquoi Humbert suggérait que « ab eis (les Grecs) plenitudo obedientiae non expectetur dummodo patriarcha eorum a papa confirmaretur et ab eis legati Romani cum honore reciperentur » (MANSI XXIV, 129 E).

74. Encore, au milieu du XIIIe s., BARTHÉLEMY DE CONSTANTINOPLE, O.P., *Tractatus contra errores Graec., de Processione..., de obedientia Romanae Sedis,* P.G. 140, 487-540 ; la *Chronica minor auctore Minorita Erphordiensi* composée

mauté romaine apparaît un peu comme ajouté, même s'il occupe une place importante[75].

Les nouveaux Ordres mendiants, frères mineurs et frères prêcheurs, ont joué un rôle actif dans les relations entre Grecs orthodoxes et Latins catholiques, au XIIIe siècle[76]. Ils y ont malheureusement apporté un goût de la discussion, dans lequel les Byzantins ne les laissaient pas en reste. C'est pourquoi les grands docteurs scolastiques, liés à ces informations et à ce contexte, n'ont guère connu « les Grecs » et parlé d'eux que comme tenants d'erreurs théologiques. On prend de cela une conscience aiguë quand on voit comment un Thomas d'Aquin parle des *Graeci*, alors qu'il a, pour les docteurs ou Pères grecs du temps de l'Eglise indivise une estime et un respect hors de pair[77].

L'intellectualisme des théologiens scolastiques, qui se développait dans l'ambiance d'une chrétienté sûre d'elle-même, les portait à taxer d'hérésie ceux qui refusaient de professer telle

en 1261, dit à l'année 1028 : « orientalis ecclesia in Asia fortitudine regnorum, diversitate linguarum, multitudine episcopatuum, grandi spatio terrarum magna valde recessit ab obediencia sedis apostolicae. Aliter enim baptizant, generalia concilia non frequentant, statuta Romanorum pontificum non recipiunt, de fermentato conficiunt, de pane azimo conficere nolunt. Negant Spiritum Sanctum procedere a Filio sicut a Patre. Ab ecclesiastica unitate scissi sunt et in statu dampnandorum sunt. » (MGH SS. XXIV, 189.) Que l'Eglise grecque se soit « soustraite » à l'obéissance de l'Eglise romaine, c'est le motif qui revient sans cesse: pourparlers tenus par des Fransciscains à Nicée en janvier 1234 (*Arch. Franc. Hist.* 12 (1919), p. 329 ; M. RONCAGLIA, *op. cit.*, n. 70, p. 54) ; ALEXANDRE IV, bulle *cum Hora iam undecima*, 19 avril 1258 (RONCAGLIA, p. 118) ; en 1267, ROGER BACON, *Opus tertium*, c. 24 : éd. J.-S. BREWER, London, 1859, p. 86.

75. Voir Lyon 1274 (Denz. 464 et 466 = DSch 855 et 861), Florence, 1439 (Dz 694 ; DSch 1307), même Trente (Pie IV) : Dz 999, DSch 1868. Encore plus la formule de profession publiée en 1967.

76. Cf. R.-J. LOENERTZ, *La Société des Frères Pérégrinants. Etude sur l'Orient dominicain.* I. Rome, 1937 ; A. DONDAINE, *Nicolas de Crotone et les sources du « Contra errores Graecorum » de S. Thomas*, dans *Divus Thomas* (Fr.) 28 (1950), pp. 313-340 ; id., *« Contra Graecos ». Premiers écrits polémiques des Dominicains d'Orient*, dans *Arch. Frat. Praedic.* 21 (1951), pp. 320-446 ; M. RONCAGLIA, *op. cit.* (n. 70) ; le traité *De erroribus Graecorum* de BONACURSIUS de Bologne publié par F. STEGMÜLLER, dans *Vitae et Veritati. Festg. f. K. Adam.* Dusseldorf, 1956, pp. 57-82 ; A. OSUNA, *El cisma griego y la teologia del siglo XIII*, dans *La Ciencia Tomista* 90 (1963), pp. 263-284.

77. Pour les Pères Grecs, cf. G. BARDY, *Sur les sources patristiques grecques de S. Thomas dans la 1re partie de la Somme théol.*, dans *R.S.P.T.* 12 (1923), pp. 493-502 et I. BACKES, *Die Christologie des hl. Thomas v. A. und die griechischen Kirchenväter.* Paderborn, 1931. Des énoncés comme celui de *S. Th.*, I[a], q. 61, a. 3 sur S. Grégoire de Nazianze « cuius tanta est in doctrina christiana auctoritas » ne sont pas rares. Par contre, s'agissant des Grecs d'après le schisme, on trouve des termes comme « errores », « falsitas opinionis » (*Com. in Philip.* c. 1 (lect. 3, fin), « ex ignorantia vel ex protervia » (I[a], 36, 2, c. fin). Il semble que S. Thomas applique le terme d'*error* surtout à la position des Grecs sur l'eschatologie (cf. II *Sent.*, d. 6, q. 1, a. 3, ad 5 ; d. 11, q. 2, sol. 1 ; *C. Gent.* IV, 91 fin), mais aussi à leur rejet des azymes (*C. errores Graec.*, II, c. 39) et en général aux points sur lesquels ils attaquaient les Latins : Procession du Saint-Esprit, primauté papale, azymes, purgatoire (*C. err. Graec.*, II,

148

quelle la doctrine du *Filioque*. Tel est le climat des discussions et des traités polémiques qui jalonnent les soixante ans s'écoulant entre Innocent III et le Concile de 1274. Saint Bonaventure, qui devait voir l'union de Lyon, considérait les Grecs comme hérétiques, comme niant la vérité de la foi, et schismatiques, « *quia recesserunt ab ecclesiae unitate* » [78]. Il existait cependant des positions plus nuancées. Ainsi l'auteur anonyme d'une question *De fide* [79] : « Certains disent que les Grecs sont dans l'erreur en soutenant que le Saint-Esprit procède du Père seul. Mais s'ils professent cette erreur, ils errent en matière de foi : *quod durum est dicere*. Aussi d'autres disent-ils autrement : ils considèrent que les docteurs latins et les docteurs grecs ont abordé différemment le mystère de la Trinité. » Le bienheureux Jean Duns Scot était du même avis et il anticipait l'argumentation qui permettra finalement l'union de Florence : on ne peut soupçonner d'hérésie ni les Pères grecs, ni les Pères latins [80]. Déjà Urbain IV et Thomas d'Aquin avaient fait une remarque analogue.

Alexandre IV, dans la bulle *Cum hora iam undecima* adressée aux Franciscains le 19 avril 1258, appelle les Grecs « *substractionis filios, qui sacrosanctae Romanae ecclesiae non obediunt* » ; l'expression « *obedientia Sedis apostolicae* » revient plusieurs fois, mais on dit aussi « *converti ad unitatem christianae fidei* » [81].

L'occasion semblait favorable. A Byzance, Michel VIII Paléologue commençait un long règne au cours duquel, à partir de 1261, il cherchera l'union avec une persévérance qui aura son issue à Lyon, en 1274 [82]. Après avoir récupéré sur les Latins sa capitale des rives du Bosphore, il envoyait une légation à Urbain IV en 1262 ; il se déclarait disposé à poursuivre des actions « *per quae inter eamdem Romanam et Graecorum eccle-*

---

prol. : éd. Léonine, lignes 3 et 74). En théologie trinitaire, S. Thomas semble considérer que, sous deux formulations différentes, on peut tenir réellement la même chose : cf. I *Sent.*, d. 11, expos. ; d. 12, q. 1, a. 1, ad 3 ; *De Pot.*, q. 10, a. 1, ad 8 et 9 ; a. 4 c. fin ; a. 5, c., ad 14 et 16 ; *C. errores Graec.*, toute la première partie, et dans la seconde cc. 1-30.

78. *In Sent.*, lib. I, d. 11, art. un., q. 1.

79. Munster i. W., Universitätsbibl. Cod. 257, fol. 72 d ; éd. dans M. RONCAGLIA, *op. cit.*, p. 195.

80. *In Sent.*, lib. I, d. 11, q. 1 : cf. RONCAGLIA, *op. cit.*, p. 239. Attitude analogue chez saint Thomas : « Neutrum autem horum (Augustin et Grégoire de Nazianze) aestimo esse sanae doctrinae contrarium ; quia nimis praesumptuosum videtur asserere tantos ecclesiae doctores a sana doctrina pietatis deviasse » : *De natura angelorum*, c. 17, comp. *C. errores Graec.*, I, c. 10 (éd. Léonine, p. A 78, 2. 71 s.).

81. Cf. M. RONCAGLIA, *op. cit.*, p. 118.

82. Cf. D. J. GEANAKOPLOS, *Emperor Michael Palaeologus and the West. 1258-1282. A Study in Byzantine-Latin Relations.* Cambridge (Mass.), 1959. D.M. NICOL : *The Greeks and the Union of the Churches : the Preliminaries to the Second Council of Lyons, 1261-1274. Medieval Studies pres. to Aubrey Gwynn.* Dublin 1961, pp. 454-480.

siam, foedus unitatis perpetuae valeat reformari[83] ». L'idée était donc celle d'une communion entre deux Eglises qui garderaient leur personnalité propre, les deux ayant la même foi et les mêmes sacrements.

Après avoir envoyé ses apocrisiaires porteurs d'un message à Michel VIII, le pape reçut de l'empereur une lettre autorisant le plus grand espoir de parvenir à l'unité[84]. Urbain IV répondit une fois encore longuement[85]. Il s'appliquait à éviter toute ambiguïté : la réunion signifiait unité de l'Eglise dans l'unité de foi (le pape relevait l'accord profond des Pères grecs et latins), sous l'autorité du successeur de Pierre. Mais Urbain avait des formules comme : « *per quam ecclesia Dei ad antiquam et tranquillam prioris unitatis semitam redeat* », « *ad utriusque unionem ecclesiae* ».

Du côté latin, le climat était celui d'une certitude dogmatique absolue. Nous trouvons cependant sous la plume de Clément IV, successeur d'Urbain IV (1265-1268), des termes iréniques et positifs : dans sa lettre au patriarche de Constantinople : « *ecclesiarum, Latinae videlicet et Graecae, laudabilem unionem (...) ut ille lapis angularis, qui fecit unum suam sanctam catholicam et universalem ecclesiam, schismatum scissura divisam, misericorditer uniens in unitate fidei orthodoxae, toto orbe dignanter adiuvet*[86] ». Dans sa longue lettre à l'empereur, Clément IV écrivait de même : « *a Domino petimus incessanter ut suam ecclesiam toto orbe terrarum adunare dignetur*[87]. » Pourtant, l'empereur ne pouvait pas s'y tromper : il s'agissait de revenir au sein de l'Eglise romaine, dans la profession non ambiguë de la même foi et l'obéissance envers l'Eglise-mère[88]. Dès

---

83. M. Roncaglia, *op. cit.*, p. 122. Ce sont les termes qu'emploie Alexandre IV dans sa première réponse : dans Wadding, *Annales Minorum*, t. IV, Rome, 1732, p. 182.

84. Wadding donne (*op. cit.*, pp. 202-209) la lettre d'Urbain IV *Imperialis Excellentiae Nuntios*, 28-7-1263, remise pour l'empereur aux quatre Franciscains. C'est un véritable traité d' « ecclésiologie de l'Eglise universelle » et du mal intolérable du schisme. Pages 223-225, Wadding reproduit la lettre de l'empereur, 1264 ; ce dernier parle de « gratiam reuniendae ecclesiae », « reuniendae matris ecclesiae utriusque partis ». Il parle de l'accord des Pères latins et grecs : la foi des uns et des autres est la même.

85. Lettre *Mediator Dei et hominum* : Wadding, *op. cit.*, pp. 225-230.

86. Lettre *Tuarum nobis missarum*, dans Ed. Martène et U. Durand, *Veterum Scriptorum... ampl. Collectio*, t. VII, Paris, 1733, col. 199 (Martène et Durand réunissent des documents concernant l'union de Lyon). Pour l'ensemble, outre W. Norden, cf. A. Fliche, *Le problème oriental au second Concile œcuménique de Lyon (1274)*, dans *Mélanges de Jerphanion (Orient. christ. period.*, 13 (1947), pp. 475-485 ; A. Roncaglia, *op. cit.*, pp. 132-138 ; J. Sanchez Vaquero, *Causas y remedias del Cismo griego segun los Latinos antes de la Union de Lyon (1274)*. Salamanca, 1955 ; B. Roberg, *Die Union zwischen d. griechischen u. d. latein. Kirche a. d. II. Konzil in Lyon (1274)*, Bonn, 1964. A. Pichler (I, pp. 340-341) est acrimonieux.

87. Lettre *Magnitudinis tuae litteras*, n° 1 : Martène et Durand, *op. cit.*, col. 200 D.

88. *Ibid.*, nᵒˢ 6 fin, 7 et 13 = col. 203-204, 207. Même accent dans la seconde lettre des cardinaux, durant la vacance du Siège romain, col. 214 D.

ce moment, le pape envoyait à l'empereur la formule de profession de foi qu'il lui faudrait souscrire.

Après une longue vacance du siège romain, le successeur de Clément IV, Grégoire X (1271-1276) reprenait son projet, en se référant expressément aux lettres que nous venons de citer. Le 24 octobre 1272, le pape écrivait à Michel Paléologue et au patriarche Joseph Ier. Il implorait, disait-il, le « *unus Dominus* » pour que « *suam sanctam atque catholicam ecclesiam reintegrando uniat et uniendo reintegret in sinu eius populis universis latinis et graecis specialiter adunatis in fide integra, ope solida et caritate sincera* [89] ». Que l'empereur vienne donc au concile que le pape convoque pour le temps d'après Pâques 1274... Au fond, l'Eglise elle-même est une, la foi est une ; elles ne sont divisées que dans les hommes [90]. Mais cette unité de l'Eglise, cette authenticité de la foi existent dans l'Eglise romaine. Aussi est-ce par rapport à elle qu'il y a schisme, c'est en revenant à elle que le schisme sera guéri. C'est pourquoi, dit Humbert de Romans, le schisme n'est pas imputable également aux Latins et aux Grecs car la tête se trouve à Rome et les Grecs se sont séparés d'elle [91].

Aussi bien, au Concile de Lyon, les Grecs ont-ils dû accepter, non purement la primauté romaine mais un régime à peine mitigé de monarchie pontificale (l'Eglise romaine a conféré leurs privilèges aux sièges patriarcaux, sans préjudice pour les siens... ; sous Nicolas III, large introduction des usages latins). Il n'est pas étonnant que l'union conclue à Lyon ait été mal accueillie à Constantinople [92]. Cependant, les successeurs de

89. Lettre *Qui miseratione ineffabili*, n° 3 : MARTÈNE et DURAND, col. 218 B. Dans la suite de la lettre les conditions de l'union sont exposées clairement : profession de la même foi et reconnaissance du primat de l'Eglise romaine. Grégoire dit aussi bien « de reductione Graecorum ad Romanae ecclesiae unitatem » (à Charles, roi de Sicile, col. 229 C), « de revocatione Graecorum ad ecclesiae unitatem » (à Simon, chancelier du même roi, col. 232 B ; aux archevêques, évêques, etc., col. 236 A). Ce sont des formules qui resteront courantes jusqu'au concile de Florence : cf. J. GILL, art. cité *infra* (n. 99), *Or. chr. per.*, p. 266.

90. Lettre *Qui miseratione*, n° 2, col. 217 DE : « scissuram universalis ecclesiae, quam in suis fidelibus, non in fide pro qua ille qui pro sua reverentia est in omnibus exauditus, se rogasse testatur ne deficiat fides eius... ».

91. *Opus tripartitum*, pars II, c. 10 : in BROWN, *Fasciculus rerum expectand. et fugiend*, Londres, 1690, t. II, p. 214. Pour Humbert, Grecs et Latins sont comme Esaü et Jacob qui se querellaient dans le ventre de leur mère (pars I, c. 2, p. 186) ; ils restent « membra eiusdem corporis » (pars II, c. 15, p. 219).

92. En 1273, le patriarche JOSEPH rédigeait un manifeste anti-unionique, opposé à la propagande impériale. Il concluait : « Bien qu'ils (les Latins) soient dignes de notre pitié plutôt que de notre haine, car ils ont été jadis nos frères, et bien que nous ne cessions de prier le Seigneur de les amender et de refaire d'eux des membres sans reproche de sa Sainte Eglise catholique, ils doivent certainement recevoir le châtiment de leurs blasphèmes, comme les enfants d'Israël, tandis que nous demeurons innocents, sans tache, parfaits, dans la recherche constante du Royaume des cieux » : PACHYMERE I, 380. Cf. D. M. NICOL, art. cité (n. 82), p. 469 (références).

Grégoire X n'ont cessé de protéger l'unité fragile et d'éloigner les raisons politiques de nature à la compromettre (menace que constituait le roi de Sicile pour l'Empire byzantin).

On pouvait s'attendre à ce que Boniface VIII donnât la formule dogmatique la plus stricte dans sa fameuse bulle *Unam Sanctam*, 18 novembre 1302 [93].

A travers tout le XIVe siècle cependant, plus encore que dans les deux siècles précédents, des motifs politiques urgents se mêlent, du côté des empereurs byzantins, à un souci religieux [94]. En 1339, l'abbé calabrais Barlaam et le Vénitien Etienne Dandalo visitaient le pape Innocent VI en Avignon, de la part (disaient-ils) de l'empereur. Ils lui exprimaient sur les causes vraies de la division et celles de l'échec de l'union de Lyon, des réflexions dignes d'être méditées : « Personne ne pourra imposer au peuple grec cette humiliation d'accepter ce Concile (Lyon) sans qu'un autre concile soit tenu. Pourquoi ? Parce que les Grecs qui ont participé à ce concile n'ont été envoyés ni par les quatre patriarches qui gouvernent l'Eglise orientale, ni par le peuple, mais par le seul Empereur qui s'est efforcé de faire l'union avec vous par contrainte et non volontairement (...). Sachez bien que ce n'est pas tant la différence des doctrines qui éloigne de vous le cœur des Grecs, mais c'est la haine contre les Latins qui est née de multiples et grands maux, soufferts par les Grecs de la part des Latins jusqu'à aujourd'hui. Tant que cette haine ne sera pas liquidée, on ne pourra pas faire l'union (...). Quant à la procession du Saint-Esprit, qu'on ne se divise pas pour cela : tenez à son sujet ce que vous voulez, nous pareillement de notre côté et ne nous anathématisons pas réciproquement [95]. » Evidemment, cette dernière suggestion n'est acceptable qu'au sens où le Concile de Florence l'acceptera, en somme, celui de la reconnaissance de deux abordages différents, mais non opposés, du mystère.

Malheureusement beaucoup, en Occident, demandaient aux Grecs, et ceux-ci le comprenaient bien ! de s'aligner en tout sur l'Occident [96]. Pourtant les idées mûrissaient ; les Latins deve-

93. « Si ergo Graeci sive alii se dicant Petro eiusque successoribus non esse commissos, fateantur necesse est se de ovibus Christi non esse, dicente Domino in Ioanne : unum ovile et unicum esse pastorem » (*DSch.* 468).

94. M. VILLER, *La question de l'union des Eglises entre Grecs et Latins depuis le concile de Lyon jusqu'à celui de Florence (1274-1438)*, dans *R.H.E.* 17 (1921), 260-305, 515-532 ; 18 (1922), 20-60.

95. Cité par A. PICHLER, *op. cit.*, t. I, p. 359 en note d'après RAYNALDUS, anno 1339. Le discours est édité dans PG 151, 1332 s. (les passages que nous citons se trouvent col. 1333 D-1334 A, 1336 B et 1340 A). Sur Barlaam et sa mission ou ses projets, cf. C. GIANNELLI, *Un progetto di Barlaam Calabro per l'Unione delle Chiese*, dans *Miscellanea G. Mercati*, t. III (*Studi e Testi*, 123). Vatican, 1946, pp. 157-208 ; J. MEYENDORFF, *Un mauvais théologien de l'Unité au XIVe siècle : Barlaam le Calabrais*, dans *L'Eglise et les Eglises. Mél. D. Lambert Beauduin*, t. II, Chevetogne, 1955, pp. 47-64.

96. Cf. A. PICHLER, *op. cit.*, I, pp. 378, n. 4, 380, n. 1. Evidemment Pichler monte en épingle tous les textes de ce genre.

naient plus bienveillants envers les Grecs. Au XIIIᵉ siècle, Clément IV s'était refusé à envisager un Concile où l'on aurait discuté des points qui, pour les Latins, appartenaient à la doctrine assurée[97]. Maintenant, de part et d'autre on acquérait la conviction qu'il faudrait, sur les points en litige, une libre et loyale discussion. Les Latins venaient de faire l'expérience du schisme et de la nécessité de se rencontrer et de causer pour s'entendre... Finalement, quand le Concile de Ferrare-Florence put s'assembler par la grâce de Dieu, les Grecs y siégèrent dès le début comme Pères du Concile[98] et furent considérés comme des chrétiens et des pasteurs d'Eglise tout comme les Latins[99]. Bien sûr, cela n'alla pas sans quelques incidents désagréables, mais finalement il en fut ainsi. Le Concile eut la grâce insigne de pouvoir se terminer par l'acte d'union : « *Laetentur coeli et exultet terra. Sublatus est enim de medio paries qui occidentalem orientalemque dividebat ecclesiam !* »

---

97. « Nos tamen nullo modo proponimus concilium ad discussionem, seu definitionem huiusmodi convocare... quia prorsus indecens foret, immo nec licet, nec expedit in dubium revocari praemissam verae fidei puritatem » : WADDING, *op cit.*, IV, p. 306.

98. Les termes de l'acte d'union (*Laetentur cœli*) expriment bien la réalité : « Ecce enim occidentales orientalesque patres... ad hoc sacrum ycumenicum concilium... laeti alacresque convenerunt. »

99. Joseph GILL, *I Greci al concilio di Firenze*, dans *Civ. cattol.* 417 (1959), 47-48 ; ID., *Greeks and Latins in a common Council. The Council of Florence (1438-1439)*, dans *Orientalia Christ. period.* 25 (1959), 265-287 ; ID., *The council of Florence*, Cambridge, 1959 (résumé dans *Le Concile et les Conciles*, Paris et Chevetogne, 1960, pp. 183-194). G. HOFMANN, *Notae historicae de terminologia theologica Concilii Florentini*, dans *Gregor.*, 20 (1939), pp. 257-263, montre que dans les documents de Florence : *unio* = ἕνωσις (pp. 285-260). et *Ecclesia orientalis* = *Ecclesia graeca* (pp. 260-261).

INDEX

Summus Pontifex: VI 385
superbia: VI 376
Synagogue: VII 151
-Epouse du Christ: II 92
-infaillibilité: II 90

Templiers: VIII 194
théologie historique ou
  conceptuelle: II 19-42
-monastique: VII 176
théonomie: VI 377
Thesaurus veritatis fidei:I 14
Tromp (Séb.): II 96-97
tunique sans couture: XII 140

una caro: VII 139 s.,147-48
unité de l'Eglise, vision
  grecque: XII 137,138
universa ecclesia, universitas
  fidelium: IV 112
unus spiritus: VII 140 s.,148,
  155

vagi (clercs,moines): I 9
veuves: IV 85,88
vicarius: VI 383
vierges: IV 84-88,98
vigne (image de l'Eglise):
  VII 143
virginité de l'Eglise: VII 152
vita angelica: VIII 175 s.
vita apostolica: IV 116; IX 156
vulgus: IV 100

Yves de Chartres: VI 388

MANUSCRIPTS (simple mention)

Bruges Cod. lat. 220: II 105

Cambridge Caius Coll. 676:
  IV 107
-Corpus Christi Coll. 415:
  VI 385,389

Douai 434: II 105

Leipzig Univ. Bibl. Cod. lat.
  427: II 105

London British Mus. Harley lat.
  3855: II 103
-Royal 9 E XII: II 105

München Clm 14508: II 105
-14509: II 105

Paris Bibl. Nat. lat. 14526:
  II 105
-lat. 14881: IV 88
-Nouv. acq. 1360: IV 99

Rome Bibl. Alex. 141: II 106

Salzburg Stiftsbibl. S. Peter
  Cod. a X 19: II 105

Troyes 509: VIII 182-83